常陸の古墳群

佐々木憲一・田中　裕 編

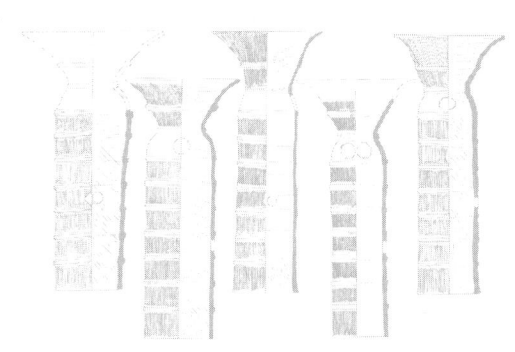

六一書房

はじめに

　本書は、明治大学大学院長吉村武彦を代表者とする文部科学省学術フロンティア推進事業「日本古代文化における文字・図像・宗教と伝承の総合的研究」(2004～2008年度)の研究成果の一部である。このプロジェクトは考古学と文献史学、古代文学を3本柱とする学際研究である。その枠組みの中で、明治大学文学部考古学専攻は、弥生墳丘墓と関東における後期古墳群の集成作業を進めてきた。その成果は『古代学研究所紀要』第2号(2005)や『関東の後期古墳群』(六一書房2007年刊)としてこれまで発表してきた。本書はそれらの続編として刊行するものである。

　『関東の後期古墳群』は、関東における古墳群の動向の地域的差異を抽出することを目的としたが、諸般の事情で常陸地域を扱うことができなかった。本書の対象を常陸に絞ったのはそのためである。常陸は『常陸国風土記』が残されている地域であり、また古墳が非常に多い地域でもある。しかしながら、古墳群の悉皆調査や古墳の測量調査といった基礎研究がまだまだ不充分で、『常陸国風土記』の記述と関連づける古墳研究や、常陸の古墳を古墳時代史全体の理解に役立てるような研究がすぐには生まれにくい現状がある。

　そこで本書では、ひたちなか市、水戸市、石岡市、小美玉市、かすみがうら市、土浦市、つくば市と、古墳時代研究に情熱を燃やす文化財担当者が勤務している自治体を中心とした古墳集成を提示し、古墳群の動向を解説してもらうこととした。その他にも古墳研究者が文化財担当者として在籍する自治体もあるが、担当者多忙のため、今回は集成表や原稿をお願いできなかった。

　本書準備の一環として、2008年7月21日には、明治大学駿河台校舎で「常陸の古墳群」と題してシンポジウムも開催した。シンポジウムでは、これまで常陸における古墳研究を牽引してこられた大塚初重先生、茂木雅博先生にご講演をお願いし、我々若手が現在実践している研究活動の基盤を明確化していただいた。ご多忙中にもかかわらずご協力頂いた両先生に篤く御礼申し上げる。

　『常陸の古墳群』と題してはいるが、扱っていない地域の方がまだ多く、今後の課題である。ただ西日本からみれば、不明な部分の多い常陸の古墳・古墳群に関して、何が現在わからないのか、何がわかりつつあるのかを明確にした点において、本書はいささかなりとも古墳時代研究に貢献できたのではないかと自負している。本書の刊行を常陸の古墳時代研究の一里塚として、古墳時代史全体の中での常陸の位置づけが将来できるよう努力を続けたい。

明治大学文学部准教授　佐々木　憲一

目　次

はじめに
例　言

序　章　常陸の古墳文化理解のために―序に代えて―………………………………佐々木憲一　5

第1章　常陸における古墳研究の基盤………………………………………………………………　9
　常陸における戦後四半世紀の古墳研究………………………………………大塚　初重　11
　常陸の古墳研究における方法と問題点………………………………………茂木　雅博　21

第2章　地域研究………………………………………………………………………………………　29
　ひたちなか市
　　ひたちなか市域の古墳群……………………………………………………稲田　健一　31
　水戸市
　　水戸市旧水戸市域の古墳群…………………………………………………川口　武彦　57
　　水戸市旧内原町域における古墳の群構成…………………………………田中　　裕　97
　石岡市
　　石岡市域の古墳群……………………………………………………………曾根　俊雄　113
　小美玉市
　　小美玉市旧小川町・美野里町域の古墳群…………………………………本田　信之　149
　　小美玉市旧玉里村域の古墳群………………………………………………佐々木憲一　171
　かすみがうら市
　　かすみがうら市域の古墳群…………………………………………………千葉　隆司　189
　つくば市
　　つくば市域の古墳群…………………………………………………………石橋　　充　233
　土浦市
　　土浦市域の古墳群……………………………………………………………塩谷　　修　269
　　霞ヶ浦沿岸の終末期古墳について―土浦市内の事例を中心として―…石川　　功　301
　　土浦市域・桜川流域の後期古墳と円筒埴輪について……………………石川　　功　311

第3章　常陸における古墳群の特質…………………………………………………………………　315
　（座談会）　常陸の古墳群の地域的差異をめぐって……………………………………………　317
　「常陸」というフィールドから「古墳群」を考える―総括に代えて―…………田中　　裕　337

あとがき
編者紹介
執筆者・協力者紹介

例　言

1. 本書は、明治大学が2004年度から2008年度まで実施した文部科学省学術フロンティア推進事業「日本古代文化における文字・図像・宗教と伝承の総合的研究」（研究代表者：吉村武彦）の研究成果の一部である。
2. 本書には、2008年7月21日に明治大学駿河台校舎で開催したシンポジウム「常陸の古墳群」の記録、2008年9月15日に土浦市立博物館にて非公開で行った座談会の成果、及びひたちなか市、水戸市、石岡市、小美玉市、かすみがうら市、土浦市、つくば市の古墳集成を収めた。
3. 古墳集成表の枠組みは『古代学研究所紀要』第2号（2005）ですでに発表した、古屋紀之・草野潤平・五十嵐祐介・西島庸介「関東における後期・終末期古墳群の地域動態研究―下野南部を対象とした古墳集成―」と同一である。本書の古墳集成も4名との議論に負うところが大きいことを記し、感謝したい。ただ常陸では編年的位置づけが困難な古墳が多いため、前期・中期古墳もすべて後期・終末期古墳と同じ枠組みで集成してある。また「大型」古墳についても、下野と同じ基準にはせず、常陸の中でも地域により若干異なる基準を採用している。
4. 石岡市の一部、土浦市の一部、かすみがうら市の古墳集成の基礎作業は、2007年夏季休暇中に、明治大学文学部考古学専攻3年生の1週間のボランティアによって行われた。作業に従事した以下の9名の諸君に対し、感謝したい。一枚田薫、内山綾、大村冬樹、川出圭吾、鶴見諒平、冨板克則、中原寛隆、根岸正一郎、野上怜子
5. 本書の編集は、企画の段階から佐々木憲一が田中裕と相談しながら進めたが、学術フロンティア推進事業RA（研究助手）の及川穣の多大な助力を得た。佐々木が校務に忙殺されるなか、及川の犠牲的献身がなければ本書は成らなかったであろうことを特に記し、深く感謝したい。

常陸の古墳文化理解のために
―序に代えて―

佐々木　憲一

　常陸は古墳の多い地域である。前方後円墳に限っても、『前方後円墳集成』にリストされている茨城県の前方後円墳は460余り（佐藤・鹿志村1994）。『前方後円墳集成』の茨城県の部分は遺漏もあり、さらに湮滅した古墳も考慮に入れると、前方後円墳の数は500を軽く超えるのではないだろうか。古墳文化の中心であった奈良県の前方後円墳の数が300という現実（奈良県立橿原考古学研究所2001）を考えたとき、この常陸の前方後円墳の数は異常とも言える。また後述する『茨城県古墳総覧』（茨城県教育庁社会教育課1959）では約3400の古墳をリストしているが、現在その数は10,000を越えるという。

　このような古墳の多さは、常陸が高国（現在の北茨城市、高萩市など）、久自国（現在の日立市、常陸太田市、那珂郡東海村など）、仲国（現在のひたちなか市、水戸市、鹿島市など）、茨城国（現在の石岡市、かすみがうら市・小美玉市、行方市など）、筑波国（現在のつくば市・土浦市など）、新治国（現在の笠間市、筑西市など）と複数の国に分かれていたことと関係するのかも知れない。つまり、個々の地域社会の独立性・自律性が高く、したがって、中央からの拘束を強く受けることなく、地域社会ごとに独自の築造ルールに基づいて比較的自由に古墳を築造できたことの反映かも知れないのである。

　しかしながら、国家形成期における地域社会の自律性といった歴史学全体に貢献できる可能性があるこの種の仮説も、常陸では検証がなかなか困難である。というのは、中小古墳や古墳群の悉皆調査、大型古墳の測量調査といった基礎研究が著しく遅れているからである。特に関東以外の古墳研究者が常陸の古墳時代の大変興味深い現象を理解しようとするとき、立ちはだかる障壁は非常に大きい。

　ここでは、この困難を克服するため、これまでどのような研究が実践されてきたか、測量・分布調査を中心に、ごく簡単に振り返る。詳細は、第1章「常陸における古墳研究の基盤」の大塚初重、茂木雅博両氏の講演を参照されたい。また常陸南部の1950年代以降の研究史は別稿でも触れたことがある（佐々木・古屋2005）。そういった学史的脈絡のなかで、本書の意義を若干説明したい。

　常陸の古墳文化理解のための基礎研究の嚆矢となったのは、『茨城県古墳総覧』（茨城県教育庁社会教育課1959）である。この『総覧』は以後の常陸の古墳研究の基盤を成すものであり、本書もこの『総覧』が打ち立てた伝統を継承するものである。霞ヶ浦沿岸を中心とした地域については、大塚や川上博義、小林三郎らが自分の足で古墳を確認しており、現在でも信頼性は高い。この『総覧』のおかげで、どこに古墳が集中するか、古墳群の規模などがある程度把握できるようになった。また1960年代以降に大きく破壊され、あるいは湮滅した大型古墳のデータは貴重である。ただ、当時の予算あるいは時間的制約のためか、古墳の分布図は掲載されなかった。この点において、本書では全県を網羅していないものの、対象とした地域の古墳分布図を掲載できたのは、ひとつの前進と自負している。

　同じころ、現在つくば市の一部である谷田部町が西宮一男（1960）の指導で古墳の分布調査と一部発掘調査を実施し、その成果は『谷田部町古墳総覧』として刊行された。

　1960～70年代は、大塚・小林が基礎研究を蓄積していた時期である。各地の古墳の発掘調査に並行して、石岡市舟塚山古墳、水戸市愛宕山古墳、常陸太田市梵天山古墳の3基の大型前方後円墳の測量調査を手掛けたことは意義が大きい。同時に大塚は齋藤忠の指導のもと、『茨城県史料』（考古資料編―古墳時代）(1974)の編集にも尽力している。この『史料』刊行以前は様々な文献に断片的に紹介されていた古墳測量図や出土遺物実測図が1冊の本

でわかるようになった意義は大きい。大塚はそのあとがきで、測量図の精度を統一できなかったことを謙虚に記すが、それは現在でも真摯に受け止めなければならない。

1976年から1984年にかけて、現在のかすみがうら市の一部である出島半島の遺跡の悉皆調査をまず大正大学考古学研究会が実施した（大正大学考古学研究会 1985; 能城 1986）。同時に柳梅台古墳群の測量調査も行っている。1980年には茂木雅博が茨城大学に専任教員として赴任、本書第1章第2節に本人が詳述するように東海村（茨城大学人文学部史学第六研究室 1986）、土浦市、関城町（関城町史編さん委員会 1988）、牛堀町、鉾田町（茂木ほか 1995）、麻生町（茂木・小澤ほか 2002）等で古墳も含めた遺跡の悉皆調査を実施した。この一連の成果は最終的に『常陸国風土記の考古学的研究』（茂木 2006）として結実した。その他に茂木は、悉皆調査で新たに発見した古墳も含め、大型古墳の測量調査を継続的に実施しており（木崎・茂木 2000; 茂木・田中 2005）、常陸の古墳研究の基盤整備に茂木の果たした役割は大きい。

茨城県に新設された筑波大学も1970年代に、つくば市の主に旧筑波町域の縄文時代から中世までの遺跡の分布調査を実施し、古墳に関しては測量調査と若干の確認発掘調査を行った（増田ほか 1982）。この種の測量・分布調査を中心とした基礎研究は1980年代に入っても筑波大学の岩崎卓也・西野元・滝沢誠らが中心になって、「茨城南部古代地域史の研究」（西野ほか 1991）として継続しており、滝沢（1994）がその成果を総括し、歴史理論まで高めているのは意義深い。理念的にはしらみつぶし測量を狙った上記の研究成果を引き継ぎ、生かすことを念頭に、田中裕や日高慎が出島半島や千代田町においてその後も測量調査を実施した（田中・日高 1996; 田中 1997 など）。こうした継続的な活動が結果的には、後述する、筑波大学が霞ケ浦町（当時）において1990年代末に実施した分布調査の基礎となった。

1970・1980年代は開発も相次ぎ、考古資料が蓄積されていた時期で、総論的研究や資料集成も行われるようになってきた。1992年には、国立歴史民俗博物館の共同研究「東国における古墳の終末」の一環で阿久津久と片平雅俊（1992）が常陸を担当している。前方後円墳を含む古墳群をリストし、また横穴墓を概観するなど、特に常陸以外の研究者にとっては簡にして要を得た総論である。

1990年代は2000年の茨城県遺跡地図改訂に向けて、玉里村（当時）、霞ケ浦町（当時）、石岡市（当時、八郷町域を除く）が、それぞれ明治大学、筑波大学、國學院大學の考古学研究室の協力を仰ぎ 1995〜1996年、1998〜2000年、1999〜2000年に分布調査を実施した（玉里村内遺跡分布調査団 2004; 筑波大学考古学研究室 2001・2004; 新山他 2001）。同時に玉里村は明治大学文学部考古学研究室に権現山古墳の発掘調査を依頼（小林編 2000）したほか、筑波大学考古学研究室は風返浅間山古墳の、石岡市遺跡分布調査会は要害山古墳の測量調査を併せて実施したことは意義深い。今回の集成もこの時期の分布調査の成果に負うところが大変大きい。玉里村南部域において、明治大学文学部考古学研究室が2001年から2005年にかけて実施した大型古墳の体系的測量調査（小林他編 2005; 草野 2006）も、この分布調査の成果をさらに高める意義もあった。

1990年代後半以降は、東北・関東前方後円墳研究会が常陸の古墳・古墳群を古墳時代研究全体の枠組みに位置づけるのに、大きな役割を果たしている（阿久津 1996; 石橋 1997; 日高 1998, 2004; 稲村 2000; 小澤 2001, 2006; 小澤・本田 2002; 新井 2003; 生田目 2005; 稲田 2009）。常陸以外の古墳研究者にとって、常陸の詳しい古墳研究入門となっている。ただ、生田目和利（2005）の発表を除くと、毎年設定されるテーマのためか、発掘された古墳のデータが中心であり、それ以外の未調査の膨大な数の中小古墳の存在がクローズアップされないという点が共通する。生田目（2005）の発表は、その年の大会「前方後円墳以後と古墳の終末」を企画した菊地芳朗が「ともすれば有力古墳や大型古墳の動向に注目が集まりがちな古墳研究ですが、有力古墳とともに群集墳・小規模古墳を取り上げ、相互の関連やその背景を追究する」ことを目標に掲げており、それを反映し、中小古墳に力点を置いており、今回の企画にも相通じる。

以上、常陸はあまりにも広大であるため、全域とはいえなくとも、それなりに基礎研究は実践されてきており、本書はその伝統を引き継ぐものである。本書は前述の第1章に続き、第2章ではひたちなか市、水戸市、水戸市

旧内原町域、石岡市（旧八郷町域を含む）、小美玉市旧小川・美野里町域、小美玉市旧玉里村域、かすみがうら市、つくば市、土浦市における古墳群の動向と古墳・古墳群集成を集めた。第3章では以上の自治体に加えて鹿嶋市も含めて、1) 古墳群の規模と構成、2) 大型円墳、3) 横穴墓、4) 方形周溝墓をテーマに行った座談会の成果を収録した。第2章の地域各説の内容と若干重複する部分もあるが、先に第3章の座談会をお読みいただき、特に注目すべき点を頭に入れてから、第2章の該当する節をお読みいただくというのも、本書の使い方のひとつではないかと思う。また先の4つの側面に関しては、地域毎で独立した第2章よりも、常陸の中での地域的差異を第3章でより明確化したつもりである。最後に、佐々木より長く茨城県で研究生活を送っておられる田中裕氏に総括していただいた。

　最後に、本書でもって常陸の古墳文化の全貌を明らかにしたという意志はないし、また古墳時代史の枠組み変更を迫るものでもない。ただ、そういった大目標に向けて様々な仮説を構築するための基盤を提供するのが本書の目的である。横山浩一 (1985, p. 10) の言葉を借りれば、常陸の古墳「資料を歴史の史料として使えるようにする」ための基礎作業を行うのが意図である。確かに、本書に記述されたデータは、茨城県内の古墳研究者にとっては自明のことばかりであろう。しかしながら、西日本の古墳研究者にとっては、西日本の古墳研究の枠組みの中で説明がつかないケースが多いのである。この点にも本書刊行の意義は大きいと考える。

　本書の先行企画である『関東の後期古墳群』に比べ大部な本となったが、常陸地域内の古墳文化の地域的差異が旧国造の支配領域に明確に対応するのかも、まだ自信を持って言えるほどデータを集めたわけではない。今後も常陸の古墳・古墳群データの資料化を続け、古墳時代史全体に貢献できるような常陸の古墳研究を目指したいと考えている。

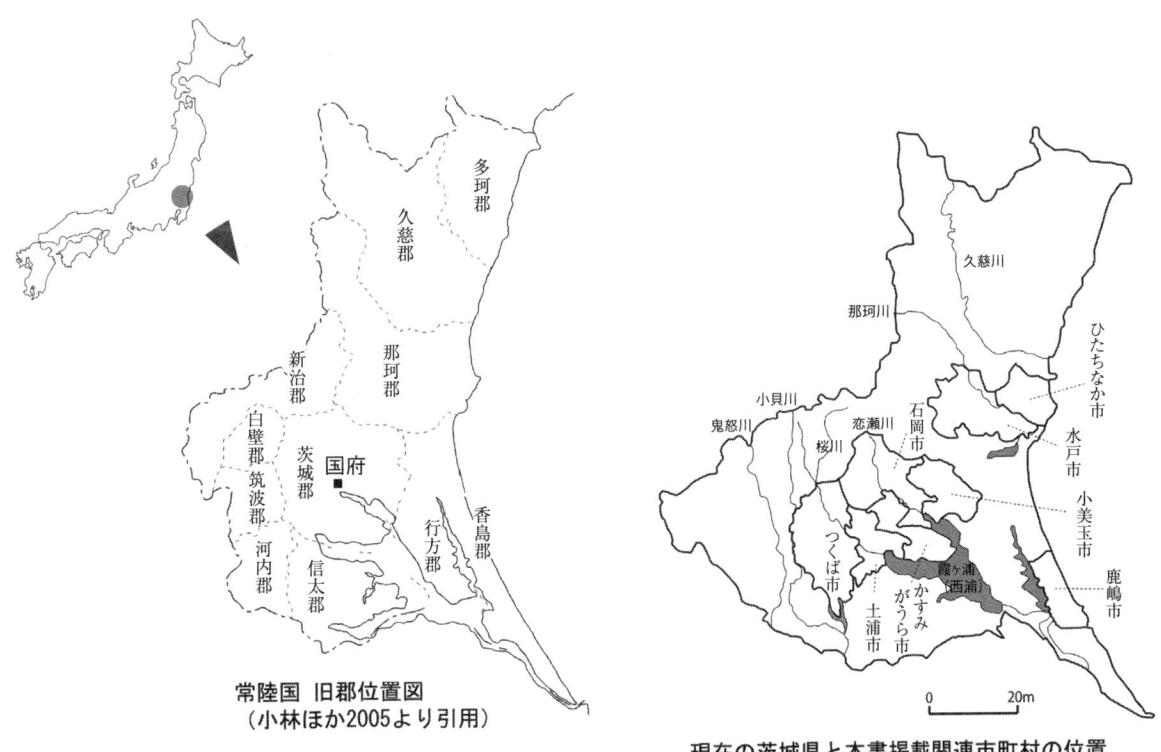

常陸国 旧郡位置図
（小林ほか2005より引用）

現在の茨城県と本書掲載関連市町村の位置

引用文献

阿久津久 1996「常陸の前方後円墳」『東北・関東における前方後円墳の編年と画期』 pp. 62-72 第1回東北・関東前方後円墳研究会

阿久津久・片平雅俊 1992「常陸の後期古墳の様相」『国立歴史民俗博物館研究報告』 第44集, pp. 423-468

新井 悟 2003「霞ケ浦北岸における後期古墳の細分」『後期古墳の諸段階』pp. 121-140 第8回東北・関東前方後円墳研究会

新山保和ほか 2001『石岡市遺跡分布調査報告書』茨城県石岡市教育委員会・石岡市遺跡分布調査会
石橋　充 1997「常陸の横穴式石室と前方後円墳」『横穴式石室と前方後円墳』pp. 83-94　第2回東北・関東前方後円墳研究会
稲田健一 2009「茨城県久慈川・那珂川流域の前期～中期初頭の古墳」『前期古墳の諸段階と大型古墳の出現』 pp. 13-28　第14回東北・関東前方後円墳研究会
稲村　繁 2000「茨城における前方後円墳の終焉とその後」『前方後円墳の終焉とその後』 pp. 75-122　第5回東北・関東前方後円墳研究会
茨城県教育庁社会教育課（編）1959『茨城県古墳総覧』
茨城大学人文学部史学第六研究室（編）1986『東海村の遺跡』 東海村教育委員会
小澤重雄 2001「茨城県」『中期古墳から後期古墳へ』 pp. 112-132　第6回東北・関東前方後円墳研究会
　　　　　2006「茨城県の様相」『前方後方墳とその周辺』 pp. 141-153　第11回東北・関東前方後円墳研究会
小澤重雄・本田信之 2002「茨城県における古墳の地域性」『前方後円墳の地域色』 pp. 53-68　第7回東北・関東前方後円墳研究会
木崎　悠・茂木雅博（共編）2000『常陸の前方後円墳（1）』茨城大学人文学部考古学研究報告第3冊
草野潤平 2006「茨城県新治郡玉里村桜塚古墳測量調査報告」『考古学集刊』 第2号　pp. 95-118　明治大学考古学研究室
小林三郎（編）2000『玉里村権現山古墳発掘調査報告』 茨城県新治郡玉里村教育委員会
小林三郎・石川日出志・佐々木憲一（共編）2005『茨城県霞ケ浦北岸地域における古墳時代在地首長層の政治的諸関係理解のための基礎研究』（平成13～16年度科学研究費補助金［基盤研究A(2)］研究成果報告書）明治大学考古学研究室
齋藤　忠ほか 1974『茨城県史料・考古資料編―古墳時代―』 茨城県史編纂委員会
佐々木憲一・古屋紀之 2005「これまでの調査・研究」小林三郎他編『茨城県霞ケ浦北岸地域における古墳時代在地首長層の政治的諸関係理解のための基礎研究』 pp. 2-8　明治大学文学部考古学研究室
佐藤正則・鹿志村育男 1994「常陸」近藤義郎編『前方後円墳集成』 東北・関東編　pp. 61-69; pp. 201-335　山川出版
関城町史編さん委員会編 1988『関城町史・別冊資料編―関城町の遺跡―』 関城町
大正大学考古学研究会 1985「茨城県出島半島における考古学的調査Ⅱ」『鴨台考古』 第4号（全冊）
滝沢　誠 1994「筑波周辺の古墳時代首長系譜」『歴史人類』 22　pp. 89-112　筑波大学歴史・人類学系
田中　裕 1997「茨城県千代田町熊野古墳群の測量調査」『茨城大学先史学・考古学研究』 第8号　pp. 107-117
田中　裕・日高慎 1996「茨城県出島村田宿天神塚古墳の測量調査」『茨城大学先史学・考古学研究』 第7号　pp. 83-106
玉里村内遺跡分布調査団 2004『玉里の遺跡』茨城県新治郡玉里村教育委員会
筑波大学考古学研究室（編）2001『霞ケ浦町遺跡分布調査報告―遺跡地図編―』 霞ケ浦町教育委員会・筑波大学考古学研究室
　　　　　　　　　　　　　　　2004『霞ケ浦町遺跡分布調査報告―遺物編―』 霞ケ浦町教育委員会・筑波大学考古学研究室
生田目和利 2005「茨城県北部における前方後円墳以後と古墳の終末」『前方後円墳以後と古墳の終末』 pp. 61-80　第10回東北・関東前方後円墳研究会
奈良県立橿原考古学研究所 2001『大和前方後円墳集成』 学生社
西野　元ほか 1991『古墳測量調査報告書Ⅰ―茨城南部古代地域史の研究―』 筑波大学歴史・人類学系
西宮一男 1960『谷田部町古墳総覧』谷田部町教育委員会
能城秀喜（編）1986「茨城県出島半島における考古学的調査Ⅲ」『鴨台考古』 第5号　大正大学考古学研究会
増田精一・岩崎卓也・池田宏・前田潮・蒲原宏行・松尾昌彦・設楽博巳・北内三喜男・小黄康行・寺内のり子・高崎光司 1982『筑波古代地域史の研究』 筑波大学歴史・人類学系
日高　慎 1998「茨城県」『前期古墳から中期古墳へ』 pp. 105-122　第3回東北・関東前方後円墳研究会
　　　　　2004「関東平野　東北部」『東日本における古墳出現について』 pp. 95-108　第9回東北・関東前方後円墳研究会
茂木雅博（編）2006『常陸国風土記の考古学的研究』 茨城大学人文学部考古学研究報告第9冊　茨城大学人文学部考古学研究室
茂木雅博・田中裕貴（編）2005『常陸の前方後円墳（2）』 茨城大学人文学部考古学研究報告第8冊　茨城大学人文学部考古学研究室
茂木雅博ほか 1995『鉾田町史原始古代資料編』鉾田町史編さん委員会
茂木雅博・小澤重雄ほか 2002『麻生町史』 麻生町史編さん委員会
横山浩一 1985「総論」『岩波講座日本考古学』 1（研究の方法） pp. 1-15　岩波書店

第1章　常陸における古墳研究の基盤

常陸における戦後四半世紀の古墳研究

大塚　初重

　本日「常陸の古墳群」講演会の基調報告として私に与えられたテーマは、「常陸における戦後四半世紀の古墳研究」です。つまり1945年8月15日の敗戦から25年間、昭和45年前後まで、常陸、今の茨城県ではどういう古墳研究が行われていたか概観することです。

　まず、戦争直後の昭和20年、昭和21年、22年頃については、私の調べた限り、茨城県でどういう方がどういう古墳研究をなさっていたかについては、具体的な資料が出て来ませんでした。古墳の調査がまったく何もなかったということは無かったろうと思います。例えば、大森信英さんが当時國學院大学に在学中か、卒業された頃だと思いますが、そういう方たちが地元で、小規模な調査は個人的になさっていたのだろうと思います。私は県の資料を引用していますので、県が把握するような大型古墳の調査は、昭和24年が最初である、ということです。それで、第1表は、昭和46年3月に茨城県教育委員会が、昭和23年から40年まで県が関知した遺跡・古墳発掘調査報告書を調査史として、一覧表にまとめたものです。これを中心に話を進めたいと思います。

　この表を見ますと、戦後、常陸国における古墳の大調査というとまず、1949（昭和24）年に國學院大學の大場磐雄先生が中心に取り組まれた大洗町の常陸鏡塚古墳の発掘をあげるべきでしょう。大場磐雄・佐野大和共著による立派な報告書が出ておりますので細かいことは省きますが、今、常陸鏡塚の報告書を繙いてみても、大場先生流石だなと評価できるところがたくさんございます。また佐野さんは、この報告以前に「粘土槨考」という論文を書いておられます。常陸鏡塚の粘土槨は幅3m50cm、内法7m60cm、一部壊されていたので全長は不明ですが、恐らく10mを超えるのではないかという大きなものです。しかも、農具・工具等を模した46点の石製模造

第1表　常陸における戦後四半世紀の古墳研究

1.	1949年	昭和24年	大洗町	常陸鏡塚古墳の発掘調査	大場磐雄・佐野大和
2.	1949年	昭和24年	平磯町	三ッ塚古墳の発掘調査	斉藤　忠ほか
3.	1952年	昭和27年	潮来町	常陸大生古墳群の発掘調査	大場磐雄ほか
4.	1952年	昭和27年	八郷町	常陸丸山古墳群	後藤守一・大塚初重
5.	1952年	昭和27年	村松村	常陸国村松村の古墳調査	大森信英ほか
6.	1953年	昭和28年	八郷町	常陸丸山4号墳の発掘調査	大塚初重
7.	1955年	昭和30年	行方市	三昧塚古墳の発掘調査	大塚初重・川上博義
8.	1961年	昭和36年	行方市	勅使塚古墳の発掘調査	大塚初重・小林三郎
9.	1963年	昭和38年	石岡市	船塚山古墳の測量調査	明治大学考古学研究室
10.	1963年	昭和38年	常陸太田市	大田山埴輪窯群の発掘調査	大川　清ほか
11.	1963年	昭和38年	勝田市	西山古墳群の発掘調査	大森信英ほか
12.	1963年	昭和38年	八郷町	佐自塚古墳の発掘調査	斉藤　忠・大塚初重
13.	1963年	昭和38年	常陸太田市	幡横穴古墳群の発掘調査	関根忠邦・大森信英
14.	1964年	昭和39年	水戸市	愛宕塚古墳の測量調査	明治大学考古学研究室
15.	1964年	昭和39年	金砂郷村	猫淵横穴群の発掘調査	大森信英ほか
16.	1965年	昭和40年	小美玉市	上玉里舟塚古墳の発掘調査	大塚初重・小林三郎
17.	1965年	昭和40年	ひたちなか市	馬渡埴輪製作跡の発掘調査	大塚初重・小林三郎
18.	1965年	昭和40年	常陸太田市	梵天山古墳測量調査の発掘調査	明治大学考古学研究室
19.	1967年	昭和42年	岩瀬町	常陸狐塚古墳の発掘調査	西宮一男ほか
20.	1968年	昭和43年	日立市	上の台古墳群の発掘調査	関根忠邦ほか
21.	1968年	昭和43年	那珂湊	平磯三ッ塚の発掘調査	井上　義・井上義安
22.	1970年	昭和45年	高荻市	赤浜古墳群の発掘調査	川崎純徳ほか

品を含め、たくさんの遺物が出ている。戦後の東日本の古墳の発掘では、大変な成果を挙げられたのです。

　常陸鏡塚古墳の発掘調査にいたる経緯については、面白い話が残っています。実は、國學院大學を卒業された女性から、鏡塚の隣にある大円墳の車塚を発掘してくれという依頼が國學院の大場先生にあったのです。続いて地元の町長さんからも話がきまして、大場先生は佐野大和さんや亀井正道さん、永峯光一さんをお連れになって現地へ行く。ところが車塚は墳頂に神社が建っていて、しかもこんもりと森があって、とても掘れるような古墳じゃない。むしろすぐそばにある鏡塚の方が、だいぶ壊されているけれども発掘に支障はない、というようなことで鏡塚の発掘調査を計画されたのです。

　古墳の発掘調査はお金が掛かりますから、茨城県教育委員会もその主旨を解して、予算化します。しかし、発掘寸前になって予算がだめになりました。というのは、新制中学校建設のために、磯浜の三ツ塚古墳の一部をどうしても壊さなければならなくなった。そちらの調査に県の予算をまわすことになり、常陸鏡塚の発掘費を県は出さないというのです。磯浜の三ツ塚古墳は、当時文部技官の齋藤忠先生がおみえになって、笠間神社の塙瑞比古先生らと一緒に調査をすることになりました。

　その後、國學院大學の父兄会など色々なところで皆さんが費用を捻出するようになって、常陸鏡塚古墳の発掘調査が実現しました。そして大場先生がお書きになったその報告書は、学者としての長いキャリアに裏打ちされた、素晴らしい内容です。具体的には、『人類学雑誌』59巻10号にある、川角寅吉さんの常陸の古墳の分布図を引用して、常陸の古墳群全体を考えて、その中で鏡塚がどういう位置を占めるかを論じておられるのです。この問題意識は、流石だなと思っています。

　ただし、この時代の古墳の発掘調査は、まず主体部を狙うのです。つまり、墳丘の裾や段築の確認とか、埴輪列・葺石の追究とかは、おそらく費用とかいろんな点もあって、なされてないのです。まず古墳の主体部というのが当時の古墳調査の常道でした。そのようなわけですから、常陸鏡塚の場合も調査期間は一週間くらい。昭和24年の8月26日から9月1日までの七日間、9月1日は、午後の汽車で水戸から大学へ戻るということです。今の古墳調査の常識から言えばとても考えられませんが、この頃の古墳の調査というのが、一週間でドキドキした大発掘でした。これは國學院、明治に限ったことではありません。

　常陸鏡塚に続く戦後二番目の調査が、先ほど触れました、昭和24年の平磯町三ツ塚古墳の発掘調査です。三番目に、潮来町の常陸大生古墳群の発掘調査が昭和27年、大場先生によって行われます（第1図）。当時我々は大生原古墳群と言っており、その大生原古墳群にはたくさんの前方後円墳があるから一度来てくれという依頼が地元の神社の宮司さんから、地元出身の卒業生とも関わって、大場先生にあったのです。大場先生もこれは調査すべきだということで、段取りが始まって昭和27年にこの調査が行われる。これは、現在の行政調査などとは全く関係なく、地元の町・自治体とか、有志の方が費用を出して調査が可能になったのです。

　この大生古墳群には前述の通り前方後円墳がいくつか存在しています。特筆すべきは、大生西古墳群分布図の下の方に大生原の西第一号墳、二号墳という墳丘の片側に造出しを持つ前方後円墳が二基あるのです。この二基のうち、大場先生は大生西第一号墳を、五年間に5回調査をしています。たとえ小規模であっても、何回も分けて五年も掛けて調査をなさるという飽くなき挑戦、学問的な姿勢は、我々も学ばなければいけないと思っております。大生西第一号墳では、造出しの部分の発掘調査をしています。第一礫床、第二礫床と礫床が二基検出されました。灰が検出されましたから、火を焚いたのだとか、前方後円墳の造出しは一体何かという議論の素材となりました。最近ならば、三重県松阪の宝塚一号墳とか兵庫県加古川市の行者塚をはじめとして、造出し論の資料がいろいろありますが、当時、戦後のまったく何もわからない時代に、大場先生が大生原古墳群のこの造出し調査に挑戦なさっているということです。やはり学問的な姿勢として評価すべきではないかと思う。祭祀の跡だという意見もあるが果たしてそうかというようなことも大場先生はお書きになっております。大生原古墳群は、国造につながる多氏一族の関係の墓だという詳しい議論は、流石、大場先生の論考だなと思いました。

　昭和27年には、明治大学の後藤守一先生が、八郷町（現石岡市の一部）の常陸丸山古墳の調査をしています。こ

二、古墳群の分布と規模

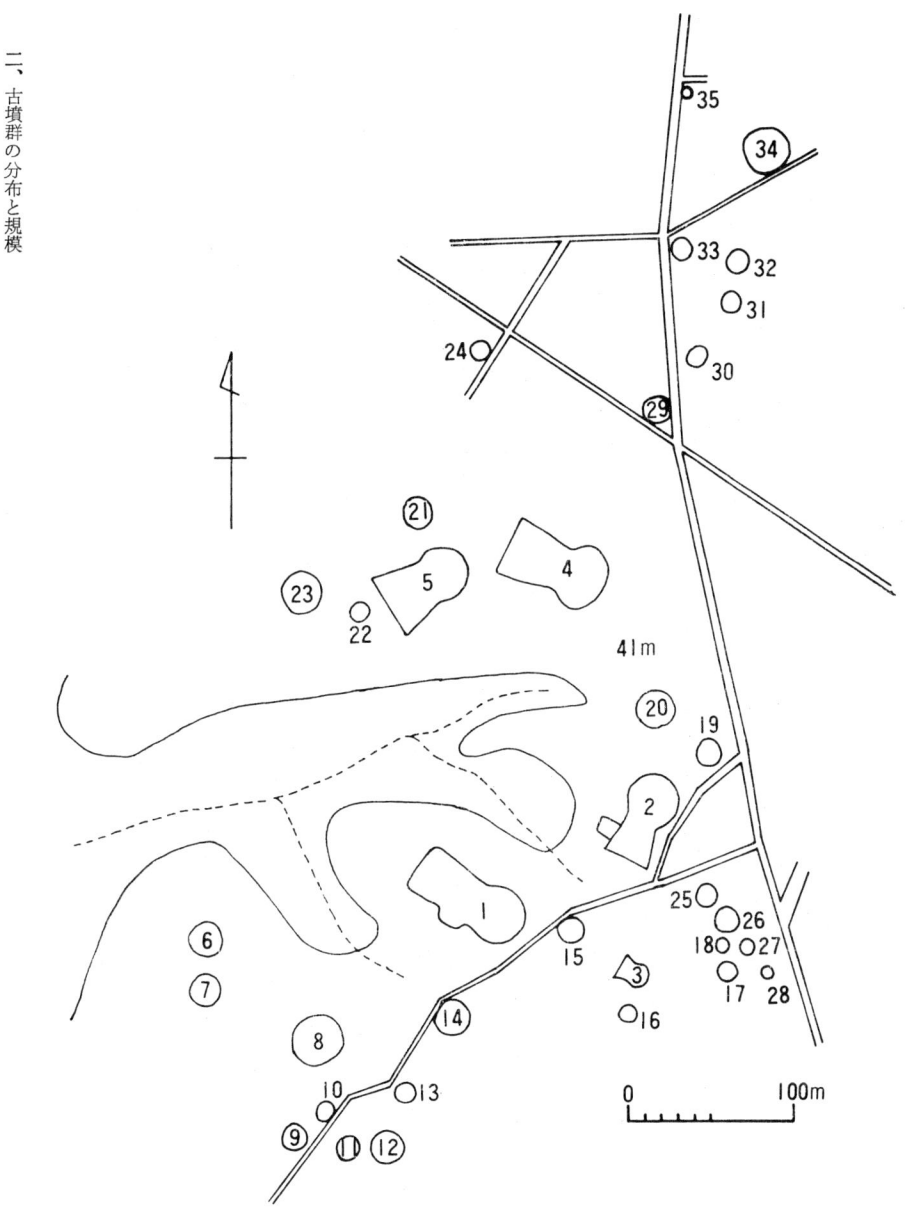

第1図　大生原古墳群分布図

の調査も私の知る限り、八郷町の地元の丸山古墳顕彰会の皆さんから、この丸山古墳の発掘の依頼が後藤先生に来たわけです。地元では常陸丸山古墳が豊城入彦命の墓と伝えられており、顕彰会の皆さんは、発掘調査によってその伝承を考古学的に立証してもらいたいという意向があったようです。この調査には、最近亡くなられた東北大学の芹沢長介さんも学生として参加されています。墳丘測量したところ、前方後方墳であることが判明し、俄然問題になるのです。というのは、翌年の昭和28年に、栃木県で那須八幡塚古墳を東京国立博物館の三木文雄先生が調査していて、これも前方後方墳と判明しました。これについては、後述します。

　測量が終わって、いよいよこれから発掘に入るという時に、一悶着ありました。後藤先生が地元の小学校の講堂で、八郷の皆さんに講演をされた時に、発掘しても、豊城入彦命の墓だと考古学的に証明することはできない。考古学はそういうことができる学問ではないのだと話されました。そうしたら顕彰会の皆さんが、発掘は困るということになったのです。その後、顕彰会の会長さんと後藤先生の間で示談が成立し、急遽掘ることになりました。後藤先生とどういう話になったかはわかりません。豊城入彦命の墓とは断定できないが、その関係者の墓く

らいで後藤先生も手を打ったのかもしれません。発掘したところ、木棺直葬の前後に粘土の塊が置いてありました。粘土槨の一種かと思います。実は、栃木の那須八幡塚でも同じタイプの埋葬施設が発掘され、これらが共に前方後方墳ということで、俄然問題になったのです。私にとっては、これが前方後方墳の研究の始まりとなりました。

　第五番目の村松村の古墳調査の成果は、大森信英さんがお書きになっています。この当時大森信英さんは茨城高校の先生をしていました。茨城高校の史学部、いわゆる郷土研究部の生徒さんを連れて、毎年毎年、村松村の遺跡の調査をしており、それを一冊の本にまとめたわけです。大森さんが國學院大學を出られた、敗戦直後から、こういう地元の調査を地道になさっていたということです。大場先生の序文が付いた立派な報告書として結実しています。

　昭和28年には、常陸丸山古墳との関係で、付近にある常陸丸山4号墳という、埴輪が出る後期古墳の調査も私がいたしました。これは、地元からの発掘依頼などいろいろな関係がありましたが、とにかく学術調査です。

　ところが、次の七番目、昭和30（1955）年、玉造町（現行方市）の三昧塚古墳の調査以降、常陸の古墳研究、考古学研究の様相が俄然変わったと私は考えています。それは全くの古墳（遺跡）の問題と絡んでいるからです。この三昧塚古墳の場合、茨城県直営の霞ヶ浦の堤防建設工事のために、湖岸側から数百mのところの低地にあった三昧塚前方後円墳の墳丘の土採り工事が調査の契機となっているのです。つまり茨城県で最初の行政発掘です。三昧塚古墳の土採り工事が始まったときに、前方後円墳の霞ヶ浦に面した南西側の裾から、大量の形象埴輪、特に人物埴輪と動物埴輪が列を成して発見されました。

　ただし、昭和30年頃の文化財意識は、誠に低かった。顔の小さい、首も細い古い形式の人物埴輪のその首をスコップで切り落とし、石岡から鉾田へ行くあの県道に首だけを二十数個体並べて、という乱行が作業員により行われていたのです。そこへ、高浜の広瀬栄一さんという有名な醸造家のお宅の店員さんが、鉾田にお酒を運ぶ途中に県道を走ったら、県道の脇に埴輪人物の首が二十数個体並んでいるというので、驚いて電話をしたのが、三昧塚古墳の破壊が始まったというのがわかった最初であります。それで、県の教育委員会から国の文化財保護委員会（現文化庁）に連絡が行って、工事中止命令が出たが、現地の工事が茨城開発という会社がやっていて、きかないというのです。

　三昧塚の土採りの許可印を押した県の農地課課長の首がとぶという大問題になってまいりまして、文化財保護委員会と、現地と、県教育委員会との相談で、慶応義塾大学講師の清水潤三さんと明治大学の当時助手の大塚に、三昧塚の緊急調査に行けということになりました。ところが、入学試験のため清水潤三君に行かれては困ると藤田亮策先生がおっしゃって、結局私だけが発掘に行きました。県からは川上博義さんが派遣されることになり、90m近い大型前方後円墳の緊急調査に2人でやれということになりました。この指示の背景には、後藤守一先生や斉藤忠先生のような帝室博物館や帝国大学の大先生が現地に立って、地元の作業員を十人二十人使って、はいここ掘れ、というような昔の調査体制があったと思います。これではいい調査ができるはずがありません。私が現地に到着した時には、この前方後円墳の南西部がもう壊されて、そこに土運搬用のトロッコの線路が敷かれておりました。工事が止まらないものですから、いつ、何をしたらいいのかわからないということで、測量は後回し、まず中心部を発掘というふうな状態でした。その結果、未盗掘の箱形石棺から冠をはじめとする多くの副葬品が検出されました。調査が終わって、その年の秋に、大洗の旅館に泊まって、資料の実測調査を私と後藤守一先生がいたします。後藤先生の直々の三昧塚の垂飾付耳飾りの実測図をご参考までに出しておきました（第2図）。冠は私の実測図です（第3図）。

　三昧塚古墳の調査は、大変苦労致しました。私が石棺の実測をしていると、自転車の荷台に、円筒埴輪を結わいて、農道を一目散に逃げていく人がいました。今度は埴輪列を実測していると、墓壙の中からキーンと金属音がしたりする。赤く色を塗った石棺の破片を記念にもらいたいと言って石棺をハンマーで壊している人がいるのです。川上さんと私の2人だけではどうにもならないという調査が、茨城県で昭和30年に行われていた。私も

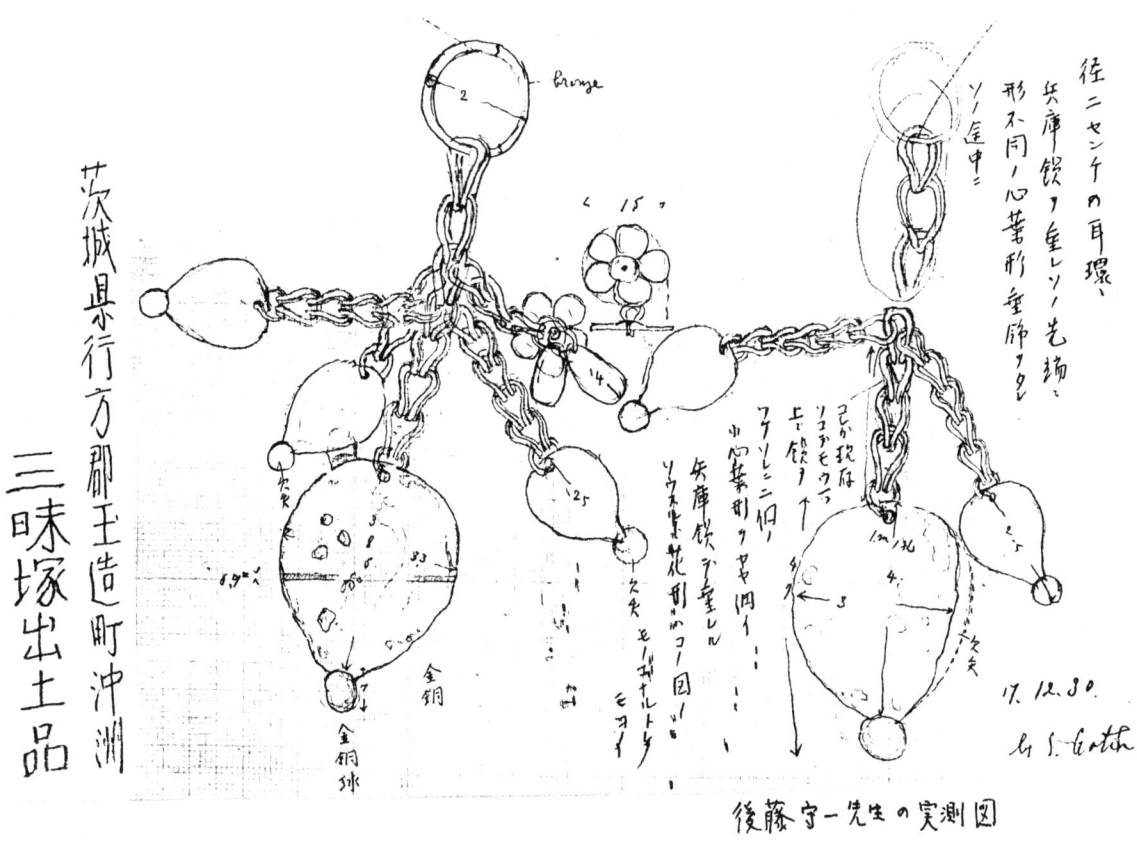

第2図　垂飾付耳飾の実測図（後藤先生実測）

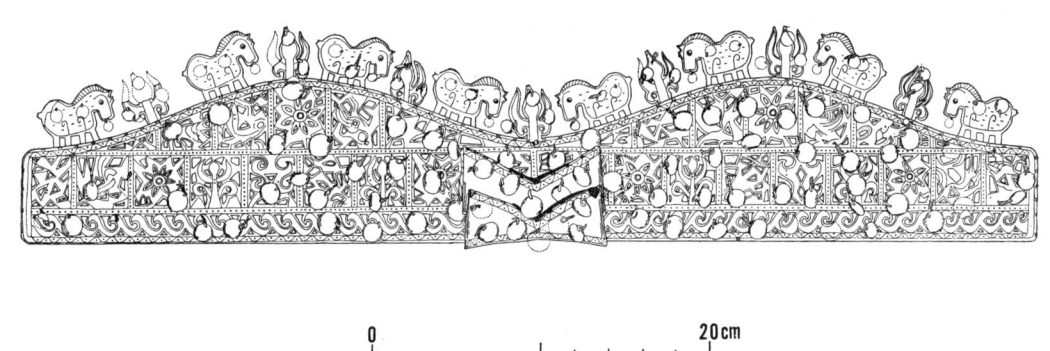

第3図　馬形飾付金銅冠実測図（大塚実測）

そういう調査をした責任を感じておりますが、それでもとにかく大変だったのです。

　三昧塚古墳の発掘調査中に周辺を歩いてみると、丘陵の上にはいくつかの古墳がある。例えば大日塚という帆立貝形の前方後円墳があって、石室が開いている。これが、東京国立博物館にある、中沢澄男さんがお持ちになっていた、有名な猿の埴輪を出した古墳だということです。それでこの玉造町の沖州の古墳群は重要だと認識しました。齋藤忠先生と歩いていると、勅使塚という前方後方墳を発見し、これは古そうだと直感しました。私が前方後方墳を常陸丸山古墳で測量していたものですから、明治大学で勅使塚古墳を発掘することになりました。これは、霞ヶ浦周辺では最も古い古墳で、この地域の古墳出現論に絡むような議論の素材となっております。

　実は三昧塚古墳の事件もあって、茨城県教育委員会は危機感を抱き、県内の古墳のしっかりした分布図を作らなければまずいと考えました。昭和30、31年の頃です。茨城県教育委員会は、国の文化財保護委員会と相談をして、齋藤忠、後藤守一両先生が中心になって、その下に私がくっついて、分布調査を実施いたしました。県内を

いくつかのブロックに分けて、そして、例えば土浦だとか、水戸とかの学校に特に小学校と中学校の先生方を集めました。そして、後藤先生と齋藤先生から古墳の話があって、私がスライドで古墳の調査の仕方などを説明しました。小学校と中学校の先生方にカードを配って、各市町村の古墳を調べて頂きたいとお願いしたのです。

地元の学校の先生にカードを提出してもらって、茨城県南部地域は私が確認の分布調査をしたのです。昭和31年、32年頃ですから、私は県の川上博義さんと一緒に自転車を駆って、潮来から、大野村、大洋村から石岡の方に向けて上がっていって、調査を続けました。各役場で一万分の一の地図を頂いて、その一万分の一の地図に古墳の分布をおとしていったのです。その結果、『茨城県古墳総覧』ができたのです。その時でも、茨城県の古墳数は約3300基くらい確認できました。現在は、横穴を含めて確認された古墳は一万基をはるかに超えています。いずれにせよ、茨城県内の古墳分布調査が行われるようになったのは、やはり私は、三昧塚等の古墳の破壊事件があったということです。三昧塚古墳の調査は茨城県の古墳研究の一つのちょうど転機になった事件と言えます。

その後、例えば、昭和38（1963）年に実施された、常陸太田市の大田山埴輪窯跡の調査も行政上の発掘です。これは常陸太田市の西山荘の近くに駐車場を作るために、ゆるい傾斜面に埴輪窯が群集しているところを発掘するという調査でした。これは亡くなった早稲田の大川清さんが、主力になってやっていました。私も、齋藤忠先生の指示を受け、大川さんと一緒にやることになりました。それが後の、勝田（現ひたちなか市）馬渡の埴輪窯の調査に、非常に利するわけであります。そういう、いくつか調査がありますが、それ以降のほとんどの調査は、行政的発掘調査が中心となってまいります。

昭和40年に、旧玉里村（現小美玉市）の舟塚古墳の発掘調査を実施します。この舟塚古墳は、前述のように、潮来の方から石岡のほうに上がっていって古墳の分布調査をしているときに、上玉里の山内英雄さんのお宅のお庭にある80mくらいの前方後円墳です。地主さんのお宅へ行ったら、納屋に家形埴輪片が山になっているのです。地主の山内さんに、実はこういうわけで分布調査をしていると説明しましたら、「じゃあそれ大塚先生持って行ってよ」ということになりました。茨城県考古学協会の会長をされた諸星政得さんが学生時代に、後輩の同じく学生時代の故小林三郎教授ら数名の学生さんと一緒にまた出直して、その埴輪の破片をリュックサックにそのまま入れて、高浜の駅から汽車に乗って大学に持って帰ったのです。現在明治大学博物館の古墳部門の展示の中心となっている大型家形埴輪はそのような事情で頂いたものです。

舟塚古墳については、やはり埴輪の配列を調査すべきだということで、山内英雄さんが発掘を快諾してくれました。そして、発掘調査の段取りをしている最中に山内さんから、大塚先生申し訳ないけども発掘は駄目だと電報が届きました。千年以上ずうっと先祖代々守り続けてきた、我が家のこの塚を、おじいちゃんの代になって掘らせる手はないだろうと親戚中が猛反対、それでもなお発掘するのなら、親戚付合いをやめると言われたのだそうです。ということで、発掘は一度諦めたのです。ところが、その発掘が断られた昭和40（1965）年春に古墳が盗掘に遭うのです。石棺の蓋石の一部に、上から真っ直ぐ垂直に50cm四方の穴が開けられて、中に入ってものを持って行った。もうその時点で一回盗掘を受けていた古墳なのですが。新聞紙をひねって火をつけた焼け残りが石棺の中に残っており、盗掘は昭和40年5月末か6月初めであることがわかり、また石岡警察署がそういう資料を基に捜査を始めました。ただ犯人が挙がるのは25年後でもう時効です。いろいろな事件がこの舟塚古墳にもありました。しかし私としては、徹底したいい調査をさせてもらったと思っています。

勅使塚や舟塚の発掘調査と併行して、大型前方後円墳の測量調査も行いました。昭和38〜40年の頃です。当時は、茨城県内の大型古墳の図面が無かったからです。対象としたのは、石岡市の舟塚山古墳（第4図）、水戸市の愛宕山古墳（第5図）、常陸太田市の梵天山古墳（第6図）です。ご覧のように、等高線間隔1mでラフな測量図です。実は最近、茂木雅博先生が御定年になる前、茨城大学で、立派な、等高線間隔25cmの梵天山古墳の測量調査を実施なさいましたから、この図ではなくて、茨城大学の測量図があります。それでも、皆さんに考えて頂きたいのは、常陸の国において、186m（舟塚山）、136m（愛宕山）、160m（梵天山）という大型前方後円墳の、ラフ

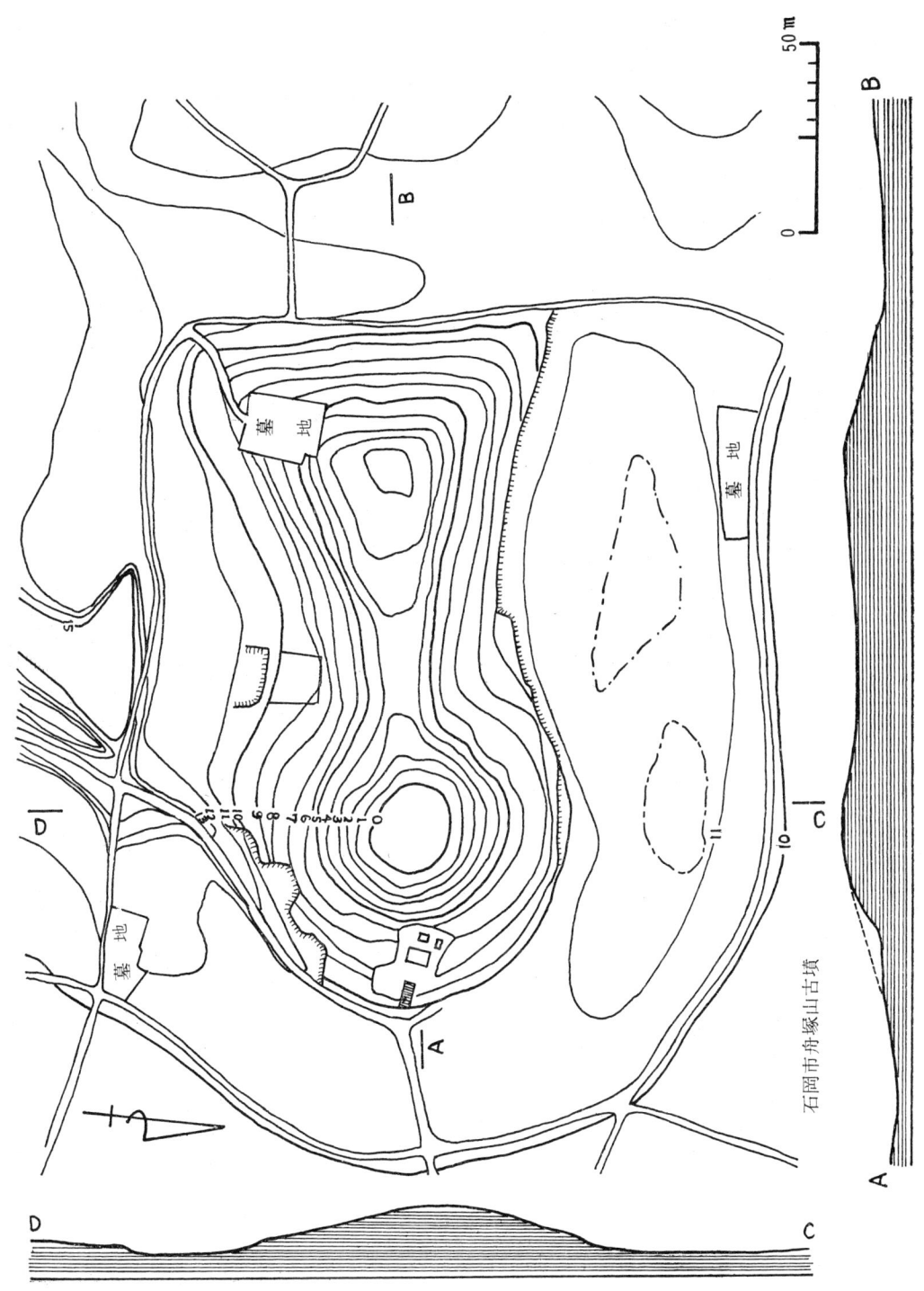

第 4 図　舟塚山古墳測量図（明治大学考古学研究室）

であれ測量図を作り、それを学界に提供するということの重要性を私は感じておりました。時間が経つと、ラフだとかいろいろなことを言います。しかし古墳一つ測量するのも大変です。これは茂木先生がよくご承知だと思います。地主さんとの折衝、地区の区長さんとのご了解、あるいは、行政地方自治体へのご挨拶等といった大変な手続きがあって、費用もかかるのです。茨城県内の大型古墳を測量調査していたのは昭和38、39、40年くらいです。この後、栃木県の琵琶塚古墳と摩利支天塚古墳、千葉県富津市の内裏塚古墳など、大型前方後円墳を懸命に測量して回った若い時期がありました。

　大型前方後円墳の測量調査に没頭している頃、十七番目、昭和40（1965）年、ひたちなか市馬渡埴輪製作遺跡調

18　第1章　常陸における古墳研究の基盤

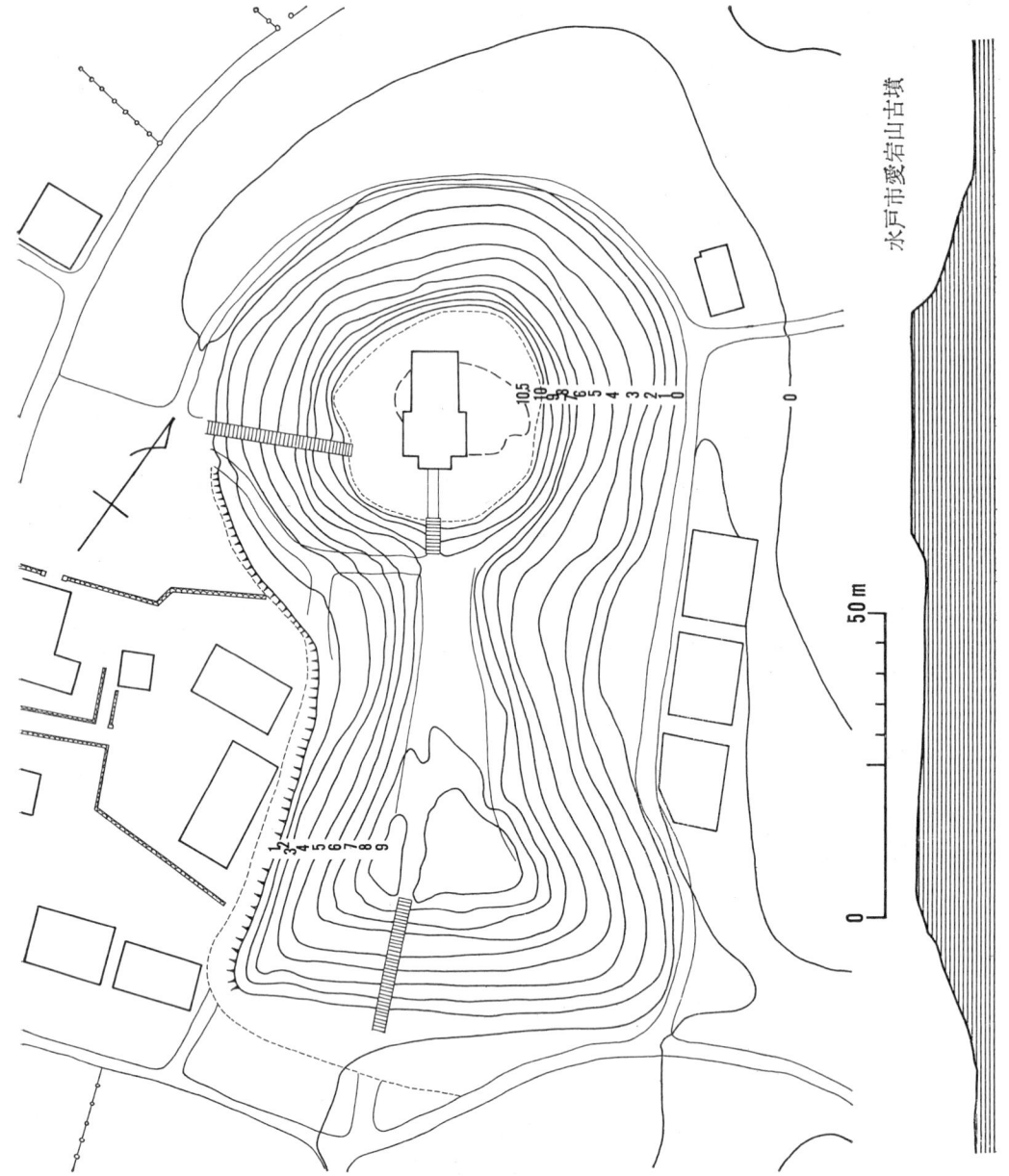

第5図　愛宕山古墳測量図（明治大学考古学研究室）

査を実施しました。これは、当時明治大学学生でありました日立一高出身の阿久津久さんが、冬休みに日立へ帰って、勝田の中央公民館に寄ったら見事な馬の埴輪が展示してあるのに気づきました。正月1月7日に駿河台に戻って阿久津さんが言うには、馬渡の古墳じゃないところで、地元の中学校の先生と生徒が一緒になってユリの球根を掘りに行って、偶然、完全な馬の埴輪一体が林の中で横倒しになっていたのを、掘り出した、とのことです。我々が掘ると完全な馬なんて窯の中から出ないのですけど、中学生が掘ると完全な埴輪が出るという、往々にしてそういうことはよくあるのです。私はすぐ、川上博義さんと川崎純徳さんに連絡し、翌日、つまり昭和40年1月8日、小林三郎氏を連れて、勝田へ飛んで行きました。そして現地で、ここだというところを案内されて訪れました。それが現在、A地点と呼んでいるところです。谷に面したスロープで、木炭や埴輪の小破片が散乱しており、これは埴輪の窯で、ここから前述の馬の埴輪が出土したのだなと直感しました。そこには幅の狭い谷水田があって、その谷を下りて少し周りを歩いたら、崖が真っ赤に焼けているのを発見しました。それがB地点です。今度はB地点に立って、反対側を見たら、また崖が真っ赤に焼けているのです、それがC地点です。

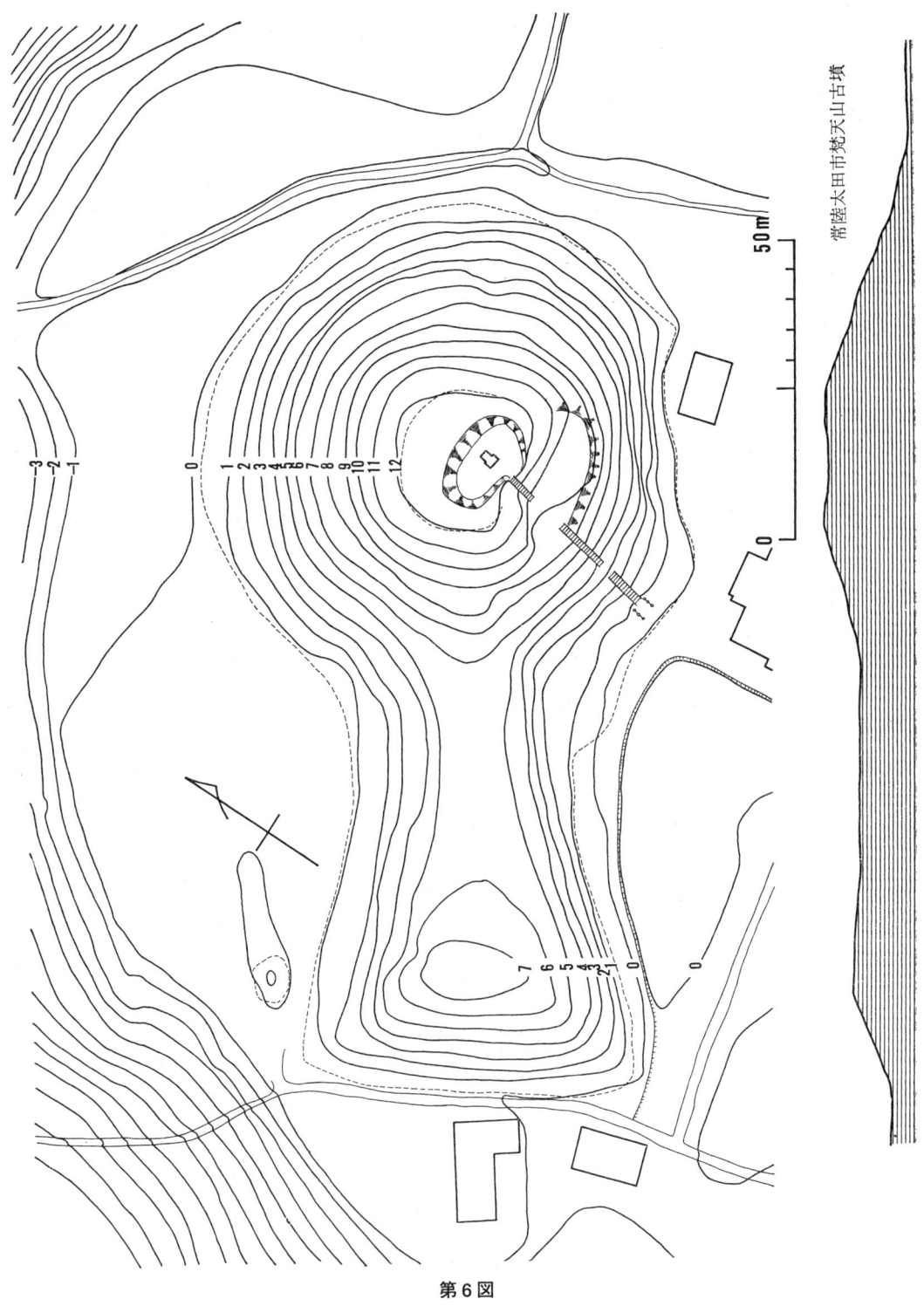

第6図

　1月8日、現地へ行ってわずか30分で、A、B、C馬渡3地点の確認をしました。その帰りに私はその足で勝田市役所へ寄って、米田和夫総務部長に会い、「明治大学と勝田市、共同で掘りませんか」、「お金は明治、宿舎は勝田」と申し出ました。「いいでしょう」ということで、馬渡の発掘が始まるのです。A地点の発掘の結果、九つ埴輪の窯が並んでいるのです。そして、1基の窯の窯尻の上の方に、ゴミを捨てるために約1m50cm四方の穴を女子学生の皆さんに開けてもらったら、「先生なんか竪穴らしきものがある」と言うのです。それが工房、アトリエの跡だったのです。そういうことで馬渡では、この窯と一緒に、この上の平坦面の大発掘が始まるのです。そ

の結果、粘土採掘壙、アトリエ、工人の住居の跡が、一、二年の間に揃って検出されるのです。文化庁に居た亀井正道さんがお見えになって、「大塚先生、これはすぐ国の史跡だ」とおっしゃり、すぐ国の史跡になりました。

　そういうことで、戦後の常陸の古墳の調査にはいろいろなことがございました。いずれにせよ、やはり考古学を研究する時に、これは大事だなと思ったらすぐ動くことです。遺跡が壊される前に、すぐ動いて段取りをするべきだと思います。まとめますと、昭和20年の敗戦後、大森信英さん等は、茨城高校等の史学研究部で県内のいろいろな調査を継続的になさっていたから、昭和21、22、23年にはすでに考古学的活動はされていたのだろうと思います。戦後、茨城県が把握している調査は、私が作成した表の通り、昭和24年以降です。これを見ると、昭和24年から昭和27、8年頃まで、國學院の大場磐雄先生、明治の後藤守一先生等の、キャリアがある大先生がお出ましになって、古い、戦前からの古墳調査の体制を引き摺りながらも、我々後進に古墳調査のノウハウを教えてくださった、という点です。この頃はむしろ、大生原古墳群でも、常陸鏡塚古墳でも、常陸丸山古墳でも、それが壊されるからではなくて、学術的な目的で調査をしたケースがけっこうあった。ところが、三昧塚古墳の調査が実施された昭和30年あたりから以降は、文化財のいわゆる猛烈な破壊活動が行われる時期に変わります。32万円で90mクラスの前方後円墳の土を売って、その跡を集落共同の前方後円墳形の水田にするというのは、その端的な例と言えます。それが平成の御世になって、冠が出ている三昧塚古墳のような古墳を、やっぱり文化財として残さなければならないと気が付いた時に、復元工事に一億近いお金がかかると言うのです。だから、古墳に限らず文化財は、保存が如何に大事かということを、この茨城県における第2期以降は、考えなければいけないのではないかなと思います。これ以降の時期については、茂木先生がお話になるのですが、ものすごい発掘ラッシュが続いて大忙しということです。ですから、常陸における戦後四半世紀の古墳研究を振り返って、私が古墳の勉強をさせて頂いた戦後の頃は、まだまだのどかないい時期であったと思っております。そういうことをお汲み取り頂ければと思います。御静聴ありがとうございました。

常陸の古墳研究における方法と問題点

茂木　雅博

はじめに

　大塚先生が大変詳しい資料を準備されて、お話をされた後ですので私は少し緊張しております。振り返りますと昭和35年の初夏のころ明治大学教授後藤守一先生がご逝去され、分厚いお悔やみ電報を東京・阿佐ケ谷のお宅に配達したのが私でした。その頃私は荻窪電報局でアルバイトをしておりました。これが私と明治大学との最初のかかわりでした。最近では博士論文を提出した折、学外審査員が必要となり、大塚初重先生にお願いいたしました。先生は快くお引き受け下さりまして、大変お骨折りくださいました。お陰で学位を授与させていただきました。そんな訳ですから今日はお断りする事ができませんのでお邪魔した次第です。

　私が佐々木憲一先生から与えられたテーマは、大塚先生とは異なりまして、この地域の研究にはどのような方法で何を明らかにするかということです。1949年から1970年代までの研究成果につきましては、大塚先生が詳しく紹介されました。しかしそれ以降の成果は殆んどないといえるでしょう。中央の研究者が常陸をテーマにしていた時代から、近年のように地元研究者が中心になって調査研究が行われる様になると成果が上がらないという事は、残念ながら地元に研究者が育ってこなかったという事を意味します。現在の研究資料である古墳の実測図にしても主要なものは殆んど中央の研究者が作成したもので、今日配布された資料の中に、地元の研究者が作成した資料は殆んどありません。その最大の理由は、茨城県の文化財行政にあり、茨城県教育委員会に文化財の理解できる専門家は一人もおりません。要するに県の最高行政機関の職員がすべて埋蔵文化財に対して素人であるということです。それは杜甫の表現を借りれば「社稷一戎衣」なのです。ですから地方行政組織に職を得ている若い行政官は身近にたくさんの研究材料がありながら、積極的に資料化して研究しようとしないのです。

　いつまでも茨城県教育委員会が作成した不備な『遺跡台帳』だけを利用していたのでは研究は前進しません。例えば現在でも各市町村で遺跡の悉皆調査を実施すると、新しい遺跡が続々と発見されるのです。古墳群構成研究で興味深い事例を一つ紹介します。現在の鉾田市大上古墳群は茨城大学考古学研究室が分布調査を実施するまで全く記録されておりませんでした。この古墳群は前方後方墳2基、方墳3基から構成されている事が判明した。茨城県遺跡台帳は完全ではありません、ですから現在でも詳細な分布調査を必要としています。破壊される遺跡だけを掘っていたのでは何もわかりません。どうか今日会場にお見えの常陸の若い研究者にお願いしたい、自分の職場の行政地域内で遺跡の悉皆調査を十分に行い、必要に応じて遺跡の測量調査や確認調査を実施して、破壊される遺跡だけを掘って行政的な記録を残すだけではなく、自分の文章を書いて、自分の作品を残していただきたい。古代の常陸は、我が国の歴史を理解する上で極めて多くの問題点を内包しているのです。

○古墳研究に対する私の方法論の背景

　私が常陸で実践してきた古墳時代研究の方法論を紹介するには、茨城県という特異な風土と人間性の問題を抜きにしては成立しません。私はもともと茨城県の出身ですから水戸の封鎖性について少しは理解していたつもりです。しかしそれは想像を遥かに超えるものでした。30数年前に私が水戸に転勤するに当たり、今は亡き4人の先哲が私を推薦して下さいました。最長老だった末永雅雄先生は水戸を十分に理解された先生で「私は歳老いた学徒なので、若い研究者の邪魔にならない様に、道の真ん中を避けて端を歩いています。」と仰いました。文化勲章を受章された先生のこの教えは私の常陸での研究法の大きな部分を占めました。更に「君は国立大学の教官に

なるのだから、新聞などマスコミ等から稿料の出る原稿はあまり書いてはいけない。金を貰って原稿を書くと自由な事は書けない上、人間はだれでも稿料を計算する様になる。学問とはその様なものではない。」この二つの教訓は現在も私の座右の銘です。次に八幡一郎先生からは「常陸は風土記が残された地域である。茨城大学考古学研究室はミニ東大にならず、『常陸国風土記』を考古学的に研究する事をテーマにして欲しい」と指導していただきました。これは30年間私たち研究室の課題として継続しました。それが県内遺跡の悉皆調査の実施で、土浦市・東海村・関城町・十王町・牛堀町・麻生町・鉾田町等から大変な協力と援助を頂きました。3人目の江上波夫先生は「常陸という小さな世界に埋もれては駄目です。常陸をテーマに外へ発信する様に。」4人目の西嶋定生先生からは「水戸は朱舜水先生が日中交流の原点となった土地柄であるから、君はもっと中国を研究する様に、常陸の遺跡を資料として中国から学ぶこと。」等々の励ましを受け、更に母校の高藤昇先輩からは「掃いて捨てるような大学教官には絶対なるな」と大変な宿題を以て水戸に赴任したのです。この5項目が私の茨城大学時代の研究の方向性であり、方法論及び研究姿勢の原点です。

○当時の茨城大学の現実

　私は東京の高校教諭から、研究者としての期待を抱いて茨城大学に赴任しました。しかし待っていたものは理想とはかけ離れた現実でした。当然資料も蔵書も皆無に近い状態でした。人文学部史学教室の共通図書には日本考古学協会編集の『日本考古学辞典』と吉川弘文館発行の『日本考古学図鑑』の二冊のみであったのを記憶しています。その上地元研究者の封鎖性に悩まされました。末永先生の言う通り、研究の中心は地元研究者が闊歩され、私は先の七市町村の協力で遺跡の悉皆調査から開始し邪魔にならないよう心がけて研究を行って来ました。茨城大学赴任から10年間は徹底した基礎調査に重点を置き、研究者の養成を極力抑えることにしました。幸いな事に研究室に属する学生の大半が県内出身者ではなかったので、研究室にとって大変幸運でした。それでも1年に一カ所の遺跡を発掘調査する必要性がありました。それには東海村、土浦市、関城町、牛堀町、鉾田町、麻生町等のご支援を頂きました。そして徹底した悉皆調査を実施させて頂き、その中から学生の考古学実習に必要な遺跡を選定しました。

　茨城大学では考古学専攻を私の赴任から10年後に設置しましたが、経済的な準備は全く用意されなかったので、毎年の考古学実習経費を調達する事は大変な努力を必要としました。それは前述の六市町村の協力と支援がなければ、全く進展しなかったと思います。

○寿陵（墓）論について

　私は茨城大学赴任以前から常陸の古墳時代研究に関わっていました。考古学との馴れ初めは1956年麻生町大宮台貝塚へ土器片の採集に出掛けた事に始まります。それ以来国内27都府県で考古学的な発掘調査に参加させて頂きました。その研究機関は大学が中心であるが13機関で基礎的な知識を得させていただきました。県内で古墳を調査した数は測量調査も含めると100基近いと思います。更に西嶋先生の助言により中国でも河南省、陝西省、甘粛省、山西省、江蘇省、浙江省、山東省、河北省、湖北省、四川省、遼寧省、新疆ウイグル自治区、寧夏回族自治区等で墓葬の発掘調査や墳丘測量及び踏査を行って来ました。中国の場合は、日本と異なり、墓誌という文字資料によって埋葬者の政治的地位まで知ることが出来るのである。この事は日本の古墳を研究する上で大変参考となります。

　私が寿陵論で最初に指導されたのは、潮来市大生古墳群の整理に参加させて頂いた時点です。1970年代の初頭に大生古墳群が当時造成中の風土記ヶ丘の候補地となり、その基礎資料として『常陸大生古墳群』の刊行が急がれたのです。私は大場磐雄先生の命を受けて亀井正道氏と潮来町へ出張して出土品の整理をしました。その検討会の中で大場先生から大生1号墳（俗称子子前塚）は、墳丘を掘り尽くしたにも関わらず埋葬施設を造り出し部以外から発見する事が出来なかったのは埋葬が行われなかったからではないかという主旨の考えを示されたので

す。先生は「括れ部の箱式石棺がこの古墳の主体埋葬施設なのだろうか、もしかしたらこの古墳は空だったのではなかろうか。墳丘は作ったが埋葬はしなかったのではないだろうか。」と仰られたのです。この様な考えは当時誰も持とうとしませんでしたが、私には大変魅力的な視点でした。

　この「埋葬されない墓」というテーマは、私にとって大変重要な問題であったので、すこし詳しくその経緯を話させて下さい。私が魅力的と喜んだ背景には、当時に同年代の2名（T君とK君）の研究者との議論を経ていたからです。それは畿内の古墳からは日本を代表する豊富な副葬品が発見されるのに対して、常陸の古墳からは副葬品の種類が少なく、内容も貧弱であるという事実です。そこで常陸から全国に発信出来る上にリーダーシップとなる古墳研究方向は何かということでした。私は古墳時代研究の方向性として、副葬品より墳丘問題に注目していました。特に墳丘の築造時期が何時か、それは被葬者の生前か、死後かという点です。しかしそれを考古学的に証明しない限り、机上の空論に過ぎないのです。この二人との議論ではいつも私が不利でした。

　余談ですが岡山の近藤義郎先生が現役時代に「前方後円墳は首長権継承儀礼の場」という仮説を出され、多くの研究者が賛同されました。しかし氏は、考古学的な実験の中で、どのような現象がそれを証明するかを示しませんでした。そこで氏の卒業生であるH氏は、「長大な竪穴式石室の中で、亡くなった首長と次期首長が一夜を共にする儀式が実施された。」という仮説で補強されました。しかし大塚先生が若いころ測量された奈良県下池山古墳が近年発掘調査され、長大な石室であっても、棺には一人しか埋葬されない事が判明して、この仮説は立ち消えとなりました。これが考古学的成果というものです。

　そこで「寿陵」つまり被葬者が生前に築造した墓は、考古学的にどのような現象で証明されるのか、西嶋先生から中国の空墓の例を紹介されたのです。それは山西省大同市郊外の北魏孝文帝の万年堂です。空墓を証明すれば、生前かどうかは別として埋葬行為以前に墳丘が構築されていた事を考古学的に証明出来るのではないでしょうか。更に後藤守一先生が既に気づいて居られ、日本の古墳は埋葬施設が墳丘の高所にあると述べられています。つまり埋葬時には墳丘が高い位置まで作られて居たという事です。この点に関して考古学的実験によって大変注目される成果を提出されたのが大阪府池田市茶臼山古墳です。茶臼山古墳を調査された堅田直氏は後円部の埋葬施設の設置に関して以下の様な観察結果を紹介されています。「この古墳は竪穴式石室を設置する為の墓壙の掘り込角度が60度である。この点に関して西松建設の土木研究所に調査を依頼した結果、考古学的にこの傾斜を発掘調査で検出できるためには、墳丘を版築状に固めて盛り上げるか、または普通に土砂を盛り上げて墳丘を構築した場合は、築造後数年間放置しないと墓壙の傾斜面を露出する事は不可能である。」

　日本の古墳の場合には少なくとも前方後円墳に版築による土盛りの事実は存在しません。版築が採用された古墳は、仏教伝来後に築造された終末期の高松塚古墳が明確で、墳丘の傾斜角度は45度が可能となります。池田茶臼山古墳は前期古墳であるから版築は採用されていません。この事は墳丘築造後埋葬施設設置までに適当な時間の経過が存在する可能性が高いのです。

　この前提で常陸の古墳を検討すると、大変興味深い事実が浮かび上がって来ます。それは墳丘の中に埋葬が行われたケースと、埋葬後に墳丘を構築したケースです。私はこれが常陸の古墳の特徴ではないかという気がします。この問題については後で触れる事にします。こういう議論や思考の変遷を経て私の寿陵論が形成されました。そして「日本における古墳時代寿陵の研究」で学位を請求しました。此処で私も研究者仲間に加えていただく事ができました。余談ですが、私は福岡県八女市に存在する筑紫君磐井の墓と呼ばれる岩戸山古墳は空墓だと信じています。何年か前に八女市から講演を依頼された事があります。私は講演後の質問に答えて「この古墳の埋葬施設から確実な遺骸が発見されたら、学位を八女市長に返還に来ます。」と言いました。

　磐井は岩戸山という巨大な前方後円形の築山を築造しましたが、新羅と結託してクーデターを起こした事により、ここに埋葬は許可されなかったはずなのです。

○中国皇帝陵を素材とした古墳群研究

　つぎに私の大切な研究課題は、古墳は単独ではないという視点です。これは古墳調査を歴史研究に転換するために欠く事が出来ない視点です。私は古墳が単独では存在しないという事を証明するために文字資料を持つ中国の遺跡踏査を50回ほど実施しています。特に秦・西漢・東漢・北周・隋・唐・北宋・南宋・明・清等の皇帝の大半を踏査して来ました。しかし日本の古墳と関連の深い南朝の陵墓が少し不備なので今後踏査を計画しております。中国の陵園は風水思想を基礎とする古代の都市計画に基づいて、陵園の位置が決定されています。風水思想の原点は、洪水になっても水害に合わない事が大前提です。例えば新石器時代の西安郊外の半坡遺跡も姜寨遺跡も微高地を選んでいます。西漢時代になると南を指す磁石が発明されます。そうすると都城の北西に墓域を設定する方式が成立します。

　具体例として中国西漢（前漢）の皇帝陵の配置図（第1図）を貼付しておきましたので参照ください。漢の長安城は現在の西安市の城壁の北西地域にほぼ完全に現存しています。現在整備計画があり、2006年12月に西北大学文博学院と陝西省考古研究院と陝西省文物局が共同して整備のマスタープランを完成させました。そして城壁内の住民の一部移転が開始されています。その結果郊外の開発に伴って大変興味ある遺跡が発見されています。それは北周時代のソクド人墓地で、既に集中的に4基調査されています。

　西漢の皇帝陵園は、長安城の北西を流れる渭水の北側、すなわち咸陽市の五丈原に東西約100kmの範囲に9陵が、東方覇水の東に2陵がセットされています。西漢時代からは都城の北西に陵園が決定します。その上皇帝の長子継承により、昭穆制度によって高祖の陵園を祖廟として、東西に交互に配列されます。しかし長子継承が断たれる事を想定して都城の東側に第2の陵園は設けられています。西漢時代は3代覇陵と7代杜陵です。

　昭穆制度による西漢皇帝陵園の配置を具体的に説明しましょう（第1図）。初代皇帝陵が長陵です。これは未央宮前殿から真北に設定されています。これが祖廟を兼ねます。次は2代目が西側に安陵を造営します。3代目劉恒（文帝）は長子ではありませんから、ここを離れて、東の第2陵園に覇陵を造営します。しかし4代劉啓（景帝）は陽陵を長陵の東側に造営します。4代は5代劉徹（武帝）の父ですから、5代茂陵は西端に飛び、6代劉弗（昭帝）は西側に平陵を造営します。7代劉詢は5代の曾孫に当たりますので第2陵園に杜陵を造営しています。8代劉奭（元帝）は7代の長子ですから又第1陵園を造営します。9代劉驁（成帝）は第1陵園に寿陵を建てますが、気に入らず第2陵園（臨潼区）に昌陵を建造しようとしますが、地盤が軟弱で途中で中止しています。9代から11代までは三度五丈原に戻りますが、この3陵園については必ずしも確定できません。

　次に中国では寿陵制度が一般的です。これも西漢時代からで、即位翌年から陵園作りが開始されます。皇帝は自分が自分の墓を用意します。つまり自分が生きている間に墓が完成しているということです。その上死後は上陵制度によって、生前と同様の日常生活を皇帝が営んでいるのと同じように陵園で祭祀が行われます。それは陵園内に沢山の建造物が建設される、それを朝と廷と呼びます。朝は墓域内で、廷は東門闕の外で祭祀場です。具体的には3代劉恒の杜陵の陵園が考古学的調査を実施されていますが、廷の場所で多くの建築遺構が確認されています。更に4代景帝の陽陵では朝の場所で85坑の俑坑が確認されています。この陵園は東西10km、南北1kmの範囲で、総面積13km^{2}もあります。この時代の中国では男女別葬ですから、陵園内には皇后の陵が含まれます。この陽陵陵園には皇帝陵と皇后陵の北側に一辺200m四方の天壇が設けられています。この地区の発掘調査によって、最近まで測量原点の羅盤石と呼ばれていた遺構が天壇の心柱の礎石である事が判明しました。更に13k㎡の陵園の周囲には隍が巡ります。その上、この陵園には人口30万人の陵邑と呼ばれる都市も建設されたと言われます。

　最後に副葬品の種類と数が周の『礼記』に規定されています。例えば皇帝は「鼎9・豆7・壺5」です。鼎は酒器、豆は肉、壺は穀物等すべて規定されています。これが中国古代の墓制です。これらを理解して、始めて中国古代の墓葬が明確にされるのです。

　日本の古墳が寿陵（墓）であるとすると、やはり副葬品にも格差が見られるはずですが、全体の90パーセント

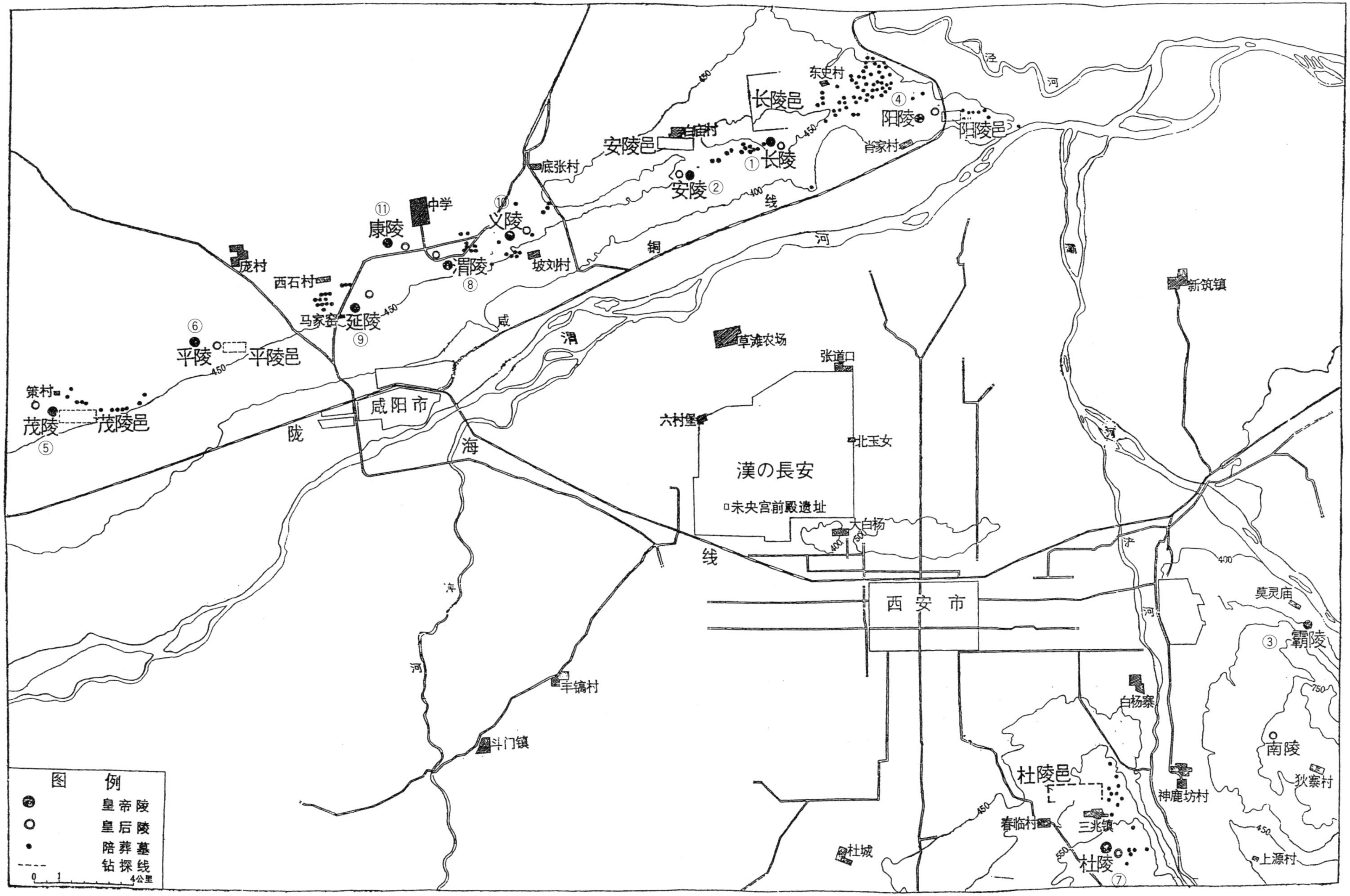

第 1 図　漢時代前期皇帝陵分布図

以上が盗掘を受けており、その実態を把握することは不可能です。私が常陸で調査した50基近い古墳でも未盗掘墳は数基でした。

○**中国人研究者の見た日本の都城造営**

　中国と日本の墓制の違いは SCRAP AND BUILD である。その為に墓と墓、墓と居住地の位置関係が全く研究されていません。日本では都城を造営するために平気で巨大な前方後円墳でも削平し破壊しています。しかし古代中国では皇帝陵を削平してまで皇城を建設する事はありません。藤原京では現在の四条町附近を中心に数多くの古墳跡が確認されています。平城京でも巨大な前方後円墳を含む数基の古墳が削平され、長岡京でも同様です。日本のこの現象は中国人には理解できない所があり、西北大学の王建新先生がこの事実を留学中に知って、私に「日本は本当に同一民族か」と尋ねたことがあります。なぜそのような質問をするかと私が問うと、先生は「市庭古墳のような巨大な前方後円墳を壊して、何故平城京を造営出来たのですか」と。私たち日本人には想像出来ない視点です。日本の古墳研究が困難なのは、この破壊によって本来の姿が消えているからです。

○**常陸に於ける古墳の開始と終焉**

　文献資料の援用可能な中国皇帝陵研究を素材とした方法論を踏まえて、常陸に於ける古墳の開始と終焉を考えて見たいと思います。私は現時点で常陸最古の古墳は久慈国で出現したのではないかと考えています。それは久慈川河口東海村から中流域の常陸太田市にかけてであり、久自国造の領域です。それは大塚先生が測量調査された梵天山古墳を初めとして星神社古墳、高山塚古墳、瓢塚古墳等で代表されますが、その中でも高山塚古墳は少し遅れます。私は近年学生の考古学実習で高山塚古墳、星神社古墳の測量調査を行いました。そうした所、学生たちがどうしても、梵天山古墳を25cmコンターで再測量してはと言い出しました。私は意を決して大塚先生に事情をお話いたしました所、快く了解を頂くことができました。茨城大学院生田中祐貴氏が中心となって素晴らしい墳丘測量図を完成させてくれました。その結果墳丘全長が約160mと9m長くなりました。その上前方部先端に造り出し状の区画が想定されました。

　久自国造の墓園については、2004年に常陸太田市で「梵天山古墳と久自国の成立」と題するシンポジュウムを行いました。その中で平面的な古墳群について紹介させて頂きました。更に久自国造全体の墓園については、2004年1月に中国歴史博物館長兪偉超先生の追悼論文集に「大王陵園と国造墓園」と題する論文を投稿していますので参照していただきたい。この論文の中で梵天山古墳の測量成果を使用させて頂いております。私は特に梵天山古墳群を久慈川の平地に築造された星神社古墳（諏訪山古墳）まで含めて捉えたいと考えています。国造墓としては梵天山古墳・星神社古墳・高山塚古墳等三基が注目されますが、時間的には瓢塚古墳という全長約40m足らずの前方後円墳も加えるべきかも知れません。この古墳群は長期間築造されており、空間的な広がりを持っています。この空間に何らかの施設が存在しないのだろうか。我が国の古墳研究ではそうした研究視点はありません。その後久自の墓園は久慈川河口の東海地区に移動しています。

　しかしここに一つ問題があります。それは東海地区の真崎5号墳の解釈です。この古墳は東海村合併50周年記念事業の一つとして、保存整備の為に発掘調査をさせていただきました。その結果、所謂纒向型の前方後方墳である事が判明し、岡林孝作氏のいう木蓋壙室墓と断定されました。更に墳丘からは祭祀に使用されたと想定される土師器と弥生土器片が採集されています。この地域では集落内でも弥生土器と土師器が共伴しますから、古墳の墳丘で採集される弥生土器は古墳時代初期の共伴資料となります。同様の事が梵天山古墳の墳丘でも確認されています。我々は測量調査期間中に146片の土器片を採集しました。その内訳は土師器116片、弥生土器30片でした。土師器の形態や焼成等から検討すると梵天山古墳同時期か梵天山古墳の方が先行する可能性があります。これに対して星神社古墳からは弥生土器片を採集することは出来ず、特殊器台型の系譜を備えた埴輪片が墳頂部から採集されました。この資料は関東地方最古のものである可能性が高いと私は想定しています。この埴輪

と同様の資料は関東地方でも小量検出されています。私の知る限りで、千葉県桜塚古墳、茨城県佐自塚古墳、栃木県小曽根浅間山古墳、群馬県下郷天神塚古墳、同芝根7号墳、長野県森将軍塚古墳等です。更に奈良県東殿塚古墳と西殿塚古墳から出土した資料と比較検討すると、東殿塚古墳の資料に近似しています。

私は、常陸の埴輪は星神社古墳を嚆矢として、大洗鏡塚古墳、桜川市長辺寺山古墳、牛堀浅間塚古墳等に引き継がれて居ると考えております。因みに最古の古墳で発掘調査された真崎5号墳では、墳丘構築後に木蓋壙室墓の墓壙が掘削されている事実を把握しました。即ち寿墓として常陸の古墳は築造されたのです。

次に古墳の終焉について触れておきます。私は特に前方後円墳の築造が終了するための規制として、大化の薄葬令を重視しています。この点に関しては全く市民権を得ていません。しかし、常陸の古墳で重要な現象は横穴式石室内に残される壁画古墳の存在です。大塚先生が中心となって調査された虎塚古墳を例にすると、墳形は前方後円墳である。同様の例は出島十日塚古墳、同太子唐櫃古墳等でも知られています。常陸の壁画墓は一般的に七世紀の所産とされます。同時に埴輪の樹立は六世紀末とされるのが、先哲の研究成果です。しかし常陸の前方後円墳は六世紀後半から埴輪を伴わない七世紀に爆発的に増加する傾向にあります。しかも全長約20m前後の小規模前方後円墳です。例えば虎塚古墳は仲国造最後の前方後円墳ですし、牛堀観音寺山古墳群は大化の薄葬令発布以前の前方後円墳を含む古墳群でしょう。特に7号墳は全長17mの前方後円墳です。何故この様に小規模な古墳であるにも関わらず前方後円形を踏襲するのか。しかも現存する300基を超える常陸の前方後円墳の圧倒的多数がこの終末期に集中的に築造されているのです。状況証拠から検討して、これ程の爆発的造墓活動を廃止する為には、強力な統制が必要であると想定します。私はそれを薄葬令と理解しているのです。

○常陸の後期古墳群の性格

私は最近友人の菅谷文則さんの退官記念論文集に「古代東国の武器副葬」という一文を献呈させて頂きました。その中で常陸の未盗掘の後期古墳を20基程度摘出して、どんな副葬品が埋納されていたか整理してみました。その結果直刀一振、鉄鏃一束等が圧倒的に多い事が判明しました。しかも1基の古墳埋葬施設には単独埋葬は少なく、必ず追葬が実施されている事も判明しました。それは2体から多くて8体というものです。この様な実態を首長墓と呼べるでしょうか。問題は何故この様な地位にまで造墓を許可したかです。そこで私は、常陸が律令期には東海道の最北端である事を念頭にして、六世紀後半から七世紀中葉の間、大和王権の北端領域として蝦夷勢力と接して居り、その対抗地として後の屯田兵的性格の農民が配置され、その墓地がこのような古墳群を形成したのではないかと推論しました。こうした推論で整理した常陸の古墳については、これまでに以下の様なリポートがあります。

「環刀太刀の性格」『上総山王山古墳』　1980・3
「古墳時代の鉄鏃」『常陸観音寺山古墳群の研究』　1980・12
「副葬品から推定する被葬者の性格」『季刊考古学』　第28号　1980・9
「胡籙について」『常陸部原古墳』　1990・1
「古墳に副葬されるもの」『古文化論叢』　1997・3
「墳丘形態の規模と被葬者像」『季刊考古学』　第65号　1998・11

○今後の課題

最後に今後手をつけなければ成らない問題を二つ挙げて終りにしたいと思います。その一つは墓園の解明です。私は今話して来た様に古墳は単なる死体処理の場ではなく、この時代の精神的・政治的記念物であると理解しています。その為には古墳群を面として捉え、墓園として墳丘間の空間に何らかの施設が存在するのではないかと想定します。それを是非考古学的方法で常陸の古墳群で確認できればと考えています。宝探し的な古墳の発掘する時代を常陸から解消したいのです。

第二点は壁画古墳の研究です。この研究は、常陸は言うに及ばず、ほとんど未知の分野です。我が国の古代史は文字を持たない事によって当時の精神文化が具体的に全く解明されていないのです。例えば虎塚古墳の壁画は何をどんな思想的背景で描いたのか解明されていません。明らかに大陸の影響を受けている奈良県高松塚古墳やキトラ古墳の壁画とどういう関係にあるか。私は何とか常陸の壁画古墳を材料にして日本の壁画古墳を解釈する方程式を完成させたいと考えています。

　今日は久しぶりに常陸の若い研究者と意見交換をする機会を与えていただきました。期待を込めて若い人たちに苦言を呈する事もありましたがどうぞおゆるし下さい。どうぞこれを機会に常陸の考古学研究が少しでも発展する方向に向かう事を祈念して私の話を終わらせて頂きます。ご静聴ありがとうございました。

第 2 章　地域研究

ひたちなか市域の古墳群

稲田　健一

はじめに

　ひたちなか市は、茨城県のほぼ中央の太平洋岸に位置する。東は太平洋に面し、西は那珂市、南は那珂川を境に水戸市・大洗町、北は東海村と接している。市域は、東西約13km・南北約11kmで、総面積は99.03km²である。ひたちなか市域の地形は、那珂台地、那珂川段丘、砂丘、沖積低地の4つの地形面に大別できる。河川は、南に那珂川とその支流の中丸川・本郷川・大川、北に新川が流れる。

　今回の古墳群の検討は、現在の行政区画である「ひたちなか市」の地域となっているが、参考として那珂川対岸の水戸市旧常澄地区と大洗町北部の古墳群も一部検討対象とした。

1　主な古墳群の概要

　『茨城県遺跡地図』に登録されている古墳群の数は38群である（第2・3図、第1表）。古墳の数は134基が登録されているが、各報告文等から消滅した古墳の数を合計すると255基となる。発掘調査が実施されている古墳群は38群中13群（磯崎東、入道、三ツ塚第3、新道、津田西山、笠谷、大平、殿塚、長堀、虎塚、中根中区、鉾ノ宮、孫目古墳群）あるが、古墳群すべてを調査した例はない。よって、古墳群全体を明らかにすることはできないが、比較的古墳群の性格が推測できる例を下記に掲載し、それを踏まえて検討してみたい。

(1)　磯崎東古墳群（第4～7図）

　当古墳群は太平洋を臨む台地縁辺部に位置している。古墳群を構成する古墳の数は消滅したものも多く、現在正確な数は把握できていないが、1950年には54基、1990年には34基が確認されている（井上1990）。当古墳群の西約500mには市域最大規模の前方後円墳である川子塚古墳が位置する。古墳群の南には、海岸線に沿って磯合・入道・三ツ塚第1～3・新道古墳群が連なるように位置している。群を構成する古墳は直径約20mの円墳が主体で、1989年に調査された第33(1)号墳のみ全長40mの帆立貝形古墳である。時期は、発掘調査により第30(2)号墳が5世紀後半、第24・33号墳が6世紀前半、22号墳が6世紀末、32号墳が7世紀中葉と考えられることから、5世紀後半から7世紀中葉までの長い期間古墳が造られていたと想定される。埋葬施設は、箱式石棺や竪穴系の石室、横穴式石室である。

(2)　三ツ塚第3古墳群（第8～13図）

　当古墳群は、磯崎東古墳群から海岸線に沿って連なる古墳の南端に位置する。古墳の名称は大きな円墳が3つ並ぶことから「三ツ塚」と呼ばれている。1949年に調査が実施され、14基の古墳が確認されている（斎藤1952）。古墳の規模は直径10～20mの円墳を主体として、直径30m台の円墳2基（第11・14号墳）と50.9mの円墳（第12号墳）、52.7mの円墳（帆立貝形？・第13号墳）が存在する。確認されている埋葬施設は、箱式石棺（1・11号墳）、竪穴式石室（6～9号墳）、横穴式石室（2号墳）がある。出土遺物には、円筒埴輪や人物埴輪、壺形埴輪、須恵器杯、土師器、大刀、鉄鏃、ガラス小玉、石製模造品（刀子・白玉）がある。注目される遺物として、第12号墳から出土した壺形埴輪が挙げられる（第11図）。この埴輪は、那珂川対岸に位置する直径95mの大型円墳の車塚古墳から出土した壺形埴輪（第15・16図）の影響がみられるもので、特異な形を呈する（白石2004）。時期は5世紀前半が推定されているので、当古墳が現時点において市内で最古の古墳となる。その他に年代がわかる古墳は、出土した鉄鏃等（第12・13図）の年代から、第8号墳が6世紀前半頃、第2号墳が6世紀末頃の年代と推定される（稲田2008b）。

よって、三ツ塚古墳群は5世紀前半頃から古墳が造られ始め、6世紀前半頃、6世紀末頃と約200年の間、継続していたかは現段階では判断できないが、市内で長期にわたり古墳が造られていたと推定される古墳群であろう。

(3) 笠谷古墳群（第17図）

当古墳群は、虎塚古墳群から南西方向へ約500mの中丸川を臨む台地上に位置する。確認されている古墳は、前方後円墳2基、円墳8基の計10基である。1951年頃の調査の記録によると18基の古墳の存在が記されている（伊東1971）。前方後円墳は第6号墳と第7号墳で、規模は第6号墳が全長約43m、第7号墳が約28mである。円墳は直径10～24mの範囲の中にある。第6号墳の埋葬施設は横穴式石室で、そこからは大刀・鉄鏃・馬具等が出土している。墳丘からは円筒埴輪・形象埴輪が確認されている。第7号墳は埴輪が無く、埋葬施設は不明である。時期は第6号墳が6世紀後葉、第7号墳が7世紀前葉と推定されており、古墳群の時期も6世紀後半から7世紀前葉頃と考えられる。

(4) 大平古墳群

当古墳群は、虎塚古墳群から西へ約3kmの中丸川を臨む台地上に位置する。1945年に撮影された航空写真を見ると、前方後円墳3基といくつもの円墳を確認することができるが、現在は円墳2基を残すのみである。1956年に破壊された黄金塚古墳は推定全長80mの前方後円墳で、墳丘からは「乳飲み児を抱く埴輪」等の埴輪が出土している。1985年に発掘調査された第1号墳は、全長約50mの前方後円墳である。埋葬施設は前方部に位置しており、凝灰岩を用いた横穴式石室である。石室内からは銅釧・刀子・鉄鏃・馬具・切子玉等が出土している。墳丘から埴輪は認められない。時期は、黄金塚古墳が6世紀後半、第1号墳が虎塚古墳群第1号墳より先行する7世紀前葉と考えられている。当古墳群は笠谷古墳群同様に、埴輪を樹立する前方後円墳から樹立しない前方後円墳へと移行する時期に造られている。

(5) 虎塚古墳群（第18図）

当古墳群は、本郷川を臨む台地上に位置する。確認されている古墳は、前方後円墳1基、方墳2基、円墳1基、消滅による墳形不明の2基の計6基で、この他に現在確認できない古墳の存在が示唆されている。前方後円墳の第1号墳は装飾古墳で有名な「虎塚古墳」である。規模は全長56.5mを測る。後円部に板状の凝灰岩の切石によって組まれた横穴式石室を有する。墳丘からは埴輪は認められず、出土遺物から7世紀前葉の時期が推定されている。第4号墳は方墳で、一辺約20mの規模をもつ。埋葬施設は、半地下式の単室構造の横穴式石室で、奥壁・左右側壁・天井石・床石がすべて一枚石で箱形に構築されている。玄室平面形は長方形を呈し、奥壁は正方形、側壁はほぼ垂直に立ち、奥壁との接点では奥壁の両端がL字状に切り込まれている。玄門部は、一枚石の板石の中央が幅50cm、長さ1mに刳り抜かれており、この刳り抜き玄門が当古墳の特徴といえる（稲田2008a）。第3号墳も横穴式石室を有する。第2号墳は、十五郎穴横穴墓群の直上に位置しており、2008年春に実施された調査で埋葬施設が確認できなかったため、横穴墓に関連した墳丘の可能性が考えられる。当古墳群は7世紀前葉から中葉にかけて形成された古墳群と推定できることから、笠谷古墳群から立地を移して形成され、その後は十五郎穴横穴墓群へと墓制が移行していったことが想定される。

2 古墳群の様相

(1) 古墳群の分布

分布は、那珂川とその支流及び太平洋を臨む台地縁辺部に位置している（第2・3図）。

詳しくみると、太平洋岸に古墳群11・古墳6、那珂川左岸に古墳群8・古墳2、中丸川流域に古墳群11、本郷川流域に古墳群2、大川流域に古墳群2、新川流域に古墳群4・古墳1となり、太平洋岸と那珂川・中丸川流域に古墳の大半が分布しており、内陸部には少ない。古墳がもっとも集中する地域は太平洋岸の磯崎東・磯合・入道・三ツ塚第1～3・新道古墳群で、消滅したものも含めると124基の古墳が確認されている。

市域に存在する前方後円墳の分布は、那珂川・中丸川流域に集中する。

水戸市域南東部（旧常澄村域）には、13の古墳群と12基の古墳が登録されており、その大半は那珂川右岸の台地上に位置する。

(2) 古墳群の規模

過去に確認され現在は消滅しているものを含めた古墳の基数で、10基以上の古墳からなる古墳群は38古墳群中13古墳群ある（第1表）。よって、全体の2/3は9基以下の古墳で構成されている。10基以上の古墳からなる古墳群を河川別にみてみると、太平洋岸で6古墳群（東塚原14・磯崎東54・磯合26・入道11・三ツ塚第1 10・三ツ塚第3 14）、那珂川左岸で2古墳群（三反田17・勝倉16）、中丸川流域で4古墳群（笠谷14・大平14・長堀11・田彦22）、新川右岸で1古墳群（老ノ塚12）である。太平洋岸の磯崎から平磯地区にかけては狭い範囲に古墳が密集しており、遺跡の登録上は古墳群名が分かれているが、まとめて1つの古墳群と考えられよう。

(3) 古墳群の構成

古墳群の構成をみると、円墳のみで構成されるものがほとんどである。

前方後円墳を含む古墳群は、那珂川流域で高井・三反田・津田西山古墳群の3群、中丸川流域で笠谷・大平・田彦古墳群の3群、本郷川流域で虎塚古墳群の1群である（第20図）。太平洋岸では古墳の基数が多く、磯崎東古墳群中には帆立貝形古墳が1基、三ツ塚第3古墳群中には直径50m台の円墳2基が存在するが、前方後円墳は市内最大の規模を有す川子塚古墳（第21図）1基のみである。墳形の種類が多いのは虎塚古墳群で、前方後円墳・方墳・円墳で構成されている。

那珂川対岸で前方後円墳を含む古墳群は、水戸市常澄地区の金山塚・大串・森戸古墳群に各1基ずつ、大洗町の車塚古墳群に1基確認されている。

(4) 埴輪の有無

埴輪が確認されている古墳群は、38古墳群中14ある。古墳の規模による埴輪の有無は認められない。鉾の宮古墳群から出土した埴輪は、市内にある馬渡埴輪製作遺跡で製作されたものと確認されている。

(5) 大型円墳について

直径35m以上の円墳を「大型円墳」とすると、市域には5基存在する。規模別にみると、最大が52.7mの三ツ塚第3古墳群第13号墳、次いで50.9mの三ツ塚第3古墳群第12号墳、38.2mの三ツ塚第3古墳群第14号墳、約38mの大穴塚古墳、36.4mの三ツ塚第3古墳群第11号墳となる。立地は5基とも太平洋岸で、4つが三ツ塚第3古墳群に含まれる。埋葬施設は、三ツ塚古墳群第11号墳が箱式石棺、大穴塚古墳が横穴式石室である。埴輪は、三ツ塚古墳群第12号墳で壺形埴輪、第14号墳で円筒埴輪が出土している。年代は、三ツ塚第3古墳群第12号墳が5世紀前葉、三ツ塚第3古墳群第14号墳が6世紀代、大穴塚古墳が7世紀前半と推測される。三ツ塚古墳群第11・13号墳は時期が不明である。

大型円墳についてまとめると、立地は太平洋岸にあり、内4つが同一古墳群に存在する。時期は、5世紀から7世紀までであり、一時期の特徴とはいえない。那珂川河口を挟んで対岸の大洗町の太平洋岸には、円墳としては県内最大規模を有する車塚古墳がある。墳丘は三ツ塚第3古墳群第12号墳同様2段築成で、表面には葺石がみられる。発掘調査が実施されていないため埋葬施設は不明であるが、墳丘からは円筒埴輪や形象埴輪が表採されている。古墳の年代は、三ツ塚第3古墳群第12号墳よりも1段階古い5世紀初めころとされている。三ツ塚第3古墳群第12号墳からは、車塚古墳出土の壺形埴輪の影響がみられる壺形埴輪が出土しており、時期・立地・古墳の規模・構造等からこの2古墳の関係性が考えられる。

(6) 方形周溝墓との関係

市内で確認されている方形周溝墓は、三反田下高井・津田天神山・下高場遺跡の3遺跡である。出土遺物が無く時期決定は難しいが、古墳時代前期後半頃と推定される。立地は、3遺跡とも古墳時代後期以降古墳群がつくられる地域と重なる。

(7) 古墳群の時期

　発掘調査が実施されているものが少ないため、時期を確定できる古墳群はほとんどない。そのため、古墳群中で発掘調査が実施された古墳や埴輪の有無、埋葬施設の構造等から時期を推定してみる。

　5世紀の古墳を含むものは、太平洋岸に位置する三ツ塚第3・磯崎東・入道古墳群である。三ツ塚第3古墳群第12号墳は、出土した壺形埴輪等から5世紀前葉の時期とされている。磯崎東古墳群では、1989年調査時の第30(2)号墳が出土遺物から5世紀後半と推定される。入道古墳群では、調査された第1号墳が出土した鉄鏃等から5世紀後半の時期と思われる。

　6世紀中葉は、津田西山古墳群と鉾の宮古墳群である。調査が実施された津田西山古墳群第1・3号墳と、鉾の宮古墳群第1・2号墳が埋葬施設と出土遺物から当時期が推定される。

　6世紀後半は、高井・三反田・笠谷・大平・殿塚・長堀・田彦・老ノ塚古墳群であり、その中で7世紀前半まで継続すると考えられるものに三反田・笠谷・大平・殿塚・老ノ塚古墳群がある。笠谷古墳群と大平古墳群には、それぞれ埴輪を樹立する前方後円墳（笠谷第6号墳、大平黄金塚古墳）と、樹立しない前方後円墳（笠谷第7号墳、大平第1号墳）が存在する。茨城県での埴輪の樹立は6世紀末まで、前方後円墳の築造は7世紀前葉までと考えられている（稲村2000）。

　7世紀からと考えられるものは、虎塚・中根中区・二ツ森・孫目古墳群である。虎塚古墳群は、前方後円墳の第1号墳が7世紀前葉、方墳の第4号墳が7世紀中葉とされている。市域で最終時期の古墳と考えられているのは、三反田古墳群の飯塚前古墳である。墳形は東西約30m、南北約20m、高さ約3mを測る市域唯一の長方墳である。埋葬施設は横穴式石室を確認している。出土遺物は確認されていないが、墳形や埋葬施設等から7世紀後半の時期と考えられる。

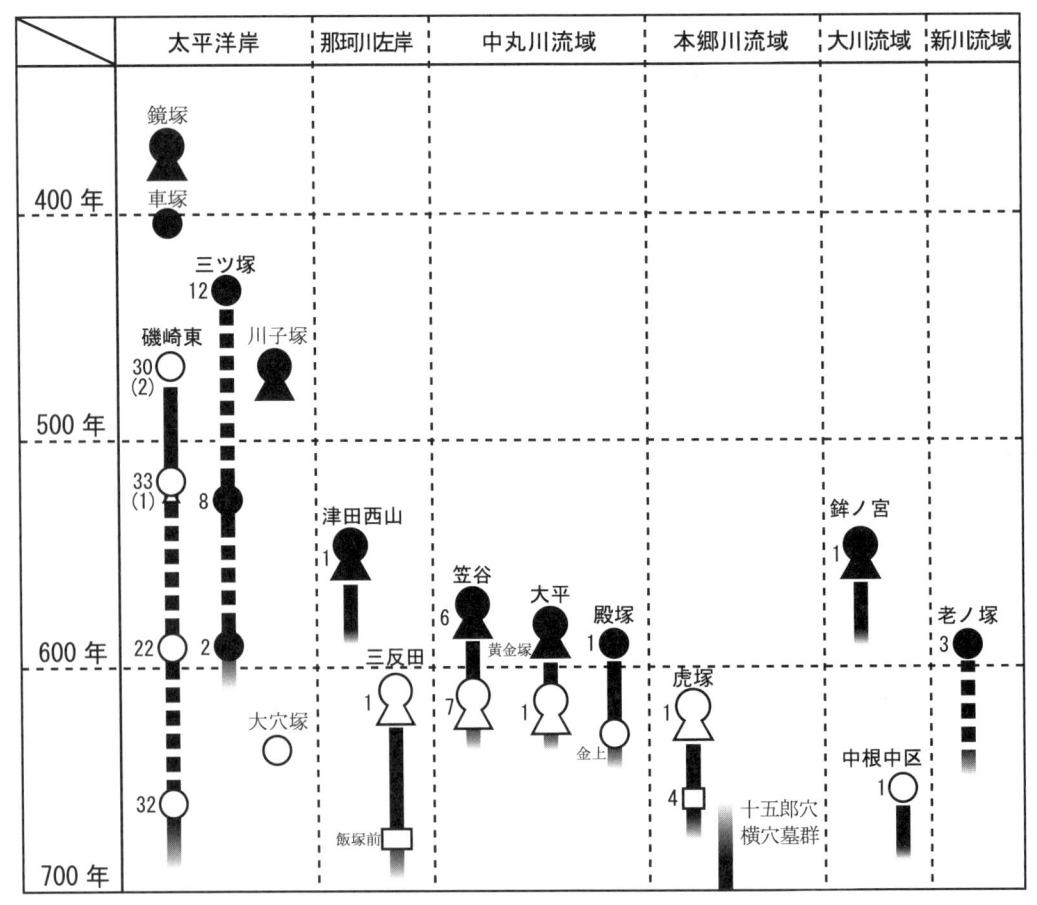

第1図　ひたちなか市域の古墳群の消長（一部大洗町を含む／白抜き：埴輪なし）

以上のように時期の中心は、6世紀後半から7世紀前半が大半を占める。現時点でもっとも古い古墳は5世紀前葉の三ツ塚第3古墳群第12号墳であり、市域で前期古墳は確認されていない。近隣の地域では、当市南側の那珂川対岸の大洗町鏡塚（日下ヶ塚）古墳（前方後円墳・全長105.5ｍ）や、三角縁神獣鏡が出土した水戸市大場の天神山古墳があり、北側の東海村には前方後方墳の真崎古墳群第5号墳が存在する。

　古墳群の継続時期は、古墳群の規模が小さいため長期にわたるものは少ない。長期にわたる可能性があるものとして、磯崎東古墳群と三ツ塚第3古墳群がある。磯崎東古墳群では、第30号墳が5世紀後半、第24・33号墳が6世紀前半、22号墳が6世紀末、32号墳が7世紀中葉と考えられることから5世紀後半から7世紀中葉の時期が、三ツ塚第3古墳では、第12号墳が5世紀前葉、第8号墳が6世紀前半、第2号墳が6世紀末と考えられることから5世紀前葉から6世紀末の時期が想定できるが、その間古墳が途切れずに継続していたかは現段階では確認できない。

　時期別に古墳群の分布みると、5世紀代は太平洋岸にのみ存在し、6世紀中葉以降は各河川流域に分布するようになる。

(8) 横穴墓との関係

　横穴墓は、十五郎穴・三ヶ穴・館山・新堤・部田野横穴墓群の5つが確認されている。十五郎穴横穴墓群は181基以上の横穴墓で4つの支群からなる。米川仁一氏（米川1990）によると、特徴として県北部の横穴墓に多く見られる礫床が全くないこと、小型横穴墓（玄室長が180cm未満）が70基を超え全体の6割を占めることが指摘されている。時期については、陶邑編年のTK217併行の須恵器が最古で、7世紀中葉頃の造営開始が推定される。造営のピークは、MT21併行の須恵器が多く検出されることから、7世紀後葉から8世紀前半と思われる。横穴墓前庭部からは8世紀後半から9世紀の須恵器が出土している。新堤横穴墓群と部田野横穴墓群は、十五郎穴横穴墓群と近い位置の中丸川左岸に位置する。三ヶ穴横穴墓群は、三ツ塚古墳群の南側に位置し、3基の横穴墓が確認されている。十五郎穴横穴墓群以外は調査がされておらず、副葬品も確認されていないことから詳細については不明である。

　古墳群との関係では、虎塚・笠谷古墳群の立地する台地崖面に十五郎穴横穴墓群が造営される。造営時期は、虎塚古墳群第4号墳が7世紀中葉の時期と推定されるため、虎塚古墳群で古墳が造られている最後もしくは造墓が終了したのと同時期に、横穴墓が造られ始めたと考えられる。

(9) ひたちなか市域の古墳の特徴

　市域の古墳群の特徴の一つとして装飾古墳の存在が挙げられる。装飾古墳は彩色のある虎塚古墳群第1号墳と、線刻の殿塚古墳群金上古墳の2基が存在する。虎塚古墳群第1号墳は、凝灰岩の板石の上に白色粘土を塗り、そこにベンガラで丸や三角の幾何学文と武器・武具類が描かれている。金上古墳は線刻により靭が描かれている。

　次に、石室構造では、虎塚古墳群第4号墳の横穴式石室の割り抜き玄門が挙げられる。当古墳のような割り抜き玄門は、茨城県内で他に確認できない。県外では、栃木県壬生地域に類似する石室があり、また「出雲型石室」（上野1996）の特徴に合致する点もあることから、当古墳と他地域との関連性が考えられる古墳である（稲田2008a）。

　埋葬施設の位置が特異なものでは、磯崎東古墳群第1号墳・ぼんぼり山古墳・大平古墳群第1号墳・鉾の宮古墳群第1号墳がある。磯崎東古墳群第1号墳は帆立貝形の古墳で、くびれ部に主軸と平行に砂岩製の箱式石棺を有する。同様に鉾の宮古墳群第1号墳は前方後円墳で、くびれ部に主軸と平行に凝灰岩製の箱式石棺をもつ。ぼんぼり山古墳は周溝内に土壙を有する円墳である。大平古墳群第1号墳は、前方後円墳で前方部に横穴式石室を有する。

3　まとめ

　ひたちなか市域の古墳群についてまとめると、古墳群の分布は太平洋岸と那珂川左岸及びその支流の中丸川流域に多く内陸部は少ない。規模は全体の2/3が9基以下の古墳で構成されている。墳丘形の構成は大半が円墳の

みで、前方後円墳を含むものは 7 群しかない。埴輪は、比較的多くの古墳で確認できる。直径 35 m 以上の大型円墳は 5 基存在し、それらすべてが太平洋岸に位置する。その中の三ツ塚第 3 古墳群第 12 号墳は、円墳としては県内最大規模の大洗町車塚古墳との関連性が窺える。大型円墳の時期は、5 世紀から 7 世紀までであり、一時期には収まらない。方形周溝墓との関係では、時期の隔たりが生じるが古墳時代後期以降に古墳群がつくられる地域と重複する。横穴墓群との関係は、十五郎穴横穴墓群のみ、その台地上にある虎塚古墳群から継続するような形で造墓される。時期は、6 世紀後半～7 世紀前半に多く、前期は認められない。現在もっとも古いと思われるのは三ツ塚古墳群第 12 号墳で 5 世紀前葉の時期が推測される。それよりも古い時期の古墳は、那珂川対岸の大洗町や水戸市、新川対岸の東海村に存在する。

おわりに

　ひたちなか市域の古墳群は、発掘調査を実施したものが少なく、その性格付けをするのが非常に難しい。しかし、今回、判明している事実のみをまとめることだけでも、市域の古墳群についての様相を明らかにすることが出来たと思う。今後も発掘調査や表採資料をもとに、引き続き検討を続けたい。

　最後に、古墳の情報等でお世話いただいた井博幸先生、川口武彦氏、川崎純徳先生、蓼沼香未由氏、佐々木憲一先生、田中　裕先生に心より感謝申し上げる。

参考文献

井　博幸・小宮山達雄 2008「大洗町鏡塚古墳・車塚古墳群の検討」『茨城県考古学協会誌』　第 20 号　茨城県考古学協会
伊東重敏 1971『水戸市埋蔵文化財包蔵地基本調査報告書（応急版）』　水戸市教育委員会
稲田健一 2008a「茨城県ひたちなか市虎塚古墳群第四号墳の石室―刳り抜き玄門を有する古墳の一例―」『多知波奈の考古学　―上野恵司先生追悼論集―』　橘考古学会
　　　　　　 2008b「三ツ塚古墳群の鉄鏃」『ひたちなか埋文だより』　第 29 号　（財）ひたちなか市文化・スポーツ振興公社
稲村　繁 2000「茨城における前方後円墳の終焉とその後」『第 5 回東北・関東前方後円墳研究会　前方後円墳の終焉とその後』　前方後円墳研究会
井上義安他 1990『那珂湊市磯崎東古墳群』　那珂湊市磯崎東古墳群発掘調査会
上野恵司 1996「東国古墳の石室にみる出雲の影響」『考古学の諸相―坂詰秀一先生還暦記念―』　坂詰秀一先生還暦記念会
大塚初重他 1978『勝田市史　別篇Ⅰ　虎塚壁画古墳』　勝田市史編さん委員会
　　　　　 1979『勝田市史　別篇Ⅱ　考古資料篇』　勝田市史編さん委員会
鴨志田篤二他 2005「磯崎東古墳群の調査」『平成 16 年度　市内遺跡発掘調査報告書』　ひたちなか市教育委員会
斎藤　忠 1952『茨城県那珂郡平磯町三ツ塚古墳群調査報告』　茨城県教育委員会
白石真理 1998「大洗町車塚古墳採集資料について」『常総台地』　第 14 号　常総台地研究会
　　　　　 1999「Ⅳ　考察　1　集落遺跡の立地と展開」『武田石高遺跡　古墳時代編』ひたちなか市教育委員会・財団法人ひたちなか市文化・スポーツ振興公社
　　　　　 2004「ひたちなか市三ツ塚第 12 号墳出土遺物ついて」『埴輪研究会誌』　第 8 号　埴輪研究会
鈴木素行 2003「「葬礼私考」の石棒―石棒研究史の序に―」『婆良岐考古』　第 25 号　婆良岐考古同人会
米川仁一 1990「地域的にみた茨城県下の横穴墓群―玄室形態を中心として―」『史学研究集録』　第 15 号　國學院大學日本史学専攻大学院会

古墳カード引用文献

伊東重敏 1971『水戸市埋蔵文化財包蔵地基本調査報告書（応急版）』　水戸市教育委員会
稲田健一 2003『ぼんぼり山遺跡・狢谷津遺跡』　（財）ひたちなか市文化・スポーツ振興公社
稲田健一 2008「三ツ塚古墳群の鉄鏃」『ひたちなか埋文だより』　第 29 号　（財）ひたちなか市文化・スポーツ振興公社
井上　義 1974『那珂湊市磯崎古墳群入道古墳調査報告書』　入道古墳調査団・那珂湊市教育委員会

井上義安　1976『那珂湊市遺跡分布調査報告書』　那珂湊市教育委員会

井上義安他　1972『柳沢遺跡調査報告』　那珂湊市教育委員会・柳沢遺跡発掘調査団

井上義安他　1990『那珂湊市磯崎東古墳群』　那珂湊市磯崎東古墳群発掘調査会

大塚初重他　1972『鉾ノ宮古墳群発掘調査報告書』　勝田市教育委員会

大塚初重他　1978『勝田市史　別篇Ⅰ　虎塚壁画古墳』　勝田市史編さん委員会

大塚初重他　1979『勝田市史　別篇Ⅱ　考古資料篇』　勝田市史編さん委員会

大塚雅昭　1999『笠松運動公園拡張事業地内埋蔵文化財調査報告書　孫目A遺跡・孫目古墳群（1号墳）』　財団法人茨城県教育財団

大森信英　1958『那珂湊市平磯町三ツ塚古墳調査報告Ⅱ』　那珂湊市教育委員会

大森信英　1964『津田・西山古墳発掘調査報告』　勝田市教育委員会

勝田市史編さん委員会　1972『勝田市三反田古墳群測量調査概要』

鴨志田篤二　1988『虎塚古墳群第4号墳』　茨城県勝田市教育委員会

鴨志田篤二他　1998a『新平塙古墳発掘調査報告書』　ひたちなか市遺跡調査会

鴨志田篤二他　1998b『平成9年度　市内遺跡発掘調査報告書』　ひたちなか市教育委員会

鴨志田篤二他　1998c『ひたちなか市中根中区古墳発掘調査報告書』　ひたちなか市遺跡調査会

鴨志田篤二他　1994『平成5年度　市内遺跡発掘調査報告書』　ひたちなか市教育委員会

鴨志田篤二他　1996『平成7年度　市内遺跡発掘調査報告書』　ひたちなか市教育委員会

鴨志田篤二他　1999a『飯塚前古墳発掘調査報告書』　ひたちなか市遺跡調査会

鴨志田篤二他　1999b『平成10年度　市内遺跡発掘調査報告書』　ひたちなか市教育委員会

鴨志田篤二他　2000『平成11年度　市内遺跡発掘調査報告書』　ひたちなか市教育委員会

鴨志田篤二他　2005『平成16年度　市内遺跡発掘調査報告書』　ひたちなか市教育委員会

川崎純徳他　1983『鉾の宮古墳発掘調査報告書』　鉾の宮古墳調査会

川崎純徳他　1986『茨城県大平古墳』　大平遺跡群調査会

斉藤　新　1987『新道古墳群調査報告書』　那珂湊市教育委員会

斉藤　新　2000「ひたちなか市川子塚出土の円筒埴輪について（1）」『埴輪研究会誌』第4号　埴輪研究会

齋藤　忠　1952『茨城県那珂郡平磯町三ツ塚古墳群調査報告』　茨城県教育委員会

齋藤　忠他　1974『茨城県史料　考古資料編　古墳時代』　茨城県史編さん原始古代史部会

白石真理　2004「ひたちなか市三ツ塚第12号墳出土遺物ついて」『埴輪研究会誌』第8号　埴輪研究会

住谷光男　1985『昭和59年度　市内遺跡発掘調査報告書』　茨城県勝田市教育委員会

38 第 2 章　地域研究

第2図　ひたちなか市・水戸市南東部・大洗町北部域の古墳群の分布1

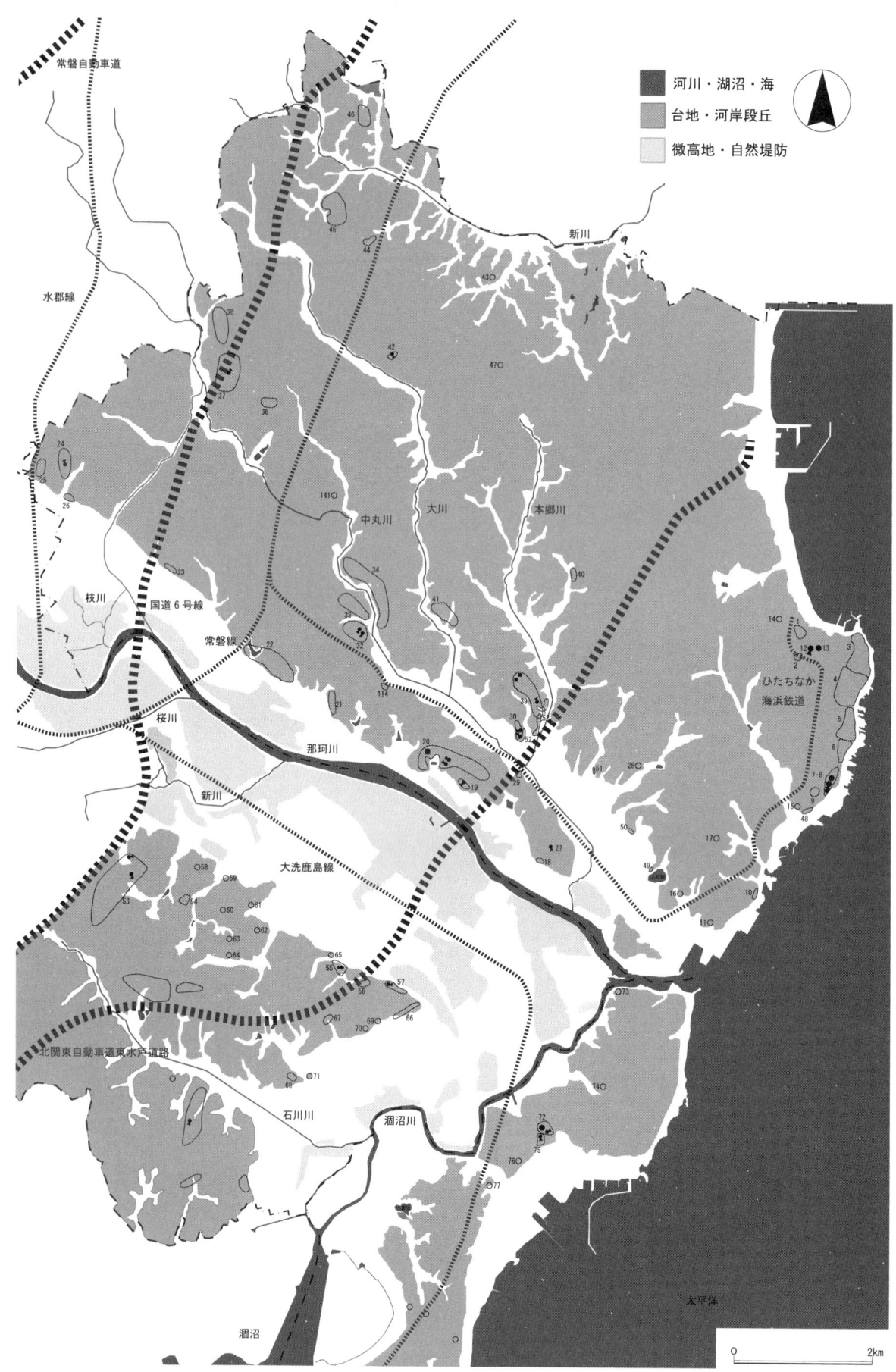

第3図　ひたちなか市・水戸市南東部・大洗町北部域の古墳群の分布2（川口武彦氏が作成した図を一部改変）

第1表　ひたちなか市・水戸市東南部・大洗町北部域の古墳群・古墳一覧表

No.	遺跡名	前方後円墳	円墳	方墳	前方後方墳	不明	前期	中期	後期	終末期	特記事項
太平洋岸												
1	前山古墳群		2								
2	川子塚西古墳群		2								
3	磯崎東古墳群	1	33					■	■	■	帆立貝形
4	磯合古墳群		9								
5	入道古墳群		11					■			
6	三ツ塚第1古墳群		10？								
7	三ツ塚第2古墳群		8？								
8	三ツ塚第3古墳群		14					■			大型円墳
9	新道古墳群					○					詳細不明
10	東塚原古墳群		5								
11	和田ノ上古墳群		1								
12	川子塚古墳	1						■			全長約81m
13	大穴塚古墳		1								大型円墳
14	愛宕神社古墳		○								
15	権現塚古墳		○								
16	ぼんぼり山古墳		1					■			周溝内埋葬
17	和尚塚					○					詳細不明
那珂川左岸												
18	道理山古墳群		4								
19	高井古墳群	1	1								
20	三反田古墳群	3	13	1							
21	金上古墳群		2								
22	勝倉古墳群		3								
23	市毛古墳群		1								
24	津田西山古墳群	1	3					■			
25	津田若宮古墳群		2								
26	天神山古墳		1								
27	寺前古墳	1									
中丸川流域												
28	部田野古墳群		1								
29	宮前古墳群		4								
30	笠谷古墳群	2	8			4					
31	相対古墳群		2								
32	大平古墳群	3	9								
33	殿塚古墳群		2								装飾古墳
34	長堀古墳群		11？								
35	大島古墳群		2								
36	外野開拓古墳群		2								
37	田彦古墳群	1？	1								
38	寄居新田古墳群		2								
本郷川流域												
39	虎塚古墳群	1	2	2						■	装飾古墳
40	馬渡古墳群		2								
大川流域												
41	中根中区古墳群		1								
42	鉾の宮古墳群	1	2						■		
新川流域												
43	寺畑古墳群					1					
44	二ツ森古墳群		2								
45	老ノ塚古墳群		7								
46	孫目古墳群		3								
47	足崎古墳					○					詳細不明
＊横穴墓群												
48	三ヶ穴横穴墓群										横穴墓
49	館山横穴墓										横穴墓
50	新堤横穴墓群										横穴墓
51	部田野横穴墓群										横穴墓
52	十五郎穴横穴墓群										横穴墓
那珂川右岸												
53	谷田古墳群	2	5								
54	六反田古墳群			3？							
55	金山塚古墳群	1	5			2			■		
56	北屋敷古墳群		2								
57	大串古墳群	1	3	1		1			■	■	
58	六地蔵古墳										

第2章　地域研究

No.	遺跡名	墳形の構成と基数					時期				特記事項
		前方後円墳	円墳	方墳	前方後方墳	不明	前期	中期	後期	終末期	
59	栗崎北古墳		1								
60	佛性寺古墳		1								
61	フジヤマ古墳		1						▓	▓	
62	愛宕神社古墳		1								
63	諏訪神社古墳		1								
64	千勝神社古墳			1							
65	住吉神社古墳		1								
73	磐船山古墳		1？								
涸沼川左岸												
66	長福寺古墳群		7								
67	高原古墳群		2						▓	▓	
68	涸沼台古墳群		7						▓	▓	
69	善徳寺古墳		1						▓	▓	
70	東畑古墳		1								
71	天神山古墳					1	■				
涸沼川右岸												
74	上ノ山古墳		1						▓	▓	
太平洋岸												
72	車塚古墳群	1	4				▓	■			大型円墳
75	鏡塚古墳	1					■	■			全長105.5m
76	行人塚古墳		1								
77	富士山古墳		1？								

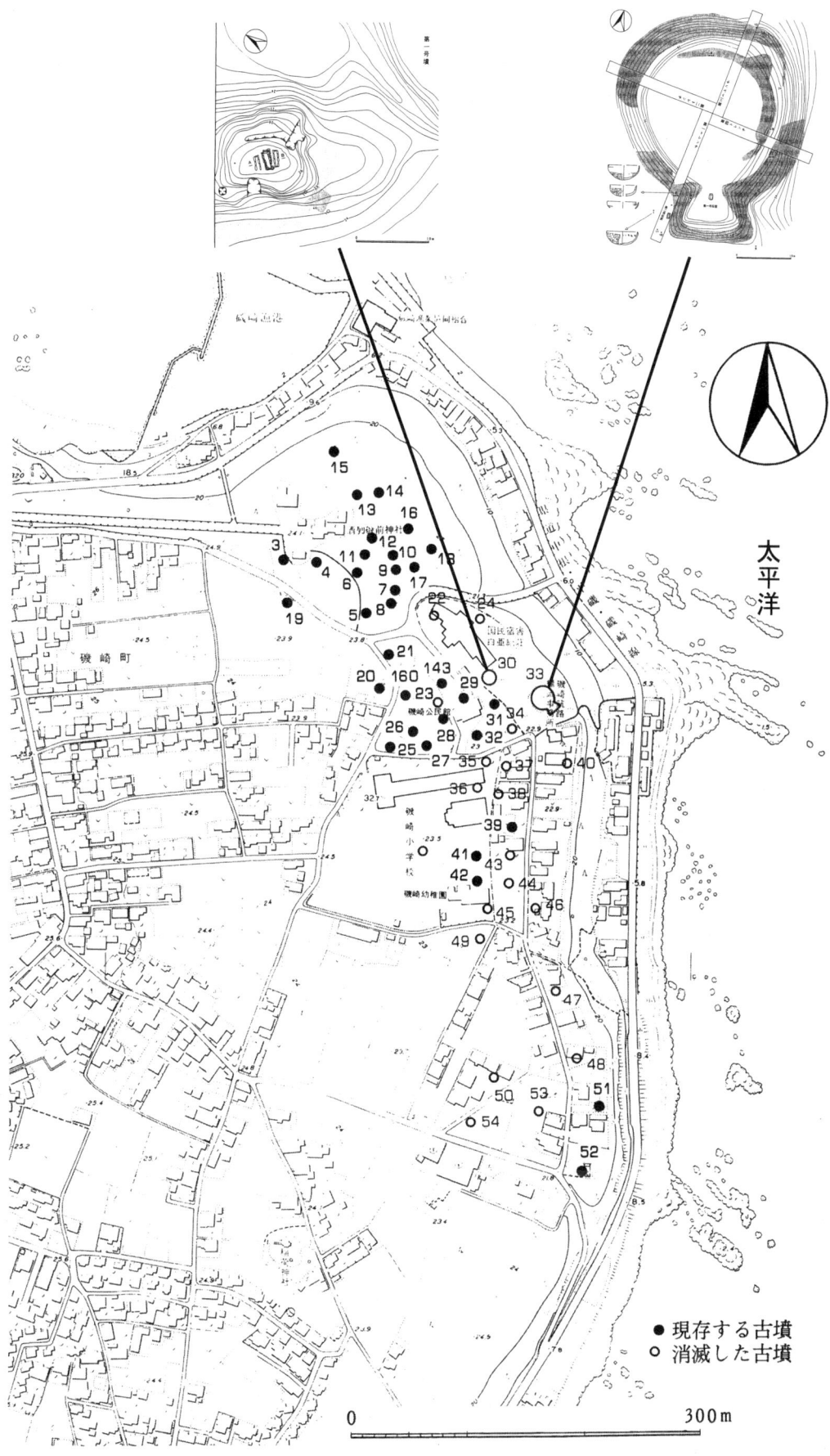

第4図　磯崎東古墳群分布図（【井上1990】を一部改変）

● 現存する古墳
○ 消滅した古墳

太平洋

第2章　地域研究

第5図　磯崎東古墳群第33(1)号墳・第1号石室（【井上1990】より転載）

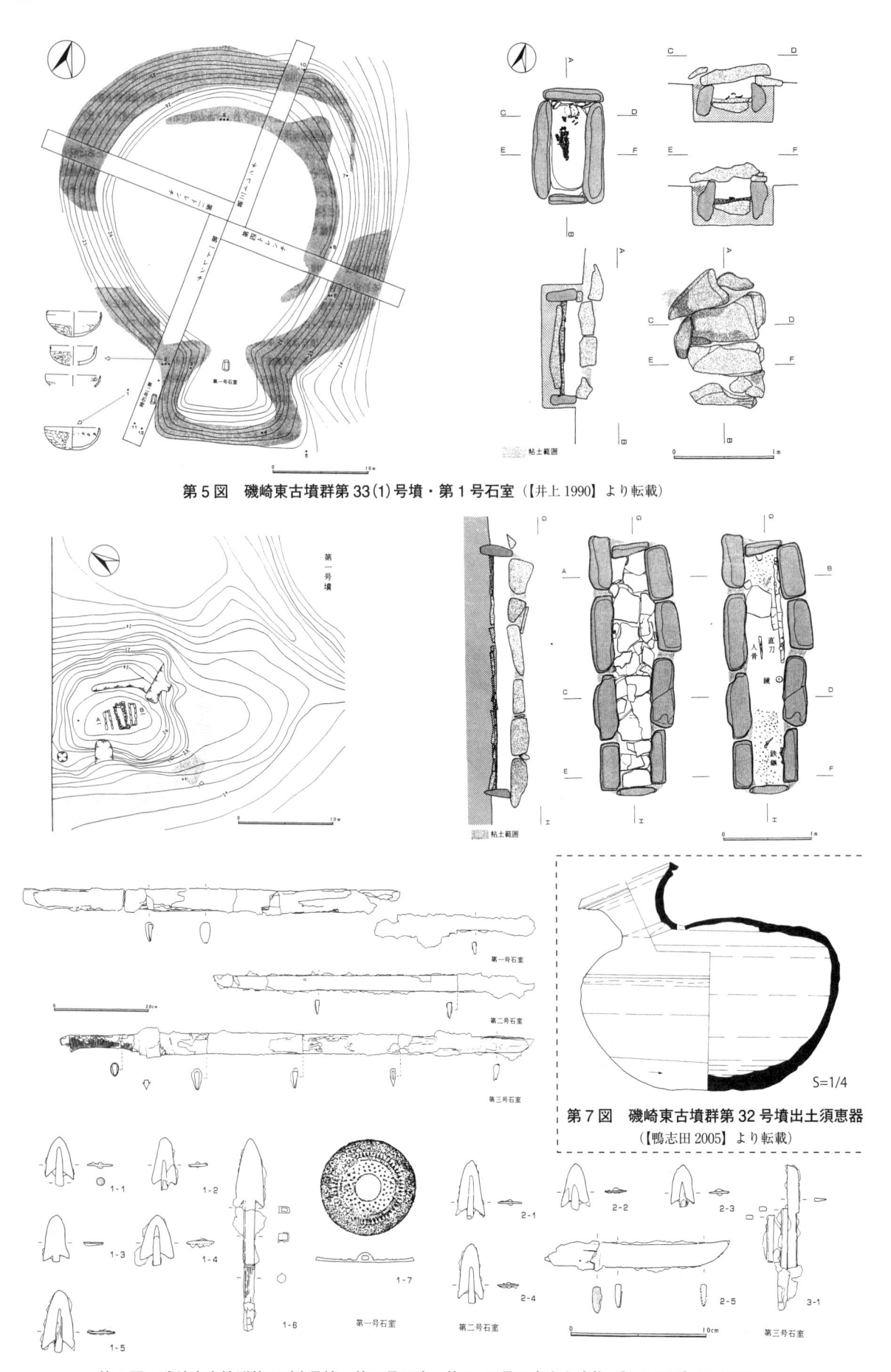

第7図　磯崎東古墳群第32号墳出土須恵器（【鴨志田2005】より転載）

第6図　磯崎東古墳群第30(2)号墳・第1号石室・第1～3号石室出土遺物（【井上1990】より転載）

ひたちなか市域の古墳群

第12号墳

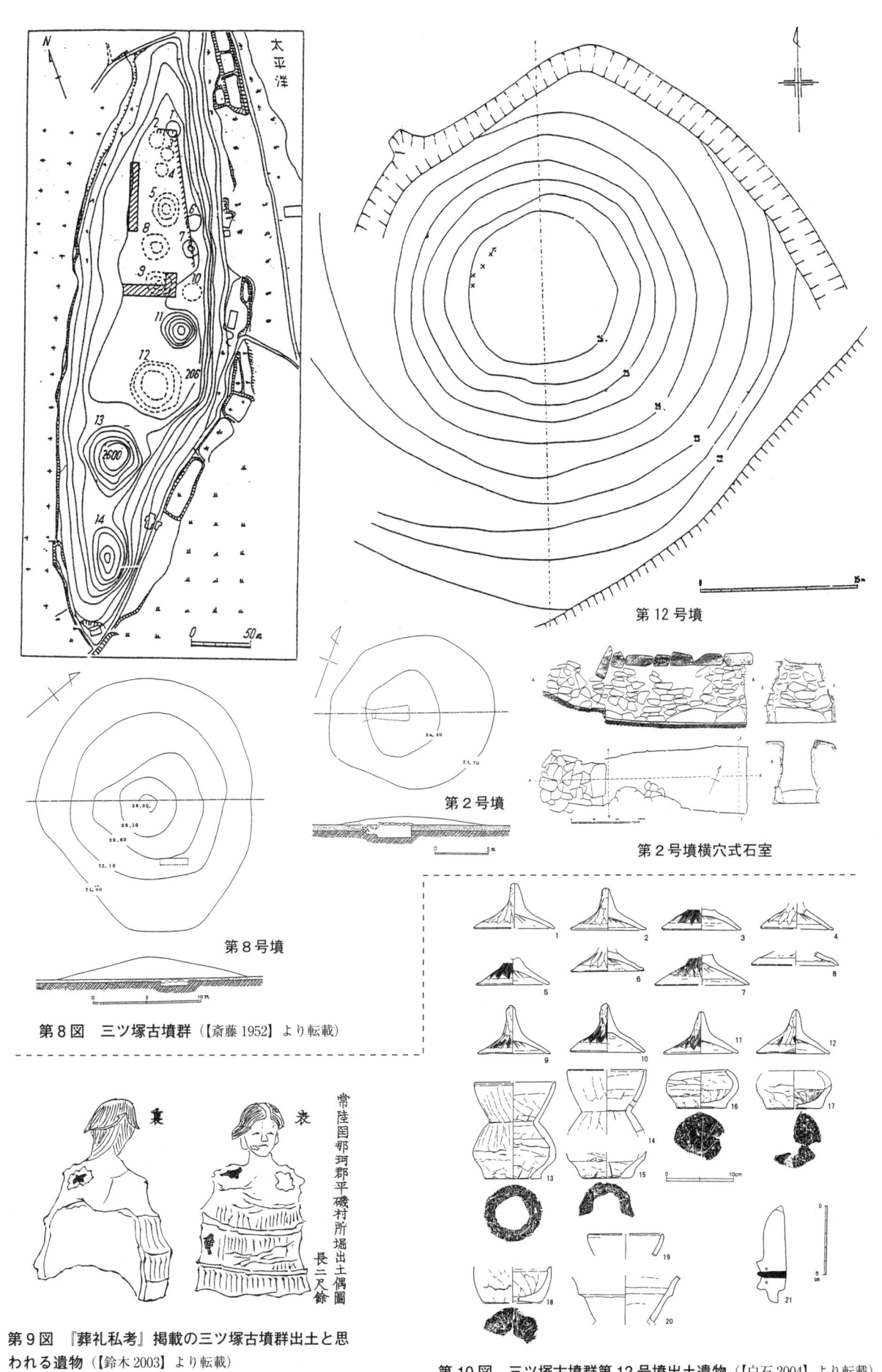

第2号墳

第2号墳横穴式石室

第8号墳

第8図　三ツ塚古墳群（【斎藤1952】より転載）

常陸國那珂郡平磯村所堀出土偶圖　長二尺餘

裏　表

第9図　『葬礼私考』掲載の三ツ塚古墳群出土と思われる遺物（【鈴木2003】より転載）

第10図　三ツ塚古墳群第12号墳出土遺物（【白石2004】より転載）

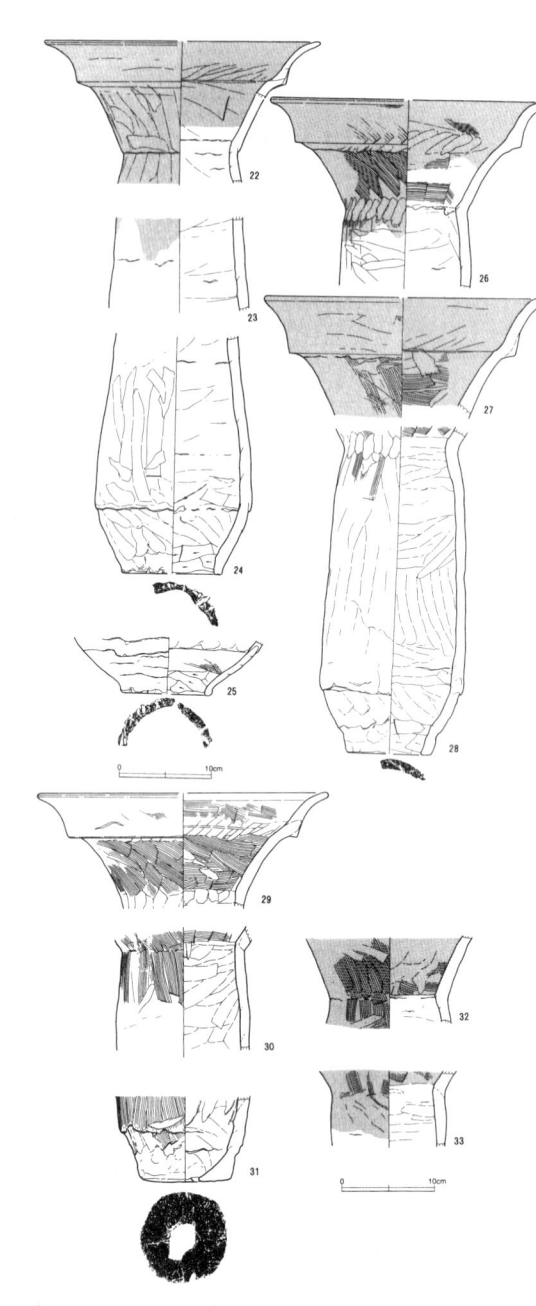

46   第 2 章　地域研究

第 11 図　三ツ塚古墳群第 12 号墳出土壺形埴輪（【白石 2004】より転載）

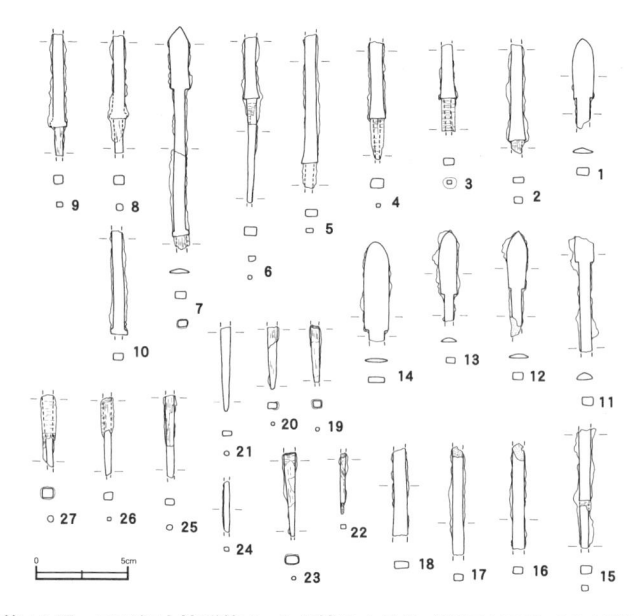

第 12 図　三ツ塚古墳群第 2・8 号墳出土鉄鏃（【稲田 2008b】より転載）

第 13 図　三ツ塚古墳群第 8 号墳出土須恵器（【稲田 2008b】より転載）

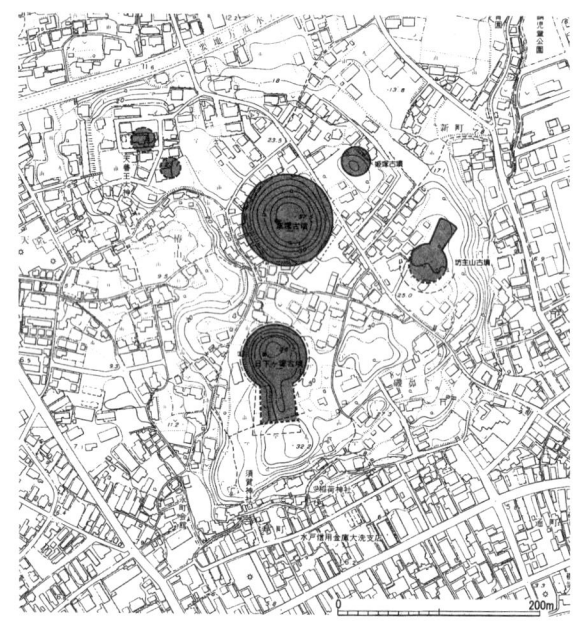

第 14 図　鏡塚（日下ヶ塚）・車塚古墳群分布図（【井他 2008】より転載）

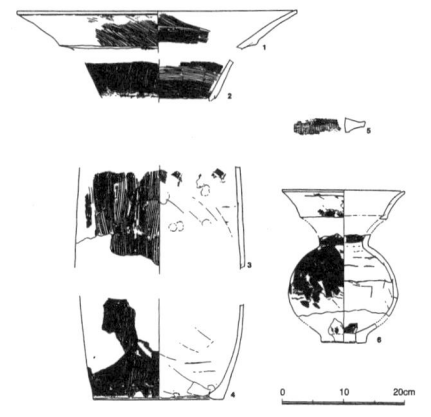

第 15 図　車塚古墳出土壺形埴輪（【白石 1998】より転載）

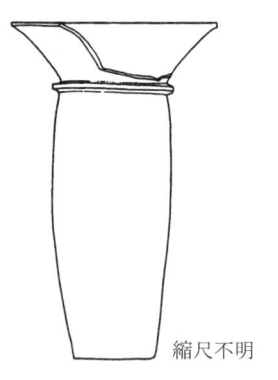

第 16 図　車塚古墳関連遺物の「髭釜 4 号墳」出土遺物（【井他 2008】より転載）

縮尺不明

ひたちなか市域の古墳群   47

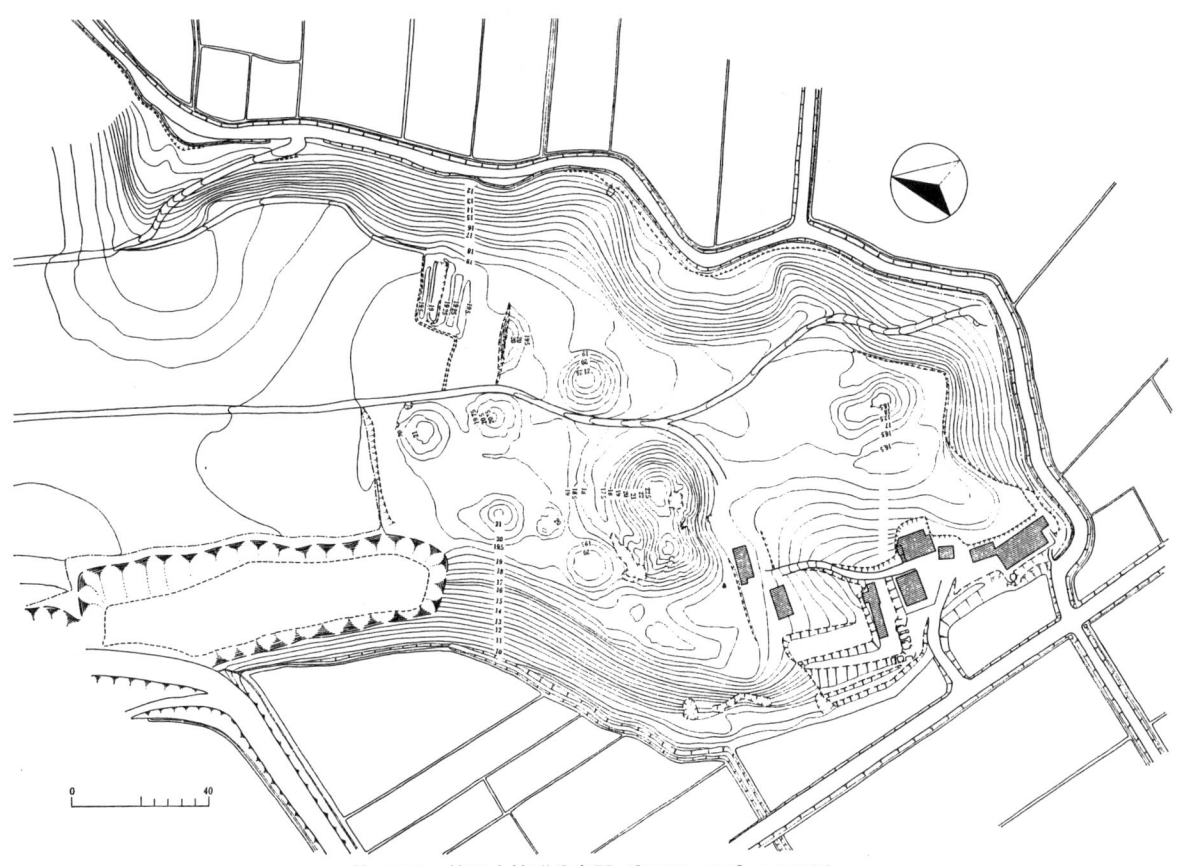

第 17 図　笠谷古墳群分布図（【大塚他 1979】より転載）

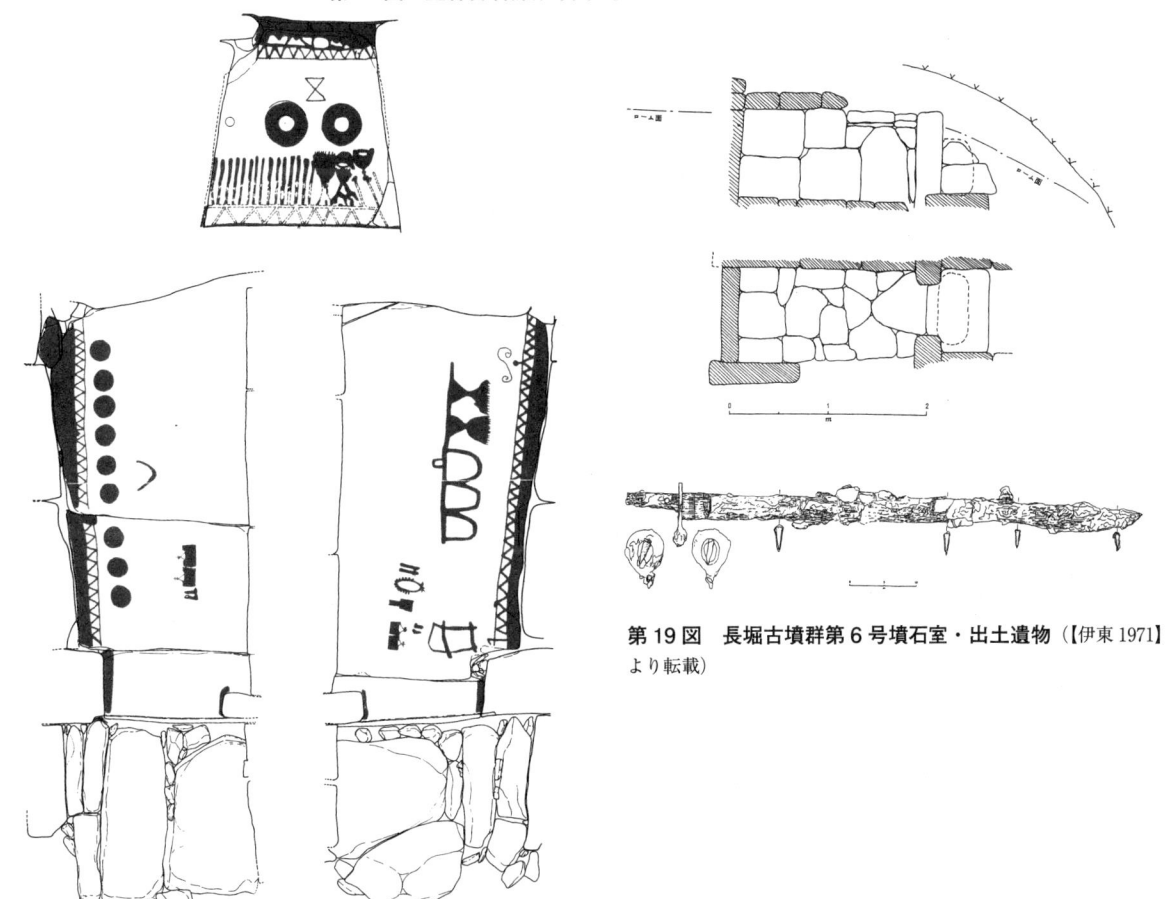

第 19 図　長堀古墳群第 6 号墳石室・出土遺物（【伊東 1971】より転載）

第 18 図　虎塚古墳群第 1 号墳石室（【大塚他 1978】より転載）

48 第2章 地域研究

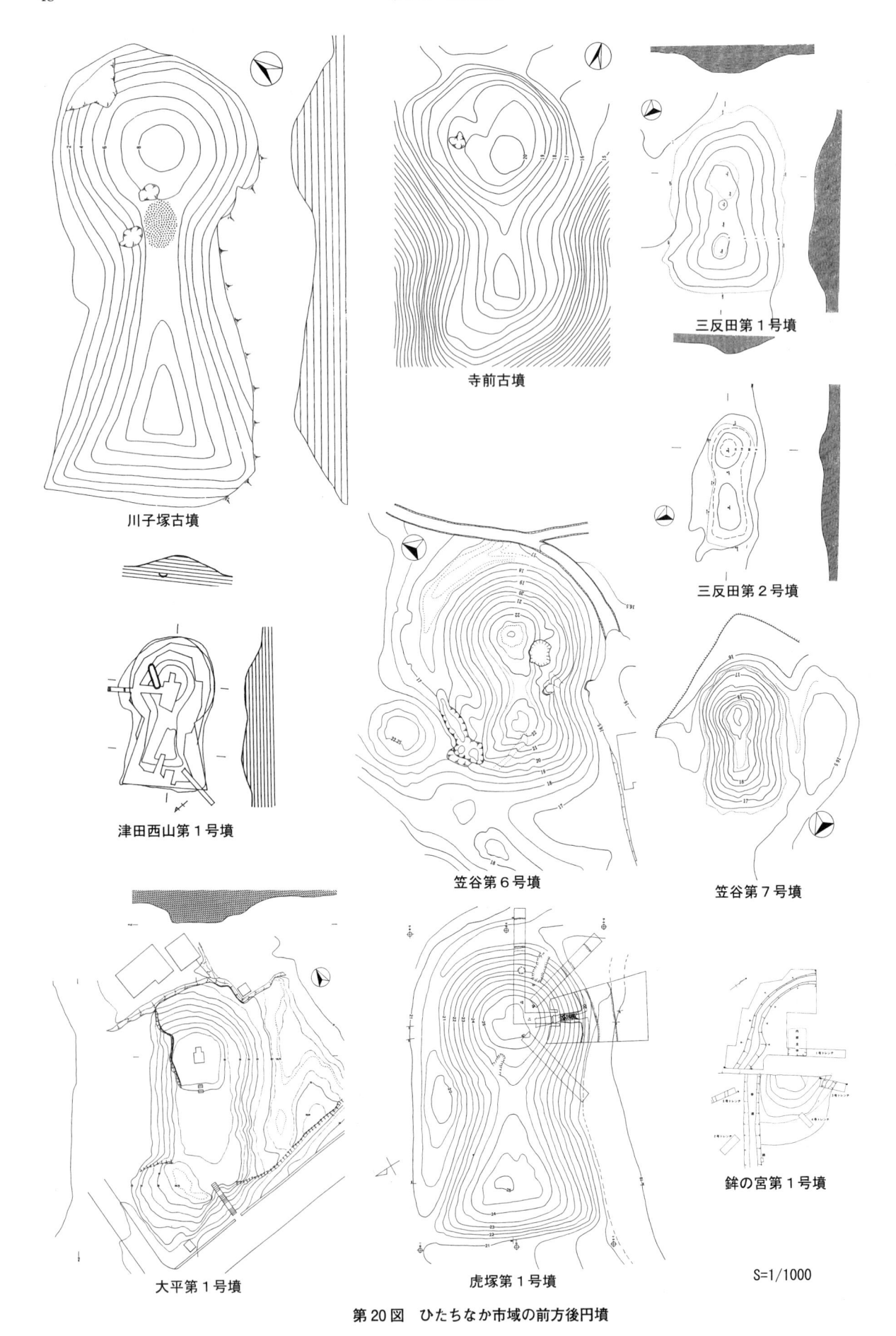

川子塚古墳

寺前古墳

三反田第1号墳

三反田第2号墳

津田西山第1号墳

笠谷第6号墳

笠谷第7号墳

大平第1号墳

虎塚第1号墳

鉾の宮第1号墳

S=1/1000

第20図　ひたちなか市域の前方後円墳

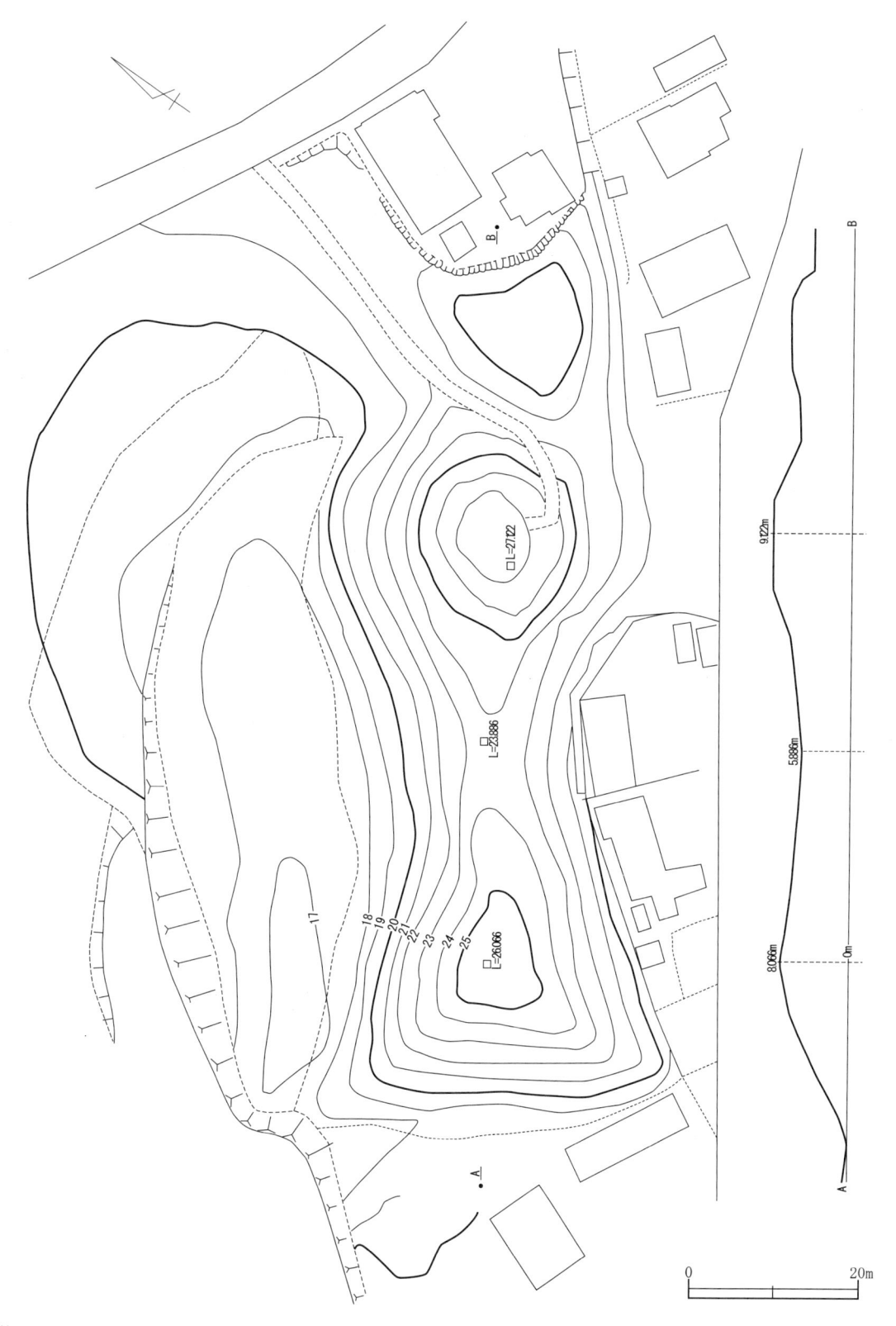

第21図 川子塚古墳実測図（1982年旧那珂湊市役所で配布された「埋蔵文化財研修会資料」を再トレース：川崎純徳氏より提供）

第2章 地域研究

入道古墳群

所在：茨城県ひたちなか市磯崎町入道3601ほか				
立地：太平洋を望む那珂台地縁辺部				
群構成	前方後円墳	円墳	方墳	その他	総数
	0	11	0	0	11
埋葬施設：箱式石棺（1号墳）				
埴輪：−				
主な副葬品：（1号墳）大刀、鉄鏃				
年代：1号墳（5世紀後半）				
備考：1号墳（円墳：直径約11m）、2号墳（円墳：直径約15m）。				
近在の大型古墳：川子塚古墳				
文献：井上1974、井上1976　　図版：				

三ツ塚第1古墳群

所在：茨城県ひたちなか市平磯町字三ツ塚3553ほか				
立地：太平洋を望む那珂台地縁辺部				
群構成	前方後円墳	円墳	方墳	その他	総数
	0	(10)	0	0	(10)
埋葬施設：−				
埴輪：−				
主な副葬品：−				
年代：不明				
備考：1976年時10基を確認。6〜26mの円墳。				
近在の大型古墳：川子塚古墳				
文献：井上1976、大森1958、斎藤1952、斎藤他1974　　図版：				

三ツ塚第2古墳群

所在：茨城県ひたちなか市平磯町字三ツ塚3551ほか				
立地：太平洋を望む那珂台地縁辺部				
群構成	前方後円墳	円墳	方墳	その他	総数
	0	(8)	0	0	(8)
埋葬施設：−				
埴輪：−				
主な副葬品：−				
年代：不明				
備考：1976年時8基を確認。				
近在の大型古墳：川子塚古墳				
文献：井上1976、大森1958、斎藤1952、斎藤他1974　　図版：				

前山古墳群

所在：茨城県ひたちなか市阿字ヶ浦町字前山178ほか				
立地：太平洋を望む那珂台地縁辺部				
群構成	前方後円墳	円墳	方墳	その他	総数
	0	2	0	0	2
埋葬施設：−				
埴輪：−				
主な副葬品：直刀、鉄鏃・須恵器（江戸時代の文献に記載）				
年代：不明				
備考：				
近在の大型古墳：川子塚古墳				
文献：井上1976　　図版：				

川子塚西古墳群

所在：茨城県ひたちなか市磯崎町字川子塚4620ほか				
立地：太平洋を望む那珂台地縁辺部				
群構成	前方後円墳	円墳	方墳	その他	総数
	0	2	0	0	2
埋葬施設：−				
埴輪：−				
主な副葬品：−				
年代：不明				
備考：				
近在の大型古墳：川子塚古墳				
文献：井上1976　　図版：				

磯崎東古墳群

所在：茨城県ひたちなか市磯崎町字東ノ三4604ほか				
立地：太平洋を望む那珂台地縁辺部				
群構成	前方後円墳	円墳	方墳	その他	総数
	1	33 (20)	0	0	34 (20)
埋葬施設：箱式石棺・横穴式石室（22号墳）				
埴輪：あり				
主な副葬品：（30号墳）珠文鏡、大刀、鉄鏃（32号墳）平瓮				
年代：30号墳（5世紀後半）、24・33号墳（6世紀前半）、22号墳（6世紀末）、32号墳（7世紀後半？）				
号墳：1989年調査33号墳（帆立貝：全長40m）、2004年調査32号墳（円墳：直径約22m）、1950年時54基、1990年時34基を確認。				
近在の大型古墳：川子塚古墳				
文献：井上1976、井上他1990、鴨志田他2005　　図版：第4〜7図				

磯合古墳群

所在：茨城県ひたちなか市磯崎町磯合4653ほか				
立地：太平洋を望む那珂台地縁辺部				
群構成	前方後円墳	円墳	方墳	その他	総数
	0	9 (17)	0	0	9 (26)
埋葬施設：横穴式石室（赤坂稲荷古墳）、箱式石棺				
埴輪：−				
主な副葬品：ガラス小玉				
年代：不明				
備考：直径20m前後の円墳中心。赤坂稲荷古墳（円墳：直径約26m）。				
近在の大型古墳：川子塚古墳				
文献：井上1976、井上他1990、鴨志田他1996　　図版：				

ひたちなか市域の古墳群

和田ノ上古墳群	所在	茨城県ひたちなか市和田町1丁目12ほか
	立地	太平洋を望む那珂台地縁辺部。
	群構成	前方後円墳0／円墳1／方墳0／その他0／総数1
	埋葬施設	—
	墳輪	—
	主な副葬品	—
	年代	不明
	備考	円墳：20m。
	近在の大型古墳	—
	文献	井上1976　図版：
道理山古墳群	所在	茨城県ひたちなか市美田多字道理山480ほか
	立地	那珂川左岸、那珂台地先端部。
	群構成	前方後円墳0／円墳4／方墳0／その他0／総数4
	埋葬施設	—
	墳輪	なし？
	主な副葬品	—
	年代	不明
	備考	
	近在の大型古墳	寺前古墳
	文献	井上1976　図版：
高井古墳群	所在	茨城県ひたちなか市三反田字上高井2928ほか
	立地	那珂川左岸、那珂台地縁辺部。
	群構成	前方後円墳1／円墳1／方墳0／その他0／総数2
	埋葬施設	横穴式石室（1号墳）
	墳輪	円筒・形象埴輪
	主な副葬品	—
	年代	6世紀後半？
	備考	
	近在の大型古墳	
	文献	大塚1979　図版：
三反田古墳群	所在	茨城県ひたちなか市三反田字羽黒3088ほか
	立地	那珂川左岸、那珂台地縁辺部。
	群構成	前方後円墳3／円墳13／方墳1／その他0／総数17
	埋葬施設	横穴式石室・瓶塚前支群第2号墳は横穴式石室
	墳輪	あり
	主な副葬品	大刀・鉄鏃・金環・銅釧（瓶塚前支群第2号墳）
	年代	6世紀後半から7世紀中葉？
	備考	1号墳（前方後円墳：30m）、2号墳（前方後円墳？：23m）、3号墳（円墳：17m）、瓶塚前古墳（長方墳：30×20m）、瓶塚前支群第2号墳（円墳：約30m）
	近在の大型古墳	
	文献	瓶塚前他1979、勝田市史編さん委員会1972、鴨志田他1998a・1999a・1999b　図版：

三ツ塚第3古墳群	所在	茨城県ひたちなか市平磯町字三ツ塚3550ほか
	立地	太平洋を望む那珂台地縁辺部。
	群構成	前方後円墳1／円墳13／方墳0／その他0／総数14
	埋葬施設	（1・11号墳）箱式石棺、（2号墳）横穴式石室、（6～9号墳）竪穴式石室
	墳輪	（2・8・14号墳）円筒埴輪、（12号墳）壺形埴輪
	主な副葬品	（2号墳）ガラス小玉、大刀、鉄鏃、（7・11号墳）大刀、（8号墳）鉄鏃
	年代	12号墳（5世紀前半）、8号墳（6世紀前半）、2号墳（6世紀末）
	備考	1号墳（円墳：10m）、2号墳（円墳：14m）、3号墳（円墳：12m）、5号墳（円墳：27m）、6号墳（円墳：10m）、7号墳（円墳：9m）、8号墳（円墳：21m）、9号墳（円墳：20m）、10号墳（円墳：？）、11号墳（円墳：36m）、12号墳（円墳：51m）、13号墳（帆立貝？：53m）、14号墳（円墳：38m）。
	近在の大型古墳	
	文献	井上1976、稲田2008、大森1958、斎藤1952、斎藤他1974、白石2004　図版：第8～13図
新道古墳群	所在	茨城県ひたちなか市平磯町字新道
	立地	太平洋を望む那珂台地縁辺部。
	群構成	前方後円墳0／円墳0／方墳0／その他0／総数不明
	埋葬施設	横穴式石室
	墳輪	—
	主な副葬品	須恵器、刀装具
	年代	不明
	備考	
	近在の大型古墳	
	文献	斉藤1987　図版：
東塚原古墳群	所在	茨城県ひたちなか市殿山町1丁目4ほか
	立地	太平洋を望む那珂台地縁辺部。
	群構成	前方後円墳0／円墳5（9）／方墳0／その他0／総数5（14）
	埋葬施設	横穴式石室1基あり
	墳輪	あり（1基）
	主な副葬品	刀子
	年代	不明
	備考	1号墳（円墳：11m）、3号墳（円墳：10m）
	近在の大型古墳	
	文献	井上1976　図版：

津田若宮古墳群

所在	茨城県ひたちなか市津田字若宮3400ほか
立地	那珂川左岸、那珂台地縁辺部

群構成	前方後円墳	円墳	方墳	その他	総数
	0	2	0	0	2

埋葬施設	―
主な副葬品	―
埴輪	―
年代	不明
備考	
近在の大型古墳	
文献	大塚他1979	図版:

部田野古墳群

所在	茨城県ひたちなか市部田野字富士山105ほか
立地	那珂川支流中丸川左岸、那珂台地上

群構成	前方後円墳	円墳	方墳	その他	総数
	0	1	0	0	1

埋葬施設	―
主な副葬品	―
埴輪	―
年代	不明
備考	
近在の大型古墳	
文献	井上1976	図版:

宮前古墳群

所在	茨城県ひたちなか市柳沢字宮前289ほか
立地	那珂川支流中丸川右岸、那珂台地上

群構成	前方後円墳	円墳	方墳	その他	総数
	0	4	0	0	4

埋葬施設	―
主な副葬品	形象埴輪（人物・家形）
埴輪	形象埴輪（人物・家形）
年代	6世紀代
備考	
近在の大型古墳	寺前古墳
文献	井上1976	図版:

笠谷古墳群

所在	茨城県ひたちなか市中根字館出3437-3ほか
立地	那珂川支流中丸川左岸、那珂台地上

群構成	前方後円墳	円墳	方墳	その他	総数
	2	8	0	(4)	10 (14)

埋葬施設	横穴式石室（6号墳）
主な副葬品	円筒・形象埴輪
埴輪	（6号墳）大刀、鉄鏃、馬具
年代	（6号墳 6世紀後半）、7号墳（7世紀前葉?）
備考	1号墳（円墳：16m）、2号墳（前方後円墳：43m）、3号墳（円墳：14m）、4号墳（円墳：15m）、5号墳（円墳：15m）、6号墳（前方後円墳：28m）、7号墳（円墳：20m?）、8号墳（円墳：18m）、9号墳（円墳：24m）、10号墳（円墳：9m）
近在の大型古墳	
文献	大塚他1979、伊東1971	図版：第17図

金上古墳群

所在	茨城県ひたちなか市金上字塙794-1
立地	那珂川左岸、那珂台地縁辺部

群構成	前方後円墳	円墳	方墳	その他	総数
	0	2	0	0	2

埋葬施設	―
主な副葬品	―
埴輪	―
年代	不明
備考	
近在の大型古墳	大平古墳群黄金塚古墳
文献	大塚他1979	図版:

勝倉古墳群

所在	茨城県ひたちなか市勝倉字富士山3010ほか
立地	那珂川支流中丸川左岸、那珂台地縁辺部

群構成	前方後円墳	円墳	方墳	その他	総数
	0	3 (13)	0	0	3 (16)

埋葬施設	―
主な副葬品	―
埴輪	あり
年代	不明
備考	15から20mの規模
近在の大型古墳	
文献	大塚他1979、鴨志田他1999b	図版:

市毛古墳群

所在	茨城県ひたちなか市毛字下坪358ほか
立地	那珂川左岸、那珂台地縁辺部

群構成	前方後円墳	円墳	方墳	その他	総数
	0	1	0	0	1

埋葬施設	―
主な副葬品	―
埴輪	―
年代	不明
備考	
近在の大型古墳	
文献	大塚他1979	図版:

津田西山古墳群

所在	茨城県ひたちなか市津田字西山2130-1ほか
立地	那珂川左岸、那珂台地縁辺部

群構成	前方後円墳	円墳	方墳	その他	総数
	1	3	0	0	4

埋葬施設	木炭槨（1号墳）、粘土槨（2～4号墳）
主な副葬品	（1号墳）大刀、鉄鏃、刀子、（3号墳）鉄鏃
埴輪	（1号墳）円筒・（1号墳）形象埴輪（人物）
年代	1号墳（6世紀初）
備考	1号墳（前方後円墳：25.5m）、2号墳（円墳：22m）、3号墳（円墳：20m）、4号墳（円墳：推定12m）
近在の大型古墳	
文献	大塚他1979、大森1964、斎藤1974	図版:

ひたちなか市域の古墳群

大島古墳群

所在：茨城県ひたちなか市東大島 1、3丁目
立地：那珂川支流中丸川上流左岸、那珂台地上。

群構成	前方後円墳	円墳	方墳	その他	総数
	0	2	0	0	2

- 埋葬施設：－
- 主な副葬品：－
- 埴輪：－
- 年代：不明
- 備考：
- 近在の大型古墳：
- 文献：大塚他 1979　図版：

外野開拓古墳群

所在：茨城県ひたちなか市田彦字雷土 1329 ほか
立地：中丸川上流左岸、那珂台地上。

群構成	前方後円墳	円墳	方墳	その他	総数
	0	2	0	0	2

- 埋葬施設：－
- 主な副葬品：－
- 埴輪：－
- 年代：不明
- 備考：10数 m の規模
- 近在の大型古墳：
- 文献：大塚他 1979　図版：

田彦古墳群

所在：茨城県ひたちなか市田彦字後原 933 ほか
立地：那珂川支流中丸川中流左岸、那珂台地上。

群構成	前方後円墳	円墳	方墳	その他	総数
	(1)	1 (21)	0	0	1 (22)

- 埋葬施設：粘土槨？
- 主な副葬品：
- 埴輪：形象埴輪（人物）
- 年代：6世紀後半？
- 備考：15から20m の規模
- 近在の大型古墳：
- 文献：大塚他 1979　図版：

寄居新田古墳群

所在：茨城県ひたちなか市田彦字寄居新田 1004-2 ほか
立地：那珂川支流中丸川上流左岸、那珂台地上。

群構成	前方後円墳	円墳	方墳	その他	総数
	－	2	0	0	2

- 埋葬施設：－
- 主な副葬品：－
- 埴輪：－
- 年代：不明
- 備考：
- 近在の大型古墳：
- 文献：大塚他 1979　図版：

相対古墳群

所在：茨城県ひたちなか市金上字相対 1122 ほか
立地：那珂川支流中丸川右岸、那珂台地上。

群構成	前方後円墳	円墳	方墳	その他	総数
	0	2	0	0	2

- 埋葬施設：
- 主な副葬品：－
- 埴輪：－
- 年代：不明
- 備考：1号墳（円墳：20m）。
- 近在の大型古墳：大平古墳群黄金塚古墳
- 文献：任谷 1985　図版：

大平古墳群

所在：茨城県ひたちなか市勝倉字大平
立地：那珂川支流中丸川右岸、那珂台地上。

群構成	前方後円墳	円墳	方墳	その他	総数
	1 (2)	2 (9)	0	0	3 (14)

- 埋葬施設：（1号墳）横穴式石室：前方部
- 埴輪：（2号墳）円筒、形象埴輪（人物など）
- 主な副葬品：（1号墳）鋼釧、刀子、鉄鏃、鎌、切子玉、須恵器
- 年代：黄金塚古墳（前方後円墳：6世紀後半）、1号墳（7世紀前葉）
- 備考：1号墳（前方後円墳：50m）、2号墳（円墳：20m）、黄金塚古墳（前方後円墳：約80m、乳飲み児を抱く埴輪出土）
- 近在の大型古墳：
- 文献：大塚他 1979、川崎 1986　図版：

殿塚古墳群

所在：茨城県ひたちなか市木成町 42-3 ほか
立地：那珂川支流中丸川右岸、那珂台地上。

群構成	前方後円墳	円墳	方墳	その他	総数
	0	2	0	0	2

- 埋葬施設：横穴式石室 2 基
- 埴輪：（1号墳）円筒、形象埴輪（人物・動物・器材）
- 主な副葬品：（1号墳）鉄製胄片・直刀・鉄鏃・勾玉・まつめ玉（すべて散逸）
- 年代：1号墳（6世紀後半）、金上古墳（7世紀前半）
- 備考：1号墳（円墳：28m）、金上古墳（前方後円墳：30m）、金上古墳は奥壁に線刻がある装飾古墳。
- 近在の大型古墳：
- 文献：大塚他 1979、大森 1964、鴨志田他 1994　図版：

長堀古墳群

所在：茨城県ひたちなか市木長堀 1・2・3丁目
立地：那珂川支流中丸川左岸、那珂台地上。

群構成	前方後円墳	円墳	方墳	その他	総数
	0	(11)	0	0	(11)

- 埋葬施設：横穴式石室（6号墳）
- 埴輪：あり
- 主な副葬品：（6号墳）大刀
- 年代：6世紀後半？
- 備考：15から20m の規模
- 近在の大型古墳：
- 文献：大塚他 1979、伊東 1971　図版：第 19 図

鉾の宮古墳群

- 所在：茨城県ひたちなか市高場字宮原 1561-1 ほか
- 立地：中丸川支流大川左岸、那珂台地上。

群構成	前方後円墳	円墳	方墳	その他	総数
	1	2	0	(2)	3 (5)

- 埋葬施設：箱式石室（1号墳）、木棺（2号墳）
- 墳丘施設：（1・2号墳）円筒・形象埴輪（人物、馬）
- 主な副葬品：（1号墳）大刀、形象埴輪、鉄鏃、（2号墳）刀子
- 年代：6世紀中葉
- 備考：1号墳（前方後円墳：(32)m）、2号墳（円墳：14m）
- 近在の大型古墳：
- 文献：大塚他 1972・1979、川崎他 1983、斎藤他 1974　図版：

寺畑古墳群

- 所在：茨城県ひたちなか市高野字内城
- 立地：新川上流左岸、那珂台地上。

群構成	前方後円墳	円墳	方墳	その他	総数
	0	0	0	1	1

- 埋葬施設：－
- 墳丘：
- 主な副葬品：
- 年代：不明
- 備考：
- 近在の大型古墳：
- 文献：大塚他 1979　図版：

二ツ森古墳群

- 所在：茨城県ひたちなか市高野字後々内 221-2 ほか
- 立地：新川上流左岸、那珂台地上。

群構成	前方後円墳	円墳	方墳	その他	総数
	0	2	0	0	2

- 埋葬施設：－
- 墳丘：なし（？）
- 主な副葬品：－
- 年代：不明
- 備考：1号墳（円墳：28m）、2号墳（円墳：27m）
- 近在の大型古墳：
- 文献：大塚他 1979　図版：

老ノ塚古墳群

- 所在：茨城県ひたちなか市稲田字老ノ塚 577 ほか
- 立地：新川上流、那珂台地上。

群構成	前方後円墳	円墳	方墳	その他	総数
	0	7 (3)	0	(2)	7 (12)

- 埋葬施設：横穴式石室（10号墳）
- 墳丘：あり
- 主な副葬品：
- 年代：6世紀後半から7世紀前半？
- 備考：1号墳（円墳：25m）、2号墳（円墳：20m）、3号墳（円墳：30m）、4号墳（円墳：28m）、5号墳（円墳：23m）、6号墳（円墳：16m）、7号墳（円墳：22m）。
- 近在の大型古墳：
- 文献：大塚他 1979　図版：

虎塚古墳群

- 所在：茨城県ひたちなか市中根字指渋・館出 3494 ほか
- 立地：中丸川支流本郷川右岸、那珂台地上。

群構成	前方後円墳	円墳	方墳	その他	総数
	1	2 (1)	2	0	5 (6)

- 埋葬施設：横穴式石室（1・3・4・5号墳）、4号墳支門部は刳り貫き
- 墳丘施設：なし
- 主な副葬品：（1号墳）小刀、鉄鏃、やりがんな、毛抜形鉄製品
- 年代：（1号墳）7世紀前葉、4号墳（7世紀中葉）
- 備考：1号墳（前方後円墳：57m）、2号墳（円墳：20m）、3号墳（方墳：20m）、4号墳（方墳：30m）。1号墳は彩色による装飾古墳
- 近在の大型古墳：
- 文献：斎藤他 1974、大塚他 1979、大塚他 1978、鴨志田 1988、鴨志田他 2000　図版：第18図

馬渡古墳群

- 所在：茨城県ひたちなか市馬渡字西下宿前 1270 ほか
- 立地：本郷川左岸支流小河川、那珂台地上。

群構成	前方後円墳	円墳	方墳	その他	総数
	0	2	0	(2)	2 (4)

- 埋葬施設：－
- 墳丘：
- 主な副葬品：－
- 年代：不明
- 備考：
- 近在の大型古墳：
- 文献：大塚他 1979　図版：

中根中区古墳群

- 所在：茨城県ひたちなか市中根字芝野、駒込 662-1 ほか
- 立地：中丸川左岸支流大川左岸、那珂台地縁辺部。

群構成	前方後円墳	円墳	方墳	その他	総数
	0	1 (2)	0	0	1 (3)

- 埋葬施設：横穴式石室（1号墳）
- 墳丘：－
- 主な副葬品：－
- 年代：7世紀前半？
- 備考：1号墳（円墳：15m）。
- 近在の大型古墳：
- 文献：大塚他 1979、鴨志田他 1998c　図版：

ひたちなか市域の古墳群

権現塚古墳

所在	茨城県ひたちなか市磯町字権現塚 2999 ほか
立地	太平洋を望む那珂台地縁辺部
墳形	円墳	墳丘規模	－
埋葬施設	－
墳輪	なし
主な副葬品	－
年代	不明
備考	
近在の大型古墳	
文献	井上 1976	図版：

ほんぱり山古墳

所在	茨城県ひたちなか市字蛤窪 3323 ほか
立地	太平洋を望む那珂台地突端部
墳形	円墳	墳丘規模	直径 28.5m
埋葬施設	木棺直葬
墳輪	なし
主な副葬品	石製模造品
年代	5 世紀後半
備考	埋葬施設が周溝内にあり
近在の大型古墳	
文献	稲田 2003	図版：

和尚塚

所在	茨城県ひたちなか市和尚塚 12433-2 ほか
立地	太平洋を望む那珂台地上
墳形	－	墳丘規模	－
埋葬施設	－
墳輪	なし
主な副葬品	－
年代	不明
備考	
近在の大型古墳	
文献	井上 1976	図版：

天神山古墳

所在	茨城県ひたちなか市津田字天神山
立地	那珂川左岸、那珂台地縁辺部
墳形	円墳	墳丘規模	－
埋葬施設	箱式石棺
墳輪	なし
主な副葬品	金環
年代	－
備考	
近在の大型古墳	
文献	大塚他 1979	図版：

孫目古墳群

所在	茨城県ひたちなか市佐和字深目 2197 ほか
立地	新川上流左岸、那珂台地上

群構成	前方後円墳	円墳	方墳	その他	総数
	0	3	0	0	3

埋葬施設	横穴式石室（1 号墳）
墳輪	なし
主な副葬品	－
年代	7 世紀前葉？
備考	1 号墳（円墳：18m）
近在の大型古墳	
文献	大塚他 1979、大塚 1999	図版：

川子塚古墳

所在	茨城県ひたちなか市磯崎町字川子塚 4618-10 ほか
立地	太平洋を望む那珂台地縁辺部
墳形	前方後円墳	墳丘規模	全長約 81m、後円部径約 41m、前方部径約 9m、前方部幅約 8m
外表遺物・施設	葺石、円筒、形象埴輪（人物・動物）
埋葬施設	－
副葬品	－
年代	5 世紀後半
備考	
文献	井上 1976、斉藤 2000	図版：第 21 図

大六天塚古墳

所在	茨城県ひたちなか市磯崎町字川子塚 4190 ほか
立地	太平洋を望む那珂台地縁辺部
墳形	円墳	墳丘規模	直径約 40m、高さ約 10m
埋葬施設	横穴式石室
墳輪	なし
主な副葬品	－
年代	7 世紀前半？
備考	
近在の大型古墳	川子塚古墳
文献	井上 1976	図版：

愛宕神社古墳

所在	茨城県ひたちなか市阿字ヶ浦町字前畑 357 ほか
立地	太平洋を望む那珂台地縁辺部
墳形	円墳	墳丘規模	－
埋葬施設	－
墳輪	なし
主な副葬品	－
年代	不明
備考	
近在の大型古墳	川子塚古墳
文献	井上 1976	図版：

寺前古墳	所在：茨城県ひたちなか市柳ヶ丘12-1		
	立地：那珂川左岸、那珂台地突端部。		
	墳形：前方後円墳	墳丘規模：全長約50m、後円部径約25m、後円部高約3.5m、前方部幅約10m、前方部高約1.5m	
	外表遺物・施設：－		
	埋葬施設：－		
	副葬品：－		
	年代：－		
	備考：		
	文献：大塚他1979、井上他1972		図版：
足崎古墳	所在：茨城県ひたちなか市足崎字高野前		
	立地：新川右岸、那珂台地上。		
	墳形：－	墳丘規模：－	
	埋葬施設：箱式石棺？		
	埴輪：－		
	主な副葬品：－		
	年代：－		
	備考：近在の大型古墳：		
	文献：大塚他1979		図版：

水戸市旧水戸市域の古墳群

川口　武彦

1　はじめに

本稿では水戸市の古墳群のうち、旧水戸市域に分布する古墳群の様相について報告する。検討対象とするのは、旧内原町域を除いた那珂川と桜川およびその支流である西田川・藤井川・田野川・逆川・石川川の流域に展開する古墳群である。

2　古墳群の地域区分と検討項目

水戸市内には、南北を横断する那珂川、東西を横断する桜川という二大河川によって開析された台地と河岸段丘が発達しており、古墳はこれらの台地や河岸段丘上に築造されている。分布をみると河川沿いに分布している傾向が読み取れることから、ここでは便宜的に那珂川と桜川およびその支流である西田川・藤井川・田野川・逆川・石川川の水系毎に地域を区分する。さらに、説明の都合上、西田川右岸の台地、藤井川右岸の台地、那珂川左岸の台地、那珂川右岸の台地、田野川右岸の台地、桜川左岸の台地、桜川右岸の台地、逆川右岸の台地、石川川左岸の台地、石川川右岸の台地の10地域に区分する。第1図および第11図には、古墳群の範囲を示すとともに、30ｍ以上の大型古墳がある場合にはその形状と位置を示した。単独墳については、白抜きの○で位置を示した。個々の古墳群の詳細については第1表に示したとおりである。古墳群の属性について検討するのは下記の5項目である。

(1)　古墳群の密度・基数・構成（前方後円墳の有無など）
(2)　埴輪を樹立する古墳の有無
(3)　古墳群の中に前期古墳や中期古墳が含まれるのか否か
(4)　立地（低地/微高地・台地縁・台地中央部なのか、古墳・古墳群から河川が視認できるか否か）
(5)　築造時期が判明している古墳がある場合には、その編年的位置づけ

3　各台地における古墳群の築造状況

(1)　西田川右岸の台地

西田川右岸の台地には、6基の古墳群が築造されている。いずれも台地の縁辺部に築造されており、北東には二の沢古墳群（110）、ニガサワ古墳群（112）、駒形端古墳群（204）が、南東部には山ノ上古墳（205）が、台地の南西部には清水台古墳群（092）、十万原古墳群（093）が分布する。

a　二の沢古墳群　前方後方墳3基と円墳1基、方墳1基から構成される古墳群であり（江幡・黒澤 2003）、前方後方墳3基が密集するかのように築造されている（第2図）。前方後方墳は、1号墳と6号墳が西に主軸が向いているのに対し、2号墳は南東に主軸を向けている点で異なっている。全長35.1ｍ、27.5ｍ、31.0ｍの大きさである。なお、方墳とされている5号墳については調査区外に大半が伸びているため、形状は不明だが、周溝の規模が前方後方墳のものと規模が近いこと、2号墳と主軸を同じにしていることから、2号墳と同様の前方後方墳であった可能性もある。いずれも埴輪を伴っていない。3基の前方後方墳については、日高 慎氏と塩谷 修氏により集成編年2期に位置づけられており（日高 2004・塩谷 2006）、前期前葉観を意識して築造されたと考えられる。

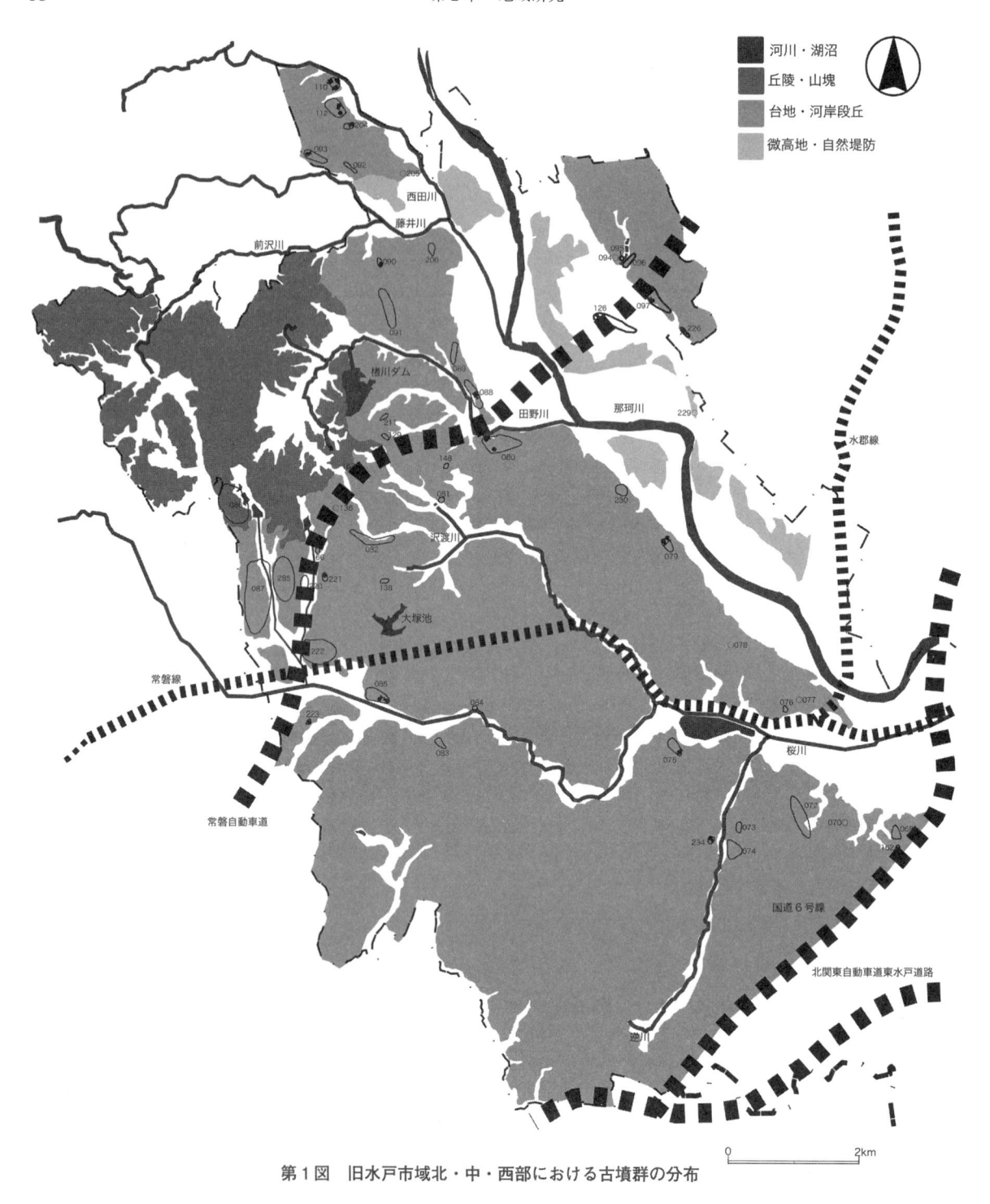

第 1 図　旧水戸市域北・中・西部における古墳群の分布

b　ニガサワ古墳群　二の沢古墳群の谷津を隔てた南東に位置する前方後円墳4基、円墳1基から構成される古墳群である（第3図、江幡・黒澤　2003）。1号墳は周濠内径約30.0 m、高さ2.0 mの円墳で、凝灰岩（通称勝見沢石）製の切石で構築された横穴式石室を主体部とする。2号墳は、全長約31.0 mの前方後円墳で、横穴式木芯粘土室を主体部とする。直刀、馬具（轡）、鉄鏃が出土している。3号墳～5号墳は粘土槨を主体部とする前方後円墳で、直刀、鉄鏃などが出土している。いずれも埴輪を伴っておらず、後期～終末期の古墳群である。主体部の構造および出土遺物等から1号墳が7世紀前葉、2号墳が6世紀第Ⅲ四半期、3号墳が6世紀～第Ⅲ四半期～第Ⅳ四半期、4号墳が7世紀初頭、5号墳が6世紀第Ⅳ四半期に築造されたと考えられる。古墳は河岸段丘高位面の縁辺部に築造されており、西田川から視認できる。西田川からの景観を意識して築造されたと考えられる。

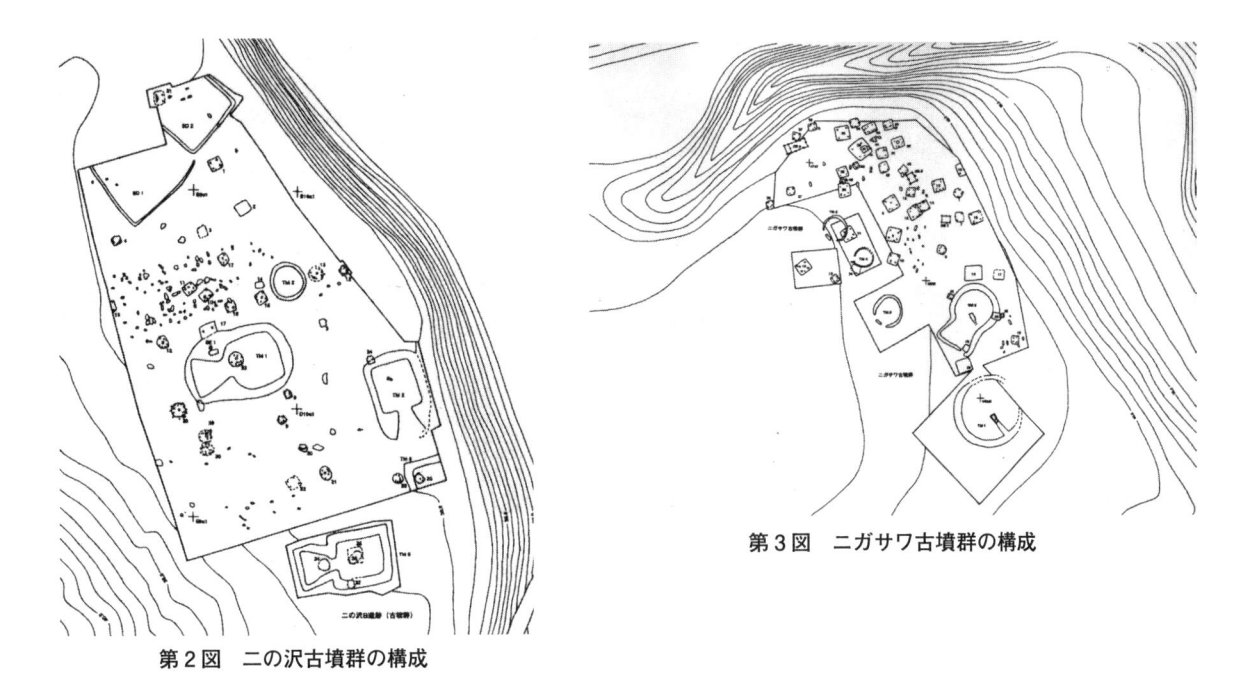

第2図　二の沢古墳群の構成

第3図　ニガサワ古墳群の構成

　c　駒形端古墳群　円墳5基から構成される古墳群である。これまで前方後円墳1基と円墳1基から構成される古墳群とされてきたが、平成20年に茨城県教育庁文化課による試掘調査が行われた際に、墳丘の削平された円墳1基が新たに確認された。また、水戸市教育委員会による踏査で新たに円墳2基が確認された。最も大きい円墳は、全長23.0mで、葺石を伴うようである。調査が行われていないため、築造時期は不明である。古墳は河岸段丘高位面の縁辺部に築造されており、西田川から視認できる。西田川からの景観を意識して築造されたと考えられる。

　d　山ノ上古墳　直径約15.0m、高さ2.0mの円墳である。古墳は河岸段丘高位面の縁辺部に築造されており、西田川および藤井川から視認できる。西田川および藤井川からの景観を意識して築造されたと考えられる。埴輪を伴わないため、築造時期は不明であるが、本古墳の北側と北西の畑地では、円墳とみられる周溝のソイルマークが確認されており、それぞれ種類の異なる埴輪が採集されている[1]ことから（川口　2002）、本来は3基以上の円墳から構成される古墳群であり、その形成は6世紀代まで遡る可能性が高い。

　e　清水台古墳群　円墳2基から構成される古墳群である。2基のうち、通称「源六塚」とされる円墳は、東西12.0m、南北7.0mの円墳で高さ3.0mである。周囲の畑地で円筒埴輪片が採集されることから、古墳群の形成は6世紀代まで遡る可能性が高い。もう1基は、昭和26年に茨城高等學校史學部による発掘調査が行われており（大森　1952a）、横穴式石室から、直刀2、鍔2、銅環2、人骨7が出土している（写真1）。古墳は河岸段丘高位面の縁辺部に築造されており、藤井川から視認できる。藤井川からの景観を意識して築造されたと考えられる。後期・終末期の古墳群であろう。

　f　十万原古墳群　前方後円墳1基、円墳7基から構成される古墳群である。第1号墳は全長約55.0mの前方後円墳であり、盟主墳と考えられるものである。第2号墳・第3号墳・第8号墳・第9号墳は横穴式石室を伴ったり、墳丘上に石室材がみられる。古墳は河岸段丘高位面の縁辺部に築造されており、古墳は河岸段丘高位面の縁辺部に築造されており、藤井川から視認できる。藤井川からの景観を意識して築造されたと考えられる。いずれの古墳からも埴輪が採集されていないこと、横穴式石室を主体部とするものが多いことから後期・終末期の古墳群であろう。

(2)　那珂川左岸の台地と自然堤防

　那珂川左岸の台地には、5基の古墳群が築造されている。また、自然堤防上には2基の古墳群が築造されてい

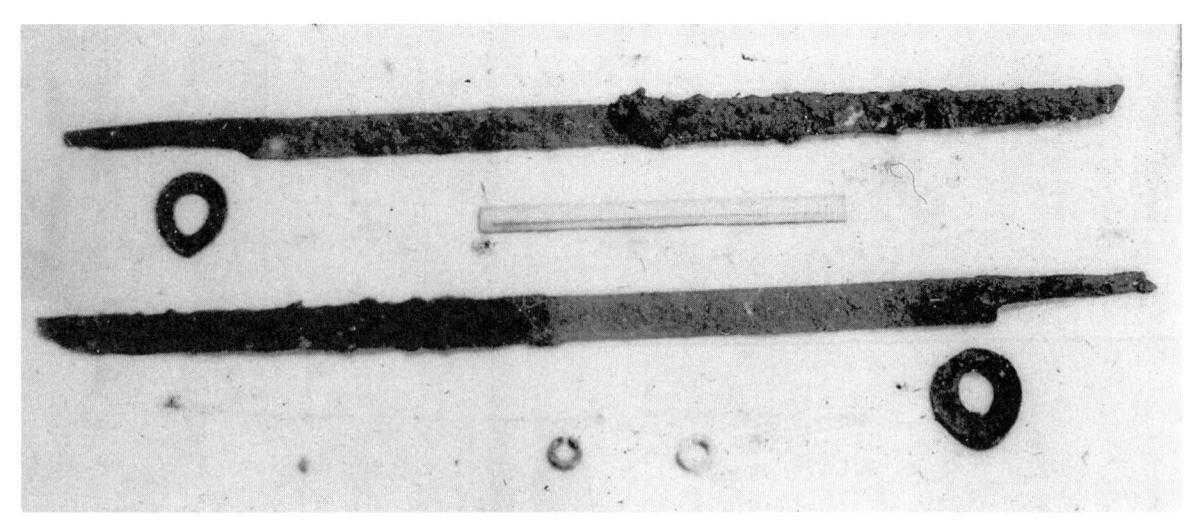

写真 1　清水台古墳群出土遺物

る。台地上の古墳群は、いずれも台地の縁辺部に築造されており、常磐自動車道の北側には、権現山古墳群(094)、権現山横穴墓群(095)、富士山古墳群(096)が、南側には小原内古墳群(097)、白石古墳群(226)が分布する。那珂川によって形成された自然堤防上には塚宮古墳群(126)、一本松古墳(229)が分布するが、いずれも湮滅してしまっており、詳細は未詳である。

　a　権現山古墳群　円墳2基から構成される古墳群であるが(第4図)、現在は直径約8.0m、高さ1.0mの円墳1基が残っているのみである。埴輪は採集されない。低墳丘の円墳から構成されること、埴輪を伴わないことから、後期〜終末期にかけて営まれた群集墳と考えられる。古墳は台地の縁辺部に築造されており、那珂川から視認できる。那珂川からの景観を意識して築造されたと考えられる。

　b　権現山横穴墓群　権現山古墳群の南側にある谷津の斜面に造営された4基の横穴から構成される(第4図)。現在は七ツ洞公園の池の湖底に水没してしまっており、内部に入ることは出来なくなってしまっている。権現山横穴墓群の第1号墓および第2号墓の玄室には線刻壁画が認められる。第1号墓からは須恵器と土師器が出土しており、玄室の左右側壁に放射状線文が描かれている。第2号墓からは遺物は出土していないが、玄室の左右側壁に稲妻形文・縦線・横線・建物・冑が描かれている。第3号墓からはガラス製小玉2、水晶製切子玉8、第4号墓からはガラス製丸玉4、金環2が出土している。造営年代は7世紀前葉とする見解(大森　1974a、生田目・稲田2002)と8世紀前後とする見解(川崎　1982)とがある。横穴は谷津の斜面部に造営されているが、角度によっては那珂川から視認することも可能である。

　c　富士山古墳群　前方後円墳1基と円墳8基から構成される古墳群である(第4図)。これらのうち、第1号墳と第2号墳が水戸市史編纂事業に伴い、調査されている(大森　1963、大森　1974b)。第1号墳は全長18.1mの前方後円墳で第2号墳は直径20.0mの円墳である。両古墳の墳丘には円筒埴輪が配されており、第2号墳からは家形埴輪と馬形埴輪の一部も出土している。第1号墳の主体部は粘土槨であった。遺物・主体部の構造から後期の古墳群とみてよかろう。古墳は台地の縁辺部に築造されており、那珂川から視認できる。那珂川からの景観を意識して築造されたと考えられる。

　d　小原内古墳群　前方後円墳1基と円墳4基から構成される古墳群である(第4図)。これらのうち、第2号墳は全長約16.0mの前方後円墳であり、形象埴輪・円筒埴輪を伴う。第1号墳と第3号墳は直径4.5mと18.0mの円墳である。第4号墳は湮滅してしまっているが、石棺から直刀が出土したようである。埴輪を伴うこと、石棺を持つものが含まれることから後期・終末期の古墳群とみてよかろう。古墳は台地の縁辺部に築造されており、那珂川から視認できる。那珂川からの景観を意識して築造されたと考えられる。

　e　白石古墳群　白石古墳群は5基の円墳から構成される古墳群である(第4図)。第1号墳から第4号墳は直

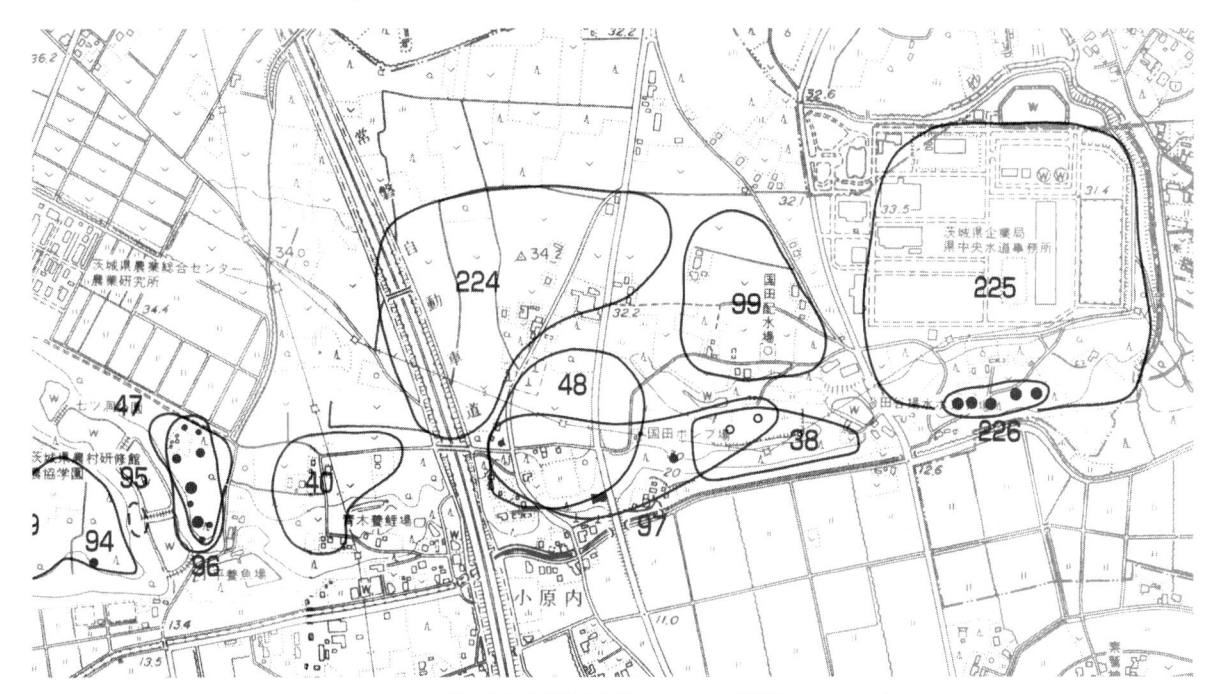

第 4 図　那珂川左岸の台地の古墳群

径が 30.0 m を超える大型のものである。第 2 号墳の墳頂には凝灰岩片が散乱している箇所があることから横穴式石室の存在が想定される。また、第 3 号墳の南側からは石棺が検出されており、いずれも埴輪を伴っていないことから、7 世紀代に位置付けられる可能性が高い。古墳は台地の縁辺部に築造されており、那珂川から視認できる。那珂川からの景観を意識して築造されたと考えられる。

(3) 藤井川右岸の台地

藤井川右岸の台地には、5 基の古墳群が築造されている。古墳群は台地の縁辺部に築造されているものと台地の中央部に近い位置に築造されているものとに区分される。前者が安戸星古墳群 (088) と大井古墳群 (089)、後者が成沢大塚古墳群 (090)、塚山添古墳群 (097)、塙古墳群 (206) である。

a　安戸星古墳群　前方後方墳 1 基と方墳 1 基、円墳 11 基から構成される古墳群である。これらのうち、調査が行われたのは第 1 号墳の前方後方墳と第 2 号墳の方墳であり（茂木編 1982）、他は調査も行われずに全て湮滅してしまった。第 1 号墳は全長 28.3 m の前方後方墳であり、古式土師器（壺・甕・坩）とガラス玉が出土している。第 2 号墳は、第 1 号墳に後出して築造されたことが明らかとなっており、一辺が 10.0 m 以上の方墳である。前方後方墳が含まれていることから、前期前葉頃から形成された古墳群とみられる。第 1 号墳は日高慎氏と塩谷修氏により、集成編年 2 期に位置づけられているが、日高氏は二の沢古墳群第 2 号墳と第 6 号墳の間に位置づけているのに対し（日高 2004）、塩谷氏は二の沢古墳群第 2 号墳よりも古く位置づけている（塩谷 2006）。古墳は台地の縁辺部に築造されており、那珂川および藤井川、田野川から視認できる。那珂川および藤井川、田野川の 3 方からの景観を意識して築造されたと考えられる。

b　大井古墳群　円墳 4 基から構成される古墳群であるが、かつては南東に位置する水戸養護学校や安戸星古墳群の方まで連綿と古墳が営まれていたようである。現在は延喜式内社である大井神社境内の山林に墳頂部が削平された円墳 3 基以外は、台地の南西に円墳 1 基が現存するのみである。

どの古墳から出土したのかは、不詳であるが、3 段の凸帯を有する外反形の円筒埴輪や人物埴輪、鉄鏃、銅板、直刀、刀子、轡、鍔などが出土しており、後期・終末期の古墳群とみられる。古墳は台地の縁辺部に築造されており、那珂川および藤井川、田野川から視認できる。那珂川および藤井川、田野川の 3 方からの景観を意識して築造されたと考えられる。

c 成沢大塚古墳群 円墳2基から構成される古墳群であるが、現在は円墳1基が現存するのみである。第1号墳は直径30.0ｍの円墳であるが、東側に石室材とみられる砂岩が僅かに露出していることから、横穴式石室である可能性が考えられる。埴輪は伴わず、主体部が横穴式石室である可能性が考えられることから、後期・終末期の古墳群である可能性が高い。本古墳群は、台地の中央部に築造されており、那珂川および藤井川、田野川の3方からも視認することは難しい。

d 塚山添古墳群 円墳4基から構成される古墳群であるが、現在は円墳3基が現存するのみである。埴輪が採集出来ないことから、後期・終末期の古墳群である可能性が考えられよう。本古墳群も成沢大塚古墳群や塙古墳群と同様、台地の中央部に築造されており、那珂川および藤井川、田野川の3方からも視認することは難しい。

e 塙古墳群 円墳3基から構成される古墳群であるが、現在は3基とも墳丘は失われている。第3号墳があった畑地から埴輪が採集出来ることから、後期の古墳群である可能性が考えられよう。本古墳群も成沢大塚古墳群や塚山添古墳群と同様、台地の中央部に築造されており、那珂川および藤井川、田野川の3方からも視認することは難しい。

(4) 田野川右岸の台地

田野川右岸の台地には、6基の古墳群が築造されている。古墳群は、台地の縁辺部に築造されているものと台地の中央部に近い位置に築造されているものとに区分される。前者は、西原古墳群（080）と堀町西古墳（081）、後者は三ッ児塚古墳群（129）、山田古墳群（211）、山田A古墳群（148）である。

a 西原古墳群 前方後円墳1基と円墳14基から構成される古墳群である（第5図）。昭和26年に茨城高等史学部による発掘調査が行われており、第5号墳と第6号墳では凝灰岩の横穴式石室が確認された。第6号墳から勾玉・管玉・丸玉・棗玉が、第7号墳からは、鉄鏃、鉄片、人骨などが出土している（大森1952b、1952c）。主体部に横穴式石室が採用されているものがあること、埴輪を持たない点から7世紀代に位置付けられる可能性を考えていたが、平成17年度に水戸市教育委員会が実施した個人住宅建設に伴う発掘調査の際に、墳丘が削平された第6号墳の周溝が検出され、内部から円筒埴輪片が多数出土したことから、少なくとも6世紀代から形成されていたことが判明した。第1号墳は、盟主墳と考えられるものであり、全長約50.0ｍ、後円部径30.0ｍ、高さ3.5ｍ前後、前方部幅15.0ｍの規模を持つ前方後円墳である。また、第11号も直径30.0ｍを超えるもので注目される。埴輪を伴う古墳があること、主体部に

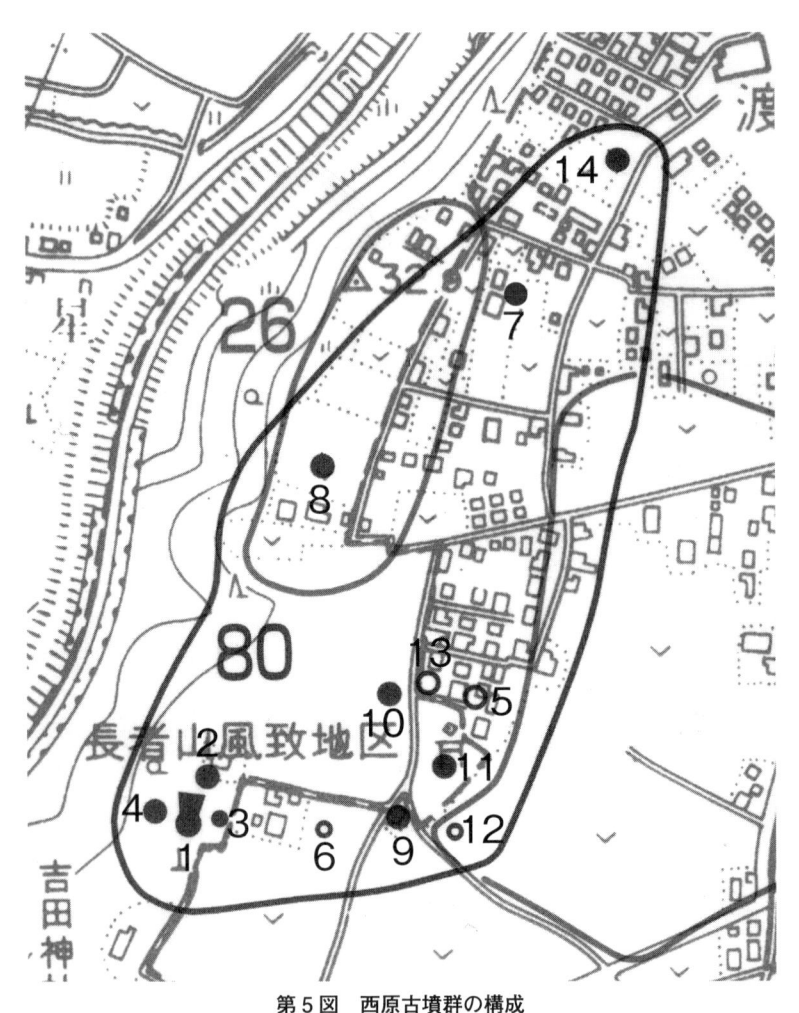

第5図　西原古墳群の構成

横穴式石室や石棺が採用されているものがあることから、後期～終末期の古墳群とみてよかろう。1号墳～4号墳、7～8号墳、14号墳は台地の縁辺部に形成されているが、5号～6号墳、9～13号墳はやや台地の中央部に近い位置に築造されており、台地縁に築造されているものは、那珂川と田野川から視認できる。那珂川と田野川からの景観を意識して築造されたと考えられる。

 b 堀町西古墳 円墳4基から構成される古墳群である。1号墳は直径約15.0mのものであるが、平成18年度に茨城県教育庁文化課が行った試掘調査の際に周溝の一部が確認された。第2号墳から第4号墳は、直径5～6m前後の円墳であるが、塚の可能性も指摘されている（井上・蓼沼・仁平・根本 1998）。古墳は台地の縁辺部に築造されており、沢渡川からの景観を意識して築造されたと考えられる。

 c 三ッ児塚古墳群 円墳4基から構成される古墳群である。円墳の規模は、直径が8.0～13.0m、高さが1.0～2.2m前後である。いずれの古墳からも埴輪は採集出来ない。低墳丘の円墳から構成されること、埴輪を伴わないことから、後期～終末期にかけて営まれた群集墳と考えられる。本古墳群は山田古墳群や山田A古墳群と同様、台地の中央部に築造されており、田野川から視認することは難しい。

 d 山田古墳群 円墳3基から構成される古墳群である。円墳の規模は、直径が7～12m、高さが0.8～1.5m前後である。いずれの古墳からも埴輪は採集出来ない。低墳丘の円墳から構成されること、埴輪を伴わないことから、後期～終末期にかけて営まれた群集墳と考えられる。本古墳群は三ッ児塚古墳群や山田A古墳群と同様、台地の中央部に築造されており、田野川から視認することは難しい。

 e 山田A古墳群 円墳4基から構成される古墳群である。現存するのは第1号・第2号墳のみである。第1号墳は、直径が約20.0m、高さが2.0m前後である。埴輪は採集出来ない。低墳丘の円墳から構成されること、埴輪を伴わないことから、後期～終末期にかけて営まれた群集墳と考えられる。本古墳群は三ッ児塚古墳群や山田古墳群と同様、台地の中央部に築造されており、田野川から視認することは難しい。

(5) 那珂川右岸の台地

那珂川右岸の台地には、4基の古墳群が築造されている。古墳群は、台地の縁辺部に築造されているものと台地の中央部に近い位置に築造されているものとに区分される。前者は、愛宕山古墳群（079）と東照宮境内古墳（076）、無名古墳（077）、笠原神社古墳（230）、後者は五軒町古墳群（078）である。東照宮境内古墳（076）、無名古墳（077）、五軒町古墳群（078）は、いずれも円墳から構成される古墳群・単独墳であるが、湮滅してしまっており、詳細は未詳である。

 a 愛宕山古墳群 前方後円墳2基と円墳2基から構成される古墳群である（第6図）。前方後円墳2基のうち、愛宕山古墳は国の史跡に指定されており、全長約136.5m、前方部幅約75.0m、高さ約9.0m、後円部径約78.0m、高さ約10.5mの規模を持つ県内第3位の大きさの前方後円墳である。本古墳からは、黒斑を持つ円筒埴輪が多数採集されており（井・小宮山 1999、土筆舎 2008）、築造年代は5世紀前葉頃に位置づけられる（井 1999、井・小宮山 1999）。愛宕山古墳の北側にはかつて、姫塚古墳と呼ばれる全長58.0m、前方部幅20.0m、前方部高3.5m、後円部径40.0m、高さ4.0mの前方後円墳があったが、昭和48～49年の宅地造成に伴い湮滅した。工事中に古墳時代前期の高坏脚部片が発見されていること、後円部に比して前方部の幅が著しく狭く、後円部よりも前方部の方が低く

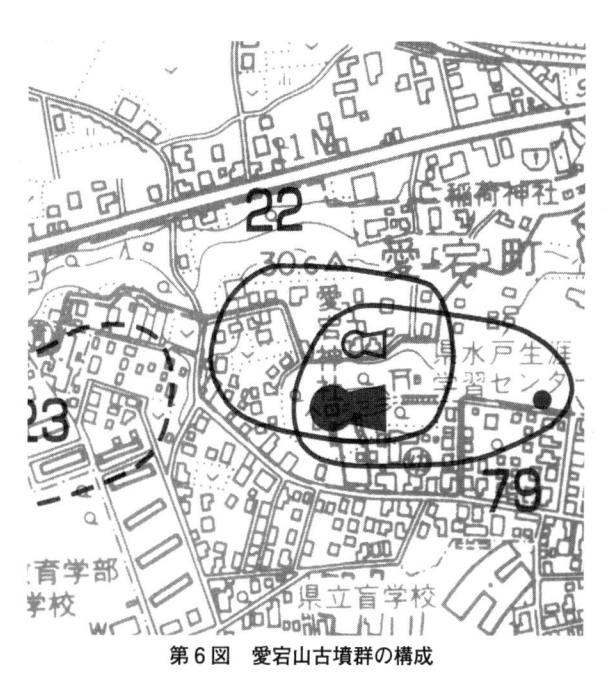

第6図 愛宕山古墳群の構成

なる墳丘形態、有孔円板と鉄刀の一部が出土したと伝えられていること（大森 1963）、盗掘孔の状況から粘土槨であったと推定されていることなどから（藤村・塩谷 1982）、愛宕山古墳に近接した時期が推定されている（井・小宮山 1999）。愛宕山古墳の東南側には直径14mの馬塚古墳が復元保存されている。また、第6図にはプロットされていないが、旧陸軍の歩兵第二聯隊敷地がかつてこの古墳群の付近にあり、敷地内に兵舎を建設した明治41年3月22日に狐塚古墳という円墳を破壊した。この折に円筒埴輪・人物埴輪・器財埴輪が出土し、大正2年に茨城県から東京国立博物館に収蔵された。

　以上のように形象埴輪を伴う古墳もあることから、本古墳群は5世紀前葉から6世紀にかけて築造された中期～後期の古墳群である。台地縁に築造されており那珂川から視認できることから、那珂川からの景観を意識して築造されたと考えられる。

　b　笠原神社古墳　円墳3基から構成される古墳群であるが、現状では直径約10.0m、高さ約1.5mの円墳が1基確認されるのみである。いずれの古墳からも埴輪は採集されない。低墳丘の円墳があること、埴輪を伴わないことから、後期～終末期にかけて営まれた群集墳と考えられる。古墳は台地の縁辺部に築造されており、那珂川から視認できる。那珂川からの景観を意識して築造されたと考えられる。

(6)　桜川左岸の台地

　桜川左岸の台地には、9基の古墳群が築造されている。古墳群は、台地の縁辺部に築造されているものと台地の中央部に近い位置に築造されているもの、丘陵部に築造されているものとに区分される。台地の縁辺部に築造されているものは、高天原古墳群（084）、赤塚古墳群（085）、下荒句古墳群（082）、稲荷塚古墳群（221）、加倉井古墳群（086）、妙徳寺付近古墳群（087）、松山古墳群（285）である。台地の中央部に近い位置に築造されているものは、北原古墳群（078）である。丘陵部に築造されているものは、加倉井古墳群（086）である。峯山古墳（136）と大久保古墳群（163）については、湮滅してしまっており、詳細は未詳である。

　a　高天原古墳群　9基の古墳から構成される古墳群である。昭和59年～60年に行われた関東ハウジング（株）の団地造成工事に伴い、2基の方墳が調査されたが（井上・村田 1985）、周溝は確認されず、墳丘から近世のカワラケが出土していることから塚群であった可能性も考えられる。残りの7基はこの2基のさらに北側にある県営高天原団地の位置にかつて存在したが、団地造成により未調査のまま破壊されてしまった。この7基のうち1基から円筒埴輪片が採集されており（高安幸且氏所蔵）、遅くとも6世紀には古墳群が形成されていたとみられる。本古墳群は赤塚古墳群群と同様、台地の縁辺部に築造されており、桜川から視認できる。桜川からの景観を意識して築造されたと考えられる。

　b　赤塚古墳群　前方後円墳3基、円墳12基、方墳19基（うち方形周溝墓18基）から構成される古墳群である（第7図）。昭和45～46年度に赤塚西団地造成に伴い調査が行われたが、ガリ版刷りの概要報告しか刊行されておらず、古墳群の構成については、『茨城県史料考古資料編　古墳時代』に収録された調査担当者による解説（伊東 1974）以外の手がかりはない。古墳群は谷津を隔てて東西両群に分けられ、東側の台地のものがE支群、西側の台地のものがW支群と呼ばれている。現存するのは前方後円墳2基と円墳2基であり、前方後円墳は2基とも30mを超えており、埴輪が採集されている。旧内原町北部丘陵の古墳群について編年した井　博幸氏は、当古墳群のE3号墳と旧内原町の杉崎15号墳と牛伏3・4号墳に樹立された埴輪に同一の条線パターンがみられることを根拠に、E3号墳は6世紀前葉に、E1号墳をやや後出する6世紀中葉に位置づけられている（井 1999）。埴輪が出土していることから、後期の古墳群であることは確実であるが、方形周溝墓があることから前期から継続している古墳群である可能性もあるが、中期古墳の存在があるのか否かは不明である。古墳は台地のやや中央部に築造されているものもあるが、台地縁辺に密集してみられ、桜川から視認できる。桜川からの景観を意識して築造されたと考えられる。

　c　下荒句古墳群　10基の円墳から構成される古墳群である。平成10年に刊行された分布調査報告書によると、かつては20基程度存在していたとされるが、昭和46年に刊行された水戸市埋蔵文化財包蔵地基本調査報告

第7図　赤塚古墳群の構成

書では10基の円墳がプロットされている。古墳の規模は直径10ｍ、高さ1.5ｍ前後のものが東西2つの群を構成していたらしい。いずれの古墳からも埴輪は採集されていない。主体部に関する情報もないが、規模からみて後期から終末期にかけての群集墳とみることができよう。台地縁に築造されてはいるが、奥まったところにあるため、沢渡川から視認することはできない。

d　稲荷塚古墳群　3基の円墳から構成される古墳群である。最も大きい北側の円墳は直径約32ｍ、高さ3.5ｍ前後で南東には周溝が確認される。他の2基は直径18ｍ前後、高さ2ｍ〜2.5ｍである。いずれの古墳からも埴輪は採集されていない。付近の山林を開墾した際に石室が発見され、勾玉が出土したとされている。横穴式石室が主体部に採用されている古墳があること、埴輪が採集されていないことから、後期から終末期にかけての群集墳とみることができよう。台地のやや中央に寄った位置に築造されているが、奥まったところにあるため、桜川から視認することはできない。

e　加倉井古墳群　円墳21基から構成される古墳群である。昭和50年に刊行された分布調査報告書では21基の残存が確認されていたが、現存するのは6基のみで位置が推定されているものが11基である。最も大きい円墳は直径約25.5ｍ、高さ約2.5ｍの規模である。古墳の一部からは半地下式の横穴式石室が見つかり、直刀・刀子・メノウ製勾玉・水晶製切子玉・ガラス製小玉などが出土したという記録もあること、埴輪が採集されていないことから、後期から終末期にかけての群集墳とみることができよう。丘陵の先端部に築造されており、桜川から視認できることから桜川からの景観を意識して築造されたと考えられる。

f　妙徳寺付近古墳群　6基の古墳から構成される古墳群である（第8図）。現存するのは円墳3基である。1号墳は他の古墳とは異なり、水田中に存在する。直径約13.0ｍ、高さ約2.7ｍで葺石と考えられる扁平礫が裾部に層状に確認されている。また、図にはプロットされていないが、妙徳寺の北にも直径6.0ｍ、高さ1.7ｍの円墳が存在する。3号墳〜4号墳は湮滅してしまっているため、規模などは不明であるが、4号墳のあった畑地の小字は「がんこやま」という古墳由来の名前であり、円筒埴輪片が採集されている（井上・蓼沼・根本・中野谷　1999）。また、5号墳のあった畑地からも円筒埴輪や人物埴輪が採集されている（井上・蓼沼・根本・中野谷　1999）。主体部に関する情報はないが、埴輪が採集されることから、後期から終末期にかけて築造された古墳群とみることがで

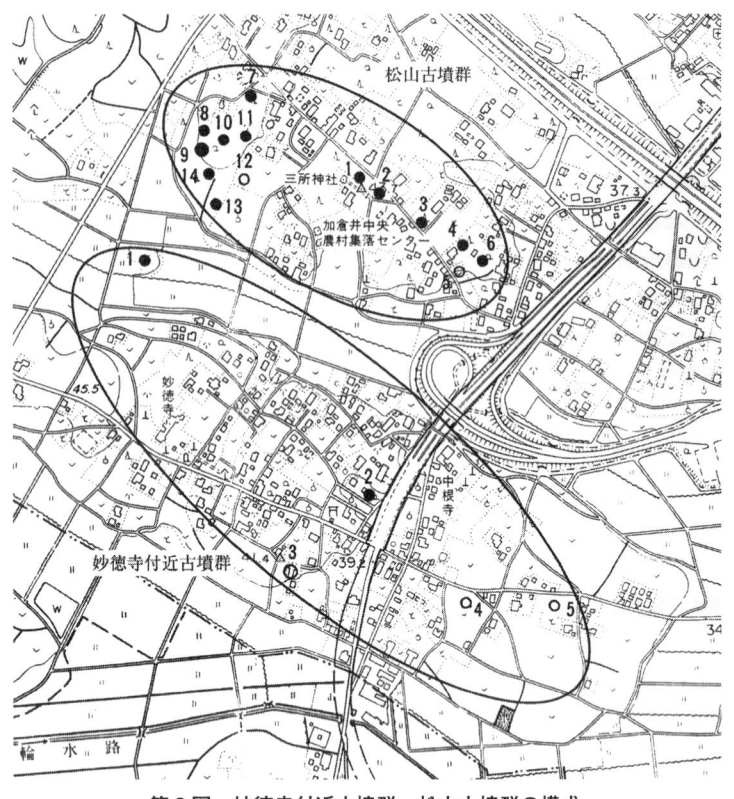

第 8 図　妙徳寺付近古墳群・松山古墳群の構成

きよう。舌状台地の縁辺部から中央部にかけて築造されており、桜川から視認できることから、桜川からの景観を意識して築造されたと考えられる。

g　松山古墳群　14基の円墳から構成される古墳群である（第8図）。最も大きいのは第9墳で直径約25.0m、高さ約3.6～4.0mである。30mを超える大型古墳は伴わず、いずれの古墳からも埴輪は採集されていない。第5号墳では石棺を主体部に採用しており、直刀が出土しているようである。石棺を主体部に採用する古墳があること、埴輪を伴わないこと、古墳の群構成や古墳の規模からみて後期から終末期にかけての群集墳とみることができよう。舌状台地の縁辺部から中央部にかけて築造されており、桜川から視認できる。桜川からの景観を意識して築造されたと考えられる。

h　北原古墳群　2基の円墳から構成される古墳群である。昭和46年に刊行された水戸市埋蔵文化財包蔵地基本調査報告書によると、2基存在していたとされるが、現存するのは直径約20m、高さ約1mの円墳のみである。もう1基の円墳の規模は、直径10m、高さ0.5mである。埴輪は採集されていない。主体部に関する情報もないが、規模からみて後期から終末期にかけての群集墳とみることができよう。台地中央部に築造されており、沢渡川から視認することはできない。

i　毛勝谷原古墳群　3基の円墳から構成される古墳群である。昭和46年に刊行された水戸市埋蔵文化財包蔵地基本調査報告書によると、直径10m、高さ1mほどの円墳が2基存在したとされているが、現存するのは直径約5m、高さ約1.2mの円墳のみである。埴輪は採集されていないが、古墳の削平時には壺が出土したとされる。主体部に関する情報はないが、昭和46年に刊行された水戸市埋蔵文化財包蔵地基本調査報告書では地表に白色粘土塊が散乱していることから、主体部は粘土槨ではなかったかとされる。舌状台地の突端部に築造されているが、奥まった位置にあるため桜川から視認することはできない。

j　松原遺跡　昭和55年に常磐自動車道建設に伴い実施された発掘調査で2基の円墳（円形周溝墓）が検出されている（渡辺 1981a）。SD1（第1号墳）は直径4.85m～4.52mの規模で土師器甕が出土している。SD2（第2号墳）は直径5.0m～4.85mの規模で土師器高坏が出土している。SD1（第1号墳）については、土師器甕しか出土していないため、時期については未詳であるが、SD2（第2号墳）からは土師器の高坏が出土しており、形状から6世紀以降の所産と考えられる。2基とも台地の縁辺部に築造されているが、やや奥まったところにあるため、桜川から視認することはできない。

k　大塚新地遺跡　昭和55年に常磐自動車道建設に伴い実施された発掘調査で1基の方墳（方形周溝墓）が検出されている（渡辺 1981b）。南北10.65m、東西11.12mを測り、北側の周溝から土師器の甕・壺・甑・坩・器台、手捏土器、紡錘車、石製模造品（勾玉）が出土している。台地中央部に築造されており、桜川から視認できることから、桜川からの景観を意識して築造されたと考えられる。

(7) 桜川右岸の台地

桜川右岸の台地には、4基の古墳群が築造されている。古墳群は、全て台地の縁辺部に築造されており、飯島町古墳群（223）、街道端古墳群（083）、千波山古墳群（075）、笠原古墳群（234）が該当する。なお、街道端古墳群については湮滅してしまっており、3基の円墳から構成されていたという以外の情報はない。

a 飯島町古墳群 3基の円墳から構成される古墳群である。最も大きい第2号墳の規模は、直径約30.0m、高さ3.0mである。第1号墳は直径約25.0m、高さ約2.0mで幅3.0mの周溝が巡っている。第1号墳は直径約15.0m、高さ約1.5mである。いずれの古墳からも埴輪は採集されていない。主体部に関する情報もないが、規模からみて後期から終末期にかけての群集墳とみることができよう。台地縁辺部に築造されており、桜川から視認できることから桜川からの景観を意識して築造されたと考えられる。

b 千波山古墳群 前方後円墳1基と2基の円墳から構成される古墳群である。第1号墳は直径20.0m、高さ約2.0mの円墳であり、円筒埴輪が採集できる。第2号墳は直径20.0m、高さ約2.5mの円墳である。第3号墳は、全長約25.0m、高さ約1.3mの前方後円墳である。円筒埴輪が採集される古墳があることから、後期の古墳群とみてよかろう。台地縁辺部に築造されており、桜川と沢渡川から視認できることから、桜川と沢渡川からの景観を意識して築造されたと考えられる。

c 笠原古墳群 前方後円墳1基と円墳1基から構成される古墳群である。前方後円墳は全長約20.0m、後円部径約15.0m、高さ約1.8mの規模である。埴輪は採集できない。円墳は直径約10.0m、高さ約1.0mの円墳である。主体部に関する情報はないが、埴輪が採集されないことから後期～終末期の古墳群とみてよかろう。台地縁辺部に築造されており、桜川からは視認できないが、逆川からは視認できる。逆川からみえる景観を意識して築造されたと考えられる。

(8) 逆川右岸の台地

逆川右岸の台地には、6基の古墳群が築造されている。古墳群は、台地の縁辺部に築造されているものと、台地中央に寄った位置に築造されたものとに区分され、前者が福沢古墳群（074）、酒門台古墳群（068）、後者が吉田古墳群（072）、払沢古墳群（073）、大鋸町古墳（070）、荷鞍坂遺跡（162）が該当する。これらのうち、払沢古墳群については、湮滅してしまっており、2基の円墳から構成されていたという情報しかない。また、大鋸町古墳についても、直径約8.0m、高さ約1.5mの円墳であったが、現在は削平されてしまっており確認できない。

a 福沢古墳群 4基の円墳から構成される古墳群である。昭和46年に刊行された水戸市埋蔵文化財包蔵地基本調査報告書では、米沢町古墳群とされており、先述した払沢古墳群の2基も含めて同一の古墳群であった可能性が高い。最も大きい第1号墳は、直径約10.0m、高さ約0.8mの規模である。現存長約7.0m、高さ約1.0mである。いずれの古墳からも埴輪は採集できない。主体部に関する情報はないが、埴輪が採集されないこと、低墳丘の円墳があることから後期～終末期の古墳群とみてよかろう。台地縁辺部に築造されており、桜川からは視認できないが、逆川からは視認できる。逆川からみえる景観を意識して築造されたと考えられる。

b 吉田古墳群 4基の古墳から構成される古墳群である（第9図）。第1号墳は国指定史跡となっている「吉田古墳」であり、奥壁に線刻壁画が描かれた無袖式の凝灰岩切石による横穴式石室を持つ。墳丘は削平を受けているため、築造当初の墳規模は復原できないが、現存する墳丘は南北12.0m、東西7.6m、高さ約1.50mである。当初は方墳と考えられていたが、平成17年から着手している周溝確認調査により、周溝は内径26.2m、外径35.2mを測ることが明らかとなり（関口・瓦吹・川口・小野・中尾 2006）、さらに稜角を持つことから多角形墳であることがほぼ確定した。現状では北側の周溝を確認できていないため、周溝の形状が六角形なのか八角形なのかは確定していないが、稜角が確認されたトレンチでは、150°であった。正八角形であれば稜角は135°になるはずであるが、15°の差がある。現状ではこの15°を築造時の施工誤差として認識し、不整形な八角形墳の可能性が高いと考えたい。遺物は主体部から銀環3、鉄鏃数10本、刀剣残欠が出土している。また、周溝からは円筒埴輪、須恵器甕片が出土している。円筒埴輪については、隣接する古墳から周溝に流れ込んだものと考えられる。

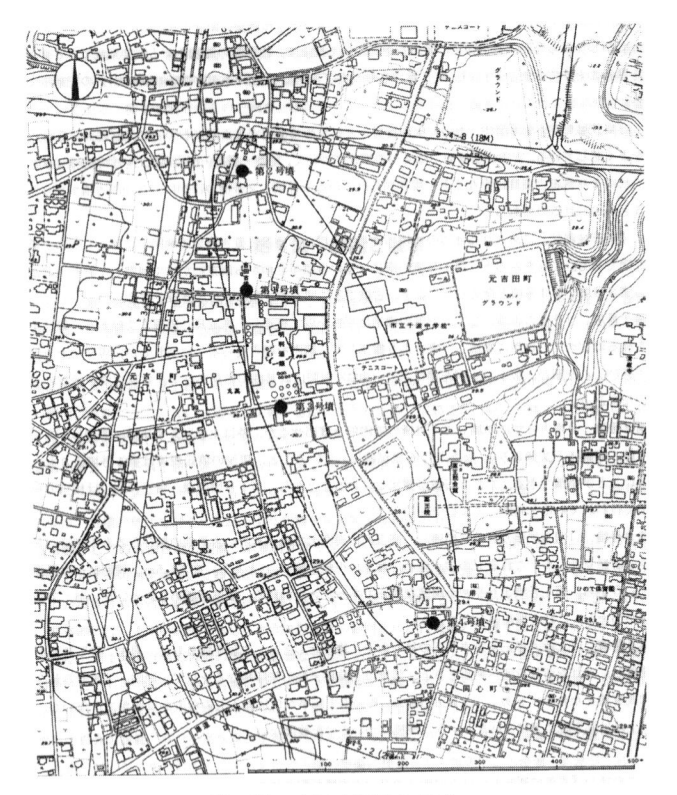

第9図　吉田古墳群の構成

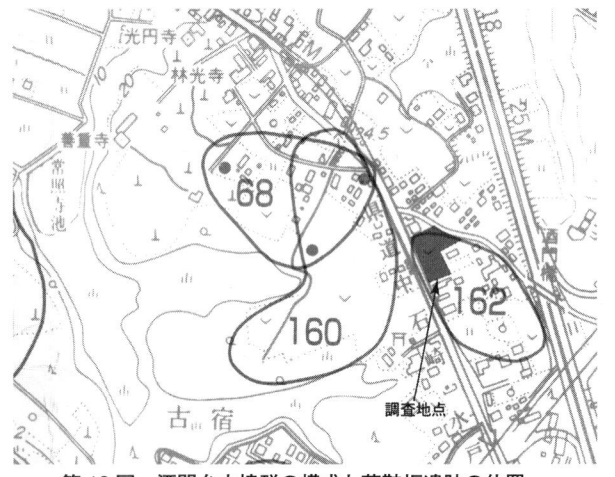

第10図　酒門台古墳群の構成と荷鞍坂遺跡の位置

　第2号墳も墳丘の裾部が大規模な削平を受けているため、墳丘形態は明らかでないが、平成18年度に実施した測量により、東西14.0m、南北14.5m、高さ3.0mを測ることが確認された。墳丘の発掘調査は行われていないが、現地踏査の際に南側に凝灰岩の露出している箇所を確認しており、第1号墳と同様の横穴式石室を主体部に採用している可能性が高いと考えられる。また、筆者の踏査により古墳時代の須恵器甕片が墳丘の裾から採集されている。第3号墳は墳丘が湮滅してしまっており確認出来ないが、『東茨城郡誌』によると周囲21.0m、高さ1.5mの墳丘を持ち、刀剣類が出土したようである。第4号墳も墳丘が湮滅してしまっており確認出来ないが、『東茨城郡誌』によると勾玉・管玉類が出土しているようである。第1号墳の周溝から円筒埴輪が出土していることから、遅くとも6世紀から築造が開始されていたことは確実であり、第1号墳の年代が7世紀前葉から中葉に位置づけられていることから、後期〜終末期の古墳群とみてよかろう。第2号墳や第1号墳は台地縁辺部に近い位置に築造されており、桜川からは視認できるが、第3号墳や第4号墳は桜川からは視認できない。第2号墳や第1号墳については、桜川からみえる景観を意識して築造されたと考えられる。

　c　酒門台古墳群・荷鞍坂遺跡　1基の前方後円墳と2基の円墳から構成される古墳群である（第10図）。

　西側の1基は墳丘南側が削平されているが、全長約20.0m、高さ約2.2mを測り、前方後円墳状となっている。東側の円墳はそれよりも規模が小さいようである。また、県道中石崎水戸線に面した宅地内には石室の天井石（凝灰岩製）が残存しており、古墳があったことを物語っている。昭和46年に刊行された水戸市埋蔵文化財包蔵地基本調査報告書によると直径30.0m、高さ2.0mほどの墳丘であったことが推定されている。いずれの古墳からも埴輪が採集されないことから後期〜終末期の古墳群とみてよかろう。台地縁辺部に築造されており、桜川から視認できる。桜川からみえる景観を意識して築造されたと考えられる。

　荷鞍坂遺跡は、酒門台古墳群に隣接する縄文時代・弥生時代・古墳時代・奈良時代・平安時代・近世の集落遺跡であるが、平成19年度にコンビニエンスストア建築に伴う試掘調査を実施したところ、墳丘が削平された1基の円墳の周溝が確認された（第10図）。円墳の周溝は幅1.5〜5.0m、内径22.0m、外径30.0mである。昭和46年に刊行された水戸市埋蔵文化財包蔵地基本調査報告書によると「また、このうち後述の75、荷鞍塚遺跡の位置にあった3号と名付けたものから、土師器壺2個、古銭、直刀2振、鉄鏃などが出土したといわれる」との記載が

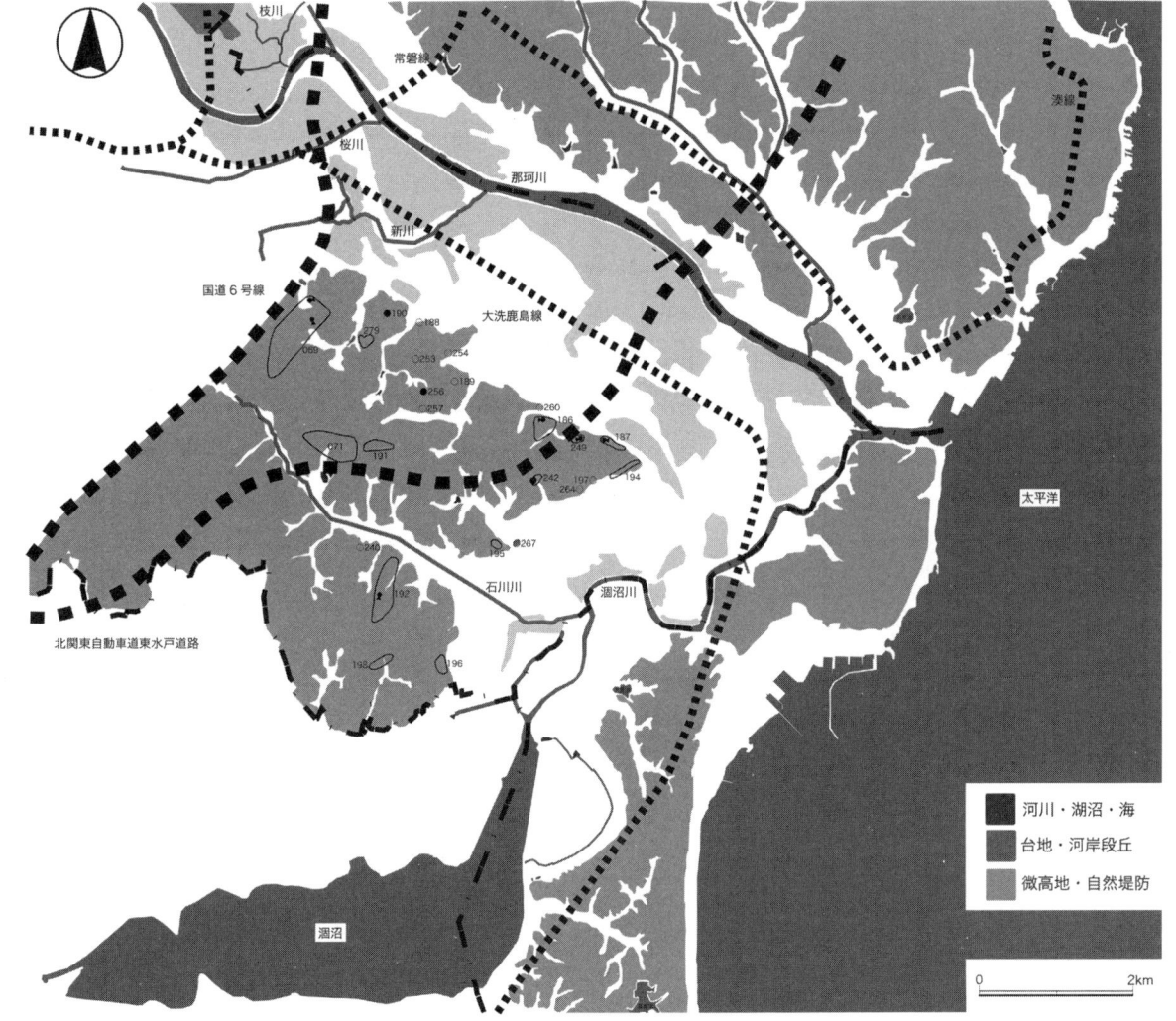

第 11 図　旧水戸市域南・東部における古墳群の分布

あり（伊東　1971）、直刀や鉄鏃などが副葬されていた可能性が高い。横穴式石室に関する記載はないことから、木棺直葬あるいは粘土槨などの埋葬施設であった可能性が考えられよう。平成 20 年 5 月に実施された毛野考古学研究所による本発掘調査では、主体部は確認されなかったが、多数の円筒埴輪と形象埴輪が出土しており、その技術的・形態的特徴、組み合わせ等から 6 世紀中葉〜後葉頃の築造年代が推定される。本来は酒門台古墳群を構成していたうちの 1 基と考えられる。

(9)　石川川左岸の台地

　石川川左岸の台地には、21 基の古墳群が築造されている。古墳群は、台地の縁辺部に築造されているものと台地の中央部に近い位置に築造されているものとに区分される。台地の縁辺部に築造されているものは、谷田古墳群（069）、江東古墳群（071）、金山塚古墳群（186）、大串古墳群（187）、栗崎北古墳（188）、愛宕神社古墳（189）、六地蔵寺古墳（190）、長福寺古墳群（194）、善徳寺古墳（197）、高原古墳群（242）、北屋敷古墳群（249）、仏性寺古墳（253）、フジヤマ古墳（254）、諏訪神社古墳（256）、千勝神社古墳（257）、住吉神社古墳（260）、東畑古墳（264）、天神山古墳（267）、道西遺跡（279）である。台地の中央部に近い位置に築造されているものは、小山古墳群（191）である。

a　谷田古墳群　2 基の前方後円墳と 5 基の円墳から構成される古墳群である。最も大きいのは第 1 号墳（通称「天神塚」）で、全長約 27.0 m、高さ約 2.5 m、前方部幅 18.2 m である。30 m を超える大型古墳は伴わず、いずれの古墳からも埴輪は採集されていない。舌状台地の縁辺部から中央部にかけて築造されており、那珂川から視認

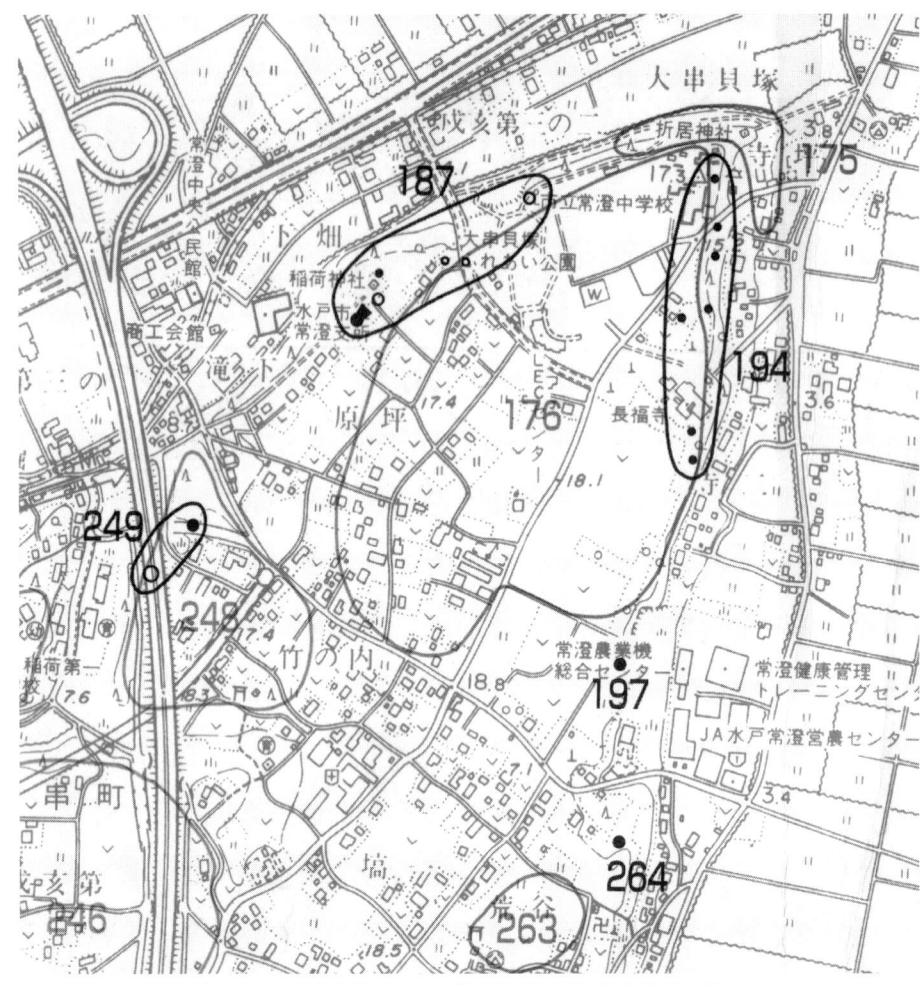

第12図　大串古墳群・北屋敷古墳群・長福寺古墳群の構成

できる。那珂川からの景観を意識して築造されたと考えられる。

　b　江東古墳群　6基の円墳と墳形不明の古墳4基から構成される古墳群である。昭和56年に茨城県開発公社が水戸東部工業団地を造成した際に一部が破壊されたようである。いずれの古墳からも埴輪は採集されていない。舌状台地の縁辺部から中央部にかけて築造されており、石川川から視認できる。石川川からの景観を意識して築造されたと考えられる。

　c　金山塚古墳群　前方後円墳1基、円墳5基、墳形不明の古墳1基から構成される古墳群である。前方後円墳は通称、「金山塚古墳」とされるもので、昭和26年に大森信英氏を担当者とする水戸第二高等学校史学クラブによる発掘調査が行われ、円筒埴輪が出土した（松井　1952、大森　1952d）。この調査で出土した円筒埴輪は愛宕山古墳の時期に対比されることもあったが、近年、井　博幸氏による出土埴輪の再検討および大内昭吉氏採集の伝金山塚古墳出土形象埴輪の紹介が行われ（井　2007）、築造時期はこれまで指摘されていた中期前葉ではなく、後期まで下ることが明らかにされた。また、井氏の聞き取り調査により、本古墳群中に石棺の内部が朱で塗彩された古墳があったことも明らかとなった。後期～終末期にかけて築造された古墳群と理解してよかろう。本古墳群は台地縁に形成されており、那珂川から視認できる。那珂川からの景観を意識して築造されたと考えられる。

　d　大串古墳群　前方後円墳1基、円墳3基、方墳1基、墳形不明の古墳1基から構成される古墳群である（第12図）。前方後円墳は、全長約25.0m、高さ約3.0～2.0mのものであるが、埴輪は採集出来ない。本古墳群中で注目されるのは第3号墳である。当古墳の墳形は不明であるが、五獣鏡、銅環、直刀、鉄鏃、壺鐙、兵庫鎖、素環鏡板轡が出土しており、遺物の内容から6世紀第1四半期頃に築造されたと考えられる。また、大串稲荷神社境内では筆者により円筒埴輪片が採集されていることから、後期から終末期に形成された古墳群と考えられる。

本古墳群は舌上台地の北縁に形成されており、那珂川から視認できる。那珂川からの景観を意識して築造されたと考えられる。

e 栗崎北古墳 直径約20.0m、高さ約2.0mの円墳である。墳丘の南東側が掘削されており、横穴式石室が露出している。過去の調査で刀剣が出土したとされている。埴輪を伴っていないこと、横穴式石室を主体部に採用していることから終末期の古墳とみられる。本古墳は台地縁に形成されており、那珂川から視認できる。那珂川からの景観を意識して築造されたと考えられる。

f 六地蔵寺古墳 六地蔵寺境内の東側墓地に隣接して存在する直径約30.0m、高さ約2.5mの円墳とみられる。当古墳からは円筒埴輪が多数採集されており、六地蔵寺にも大型の円筒埴輪残欠が保管されている。埴輪を伴っていることから後期の古墳とみられる。本古墳は台地縁に形成されており、那珂川から視認できる。那珂川からの景観を意識して築造されたと考えられる。

g 小山古墳群 3基の円墳から構成される古墳群である。最も大きいものは直径約25.0m、高さ約2.3mの規模を有し、凝灰岩製の横穴式石室を伴っている。土地所有者によると40数年前に石室の発掘を行ったが、副葬品は出土しなかったという。いずれも埴輪を伴っていないこと、横穴式石室を主体部に採用しているものがあることから終末期の古墳群とみられる。本古墳は台地中央部に形成されており、石川川や那珂川から視認することは困難である。

h 長福寺古墳群 7基の円墳から構成される古墳群である（第12図）。最も大きいものは直径約15.0m、高さ約1.2mの規模を有する。いずれも埴輪を伴っておらず、狭い範囲に密集していることから後期～終末期の群集墳とみられる。本古墳群は舌上台地の先端部から南縁にかけて直線上に形成されており、那珂川・涸沼川・石川川から視認できる。3河川からの景観を意識して築造されたと考えられる。

i 涸沼台古墳群 7基の円墳から構成される古墳群である。最も大きいものは直径約20.0m、高さ約2.5mの規模を有する。いずれも埴輪を伴っておらず、狭い範囲に密集していることから後期～終末期の群集墳とみられる。本古墳群は舌上台地の先端部に形成されており、那珂川・涸沼川・石川川から視認できる。3河川からの景観を意識して築造されたと考えられる。

j 善徳寺古墳 直径約20.0m、高さ約2.0mの円墳である（第12図）。墳丘上には盗掘溝が確認されるが、埴輪などは採集できないことから後期～終末期の古墳とみられる。本古墳は舌上台地の南縁に形成されており、涸沼川・石川川から視認できる。両河川からの景観を意識して築造されたと考えられる。

k 高原古墳群 2基の円墳から構成される古墳群である。南側の第1号墳は直径約30.0m、高さ約2.5mの規模を有し、墳丘上には八坂神社が祀られている。北側の第2号墳は（通称「狐塚古墳」）墳丘が削平を受けており、直径約10.0m、高さ約2.0mの状態で遺存している。いずれも埴輪を伴っていないことから後期～終末期の古墳群とみられる。本古墳群は涸沼川から入り込む谷津の最奥部の台地上に形成されており、涸沼川と石川川からは視認できる。両河川からの景観を意識して築造されたと考えられる。

l 北屋敷古墳群 前方後円墳1基、円墳1基から構成される古墳群である（第12図）。第1号墳は、平成3年に北関東自動車道東水戸道路建設に伴う発掘調査が茨城県教育財団により行われ、直径14.0～13.5m、周溝幅2.9～1.5m、深さ0.69～0.37mの規模を有する円墳であることが確認された（梶山 1993）。主体部には横穴式石室が採用されており、直刀3、刀子3、鉄鏃30が出土している。第2号墳は、平成6年に市道改良工事および墳形確認のための発掘調査が水戸市教育委員会により行われ、長軸16.0m、短軸12.0mの規模を持つ前方後円墳であることが確認された（井上・千葉 1995）。遺物は円筒埴輪、形象埴輪（男子・女子・武人埴輪・馬）などが多数出土した。第2号墳から多数の形象埴輪や円筒埴輪が出土していること、第1号墳は埴輪を伴わず、主体部に横穴式石室が採用されていることから、後期から終末期にかけて形成された古墳群と考えられる。本古墳群は舌上台地の北縁に形成されており、那珂川から視認できる。那珂川からの景観を意識して築造されたと考えられる。

m フジヤマ古墳 直径約21.0m、高さ約3.6mの円墳である。昭和26年に県立水戸第二高等学校史学クラ

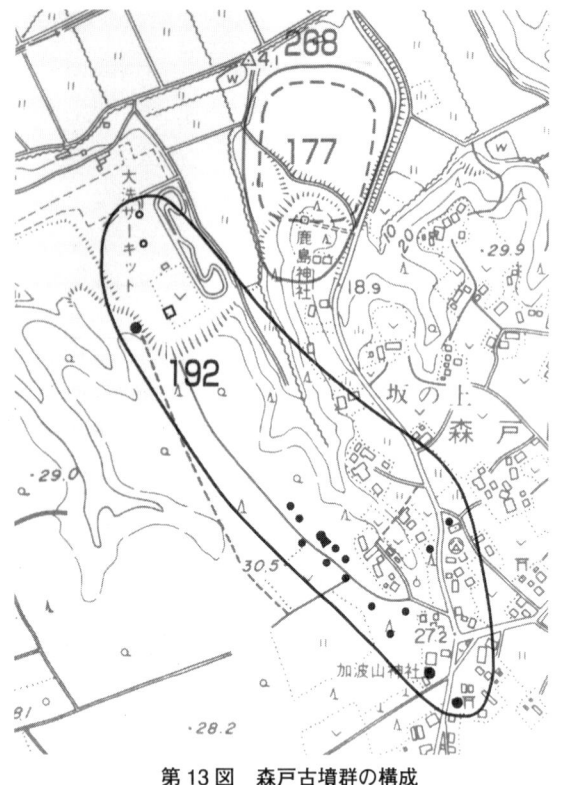

第 13 図　森戸古墳群の構成

ブ・同水戸第一高等学校史学会・考古学会によって発掘調査が行われた際に、横穴式石室から直刀、刀子、鉄鏃、金環、ガラス小玉、臼玉、馬具、埴輪片（円筒・馬？）、埋葬人骨6体分が出土した（考古学會 1952）。横穴式石室の規模は長さ5.1m、最大幅1.8mである。現在、墳丘は削平され、石室が出土した場所には庭石として当時の石材が残っており、周囲の畑からは円筒埴輪や馬形埴輪などの破片が採集できる。本古墳群は舌状台地の先端部に近い位置に形成されており、那珂川から視認できる。那珂川からの景観を意識して築造されたと考えられる。

n　愛宕神社古墳・佛性寺古墳・諏訪神社古墳・千勝神社古墳・住吉神社古墳・東畑古墳　これらは単独墳でいずれも時期が未詳のものである。いずれも埴輪を伴っていない。その中で飛び抜けた規模を持つのは諏訪神社古墳で直径約30.0m、高さ約2.5mの規模を有する。

o　天神山古墳　本墳は、涸沼川に東面した舌状台地の先端部に位置した古墳であるが、墳丘形態ははっきりしない。平成3年まで墳丘は残存していたが、削平により大部分が失われてしまった。土地所有者からの聞き取りによって、西面する60m前後の前方後円墳あるいは前方後方墳であったと推定されている（井・小宮山 2008）。本墳の上に祀られた小祠からは過去に副葬品が発見されており、三角縁神獣鏡1面、鉄剣2、大刀1以上、弥生土器が出土している。三角縁神獣鏡は波文帯を持つ三神三獣鏡の新しい型式で錆のありかたから舶載鏡と推定されている（岸本 1992、箕輪 2000、日高 2002）。本墳の年代については、集成編年3期頃と推定されている（井・小宮山 2008）。

p　道西遺跡（六反田古墳群）　本遺跡は平成16年に水戸中央病院移転の際に発掘調査が行われ、方形周溝墓が3基確認された。最も残りの良いTM1の周溝からは土師器壺が出土しており、古墳時代前期後半に形成された古墳群とみられる。『水戸市埋蔵文化財分布調査報告書平成10年度版』では、六反田古墳群は百合ヶ丘ニュータウン造成工事に伴い消滅してしまったとされているが、道西遺跡で見つかった3基の方形周溝墓はその一部であったとみられる。

（10）　石川川右岸の台地

石川川右岸の台地には、4基の古墳群が築造されている。古墳群は、台地の縁辺部に築造されているものと台地の中央部に近い位置にまで築造されているものとに区分される。台地の縁辺部に築造されているものは、下入野古墳群（196）、下入野西古墳群（198）、小仲根権現古墳（240）で、台地の中央部に近い位置にまで築造されているものが森戸古墳群（192）である。

a　森戸古墳群　前方後円墳1基、円墳17基、方墳1基から構成される古墳群である。当古墳群の中で注目されるのは、発掘調査が行われている第12号墳（通称「第六天古墳」）であり、滑石製の勾玉が出土している。墳丘形態は方墳であったこと、出土遺物から当該地域には数少ない中期古墳とみられる。前方後円墳である第1号墳からは、筆者らの踏査により円筒埴輪、楯形埴輪、家形埴輪、馬形埴輪が墳丘上で採集されていることから、6世紀代の築造と推定される。また、墳丘形態は未詳であるが、第2号墳からは歯の表現がされた人物埴輪も出土しており（吉川 1991）、楯持ち埴輪であった可能性が高い。さらに本古墳群中からは、出土古墳が未詳であるものの、底部穿孔の施された壺が採集されており（郡司 1973）、前期から形成されていた可能性が高い。さらに明治9年

に刊行された栗田寛による『葬礼私考』には、本古墳群の調査記録が記されており、礫床を持つ横穴式石室を主体部とする円墳から太刀1振、管玉2、銅環2が出土しているようである（佐藤 1990）。また、同書には本古墳群から礫床を持つ刳り抜き式の石棺が出土したことも記されており、管玉数個とともに銅環1が出土したようである（佐藤 1990）。このことから、本古墳群は終末期まで造墓が継続していた可能性が高い。本古墳群は台地縁から台地の中央部に近い位置にまで形成されており、台地縁に近いものは石川川からも視認できる。石川川からの景観を意識して築造されたと考えられる。

 b 下入野古墳群 8基の円墳から構成される古墳群である。最も大きいものは直径約40m、高さ4.5mを測る。畑地内の円墳からは円筒埴輪片が採集され、横穴式石室に使用した石材も残存している（佐藤 1990）。『水府志料』、『新編常陸国誌』、『事蹟雑纂』などには寛政6（1794）年に発掘した記録がみえ、石室内から大刀・刀子・提瓶・壺などが出土しているようである（佐藤 1990）。埴輪を伴う古墳があること、横穴式石室を主体部に採用している古墳があることから、後期から終末期にかけて形成された古墳群とみられる。本古墳群は台地縁に形成されており、石川川・涸沼川から視認できる。両河川からの景観を意識して築造されたと考えられる。

 c 下入野西古墳群 下入野古墳群の西方約550mに位置する6基の円墳から構成される古墳群である。谷津を挟んで東西に展開しており、東側のものは直径10.0～20.0m、高さ0.8～1.5mの規模を有する。西側のものは直径10.0～15.0m、高さ1.5m前後の規模を持つ。埴輪を伴っていないことから後期から終末期にかけて形成された古墳群とみられる。本古墳群は台地縁に形成されているが、涸沼川から北の方向に入り込む谷津の最奥部に形成されており、涸沼川から視認することは困難である。

 d 小仲根権現古墳 東西約8.0m、南北約12.0～13.0m、高さ約1.0mの円墳である。墳丘上に造られた参道により墳丘が若干削られている。埴輪を伴っていないことから後期から終末期の古墳とみられる。本古墳は台地縁に形成されており、石川川から視認できる。石川川からの景観を意識して築造されたと考えられる。

5 旧水戸市域における古墳群の特徴
（1） 古墳群の分布と消長

 古墳群の分布の在り方は、旧水戸市域の北部・中部においては、山塊や丘陵地帯には殆どみられない傾向が指摘できる（第1図）。また、那珂川と桜川という二大河川およびその支流の河川に面して築造される傾向があるが、沢渡川の流域および桜川右岸では殆どみられない。この地域は、水戸市の都市化が進んだ市街地と分布上の位置が重複することから、大規模開発によって失われてしまった古墳群が相当数あったのではないかと予測される。また、2例のみであるが、那珂川左岸の自然堤防上にも古墳群が営まれており（第1図）、台地上だけに分布が限られない点が指摘できよう。他方、旧水戸市域の南部・東部における古墳群の分布は、石川川の両岸に展開する台地上に限られている点で異なっている（第11図）。ただし、石川川の右岸は上流部に古墳群の分布がほとんどみられず、左岸の台地上の様相と対照的である（第11図）。発掘調査が行われている古墳が少ないため、築造時期の特定が難しい古墳が多いが、断片的な情報から古墳群の消長を整理してみた（第1表）。

 時期別に古墳群の分布を見ていくと、前期の古墳群は、西田川右岸の台地に営まれた二の沢古墳群と藤井川右岸の台地に営まれた安戸星古墳群、桜川右岸の台地に営まれた赤塚古墳群、石川川左岸の台地に営まれた道西遺跡（六反田古墳群）が該当する。赤塚古墳群と道西遺跡（六反田古墳群）については、方形周溝墓のみが確認されており、前方後方墳や前方後円墳は築造されていない点で異なっている。当該期の前方後方墳は、那珂川の中流域に分布が限定される傾向が指摘できる。

 調査が行われている古墳が少ないため、中期の古墳群は殆ど見いだせないが、那珂川右岸の台地に築造された愛宕山古墳群が5世紀前葉～6世紀に位置づけられよう。

 後期・終末期の古墳群は不確実なものも含まれるが、特定地域に集中するのではなく、どの台地にも普遍的に築造されている傾向が読み取れる。

第1表　旧水戸市域の古墳一覧表

No.	遺跡名	前方後円墳	円墳	方墳	前方後方墳	不明	前期	中期	後期	終末期	特記事項
西田川右岸の台地											
110	二の沢古墳群		1	1	1	3	■				ⅠA類
110a	二の沢古墳群第1号墳					1	■				全長41.0m、後方部幅20.0m、前方部幅15.0m、後方部長24.0m、前方部長17.0m。
110-b	二の沢古墳群第2号墳					1	■				全長32.0m、後方部幅17.0m、前方部幅12.0m、後方部長22.0m、前方部長10.0m。
110-c	二の沢古墳群第3号墳					1	■				全長38.0m、後方部幅17.0m、前方部幅13.0m、後方部長24.0m、前方部長14.0m。古式土師器が出土。
112	ニガサワ古墳群	4	1						■		ⅠA類
112-a	ニガサワ古墳群第1号墳		1						■		周濠内径約30m、高さ約2mの墳丘、凝灰岩（勝見沢石）製の切石で構築された横穴式石室。
112-b	ニガサワ古墳群第2号墳	1							■		全長31m、後円部径約19m、くびれ部幅約12m、前方部幅約18m、横穴式木芯粘土室。直刀、馬具（轡）、鉄鏃が出土。
112-c	ニガサワ古墳群第3号墳	1							■		周濠内法口縁部径約13.5m、粘土郭、直刀、鉄鏃、土製小玉が出土。
112-d	ニガサワ古墳群第4号墳	1							■		周濠内法口縁部径約9.5m、粘土郭、直刀、鉄鏃が出土。
112-e	ニガサワ古墳群第5号墳	1							■		周濠内法口縁部径約11.5m、粘土郭、直刀、鉄鏃が出土。
204	駒形端古墳群		5						■		ⅡA類。前方後円墳は全長23.0m、葺石を伴う。
205	山ノ上古墳		3						■		ⅠC類。墳丘が削平された円墳2基は円筒埴輪を伴う。
92	清水台古墳群		2						■		ⅡC類
92-a	清水台古墳群第1号墳		1						■		昭和26年、茨城高等学校史學部による発掘調査で直刀2、鍔2、銅環2、人骨7が出土。
92-b	清水台古墳群第2号墳		1						■		通称「源六塚」、円筒埴輪を伴う。
93	十万原古墳群	1	7						■		ⅠA類
93-a	十万原古墳群第1号墳	1							■		全長55.0m、前方部長25.0m、前方部幅20.0m、前方部高約3.0m、後円部径30.0m、後円部高5.0m。
93-b	十万原古墳群第2号墳		1						■		全長55.0m、前方部長25.0m、前方部幅20.0m、前方部高約3.0m、後円部径30.0m、後円部高5.0m、横穴式石室開口。
93-c	十万原古墳群第3号墳		1						■		直径15.0m、高さ約1.0m、横穴式石室開口
那珂川左岸の台地と自然堤防											
94	権現山古墳群		2						■		
95	権現山横穴墓群					4			■		
96	富士山古墳群	1	8						■		ⅠA類
96-a	富士山古墳群第1号墳								■		全長18.1m、前方部幅5.0m、高さ1.6m、後円径12.0m、高さ2.6m。主体部は粘土槨。円筒埴輪、武人埴輪が出土。
96-b	富士山古墳群第2号墳		1						■		直径20.0m、高さ2.3m、円筒埴輪、家形埴輪、馬形埴輪が出土。
97	小原内古墳群	1	4						■		
97-a	小原内古墳群第2号墳	1							■		現存長約16.0m、短軸約9.0m、高さ約1.5m。形象埴輪、円筒埴輪片が出土。
97-b	小原内古墳群第4号墳		1						■		石棺内から直刀が出土。湮滅。
126	塚宮古墳群		2						■		ⅠA類、湮滅。
226	白石古墳群	1	5						■		ⅠB類
226-a	白石古墳群第3号墳		1						■		直径30.0m、高さ4.0m、墳丘南側より石棺が出土。
226-b	白石古墳群第4号墳		1						■		直径30.0m、高さ2.5m。
229	一本松古墳		1						■		直刀が出土。湮滅。
藤井川右岸の台地											
88	安戸星古墳群		11	1		1	■				ⅠA類
88-a	安戸星古墳群第1号墳					1	■				全長28.3m、後方部長18.7m、後方部幅15.0～16.5m、後方部高2.25m、前方部長9.6m、前方部幅8.1m、前方部高1.25m。古式土師器（壺・甕・坩）、ガラス玉が出土。
88-b	安戸星古墳群第2号墳					1	■				東西長10.0m、南北長約9.0m。
89	大井古墳群		4						■		ⅡC類、古墳群中から円筒埴輪、人物埴輪、鉄鏃、銅板、直刀、刀子、轡、鍔が出土。
90	成沢大塚古墳群		2						■		ⅡB類、直径30.0m、高さ0.5m、須恵器、直刀、切子玉が出土。
91	塚山添古墳群		4						■		ⅡC類、直径2.0～6.0m、高さ0.6～1.5m。
206	塙古墳群		3						■		ⅡC類
田野川右岸の台地											
80	西原古墳群	1	1						■		ⅠA類
80-a	西原古墳群第1号墳	1	14						■		全長約50.0m、後円部径約30.0m、高さ3.5m前後、前方部幅15.0m
80-b	西原古墳群第5号墳								■		横穴式石室
80-c	西原古墳群第6号墳		1						■		横穴式石室、勾玉3、管玉1、丸玉9、棗玉1が出土。周溝からは円筒埴輪も出土。
80-d	西原古墳群第7号墳		1						■		東西8.0m、南北6.5m、高さ1.0mの墳丘、周溝幅2.0m～3.0m、周溝の内径16.0m、外形21.0m。横穴式石室、礫床あり。鉄鏃、鉄片、人骨が出土。
81	堀町西古墳		4						■		ⅡC類。最大：直径15.0m、高さ0.7m。
129	三ツ児塚古墳群		4						■		ⅠC類、直径13.0～8.0m、高さ約2.2～1.0m前後。
148	山田A古墳群		4						■		ⅠC類、最大：直径約20.0m、高さ2.0m。
211	山田古墳群		3						■		ⅡC類、最大：直径約12.0m、高さ0.8m。
那珂川右岸の台地											
76	東照宮境内古墳		3								湮滅
77	無名古墳		1								湮滅
78	五軒町古墳群		2								湮滅
79	愛宕山古墳群	2	2				■				ⅡA類
79-a	愛宕山古墳群第1号墳	1					■				国指定史跡「愛宕山古墳」。全長約136.5m、前方部幅約75.0m、高さ約9.0m、後円部径約78.0m、高さ約10.5m。土師器片、円筒埴輪片が出土。

水戸市旧水戸市域の古墳群

No.	遺跡名	前方後円墳	円墳	方墳	前方後方墳	不明	前期	中期	後期	終末期	特記事項
79-b	愛宕山古墳群第2号墳	1							■		「姫塚古墳」。全長約58.0m、前方部幅20.0m、高さ3.5m、後円部径40.0m、高さ4.0m。高坏脚部片が出土。
79-c	愛宕山古墳群第4号墳		1						■		「狐塚古墳」。円筒埴輪、人物埴輪、器財埴輪、鉄刀が出土。
230	笠原神社古墳		3						▨		ⅡC類。最大：直径10.0m、高さ約1.5m。
桜川左岸の台地											
82	下荒句古墳群		20						■		ⅡC類。最大：直径10.0m、高さ1.5m。
84	高天原古墳群		7	2					■		方墳2基については塚の可能性がある。
85	赤塚古墳群	3	12	19			■				ⅡA類方墳のうち18基は方形周溝墓。
85-a	E1号墳	1						■			全長48.0m、後円部径36.0m、前方部幅20.0m。円筒埴輪が出土。
85-b	E2号墳		1					■			直径20.0m、高さ1.0m。円筒埴輪が出土。
85-c	E3号墳	1						■			全長35.0m、後円部径30.0m、前方部幅20.0m、後円部高4.0mの帆立貝式。粘土槨・木棺直葬。円筒埴輪、朝顔形埴輪、武人埴輪、馬形埴輪、家形埴輪、直刀、長茎鏃が出土。
85-d	E4号墳		1					■			直径30.0m、円筒埴輪、人物埴輪（壺を頭上に乗せた女性）、馬形埴輪が出土。
85-e	W1号墳			1			■				南北12.0〜17.0m、東西10.0〜16.0m、高さ約1.0m、土師器壺が出土。
85-f	W2号墳			1			■				南北9.0〜14.0m、東西10.0〜16.0m、高さ約1.0m、土師器壺が出土。
85-g	W9号墳		1				■				直径18.0〜16.0m、高さ1.0m、周溝幅2.3m、円筒埴輪が出土。
85-h	W10号墳		1				■				直径12.0〜11.0m、周溝幅2.0m、土師器壺、円筒埴輪が出土。
85-i	W11号墳		1				■				直径11.0m、周溝幅2.5〜2.0m、平根式鉄鏃が出土。
85-j	W13号墳		1				■				直径14.0〜12.0m、高さ2.0m、周溝幅3.0〜2.5m、円筒埴輪が出土。
85-k	W18号墳			1			■				南北9.0〜13.0m、東西7.0〜11.0m、土師器高坏が出土。
85-l	W20号墳						■				一辺6.0〜8.0m、土師器壺が出土。
85-m	W21号墳						■				南北8.0〜11.0m、東西7.0〜10.0m、土師器坩・土師器壺が出土。
85-n	W22号墳						■				一辺5.0〜6.0m、土師器坩・土師器壺が出土。
85-o	W26号墳						■				南北8.0〜12.0m、東西8.0〜11.0m、土師器器台・土師器坩・土師器壺が出土。
86	加倉井古墳群		21						■		ⅠC類、最大：直径25.5m、高さ約2.5m。古墳群中からは、半地下式の横穴式石室が見つかり、内部から直刀・刀子・メノウ製勾玉・水晶製切子玉・ガラス製小玉などが出土。
87	妙徳寺付近古墳群		6						■		ⅡC類。最大：直径20.0m、高さ4.0m、第3号墳および第4号墳からは、円筒埴輪、人物埴輪片が出土。
136	峯山古墳		1						■		湮滅。
138	北原古墳群		2						▨		ⅡC類。
163	大久保古墳群		3						▨		
166	毛勝谷原古墳群		3						▨		ⅠC類。最大：直径約5.0m、高さ約1.2m、古墳群中から壺形土器が出土。
220	松原遺跡		2				■				湮滅。
221	稲荷塚古墳群		3						▨		ⅠB類。最大；直径約32.0m、高さ約3.5m、南東部に周濠あり
222	大塚新地遺跡			1					▨		湮滅。
285	松山古墳群		14						■		ⅠC類。最大：直径約25.0m、高さ約4.0〜3.6m。第5号墳からは石棺が見つかり、直刀が出土。
桜川右岸の台地											
75	千波山古墳群	1	2						▨		ⅡA類
75-a	千波山古墳群第3号墳	1							▨		長さ約25.0m、高さ約1.3m、後円部径約10.0m。
75-b	千波山古墳群第1号墳		1						▨		直径約20.0m、高さ2.0m、円筒埴輪を伴う。
223	飯島町古墳群		3						▨		ⅠB類。最大：直径30.0m、高さ約3.0m。
234	笠原古墳群	1	1						▨		ⅠA類。最大：後円部径15.0m、高さ約1.8m、全長約20.0m
逆川右岸の台地											
68	酒門台古墳群	1	2						▨		ⅡC類。最大；長さ約20.0m、高さ約2.2m
70	大鋸町古墳		1						▨		直径8.0m、高さ1.5m、湮滅。
73	払沢古墳群		2						▨		湮滅。
74	福沢古墳群		4						▨		ⅡD類、第1号墳は直径10.0m、高さ0.8m。
75	吉田古墳群			1		3			▨		ⅡD類
75-a	吉田古墳群第1号墳					1			▨		国指定史跡「吉田古墳」。現存する墳丘は南北12.0m、東西7.6m、高さ約1.50 m、周溝は内径26.2 m、外径35.2mの八角形。銀環3、鉄鏃数10本、刀剣残欠、円筒埴輪、須恵器甕片が出土。
75-b	吉田古墳群第2号墳			1					▨		東西14.0m、南北14.5m、高さ3.0m、須恵器甕片が出土。
75-c	吉田古墳群第3号墳					1			▨		周囲21.0m、高さ1.5m、刀剣が出土。湮滅
75-e	吉田古墳群第4号墳					1			▨		勾玉、管玉が出土。湮滅
162	荷鞍坂遺跡		1						■		直径25.0m、円筒埴輪、人物埴輪、馬形埴輪、家形埴輪、土師器壺が出土。
石川川左岸の台地											
69	谷田古墳群	2	5						▨		ⅡA類
69-a	谷田古墳群第1号墳	1							▨		通称「天神塚」。全長約27.0m、高さ約2.5m、前方部幅18.2m、高さ約2.5m
71	江東古墳群		6			4			▨		ⅡB類
186	金山塚古墳群	1	5			1			▨		ⅠA類
186-a	金山塚古墳群第1号墳	1							▨		「金山塚古墳」、全長約27.0m、高さ3.6〜3.0m、円筒埴輪、人物埴輪が出土。
187	大串古墳群	1	3			1			▨		ⅠA類
187-a	大串古墳群第1号墳	1							▨		全長約25.0m、高さ約3.0〜2.0m。
187-b	大串古墳群第3号墳					1			▨		五獣鏡、銅環、直刀、鉄鏃、壺鐙、兵庫鎖、素環鏡板轡が出土。
188	栗崎北古墳		1						▨		直径約20.0m、高さ約2.0m、横穴式石室から刀剣が出土。
189	愛宕神社古墳		1						▨		直径25.0m、高さ約2.5m。

No.	遺跡名	前方後円墳	円墳	方墳	前方後方墳	不明	前期	中期	後期	終末期	特記事項
190	六地蔵寺古墳		1						■		直径約30.0m、高さ約2.5m、円筒埴輪が出土。
191	小山古墳群		3						■	■	ⅡC類。最大：直径25.0m、高さ約2.3m、横穴式石室。
194	長福寺古墳群		7						■		ⅠC類。最大：直径15.0m、高さ約1.2m。
195	涸沼台古墳群		7						■		ⅠC類。最大：直径20.0m、高さ約2.5m。
197	善徳寺古墳		1						■		直径約20.0m、高さ約2.0m。
242	高原古墳群		2						■		ⅡB類
242-1	高原古墳群第1号墳		1						■		直径30.0m、高さ約2.5m。
249	北屋敷古墳群	1	1						■		ⅡA類
249-a	北屋敷古墳群第1号墳		1						■		墳丘消滅、直径14.0～13.5m、周溝幅2.9～1.5m、深さ0.69～0.37m、横穴式石室から直刀3、刀子3、鉄鏃30が出土。
249-b	北屋敷古墳群第2号墳	1							■		長軸16.0m、短軸12.0m、円筒埴輪、形象埴輪（男子・女子・武人埴輪・馬）が出土。
253	佛性寺古墳		1						■		直径6.5m、高さ約1.5m
254	フジヤマ古墳		1						■		直径21.0m、高さ約3.6m。横穴式石室から直刀、刀子、鉄鏃、金環、ガラス小玉、白玉、馬具、埴輪片（円筒・馬？）、埋葬人骨6体分が出土。
256	諏訪神社古墳		1						■		直径30.0m、高さ約2.5m。
257	千勝神社古墳			1					■		一辺4.3m、高さ約0.8m。
260	住吉神社古墳		1						■		直径約20.0m、高さ約2.5～3.0m。
264	東畑古墳		1						■		東西約9.5m、南北約13.0m、高さ約2.0m。
267	天神山古墳					1	■				三角縁波文帯三神三獣鏡、鉄剣、大刀、弥生土器が出土。
279	道西遺跡（六反田古墳群？）			3			■				ⅡC類。方形周溝墓
石川川右岸の台地
192	森戸古墳群	1	17	1			■	■	■	■	ⅠA類。古墳群中から底部穿孔壺が出土。
192-a	森戸古墳群第1号墳	1					■				円筒埴輪、楯形埴輪、家形埴輪、馬形埴輪が出土。
192-b	森戸古墳群第2号墳					1	■				歯の表現がされた人物埴輪が出土。
192-c	森戸古墳群第12号墳			1			■				滑石製勾玉が出土。
196	下入野古墳群		8						■	■	ⅠB類。直径40.0～10.0m、高さ約1.0～4.5m。
198	下入野西古墳群		6						■		ⅠC類。直径10.0～20.0m、高さ約0.8～1.5m。
240	小仲根権現古墳		1						■		東西約8.0m、南北12.0～13.0m、高さ約1.0m。

　次に古墳群の消長についてみてゆこう。前期から中期に継続して古墳が築造される古墳群は、現状では石川川右岸の台地上に展開した森戸古墳群のみである。中期から後期に継続して古墳が築造された可能性がある古墳群は、現状では愛宕山古墳群に限られる。狐塚古墳から出土した円筒埴輪・人物埴輪・器財埴輪群が6世紀の前半代に位置づけられるのか、後半代に位置づけられるのかが判然としないが、愛宕山古墳・姫塚古墳との間には、ヒアタスがあり、その間を埋める古墳があったのか否かは、今後、周辺の調査で確認していく必要があるだろう。

　後期～終末期の古墳群は、ニガサワ古墳や西原古墳群のようにひとつの古墳群において継続して築造される場合と、富士山古墳群や赤塚古墳群のように6世紀後半で築造が途切れて、6世紀末から7世紀代には別の古墳群において築造される場合とがある。

(2) 古墳群の群構成

　古墳群の群構成はどのような在り方を示しているのであろうか。本報告で扱ってきた古墳群は、構成する古墳の密集度から次のような類型化が可能である。

　Ⅰ類　古墳群の範囲の中に密集して築造されているグループ
　Ⅱ類　古墳群の範囲の中に散漫に築造されているグループ

　さらに、個々の古墳群を構成する古墳の組み合わせからさらに下記の4類に細分ができる。

　A類　前方後円（方）墳と複数の小型の円（方）墳から構成されるグループ
　B類　30m以上の円墳と小型の円墳から構成されるグループ
　C類　30m未満の古墳のみから構成されるグループ
　D類　多角形墳と小型の円墳から構成されるグループ

　上記の分類に照らし合わせて、各古墳群を時期別に整理してみたのが第2表である。第2表からは次のような傾向が読み取れよう。

（1）　全ての時期を通じてⅠD類は確認されていない。
（2）　前期は前方後方墳と複数の小型の円（方）墳が密集して築造される傾向がある。
（3）　後期になると、古墳群の構成が多様化し、前方後円墳と複数の小型の円墳から構成される群集墳に加えて、30m以上の円墳と小型の円墳から構成される群集墳、30m未満の古墳のみから構成される群集墳などが出現す

る。

(4) 後期～終末期になると、古墳群の構成はさらに多様化し、新たに多角形墳と小型の円墳から構成される古墳群が出現する。

第2表　旧水戸市域における古墳群の類型

	ⅠA期	ⅠB期	ⅠC期	ⅠD期	ⅡA期	ⅡB期	ⅡC期	ⅡD期
前期	2						1	
中期					1			
後期	1		1		1	1	1	
後期～終末期	6	4	8		6	2	11	2

(3) 方形周溝墓との年代的・空間的関係

方形周溝墓は前期にみられ、赤塚古墳群、大塚新地遺跡、二の沢古墳群、道西遺跡（六反田古墳群）で確認されている。赤塚古墳群は正式報告が刊行されていないため、詳細な年代については検討を要するが、W支群のW1～W5号墳、W8号墳、W18～W29号墳が該当する。ただし、赤塚古墳群では前期に位置づけられるような前方後円墳や前方後方墳などは確認されておらず、近隣でもその時期に位置づけられる古墳は確認されていない。その後、5世紀には古墳の築造が認められず、6世紀前葉から中葉にかけて築造されたE支群のE3号墳とE1号墳との間に年代的な隔たりがある。

二の沢古墳群では、第5号周溝墓が方形周溝墓の可能性があるとされている（江幡・黒澤 2003）。その他の遺跡では、道西遺跡（六反田古墳群）で方形周溝墓が3基確認されている。未報告資料であるが、前期のものとみられる土師器甕がTM1の周溝の中から出土している。道西遺跡の直近にも前期に位置づけられる古墳群はなく、本遺跡の立地する台地の東方3.3km離れたところに舶載鏡とみられる三角縁三神三獣鏡が出土したとされる大場天神山古墳が築造されている。このように旧水戸市域では、方形周溝墓のみから構成される場合と前方後方墳と方形周溝墓が一緒に築造されている場合の2つの在り方がある。

(4) 埴輪を伴う古墳

旧水戸市域の北部・中部において埴輪を持つ古墳は、50ある古墳群のうちの13の古墳群で確認されている。270基（方形周溝墓を含む）あるうちの22基で確認されている。これらのうち、最も古い埴輪とみられるのは、国指定史跡である愛宕山古墳の埴輪であり、黒斑を持つことから5世紀前葉に位置づけられる（井 1999、井・小宮山 1999）。他の古墳群からは円筒埴輪や形象埴輪が出土しているが、愛宕山古墳群の狐塚古墳の資料を除き、いずれも平成8・9年に水戸市教育委員会が行った分布調査で採集された破片である。これらの詳細な内容については後日公表する予定であるが、6世紀以降のものが大半である。

南部・東部の古墳では、埴輪を持つ古墳は25ある古墳群のうちの6つの古墳群で確認されており、101基（方形周溝墓を含む）あるうちの7基で確認されている。当該地域の埴輪に関する近年の成果としては、井 博幸氏による金山塚古墳群の再検討が挙げられ、同古墳の築造年代が埴輪の詳細な検討により6世紀前半まで下ることが明らかにされている（井 2007）。

また、2008年5月に有限会社毛野考古学研究所が行った荷鞍坂遺跡の調査では、酒門台古墳群の一部を構成していたとみられる円墳が確認され、円筒埴輪とともに馬形埴輪、武人埴輪、人物埴輪（女子）、鳥形埴輪、器材埴輪などの形象埴輪が多数出土しており、6世紀代の埴輪を伴う古墳の様相が徐々に明らかとなってきている。

(5) 大型円墳のありかた

旧水戸市域を流れる那珂川の河口右岸の台地上には車塚古墳（直径95m）が築造されており、那珂川を挟んだ太平洋を望む台地縁にも三ツ塚古墳群第12号墳（直径51m）、同古墳群第13号墳（直径53m）、大穴塚古墳（直径40m）のように大型円墳が築造されている。翻って、旧水戸市域における大型円墳の在り方をみると、最大の円墳の規模は下入野古墳群の直径40mに留まっている。これより下位の30m以上の円墳は、西原古墳群第11号墳（直径30m）、赤塚古墳群E4号墳（直径30m）、成沢大塚古墳群第1号墳（直径30m）、稲荷塚古墳群第1号墳（直径32m）、飯島町古墳群第1号墳（直径30m）、白石古墳群第1号墳・第2号墳（直径40m）、第3号墳・4号墳（直径30m）、六地蔵寺古墳（直径30m）、高原古墳群第1号墳（直径30m）、諏訪神社古墳（直径30m）となり、30mを超え

る規模のものは比較的みられるようである。このように旧水戸市域では直径40mを超える大型円墳が殆どみられないのが特徴である。

(6) 後期～終末期古墳群の単位

本稿では現在、水戸市で行政的に捉えている古墳群の名称および範囲に基づいて検討してきたが、後期～終末期にかけて営まれた幾つかの古墳群については、本来一括して理解すべきものを別個の古墳群として扱ってしまっているものもあるように見受けられる。そこで、以下では、幾つかの事例を取り上げ、より大きな群集墳として把握することを提案してみたい。

まず、桜川左岸の台地にある加倉井古墳群であるが、この古墳群は立地が隣接する旧内原町の田島古墳群や三本松古墳群と酷似しているうえに時期も近接している（本書田中論文参照）。さらに南接する松山古墳群、妙徳寺付近古墳群とも時期が近接していることから大きな群集墳として理解することが可能である。

那珂川左岸の台地の斜面に築造されている権現山横穴群は、市内で唯一確認されている横穴墓である。現在は七ッ洞公園というイギリス式庭園を基調とした公園にある池底に沈んでしまっており確認は出来ないが、この横穴墓が営まれている台地上には富士山古墳群、小原内古墳群、白石古墳群、権現山古墳群という6世紀～7世紀中葉頃に築造された4つの古墳群が営まれている。このうち、富士山古墳群の1号墳・2号墳・小原内古墳群の1号墳は埴輪を伴っているので、6世紀代のどこかに位置づけられるが、権現山古墳群の1号墳・2号墳、小原内古墳群の4号墳、白石古墳群の1号墳～4号墳は埴輪を伴っていないことから、7世紀代の終末期古墳として位置づけられると考えている。そうすると、谷津の斜面に営まれた横穴墓と台地上に営まれた円墳群とは時期的な並行関係があると考えられ、大きな群集墳を構成しているという見方もできる。

西田川右岸の台地にあるニガサワ古墳群、駒形端古墳群、山ノ上古墳、清水台古墳群、十万原古墳群はいずれも後期から終末期にかけて形成された古墳群である。これらの古墳群はいずれも台地縁に近い位置に分布しているため、別個の古墳群として扱われているが、西田川、藤井川という両河川からの見え方を意識して台地縁に限定して築造されていった結果と理解すれば、台地縁に限定して築造されたひとつの大きな群集墳として理解することができるように思われる。また、石川川左岸の台地上にある北屋敷古墳群、大串古墳群、長福寺古墳群、善徳寺古墳、東畑古墳、高原古墳群も後期から終末期にかけて形成された古墳群である。これらの古墳群も舌状台地の縁辺部に近い位置に分布しているため、別個の古墳群として扱われているが、那珂川、涸沼川、石川川という3つの河川からの見え方を意識して台地縁に限定して築造されていった結果と理解すれば、台地縁に限定して築造されたひとつの大きな群集墳として理解することができるのではないだろうか。

6 おわりに―今後の課題―

本稿では旧水戸市域に分布する古墳群の様相について報告したが、今回はあくまでも古墳群の成り立ちを明らかにすることが主目的であったため、個々の古墳に埋葬された地域首長の系譜関係や墳丘上に樹立された埴輪の需給関係などより高位の次元にある問題については検討していない。また、墓域である古墳群を対象としたため、古墳群の築造に携わった人々の住まいが近くにあったのか否か、すなわち古墳群の周辺に営まれている集落との時期的並行関係の問題についても検討していない。さらに後の律令期との関わりについて見ると、後期～終末期にかけての古墳群とみられる西原古墳群の近隣には、7世紀後葉から8世紀にかけて郡衙周辺寺院と郡衙正倉院が複合した台渡里遺跡群が形成されている。また、後期～終末期にかけての古墳群とみられる白石古墳群や小原内古墳群、富士山古墳群、大串古墳群、北屋敷古墳群、長福寺古墳群の近隣にも、8世紀に郡衙正倉別院あるいは駅家との複合遺跡とみられる田谷廃寺跡、大串遺跡が形成されている。台渡里遺跡群の周辺に6世紀以前からの顕著な古墳がみられないことはこれまでにも指摘されており（稲田 2004）、主要古墳や集落跡の集中地区から離れて立地するこのような郡衙遺跡の在り方は、古墳時代以来の有力氏族の本拠地から離れた非本拠地型（山中 1994・清野 2009）の典型例と理解される。ところが、2008年5月に水戸市教育委員会が実施した台渡里遺跡第41

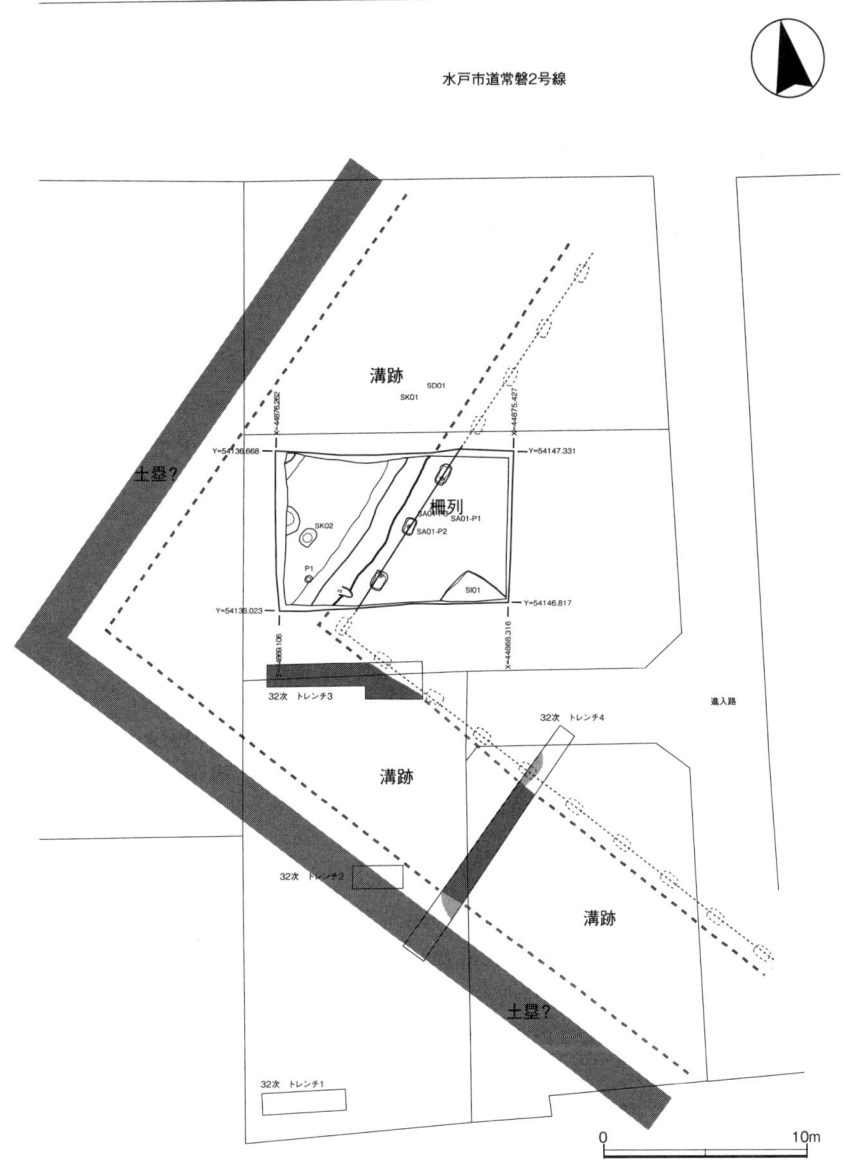

第 14 図　台渡里遺跡第 41 次調査の遺構配置

次調査と 2008 年 8 月に茨城大学人文学部考古学研究室が実施した台渡里遺跡第 44 次調査により、豪族居館に係わるとみられる区画溝と柵列、竪穴住居跡が確認された（茨城大学人文学部考古学研究室　2008、大沢・田中　2009）。区画溝は上面幅 7.0 〜 6.0 m（推定値）、底面幅 3.7 m、深さ 2.5 m を測る断面逆台形のもので、覆土の在り方から外側にあった土塁を崩して人為的に埋め戻している様子がうかがえることから（写真 2）、溝の外側に土塁を囲繞し溝の内側には柵列を巡らす構造が推定される（第 12 図）。遺構の造営年代についてはまだはっきりしていないが、区画溝の底面からは 6 世紀後葉あるいは 7 世紀に帰属する可能性がある土師器の甕や壺が数個体分出土しており、内部施設の可能性がある竪穴住居跡からは 7 世紀中葉頃とみられる黒色処理の施された土師器坏も出土している。これらの遺構・遺物が渡里の台地に居住していた古墳時代以来の有力氏族の居館に関わるものであったとみると、顕著な終末期古墳は確認できないものの、非本拠地型の郡衙遺跡という理解にも再考の余地が出てくることになるのではないだろうか。今後、遺構群の年代を明確にしていくとともに対応する古墳についても検討していく必要がある。

以上のように課題は山積みであるが、上記のような諸問題に取り組んでいくためには、各古墳群を構成する古墳の規模や築造時期を明確にし、編年的に整理する必要がある。しかしながら、現状では築造時期が明確になっ

写真2　台渡里遺跡第41次調査で見つかった溝と柵列

ていないものがあまりにも多すぎる。さらには墳丘測量図が作成されている古墳が少ないため、墳丘形態から築造時期を推定することすら困難な現状である。

　古墳の築造時期を特定する材料となる遺物についても、平成8・9年度に水戸市教育委員会が実施した分布調査の際に、市内各所にある古墳群から埴輪や土器が多数採集されているが、未報告のままとなっている。さらに、昭和45～46年の赤塚西団地造成時に水戸市教育委員会が実施した発掘調査で出土した多量の埴輪類も未報告のままとなっている。まずは、墳丘測量図の作成や未報告資料の公表を行い、基礎資料を充実させていく必要がある。このような基礎的な作業を蓄積していくことで初めてこの地域の支配者であった地域首長を頂点とする社会構造への接近が可能になると考えている。今後の課題としたい。

【謝辞】　古墳時代の門外漢である筆者に勉強する機会を与えていただいた、明治大学の佐々木憲一先生にまずは感謝申し上げたい。個々の古墳の築造年代については、国士舘大学イラク古代文化研究所の井　博幸先生、茨城大学の田中　裕先生、東京国立博物館の日高　慎氏、つくば市教育委員会の石橋　充氏、ひたちなか市文化・スポーツ振興公社の稲田健一氏からご教示を頂いた。また、茨城高等学校史学部による発掘調査の写真については、調査に参加された金ヶ江文雄氏から当時の記録写真・図面類の提供を受けた。吉田古墳群の調査成果については、調査担当者の関口慶久氏からご教示を頂いた。最後になりましたが、以上の方々の御芳名を記して感謝申し上げます。

註
1）ひたちなか市文化・スポーツ振興公社の鈴木素行氏のご教示による。

引用・参考文献

井　博幸　1999「第9章　考察　10内原町を中心とした古墳の編年（試案）」『牛伏4号墳の調査』　国士舘大学・牛伏4号墳調査団

　　　　　2007「水戸市金山塚古墳の位置づけをめぐって—小幡北山埴輪窯群との関係を中心に—」『国士舘考古学』　第3号　国士舘大学考古学会

井　博幸・小宮山達雄　1999「第7章　内原町周辺の主要古墳と出土遺物」『牛伏4号墳の調査』　国士舘大学・牛伏4号墳調査団

2008「大洗町鏡塚古墳・車塚古墳群の検討」『茨城県考古学協会誌』第20号　茨城県考古学協会
伊東重敏 1971『水戸市埋蔵文化財包蔵地基本調査報告書（応急版）』水戸市教育委員会
　　　　 1974「Ⅰ解説　2主要遺跡　3赤塚古墳群」『茨城県史料　考古資料編　古墳時代』
　　　　 1976『大六天古墳（森戸古墳群第12号墳)』常澄村教育委員会
稲田健一 2004「常陸国の7世紀—古墳を中心に—」『第5回大学合同考古学シンポジウム　古墳から寺院へ—関東の7世紀を考える—　予稿集』大学合同考古学シンポジウム実行委員会
　　　　 2009「茨城県久慈川・那珂川流域の前期〜中期初頭の古墳」『第14回東北・関東前方後円墳研究会大会《シンポジウム》前期古墳の諸段階と大型古墳の出現　発表要旨資料』東北・関東前方後円墳研究会
井上義安・村田健二 1985『高天原』水戸市高天原古墳発掘調査会
井上義安・千葉隆司 1995『水戸市北屋敷古墳　市道常澄6-0008号線埋蔵文化財発掘調査報告書』茨城県水戸市
井上義安・蓼沼香未由・仁平妙子・根本睦子 1998『水戸市埋蔵文化財分布調査報告書　平成10年度版』水戸市教育委員会
井上義安・蓼沼香未由・根本睦子・中野谷明子 1999『水戸市南仲坪遺跡　農業集落排水処理施設建設に伴う埋蔵文化財発掘調査報告書』茨城県水戸市
茨城県教育委員会 2000『茨城県遺跡地図』
茨城大学人文学部考古学研究室 2009『水戸市台渡里遺跡（茨大運動場地点）発掘調査現地発表会資料』
江幡良夫・黒澤秀雄 2003『二の沢A遺跡・二の沢B遺跡（古墳群）・ニガサワ古墳群　十万原新住宅市街地開発事業・都市計画道路十万原東西線街路整備事業地内埋蔵文化財調査報告書』財団法人茨城県教育財団
大津郁子・田中　裕 2009『企画展示　古墳時代の大きな溝発見！〜『豪族居館』と台渡里廃寺跡〜　解説リーフレット』水戸市大串貝塚ふれあい公園
大森信英 1952a「飯富村大字藤井・清水上古墳」『茨城高等学校史学部紀要』第1号　茨城高等学校史学部
　　　　 1952b「渡里村大字堀字西原四号地下式墳」『茨城高等学校史学部紀要』第1号　茨城高等学校史学部
　　　　 1952c「渡里村大字堀字西原の地下式墳」『茨城高等学校史学部紀要』第1号　茨城高等学校史学部
　　　　 1952d「茨城県東茨城郡稲荷村大字大串字金山塚古墳発掘について」『茨城高等学校史学部紀要』第1号　茨城高等学校史学部
　　　　 1963「古墳文化と那珂国造」『水戸市史　上巻』水戸市史編纂委員会
　　　　 1974a「69　権現山下横穴群」『茨城県史料　考古資料編　古墳時代』茨城県
　　　　 1974b「富士山古墳群」『茨城県史料　考古史料編　古墳時代』茨城県
小澤重雄 2006「茨城県の様相」『第11回東北・関東前方後円墳研究会　前方後方墳とその周辺　発表要旨資料』東北・関東前方後円墳研究会
考古学會 1952「常陸国東茨城郡稲荷村栗崎フジヤマ古墳調査概報」『考古学』第1巻第3号
梶山雅彦 1993『一般国道6号東水戸道路改良工事地内埋蔵文化財調査報告書・中ノ割遺跡・小山遺跡・諏訪前遺跡・高原古墳群・沢幡遺跡・高原遺跡・北屋敷遺跡』財団法人茨城県教育財団
川口武彦 2002「十万原遺跡ガランドウ地区採集の先土器時代資料」『茨城県考古学協会誌』第14号　茨城県考古学協会
川崎純徳 1982『茨城の装飾古墳』新風土記社
岸本直文 1992「茨城県水戸市出土の三角縁神獣鏡」『考古学雑誌』78巻1号　日本考古学会
郡司良一 1973「常澄村森戸発見の底部穿孔土器」『茨城考古学』第5号　茨城考古学会
佐藤次男 1990「第2章　古墳と豪族と民衆」『常澄村史　通史編』常澄村
塩谷　修 2006「北関東の前方後方墳」『第11回東北・関東前方後円墳研究会　前方後方墳とその周辺　発表要旨資料』東北・関東前方後円墳研究会
清野陽一 2009「常陸国の古墳分布と郡領域」『古代地方行政単位の成立と在地社会』独立行政法人国立文化財機構奈良文化財研究所
関口慶久・瓦吹　堅・川口武彦・小野寿美子・中尾麻由実 2006『吉田古墳Ⅰ　史跡整備計画に伴う吉田古墳群第1号墳の第1次・第2次発掘調査報告書』水戸市教育委員会
土筆舎 2008「点景をつなぐ—古墳踏査学による常総古式古墳の理解—」『土筆』第10号　土筆舎
生田目和利・稲田健一 2002「茨城県」『第51回　埋蔵文化財研究集会　装飾古墳の展開〜彩色系装飾古墳を中心に〜資料集』埋蔵文化財研究会・九州国立博物館誘致推進本部・福岡県教育委員会

日高　慎　2002「水界民と港を統括する首長―常陸鏡塚古墳とその周辺地域の理解をめぐって―」『専修考古学』　第9号　専修大学考古学会
　　　　　　　2004「関東平野　東北部」『第9回東北・関東前方後円墳研究会大会《シンポジウム》東日本における古墳出現について　発表要旨資料』　東北・関東前方後円墳研究会
藤村達巳・塩谷　修　1982「第2章　調査報告(1)　古墳群の立地と環境」『常陸安戸星古墳』　水戸市教育委員会
松井純子　1952「金山塚古墳調査報告」『彰考』　創刊号　水戸二高史学クラブ
箕輪健一　2000「茨城県における前期古墳の基礎的研究」『茨城県史研究』　第84号　茨城県立歴史館
茂木雅博編　1982『常陸安戸星古墳』水戸市教育委員会
山中敏史　1994「第三章　第二節　評衙・郡衙成立の歴史的意義」『古代地方官衙遺跡の研究』　塙書房
吉川明宏　1991「常澄村森戸出土の人物埴輪片」『年報』　10　財団法人茨城県教育財団
渡辺俊夫　1981a「第6章　松原遺跡」『常磐自動車道関係埋蔵文化財発掘調査報告書Ⅲ』　財団法人茨城県教育財団
　　　　　　　1981b「第5章　大塚新地遺跡」『常磐自動車道関係埋蔵文化財発掘調査報告書Ⅲ』　財団法人茨城県教育財団

図・表・写真出典

第1図・第11図　茨城県遺跡地図（1：25,000）をRICOH社製カラーコピー複合機imagio MP4000を用いてスキャンしたPDFファイルを下図とし、Adobe社製Illustrator CS（Macintosh版）を用いてデジタルトレース。
第2図・第3図　（江幡・黒澤　2003）より転載。
第4図～第6図・第10図～第13図　（井上・蓼沼・仁平・根本　1998）より転載、一部加筆。
第8図　（井上・蓼沼・根本・中野谷　1999）より転載。
第9図　（関口・瓦吹・川口・小野・中尾　2006）より転載。
第12図　（大津・田中　2009）より転載，加筆。
第1表　筆者作成
第2表　筆者作成
写真1　金ヶ江文雄氏提供
写真2　（大津・田中　2009）より転載。

水戸市旧水戸市域の古墳群

駒形端古墳群						
所在地	水戸市藤井町字駒形端	前方後円	円	方	帆立貝	その他	総基数
		( )	5(4)	( )	( )	( )	5(4)
立地：西田川右岸の河岸段丘高位面の縁辺部							
埋葬施設：横穴式石室：特 基 開口方向：							
竪穴式小石室：特 基							
石棺：特 基							
木棺・土坑など：特 基							
埴輪有り：5基							
埴輪無し：							
年代判明古墳：							
主な副葬品：							
群中の大型古墳：円墳（直径23.0m、葺石を伴う）							
文献：伊東1971、井上ほか1998							

山ノ上古墳						
所在地	水戸市藤井町字山ノ上	前方後円	円	方	帆立貝	その他	総基数
		( )	3(1)	( )	( )	( )	3(1)
立地：西田川右岸の河岸段丘高位面の縁辺部							
埋葬施設：横穴式石室：特 基 開口方向：							
竪穴式小石室：特 基							
石棺：特 基							
木棺・土坑など：2基							
埴輪有り：							
埴輪無し：							
年代判明古墳：							
主な副葬品：							
群中の大型古墳：第1号墳（直径約15.0m）							
文献：伊東1971、井上ほか1998、川口2002							

清水台古墳群						
所在地	水戸市藤井町字源六	前方後円	円	方	帆立貝	その他	総基数
		( )	2(2)	( )	( )	( )	2(2)
立地：西田川左岸の河岸段丘高位面の縁辺部							
埋葬施設：横穴式石室：特 凝灰岩（勝見沢石）製の切石積半地下式無袖 1基 開口方向：							
竪穴式小石室：特 基							
石棺：特 基							
木棺・土坑など：特 基							
埴輪有り：1基							
埴輪無し：基							
年代判明古墳：							
主な副葬品：第1号墳：昭和26年、茨城高等学校史学部による発掘調査で直刀2、鍔2、鋼環2、人骨7が出土。							
群中の大型古墳：第2号墳（通称「源六塚」）							
文献：大森1952a、伊東1971、井上ほか1998							

（西田川右岸の台地の古墳群）

二の沢古墳群						
所在地	水戸市藤井町字十万原1117-1000ほか	前方後方	円	方	帆立貝	その他	総基数
		3(0)	1(0)	1(0)	( )	( )	5(0)
立地：西田川右岸の河岸段丘低位面の縁辺部							
埋葬施設：横穴式石室：特 基 開口方向：							
竪穴式小石室：特 基							
石棺：特 基							
木棺・土坑など：特 基							
埴輪有り：5基							
埴輪無し：							
年代判明古墳：1号墳・2号墳・6号墳（集成編年2期）							
主な副葬品：							
群中の大型古墳：							
文献：伊東1971、江幡・黒澤2003							

三ガサワ古墳群						
所在地	水戸市藤井町字十万原1117-1065ほか	前方後円	円	方	帆立貝	その他	総基数
		4(0)	1(0)	( )	( )	( )	5(0)
立地：西田川右岸の河岸段丘高位面の縁辺部							
埋葬施設：横穴式石室：特 凝灰岩（勝見沢石）製の切石積半地下式無袖 1基 開口方向：南東							
竪穴式小石室：特 基							
石棺：特 基							
木棺・土坑など：3基 第2号墳については、地下式の横穴式木室、第3号・第4号・第5号墳については、地下式の切石積半地下式無袖 木棺直葬。							
埴輪有り：							
埴輪無し：5基							
年代判明古墳：第1号墳：7世紀前葉 第2号墳：6世紀第Ⅲ四半期 第3号墳：6世紀第Ⅲ四半期～6世紀第Ⅳ四半期 第4号墳：6世紀第Ⅲ四半期 第5号墳：6世紀第Ⅳ四半期							
主な副葬品：第1号墳：須恵器（横瓶・坏・台付長頸瓶・長頸壺・広口壺）、土師器坏、鉄鏃1 第2号墳：土師器（坏・壺・甕）、長頸壺・甕、樽1、鉄鏃63 第3号墳：土製小玉62、直刀3・樽2、鉄鏃22 第4号墳：刀子 第5号墳：土師器（壺）、刀子（鉄鏃10、弓師鏃5							
群中の大型古墳：第1号墳：直径30m 第2号墳：全長31.0m							
文献：伊東1971、江幡・黒澤2003							

第2章 地域研究

富士山古墳群

所在地	水戸市田谷町字富士山						
立地	那珂川左岸の台地縁辺部						
		前方後方	前方後円	帆立貝	円	方	その他	総基数
		1(1)		( )	8(8)	( )	( )	9(9)
埋葬施設	横穴式石室：特						
	竪穴式小石室：特 開口方向						
	石棺：特 1基						
	木棺・土坑など：特 1基						
埴輪有り	2基						
埴輪無し	7基						
年代判明古墳							
主な副葬品							
群中の大型古墳	第1号墳：前方後円墳(全長18.1m)、第2号墳：円墳(直径20.0m)、第1号墳は粘土槨						
文献	伊東1971、大森1974b、井上ほか1998						

小原内古墳群

所在地	水戸市田谷町字小原内外						
立地	那珂川左岸の台地縁辺部						
		前方後方	前方後円	帆立貝	円	方	その他	総基数
			1(1)	( )	4(4)	( )	( )	5(5)
埋葬施設	横穴式石室：特						
	竪穴式小石室：特 開口方向						
	石棺：特 1基						
	木棺・土坑など：特 1基						
埴輪有り							
埴輪無し	4基						
年代判明古墳							
主な副葬品							
群中の大型古墳	第2号墳：前方後円墳(全長16.0m)						
文献	伊東1971、井上ほか1998						

白石古墳群

所在地	水戸市田谷町字稲荷						
立地	那珂川左岸の台地縁辺部						
		前方後方	前方後円	帆立貝	円	方	その他	総基数
				( )	5(5)	( )	( )	5(5)
埋葬施設	横穴式石室：特						
	竪穴式小石室：特 開口方向 1基						
	石棺：特 1基						
	木棺・土坑など：特						
埴輪有り							
埴輪無し	5基						
年代判明古墳							
主な副葬品							
群中の大型古墳	第1号墳：円墳(直径30.0m)、第2号墳：円墳(直径30.0m)、第3号墳：円墳(直径30.0m)						
文献	伊東1971、井上ほか1998						

十万原古墳群

所在地	水戸市藤井町字清水台						
立地	藤井川左岸丘陵斜面の河岸段丘高位面の縁辺部						
		前方後円	帆立貝	円	方	その他	総基数
		1(1)	( )	7(7)	( )	( )	8(8)
埋葬施設	横穴式石室：特 4基						
	竪穴式小石室：特 開口方向						
	石棺：特						
	木棺・土坑など：特						
埴輪有り	8基						
埴輪無し							
年代判明古墳							
主な副葬品							
群中の大型古墳	第1号墳：全長55.0m、前方部長25.0m、前方部幅20.0m、前方部高約3.0m、後円部径30.0m、後円部高5.0m。						
文献	伊東1971、井上ほか1998						

那珂川左岸の台地と自然堤防の古墳群

権現山古墳群

所在地	水戸市下国井町字権現山						
立地	那珂川左岸の台地縁辺部						
		前方後円	帆立貝	円	方	その他	総基数
		( )	( )	2(1)	( )	( )	2(1)
埋葬施設	横穴式石室：特						
	竪穴式小石室：特 開口方向 1基						
	石棺：特 1基						
	木棺・土坑など：特 1基						
埴輪有り	2基						
埴輪無し							
年代判明古墳							
主な副葬品							
群中の大型古墳							
文献	伊東1971、井上ほか1998						

権現山横穴群

所在地	水戸市下国井町字権現山						
立地	那珂川左岸の台地縁辺部						
		前方後円	帆立貝	円	方	その他	総基数
		( )	( )	2(1)	( )	4(0)	4(0)
埋葬施設	横穴式石室：特 1基						
	竪穴式小石室：特 開口方向						
	石棺：特 1基						
	木棺・土坑など：特 1基						
埴輪有り	4基						
埴輪無し							
年代判明古墳							
主な副葬品	第1号墓：須恵器、土師器、第3号墓：ガラス製切子玉2、水晶製切子玉8、第4号墓：ガラス製丸玉4、金環2						
群中の大型古墳							
文献	大森1963、大森1974a、伊東1971、川崎1982、生田目・稲田2002、井上ほか1998						

水戸市旧水戸市域の古墳群

	所在地	前方後方	円	帆立貝	方	その他	総基数
大井古墳群	水戸市飯富町字大井	( )	4(1)	( )	( )	( )	4(1)
	立　地：藤井川右岸の台地上						
	埋葬施設：横穴式石室：		基	特徴：開口方向：			
	竪穴式小石室：		基	特徴：			
	石　棺：		基	特徴：			
	木棺・土坑など：		基	特徴：			
	埴輪有り：		基				
	埴輪無し：						
	年代判明古墳：						
	主な副葬品：古墳群中から、円筒埴輪、人物埴輪、鉄鏃、鋼板、直刀、刀子、轡、鐸が出土。						
	群中の大型古墳：						
	文　献：伊東1971、井上ほか1998						

	所在地	前方後方	円	帆立貝	方	その他	総基数
成沢大塚古墳群	水戸市成沢町字井向	( )	1(1)	( )	( )	( )	1(1)
	立　地：藤井川右岸の台地中央部						
	埋葬施設：横穴式石室：	1基	基	特徴：砂岩製開口方向：			
	竪穴式小石室：		基	特徴：			
	石　棺：		基	特徴：			
	木棺・土坑など：		基	特徴：			
	埴輪有り：	2基					
	埴輪無し：						
	年代判明古墳：						
	主な副葬品：須恵器、直刀、切子玉が出土。						
	群中の大型古墳：第1号墳：円墳(直径30.0m、高さ0.5m。						
	文　献：伊東1971、井上ほか1998						

	所在地	前方後方	円	帆立貝	方	その他	総基数
塚山添古墳群	水戸市成沢町字鹿島	( )	4(3)	( )	( )	( )	4(3)
	立　地：藤井川右岸の台地中央部						
	埋葬施設：横穴式石室：		基	特徴：開口方向：			
	竪穴式小石室：		基	特徴：			
	石　棺：		基	特徴：			
	木棺・土坑など：		基	特徴：			
	埴輪有り：	4基					
	埴輪無し：						
	年代判明古墳：						
	主な副葬品：						
	群中の大型古墳：第1号墳：円墳(直径6.0m、1.5m)						
	文　献：伊東1971、井上ほか1998						

	所在地	前方後方	円	帆立貝	方	その他	総基数
塚宮古墳群	水戸市田谷町字塚宮	1(0)	2(0)	( )	( )	( )	3(0)
	立　地：那珂川左岸の自然堤防上						
	埋葬施設：横穴式石室：		基	特徴：開口方向：			
	竪穴式小石室：		基	特徴：			
	石　棺：		基	特徴：			
	木棺・土坑など：		基	特徴：			
	埴輪有り：		基				
	埴輪無し：						
	年代判明古墳：						
	主な副葬品：						
	群中の大型古墳：						
	文　献：伊東1971、井上ほか1998						

	所在地	前方後方	円	帆立貝	方	その他	総基数
一本松古墳	水戸市上河内町字一本松	( )	1(0)	( )	( )	( )	1(0)
	立　地：那珂川左岸の自然堤防上						
	埋葬施設：横穴式石室：		基	特徴：開口方向：			
	竪穴式小石室：		基	特徴：			
	石　棺：		基	特徴：			
	木棺・土坑など：		基	特徴：			
	埴輪有り：		基				
	埴輪無し：						
	年代判明古墳：						
	主な副葬品：直刀						
	群中の大型古墳：						
	文　献：伊東1971、井上ほか1998						

(藤井川右岸の台地の古墳群)

	所在地	前方後方	円	帆立貝	方	その他	総基数
安戸星古墳群	水戸市飯富町字安戸星	1(0)	11(0)	( )	1(0)	( )	13(0)
	立　地：藤井川右岸の台地上						
	埋葬施設：横穴式石室：		基	特徴：開口方向：			
	竪穴式小石室：		基	特徴：			
	石　棺：		基	特徴：			
	木棺・土坑など：		基	特徴：			
	埴輪有り：		基				
	埴輪無し：	13基					
	年代判明古墳：第1号墳：集成編年2期						
	主な副葬品：第1号墳：古式土師器(壺・甕・坩)、第2号墳：ガラス玉						
	群中の大型古墳：第1号墳：前方後方墳(全長28.3m、後方部長18.7m、後方部幅15.0〜16.5m、後方部高2.25m、前方部長9.6m、前方部幅8.1m、前方部高1.25m)						
	文　献：伊東1971、茂木雅博1982、実輪2000、小澤2000、塩谷2006、稲田2009、日高2004、井上ほか1998						

第2章 地域研究

三ツ児塚古墳群

所在地	水戸市田野町字三ツ児塚	前方後円	帆立貝	円	方	その他	総基数
		( )	( )	4(4)	( )	( )	4(4)
立地：田野川右岸の台地中央部							
埋葬施設：	横穴式石室：	基	特	特	特	特	
	竪穴式小石室：	基	開口方向				
	石棺：	基	特	特	特	特	
	木棺・土坑など：	4基	特	特	特	特	
埴輪有り：							
埴輪無し：							
年代判明古墳：							
主な副葬品：							
群中の大型古墳：第1号墳：円墳（直径約13.0m）							
文献：伊東 1971, 井上ほか 1998							

山田古墳群

所在地	水戸市田野町字山田	前方後円	帆立貝	円	方	その他	総基数
		( )	( )	3(3)	( )	( )	3(3)
立地：田野川右岸の台地中央部							
埋葬施設：	横穴式石室：	基	特	特	特	特	
	竪穴式小石室：	基	開口方向				
	石棺：	基	特	特	特	特	
	木棺・土坑など：	3基	特	特	特	特	
埴輪有り：							
埴輪無し：							
年代判明古墳：							
主な副葬品：							
群中の大型古墳：第1号墳：円墳（直径約12.0m, 高さ約0.8m）							
文献：伊東 1971, 井上ほか 1998							

山田A古墳群

所在地	水戸市田野町	前方後円	帆立貝	円	方	その他	総基数
		( )	( )	4(2)	( )	( )	4(2)
立地：田野川右岸の台地中央							
埋葬施設：	横穴式石室：	基	特	特	特	特	
	竪穴式小石室：	基	開口方向				
	石棺：	基	特	特	特	特	
	木棺・土坑など：	2基	特	特	特	特	
埴輪有り：							
埴輪無し：							
年代判明古墳：							
主な副葬品：							
群中の大型古墳：第2号墳：円墳（直径約20.0m, 高さ約2.0m）							
文献：伊東 1971, 井上ほか 1998							

埼古墳群

所在地	水戸市飯富町字埼	前方後方	帆立貝	円	方	その他	総基数
		( )	( )	3(0)	( )	( )	3(0)
立地：藤井川右岸の台地中央部							
埋葬施設：	横穴式石室：	基	特	特	特	特	
	竪穴式小石室：	1基	開口方向				
	石棺：	基	特	特	特	特	
	木棺・土坑など：	2基	特	特	特	特	
埴輪有り：							
埴輪無し：							
年代判明古墳：							
主な副葬品：							
群中の大型古墳：第2号墳：円墳（直径20.0m）							
文献：伊東 1971, 井上ほか 1998							

（田野川右岸の台地の古墳群）

西原古墳群

所在地	水戸市堀町字西原	前方後円	帆立貝	円	方	その他	総基数
		1(1)	( )	14(10)	( )	( )	15(11)
立地：田野川右岸の台地中央部							
埋葬施設：	横穴式石室：	3基	特	特：凝灰岩切石積み			
	竪穴式小石室：	基	開口方向				
	石棺：	基	特	特	特	特：木棺直葬	
	木棺・土坑など：	1基	特	特	特	特	
埴輪有り：	1基						
埴輪無し：	14基						
年代判明古墳：							
主な副葬品：第6号墳：勾玉3, 管玉1, 丸玉9, 棗玉1, 第7号墳：鉄鏃, 鉄片							
群中の大型古墳：第1号墳：前方後円墳（全長約50.0m, 後円部径約30.0m, 高さ3.5m前後, 前方部幅15.0m）, 第2号墳：円墳（直径30.0m）							
文献：大森 1952b, 大森 1952c, 伊東 1971, 井上ほか 1998							

堀町西古墳

所在地	水戸市堀町字畑	前方後円	帆立貝	円	方	その他	総基数
		( )	( )	4(4)	( )	( )	4(4)
立地：沢渡川を南に望む台地縁							
埋葬施設：	横穴式石室：	基	特	特	特	特	
	竪穴式小石室：	基	開口方向				
	石棺：	基	特	特	特	特	
	木棺・土坑など：	4基	特	特	特	特	
埴輪有り：							
埴輪無し：							
年代判明古墳：							
主な副葬品：							
群中の大型古墳：第1号墳：円墳（直径15.0m, 高さ0.7m）							
文献：伊東 1971, 井上ほか 1998							

水戸市旧水戸市域の古墳群

無名古墳

所在地	水戸市三の丸1丁目
立地	桜川を南に望む台地縁
埋葬施設	横穴式石室：／竪穴式小石室：／石棺：／木棺・土坑など：1基
埴輪有り	
埴輪無し	
年代判明古墳	
主な副葬品	
群中の大型古墳	
文献	伊東1971, 井上ほか1998

前方後円	帆立貝	円	方	その他	総基数
( )	( )	1(0)	( )	( )	1(0)

五軒町古墳群

所在地	水戸市五軒町2丁目
立地	田野川右岸の台地中央
埋葬施設	横穴式石室：／竪穴式小石室：／石棺：／木棺・土坑など：2基
埴輪有り	
埴輪無し	
年代判明古墳	
主な副葬品	
群中の大型古墳	
文献	伊東1971, 井上ほか1998

前方後円	帆立貝	円	方	その他	総基数
( )	( )	2(0)	( )	( )	2(0)

（桜川左岸の古墳群）

高天原古墳群

所在地	水戸市河和田1丁目高天原
立地	桜川左岸の台地縁
埋葬施設	横穴式石室：／竪穴式小石室：／石棺：1基／木棺・土坑など：8基
埴輪有り	
埴輪無し	
年代判明古墳	
主な副葬品	
群中の大型古墳	
文献	伊東1971, 井上・村田1985, 井上ほか1998

前方後円	帆立貝	円	方	その他	総基数
( )	( )	7(0)	2(0)	( )	9(0)

（那珂川右岸の台地の古墳群）

愛宕山古墳群

所在地	水戸市愛宕町2132-2134
立地	那珂川右岸の台地縁
埋葬施設	横穴式石室：／竪穴式小石室：／石棺：／木棺・土坑など：2基
埴輪有り	2基
埴輪無し	
年代判明古墳	第1号墳：国指定史跡「愛宕山古墳」（5世紀前葉）／第2号墳：姫塚古墳（5世紀中葉）
主な副葬品	
群中の大型古墳	第1号墳：前方後円墳（全長約136.5m, 前方部幅約75.0m, 高さ約9.0m, 後円部径約78.0m, 高さ約10.5m）, 第2号墳：前方後円墳（全長約58.0m, 前方部幅約20.0m, 高さ3.5m, 後円部径40.0m, 高さ約4.0m）
文献	大森1963, 伊東1971, 井上ほか1998, 井1999, 井・小宮山1999, 稲田2004, 土筆会2008

前方後円	帆立貝	円	方	その他	総基数
2(1)	( )	2(1)	( )	( )	4(2)

笠原神社古墳

所在地	水戸市文京2丁目5外
立地	那珂川右岸の台地縁
埋葬施設	横穴式石室：／竪穴式小石室：／石棺：／木棺・土坑など：3基
埴輪有り	
埴輪無し	
年代判明古墳	
主な副葬品	
群中の大型古墳	第1号墳：円墳（直径約10.0m, 高さ約1.5m）
文献	伊東1971, 井上ほか1998

前方後円	帆立貝	円	方	その他	総基数
( )	( )	3(1)	( )	( )	3(1)

東照宮境内古墳

所在地	水戸市宮町2丁目
立地	桜川を南に望む台地縁
埋葬施設	横穴式石室：／竪穴式小石室：／石棺：／木棺・土坑など：1基
埴輪有り	
埴輪無し	
年代判明古墳	
主な副葬品	
群中の大型古墳	
文献	伊東1971, 井上ほか1998

前方後円	帆立貝	円	方	その他	総基数
( )	( )	3(0)	( )	( )	3(0)

稲荷塚古墳群

所在地	水戸市大塚町字谷津
立地	桜川左岸の台地縁
前方後円	( ) 基
円	3(3) 基
帆立貝	( ) 基
方	( ) 基
その他	( ) 基
総基数	3(3)
埋葬施設	横穴式石室：特／竪穴式小石室：特　開口方向／石棺：特／木棺・土坑など：特
埴輪有り	0基
埴輪無し	3基
年代判明古墳	
主な副葬品	
群中の大型古墳	第1号墳：直径約32.0m、高さ約3.5m
文献	伊東1971、井上ほか1998

加倉井古墳群

所在地	水戸市加倉井町1760外
立地	桜川左岸の丘陵先端部
前方後円	( )
円	21(13)
帆立貝	( )
方	( )
その他	( )
総基数	21(13)
埋葬施設	横穴式石室：1基 特／竪穴式小石室：特　開口方向／石棺：特／木棺・土坑など：特
埴輪有り	0基
埴輪無し	21基
年代判明古墳	
主な副葬品	直刀・刀子・メノウ製勾玉・水晶製切子玉・ガラス製小玉
群中の大型古墳	第1号墳：直径25.5m、高さ約2.5m
文献	伊東1971、井上ほか1998

妙徳寺付近古墳群

所在地	水戸市加倉井町仲坪
立地	桜川左岸の台地縁から台地中央部
前方後円	( )
円	6(3)
帆立貝	( )
方	( )
その他	( )
総基数	6(3)
埋葬施設	横穴式石室：特／竪穴式小石室：特　開口方向／石棺：特／木棺・土坑など：特
埴輪有り	2基
埴輪無し	4基
年代判明古墳	
主な副葬品	
群中の大型古墳	第3号墳（通称「だんご塚」）：直径20.0m、高さ4.0m
文献	伊東1971、井上ほか1998

赤塚古墳群

所在地	水戸市河和田3丁目
立地	桜川左岸の台地縁
前方後円	( )
円	12(2)
帆立貝	3(2)
方	19(0)
その他	( )
総基数	34(4)
埋葬施設	横穴式石室：特／竪穴式小石室：特　開口方向／石棺：特／木棺・土坑など：1基 特（E3号墳（粘土槨・木棺直葬））
埴輪有り	7基
埴輪無し	27基
年代判明古墳	方形周溝墓(W1〜W5号墳・W8号墳・W18〜W29号墳)：4世紀後半／E2号墳・E4号墳・W9号墳・W10号墳・W13号墳：6世紀／E3号墳：6世紀前葉
主な副葬品	W1・W20号墳：土師器壺、W2号墳：土師器甕、W11号墳：平根式鉄鏃、W18号墳：土師器坩、W21・W22号墳：土師器甕、W26号墳：土師器坩・土師器壺
群中の大型古墳	E1号墳：全長48.0m、後円部径36.0m、前方部幅20.0m／E3号墳：全長35.0m、後円部径30.0m、前方部幅20.0m、後円部高4.0m
文献	伊東1971、伊東1974、井上ほか1998

下荒句古墳群

所在地	開江町字下荒句
立地	沢渡川上流左岸の台地縁
前方後円	( )
円	10(2)
帆立貝	( )
方	( )
その他	( )
総基数	10(2)
埋葬施設	横穴式石室：特／竪穴式小石室：特　開口方向／石棺：特／木棺・土坑など：特
埴輪有り	0基
埴輪無し	10基
年代判明古墳	
主な副葬品	
群中の大型古墳	
文献	伊東1971、井上ほか1998

水戸市旧水戸市域の古墳群

松原遺跡

所在地	水戸市加倉井町字元町	前方後円	帆立貝	円	方	その他	総基数
立　地：桜川左岸の台地縁		( )	( )	2(0)	( )	( )	2(0)
埋葬施設：	横穴式石室：	基	微				
	竪穴式小石室：	基	開口方向				
	石　　　棺：	基	微				
	木棺・土坑など：	0基	微				
埴輪有り：			微				
埴輪無し：	2基						
年代判明古墳：	6世紀以降						
主な副葬品：	SD2（第2号墳）：土師器甕						
群中の大型古墳：	SD1（第1号墳）：土師器甕、SD2（第2号墳）：土師器高杯						
	SD2（第2号墳）：直径5.0m～4.85m						
文　献	渡辺1981b、井上ほか1998						

大塚新地遺跡

所在地	水戸市大塚町字高根	前方後円	帆立貝	円	方	その他	総基数
立　地：桜川左岸の台地縁		( )	( )	( )	1(0)	( )	1(0)
埋葬施設：	横穴式石室：	基	微				
	竪穴式小石室：	基	開口方向				
	石　　　棺：	基	微				
	木棺・土坑など：	0基	微				
埴輪有り：			微				
埴輪無し：	1基						
年代判明古墳：	古墳前期						
主な副葬品：	土師器の甕、壺、飯、坩、器台、手捏土器、紡錘車、石製模造品						
群中の大型古墳：	南北10.65m、東西11.12m						
文　献	渡辺1981a、井上ほか1998						

（桜川右岸の台地の古墳群）

飯島町古墳群

所在地	水戸市飯島町字塚前	前方後円	帆立貝	円	方	その他	総基数
立　地：桜川右岸の台地縁		( )	( )	3(3)	( )	( )	3(3)
埋葬施設：	横穴式石室：	基	微				
	竪穴式小石室：	基	開口方向				
	石　　　棺：	基	微				
	木棺・土坑など：	0基	微				
埴輪有り：			微				
埴輪無し：	3基						
年代判明古墳：							
主な副葬品：							
群中の大型古墳：	第2号墳：直径約30.0m、高さ約3.0m						
文　献	伊東1971、井上ほか1998						

松山古墳群

所在地	水戸市加倉井町627-1ほか	前方後円	帆立貝	円	方	その他	総基数
立　地：桜川左岸の台地縁から台地中央部		( )	( )	14(14)	( )	( )	14(14)
埋葬施設：	横穴式石室：	1基	微				
	竪穴式小石室：	基	開口方向				
	石　　　棺：	1基	微：第5号墳（箱式石棺）				
	木棺・土坑など：	0基	微				
埴輪有り：							
埴輪無し：	14基						
年代判明古墳：							
主な副葬品：	第5号墳：直刀						
群中の大型古墳：	第9号墳：直径約25.0m、高さ約3.6～4.0m						
文　献	伊東1971、井上ほか1998						

北原古墳群

所在地	水戸市中丸町字北原	前方後円	帆立貝	円	方	その他	総基数
立　地：沢渡川上流の台地中央部		( )	( )	2(1)	( )	( )	2(1)
埋葬施設：	横穴式石室：	基	微				
	竪穴式小石室：	基	開口方向				
	石　　　棺：	基	微				
	木棺・土坑など：	0基	微				
埴輪有り：							
埴輪無し：	2基						
年代判明古墳：							
主な副葬品：							
群中の大型古墳：	第1号墳：直径約20.0m、高さ約1.0m						
文　献	伊東1971、井上ほか1998						

毛勝谷原古墳群

所在地	水戸市加倉井町字高野	前方後円	帆立貝	円	方	その他	総基数
立　地：桜川左岸の台地縁		( )	( )	3(2)	( )	( )	3(2)
埋葬施設：	横穴式石室：	基	微				
	竪穴式小石室：	基	開口方向				
	石　　　棺：	基	微				
	木棺・土坑など：	0基	微				
埴輪有り：							
埴輪無し：	3基						
年代判明古墳：							
主な副葬品：	第2号墳：壺形土器						
群中の大型古墳：	第1号墳：直径約5.0m、高さ約1.2m						
文　献	伊東1971、井上ほか1998						

第2章 地域研究

吉田古墳群	所在地	水戸市吉田町字東組						
		前方後円	帆立貝	円	方	その他	総基数	
		( )	( )	1(1)	3(1)	4(2)		
	立地：桜川右岸の台地縁から台地中央							
	埋葬施設：	横穴式石室：	1基	特徴：凝灰岩切石を組み合わせた無袖式。奥壁に線刻壁画あり。				
				開口方向：南				
		竪穴式小石室：	基	特徴：				
		石棺：	基	特徴：				
		木棺・土坑など：	0基	特徴：				
	埴輪有り：	4基						
	埴輪無し：							
	年代判明古墳：7世紀前葉～中葉							
	主な副葬品：第1号墳：銀環3、鉄鏃数10本、刀剣残欠、円筒埴輪、須恵器甕片							
	群中の大型古墳：第3号墳：東西7.6m、高さ約1.5m。周溝は内径26.2m、外径35.2m 第4号墳：南開21.0m、高さ1.5m、管玉							
	文献：伊東1971, 川崎1982, 井上ほか1998, 生田目・稲田2002, 関口ほか2006							

酒門台古墳群	所在地	水戸市酒門町字山台						
		前方後円	帆立貝	円	方	その他	総基数	
		1(1)	( )	2(2)	( )	( )	3(3)	
	立地：桜川右岸の台地縁							
	埋葬施設：	横穴式石室：	1基	特徴：				
				開口方向：				
		竪穴式小石室：	基	特徴：				
		石棺：	基	特徴：				
		木棺・土坑など：	0基	特徴：				
	埴輪有り：	3基						
	埴輪無し：							
	年代判明古墳：							
	主な副葬品：							
	群中の大型古墳：							
	文献：伊東1971, 井上ほか1998							

荷鞍坂遺跡	所在地	水戸市酒門町字荷鞍坂						
		前方後円	帆立貝	円	方	その他	総基数	
		( )	( )	1(0)	( )	( )	1(0)	
	立地：逆川右岸の台地縁							
	埋葬施設：	横穴式石室：	基	特徴：				
				開口方向：				
		竪穴式小石室：	基	特徴：				
		石棺：	基	特徴：				
		木棺・土坑など：	1基	特徴：				
	埴輪有り：	0基						
	埴輪無し：							
	年代判明古墳：6世紀中葉～後葉							
	主な副葬品：土師器壺2、直刀2、鉄鏃							
	群中の大型古墳：第1号墳：周溝幅1.5～5.0m、内径22.0m、外径30.0m							
	文献：伊東1971, 井上ほか1998							

千波山古墳群	所在地	水戸市千波町字千波山						
		前方後円	帆立貝	円	方	その他	総基数	
		2(1)	( )	2(2)	( )	( )	4(3)	
	立地：桜川右岸の台地縁							
	埋葬施設：	横穴式石室：	基	特徴：				
				開口方向：				
		竪穴式小石室：	基	特徴：				
		石棺：	基	特徴：				
		木棺・土坑など：	1基					
	埴輪有り：	3基						
	埴輪無し：							
	年代判明古墳：							
	主な副葬品：							
	群中の大型古墳：第3号墳：長さ約25.0m、高さ約1.3m、後円部径10.0m							
	文献：伊東1971, 井上ほか1998							

笠原古墳群	所在地	水戸市笠原町993外						
		前方後円	帆立貝	円	方	その他	総基数	
		1(1)	( )	1(1)	( )	( )	2(2)	
	立地：逆川左岸の台地縁							
	埋葬施設：	横穴式石室：	基	特徴：				
				開口方向：				
		竪穴式小石室：	基	特徴：				
		石棺：	基	特徴：				
		木棺・土坑など：	2基					
	埴輪有り：	0基						
	埴輪無し：							
	年代判明古墳：							
	主な副葬品：							
	群中の大型古墳：第1号墳：後円部径15.0m、高さ1.8m、全長約20.0m							
	文献：伊東1971, 井上ほか1998							

(逆川右岸の台地の古墳群)

福沢古墳群	所在地	水戸市米沢町字福沢						
		前方後円	帆立貝	円	方	その他	総基数	
		( )	( )	7(3)	( )	( )	7(3)	
	立地：逆川右岸の台地縁							
	埋葬施設：	横穴式石室：	基	特徴：				
				開口方向：				
		竪穴式小石室：	基	特徴：				
		石棺：	基	特徴：				
		木棺・土坑など：	7基					
	埴輪有り：	0基						
	埴輪無し：							
	年代判明古墳：							
	主な副葬品：							
	群中の大型古墳：第1号墳：直径10.0m、高さ約0.8m							
	文献：伊東1971, 井上ほか1998							

水戸市旧水戸市域の古墳群

所在地		前方後円	帆立貝	円	方	その他	総基数
大串古墳群	水戸市大串町字山海 2251	1(1)	( )	3(1)	1(0)	1(0)	6(2)
	立 地：那珂川と涸沼川の合流地点を東に望む台地先端						
	埋葬施設：	横穴式石室：　　基　特徴：					
		竪穴式小石室：　　基　開口方向：					
		石　　棺：　1 基　特徴：					
		木棺・土坑など：　5 基　特徴：					
	墳丘有り：						
	墳丘無し：						
	年代判明古墳：第 3 号墳：6 世紀前半						
	主な副葬品：第 3 号墳：五獣鏡、銅環、直刀、鉄鏃、轡鐙、兵庫鎖、素環鏡板轡						
	群中の大型古墳：第 1 号墳：前方後円墳、全長約 25.0m、高さ約 3.0～2.0m						
	文　献：佐藤 1990、井上ほか 1998						

所在地		前方後円	帆立貝	円	方	その他	総基数
栗崎北古墳	水戸市栗崎町字北 1751	( )	( )	1(1)	( )	( )	1(1)
	立 地：那珂川右岸の台地縁						
	埋葬施設：	横穴式小石室：1 基　特徴：					
		竪穴式小石室：　　基　開口方向：					
		石　　棺：　0 基　特徴：					
		木棺・土坑など：1 基　特徴：					
	墳丘有り：						
	墳丘無し：						
	年代判明古墳：						
	主な副葬品：刀剣						
	群中の大型古墳：直径約 20.0m、高さ約 2.0m						
	文　献：佐藤 1990、井上ほか 1998						

所在地		前方後円	帆立貝	円	方	その他	総基数
六地蔵寺古墳	水戸市六反田町字薄内	( )	( )	1(1)	( )	( )	1(1)
	立 地：那珂川右岸の台地縁						
	埋葬施設：	横穴式小石室：　　基　特徴：					
		竪穴式小石室：　　基　開口方向：					
		石　　棺：　1 基　特徴：					
		木棺・土坑など：0 基　特徴：					
	墳丘有り：						
	墳丘無し：						
	年代判明古墳：						
	主な副葬品：						
	群中の大型古墳：直径約 30.0m、高さ約 2.5m						
	文　献：佐藤 1990、井上ほか 1998						

（石川川左岸の台地の古墳群）

所在地		前方後円	帆立貝	円	方	その他	総基数
谷田古墳群	水戸市酒門町字石川付外	2(1)	( )	5(5)	( )	( )	7(6)
	立 地：石川川左岸の台地縁						
	埋葬施設：	横穴式石室：　　基　特徴：					
		竪穴式小石室：　　基　開口方向：					
		石　　棺：　　基　特徴：					
		木棺・土坑など：　　基　特徴：					
	墳丘有り：0 基						
	墳丘無し：7 基						
	年代判明古墳：						
	主な副葬品：						
	群中の大型古墳：第 1 号墳：通称「天神塚」、全長約 27.0m、高さ約 2.5m						
	文　献：伊東 1971、井上ほか 1998						

所在地		前方後円	帆立貝	円	方	その他	総基数
江東古墳群	水戸市元石川町江東外	( )	( )	6(6)	( )	4(0)	10(6)
	立 地：石川川左岸の台地縁から台地中央部						
	埋葬施設：	横穴式石室：　　基　特徴：					
		竪穴式小石室：　　基　開口方向：					
		石　　棺：　　基　特徴：					
		木棺・土坑など：　　基　特徴：					
	墳丘有り：0 基						
	墳丘無し：10 基						
	年代判明古墳：						
	主な副葬品：						
	群中の大型古墳：						
	文　献：伊東 1971、井上ほか 1998						

所在地		前方後円	帆立貝	円	方	その他	総基数
金山塚古墳群	水戸市大串町字原	1(1)	( )	5(3)	( )	2(0)	8(4)
	立 地：那珂川右岸の台地縁						
	埋葬施設：	横穴式石室：　　基　特徴：					
		竪穴式小石室：　　基　開口方向：					
		石　　棺：1 基　特徴：内部は朱塗り					
		木棺・土坑など：　　基　特徴：					
	墳丘有り：1 基						
	墳丘無し：7 基						
	年代判明古墳：第 1 号墳（金山塚古墳）：6 世紀前半						
	主な副葬品：第 1 号墳（金山塚古墳）：全長約 27.0m、高さ 3.6～3.0m						
	文　献：松井 1952、大森 1952d、佐藤 1990、井上ほか 1998、井 2007						

善徳寺古墳

所在地	水戸市大串町字仲道2301
立地	石川川左岸の台地縁
埋葬施設	横穴式石室：基／竪穴式小石室：基／石棺：基／木棺・土坑など：1基
埴輪有り	0基
埴輪無し	1基
年代判明古墳	
主な副葬品	
群中の大型古墳	直径約20.0m、高さ約2.0m
文献	佐藤1990、井上ほか1998
前方後円	( )
帆立貝	( )
円	1(1)
方	( )
その他	( )
総基数	1(1)

高原古墳群

所在地	水戸市大場町字高原・孤塚
立地	石川川左岸の台地縁
埋葬施設	横穴式石室：基／竪穴式小石室：基／石棺：基／木棺・土坑など：2基
埴輪有り	0基
埴輪無し	2基
年代判明古墳	
主な副葬品	
群中の大型古墳	第1号墳：直径約30.0m、高さ約2.5m
文献	佐藤1990、井上ほか1998
前方後円	( )
帆立貝	( )
円	2(2)
方	( )
その他	( )
総基数	2(2)

北屋敷古墳群

所在地	水戸市大串町字北屋敷774-1外
立地	那珂川右岸の台地縁
埋葬施設	横穴式石室：1基（切石積み、礫床あり（第1号墳））／開口方向：南／竪穴式小石室：基／石棺：基／木棺・土坑など：1基（2.8×1.35mの粘土貼り長方形土坑（第2号墳））
埴輪有り	1基
埴輪無し	1基
年代判明古墳	第1号墳：6世紀末、第2号墳：6世紀前半
主な副葬品	第1号墳：直刀3、ガチ3、鉄鏃30／第2号墳：長鏃16.0m、短鏃12.0m
群中の大型古墳	
文献	梶山1993、井上・千葉1995、井上ほか1998
前方後円	1(1)
帆立貝	( )
円	1(0)
方	( )
その他	( )
総基数	2(1)

小山古墳群

所在地	水戸市大場町字小山外
立地	石川川左岸の台地中央部
埋葬施設	横穴式石室：1基（第1号墳）／開口方向：／竪穴式小石室：基／石棺：基／木棺・土坑など：3基
埴輪有り	0基
埴輪無し	3基
年代判明古墳	
主な副葬品	
群中の大型古墳	第1号墳：直径約25.0m、高さ約2.3m
文献	佐藤1990、井上ほか1998
前方後円	( )
帆立貝	( )
円	3(3)
方	( )
その他	( )
総基数	3(3)

長福寺古墳群

所在地	水戸市塩崎町字寺前
立地	那珂川と涸沼川の合流地点を東に望む台地先端
埋葬施設	横穴式石室：基／竪穴式小石室：基／石棺：基／木棺・土坑など：7基
埴輪有り	0基
埴輪無し	7基
年代判明古墳	
主な副葬品	
群中の大型古墳	直径約15.0m、高さ約1.2m
文献	佐藤1990、井上ほか1998
前方後円	( )
帆立貝	( )
円	7(7)
方	( )
その他	( )
総基数	7(7)

涸沼台古墳群

所在地	水戸市大場町字永久保
立地	石川川左岸の台地縁
埋葬施設	横穴式石室：基／竪穴式小石室：基／石棺：基／木棺・土坑など：7基
埴輪有り	0基
埴輪無し	7基
年代判明古墳	
主な副葬品	
群中の大型古墳	直径20.0m、高さ約2.0〜2.5m
文献	佐藤1990、井上ほか1998
前方後円	( )
帆立貝	( )
円	7(7)
方	( )
その他	( )
総基数	7(7)

水戸市旧水戸市域の古墳群

諏訪神社古墳

所在地	水戸市栗崎町字諏訪下
立地	那珂川右岸の台地縁
埋葬施設	横穴式石室：／竪穴式小石室：／石棺：／木棺・土坑など：
墳丘有り	1基
墳丘無し	0基
年代判明古墳	
主な副葬品	
群中の大型古墳	直径約30.0m、高さ約2.5m
文献	井上ほか1998
前方後円 ( ) 基	
帆立貝 ( ) 基	特：／開口方向：／徴：
円 1(1) 基	特：／徴：
方 ( ) 基	特：／徴：
その他 ( ) 基	特：／徴：
総基数	1(1)

千勝神社古墳

所在地	水戸市栗崎町字打越2398
立地	那珂川右岸の台地縁
埋葬施設	横穴式石室：／竪穴式小石室：／石棺：／木棺・土坑など：
墳丘有り	1基
墳丘無し	0基
年代判明古墳	
主な副葬品	
群中の大型古墳	一辺4.3m、高さ約0.8m
文献	井上ほか1998
前方後円 ( )	
帆立貝 ( )	
円 ( )	
方 1(1)	
その他 ( )	
総基数	1(1)

住吉神社古墳

所在地	水戸市東前町字金山
立地	那珂川を北に望む舌状台地の先端部
埋葬施設	横穴式石室：／竪穴式小石室：／石棺：／木棺・土坑など：
墳丘有り	1基
墳丘無し	0基
年代判明古墳	
主な副葬品	
群中の大型古墳	直径約20.0m、高さ約2.5〜3.0m
文献	井上ほか1998
前方後円 ( )	
帆立貝 ( )	
円 1(1)	
方 ( )	
その他 ( )	
総基数	1(1)

フジヤマ古墳

所在地	水戸市栗崎町字新屋1612
立地	那珂川を北に望む舌状台地の先端部
埋葬施設	横穴式石室：1基／竪穴式小石室：／石棺：／木棺・土坑など：
墳丘有り	1基
墳丘無し	0基
年代判明古墳	6世紀後葉〜7世紀初頭
主な副葬品	直刀、刀子、鉄鏃、金環、埴輪片（円筒・馬?）
群中の大型古墳	直径約21.0m、高さ約3.6m
文献	考古学雑1952、井上ほか1998
前方後円 1基	
帆立貝 ( )	
円 1(0)	
方 ( )	
その他 ( )	
総基数	1(0)

愛宕神社古墳

所在地	水戸市栗崎町字上平
立地	那珂川右岸の台地縁
埋葬施設	横穴式石室：／竪穴式小石室：／石棺：／木棺・土坑など：
墳丘有り	1基
墳丘無し	0基
年代判明古墳	
主な副葬品	ガラス小玉、臼玉
群中の大型古墳	直径約25.0m、高さ約2.5m
文献	井上ほか1998
前方後円 ( )	
帆立貝 ( )	
円 1(1)	
方 ( )	
その他 ( )	
総基数	1(1)

佛性寺古墳

所在地	水戸市栗崎町字上野1985
立地	那珂川右岸の台地縁
埋葬施設	横穴式石室：／竪穴式小石室：／石棺：／木棺・土坑など：
墳丘有り	1基
墳丘無し	0基
年代判明古墳	
主な副葬品	
群中の大型古墳	直径約6.5m、高さ約1.5m
文献	井上ほか1998
前方後円 ( )	
帆立貝 ( )	
円 1(1)	
方 ( )	
その他 ( )	
総基数	1(1)

第 2 章　地域研究

(石川川右岸の台地の古墳群)

	所在地	前方後円	帆立貝	円	方	その他	総基数
森戸古墳群	水戸市森戸町字大六天外	1(1)	( )	17(15)	1(0)	( )	19(16)
	立　地：石川川右岸の台地先端部から台地中央						
	埋葬施設：	横穴式石室：		1基	特徴：礫床を伴う		
					開口方向：		
		竪穴式小石室：		1基	特徴：割り抜き式		
		石　　　　棺：		基	特徴：		
		木棺・土坑など：		2基	特徴：		
	墳輪有り：	17基					
	墳輪無し：						
	年代判明古墳：第1号墳・第2号墳：6世紀、第12号墳：5世紀						
	主な副葬品：第12号墳：滑石製勾玉1						
	群中の大型古墳：						
	文　献：郡司1973、伊東1976、佐藤1990、吉川1991、井上ほか1998						

	所在地	前方後円	帆立貝	円	方	その他	総基数
下入野古墳群	水戸市下入野町字富士山	( )	( )	8(8)	( )	( )	8(8)
	立　地：石川川右岸の台地縁						
	埋葬施設：	横穴式石室：		1基	特徴：		
					開口方向：		
		竪穴式小石室：		基	特徴：		
		石　　　　棺：		基	特徴：		
		木棺・土坑など：		7基	特徴：		
	墳輪有り：1基						
	墳輪無し：						
	年代判明古墳：						
	主な副葬品：大刀・刀子・提瓶・壺						
	群中の大型古墳：第1号墳：直径約40m、高さ4.5m						
	文　献：佐藤1990、井上ほか1998						

	所在地	前方後円	帆立貝	円	方	その他	総基数
下入野西古墳群	水戸市下入野町字富士山	( )	( )	6(6)	( )	( )	6(6)
	立　地：石川川右岸の台地縁						
	埋葬施設：	横穴式石室：		1基	特徴：		
					開口方向：		
		竪穴式小石室：		基	特徴：		
		石　　　　棺：		基	特徴：		
		木棺・土坑など：		6基	特徴：		
	墳輪有り：0基						
	墳輪無し：						
	年代判明古墳：						
	主な副葬品：						
	群中の大型古墳：直径20.0m、高さ1.5m						
	文　献：佐藤1990、井上ほか1998						

	所在地	前方後円	帆立貝	円	方	その他	総基数
東畑古墳	水戸市大串町字東畑	( )	( )	1(1)	( )	( )	1(1)
	立　地：石川川左岸の台地縁						
	埋葬施設：	横穴式石室：		基	特徴：		
					開口方向：		
		竪穴式小石室：		基	特徴：		
		石　　　　棺：		基	特徴：		
		木棺・土坑など：		基	特徴：		
	墳輪有り：0基						
	墳輪無し：1基						
	年代判明古墳：						
	主な副葬品：						
	群中の大型古墳：東西約9.5m、南北約13.0m、高さ約2.0m						
	文　献：井上ほか1998						

	所在地	前方後円	帆立貝	円	方	その他	総基数
天神山古墳	水戸市大場町字天神山	( )	( )	( )	( )	1(1)	1(1)
	立　地：石川川左岸の台地縁						
	埋葬施設：	横穴式石室：		基	特徴：		
					開口方向：		
		竪穴式小石室：		基	特徴：		
		石　　　　棺：		基	特徴：		
		木棺・土坑など：		1基	特徴：粘土槨		
	墳輪有り：0基						
	墳輪無し：1基						
	年代判明古墳：集成編年3期頃						
	主な副葬品：三角縁神獣鏡1面、鉄剣2、大刀1以上						
	文　献：岸本1992、井上ほか1998、箕輪2000、日高2002、井・小宮山2008、稲田2009						

	所在地	前方後円	帆立貝	円	方	その他	総基数
道西遺跡（六反田古墳群）	水戸市六反田町道西1136-1ほか	( )	( )	( )	3(0)	( )	3(0)
	立　地：那珂川右岸の台地縁						
	埋葬施設：	横穴式石室：		基	特徴：		
					開口方向：		
		竪穴式小石室：		基	特徴：		
		石　　　　棺：		基	特徴：		
		木棺・土坑など：		基	特徴：		
	墳輪有り：0基						
	墳輪無し：3基						
	年代判明古墳：TM1：古墳時代前期前半						
	主な副葬品：						
	文　献：佐藤1990						

水戸市旧水戸市域の古墳群

	所在地		前方後円	帆立貝	円	方	その他	総基数
小仲根権現古墳	水戸市元石川町字小仲根		( )	( )	1(1)	( )	( )	1(1)
	立　地：石川川右岸の台地縁							
	埋葬施設：	横穴式石室：	基	特　徴： 開口方向：				
		竪穴式小石室：	基	特　徴：				
		石　　棺：	基	特　徴：				
		木棺・土坑など：	基	特　徴：				
	埴輪有り：		0基					
	埴輪無し：		1基					
	年代判明古墳：							
	主な副葬品：							
	群中の大型古墳：東西約8.0m、南北約12.0～13.0m、高さ1.0m							
	文　献　井上ほか1998							

水戸市旧内原町域における古墳の群構成

田中　裕

はじめに

　2005年2月に水戸市と合併した旧東茨城郡内原町は、水戸市の西側に位置し、南は茨城町、西は笠間市（旧笠間市・旧西茨城郡友部町）等と接している。旧内原町北部から笠間市境にまたがる丘陵には何筋もの小河川の源流が集まり、そこから列をなして流れ出る小河川が、丘陵のすぐ南側に東西6kmほどの広大な平地を形成している。平地の標高は35m～40m、平坦かつ湿潤で、斜面を感じない緩やかな微高地と小河川が交互に縞模様をなす。小河川は下流に進むにつれて次第に合流し、水戸市街地方面に東進して那珂川に達する桜川と、茨城町方面に南流して涸沼川（涸沼）に達する涸沼前川・古矢川の、2水系に分かれていく。下流の台地は上流の標高と変わらないが、河川は流れ進むうちに台地を削り込み、下流ほど顕著な谷津地形を形成していく。この地形的相違から、旧内原町域は北と南で異質な2つの景観を有する。北部の平地帯は、隣接する旧友部町域にかけて限定的にみられる特有の景観であるため、この景観をとくに「内原平地」と呼んでおく。一方、低い台地と細かい谷津の連続地形を特徴とする南部の台地帯は、南に接する茨城町から小美玉市、さらに県南の常総台地へと続く一連の景観である。

古墳群の規模と所在地

　水戸市が把握している旧内原町域の遺跡については、『内原町史資料第2集　内原の遺跡』（佐藤ほか1994）をベースとしている。古墳に関しては、このときの成果を基礎資料として、井博幸を中心に行われた古墳の詳細分布調査の成果で、さらに全貌が鮮明になった。調査成果は『牛伏4号墳の調査』（井ほか1999）に収録されているので、小稿もこの成果に依拠する。

　旧内原町域には現在、32古墳群で200基を越える古墳が確認されている（第1図・第1表）。そのうち南部の台地帯にあたる鯉淵・高田地区では12古墳群34基余にとどまっており、北部の「内原平地」（後背丘陵を含む）に分布する20古墳群で古墳数の8割から9割を占めていることがわかる。井によると、旧内原町域北部[1]で確認されている古墳は全部で197基、内訳を前方後円墳等27基（帆立貝を含む）、円墳168基、方墳1基である。

　南部と北部の相違は、1古墳群当たりの構成数にも明瞭である。南部の台地帯では分散的かつ少数である。最多でも権現古墳群の11基にとどまり、1古墳群当たりの平均は3基弱という少なさである。一方、北部の平地周辺では集合的かつ多数である。田島古墳群の51基（一覧表では45基）を筆頭に、杉崎古墳群40基（一覧表では37基）、牛伏古墳群16基などが隣接し、各群は細かく把握されているにもかかわらず、1古墳群当たりの平均は約10基と多い。

　前方後円墳等（帆立貝を含む）の数では、南部での2基に対し、北部では28基が確認されており、圧倒的な偏りがある。北部における前方後円墳の集中度は、茨城県下でも小美玉市の「玉里古墳群」に準じる[2]、突出したあり方である。

　以上の状況から、旧内原町域を代表し、他地域に比して学術上特筆するべき存在感を有するのが北部の古墳群であることは明白である。この区域に所在する古墳群は、「内原平地」という特徴的な景観を共有できる範囲に集結しており、後述するように構造的なまとまりを有することから、以下「内原古墳群」と総称する。ただし、後述のように、包括される既存の古墳群も意味を持つまとまりであるため、そのまま使用する。南部台地帯に散在

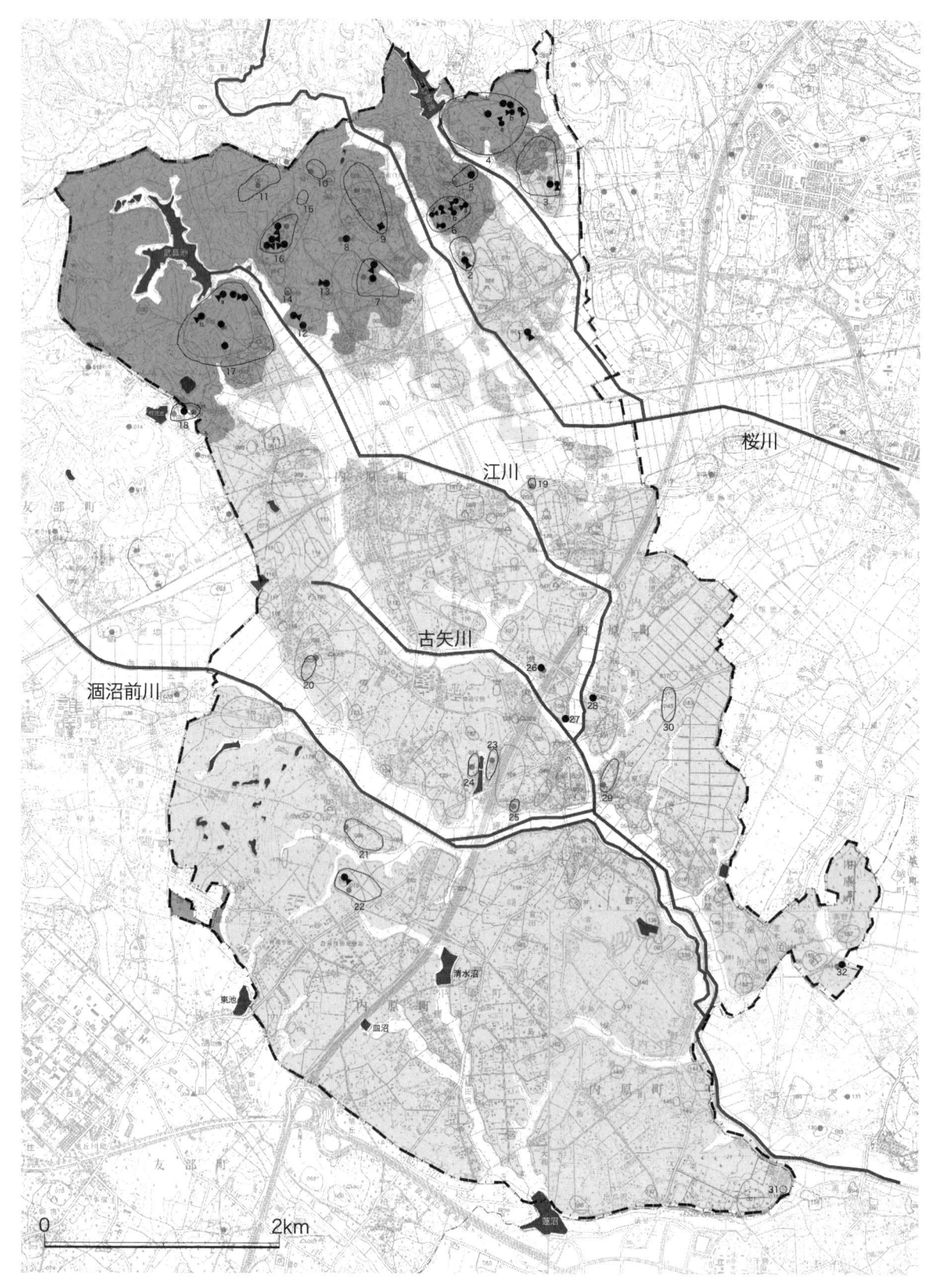

第1図 旧内原町域周辺における古墳群の分布

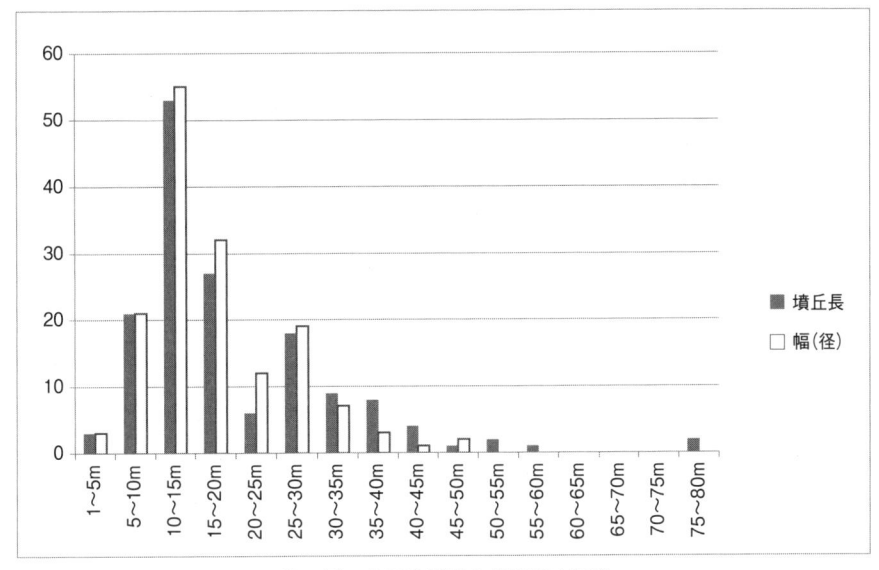

第 2 図　内原古墳群の規模別古墳数

する古墳群は、内原古墳群とは分離する必要があるが、必ずしも一定のまとまりを想定できないため、特定の名称で包括することは避ける。

なお、「内原平地」の景観は、市境を超えて西に隣接する笠間市旧友部町域にも広がっており、第 1 表に記載の三軒屋古墳群については、笠間市側の柳沢古墳群と一体のものとする井博幸の指摘は正鵠を射る。今回は表に記載していないが、笠間市旧友部町域にも「内原古墳群」（厳密には、内原－友部古墳群と呼ぶべきかもしれないが）に包括される古墳群が若干含まれることを断っておく[3]。

内原古墳群における首長墓の墳形と墳丘規模

(1) 古墳規模の定量的分析と首長墓の目安

旧内原町域北部・内原古墳群の墳丘規模を示したのが、第 2 図である。横軸は 5 m ごとの古墳規模、縦軸が古墳数である。濃い棒グラフは墳丘長ごとの古墳数、白抜きは墳丘の幅（前方後円墳の後円部径にほぼ該当）または径（円墳の径または方墳の一辺長）ごとの数である。

このグラフに示されるように、墳丘長 10 m ～ 20 m の古墳数がもっとも多く、さらに墳丘長 30 m 前後に小さな集中がみられる。そして、墳丘長 40 m 超の古墳はきわめて限定された数しか作られないにもかかわらず規模差は極端化し、明確に格差が広がっていく。これにより、墳丘長 10 m ～ 20 m が古墳を造営できる集団の中では基層部分の墓にあたり、墳丘長 30 m 前後が一定集団の長の墓の規模であること、そして 30 m を超える規模では、すでに千葉県域の前期・中期古墳で指摘したような「急激な拡散」と同じ状況がみられる（田中 2000）。墳丘長 30 m を超える古墳が、言い換えると「二乗に比例するような規模の格差」を生じるこの状況は、主に前方後円墳によって表される秩序に特有のものと考えている。例えば「首長間の序列表示」など、同格を設けずに順位による格付けが行われた場合等の、特定の政治的状況の存在が考えられるが、その当否に関わらず、「内原平地」では前方後円墳秩序を域内に適用し、縮小的に再現（秩序の再生産）している可能性が高いことが読み取れよう。

(2) 首長墓の詳細とその立地

次に、もう一度分布図（第 1 図）と古墳一覧表（第 1 表）に基づき、内原古墳群を構成する古墳の墳形と墳丘規模について、詳細な分析をしたい。

古墳一覧表では、墳丘長 30 m を首長墓の目安とする基準に従い、分布図と対応させて、墳丘長 30 m 以上の古墳を特記事項として書き出した。また、墳丘長 40 m 以上の古墳は、削平等で規模が不詳の場合を除き、枝番を付

して分筆した。ただし、グラフ（第2図）に示されたように、厳密には墳丘長30m前後に一つの山があるので、30mに少し満たない古墳を単純に除外することにも抵抗感がある。この点は、墳丘長40m前後の古墳も同様である。したがって以下の記述にあたり、墳丘長25m～35mの古墳を首長墓の境界に位置するものとして記述し、さらに墳丘長35m以上の古墳を別に分けて説明する。

それでは、詳細をみていこう。

内原古墳群における最大の前方後円墳は、墳丘長80m以上と推定される1．二所神社古墳と2．舟塚古墳である。2基はともに平地部でもとくに低平な部分、小河川（桜川）に沿って延びる同じ微高地（地名：大足＝おおだら）に所在しており、川（あるいは微高地）の方向と主軸方向が合致する。ともに規模が突出した存在であり、これにより「内原平地」周辺に君臨した上位の首長の存在が読み取れる。

これらに次ぐ規模で築かれたのは、墳丘長60m～35mの中規模前方後円墳である。最も多く築かれる場所は、舟塚古墳のすぐ北側に位置する後背丘陵上の6．牛伏古墳群であり、4基（2号墳、3号墳、4号墳、17号墳）が密集して築かれている。さらに、牛伏古墳群の小河川を挟んで東隣の丘陵上、4．田島古墳群の2基（2号墳、4号墳）、同じく桜川を挟んだ西側の丘陵や古矢川との間の丘陵には17．杉崎古墳群の3基（9号墳、15号墳、19号墳）、12．鷹ノ巣古墳群と13．鷹ノ巣南古墳の2基がある。以上の11基（40m未満は杉崎15号墳と鷹ノ巣古墳の2基のみ）は、いずれも平地を望む丘陵縁辺に立地する。

帆立貝形や不均整な前方後円形を含む、35m以下の小規模前方後円墳等も、中規模前方後円墳と同様に平地後背の丘陵上に分布する。東から順に、3．三本松古墳群の1基（6号墳）、4．田島古墳群の2基（5号墳、7号墳）、6．牛伏古墳群の3基（1号墳、6号墳、9号墳）、7．中原古墳群の2基（3号墳、10号墳）、16．コロニー古墳群の4基（6号墳、9号墳、15号墳[4]、16号墳[5]）、11．大平古墳群の1基（旧コロニー1号）、17．杉崎古墳群の1基（28号墳）があり、詳細不明1基を含めて合計15基が分布する。丘陵の最奥に立地する11．大平古墳群では、前方後円墳のなかでも30mを下回る小型のもの1基のみが該当する。

円墳では、径60m～35mの大型円墳が中規模前方後円墳と同じ平地縁辺部に分布する。18．三軒屋古墳群に隣接する径45mの富士塚古墳（笠間市）を加えると、径40mの5．三野輪2号墳、径38mの17．杉崎29号墳の3基が該当する。ただし、三野輪2号墳は現況でその規模を確かめることはできない。ほかに、後述する径50m超の円墳（山王山古墳）を含む笠間市一本松古墳群が平地西側の微高地上に存在し、平地南縁の微高地上に位置する20．大塚古墳群にも、径47mの円墳があったとされる。これらを含めると、計5基となる。

径35m～25mの中型円墳は、小規模前方後円墳と同様、平地後背の丘陵上に分布する。東の丘陵から順に、3．三本松古墳群の1基（1号墳）、4．田島古墳群の5基（1号墳、6号墳、8号墳、16号墳、37号墳）、2．舟塚古墳群の1基（2号墳）、6．牛伏古墳群の1基（5号墳）、7．中原古墳群の3基（8号墳、12号墳、13号墳）、8．遠台古墳、16．コロニー北東古墳群の1基（内原71号）、17．杉崎古墳群の2基（4号墳、14号墳）の合計15基であり、同規模の前方後円墳等とほぼ同数が確認されている点が注目される。立地としては、大型円墳よりさらに丘陵上に集中する傾向がみられる。丘陵突端の裾、微高地付け根に位置する舟塚2号墳がやや例外的であるが、丘陵斜面に寄せている点では異質な立地とまではいえない。

方墳では、牛伏古墳群と桜川を挟んで対岸の丘陵上に、一辺38m内外の大型方墳、9．有賀台1号墳がある。唯一の大型方墳が、内原古墳群最大の前方後円墳（大足所在：舟塚古墳・二所神社古墳）に近在する点は特筆される。

内原古墳群の構造的特徴とまとまり

（1）　内原古墳群の構造

最大の前方後円墳である舟塚古墳・二所神社古墳がともに平地の微高地上に築かれ、その後背丘陵上に古墳群が形成される事実は、白石太一郎がかつて指摘した（白石1966）、大王墓所在地の後背丘陵上に形成された群集墳と、立地が似ている。

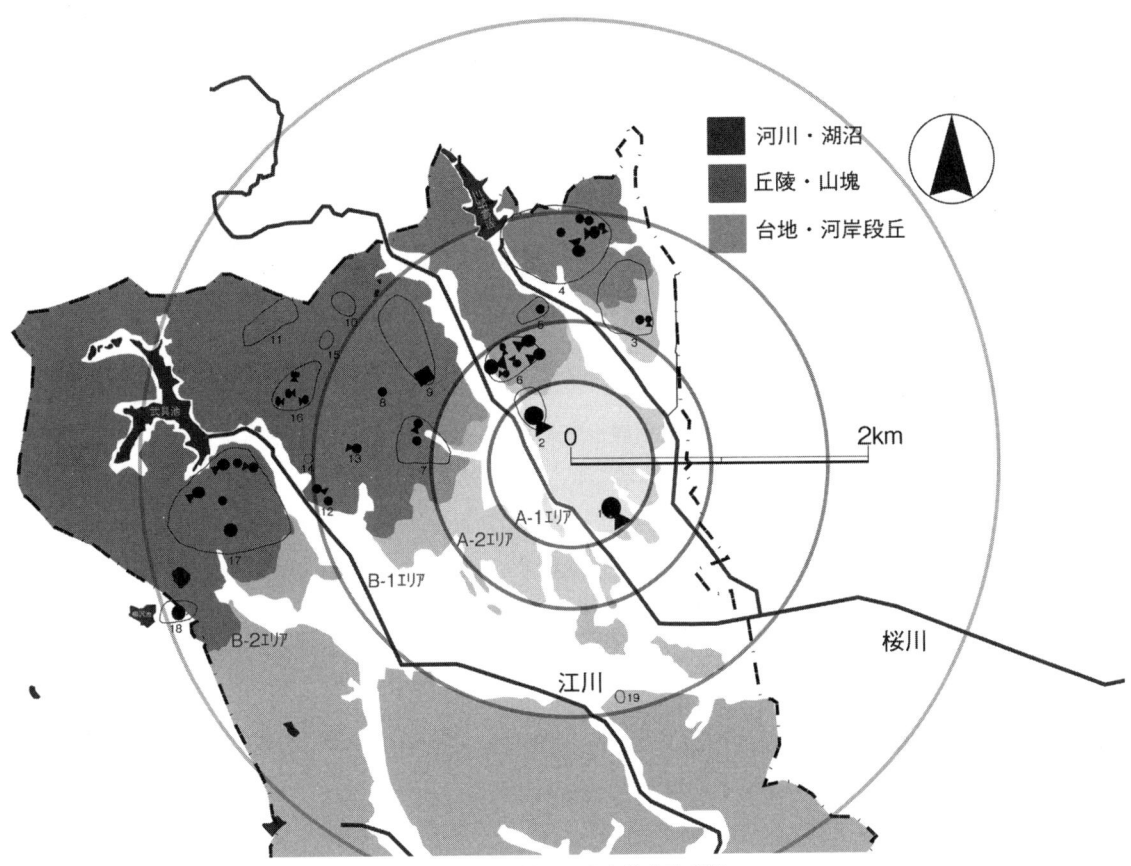

第3図　内原古墳群の分布構成模式図

　しかし、内容をよくみると異なる点がある。最大の前方後円墳が必ずしも初期に築かれたものではない上、古墳群の密集度が低く、隙間を伴いながら丘陵の縁辺に沿って東西に広がっている。「内原平地」は、丘陵から南に緩やかな微高地が連なり、その間を幾筋もの小河川が仕切る地形であり、上からみると縞模様をなす。内原古墳群はこの縞ごとに、それぞれ首長墓とみられる前方後円墳や大型円墳を含む古墳群が展開する構成となっている。このことは、異なる生活領域をもつ小集団が、おそらくは各微高地を居住空間とし、その後背丘陵を墓域として、それぞれ並立的に古墳群を形成した可能性が高いことを示す。

　一方で、構成する各古墳群を、首長墓の規模と墳形で比較すると、

1) 最上位の舟塚古墳・二所神社古墳が同一地区に立地し全体の核を形成している
2) 核に最も近接する牛伏古墳群に、上位首長墓が集中する
3) さらに外側に位置する田島古墳群や杉崎古墳群等では、上記に準じた首長墓が存在する

というように、上位の首長墓を核とし、周辺にゆくにつれて下位の首長墓を配する、「同心円」状の秩序構成をもつことが指摘できる（第3図）。

　やや丘陵奥部に展開するコロニー古墳群では、前方後円墳というよりも、東関東に特徴的な「前方後円形小墳」（岩崎 1992）ともいうべき古墳が、主たる存在となっている。平地が核とみられていたならば、丘陵奥部は丘陵端部よりも外縁に相当する。ここに「前方後円形小墳」を主とする古墳群が位置する事実は何をものがたるのであろうか。少なくとも内原古墳群において、この特徴的な墳墓が単なる地域的特異性のみを示しているのではなく、地域内の政治的・社会的秩序に組み入れられた古墳であること、そして、内原古墳群にみられる「同心円」状の秩序構成が、相当に重層的かつ組織的であったことを示している。

　このように、墳丘規模と墳形に着目して古墳群分布を調べると、内原古墳群全域が一定の秩序を保ちつつ分布形成が進んだ事実が看取される。少なくとも、古墳の立地場所によって身分的格差が設けられるあり方は、「内原

平地」居住集団がそれぞれのムラの背後におのおの墓域を営んだだけで形成されうるものではない。意識的に墓域を選び、意識的に集約して築いている可能性が高いのである。

(2) 内原古墳群の築造契機

内原古墳群の築造契機とはどのようなものであったか。

前期古墳の可能性が指摘されるのは、6-d. 牛伏17号墳である。ただし、根拠は現地踏査でみられる墳形と立地のみであり、詳細な資料化がなされていない現状では、残念ながら歴史的背景を考える比較材料に乏しい。また、今回の場合に重要なのはむしろ次の段階、すなわち広く内原古墳群として展開する契機となったらしい中期古墳の築造状況であろう。

ここで注意しなければならないのは、「内原平地」の景観が西の市境を超えて、旧友部町域に及んでいる点である。実は、第1図に示した西端の18. 三軒屋古墳群から南南東1.2km地点、JR常磐線鉄道脇に、旧友部町域最大の古墳3基が並ぶ一本松古墳群がある。この古墳群も、同じ景観を共有する存在と見なすことができる。現地は、涸沼前川とその支流に挟まれた微高地上であり、低地への選地という点では、内原古墳群最大の前方後円墳である大足の2古墳と同様の特徴を有する。一本松古墳群は、北から墳丘長52.8mとされる前方後円墳・諏訪古墳と、径約30mとされる円墳・一本松古墳、そして径50m～53mの円墳・山王山古墳からなる。内原古墳群で最大の円墳が存在することを考慮すると、もう一つの核をここに見いだすこともできるが、時期の手がかりがあるのは山王山古墳のみである。

井博幸(1999)による採集埴輪の分析によると、山王山古墳は中期前半に築造された可能性が高い。同じ涸沼前川水系では、内原古墳群の南限に位置する大塚古墳群からも石枕が出土しており、一方、北部の丘陵でも、やや小型の円墳ではあるが石枕の出土が知られている。このように、内原古墳群中の各古墳群には中期古墳が含まれているものが少なからずある。

これら円墳で構成される中期古墳が、最大の山王山古墳を頂点にして相互に密接な関係を保ちながら築造された可能性について、景観を共有する範囲の集団間関係としては、十分考慮に値する。地形的障害の少ない平地に、異なる水系の源流が集結しているという地の利に気づきさえすれば、各小河川を挟んで拠点を置く各集団が、相互に連携・連関を図ることで、水上交通・陸上交通・生産拠点における地理的優位性を生み出すことができる。この運動を契機に一連の古墳群造営が活発化し、その後、歴史的に積み上げられた地理的重要性が、後期における突出した古墳群収斂の基礎となったと考えるのである。

このように、内原古墳群は、以上の経緯と構造上の理由から、強力な有機的結合を想定できる集団が集結して造営した、一つの古墳群ととらえることができる。

内原南部台地帯の古墳群にみる対照的特徴

旧内原町域北部とは対照的に、鯉淵地区をはじめとして同域の過半を占める南部の台地帯では、ごく少数の古墳群しか確認されておらず、確認された古墳群においても、1群あたりの古墳数が少ない。

11基を有する22. 権現古墳群は、前方後円墳2基を含むなど、南部では注目される存在である。首長墓と見なしうる35m以下の小規模前方後円墳(6号墳)が含まれ、内原古墳群中の「同心円」的秩序でいえば最外辺に位置する古墳群と同等程度といえるかもしれない。現状では、南部台地帯の古墳群を糾合する中核的存在というのは困難であり、むろん、周辺に著しい古墳の集中はみられない。

権現古墳群以外の古墳群は、わずか数基ずつの構成である。権現古墳群の近くに分布する古墳群の基数がやや多い傾向があるが、著しいものではない。また、群と群の間も離れて所在する。古墳群が比較的多いのは、小河川の合流点であり、「内原平地」と涸沼川を結ぶ中継点ともいえる位置であるため、数基程度の古墳群とはいえ、このような立地はむろん、古墳時代社会の基盤を考える重要な資料となる。しかし現況では、水上交通の要衝として意識されているのか、あるいは農耕生産適地として意識されたのか、社会基盤の具体像を探る手がかりはな

い。
　いずれにせよ、内原南部台地帯（鯉淵地区）の古墳群はきわめて散在的で、200基もの古墳が展開する北部の内原古墳群とは、鮮やかな好対照をなす。この点にこそ、一般論として古墳群を分類するための、根本的な要素が隠されていると考える。すなわち、墓域共有を重要な要素とする「群集墳」をはじめとする古墳群の実態把握は、単独の首長墓との対照によるよりもむしろ、こうした疎らな古墳群との対照によってこそ、その性質を読み取ることができると考える。

前方後円墳の集中と多数高密度型古墳群
　内原古墳群では幅6kmに満たない範囲に、大・中規模の前方後円墳13基以上が集中する。茨城県内では、霞ヶ浦北岸における首長墓の集中が注目を集めているが（田中1988，白石1991）、県北におけるこの内原古墳群の存在を組み入れての議論は、十分に行われているとは言い難い。
　内原古墳群の前方後円墳は、埴輪が採集されているものが多い。第1表の一覧表でも「後期」が多いように、後期の前～中葉に造営されたものが多いと分析される。この時期に首長墓が多いという点でも、霞ヶ浦北岸と共通する。開始と終了を厳密に知る手がかりには欠けるが、「玉里古墳群」と概括される小美玉市の旧玉里村域の前方後円墳群と、ほぼ同時併行で築かれているとみてよい。
　この2か所を比べると、内原古墳群では隣接して前方後円墳が多数築かれる傾向がある一方、玉里古墳群では台地の尾根ごとに1～2基が築かれている点で、異なる特徴がみいだせる。内原古墳群のこうした特徴については、比較的多数で密度も濃く、それでいて不均質な構造を持つ鹿嶋市宮中野古墳群や千葉県栄町竜角寺古墳群との比較も視野に入れなければならないかもしれない。
　類型化の詳細は別に説明するが、多数高密度型古墳群とは、個別の村落にとらわれず、1か所に集結して築かれる集団墓所として位置づけられるものである。
　これに対し、内原古墳群では「軒を連ねるごとく」とはいえない贅沢な土地利用がなされており、この点で、奈良県などにおいて密集する竜王山古墳群のごとき多数高密度型古墳群とは、同様の評価はできない。古墳群の一つ一つのまとまりは、それぞれ対応するムラごとに造営したものであり、土地利用上の問題から後背丘陵に集約して築かれた可能性もある。しかし一方で、茨城県の他の地域に比して突出した基数の存在は無視できない事実であり、一定の共通認識のもと、墓所を収斂する動きがあった可能性も十分にある。比較的多数の古墳群の中に、大小さまざまの不均衡な古墳が混在する点は東日本に多くみられる特徴であるが、配置上の「同心円」的秩序があるとすると、厳密ではないにしても、一定の秩序に基づいて、墓域が設定され管理された可能性が読み取られる。もしくは、トップエリートの近くで活動する集団が、他の集団より社会的地位も向上していくといった一定の社会システムの存在を想定しなければならない。

おわりに
　茨城県は最近、とくに大型円墳にかかる詳細が明らかになりつつある。前方後円墳だけでなく、こうした古墳群全体を視野に納めることで、より地域の群像が鮮明になる。旧内原町域から水系を下っていくと、大洗町の車塚古墳や茨城町の諏訪神社古墳など、涸沼川水系には中期の大円墳が知られる。
　一方、内原古墳群の核である大足地区から、那珂川流域に所在する県北最大の中期古墳・愛宕山古墳までは直線距離で7kmである。このラインは後に、東海道によって結ばれる陸路の重要動線となる。
　中期前半における県北唯一の前方後円墳とみられる愛宕山古墳について、その造営主のもとに形成された政治的・社会的まとまりがどの範囲で認められ、その後どう変化したかを明らかにすることは、地域史の重要課題である。この考究にあたり、最も近隣の大古墳群である内原古墳群では、同時期に円墳で構成される古墳群が形成され始める事実は、愛宕山古墳との関係で理解すべきであろう。県北各地に所在する当該期の大円墳も視野に入れ、

前方後円墳と円墳を結びつける手がかりとなるのではないか。

　井博幸は、内原古墳群中の牛伏17号墳（前期）、舟塚古墳（後期）、二所神社古墳（中期初頭）[6]が墳丘長60m以上であることから、愛宕山古墳（中期前半）とともに、古墳が立地する「支丘を超えた、より広域の活動に関係した地域の首長であった可能性」（井1999 pp.230）を指摘し、広域の首長墓系譜に連なる可能性を示した。後期になると、那珂川流域[7]や涸沼川流域には内原古墳群に比肩する古墳が築かれない一方で、涸沼川流域の小幡北山窯産埴輪がはるばる川を遡るように牛伏古墳群をはじめとする内原古墳群に搬入されている。こうした事実を積み重ねて考えるならば、内原古墳群の最上位古墳は、相応の広域圏において、確かに盟主的地位を示す古墳であるとみてよい。

　内原古墳群の北東には、丘陵地帯に茨城県北地方における古代の須恵器供給に大きな役割を担った、木葉下古窯跡群が近在する。また、大規模前方後円墳の位置する大足地区から東北東7kmには、那珂川に面して、「那賀」郡家と初期寺院跡とされる台渡里廃寺跡が存在する。7kmという数字は、大型前方後円墳に代表される地域首長の場合、権力基盤とする政治的領域の規模からすると、一つの領域ととらえて何ら不都合のない大きさである[8]。言い換えると、内原古墳群を造営した集団と、「那賀」郡家造営に関与した集団が同一系統の集団であってもおかしくないということになる。

　台渡里遺跡では、茨城大学と水戸市の調査により、郡家造営前とみられる首長居館跡の存在が明らかとなったが、一方で、その近隣に後期の大型古墳は分布していない。消去法的ではあるが、この点にも、当該首長の奥津城として内原古墳群を考慮しなければならない理由がある。

　首長墓系譜だけでなく、こうした核となる周辺遺跡も含めて総合的検討を進めれば、より鮮明な古墳時代史を描くことにつながるであろう。各地の分析を重ね、比較できる事例を増やす努力が不可欠である。

注

1) 井博幸（1999）は古墳が多く立地する後背丘陵を「北部丘陵」と呼んでいる。
2) 規模については次節で詳述するが、玉里古墳群に比べると全体的にやや小規模である。しかし、比較的存在感のある中規模〜大規模前方後円墳が13基（旧友部町の諏訪古墳を入れると14基）を数え、丘陵や微高地毎に築かれる様はよく似ており、一部で同一丘陵上に集中している状態は、玉里古墳群にない特徴を示すことから、首長墓としての前方後円墳で構成される古墳群として、比較するのに十分な材料がそろっている。
3) この範囲の古墳は井博幸（1999）によりすでに一括して扱われており、小稿の主張も井の考えを発展させたものである。
4) 旧コロニー86号（井ほか1980）
5) 旧コロニー87号（井ほか1980）
6) 括弧内の時期は井博幸の指摘のまま示している。
7) 那珂川下流左岸、すなわちひたちなか市域はなお検討の余地を残す。
8) 前期古墳の分析から、「径8kmほどの範囲は有力な首長墓の系譜が完結する範囲」、そして「その倍の約15kmが拠点的な政治的集団の領域として平均的数値である」と指摘したことがある（田中1999）。後期ではさらに政治的統合が進み、また領域的支配意識の醸成も考慮しなければならない中では、上記数字はむしろ基本的地域圏として想定される大きさではないかとみられる。つまり、盟主的首長の場合、域内に本拠地と墓所を別々に配することも可能な歴史的状況になっていたことも十分にあり得ることを、今後の分析に含めて考えていかねばならない。

参考文献

井博幸・市毛勲・青木健二・大門直樹 1980『茨城県立コロニーあすなろ地内古墳群発掘調査報告書』 茨城県生活福祉部
井博幸ほか 1999『牛伏4号墳の調査』 国士舘大学牛伏4号墳調査団
伊藤重敏 1985『八幡神社周辺古墳群12号墳発掘調査報告書』 内原町教育委員会
茨城県教育財団 1991『一般県道友部内原線道路改良工事地内埋蔵文化財調査報告書　五平遺跡・蔵田千軒遺跡・権現古墳群』文化財調査報告第67集

岩崎卓也 1992「関東地方東部の前方後円形小墳」『国立歴史民俗博物館研究報告』 第44集 国立歴史民俗博物館
佐藤次男ほか 1994『内原町史資料第2集 内原町の遺跡－内原町遺跡分布調査報告書』 内原町史編さん委員会
白石太一郎 1966「畿内の大型群集墳に関する一試考」『古代学研究』 42・43合併号 古代学研究会
白石太一郎 1991「常陸の後期・終末期古墳と風土記建評記事」『国立歴史民俗博物館研究報告』 第35集 国立歴史民俗博物館
田中広明 1988「霞ヶ浦の首長－茨城県出島半島をめぐる古墳時代の研究－」『婆良岐考古』 第10号
田中裕 1999「茨城県霞ヶ浦町牛渡銚子塚古墳の測量調査」『筑波大学先史学・考古学研究』 第10号
田中裕 2000「編年的研究にみる前期古墳の展開」『千葉県文化財センター研究紀要』 21 財団法人千葉県文化財センター
野島清光・鯉渕和彦 1997『八幡神社周辺古墳群（内原81号墳）他発掘調査報告書』 内原町教育委員会

第1表 水戸市（旧内原町域）古墳一覧表

No.	遺跡名	所在地	前方後円墳	円墳	方墳	前方後方墳	不明	前期	中期	後期	終末期	特記事項
北部・内原平地微高地（那珂川水系、桜川上流）													
1	二所神社古墳	大足町字稲荷前455ほか	1							1		墳丘長：80m。現況：神社境内
2-a	舟塚古墳（舟塚1号墳）	大足町字舟塚1266ほか	1							1		墳丘長：80m。円筒埴輪。現況：史跡
2	舟塚古墳群	大足町字舟塚1266ほか		1			2			1	1	別記以外、最大：28m（2号墳）。埴輪：3号墳、須恵器：2号墳、2号墳通称：鹿島塚、3号墳通称：団子塚（40m前方後円墳の可能性あり）
3	三本松古墳群	田島町字榎巷173ほか	1	2			6				2	最大：32m（6号墳）、30m超・円墳等3基（1号墳・6号墳・8号墳）。調査歴寡少
北部・内原平地後背丘陵（那珂川水系、桜川源流）													
4-a	田島2号墳	田島町字柊巷597ほか	1							1		墳丘長：53m、帆立貝式、形象・円筒埴輪
4-b	田島4号墳	田島町字柊巷597ほか	1							1		墳丘長：43m、円筒埴輪。通称：天王塚
4	田島古墳群	田島町字柊巷597ほか	2	37			4		2	4	3	別記以外、最大長：35m（5号墳）、30m超：帆立貝1基（5号墳）・円4基（1号墳・6号墳・16号墳・37号墳）。埴輪：1号墳（形象）・7号墳（形象・円筒）、石室露出：25号墳・31号墳。5号墳、8号墳（円28m）が中期か。5号墳通称：山の神、6号墳通称：庚申塚。調査歴寡少
5	三野輪古墳群／一戦塚古墳	三野輪町字道下23ほか	1	1			1					最大径：40m（2号墳・墳形不明）、一戦塚古墳（前方後円18m）
6-a	牛伏2号墳	牛伏町字野際201ほか	1							1		墳丘長：45m、馬形・人物・円筒埴輪。通称：十二所神社、現況：神社境内
6-b	牛伏3号墳	牛伏町字野際201ほか	1									墳丘長：44m、器財・円筒埴輪、ボーリングにより石室石材確認。現況：水戸市立くれふしの里古墳公園
6-c	牛伏4号墳	牛伏町字野際201ほか	1							1		墳丘長：52m、発掘調査：横穴式石室、鉄刀・鉄鏃・鉄鎌・馬具・土師器・須恵器、双脚男子人物・女子人物・円筒埴輪。通称：かろうど塚、現況：水戸市立くれふしの里古墳公園
6-d	牛伏17号墳	牛伏町字野際201ほか	1					1				墳丘長：60m、採集資料なく、前期の可能性が指摘されている。通称：おふっちゃま、現況：水戸市立くれふしの里古墳公園
6	牛伏古墳群	牛伏町字野際201ほか	3	8			1		1	5	1	別記以外、最大長：34m（9号墳）、30m超：前方後円1基（9号墳）、帆立貝1基（6号墳）。埴輪：1号墳・6号墳（馬形・円筒）・7号墳・16号墳（形象・円筒）。10号墳（円）が中期か。現況：水戸市立くれふしの里古墳公園
7	中原古墳群／八幡神社周辺古墳群	中原町字八幡台940ほか	2	11					2	1	1	最大長：34m（10号墳）、30m超：前方後円1基（10号墳）。石室：3号墳、埴輪有りを含む。11号墳（円19m）：直刀・鉄鎌、12号墳（円26m）：鉄製品・碧玉管玉・滑石管玉・ガラス小玉。8号墳・12号墳（円25m超）が中期、3号墳（前方後円24m）が終末期か。
8	遠台古墳	中原町字遠台1057ほか		1					1			径：32m
9	有賀台古墳群	有賀町字権現トヤ1433ほか		6	2						1	最大長：38m（1号墳）、30m超：方墳1基（1号墳）。埴輪有りを含む
10	駒切台古墳群	有賀町字葉山1854ほか		5								最大径：15m（5号墳）
11	大平古墳群	有賀町字大平1923ほか	1	4						1		最大長：25m（旧コロニー1号墳）、埴輪：2号墳
北部・内原平地後背丘陵（涸沼川水系、古矢川・江川源流）													
12	鷹ノ巣古墳群	杉崎町字背戸山559	1	1								最大長：35m（夫婦塚：前方後円）、現在は円墳1基（鷹ノ巣古墳）
13	鷹ノ巣南古墳	杉崎町字鷹ノ巣1372	1									墳丘長：40m、通称：狐塚
14	杉崎権現古墳	杉崎町字権現山1323ノロ		1								径：10m

No.	遺跡名	所在地	前方後円墳	円墳	方墳	前方後方墳	不明	前期	中期	後期	終末期	特記事項
15	コロニー古墳群	杉崎町字大谷津1460ほか	4	11						⑥		最大長：33m（6号墳）、30m超：前方後円4基（6号墳・9号墳・15号墳・16号墳）。埴輪：6号墳・9号墳・15号墳・16号墳。15号墳：鉄刀子・貴金具・土師器、人物・馬形・鳥形・円筒埴輪、16号墳：鉄刀子・土師器・須恵器、武人・馬形円筒埴輪、15号墳別称：コロニー86号墳、16号墳別称：コロニー87号墳
16	コロニー北東古墳群（仮称）	杉崎町字大谷津に隣接		3								最大径：26m（内原71号）
17-a	杉崎9号墳	杉崎町字白澤1851ほか	1							1		墳丘長：40m、埴輪有り
17-b	杉崎19号墳	杉崎町字白澤1851ほか	1							1		墳丘長：40m、石室材有り
17	杉崎古墳群	杉崎町字白澤1851ほか	2	26			7	3	2	1		別記以外、最大長：37m（15号墳）、30m超は前方後円墳1基（15号墳）、円墳3基（4号墳・14号墳・29号墳）。埴輪：15号墳・28号墳（前方後円28m）・40号墳、石室材：4号墳・15号墳、40号墳：石枕、14号墳・29号墳は中期か。調査歴寡少
18	三軒屋古墳群	杉崎町字千貫桜1755ほか		4								最大径：16m（5号墳）
北部・内原平地微高地（涸沼川水系、古矢川・江川上流）													
19	論田塚古墳群	赤尾関町字大塚449ほか		2					1			径：不明、板石材：1号墳。2号墳：石枕・直刀・製鏡、通称：1号墳（狐塚）、2号墳（八幡塚）
北部・内原平地微高地（涸沼川水系、涸沼前川上流）													
20	大塚古墳群	小林町字大塚251ほか					3	1	1			径：不明（1号墳：47mか）。埴輪：1号墳・2号墳・3号墳。
南部・台地帯（涸沼川水系、涸沼前川・古矢川中流）													
21	犬塚古墳群	五平町字台1238ほか		3					1	1		最大径：21m（7号墳）。埴輪：8号墳。7号墳：横穴式石室、須恵器甕
22	権現古墳群	鯉淵町字九ノ割5983ほか	2	4			5					最大長：35m（6号墳）、30m超：前方後円1基（6号墳）。埴輪有を含む
23	寺池東古墳群	鯉淵町字四ノ割3328ほか		4								最大径：25m（2号墳・3号墳）
24	寺池西古墳群	鯉淵町字四ノ割3471ほか		3								最大径：20m（1号墳・3号墳）。石室材：1号墳
25	宿上の台古墳群	鯉淵町字四ノ割3648ほか		2								最大径：20m（1号墳）
26	平吾郎治古墳	鯉淵町字三ノ割2236		1								径：18m
27	平吾郎治南古墳	鯉淵町字三ノ割2266			1							長：不明、通称：塚原・物見塚
28	物見塚古墳	鯉淵町字三ノ割1979		1								径：14m
29	息栖台古墳群	鯉淵町字一ノ割1116ほか		3			1					最大径：12m
30	東北部古墳群	鯉淵町字一ノ割1646ほか					2					径：不明
南部・台地帯（涸沼川水系、古矢川・涸沼前川下流）													
31	ドンドン塚古墳	鯉淵町字六ノ割5070-14		1						1		最大径：25m。発掘調査：勾玉・小玉・丸玉・切子玉・直刀・鐔・刀子・鉄鏃・馬具、人物埴輪
32	長者塚古墳	高田町字鷲ノ宮116		1								径：6m

水戸市旧内原町域における古墳の群構成

田島古墳群

所在	水戸市田島町字柊巷597ほか
立地	北部・内原平地後背丘陵（那珂川水系、桜川源流左岸）
群構成	前方後円墳 4／円墳 37／方墳 0／その他 4／総数 45
埋葬施設	10号墳（横穴式石室・花崗岩の割石使用、袖不明）、ほか不明
主な副葬品	1号墳・2号墳・4号墳・7号墳・37号墳？
年代	後期：1号墳（馬形埴輪）、2号墳（Ⅴ期？円筒埴輪、4号墳（Ⅴ期？円筒埴輪、形象埴輪）、7号墳（Ⅴ期？円筒埴輪）、25号墳・28号墳・31号墳（石室有）、5号墳、8号墳（円28m）が中期かる
備考	2号墳（帆立貝53m）、4号墳通称：天王塚（帆立貝43m）、5号墳通称：山の神（帆立貝35m）、6号墳通称：庚申塚（円30m）、7号墳（帆立貝28m）、37号墳通称：権現塚（円29m・二段築成）、16号墳（円30m）。10号墳1996年石室実測。
近在の大型古墳	—
文献	佐藤ほか1994、井ほか1999　図版：

三野輪古墳群／戦塚古墳

所在	水戸市田島町字榎巷173ほか
立地	北部・内原平地後背丘陵（那珂川水系、桜川源流左岸）
群構成	前方後円墳 1／円墳 1／方墳 0／その他 1／総数 3
埋葬施設	—
主な副葬品	—
年代	不明
備考	最大径：40m（三野輪2号墳：墳形不明）、一般坦古墳（前方後円18m）
近在の大型古墳	—
文献	佐藤ほか1994、井ほか1999　図版：

牛伏古墳群

所在	水戸市牛伏町字野際201ほか
立地	北部・内原平地後背丘陵（那珂川水系、桜川源流左岸）
群構成	前方後円墳 7／円墳 8／方墳 0／その他 1／総数 16
埋葬施設	4号墳（横穴式石室、石材採取目的の盗掘、花崗岩）
主な副葬品	4号墳（鉄刀・鉄鏃・鉄錬）、2号墳（Ⅴ期円筒埴輪・土師器・須恵器）
年代	後期：1号墳（Ⅴ期？円筒埴輪）、2号墳（Ⅴ期円筒埴輪・馬形・人物埴輪）、3号墳（須恵器）、Ⅴ期円筒埴輪・器財埴輪）、4号墳（鉄鏃・馬具等副葬品、Ⅴ期円筒埴輪）、6号墳（Ⅴ期円筒埴輪・馬形埴輪）、16号墳（Ⅴ期円筒埴輪・形象埴輪）
備考	2号墳（前方後円45m・通称：十二所神社）、3号墳（前方後円44m・ボーリングにより石室石材確認）、4号墳（前方後円52m・通称：かろうど塚、1995年発掘・公園整備）、最大の17号墳（前方後円60m）が中期か。現況：水戸市立くれふしの里古墳公園。10号墳（円）が中期か。
近在の大型古墳	—
文献	佐藤ほか1994、井ほか1999　図版：

旧内原町域の古墳

二所神社古墳

所在	水戸市大足町字稲荷前455ほか
立地	北部・内原平地微高地（那珂川水系、桜川上流左岸）
群構成	前方後円墳 1／円墳 0／方墳 0／その他 0／総数 1
埋葬施設	—
主な副葬品	—
年代	不明
備考	80m以上
近在の大型古墳	—
文献	佐藤ほか1994、井ほか1999　図版：

舟塚古墳群

所在	水戸市大足町字舟塚1266ほか
立地	北部・内原平地微高地（那珂川水系、桜川上流左岸）
群構成	前方後円墳 1／円墳 1／方墳 0／その他 2／総数 4
埋葬施設	—
主な副葬品	舟塚1号墳、3号墳
年代	後期：舟塚1号墳（埴輪Ⅴ期以上）、3号墳（埴輪）、2号墳通称：鹿島塚、3号墳通称：囚子塚（40m前方後円墳の可能性あり）、4号墳通称：孤塚
近在の大型古墳	—
文献	佐藤ほか1994、井ほか1999　図版：

三本松古墳群

所在	水戸市田島町字榎巷173ほか
立地	北部・内原平地微高地（那珂川水系、桜川上流左岸）
群構成	前方後円墳 1／円墳 2／方墳 0／その他 6／総数 9
埋葬施設	—
主な副葬品	—
年代	不明
備考	最大径：32m（6号墳）、30m超：円墳等3基（1号墳・6号墳・8号墳）。調査歴僅少
近在の大型古墳	—
文献	佐藤ほか1994、井ほか1999　図版：

第2章 地域研究

駒切台古墳群

所在：水戸市有賀町字葉山1854ほか
立地：北部・内原平地後背丘陵（那珂川水系、桜川源流右岸）

群構成	前方後円墳	円墳	方墳	その他	総数
	0	5	0	0	5

埋葬施設：―
主な副葬品：
年代：不明
備考：最大径：15m（5号墳）
近在の大型古墳：
文献：佐藤ほか1994、井ほか1999　図版：

大平古墳群

所在：水戸市有賀町字大平1923ほか
立地：北部・内原平地後背丘陵（那珂川水系、桜川源流右岸）

群構成	前方後円墳	円墳	方墳	その他	総数
	1	4	0	0	5

埋葬施設：―
主な副葬品：
年代：後期：2号墳（埴輪）
備考：最大長：25m（旧コロニー1号墳）
近在の大型古墳：
文献：佐藤ほか1994、井ほか1980　図版：

鷹ノ巣古墳群

所在：水戸市杉崎町字背戸山559
立地：北部・内原平地後背丘陵（涸沼川水系、古矢川・江川源流左岸）

群構成	前方後円墳	円墳	方墳	その他	総数
	1	1	0	0	2

埋葬施設：―
主な副葬品：
年代：不明
備考：最大長：35m（夫婦塚：前方後円）、現在は円墳1基（鷹ノ巣古墳）
近在の大型古墳：
文献：佐藤ほか1994、井ほか1999　図版：

鷹ノ巣南古墳

所在：水戸市杉崎町鷹ノ巣1372
立地：北部・内原平地後背丘陵（涸沼川水系、古矢川・江川源流左岸）

群構成	前方後円墳	円墳	方墳	その他	総数
	1	0	0	0	1

埋葬施設：―
主な副葬品：
年代：不明
備考：墳丘長：40m、通称：弧塚
近在の大型古墳：
文献：佐藤ほか1994、井ほか1999　図版：

中原古墳群／八幡神社周辺古墳群

所在：中原町字八幡台940ほか
立地：北部・内原平地後背丘陵（那珂川水系、桜川源流右岸）

群構成	前方後円墳	円墳	方墳	その他	総数
	2	11	0	0	13

埋葬施設：3号墳（横穴式石室）、11号墳（木棺直葬）
主な副葬品：11号墳（円19m）：直刀・鉄鏃・碧玉管玉・滑石管玉・ガラス小玉
年代：中期：8号墳（円25m超）・12号墳（副葬品）、後期（終末期）：3号墳（前方後円24m、埴輪・石室有）・11号墳（円19m、副葬品）
備考：最大長：34m（10号墳：前方後円）、30m超：1基（10号墳、埴輪有り）を含む。平。12号墳1984年、11号墳1996年発掘。3号墳削平。
近在の大型古墳：
文献：佐藤ほか1994、井ほか1999、伊藤1985、野島・鯉渕1997

湯台古墳

所在：水戸市中原町字湯台1057ほか
立地：北部・内原平地後背丘陵（那珂川水系、桜川源流右岸）

群構成	前方後円墳	円墳	方墳	その他	総数
	0	1	0	0	1

埋葬施設：―
主な副葬品：
年代：不明
備考：径：32m
近在の大型古墳：
文献：佐藤ほか1994、井ほか1999　図版：

有賀台古墳群

所在：水戸市有賀町字権現下ヤ1433ほか
立地：北部・内原平地後背丘陵（那珂川水系、桜川源流右岸）

群構成	前方後円墳	円墳	方墳	その他	総数
	0	6	2	0	8

埋葬施設：―
主な副葬品：
年代：不明
備考：最大長：38m（1号墳：方）、30m超：1基（1号墳、埴輪有り）を含む
近在の大型古墳：
文献：佐藤ほか1994、井ほか1999　図版：

水戸市旧内原町域における古墳の群構成

杉崎古墳群	所在：	水戸市杉崎町字白澤1851ほか				
	立地：	北部・内原平地後背丘陵（涸沼川水系、古矢川・江川源流右岸）				
	群構成	前方後円墳	円墳	方墳	その他	総数
		4	26	0	7	37
	埋葬施設：	石材確認（4号墳）・15号墳・19号墳				
	埴輪：	9号墳・15号墳・20号墳・28号墳・40号墳				
	主な副葬品：	40号墳（石枕）				
	年代：	中期：40号墳（石枕）、14号墳・29号墳は中期か。後期：4号墳（石室有）・9号墳・15号墳（石室・埴輪）・19号墳（石室有）・28号墳（埴輪）・40号墳（埴輪）				
	備考：	9号墳（40m 前方後円墳）・19号墳、37m前方後円墳（15号墳）、30m超の円墳3基（4号墳・14号墳・29号墳）。調査歴僅少				
	近在の大型古墳：	—				
	文献：	佐藤ほか1994、井ほか1999　図版：				

三軒屋古墳群	所在：	水戸市杉崎町字丁貫桜1755ほか				
	立地：	北部・内原平地後背丘陵（涸沼川水系、古矢川・江川源流右岸）				
	群構成	前方後円墳	円墳	方墳	その他	総数
		0	4	0	0	4
	埋葬施設：	—				
	埴輪：	—				
	主な副葬品：	—				
	年代：	不明				
	備考：	最大径：16m（5号墳）、隣接する笠間市（旧友部町）の柳沢古墳群（円9基以上で構成、円45mの富士塚古墳を含む）と一連のもの。				
	近在の大型古墳：	—				
	文献：	佐藤ほか1994、井ほか1999　図版：				

諭田塚古墳群	所在：	水戸市赤尾関町字大塚449ほか				
	立地：	北部・内原平地微高地（涸沼川水系、古矢川・江川上流右岸）				
	群構成	前方後円墳	円墳	方墳	その他	総数
		0	2	0	0	2
	埋葬施設：	—				
	埴輪：	—				
	主な副葬品：	2号墳：石枕・直刀・？製鏡				
	年代：	中期：（2号墳：石枕等）				
	備考：	径：不明。1号墳：板石材。1号墳通称：孤塚、2号墳通称：八幡塚				
	近在の大型古墳：	—				
	文献：	佐藤ほか1994、井ほか1999　図版：				

杉崎権現古墳	所在：	水戸市杉崎町字権現山1323ノロ				
	立地：	北部・内原平地後背丘陵（涸沼川水系、古矢川・江川源流左岸）				
	群構成	前方後円墳	円墳	方墳	その他	総数
		0	1	0	0	1
	埋葬施設：	—				
	埴輪：	—				
	主な副葬品：	—				
	年代：	不明				
	備考：	径：10m				
	近在の大型古墳：	—				
	文献：	佐藤ほか1994、井ほか1999　図版：				

コロニー古墳群	所在：	水戸市杉崎町字大谷津1460ほか				
	立地：	北部・内原平地後背丘陵（涸沼川水系、古矢川・江川源流左岸）				
	群構成	前方後円墳	円墳	方墳	その他	総数
		4	11	0	0	15
	埋葬施設：	—				
	埴輪：	6号墳・9号墳・15号墳・16号墳				
	主な副葬品：	15号墳：鉄刀子・鉄ノミ・黄金具、武人・土師器・須恵器、武人・馬形円筒埴輪				
	年代：	後期：6号墳・9号墳・15号墳・16号墳（埴輪Ⅴ期）				
	備考：	最大長：33m（6号墳）、30m超、前方後円4基（6号墳・9号墳・15号墳・16号墳）。コロニー87号墳　主な副葬品：鉄刀子・土師器・須恵器、武人・馬形・鳥形・円筒埴輪。16号墳：鉄刀墳別称：コロニー86号墳、16号墳別称：コロニー87号墳				
	近在の大型古墳：	—				
	文献：	佐藤ほか1994、井ほか1999、井ほか1980　図版：				

コロニー北東古墳群（仮称）	所在：					
	立地：					
	群構成	前方後円墳	円墳	方墳	その他	総数
		0	3	0	0	3
	埋葬施設：	—				
	埴輪：	—				
	主な副葬品：	—				
	年代：	不明				
	備考：	最大径：26m（内原71号）				
	近在の大型古墳：	—				
	文献：	井ほか1999　図版：				

第2章 地域研究

寺池西古墳群

所在：	水戸市鯉淵町字四ノ割 3471 ほか
立地：	南部・台地帯（涸沼川水系，涸沼前川・古矢川中流）

群構成	前方後円墳	円墳	方墳	その他	総数
	0	3	0	0	3

埋葬施設：	1号墳（石室材）
埴輪：	―
主な副葬品：	―
年代：	不明
備考：	最大径：20m（1号墳・3号墳）
近在の大型古墳：	
文献：	佐藤ほか1994
図版：	

宿上の台古墳群

所在：	水戸市鯉淵町字四ノ割 3648 ほか
立地：	南部・台地帯（涸沼川水系，涸沼前川・古矢川中流）

群構成	前方後円墳	円墳	方墳	その他	総数
	0	2	0	0	2

埋葬施設：	―
埴輪：	―
主な副葬品：	―
年代：	不明
備考：	最大径：20m（1号墳）
近在の大型古墳：	
文献：	佐藤ほか1994
図版：	

平吾郎治古墳

所在：	水戸市鯉淵町字三ノ割 2236
立地：	南部・台地帯（涸沼川水系，涸沼前川・古矢川中流）

群構成	前方後円墳	円墳	方墳	その他	総数
	0	1	0	0	1

埋葬施設：	―
埴輪：	―
主な副葬品：	―
年代：	不明
備考：	径：18m
近在の大型古墳：	
文献：	佐藤ほか1994
図版：	

平吾郎治南古墳

所在：	水戸市鯉淵町字三ノ割 2266
立地：	南部・台地帯（涸沼川水系，涸沼前川・古矢川中流）

群構成	前方後円墳	円墳	方墳	その他	総数
	0	0	1	0	1

埋葬施設：	―
埴輪：	―
主な副葬品：	―
年代：	不明
備考：	長：不明，通称：塚原・物見塚
近在の大型古墳：	
文献：	佐藤ほか1994
図版：	

大塚古墳群

所在：	水戸市小林町字大塚 251 ほか
立地：	北部・内原平地微高地（涸沼川水系，涸沼前川上流右岸）

群構成	前方後円墳	円墳	方墳	その他	総数
	0	0	0	3	3

埋葬施設：	―
埴輪：	1号墳・2号墳・3号墳
主な副葬品：	3号墳（石枕）
年代：	中期：3号墳（石枕）
備考：	1号墳（径47m円墳か）
近在の大型古墳：	
文献：	佐藤ほか1994，井ほか1999
図版：	

大塚古墳群

所在：	水戸市五平町字台 1238 ほか
立地：	南部・台地帯（涸沼川水系，涸沼前川・古矢川中流）

群構成	前方後円墳	円墳	方墳	その他	総数
	0	3	0	0	3

埋葬施設：	7号墳（横穴式石室・羽子板形）
埴輪：	8号墳
主な副葬品：	7号墳：須恵器蓋
年代：	後期（終末期）：7号墳
備考：	7号墳（円 16m，五平1号墳），1988年県道の発掘調査により発見
近在の大型古墳：	
文献：	佐藤ほか1994，茨城県教育財団1991
図版：	

権現古墳群

所在：	水戸市鯉淵町字九ノ割 5983 ほか
立地：	南部・台地帯（涸沼川水系，涸沼前川・古矢川中流）

群構成	前方後円墳	円墳	方墳	その他	総数
	2	4	0	5	11

埋葬施設：	―
埴輪：	―
主な副葬品：	―
年代：	権現 11号墳（円 10m，覆土器）が発掘済み，終末期か
備考：	最大長：35m（6号墳）・前方後円墳：6号墳。埴輪有を含む
近在の大型古墳：	
文献：	佐藤ほか1994，茨城県教育財団1991
図版：	

寺池東古墳群

所在：	水戸市鯉淵町字四ノ割 3328 ほか
立地：	南部・台地帯（涸沼川水系，涸沼前川・古矢川中流）

群構成	前方後円墳	円墳	方墳	その他	総数
	0	4	0	0	4

埋葬施設：	―
埴輪：	―
主な副葬品：	―
年代：	不明
備考：	最大径：25m（2号墳・3号墳）
近在の大型古墳：	
文献：	佐藤ほか1994
図版：	

水戸市旧内原町域における古墳の群構成

長者塚古墳	所在：水戸市高田町字鷺ノ宮116						
	立地：南部・台地帯(涸沼川水系、古矢川・涸沼前川下流)						
	群構成	前方後円墳	円墳	方墳	その他	総数
		0	1	0	0	1
	埋葬施設：−						
	墳輪：−						
	主な副葬品：						
	年代：不明						
	備考：径：6m						
	近在の大型古墳：						
	文献：佐藤ほか1994　図版：						

物見塚古墳	所在：						
	立地：						
	群構成	前方後円墳	円墳	方墳	その他	総数
		0	1	0	0	1
	埋葬施設：−						
	墳輪：−						
	主な副葬品：						
	年代：不明						
	備考：径：14m						
	近在の大型古墳：						
	文献：佐藤ほか1994　図版：						

息栖台古墳群	所在：水戸市鯉淵町字一ノ割1116ほか						
	立地：南部・台地帯(涸沼川水系、涸沼前川・古矢川中流)						
	群構成	前方後円墳	円墳	方墳	その他	総数
		0	3	0	1	4
	埋葬施設：−						
	墳輪：−						
	主な副葬品：						
	年代：不明						
	備考：最大径：12m						
	近在の大型古墳：						
	文献：佐藤ほか1994　図版：						

東北部古墳群	所在：水戸市鯉淵町字一ノ割1646ほか						
	立地：南部・台地帯(涸沼川水系、涸沼前川・古矢川中流)						
	群構成	前方後円墳	円墳	方墳	その他	総数
		0	0	0	2	2
	埋葬施設：−						
	墳輪：−						
	主な副葬品：						
	年代：不明						
	備考：径：不明						
	近在の大型古墳：						
	文献：佐藤ほか1994　図版：						

ドンドン塚古墳	所在：水戸市鯉淵町字六ノ割5070-14						
	立地：南部・台地帯(涸沼川水系、古矢川・涸沼前川下流)						
	群構成	前方後円墳	円墳	方墳	その他	総数
		0	1	0	0	1
	埋葬施設：−						
	墳輪：人物埴輪						
	主な副葬品：勾玉・小玉・丸玉・切子玉・直子玉・鏃・刀子・鉄鎌・馬具						
	年代：後期						
	備考：径：25m						
	近在の大型古墳：						
	文献：佐藤ほか1994　図版：						

石岡市域の古墳群

曾根　俊雄

はじめに

　石岡市は2005年10月1日、旧「石岡市」と「八郷町」とが合併（新設合併）し、誕生した。その面積は約213km²。その広大さゆえに、古墳の状況を把握しきれているとは言い切れない。しかし、旧石岡市に関しては1999～2000年に國學院大學を中心とした市遺跡分布調査会により分布調査が行われており（石岡市遺跡分布調査会2001）、旧八郷町に関しても、一部ではあるが、2007年に明治大学によって古墳の分布調査が行われた（今年度報告予定）。また、開発に伴う試掘確認調査によって埴輪片が出土したり（小杉山2007）、あるいは踏査によって新たな古墳群が発見されるなど、資料の集積は少しずつではあるが進んでいる。

　今回は、近年のこれら成果をふまえつつ、これまで集積された資料をもとに、石岡市の古墳・古墳群について整理することを第一の目的としたい。次に、古墳群の内容が比較的明らかになっている古墳群を取り上げ、古墳群の具体相に迫りたい。これを第二の目的とする。

1．石岡市の地形概要

　まず、本稿で取り上げる石岡市の地形について概述する。石岡市は都心から北東へ約70km、茨城県のほぼ中央に位置する。西には恋瀬川、東には園部川が流れ、南は霞ヶ浦に面しており、東西約21km、南北約21km、面積は約213km²である。市域の南部は関東平野特有の平坦な地形となっているが、西部から北部にかけては筑波山系が連なり、そこから市街地にむけてなだらかな丘陵地が広がっている。

2．石岡市の古墳・古墳群概要

(1) 総数

　古墳・古墳群の総数は82（古墳群50、単独墳32）、古墳の基数は、旧石岡市229基、旧八郷町132基以上、総数361基以上である[1]。試みに1km²あたりの古墳密度を求めてみると、1.69基であり、旧石岡市では3.62基、旧八郷町では0.86基となる[2]。

(2) 墳形

　墳形別の基数は、前方後円墳22基（7％）、前方後方墳2基（1％）、円墳269基（88％）、方墳11基（4％）である。

(3) 規模

　古墳の規模を取り扱うにあたって、まず問題となるのが、どこから「大型」「大規模」とするかという基準であろう。畿内における「大型古墳」と関東における「大型古墳」とを比較するまでもなく、墳丘規模の「大」「小」とは地域のなかで考えるべきものであろうし、また時期によってもその区分は異なってこよう。今回は、時期については不明なものが大多数であることからひとまず保留し、石岡市という「地域」において墳丘規模の「大」「小」を整理しておきたい[3]。

　第1図は、各古墳の墳丘長を横軸に、各古墳の墳丘高を縦軸にとったものである[4]。なお、各古墳の計測値は、石岡市教育委員会の埋蔵文化財包蔵地調査カードにより、一部はその後の調査成果や筆者の現地踏査・略測により改めている。したがって、発掘・測量調査を経ていないものが大半であり、計測値の確度は低いが、おおまか

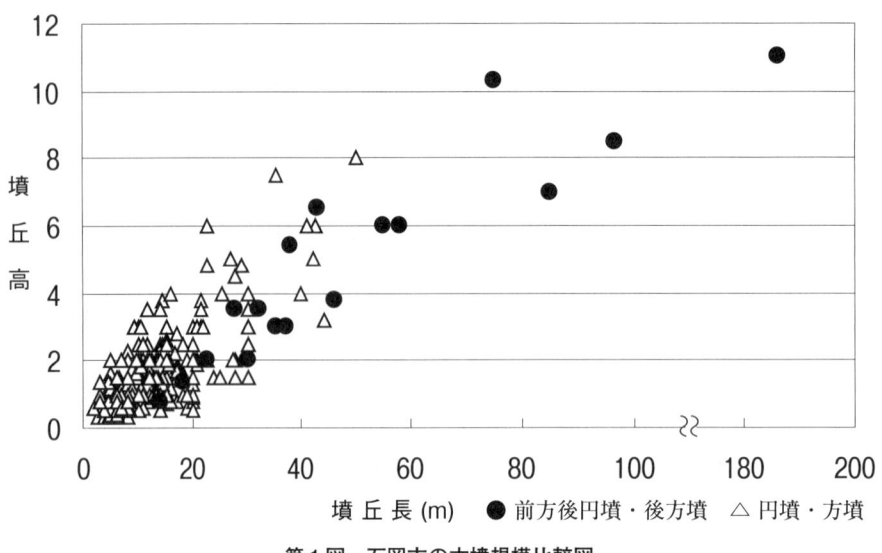

第1図　石岡市の古墳規模比較図

な傾向は把握することができるものと考えている。

　この図を見ると、おおむね墳丘長40m弱を基準に、古墳数が大きく変わるのがわかる。すなわち、墳丘規模が計測できる269基のうち、墳丘長が35m以上のものは19基、7.1％に過ぎないのである。

　また、これを墳形別にみていくと、円墳・方墳で35mを超えるものは少なく、一方、前方後円墳・後方墳で35mを下回るものは少ないという、墳形による規模の違いも読み取ることができる[5]。

　そこで今回は、墳丘長35mをひとつの目安として見ていきたい[6]。

　ところで筆者はかつて、石岡市の隣、旧玉里村の南部域の古墳群（玉里古墳群）の墳丘を検討するなかで、規模について「規則的な設計」の存在する可能性を指摘したことがある（曾根2005）。それはすなわち、玉里古墳群の「大型古墳」の墳丘規模は、墳丘長90m前後と55m前後とにまとまり、後者のまとまりには、前方後円墳や帆立貝形古墳、円墳と様々な墳形が含まれることから、墳形を超えたところで墳丘長を一致させるという「約束事」を想定したのである。さらにその90m、55mという数値は、270m程度の墳丘の1/3、1/5にあたり（新井2003）、また前者は東日本第2位の規模を誇る石岡市舟塚山古墳の約1/2にあたる（小林2000）。

　そのような視点で今回の40m弱という数値を見ると、180m×1/5=36mであることに気づく。墳丘長180m強である舟塚山古墳を基準として、規模が設計されていた可能性を想像できるのである。無論、今回の計測値は、発掘調査はおろか測量調査を経ていないものがほとんどであり、可能性の指摘に留めたい。

（4）分布

　第2図は、現状で認識している古墳群（単独のものを含む）の分布図である。なお、現状で認識している古墳群とは、1km以上に及ぶ広範囲なものから、数百mのもの、あるいは単独のものと様々であり、同一の概念で「古墳群」が設定されているとは言い難い。したがって、第2図、特にその分布の粗密を見るにあたっては、そういった個々の「古墳群」の様相に注意する必要がある。

　さて、そのような点に注意しながら第2図を見ると、いくつかの分布のまとまりがあることに気づく。旧石岡市については、すでに指摘されているが（原2001）、5つほどのまとまりがありそうである。そのほとんどは、恋瀬川や園部川といった河川沿いに存在しているが、南部の三村地区においては、恋瀬川からやや入り込んだ谷津の台地上に存在している。また、これら内陸の古墳は、他に比して低墳丘であることが注意される。

　なお、石岡市には常陸国衙や国分寺、国分尼寺が造営される。だが、これら後代の「中心地」と古墳の分布にはズレが認められる。

　旧八郷町についても、やはり恋瀬川及びその支流沿いに分布しているが、散在しており、明確なまとまりを抽

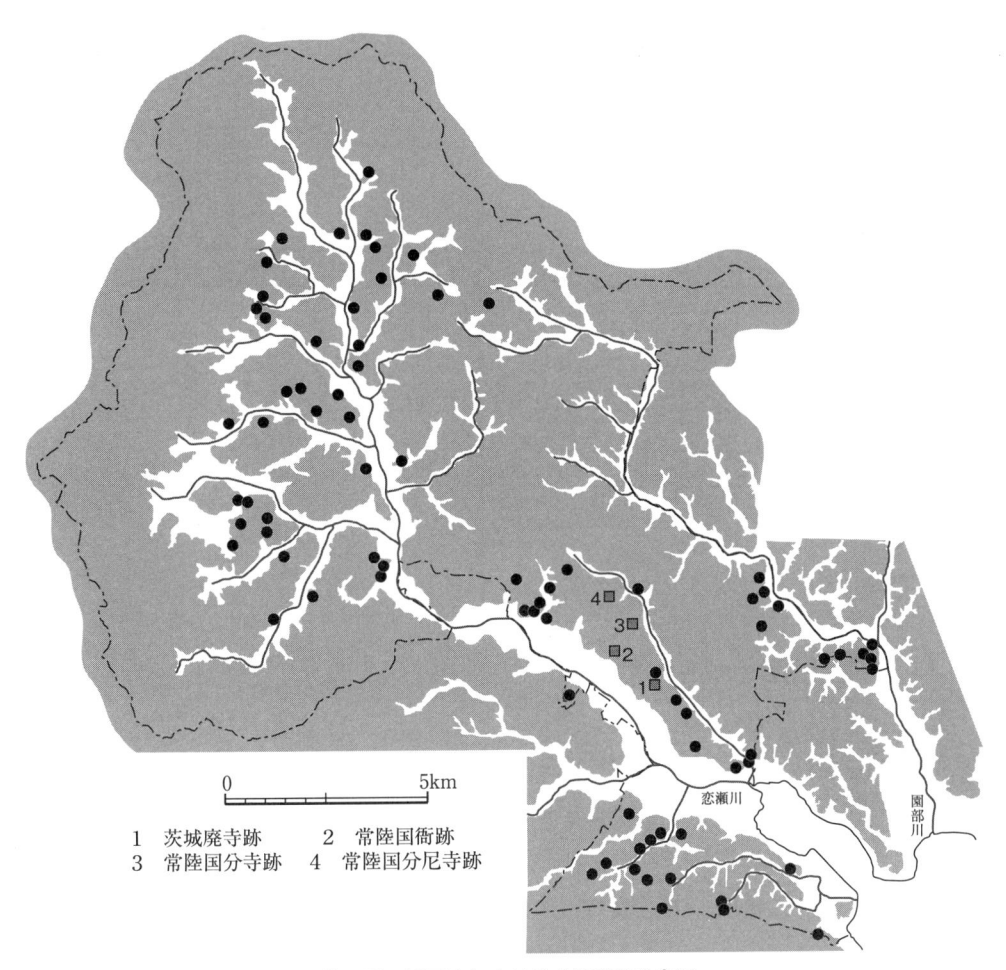

第2図　石岡市における古墳群の分布図

1　茨城廃寺跡　　　2　常陸国衙跡
3　常陸国分寺跡　　4　常陸国分尼寺跡

出することは難しい。

墳形別の分布　第3図は、前方後円墳及び前方後方墳を含む古墳群を大きなドットで、含まない古墳群を小さなドットで示したものである。

旧石岡市については、先に指摘した「まとまり」に対して、1～2個の前方後円墳を含む古墳群が存在している。これら前方後円墳のなかには、先述の通り、「小型」なものも存在する。各「まとまり」に前方後円墳が存在するということは、「小型」でもあっても、前方後円墳を造営する意味・必要性があったのかもしれない。

旧八郷町では、「柿岡古墳群」に前方後円墳・後方墳の分布が集中する（第5図5～8）。これは後述するように、ほとんどが前期古墳である。

円墳・方墳については、とりわけ発掘調査を経ないと墳形の確定が難しいため、個別の分布図は作成していない。なお、発掘調査の結果、方墳と確認されたものは、染谷古墳群（3基・第14図）、舟塚山古墳群（2基・第12図）の2ヶ所、計5基である。さらに、それらのうち4基の主体部は石棺系石室であり、その相関性が注目される。

「大型古墳」の分布　第4図は、墳丘長35ｍ以上の古墳を含む古墳群を大きなドットで、その他の古墳群を小さなドットで示したものである。その分布を見ると、旧石岡市については、先に指摘した「まとまり」に対して、1～2個の「大型古墳」が存在しているようである。だが、高浜入りの石川古墳群のように、これら「まとまり」とは離れたところでも墳丘径50ｍの円墳という「大型古墳」が造営されている。

旧八郷町では、佐自塚古墳（第5図5・墳丘長58ｍの前方後円墳）や小塙1号墳（墳丘径35ｍの円墳）、中戸3号墳（墳丘長85ｍの前方後円墳）と、恋瀬川流域に一定間隔をおいて点在している。また、園部川最上流にも厚茂6号墳（墳丘径41ｍの円墳）が造営されている。

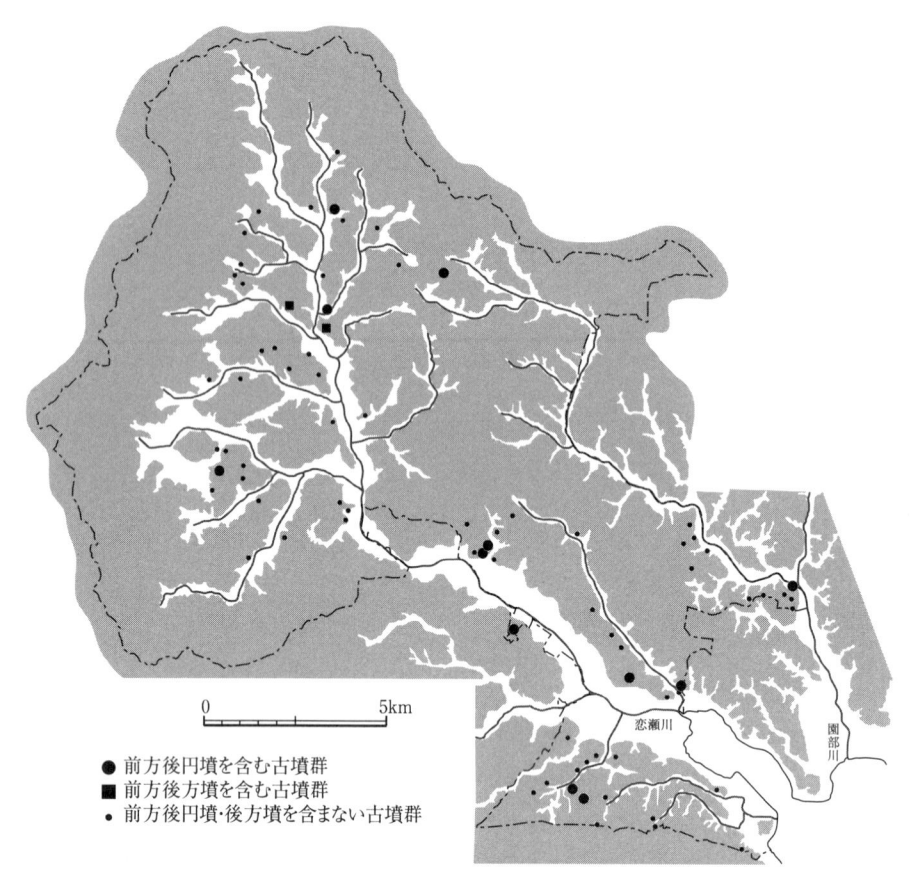

第 3 図　前方後円墳・後方墳を含む古墳群の分布図

● 前方後円墳を含む古墳群
■ 前方後方墳を含む古墳群
・ 前方後円墳・後方墳を含まない古墳群

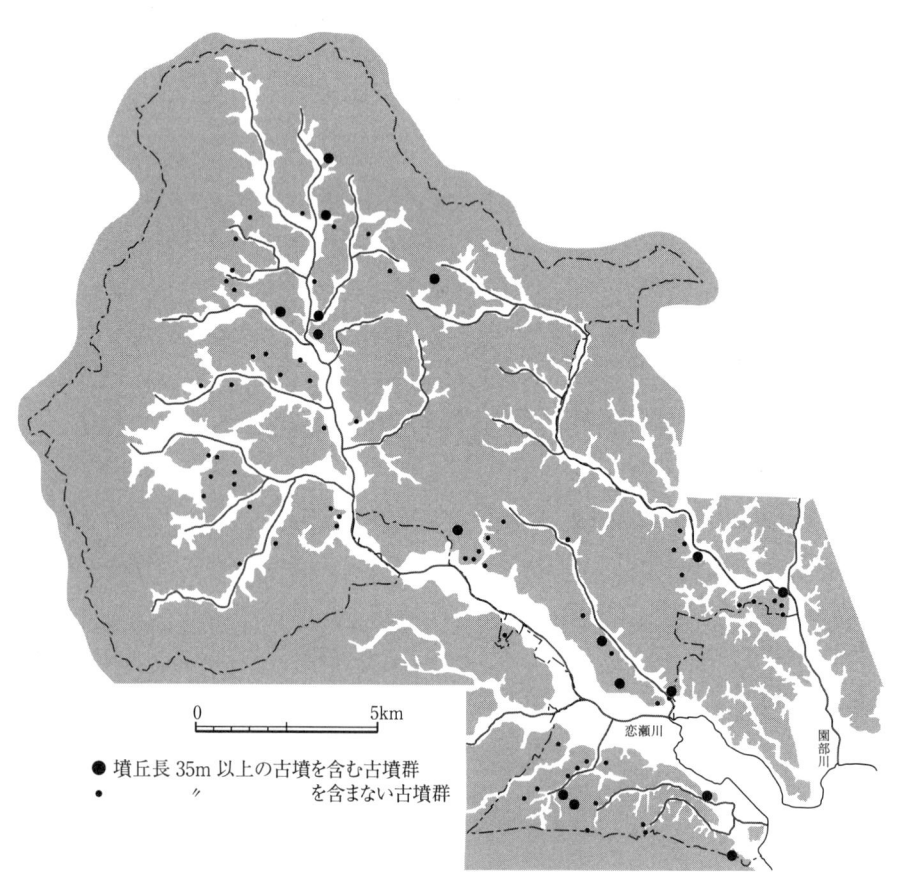

第 4 図　「大型古墳」を含む古墳群の分布図

● 墳丘長 35m 以上の古墳を含む古墳群
・　　〃　　　を含まない古墳群

石岡市域の古墳群　　117

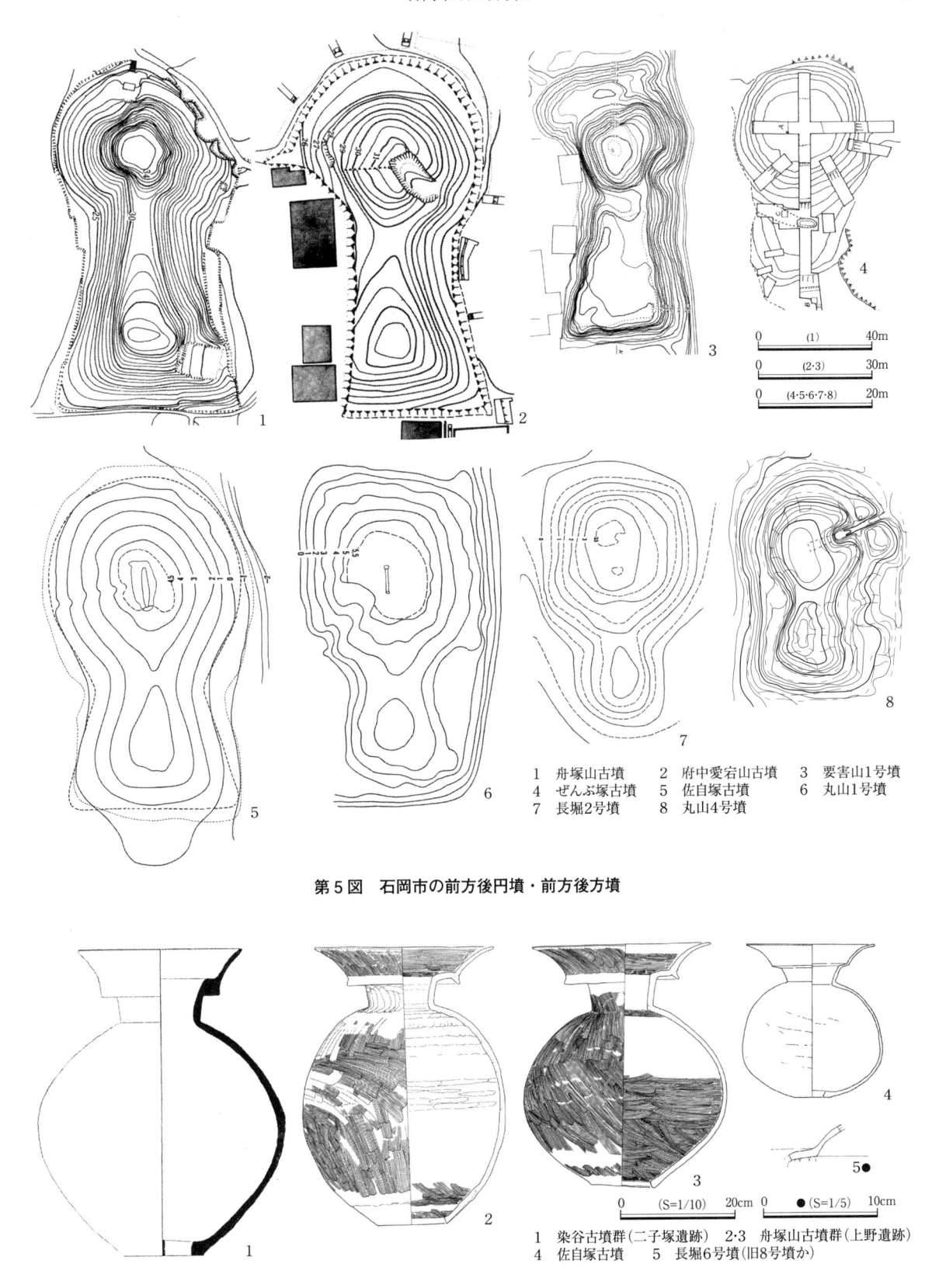

1 舟塚山古墳	2 府中愛宕山古墳	3 要害山1号墳
4 ぜんぶ塚古墳	5 佐自塚古墳	6 丸山1号墳
7 長堀2号墳	8 丸山4号墳	

第5図　石岡市の前方後円墳・前方後方墳

1 染谷古墳群(二子塚遺跡)　2・3 舟塚山古墳群(上野遺跡)
4 佐自塚古墳　5 長堀6号墳(旧8号墳か)

第6図　石岡市採集・出土の二重口縁壺・壺形埴輪

第 1 表　埴輪をもつ古墳一覧

古墳名	墳形	墳丘長	調査歴	埴輪種類	備考	文献
舟塚山 4 号墳 （権現山 1 号墳 佐太郎塚）	円墳	8		円筒	石棺露出，刀剣・金環・勾玉・管玉？	石岡市史編纂委員会 1979， 石岡市遺跡分布調査会 2001
舟塚山 5 号墳 （物見塚古墳）	円墳	10		円筒	石棺あり？	石岡市史編纂委員会 1979， 石岡市遺跡分布調査会 2001
舟塚山 6 号墳 （府中愛宕山古墳）	前方後円墳	96.6	1897 年発掘 1979 年発掘	円筒・朝顔・形象 （人物・動物など）	土師器壺？	石岡市史編纂委員会 1979， 諸星・松本 1980 稲村 1985， 石岡市遺跡分布調査会 2001， 小杉山・曾根 2008
舟塚山 8 号墳 （平足塚古墳）	前方後円墳？	90？		舟形？		石岡市史編纂委員会 1979， 石岡市遺跡分布調査会 2001
舟塚山 13 号墳	円墳	10		円筒？		石岡市史編纂委員会 1979， 石岡市遺跡分布調査会 2001
舟塚山 14 号墳	円墳	11.5	2000 年測量	円筒？	箱式石棺露出，石製模造品	石岡市史編纂委員会 1979， 石岡市遺跡分布調査会 2001
舟塚山 16 号墳 （舟塚山古墳）	前方後円墳	186	1963 年測量 1972 年発掘	円筒・朝顔・形象（甲冑形），黒斑あり	土師器 須恵器	大塚・小林 1964，山内・瓦吹 1972， 車崎 1976，石岡市史編纂委員会 1979， 稲村 1985，石岡市遺跡分布調査会 2001， 茂木・塩谷・稲村 2002， 小杉山・曾根 2008
要害山 1 号墳 （要害山古墳）	前方後円墳	75	2000 年測量	円筒・朝顔・人物	石棺？	海老沢 1988， 石岡市遺跡分布調査会 2001
要害山 3 号墳 （藤塚古墳）	円墳	27	1987 年発掘	円筒・人物	箱式石棺	海老沢 1988， 石岡市遺跡分布調査会 2001
ぜんぶ塚 2 号墳	円墳	25	1981 年発掘	円筒・朝顔，黒斑あり	刀剣・小玉・鉄鏃	諸星 1982
ぜんぶ塚 3 号墳	円墳	12	1981 年発掘	円筒，黒斑あり	刀剣・鉄鏃	諸星 1982
高根 2 号墳	円墳	20	2000 年測量	円筒・朝顔	箱式石棺	石岡市遺跡分布調査会 2001
石川 1 号墳	円墳	50		円筒		石岡市遺跡分布調査会 2001
石川 2 号墳	円墳	30		円筒		石岡市遺跡分布調査会 2001
井関風返 3 号墳 （スクボ塚古墳）	円墳	42.6		円筒，白雲母多		石岡市遺跡分布調査会 2001
水内 4 号墳	円墳	9.3		円筒？		諸星・松本 1980， 石岡市遺跡分布調査会 2001
上野遺跡 （舟塚山古墳群）	方形周溝墓？		1998 年発掘	壺形		土生 2000
佐自塚古墳	前方後円墳	58	1963 年発掘	器台形・壺形	粘土槨，土師器・玉類・櫛・刀子	後藤・大塚 1957， 佐自塚古墳調査団 1963， 大塚 1972，斎藤 1974， 塩谷 1989，西宮 1994， 田中・日高 1996，斉藤 2004，土筆舎 2008
丸山 4 号墳	前方後円墳	35	1952・54 年発掘 2007 年測量	円筒・形象（人物）	横穴式石室，須恵器（鏡・玉類・板金・金環・剣・鉾・鏃・馬具・冠？）	後藤・大塚 1957， 茨城県教育委員会 1982 黒澤・平賀 2004 （　）は『新編常陸国誌』による
柿岡西町古墳	円墳	不明		円筒・形象（人物・鹿・家など）		後藤・大塚 1957 黒澤・平賀 2004
須釜堀内遺跡			2007 年発掘	円筒		小杉山 2007

参考：二重口縁壺出土・採集古墳

古墳名	墳形	墳丘長	調査歴	埴輪種類	備考	文献
二子塚遺跡 （染谷古墳群）	不明			二重口縁壺		西宮・滝田 1968
長堀 2 号墳	前方後方墳	46	1972 年測量	二重口縁壺		後藤・大塚 1957， 早稲田大学考古学研究室 1973
長堀 6 号墳	前方後円墳	43		二重口縁壺	後藤・大塚 1957 の 8 号墳か	後藤・大塚 1957， 小杉山 2007

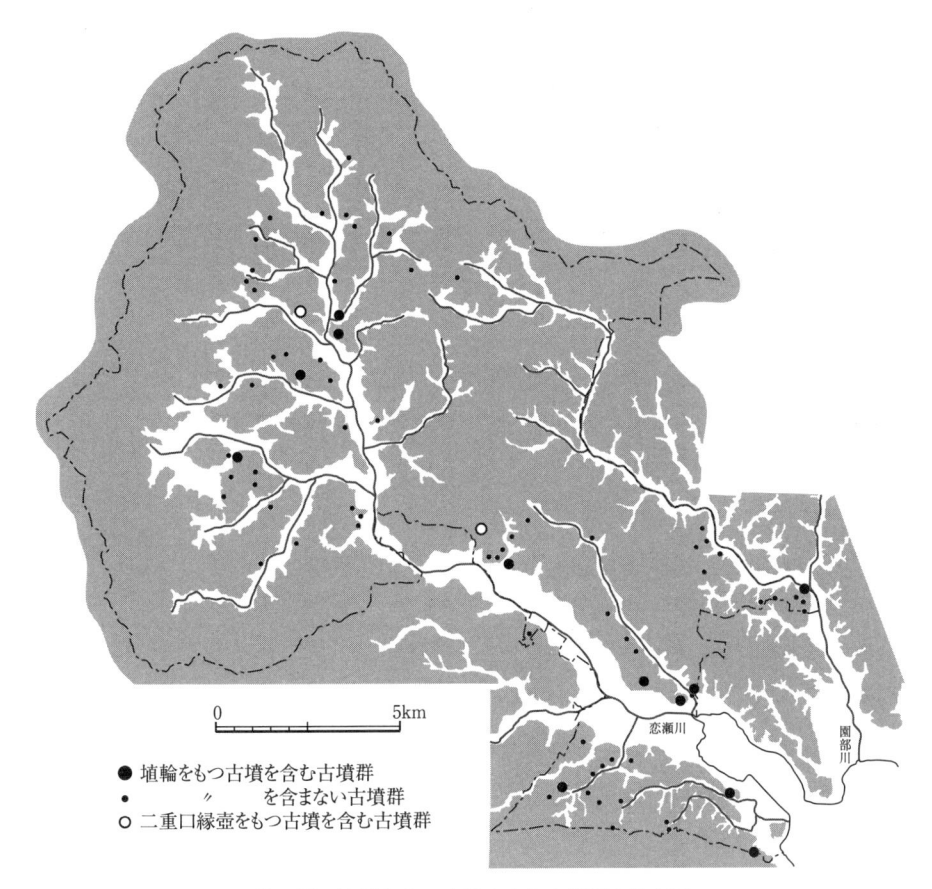

第7図　埴輪をもつ古墳を含む古墳群の分布図

　埴輪をもつ古墳の分布　第7図は、埴輪をもつ古墳を含む古墳群を大きなドットで、その他の古墳群を小さなドットで示したものである。なお、石岡市で埴輪をもつ古墳は第1表の通りである。

　その分布をみると、概ね第4図の「大型古墳」の分布と近いようである。だが、水内古墳群や高根古墳群といった「大型古墳」が存在しない古墳群においても埴輪が確認されている点は注目される。また、黒斑があり野焼き焼成と考えられるのは、舟塚山古墳群とぜんぶ塚古墳群のみであり、ともに恋瀬川河口付近にあたる。

　その他、二重口縁壺・壺形埴輪が確認されているのは、舟塚山古墳群（上野遺跡）、染谷古墳群（二子塚遺跡）、「柿岡古墳群」（佐自塚古墳、長堀古墳群）である（第6図・第7図）。いずれも、恋瀬川流域であり、河口・中流部・上流部と一定間隔をおいて、点在している。

　時期別の分布　第8図〜第11図は各時期と考えられる古墳を含む古墳群について、ドットを落としたものである。なお、現在確認されている古墳のなかには、石棺・横穴式石室材と考えられる石材の露出しているものがある。それらは部分的なことから、詳細な時期は不明なものがほとんどであるが、当地域における石棺・横穴式石室の導入・変遷を考えると（石橋1995・2001）、後期・終末期の所産と考えて大過ないであろう。これらについては、第10図・第11図について、グレーのドットを落とし、分布の参考とした。

　まず、前期を見ると、恋瀬川河口付近の舟塚山古墳群、恋瀬川中流の染谷古墳群、後生車古墳群、さらに恋瀬川を遡った「柿岡古墳群」と、恋瀬川流域に点々と分布が見られる。とりわけ、「柿岡古墳群」における集中が注目される。

　中期には、舟塚山古墳群において、東日本第2位の規模を誇る墳丘長186mの舟塚山古墳（第5図1）や墳丘長38mのぜんぶ塚古墳（第5図4）が造営される。だが、そのほかの古墳の様相については、よくわかっていない。中期と想定される古墳を含むのは、このわずか2古墳群だが、それらは霞ヶ浦沿岸、それも恋瀬川の河口付近であることは注目される[7]。

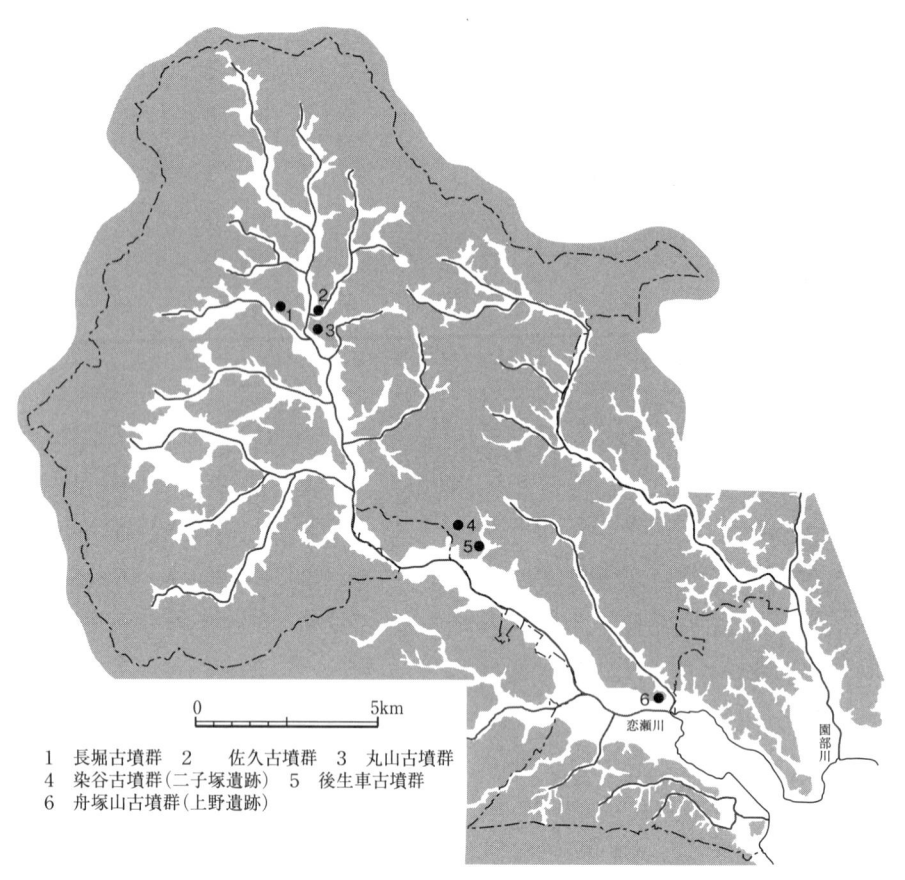

1 長堀古墳群　2 佐久古墳群　3 丸山古墳群
4 染谷古墳群（二子塚遺跡）　5 後生車古墳群
6 舟塚山古墳群（上野遺跡）

第8図　前期古墳・周溝墓を含む古墳群の分布図

1 舟塚山古墳群　2 ぜんぶ塚古墳群

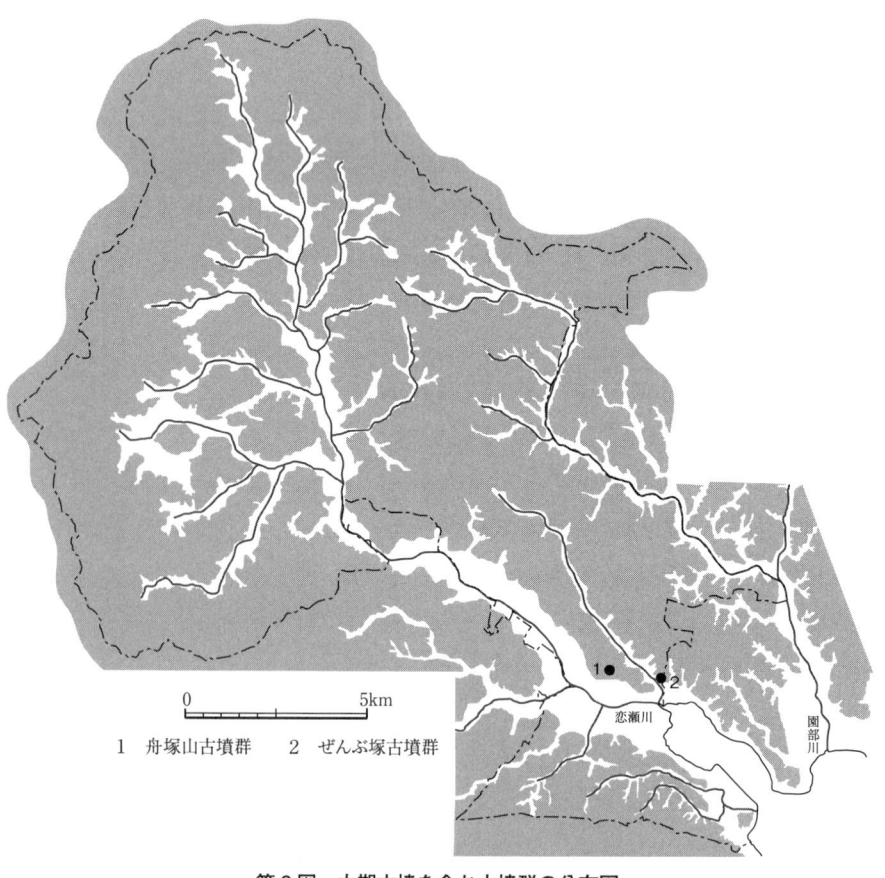

第9図　中期古墳を含む古墳群の分布図

石岡市域の古墳群　　121

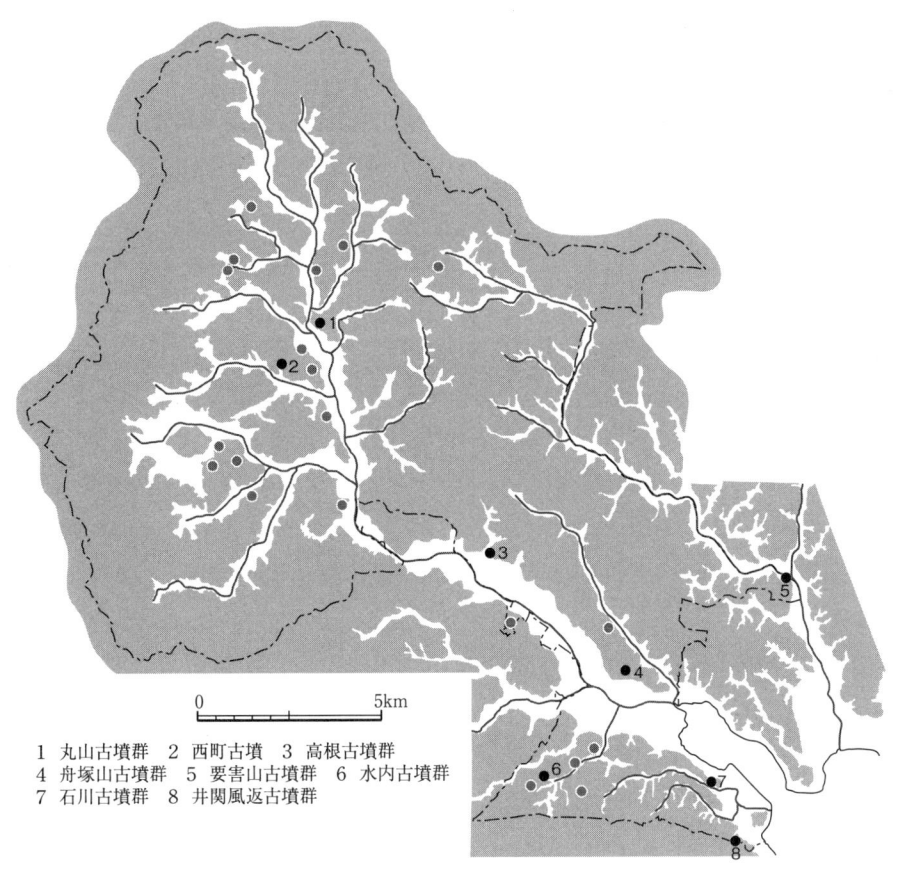

1　丸山古墳群　　2　西町古墳　　3　高根古墳群
4　舟塚山古墳群　5　要害山古墳群　6　水内古墳群
7　石川古墳群　　8　井関風返古墳群

第10図　後期古墳を含む古墳群の分布図

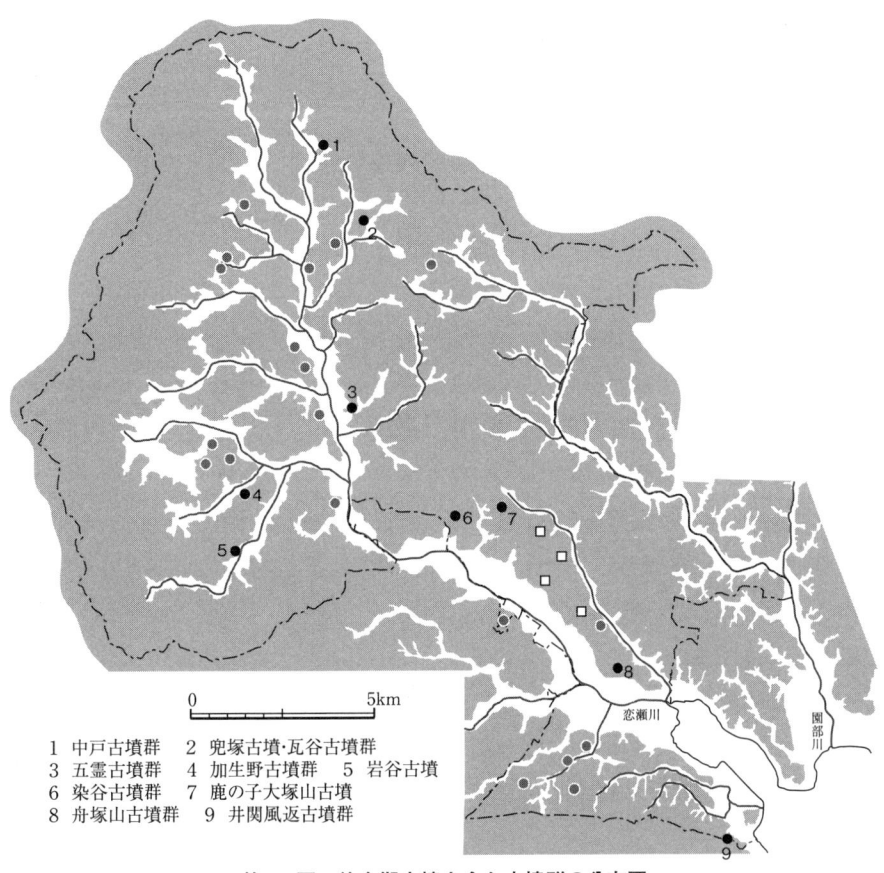

1　中戸古墳群　　2　兜塚古墳・瓦谷古墳群
3　五霊古墳群　　4　加生野古墳群　5　岩谷古墳
6　染谷古墳群　　7　鹿の子大塚山古墳
8　舟塚山古墳群　9　井関風返古墳群

第11図　終末期古墳を含む古墳群の分布図

なお、「柿岡古墳群」の長堀古墳群では、前期の前方後方墳・前方後円墳のほか、それに後続すると考えられる前方後円墳が存在し、中期まで造墓活動が継続していた可能性がある（稲村1985）。

ところで、霞ヶ浦沿岸では、中期から後期初頭の首長墓の多くは低地に造営されているという（日高1998）。今のところ、石岡市ではそのような傾向は確認できていないが、該期の集落跡は、旧八郷町中溝遺跡（西宮1997）や柿岡池下遺跡（小川・小杉山2007）など、低地から微高地にかけて確認されている。

後期になると、古墳の数は増大し、霞ヶ浦沿岸を中心に恋瀬川・園部川といった主要河川の流域に分布が認められる。

舟塚山古墳群では、墳丘長96.6mの府中愛宕山古墳（第5図2）が後期初頭に造営されたと考えられるが、その後の展開についてはよくわかっていない。その他、園部川流域の要害山古墳群でも墳丘長75mの要害山1号墳（第5図3）が造営される。

なお、この時期は、旧玉里村の「玉里古墳群」において異常とも言える前方後円墳・帆立貝形古墳の集中が見られる（小林・石川・佐々木2005）。対岸にあたる出島半島でも造墓活動が活発化しているが、前方後円墳は確認されておらず、石川1号墳（墳丘径50mの円墳）や井関風返3号墳（墳丘径42mの円墳）のように、「大型円墳」である点は注意される。

終末期になると、旧八郷町北部の中戸古墳（西宮1992）や南部の岩谷古墳（相田1993）のように、各河川の支流沿いのやや奥まったところにも分布が広がるようである。また、時期不明古墳が多いが、旧八郷町においては、この時期に古墳数のピークがありそうである[8]。となると、霞ヶ浦沿岸から内陸部へという分布の集中の変化が認められることになる。このような変化は旧玉里村や旧霞ヶ浦町でも認められており（玉里村村内遺跡分布調査団2004、日高2001）、注意する必要がある。

3．古墳群の具体相

(1) 舟塚山古墳群（第13図・第2表）

恋瀬川北岸、霞ヶ浦を望む台地上に位置する、総数41基からなる古墳群である。先述の墳丘長186mの舟塚山古墳（16号墳）（大塚・小林1964、山内・瓦吹1972）や墳丘長96.6mの前方後円墳である府中愛宕山古墳（6号墳）（諸星・松本1980）が特に注目され、中期〜後期の古墳群というイメージが強い。しかし、古墳群中の上野遺跡では溝より古墳時代前期の底部穿孔の壺形土器が出土しており、方形周溝墓の可能性が指摘されている（第6図2・3、土生2000）。また、トレンチ調査のみだが、横穴式石室（石棺系石室）をもつ方墳（天王塚古墳・7号墳）や箱式石棺で床面

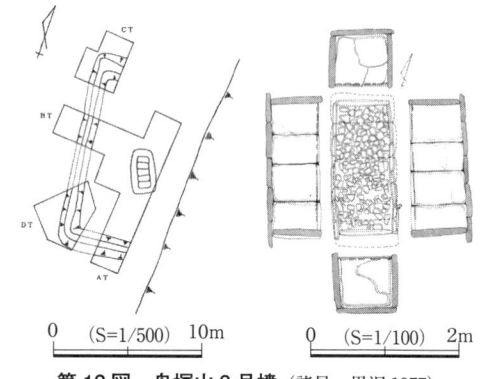

第12図　舟塚山9号墳（諸星・黒沢1977）

には礫が敷き詰められた終末期と考えられる方墳（9号墳、第12図）も確認されており、古墳時代前期から終末期まで造墓活動の確認できる古墳群である。その活動は現在の資料からは断続的な様相しかわからないが、未調査古墳の多さを考えると、千葉隆司の指摘するように前期から終末期まで継続的な造墓活動が行われていた可能性もある（千葉2007）。

(2) 染谷古墳群（第16図・第3表）

恋瀬川北岸の台地上に位置する、総数41基からなる古墳群である。いわゆる雲母片岩の産出地である竜神山の南東麓にあたる。発掘調査が行われた4基の主体部は横穴式石室（石棺系石室）であり、墳形は不明の1基を除くと、方墳であった（第14図、安藤・箕輪1990、松田1990、箕輪1995）。また、埴輪は一切確認されておらず、終末期を中心とした古墳群と考えられる。

しかし、古墳群中の二子塚遺跡からは、底部穿孔の壺形土器も出土しており（第6図1、西宮1968）、また方形周

第13図　舟塚山古墳群（石岡市文化財関係資料編纂会 1995）

溝墓も確認されている（安藤 1994）。そのほか、隣接する宮平遺跡からは、古墳時代後期の住居跡からだが、巴形銅器が出土している（第15図、安藤 1989a・b、箕輪 2002）。

(3)　「柿岡古墳群」（第17図・第4表）

「柿岡古墳群」とは、『常陸丸山古墳』（後藤・大塚 1957）において使用された名称である。八郷盆地中央部、恋瀬川流域に所在する古墳群の総称であり、現在の丸山古墳群・佐自塚古墳・長堀古墳群・下宿古墳群・柿岡西町古墳・和尚塚古墳にあたる。後藤・大塚 1957 では、支群ごとに様相が整理されたが、それは概ね現在の古墳群に対応する。だが、その後の開発による湮滅などもあり、現在の市教育委員会による呼称と、後藤・大塚 1957 とでは一部異なっている。

また、この古墳群の一部は、2007 年に明治大学によって分布調査が行われ、新たに発見された古墳も存在する。だが、未報告のため、今回は後藤・大塚 1957 にしたがって整理したい。また、古墳の呼称についても、混乱をさけるため、基本的に後藤・大塚 1957 の呼称に従い、備考欄にて現在の呼称を補足的に記した。明治大学による分

第2表　舟塚山古墳群一覧

古墳名	墳形	墳丘長	調査歴	時期	備考	文献
舟塚山1号墳 （園部塚古墳？）	円墳	3.7				
舟塚山2号墳 （園部塚古墳？）	円墳	5				
舟塚山3号墳 （権現山2号墳 権現山古墳）	円墳	25.5			石棺露出	
舟塚山4号墳 （権現山1号墳 佐太郎塚）	円墳	8			石棺露出，埴輪 刀剣・金環・土器片・勾玉・管玉？	
舟塚山5号墳 （物見塚古墳）	円墳	10			石棺あり？，埴輪	
舟塚山6号墳 （府中愛宕山古墳）	前方後円墳	96.6	1897年発掘 1979年発掘	中期〜後期	埴輪，土師器壺？	諸星・松本1980
舟塚山7号墳 （天王塚古墳）	方墳	19	2002年発掘	終末期？	半壊，横穴式石室？	
舟塚山8号墳 （平足塚古墳）	前方後円墳？	90？			半壊，舟形埴輪？	
舟塚山9号墳	方墳	10	1976年発掘	終末期	石棺，人骨2体，湮滅	諸星・黒沢1977
舟塚山10号墳	不明	不明	1977年発掘		箱式石棺，直刀・馬具・刀子・金環・玉類・人骨，湮滅	諸星・黒沢1978
舟塚山11号墳	前方後円墳？	20？			湮滅	
舟塚山12号墳	円墳	19	1977年発掘		湮滅，箱式石棺（礫床），玉類・人骨	諸星・黒沢1978
舟塚山13号墳	円墳	10			埴輪	
舟塚山14号墳	円墳	11.5	2000年発掘		箱式石棺露出 石製模造品・土師器・埴輪	
舟塚山15号墳	円墳	20			湮滅	
舟塚山16号墳 （舟塚山古墳）	前方後円墳	186	1963年発掘 1972年発掘	中期	土師器・埴輪	大塚・小林1964 山内・瓦吹1972
舟塚山17号墳	円墳	13.5	1972年発掘	中期	壺形土器・短甲・盾・直刀	山内・瓦吹1972, 櫻井2006
舟塚山18号墳	円墳	9				
舟塚山19号墳	円墳	17.8				
舟塚山20号墳	円墳	9.5				
舟塚山21号墳 （大日如来古墳 大日塚古墳 手子后古墳）	前方後円墳？	90？			半壊	
舟塚山22号墳 （古舘古墳）	円墳	12.5				
舟塚山23号墳	円墳	14.5			半壊	
舟塚山24号墳	円墳？	4.1			石棺露出，ほぼ消滅	
舟塚山25号墳	不明	不明			箱式石棺，金環2・人骨3，湮滅	
舟塚山26号墳	不明	不明				
舟塚山27号墳	不明	不明			明治33年小学校建築の際、箱式石棺6基発見。 刀剣・鉄鏃・勾玉・人骨出土。 湮滅	
舟塚山28号墳	不明	不明				
舟塚山29号墳	不明	不明				
舟塚山30号墳	不明	不明				
舟塚山31号墳	不明	不明				
舟塚山32号墳	不明	不明			昭和8年小学校再建の際、箱式石棺5基発見。 湮滅	
舟塚山33号墳	不明	不明				
舟塚山34号墳	不明	不明				
舟塚山35号墳	不明	不明				
舟塚山36号墳	不明	不明				
舟塚山37号墳	円墳	8				
舟塚山38号墳 （対馬塚古墳）	不明	不明			湮滅	
舟塚山39号墳 （権現山3号墳）	円墳？	10				
舟塚山40号墳 （権現山4号墳）	円墳	5.2				
舟塚山41号墳 （権現山5号墳）	円墳	3.2				

文献欄に記入のないものは、石岡市史編集委員会1979・石岡市遺跡分布調査会2001による。

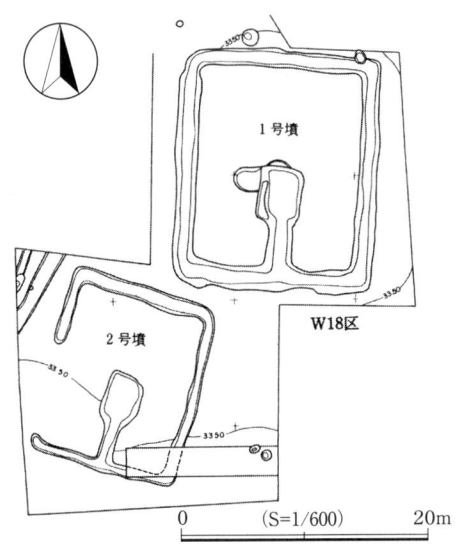

第14図　染谷1号墳・2号墳（松田1990）

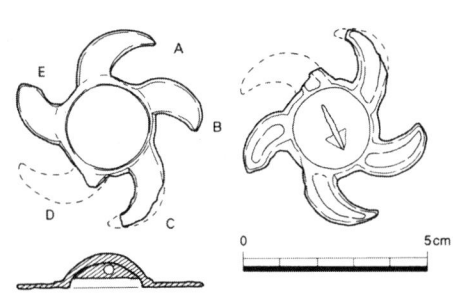

第15図　宮平遺跡巴形銅器（箕輪2002）

第16図　染谷古墳群（箕輪1995）

第3表　染谷古墳群一覧

古墳名	墳形	墳丘長	調査歴	時期	備考	文献
染谷1号墳	方墳	18.5	1989年発掘	終末期	湮滅，横穴式石室	安藤・箕輪1990，松田1990
染谷2号墳	方墳	14.7	1989年発掘	終末期	湮滅，横穴式石室	安藤・箕輪1990，松田1990
染谷3号墳	円墳	10				箕輪1995
染谷4号墳	円墳	15			前方後円墳の可能性あり	箕輪1995
染谷5号墳	円墳	13				箕輪1995
染谷6号墳	円墳	6.2				箕輪1995
染谷7号墳	円墳	6.2				箕輪1995
染谷8号墳	円墳	7.5				箕輪1995
染谷9号墳	円墳	3.5				箕輪1995
染谷10号墳	円墳	8.5				箕輪1995
染谷11号墳	円墳	17				箕輪1995
染谷12号墳	円墳	不明			湮滅，石棺露出	箕輪1995
染谷13号墳	円墳	6.5			箱式石棺，勾玉3個・人骨	箕輪1995
染谷14号墳（道祖神1号墳）	方墳	11	1993～94年発掘	終末期	湮滅，横穴式石室	箕輪1995
染谷15号墳（道祖神2号墳）	不明	不明	1993～94年発掘	終末期	湮滅，横穴式石室	箕輪1995
染谷16号墳	不明	不明			湮滅	箕輪1995
染谷17号墳	不明	不明			湮滅	箕輪1995
染谷18号墳	不明	不明			湮滅	箕輪1995
染谷19号墳	不明	不明			湮滅	箕輪1995
染谷20号墳	円墳	19				箕輪1995
染谷21号墳	不明	不明			湮滅	箕輪1995
染谷22号墳	円墳	28				箕輪1995
染谷23号墳	不明	不明			湮滅	箕輪1995
染谷24号墳	不明	不明			湮滅	箕輪1995
染谷25号墳	円墳	24				箕輪1995
染谷26号墳	円墳	11				箕輪1995
染谷27号墳（薬師堂古墳）	円墳	40				箕輪1995
染谷28号墳	円墳	2.7			人骨出土	箕輪1995
染谷29号墳	円墳	16.6			石材露出	箕輪1995
染谷30号墳	円墳	18				箕輪1995
染谷31号墳	円墳	11				箕輪1995
染谷32号墳	円墳	4.5			湮滅	箕輪1995
染谷33号墳	不明	不明			湮滅，石材露出	
染谷34号墳	円墳	3.8				
染谷35号墳	円墳	21				
染谷36号墳	円墳	19				
染谷37号墳	円墳	12				
染谷38号墳	円墳	15				
染谷39号墳	円墳	10				
染谷40号墳	円墳	3.6				
染谷41号墳	円墳	11				

文献欄に記入のないものは、石岡市史編集委員会1979・石岡市遺跡分布調査会2001による。

布調査成果の報告後、改めて整理を行いたい。

　この古墳群の特徴としては、丸山・佐久・長堀という3支群において、前期古墳が確認されている点があげられる。とりわけ長堀支群では、前方後方墳である長堀2号墳（第5図7）のほか、前方後円墳である長堀6号墳（後藤・大塚1957の8号墳か）でも、二重口縁壺などが採集されており（第6図5、小杉山2007）、前期の造営と考えられる。常陸屈指の前期古墳集中域と言える。

　中期古墳は確認されていないが、先述のように長堀古墳群では造墓活動が継続していた可能性がある。

　後期になると、円筒埴輪を囲繞し、横穴式石室を内蔵する丸山4号墳（第5図8・第18図）や、豊富な形象埴輪が出土した西町古墳、さらには箱式石棺を主体部とする中小古墳が造営される。

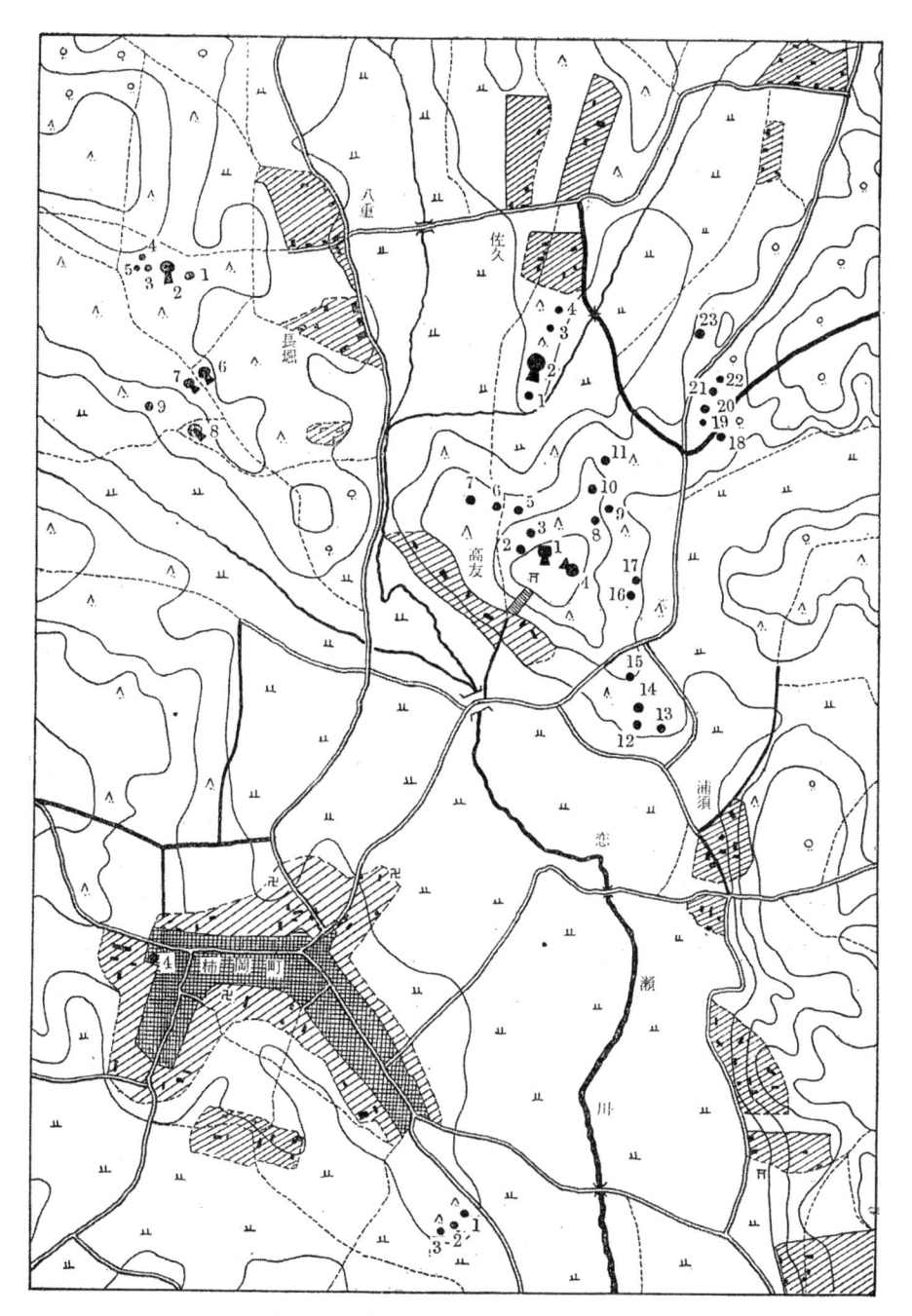

第 17 図 「柿岡古墳群」（後藤・大塚 1957）

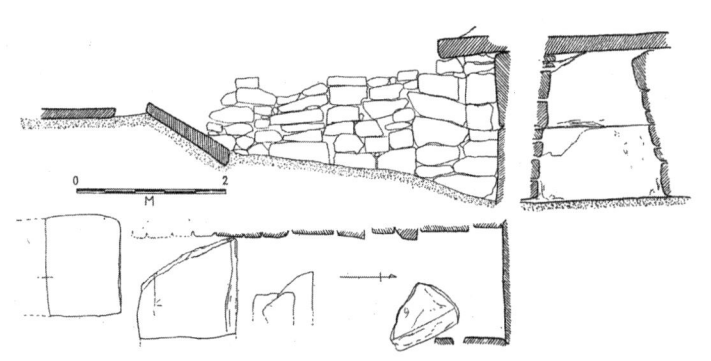

第 18 図 丸山 4 号墳石室（後藤・大塚 1957）

第4表 「柿岡古墳群」一覧

	古墳名	墳形	墳丘長	調査歴	時期	備考	文献
丸山支群	丸山1号墳（丸山古墳）	前方後方墳	55	1952年発掘	前期	粘土床，鏡・玉類・銅鏃・鉄刀・鉄剣・鉄槍・刀子	後藤・大塚1957
	丸山2号墳	円墳	不明				後藤・大塚1957
	丸山3号墳	円墳？	10	1952年発掘			後藤・大塚1957
	丸山4号墳（二子塚古墳）	前方後円墳	35	1952・54年発掘 2007発掘	後期	横穴式石室，埴輪・須恵器（鏡・玉類・板金・金環・剣・鉾・鏃・馬具・冠？）	後藤・大塚1957, 茨城県教育委員会1982 黒澤・平賀2004 ()は『新編常陸国誌』による
	丸山5号墳	円墳	20				後藤・大塚1957
	丸山6号墳	円墳	18				後藤・大塚1957
	丸山7号墳	円墳	19			石棺？	後藤・大塚1957
	丸山8号墳	円墳	12				後藤・大塚1957
	丸山9号墳	円墳	不明			鉄刀1？	後藤・大塚1957
	丸山10号墳	円墳	15	1952年発掘		箱式石棺，鉄鏃	後藤・大塚1957
	丸山11号墳	円墳	15		後期	箱式石棺（造付枕状粘土施設あり），鉄刀	後藤・大塚1957
	丸山12号墳	円墳	11.5				後藤・大塚1957
	丸山13号墳	円墳	11.5		後期	裾部に箱式石棺 鉄刀3・刀子1・鉄鏃7	後藤・大塚1957
	丸山14号墳	円墳	28			埴輪（円筒・人物）？	後藤・大塚1957
	丸山15号墳	円墳	14				後藤・大塚1957
	丸山16号墳	円墳	不明				後藤・大塚1957
	丸山17号墳	円墳	15			箱式石棺，鉄刀4・鉄鏃4	後藤・大塚1957
	丸山18号墳	円墳	不明				後藤・大塚1957
	丸山19号墳	円墳	3			石棺？	後藤・大塚1957
	丸山20号墳	円墳	13.5				後藤・大塚1957
	丸山21号墳	円墳	8.5				後藤・大塚1957
	丸山22号墳	円墳	2.3				後藤・大塚1957
	丸山23号墳	円墳	20				後藤・大塚1957
佐久支群	佐久1号墳	円墳	15.5				後藤・大塚1957
	佐久2号墳（佐自塚古墳）	前方後円墳	58	1963年発掘	前期	粘土槨，埴輪・土師器・玉類・櫛・刀子	後藤・大塚1957, 佐自塚古墳調査団1963, 大塚1972, 斎藤1974, 塩谷1989, 西宮1994, 田中・日高1996, 斉藤2004, 土筆舎2008
	佐久3号墳	円墳	15				後藤・大塚1957
	佐久4号墳	円墳	5				後藤・大塚1957
長堀支群	長堀1号墳	円墳	27.5				後藤・大塚1957
	長堀2号墳	前方後方墳	46	1972年測量	前期	土師器（壺）	後藤・大塚1957, 早稲田大学考古学研究室1973
	長堀3号墳	円墳	15				後藤・大塚1957
	長堀4号墳	円墳	15				後藤・大塚1957
	長堀5号墳	円墳	15				後藤・大塚1957
	長堀6号墳	前方後円墳	37			前方部削平	後藤・大塚1957
	長堀7号墳	前方後円墳	32			粘土床？ 前方部一部削平	後藤・大塚1957
	長堀8号墳	前方後円墳	43		前期	現在の長堀6号墳か，土師器（壺ほか），前方部削平	後藤・大塚1957, 小杉山2007
	長堀9号墳	円墳	15				後藤・大塚1957
柿岡町支群	柿岡1号墳	円墳	20			現在の下宿古墳群，湮滅	後藤・大塚1957
	柿岡2号墳	方墳？	15			現在の下宿古墳群，湮滅	後藤・大塚1957
	柿岡3号墳	円墳	10			現在の下宿古墳群，湮滅	後藤・大塚1957
	柿岡4号墳（西町古墳）	円墳	不明		後期	現在の西町古墳，埴輪	後藤・大塚1957 黒澤・平賀2004
	和尚塚古墳	円墳	15			石棺？	後藤・大塚1957, 西宮1999

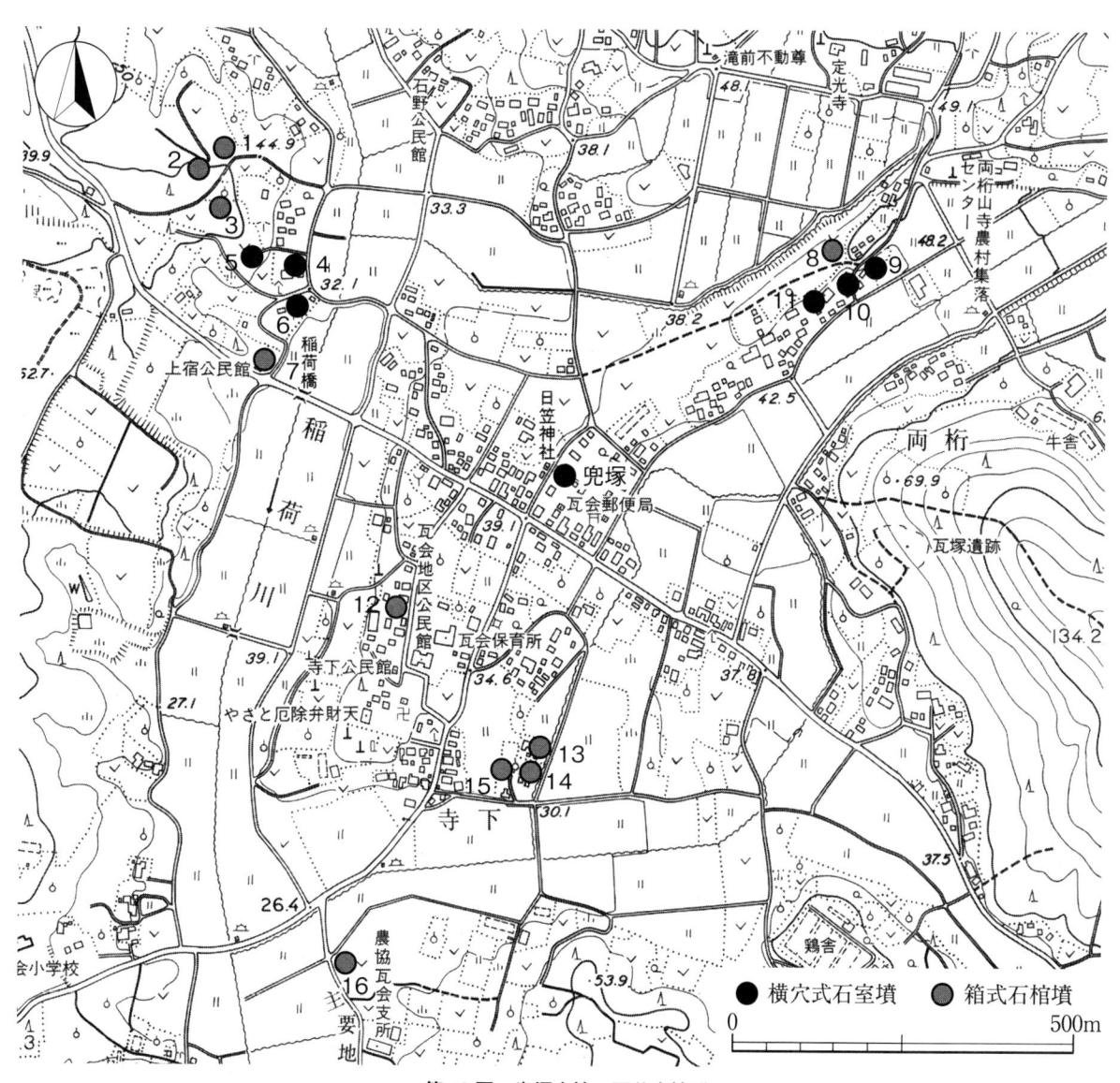

第19図　兜塚古墳・瓦谷古墳群

第5表　兜塚古墳・瓦谷古墳群一覧

古墳名	墳形	墳丘長	調査歴	時期	備考	文献
瓦谷1号墳	不明	不明	昭和30年代発見		箱式石棺，人骨	西宮1998
瓦谷2号墳	不明	不明	昭和30年代発見		箱式石棺，人骨	西宮1998
瓦谷3号墳	不明	不明	昭和30年代発見		箱式石棺，人骨	西宮1998
瓦谷4号墳	不明	不明			横穴式石室	西宮1998
瓦谷5号墳	不明	不明			横穴式石室？	西宮1998
瓦谷6号墳	不明	不明			横穴式石室	西宮1998
瓦谷7号墳	不明	不明			箱式石棺	西宮1998
瓦谷8号墳	不明	不明	平成2年頃発見		箱式石棺，人骨2・鉄刀1	西宮1998
瓦谷9号墳	不明	不明			横穴式石室	西宮1998
瓦谷10号墳	不明	不明			横穴式石室	西宮1998
瓦谷11号墳	不明	不明			横穴式石室	西宮1998
瓦谷12号墳	不明	不明			箱式石棺	西宮1998
瓦谷13号墳	不明	不明			箱式石棺，馬具（轡）	西宮1998
瓦谷14号墳	不明	不明			箱式石棺	西宮1998
瓦谷15号墳	不明	不明			箱式石棺	西宮1998
瓦谷16号墳	不明	不明			箱式石棺	西宮1998
兜塚古墳	円墳	23	1898年発掘	終末期	横穴式石室，玉類・金環・銅鋺・鉄鏃・鉄小刀・鉄刀・馬具など。湮滅	野中1898, 齋藤・川上1974, 西宮1994,

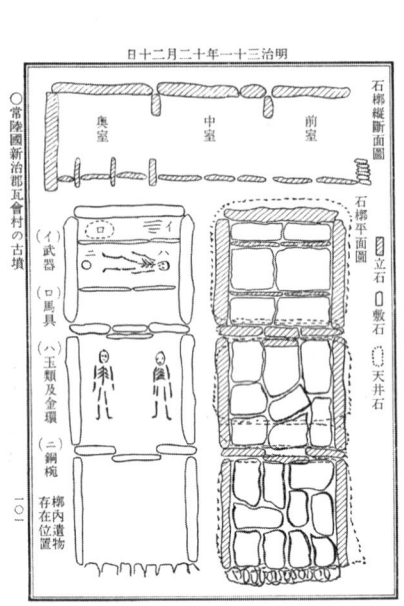

第 20 図　兜塚古墳石室（野中 1898） 　　　　第 21 図　加生野古墳群（茨城県教育委員会 1986）

(4)　兜塚古墳・瓦谷古墳群（第 19 図・第 5 表）

　八郷盆地北部、恋瀬川の支流稲荷川流域に位置する古墳群である。1898 年野中完一らによって調査された兜塚古墳（第 20 図、野中 1898、斎藤・川上 1974）のほか、現在 16 基が確認されている。ほとんどが、主体部と考えられる石材が確認されるのみだが、その石材を見ると、通有の箱式石棺材のほか、厚手の石材を板石状に加工した巨石が認められる。西宮一男は、後者を横穴式石室と考え、箱式石棺墳と横穴式石室墳の立地の差、すなわち横穴式石室墳は台地の縁部・裾部に立地していると指摘している（西宮 1998）。

(5)　加生野古墳群（第 21 図）

　青柳川と小桜川に挟まれた台地上に位置する古墳群である。現在確認できる古墳は 3 基に過ぎない。しかし、昭和 40 年代にはすでに、開墾その他により 20 基弱の石室・石棺が確認されていたようであり、総数 100 基を超す「群集墳」であった可能性が指摘されている（八郷町誌編さん委員会 1970）。なお、昭和 50 年代後半の分布調査では 24 基が確認されている（茨城県教育委員会 1986）。墳形は円墳が主体のようだが、小型前方後円墳の存在も指摘されている（西宮 1994）。

4．小結

　以上の通り、まず 2．では、石岡市における古墳・古墳群を墳形・規模・分布の観点から整理した。次に 3．では、内容が比較的判明している古墳群を取り上げ、その具体相に迫ろうとした。

　だが、はじめに述べた通り、古墳の分布が把握しきれていない現状では、不明な点が多い。また今回は、現在認識されている「古墳群」を基準に整理を行なった。だがそれは、広域な古墳群から単独墳までを含むものであり、同一の基準で「古墳群」「支群」「単位支群」（後藤・相川 1936）、あるいは「単位地域」（秋元・大橋 1988、古屋・草野・五十嵐・西島 2006）といったものを設定する必要があるだろう。無論そのためには、現在の行政区分を越えて、整理し直す必要がある。

　そのほか、各古墳の編年研究も急務である。古墳の構成要素である、墳丘・主体部・副葬品・埴輪・土器など、各要素の編年を整備しなければならない。

　このように課題の列挙には事欠かない。本稿をスタートとし、今後これら課題の乗り越えに努めていきたい。

謝辞

本稿執筆の機会をいただきました、佐々木憲一先生に感謝を申し上げます。また、このような機会をいただけたのも、学生時代、小林三郎先生を研究代表者とする「茨城県霞ヶ浦北岸地域における古墳時代在地首長層の政治的諸関係理解のための基礎研究」に関わることができたからかと思います。今は亡き小林三郎先生に心から感謝を申し上げます。

また、執筆にあたっては、小杉山大輔氏、西島庸介氏から御助言をいただきました。末筆ながら、感謝申し上げます。

注

1) 今回の集成にあたっては、石岡市教育委員会の埋蔵文化財包蔵地調査カード及びその公刊データである、石岡市遺跡分布調査会 2001、西宮 1994・1996・1998、八郷町史編さん委員会 2005 を基本とした。これが現状における悉皆データとなる。それ以前のものとしては、石岡市史編纂委員会 1961・1979、石岡ロータリークラブ創立二十五周年記念事業委員会編 1982、茨城県教育庁社会教育課 1959、茨城県教育委員会 1982・1986、大正大学考古学研究会 1985、八郷町誌編さん委員会 1970 がある。

2) この数値だけを見ると、旧石岡市における集中が読み取れるかもしれない。しかし、旧石岡市では湮滅した古墳についても基本データである埋蔵文化財包蔵地調査カードに記載されているが、一方で旧八郷町では湮滅した古墳について十分な把握はできていない。一例をあげれば、後述する加生野古墳群については総数 100 基を超す「群集墳」であった可能性が指摘されているが（八郷町誌編さん委員会 1970）、現状で把握できるのは 3 基のみであり、今回のデータもこれによっている。そのため、今後の調査の進展により、特に旧八郷町については古墳数が大幅に増加する可能性がある。

3) 地域において墳丘規模を整理したものとしては、千葉県の前・中期古墳を対象とした田中裕の労作がある（田中 2001）。

4) シンポジウムにおいては主丘部と墳丘高を基準に検討を行なったが、これは墳丘高による分類をも意図して作成したものであった。今回はとりあえず墳丘長を基準とし、高さを含めた分類、また時期別といった点については、曾根 2009 にて論じている。

5) この視点でみると、墳丘長 35 m を超える円墳・方墳、下回る前方後円墳というのは、墳形と規模の関係を考える重要な事例となるだろう。特に後者は、「前方後円形小墳」（岩崎 1992）といったことを考えるにあたり、看過できない。

6) 第 1 図をみると、墳丘長 60 m 前後、そして墳丘長 100 m 前後を境として、再び古墳の数は大きく変わる。これらの画期をもって「大型」とし、今回の画期は「中型」とすべきかもしれない。この点は曾根 2009 にて詳論している。

7) 旧玉里村では、中期になると園部川河口付近に分布が集中するという（玉里村村内遺跡分布調査団 2004）。

8) 旧八郷町において埴輪が確認されているのは、前期末の佐自塚古墳を除くと、丸山古墳群と西町古墳、そして須釜堀内遺跡（小杉山 2007）だけである。この点を積極的に評価するならば、その他のほとんどの古墳は埴輪の盛行する以前か以後ということになる。さらに石棺材・石室材の存在を加味すれば、終末期の所産と考えることができる。だが、埴輪の有無は発掘調査により覆ることが多く、また中小古墳については埴輪が樹立されなかった可能性もある。まずは石棺・石室の図化作業を行い、その型式学的編年を整備する必要があろう。

引用・参考文献

相田美樹男 1993「茨城県における後・終末期古墳実測調査 (1)」『婆良岐考古』 第 15 号

秋元陽光・大橋泰夫 1988「栃木県南部の古墳時代後期の首長墓の動向」『栃木県考古学会誌』 第 9 集

新井 悟 2003「霞ヶ浦北岸地域における後期古墳の細分」『シンポジウム 後期古墳の諸段階』 第 8 回東北・関東前方後円墳研究会発表要旨集

安藤敏孝編 1989a『宮平遺跡確認調査報告書』 石岡市教育委員会

安藤敏孝編 1989b『宮平遺跡発掘調査概報』 石岡市教育委員会

安藤敏孝・箕輪健一 1990『峠遺跡確認調査報告書』 石岡市教育委員会

安藤敏孝 1994『二子塚遺跡発掘調査概報』 石岡市教育委員会

石岡市遺跡分布調査会 2001『石岡市遺跡分布調査報告書』 石岡市教育委員会

石岡市史編纂委員会 1961『図説 石岡市史』 石岡市教育委員会

石岡市史編纂委員会 1979『石岡市史 上巻』 石岡市

石岡市文化財関係資料編纂会 1995『石岡市の歴史―歴史の里の発掘 100 年史―』 石岡市教育委員会

石岡ロータリークラブ創立二十五周年記念事業委員会編 1982『語りかける古代の石岡』石岡ロータリークラブ創立二十

五周年記念実行委員会
石橋　充　1995「常総地域における片岩使用の埋葬施設について」『筑波大学先史学・考古学研究』　第6号
石橋　充　2001「筑波山南東麓における6・7世紀の古墳埋葬施設について」『筑波大学先史学・考古学研究』　第12号
伊東重敏　1987『後生車古墳群発掘調査報告書（第2次）』　石岡市教育委員会
稲村　繁　1985「茨城県霞ヶ浦北西部における前方後円墳の変遷―埴輪を中心として―」『史学研究集録』　第10号
茨城県教育庁社会教育課　1959『茨城県古墳総覧』
茨城県教育委員会　1982『重要遺跡調査報告書Ⅰ』
茨城県教育委員会　1986『重要遺跡調査報告書Ⅲ』
岩崎卓也　1992「関東地方東部の前方後円形小墳」『国立歴史民俗博物館研究報告』　第44集
海老沢　稔　1988『要害山古墳発掘調査報告書（要害山3号墳）』　石岡市教育委員会
大塚初重・小林三郎　1964「舟塚山古墳の性格」『考古学手帖』　22
大塚初重　1972「佐自塚古墳出土の土器」『土師式土器集成』　本編2
大塚初重　1974「舟塚山古墳」「愛宕山古墳」『茨城県史料』　考古資料　古墳時代　茨城県史編さん原始古代史部会
大塚初重　1974「丸山古墳」『茨城県史料』　考古資料　古墳時代　茨城県史編さん原始古代史部会
小川和博・小杉山大輔　2007『柿岡池下遺跡　発掘調査報告書』　石岡市教育委員会
車崎正彦　1976「常陸舟塚山古墳の埴輪」『古代』　第59・60号
黒澤彰哉・平賀康意　2004『茨城の形象埴輪―県内出土形象埴輪の集成と調査研究―』　茨城県立歴史館
小杉山大輔　2007『市内遺跡調査報告書　第2集』　石岡市教育委員会
小杉山大輔・曾根俊雄　2008『市内遺跡調査報告書　第3集』　石岡市教育委員会
後藤守一・相川龍雄　1936『多野郡平井村白石稲荷山古墳』　群馬県史蹟名勝天然記念物調査報告第3冊
後藤守一・大塚初重　1957『常陸丸山古墳』　丸山古墳顕彰会
後藤孝行　2005『石岡別所遺跡――一般県道石岡つくば線道路改良工事地内埋蔵文化財調査報告書―』　茨城県教育財団
小林三郎　2000「調査の成果」『玉里村権現山古墳発掘調査報告書』　玉里村教育委員会
小林三郎・石川日出志・佐々木憲一　2005『茨城県霞ヶ浦北岸地域における古墳時代在地首長層の政治的諸関係理解のための
　　基礎研究』　平成13～16年度科学研究費補助金研究成果報告書　明治大学考古学研究室
斉藤　新　2004「佐自塚古墳採集の器台形円筒埴輪について」『埴輪研究会誌』　8
齋藤　忠・川上博義　1974「兜塚古墳」『茨城県史料』　考古資料　古墳時代　茨城県史編さん原始古代史部会
齋藤　忠　1974「佐自塚古墳」『茨城県史料』　考古資料　古墳時代　茨城県史編さん原始古代史部会
櫻井久之　2006「鍵手文の盾―文様から見た石上神宮鉄盾の出現背景」『大坂歴史博物館研究紀要』　第5号
佐自塚古墳調査団　1963『佐自塚古墳調査概報―茨城県新治郡八郷町大字佐久―』
塩谷　修　1989「佐自塚古墳」『古墳時代前半期の古墳出土土器の検討』　第25回埋蔵文化財研究集会
曾根俊雄　2005「玉里古墳群の墳丘について―系譜整理を中心に―」『茨城県霞ヶ浦北岸地域における古墳時代在地首長層の
　　政治的諸関係理解のための基礎研究』　平成13～16年度科学研究費補助金研究成果報告書　明治大学考古学研究室
曾根俊雄　2009「古墳の規模を考える―「大型古墳」抽出の試み―」『婆良岐考古』　第31号
大正大学考古学研究会　1985『鴨台考古』　第4号（茨城県出島半島における考古学的調査報告Ⅱ）
田中広明　1988「霞ヶ浦の首長―茨城県出島半島をめぐる古墳時代研究―」『婆良岐考古』　第10号
田中裕・日高慎　1996「茨城県出島村田宿天神塚古墳の測量調査」『筑波大学先史学・考古学研究』　7
田中　裕　2001「編年的研究にみる前期古墳の展開」『千葉県文化財センター研究紀要』　21
田中　裕　2003「五領式から和泉式への転換と中期古墳の成立」『帝京大学山梨文化財研究所研究報告』　第11集
田中　裕　2006「いわゆる「首長墓系譜研究」小考」『墓場の考古学』　第13回東海考古学フォーラム
玉里村村内遺跡分布調査団　2004『玉里の遺跡―玉里村村内遺跡分布調査報告書―』　玉里村教育委員会
千葉隆司編　2000『風返稲荷山古墳』　霞ヶ浦町教育委員会
千葉隆司　2007「霞ヶ浦と他界観―富士見塚1号墳出土埴輪にみる線刻舟からの天鳥船思想―」『婆良岐考古』　第29号
土筆舎　2008「点景をつなぐ―古墳踏査学による常総古式古墳の理解―」『土筆』　第10号
西宮一男・滝田源三郎　1968「茨城県石岡市染谷出土の壺形土器」『茨城考古学』　第1号
西宮一男　1992『中戸古墳』　八郷町教育委員会

西宮一男 1994『八郷町遺跡台帳No.1』 八郷町教育委員会
西宮一男 1996『八郷町遺跡台帳No.2』 八郷町教育委員会
西宮一男 1997『下林・中溝遺跡（付五霊古墳群）』 八郷町教育委員会
西宮一男 1998『八郷町遺跡台帳No.3』 八郷町教育委員会
西宮一男 1999『柿岡・和尚塚地内埋蔵文化財確認調査報告』 八郷町教育委員会
野中完一 1898「常陸国新治郡瓦会村の古墳」『東京人類学雑誌』 14-153
原　智之 2001「石岡市域の古墳群について」『石岡市遺跡分布調査報告書』 石岡市教育委員会
土生朗治 2000「茨城県石岡市上野遺跡出土壺形土器について」『山武考古学研究所年報』 No.18
日高　慎 1998「茨城県　前期古墳から中期古墳へ」『シンポジウム　前期古墳から中期古墳へ』 第3回東北・関東前方後円墳研究会発表要旨集
日高　慎 2001「古墳時代」『茨城県新治郡霞ヶ浦町分布調査報告書―遺跡地図編―』 霞ヶ浦町教育委員会・筑波大学考古学研究室
古屋紀之・草野潤平・五十嵐祐介・西島庸介 2006「関東における後期・終末期古墳群の地域動態研究―下野南部を中心とした古墳集成―」『古代学研究所』 第3集
堀越　徹 1986『後生車古墳群発掘調査報告書』 石岡市教育委員会
松田政基 1990『峠遺跡発掘調査報告書』 石岡市教育委員会
松田政基 1994『鹿の子遺跡発掘調査報告書　精神薄弱者授産施設に伴う事前調査』 石岡市教育委員会
箕輪健一 1995『道祖神古墳発掘調査報告（染谷古墳群の調査）』 石岡市教育委員会
箕輪健一 2002「茨城県石岡市宮平遺跡出土の巴形銅器について」『婆良岐考古』 第24号
茂木雅博・塩谷修・稲村繁 2002『常陸の円筒埴輪』 茨城大学人文学部考古学研究報告第5冊
諸星政得・黒澤彰哉 1977『舟塚山周辺古墳群発掘調査報告書1』 石岡市教育委員会
諸星政得・黒澤彰哉 1978『舟塚山古墳群（10・12号墳）発掘調査報告書Ⅱ』 石岡市教育委員会
諸星政得・松本裕治 1980『府中愛宕山古墳周濠発掘調査報告』 石岡市教育委員会
諸星政得 1982『ぜんぶ塚（九十九塚）古墳発掘調査報告書』 石岡市教育委員会
山内昭二・瓦吹堅 1972『舟塚山古墳周濠調査報告書』 石岡市教育委員会
八郷町誌編さん委員会 1970『八郷町誌』 八郷町
八郷町史編さん委員会 2005『八郷町史』 八郷町
早稲田大学考古学研究室 1973「福田古墳群第9号墳・長堀古墳群第2号墳・柏崎古墳群富士見塚古墳の測量調査報告」『茨城考古学』 5

No.	遺跡名	所在地	前方後円墳	円墳	方墳	前方後方墳	不明	前期	中期	後期	終末期	特記事項
\multicolumn{13}{l}{恋瀬川流域}
170	下川古墳	石岡市高浜		1								
169	ぜんぶ塚古墳群	石岡市東田中	1	2			1		■			1号墳:墳丘長38mの前方後円墳(中期)
153	舟塚山古墳群	石岡市高浜・北根本	5	20	2		14	■	■	■		方形周溝墓?あり(壺形埴輪出土),6号墳:墳丘長96.6mの前方後円墳(後期初),16号墳:墳丘長186mの前方後円墳(中期)
149	田崎古墳	石岡市田崎		1								
110	茨城古墳	石岡市茨城		1						▨		径42mの円墳
104	愛宕神社古墳	石岡市貝地		1								
144	別所古墳群	石岡市石岡	1	9						▨		3号墳:残存長20.8mの前方後円墳
53	高根古墳群	石岡市染谷		2						■		2号墳:埴輪・箱式石棺
46	白銀古墳群	石岡市鹿の子字白金		2								
52	後生車古墳群	石岡市染谷	1	11				■				方形周溝墓あり,12号墳:残存長23mの前方後円墳
48	新地古墳	石岡市染谷			1							
51	永作古墳群	石岡市染谷字後生車	1	2								1号墳:墳丘長28mの前方後円墳
50	鹿島神社古墳群	石岡市染谷字上の宮		2								
18	染谷古墳群	石岡市染谷		29	3		9	■		▨	▨	方形周溝墓あり,石棺系石室4基,27号墳:径40mの円墳
117	塚原古墳	石岡市半田字塚原					1					
17	東原古墳群	石岡市川又字東原								▨		
116	新地古墳	石岡市川又字新地					1					
52	宮下古墳	石岡市金指字宮下		1								
107	五霊古墳群	石岡市下林字五霊					7			▨		
33	下宿古墳群	石岡市柿岡字鹿島下		2								
65	横室古墳	石岡市柿岡字下宿					1					
57	柿岡西町古墳	石岡市柿岡字宅地付		1						■		
55	八郷高校前古墳	石岡市馬騎		1								
56	高山古墳	石岡市柿岡字高山		1								
16	小倉古墳群	石岡市小倉字沖の内		2	1							
12	宮下古墳群	石岡市吉生字宮下										
76	芦穂小学校前古墳	石岡市小屋字上山		1								
77	上山古墳	石岡市小屋字上山		1						▨		
78	耳山古墳	石岡市小屋字耳山		1						▨		
58	和尚塚古墳	石岡市柿岡字和尚塚		1						▨		
32	丸山古墳群	石岡市柿岡字丸山	1	21		1		■				1号墳:墳丘長55mの前方後方墳(前期後半),4号墳:墳丘長35mの前方後円墳(後期)
54	長堀古墳群	石岡市柿岡字大仏	3	5		1		■				2号墳:墳丘長46mの前方後円墳(前期),6号墳:墳丘長37mの前方後円墳,7号墳:墳丘長32mの前方後円墳,8号墳:墳丘長43mの前方後円墳
1	佐自塚古墳(佐久古墳群)	石岡市佐久字息栖	1	3				▨				1号墳:墳丘長58mの前方後円墳(前期末)
136	佐久上ノ内古墳群	石岡市佐久字上ノ内		3				▨				
92	二子塚古墳群	石岡市瓦谷字二子塚										
90	瓦谷古墳群	石岡市瓦谷字狐塚		3			13				■	
89	兜塚古墳	石岡市瓦谷字下宿		1								
15	和尚塚久保古墳	石岡市部原字和尚塚久保		1								
20	毛無山古墳群	石岡市宇治会字毛無山										
91	小塙古墳群	石岡市小塙字車塚		2								1号墳:径35mの円墳
13	中戸古墳群	石岡市中戸字太城	1	2						▨		3号墳:墳丘長85mの前方後円墳
95	向山古墳	石岡市小塙字向山		1								
79	高屋古墳群	石岡市小山田字高屋		3								
94	車塚古墳	石岡市宇治会字車塚					1			▨		
\multicolumn{13}{l}{川又川流域(恋瀬川支流)}
25	加生野古墳群	石岡市加生野字向原		1			2				■	
19	原表古墳群	石岡市下青柳字原		4								
22	阿弥陀久保古墳群	石岡市須釜字原後		1								
23	須釜諏訪山古墳	石岡市須釜字堀ノ内			1							
14	大塚山古墳	石岡市小幡字大塚山		1								
24	細谷古墳群	石岡市細谷字東原	1	7						▨		4号墳:墳丘長30mの前方後円墳
21	御申塚古墳	石岡市細谷字御申塚										
\multicolumn{13}{l}{小桜川流域(恋瀬川支流)}
18	月岡古墳群	石岡市月岡字モチダ		3								
115	岩谷古墳	石岡市青田字岩谷		1							■	
\multicolumn{13}{l}{山王川流域}
65	木間塚古墳群	石岡市北府中		3								
24	鹿の子大塚山古墳	石岡市鹿の子		1							■	

石岡市域の古墳群

No.	遺跡名	所在地	前方後円墳	円墳	方墳	前方後方墳	不明	前期	中期	後期	終末期	特記事項
\multicolumn{13}{l}{園部川流域}
139	境塚古墳	石岡市小井戸		1								
137	天神山古墳	石岡市小井戸		1								
136	権現山古墳群	石岡市小井戸		2			1					
140	要害山古墳群	石岡市小井戸	1	2						■		1号墳：墳丘長75mの前方後円墳（後期）
131	七人塚古墳群	石岡市小井戸		2			1					
130	山ノ内古墳群	石岡市東大橋		2								
88	東大橋古墳群	石岡市東大橋		4	1							
87	上坪古墳群	石岡市東大橋		2								1号墳：径44mの円墳
84	根古屋古墳群	石岡市東大橋		3								
81	傾城古墳群	石岡市東大橋		8								
40	曲松古墳群	石岡市東大橋字蓬菜山		4								
103	厚茂古墳群	石岡市榮間字裏山	2	16						▨		4号墳：墳丘長18mの前方後円墳，6号墳：径41mの円墳，18号墳：墳丘長14mの前方後円墳
\multicolumn{13}{l}{出島半島}
247	井関風返古墳群	石岡市井関		10						■		3号墳：径42.5mの円墳（後期）
217	石川古墳群	石岡市石川		5						■		1号墳：径50mの円墳（後期）
239	カラス古墳群	石岡市石川		5								
238	西平古墳	石岡市石川		1								
233	舘塚古墳	石岡市三村		1								
203	小別当古墳群	石岡市三村		3								
207	諸士久保古墳	石岡市三村		1								
201	大塚古墳群	石岡市三村	1	19	1					▨		6号墳：前方後円墳？
199	下屋敷古墳群	石岡市三村	2									1号墳：墳丘長30mの前方後円墳，2号墳：墳丘長68mの前方後円墳
197	吹上古墳	石岡市三村		1								
196	古道古墳	石岡市三村		1								
195	不動明王古墳	石岡市三村		1								
187	水内古墳群	石岡市三村		8			2			■		
188	箕輪前古墳群	石岡市三村		2								
173	長見寺古墳	石岡市三村		1								

備考：No.が斜体のものは旧八郷町、それ以外は旧石岡市のものであることを示す。

第 2 章　地域研究

白鏡古墳群	所在：石岡市鹿の子字白鏡				
	立地：恋瀬川北岸の台地縁辺部				
	群構成	前方後円墳	円墳	方墳	その他	総数
		0 (0)	0 (2)	0 (0)	0 (0)	0 (2)
	埋葬施設：不明				
	埴輪：				
	主な副葬品：				
	年代：				
	備考：旧称・大塚古墳跡、1号墳周溝一部発掘調査				
	近在の大型古墳：染谷 27 号墳				
	文献：松田 1994, 石岡市遺跡分布調査会 2001　遺跡番号：46				

新地古墳	所在：石岡市染谷 1222				
	立地：恋瀬川北岸の台地上				
	墳形：方墳？　　　　　墳丘規模：8m				
	埋葬施設：不明				
	埴輪：				
	主な副葬品：				
	年代：不明				
	備考：				
	近在の大型古墳：染谷 27 号墳				
	文献：石岡市遺跡分布調査会 2001　遺跡番号：48				

鹿島神社古墳群	所在：石岡市染谷上之宮				
	立地：恋瀬川北岸の台地上				
	群構成	前方後円墳	円墳	方墳	その他	総数
		0 (0)	0 (2)	0 (0)	0 (0)	0 (2)
	埋葬施設：不明				
	埴輪：				
	主な副葬品：				
	年代：不明				
	備考：				
	近在の大型古墳：染谷 27 号墳				
	文献：石岡市遺跡分布調査会 2001　遺跡番号：50				

永作古墳群	所在：石岡市染谷字後生車				
	立地：恋瀬川北岸の台地上				
	群構成	前方後円墳	円墳	方墳	その他	総数
		0 (1)	0 (2)	0 (0)	0 (0)	0 (3)
	埋葬施設：不明				
	埴輪：				
	主な副葬品：				
	年代：不明				
	備考：1 号墳　前方後円墳　墳丘長 28m・後円部 17m				
	近在の大型古墳：染谷 27 号墳				
	文献：石岡市遺跡分布調査会 2001　遺跡番号：51				

染谷古墳群	所在：石岡市染谷				
	立地：恋瀬川北岸、竜神山麓の台地上				
	群構成	前方後円墳	円墳	方墳	その他	総数
		0 (0)	2 (27)	3 (0)	1 (8)	6 (35)
	埋葬施設：横穴式石室（石棺系石室）4 基、石棺 4 基				
	埴輪：				
	主な副葬品：鉄刀・耳環・玉類				
	年代：7 世紀後半				
	備考：［茨城県染谷古墳総覧］の薬師堂古墳群および染谷古墳群　1 号墳・2 号墳　1 号墳・14 号墳（道祖神 1 号墳）・15 号墳（道祖神 2 号墳）発掘調査。4 号墳は前方後円墳の可能性あり、27 号墳（薬師堂古墳）径 40m・高さ 4m の円墳。群中に方形周溝墓第 1 基（二子塚遺跡：古墳前期）、底部穿孔二重口縁壺出土				
	近在の大型古墳：				
	文献：茨城県教育庁社会教育課 1959, 石岡市史編纂委員会 1961, 宮古・瀧田 1968, 石岡ロータリークラブ創立二十五周年記念事業委員会 1982, 茨城県教育委員会 1986, 安藤・箕輪 1990, 松田 1990, 安藤 1994, 箕輪 1995, 石岡市文化財関係資料編纂会 1995, 石岡市遺跡分布調査会 2001　遺跡番号：18				

鹿の子大塚山古墳	所在：石岡市鹿の子 3 − 9880 − 1				
	立地：山王川と恋瀬川に挟まれた台地の中央部				
	墳形：円墳　　　　　墳丘規模：径 29m・高さ 4.8m				
	埋葬施設：なし				
	埴輪：				
	主な副葬品：				
	年代：不明（7 世紀代か）				
	備考：確認調査実施。水平にローム土と黒土を相互に積んでいく盛土法				
	近在の大型古墳：				
	文献：石岡市遺跡分布調査会 2001　遺跡番号：24				

曲松古墳群	所在：石岡市東大橋字薬山				
	立地：園部川西岸の台地上				
	群構成	前方後円墳	円墳	方墳	その他	総数
		0 (0)	0 (4)	0 (0)	0 (0)	0 (4)
	埋葬施設：不明				
	埴輪：				
	主な副葬品：				
	年代：不明				
	備考：				
	近在の大型古墳：上坪 1 号墳				
	文献：石岡市遺跡分布調査会 2001　遺跡番号：40				

石岡市域の古墳群

後生車古墳群	所在：石岡市染谷字後生車				
	立地：恋瀬川北岸の台地縁辺部				
	群構成	前方後円墳	円墳	方墳	その他	総数
		0 (1)	0 (11)	0 (0)	0 (0)	0 (12)
	埋葬施設：不明				
	墳輪：				
	主な副葬品：				
	年代：4世紀（方形周溝墓）				
	備考：12号墳　前方後円墳　径23m・高2m、群中に方形周溝墓あり（古墳前期）				
	近在の大型古墳：染谷27号墳		遺跡番号：52		
	文献：堀越1986, 伊東1987, 石岡ロータリークラブ創立二十五周年記念事業委員会編1982, 石岡市文化財関係資料編纂会1995, 石岡市遺跡分布調査会2001				

高根古墳群	所在：石岡市染谷字高根ほか				
	立地：恋瀬川北岸の台地縁辺部				
	群構成	前方後円墳	円墳	方墳	その他	総数
		0 (0)	1 (1)	0 (0)	0 (0)	1 (1)
	埋葬施設：箱式石棺（2号墳：掘り込み墓坑）				
	墳輪：あり（2号墳）				
	主な副葬品：				
	年代：6世紀前半				
	備考：2号墳　測量調査				
	近在の大型古墳：染谷27号墳		遺跡番号：53		
	文献：石岡市遺跡分布調査会2001				

木間塚古墳群	所在：石岡市北府中				
	立地：山王川南岸の台地南端				
	群構成	前方後円墳	円墳	方墳	その他	総数
		0 (0)	0 (3)	0 (0)	0 (0)	0 (3)
	埋葬施設：不明				
	墳輪：				
	主な副葬品：				
	年代：不明				
	備考：『茨城県古墳総覧』の木間塚				
	文献：茨城県教育庁社会教育課1959, 石岡市遺跡分布調査会2001		遺跡番号：65		

傾城古墳群	所在：石岡市東大橋字傾城				
	立地：園部川西岸の台地上				
	群構成	前方後円墳	円墳	方墳	その他	総数
		0 (0)	0 (8)	0 (0)	0 (0)	0 (8)
	埋葬施設：不明				
	墳輪：				
	主な副葬品：				
	年代：不明				
	備考：				
	近在の大型古墳：上坪1号墳				
	文献：石岡市遺跡分布調査会2001		遺跡番号：81		

根古屋古墳群	所在：石岡市東大橋字根古屋				
	立地：園部川西岸の台地縁辺部				
	群構成	前方後円墳	円墳	方墳	その他	総数
		0 (0)	0 (3)	0 (0)	0 (0)	0 (3)
	埋葬施設：不明				
	墳輪：				
	主な副葬品：				
	年代：不明				
	備考：				
	近在の大型古墳：上坪1号墳				
	文献：石岡市遺跡分布調査会2001		遺跡番号：84		

上坪古墳群	所在：石岡市東大橋				
	立地：園部川後岸の台地縁辺部				
	群構成	前方後円墳	円墳	方墳	その他	総数
		0 (0)	0 (2)	0 (0)	0 (0)	0 (2)
	埋葬施設：不明				
	墳輪：				
	主な副葬品：				
	年代：不明				
	備考：1号墳　円墳　径44m・高3m				
	文献：石岡市史編纂委員会1979, 石岡ロータリークラブ創立二十五周年記念事業委員会編1982, 石岡市遺跡分布調査会2001		遺跡番号：87		

七人塚古墳群

所在：	石岡市小井戸字七人山ほか				
立地：	恋瀬川南岸の台地縁辺部				
群構成	前方後円墳	円墳	方墳	その他	総数
	0 (0)	0 (2)	0 (0)	0 (4)	0 (6)
埋葬施設：					
墳輪：					
主な副葬品：					
年代：不明					
備考：					
近在の大型古墳：要害山1号墳					
文献：石岡市遺跡分布調査会 2001					遺跡番号：131

権現山古墳群

所在：	石岡市小井戸字権現山				
立地：	恋瀬川西岸の台地縁辺部				
群構成	前方後円墳	円墳	方墳	その他	総数
	0 (0)	0 (2)	0 (0)	0 (1)	0 (3)
埋葬施設：					
墳輪：					
主な副葬品：					
年代：不明					
備考：					
近在の大型古墳：要害山1号墳					
文献：石岡市史編纂委員会 1979, 石岡ローターリークラブ創立二十五周年記念事業委員会編 1982, 石岡市遺跡分布調査会 2001					遺跡番号：136

天神山古墳

所在：石岡市小井戸269	
立地：恋瀬川西岸の台地縁辺部	
墳形：円墳	墳丘規模：径14m・高さ2.5m
埋葬施設：	
墳輪：	
主な副葬品：	
年代：不明	
備考：	
近在の大型古墳：要害山1号墳	
文献：石岡市史編纂委員会 1979, 石岡市遺跡分布調査会 2001	遺跡番号：137

境塚古墳

所在：石岡市小井戸204ほか	
立地：恋瀬川西岸の台地上	
墳形：円墳	墳丘規模：径23m・高さ4.8m
埋葬施設：	
墳輪：	
主な副葬品：	
年代：不明	
備考：	
近在の大型古墳：要害山1号墳	
文献：石岡市史編纂委員会 1979, 石岡市遺跡分布調査会 2001, 玉里村内遺跡分布調査団 2004	遺跡番号：139

東大橋古墳群

所在：	石岡市東大橋				
立地：	恋瀬川南岸の台地上				
群構成	前方後円墳	円墳	方墳	その他	総数
	0 (0)	0 (4)	0 (1)	0 (0)	0 (5)
埋葬施設：					
墳輪：					
主な副葬品：					
年代：不明					
備考：4号墳 2008年測量調査					
近在の大型古墳：上坪1号墳					
文献：石岡市史編纂委員会 1979, 石岡ローターリークラブ創立二十五周年記念事業委員会編 1982, 石岡市遺跡分布調査会 2001					遺跡番号：88

愛宕神社古墳

所在：石岡市貝地2-6-13	
立地：山王川西岸の台地上	
墳形：円墳	墳丘規模：径17m
埋葬施設：	
墳輪：	
主な副葬品：	
年代：不明	
備考：	
近在の大型古墳：茨城古墳	
文献：石岡市遺跡分布調査会 2001	遺跡番号：104

茨城古墳

所在：石岡市茨城2-1	
立地：山王川西岸の台地上	
墳形：円墳？	墳丘規模：径42m・高さ5m
埋葬施設：石棺？	
墳輪：	
主な副葬品：	
年代：6～7世紀か	
備考：	
近在の大型古墳：	
文献：石岡市遺跡分布調査会 2001	遺跡番号：110

山ノ内古墳群

所在：	石岡市東大橋字山ノ内				
立地：	恋瀬川南岸の台地縁辺部				
群構成	前方後円墳	円墳	方墳	その他	総数
	0 (0)	0 (2)	0 (0)	0 (0)	0 (2)
埋葬施設：					
墳輪：					
主な副葬品：					
年代：不明					
備考：					
近在の大型古墳：上坪1号墳					
文献：石岡市遺跡分布調査会 2001					遺跡番号：130

舟塚山古墳群

所在	石岡市高浜・北根本
立地	恋瀬川北岸の霞ヶ浦を臨む台地上・縁辺部

群構成	前方後円墳	円墳	方墳	その他	総数
	1 (5)	6 (13)	2 (0)	13 (1)	22 (19)

埋葬施設	箱式石棺、横穴式石室（石棺系石室）
埴輪	あり
主な副葬品	石製模造品・玉類・馬具・鉄刀・鉄鏃
年代	4世紀〜7世紀
備考	[茨城県古墳総覧]の対馬塚・大日如来塚・古塚山・古館跡・天王塚・舟塚・愛宕山・平足塚・観現塚、東西1.5km・南北1kmの範囲に41基。4世紀〜7世紀にわたる大古墳群
近在の大型古墳	
文献	茨城県教育庁社会教育課1959, 石岡市史編纂委員会1961, 大塚・小林1964, 山内・瓦吹1972, 大塚・黒沢1977, 諸星・黒沢1978, 石岡市史編纂委員会1979, 諸星・松本1980, 石岡ローターリークラブ創立二十五周年記念事業委員会編1982, 茨城県教育委員会1986, 石岡市文化財関係資料編纂1995, 土生2000, 石岡市遺跡分布調査会2001, 小杉山・曽根2008
遺跡番号	153

ぜんぶ塚古墳群

所在	石岡市東田中字九十九塚
立地	恋瀬川北岸の台地上

群構成	前方後円墳	円墳	方墳	その他	総数
	0 (1)	2 (0)	0 (0)	0 (1)	2 (2)

埋葬施設	
埴輪	あり (2・3号墳)
主な副葬品	鉄鏃・刀剣・小玉 (2・3号墳)
年代	4世紀〜5世紀
備考	1981年発掘調査。1号墳 前方後円墳 墳丘長38m
近在の大型古墳	
文献	石岡市史編纂委員会1979, 諸星1982, 石岡市文化財関係資料編纂1995, 石岡市遺跡分布調査会2001
遺跡番号	169

下川古墳

所在	石岡市高浜4-4
立地	恋瀬川北岸の低地に位置する
墳形	円墳
墳丘規模	径11m・高さ2.5m
埋葬施設	不明
埴輪	
主な副葬品	不明
年代	
備考	
近在の大型古墳	舟塚山古墳
文献	石岡市遺跡分布調査会2001
遺跡番号	170

要害山古墳群

所在	石岡市小井戸
立地	園部川の沖積地上

群構成	前方後円墳	円墳	方墳	その他	総数
	1 (0)	1 (1)	0 (0)	0 (0)	2 (1)

埋葬施設	箱式石棺 (3号墳)
埴輪	あり (1号墳・3号墳)
主な副葬品	
年代	6世紀
備考	1号墳 前方後円墳 測量調査 墳丘長72m・高さ10.5m 墳頂に石棺石材？、3号墳 発掘調査、箱式石棺
近在の大型古墳	
文献	石岡市史編纂委員会1979, 海老沢1988, 石岡ローターリークラブ創立二十五周年記念事業委員会編1982, 石岡市文化財関係資料編纂1995, 石岡市遺跡分布調査会2001
遺跡番号	140

別所古墳群

所在	石岡市石岡字別所
立地	恋瀬川西岸の台地上・縁辺部

群構成	前方後円墳	円墳	方墳	その他	総数
	0 (1)	2 (7)	0 (0)	0 (0)	0 (10)

埋葬施設	石棺 (4号墳・9号墳)
埴輪	
主な副葬品	
年代	6〜7世紀か
備考	墳丘長に対する墳丘高が低く、墳頂が平坦。10号墳周溝一部発掘調査
近在の大型古墳	
文献	石岡市遺跡分布調査会2001, 後藤2005
遺跡番号	144

田崎古墳

所在	石岡市田崎4541ほか
立地	山王川西岸の台地上
墳形	円墳
墳丘規模	径15m・高さ1.5m
埋葬施設	不明
埴輪	
主な副葬品	
年代	不明
備考	
近在の大型古墳	舟塚山古墳
文献	石岡市史編纂委員会1979, 石岡ローターリークラブ創立二十五周年記念事業委員会編1982, 石岡市遺跡分布調査会2001
遺跡番号	149

140　第2章　地域研究

古道古墳	所在：石岡市三村3020-1
	立地：恋瀬川南岸の台地縁部
	墳形：円墳　　墳丘規模：径17m・高さ3m
	埋葬施設：不明
	埴輪：
	主な副葬品：
	年代：
	備考：
	近在の大型古墳：
	文献：石岡市遺跡分布調査会2001　　遺跡番号：196

吹上古墳	所在：石岡市三村3091ほか
	立地：恋瀬川南岸の台地上
	墳形：円墳　　墳丘規模：径9m・高さ1m
	埋葬施設：付近に石棺の蓋と思われる石材あり
	埴輪：
	主な副葬品：
	年代：不明
	備考：
	近在の大型古墳：
	文献：石岡市遺跡分布調査会2001　　遺跡番号：197

下屋敷古墳群	所在：石岡市三村字下屋敷
	立地：恋瀬川からい込む谷津のやや奥まった台地上
	群構成：前方後円墳／円墳／方墳／その他／総数
	0 (2)　　　　　0 (0)　0 (0)　0 (0)　0 (2)
	埋葬施設：
	埴輪：
	主な副葬品：
	年代：不明
	備考：2基の前方後円墳が隣り合って存在。1号墳 前方後円墳 墳丘長30m。2号墳 前方後円墳 墳丘長68m
	近在の大型古墳：
	文献：石岡市遺跡分布調査会2001　　遺跡番号：199

大塚古墳群	所在：石岡市三村
	立地：恋瀬川からい込む谷津のやや奥まった台地上
	群構成：前方後円墳／円墳／方墳／その他／総数
	1 (0)　　　　　0 (19)　0 (1)　0 (0)　0 (21)
	埋葬施設：石棺（6号墳）
	埴輪：
	主な副葬品：
	年代：6〜7世紀か
	備考：「茨城県古墳総覧」の稲荷塚・館塚・鷲塚・鑓塚、東西400m・南北650mの範囲に21基の古墳が存在。6号墳 前方後円墳。1959年土取りの際に箱式石棺・鉄刀・玉類出土
	近在の大型古墳：下屋敷2号墳
	文献：茨城県教育庁社会教育課1959、石岡市史編纂委員会1979、石岡市史編纂委員会1961、石岡市史編纂委員会1979、石岡ロータリークラブ創立二十五周年記念事業委員会1982、石岡市遺跡分布調査会2001　　遺跡番号：201

長見寺古墳	所在：石岡市三村1089
	立地：恋瀬川南岸の台地上
	墳形：円墳　　墳丘規模：径5m・高さ1m
	埋葬施設：不明
	埴輪：
	主な副葬品：
	年代：
	備考：
	近在の大型古墳：
	文献：石岡市遺跡分布調査会2001　　遺跡番号：173

水内古墳群	所在：石岡市三村字姥神ほか
	立地：恋瀬川からい込む谷津のやや奥まった台地上
	群構成：前方後円墳／円墳／方墳／その他／総数
	0 (0)　　　　　1 (7)　0 (0)　0 (2)　1 (9)
	埋葬施設：あり（4号墳）
	埴輪：
	主な副葬品：
	年代：6〜7世紀
	備考：「茨城県古墳総覧」の姥上塚
	近在の大型古墳：
	文献：茨城県教育庁社会教育課1959、石岡市史編纂委員会1979、諸星・松本1980、石岡ロータリークラブ創立二十五周年記念事業委員会1982、石岡市遺跡分布調査会2001　　遺跡番号：187

箕輪前古墳群	所在：石岡市三村
	立地：恋瀬川からい込む谷津のやや奥まった台地上
	群構成：前方後円墳／円墳／方墳／その他／総数
	0 (0)　　　　　2 (0)　0 (0)　0 (0)　2 (0)
	埋葬施設：石棺（1号墳・2号墳）
	埴輪：
	主な副葬品：
	年代：6〜7世紀か
	備考：
	近在の大型古墳：
	文献：石岡市遺跡分布調査会2001　　遺跡番号：188

不動明王古墳	所在：石岡市三村1993-1
	立地：恋瀬川南岸の台地縁部
	墳形：円墳　　墳丘規模：径21.5m・高さ3.8m
	埋葬施設：不明
	埴輪：
	主な副葬品：
	年代：
	備考：
	近在の大型古墳：
	文献：石岡市遺跡分布調査会2001　　遺跡番号：195

石岡市域の古墳群

西平古墳	所在：	石岡市石川1864-1ほか					
	立地：	恋瀬川から入り込む谷津のやや奥まった台地上					
	墳形：	円墳		墳丘規模：	径5.8m・高さ1m		
	埋葬施設：	不明					
	埴輪：						
	主な副葬品：						
	年代：	不明					
	備考：						
	近在の大型古墳：						
	文献：	石岡市遺跡分布調査会2001				遺跡番号：238	

カラス古墳群	所在：	石岡市石川字カラス					
	立地：	恋瀬川から入り込む谷津のやや奥まった台地上					
	群構成	前方後円墳	円墳	方墳	その他	総数	
		0 (0)	0 (5)	0 (0)	0 (0)	0 (5)	
	埋葬施設：	不明					
	埴輪：						
	主な副葬品：						
	年代：	不明					
	備考：						
	近在の大型古墳：						
	文献：	石岡市遺跡分布調査会2001				遺跡番号：239	

井関風返古墳群	所在：	石岡市井関					
	立地：	高浜入り南岸の台地東端					
	群構成	前方後円墳	円墳	方墳	その他	総数	
		0 (0)	1 (9)	0 (0)	0 (0)	1 (9)	
	埋葬施設：	不明					
	埴輪：	あり（3号墳）					
	主な副葬品：						
	年代：	6～7世紀					
	備考：	『茨城県古墳総覧』の井関古墳群、かすみがうら市の風返古墳群と一体をなす。3号墳円墳　径42.5m・高さ6m					
	近在の大型古墳：	風返稲荷山古墳					
	文献：	茨城県教育庁社会教育課1959、石岡市史編纂委員会1985、田中1988、石岡ロータリークラブ創立二十五周年記念事業委員会編1982、千葉2000、石岡市遺跡分布調査会2001				遺跡番号：247	

小別当古墳群	所在：	石岡市三村ほか					
	立地：	恋瀬川から入り込む谷津のやや奥まった台地上					
	群構成	前方後円墳	円墳	方墳	その他	総数	
		0 (0)	0 (3)	0 (0)	0 (0)	0 (3)	
	埋葬施設：	不明					
	埴輪：						
	主な副葬品：						
	年代：	不明					
	備考：						
	近在の大型古墳：						
	文献：	石岡市遺跡分布調査会2001				遺跡番号：203	

諸士久保古墳	所在：	石岡市三村					
	立地：	恋瀬川から入り込む谷津の台地上					
	墳形：	円墳		墳丘規模：	径20m・高さ2m		
	埋葬施設：	不明					
	埴輪：						
	主な副葬品：						
	年代：	不明					
	備考：						
	近在の大型古墳：						
	文献：	石岡市史編纂委員会1979、石岡市遺跡分布調査会2001				遺跡番号：207	

石川古墳群	所在：	石岡市石川					
	立地：	高浜入り南岸の台地東端					
	群構成	前方後円墳	円墳	方墳	その他	総数	
		0 (0)	2 (3)	0 (0)	0 (0)	2 (3)	
	埋葬施設：	石棺（1号墳）					
	埴輪：	埴輪（1号墳）					
	主な副葬品：						
	年代：	6世紀					
	備考：	1号墳　円墳　径50m・高8m、『茨城県古墳総覧』の石川古墳群、前方後円墳存在？					
	近在の大型古墳：						
	文献：	茨城県教育庁社会教育課1959、石岡市史編纂委員会1979、諸星・松本1980、石岡ロータリークラブ創立二十五周年記念事業委員会編1982、茨城県教育委員会1982、石岡市遺跡分布調査会2001				遺跡番号：217	

舘塚古墳	所在：	石岡市三村6339					
	立地：	恋瀬川から入り込む谷津のやや奥まった台地上					
	墳形：	円墳		墳丘規模：	径30m・高さ2.5m		
	埋葬施設：	不明					
	埴輪：						
	主な副葬品：						
	年代：	不明					
	備考：						
	近在の大型古墳：						
	文献：	石岡市遺跡分布調査会2001				遺跡番号：233	

第2章 地域研究

佐久古墳群

所在：石岡市佐久字息柄
立地：恋瀬川東岸の舌状台地上

群構成	前方後円墳	円墳	方墳	その他	総数
	0 (1)	0 (3)	0 (0)	0 (0)	0 (4)

埋葬施設：粘土槨1基（佐自塚古墳）
埴輪：器台形・壺形（佐自塚古墳）
主な副葬品：玉類・鏡・刀子（佐自塚古墳）
年代：4世紀末（佐自塚古墳）
備考：後藤・大塚1957および『茨城県古墳総覧』の佐久支群
近在の大型古墳：
文献：後藤・大塚1957、茨城県教育庁社会教育課1959、佐目塚古墳調査団1963、大塚1972、斎藤1974、塩谷1989、西宮1994、田中・日高1996、斉藤2004、八郷町史編さん委員会2005、土筆舎2008	遺跡番号：1

宮下古墳群

所在：石岡市菅字宮下
立地：小倉川北岸の舌状台地上

群構成	前方後円墳	円墳	方墳	その他	総数
	0 (0)	2 (0)	0 (0)	0 (0)	不明

埋葬施設：不明
埴輪：
主な副葬品：
年代：不明
備考：
近在の大型古墳：
文献：八郷町史編さん委員会2005	遺跡番号：12

中戸古墳群

所在：石岡市中戸字本城
立地：恋瀬川北岸の舌状台地上

群構成	前方後円墳	円墳	方墳	その他	総数
	0 (1)	2 (0)	0 (0)	0 (0)	2 (1)

埋葬施設：横穴式石室2基（1号墳・2号墳）
埴輪：
主な副葬品：水晶製切子玉
年代：7世紀（1号墳）
備考：3号墳（諏訪塚古墳）墳丘長85mの前方後円墳。1号墳1992年発掘調査
近在の大型古墳：
文献：八郷町誌編さん委員会1970、茨城県教育委員会1986、西宮1992、西宮1994、八郷町史編さん委員会2005	遺跡番号：13

大塚山古墳

所在：石岡市小幡字大塚山22
立地：川又川南岸の台地上
墳形：円墳　墳丘規模：径14m・高さ3.5m
埋葬施設：不明
埴輪：
主な副葬品：
年代：不明
備考：
近在の大型古墳：
文献：八郷町史編さん委員会2005	遺跡番号：14

和尚塚久保古墳

所在：石岡市部原和尚塚久保169-1
立地：稲荷川東岸の丘陵上の尾根平坦部
墳形：円墳　墳丘規模：径3m・高さ1m
埋葬施設：不明
埴輪：
主な副葬品：不明
年代：
備考：かつては3～4基の円丘が存在したという
近在の大型古墳：
文献：八郷町史編さん委員会2005	遺跡番号：15

小倉古墳群

所在：石岡市小倉字沖の内
立地：小倉川南岸の台地上

群構成	前方後円墳	円墳	方墳	その他	総数
	0 (0)	0 (2)	0 (1)	0 (0)	0 (3)

埋葬施設：不明
埴輪：
主な副葬品：
年代：不明
備考：1号墳は一辺16mの方墳
近在の大型古墳：
文献：八郷町史編さん委員会2005	遺跡番号：16

東原古墳群

所在：石岡市又字東原
立地：恋瀬川西岸の台地上

群構成	前方後円墳	円墳	方墳	その他	総数
	0 (0)	0 (1)	0 (0)	0 (0)	0 (1)

埋葬施設：箱式石棺が存在したとの伝承あり
埴輪：
主な副葬品：鉄刀が出土したとの伝承あり
年代：6～7世紀か
備考：
近在の大型古墳：
文献：八郷町史編さん委員会2005	遺跡番号：17

石岡市域の古墳群

月岡古墳群

所在	石岡市月岡字モチダ
立地	小桜川東岸の丘陵上

群構成	前方後円墳	円墳	方墳	その他	総数
	0 (0)	0 (3)	0 (0)	0 (0)	0 (3)

埋葬施設	不明
墳輪	
主な副葬品	
年代	不明
備考	
近在の大型古墳	
文献	八郷町史編さん委員会 2005

遺跡番号：18

原表古墳群

所在	石岡市下青柳字原
立地	恋瀬川東岸の台地上

群構成	前方後円墳	円墳	方墳	その他	総数
	0 (0)	0 (4)	0 (0)	0 (0)	0 (4)

埋葬施設	不明
墳輪	
主な副葬品	
年代	不明
備考	
近在の大型古墳	
文献	八郷町史編さん委員会 2005

遺跡番号：19

毛無山古墳群

所在	石岡市宇治会字毛無山
立地	恋瀬川東岸の台地上

群構成	前方後円墳	円墳	方墳	その他	総数
	0 (0)	0 (0)	0 (0)	0 (0)	不明

埋葬施設	不明
墳輪	
主な副葬品	
年代	不明
備考	数基の小円丘で構成されていた古墳群。1988～89年の造成工事により破壊。
近在の大型古墳	
文献	八郷町史編さん委員会 2005

遺跡番号：20

御申塚古墳

所在	石岡市細谷字御申塚729ほか
立地	恋瀬川北岸の台地上

墳形	円墳	墳丘規模	径8m・高さ2m

埋葬施設	不明
墳輪	
主な副葬品	
年代	不明
備考	
近在の大型古墳	
文献	青柳町史編さん委員会 2005

遺跡番号：21

阿弥陀久保古墳群

所在	石岡市須釜字原後
立地	川又川南岸の台地上

群構成	前方後円墳	円墳	方墳	その他	総数
	0 (0)	1 (0)	0 (0)	0 (0)	1 (0)

埋葬施設	箱式石棺か
墳輪	
主な副葬品	
年代	6～7世紀か
備考	
近在の大型古墳	
文献	

遺跡番号：22

須釜諏訪山古墳

所在	石岡市須釜字堀ノ内132ー1
立地	川又川南岸の台地上

墳形	円墳（方墳の可能性あり）	墳丘規模	径30m・高さ3.5m

埋葬施設	横穴式石室
墳輪	
主な副葬品	
年代	6～7世紀
備考	
近在の大型古墳	
文献	茨城県教育委員会 1986, 西宮 1994, 八郷町史編さん委員会 2005

遺跡番号：23

細谷古墳群

所在	青柳川南岸の丘陵上
立地	

群構成	前方後円墳	円墳	方墳	その他	総数
	1 (0)	2 (5)	0 (0)	0 (0)	3 (5)

埋葬施設	箱武式石棺（1・2・4号墳）
墳輪	
主な副葬品	鉄剣
年代	6～7世紀
備考	『茨城県古墳総覧』の仮称細谷古墳群。4号墳は墳丘長30mの前方後円墳。東墳裾部に箱式石棺露出
近在の大型古墳	
文献	茨城県教育庁社会教育課 1959, 西宮 1994, 八郷町史編さん委員会 2005

遺跡番号：24

第2章　地域研究

宮下古墳

所在：	石岡市金指字宮下432
立地：	恋瀬川西岸の舌状台地北端
墳形：	円墳	墳丘規模：	径10m・高さ1m
埋葬施設：	箱式石棺？
主な副葬品：	
埴輪：	
年代：	6～7世紀か
備考：	
近在の大型古墳：	
文献：		遺跡番号：52

長堀古墳群

所在：	石岡市柿岡字念仏
立地：	恋瀬川・小川にはさまれた台地上

群構成	前方後円墳	円墳	方墳	その他	総数
	0 (3)	0 (5)	0 (0)	0 (1)	0 (9)

埋葬施設：	粘土床（1号墳・8号墳）
主な副葬品：	壺（1号墳）、
年代：	4世紀
備考：	後藤・大塚1957および「茨城県古墳総覧」の長堀支群
近在の大型古墳：	
文献：	後藤・大塚1957、茨城県教育庁社会教育課1959、西宮1994、早稲田大学考古学研究室1973、八郷町史編さん委員会2005、小杉山2007	遺跡番号：54

八郷高校前古墳

所在：	石岡市柿岡字馬駒3427-1
立地：	小倉川北岸の丘陵東端
墳形：	円墳	墳丘規模：	
埋葬施設：	不明
主な副葬品：	
埴輪：	
年代：	
備考：	
近在の大型古墳：	
文献：	八郷町史編さん委員会2005	遺跡番号：55

高山古墳

所在：	石岡市柿岡字高山1548-8
立地：	小倉川北岸の丘陵南端
墳形：	円墳	墳丘規模：	径14m・高さ2m
埋葬施設：	不明
主な副葬品：	
埴輪：	
年代：	不明
備考：	ほかに数基存在も湮滅
近在の大型古墳：	
文献：	八郷町史編さん委員会2005	遺跡番号：56

加生野古墳群

所在：	石岡市加生野字向原
立地：	青柳川と小桜川にはさまれた台地上

群構成	前方後円墳	円墳	方墳	その他	総数
	0 (0)	0 (1)	0 (0)	2 (0)	2 (1)

埋葬施設：	箱式石棺・横穴式石室
主な副葬品：	
埴輪：	
年代：	6～7世紀
備考：	現在確認できる古墳は3基。昭和40年代にはすでに、開墾その他により20基弱の石室・石棺が破壊されていったようであり、総数100基を超す「群集墳」であった可能性が指摘されている（八郷町誌編さん委員会1970）。なお、昭和50年代後半の分布調査では24基が確認されている（西宮1994）。
近在の大型古墳：	
文献：	八郷町誌編さん委員会1970、茨城県教育委員会1986、西宮1994、八郷町史編さん委員会2005	遺跡番号：25

丸山古墳群

所在：	石岡市柿岡字丸山
立地：	恋瀬川東岸の台地南端

群構成	前方後円墳	円墳	方墳	その他	総数
	1 (0)	6 (14)	0 (0)	0 (2)	7 (16)

埋葬施設：	粘土床（1号墳）、横穴式石室（4号墳）、箱式石棺
埴輪：	円筒・人物・形象（4号墳）
主な副葬品：	鏡・玉類、鉄刀・鉄鏃・鉄剣・鉄槍・刀子（1号墳）、鉄刀、鉄鏃
年代：	4世紀後半（1号墳）、6世紀
備考：	後藤・大塚1957「茨城県古墳総覧」の丸山支群
近在の大型古墳：	
文献：	後藤・大塚1957、茨城県教育庁社会教育課1959、八郷町誌編さん委員会1970、大塚1974、茨城県教育委員会1982、西宮1994、黒澤・平賀2004、八郷町史編さん委員会2005	遺跡番号：32

下宿古墳群

所在：	石岡市柿岡字鹿島下
立地：	恋瀬川西岸の台地上

群構成	前方後円墳	円墳	方墳	その他	総数
	0 (0)	0 (2)	0 (1)	0 (0)	0 (3)

埋葬施設：	不明
埴輪：	
主な副葬品：	
年代：	不明
備考：	後藤・大塚1957「茨城県古墳総覧」の柿岡町支群の一部
近在の大型古墳：	
文献：	後藤・大塚1957、茨城県教育庁社会教育課1959、西宮1994、八郷町史編さん委員会2005	遺跡番号：33

石岡市域の古墳群

上山古墳		
所在	石岡市小屋字上山1106	
立地	小川と沖田川にはさまれた台地上	
墳形	円墳	墳丘規模：径15m・高さ2m
埋葬施設	横穴式石室	
埴輪		
主な副葬品		
年代	6〜7世紀	
備考		
近在の大型古墳		
文献	八郷町史編さん委員会2005	遺跡番号：77

耳山古墳		
所在	石岡市小屋字耳山888-1	
立地	沖田川左岸の丘陵斜面	
墳形	円墳	墳丘規模：径13.m・高さ1.5m
埋葬施設	横穴式石室	
埴輪		
主な副葬品		
年代	6〜7世紀	
備考		
近在の大型古墳		
文献	八郷町史編さん委員会2005	遺跡番号：78

高屋古墳群					
所在	石岡市小山田字高屋				
立地	宇治川からのびる谷津に面する丘陵平坦地				
群構成	前方後円墳	円墳	方墳	その他	総数
	0 (0)	0 (3)	0 (0)	0 (0)	0 (3)
埋葬施設	不明				
埴輪					
年代	不明				
備考					
主な副葬品	不明				
近在の大型古墳					
文献	八郷町史編さん委員会2005			遺跡番号：79	

兜塚古墳		
所在	石岡市友谷字下宿2339-2	
立地	稲荷川東岸の台地上	
墳形	円墳	墳丘規模：径23m・高さ6m
埋葬施設	横穴式石室	
埴輪	なし	
主な副葬品	玉類、金環、銅鏡、鉄鏃、鉄小刀、馬具	
年代	7世紀中葉	
備考	1989年発掘調査	
近在の大型古墳		
文献	野中1898、八郷町誌編さん委員会1970、齋藤・川上1974、西宮1994、八郷町史編さん委員会1998、八郷町史編さん委員会2005	遺跡番号：89

柿岡西町古墳		
所在	石岡市柿岡字宅地付1814-1	
立地	小貝川北岸の台地上	
墳形	円墳	墳丘規模：不明
埋葬施設	不明	
埴輪	人物・鹿・家・靫・円筒	
主な副葬品		
年代	6世紀前半	
備考	後藤・大塚1957および『茨城県古墳総覧』の柿岡町支群4号墳	
近在の大型古墳		
文献	後藤・大塚1957、茨城県教育庁社会教育課1959、西宮1994、黒澤・平賀2004、八郷町史編さん委員会2005	遺跡番号：57

和尚塚古墳		
所在	石岡市柿岡字和尚塚2914	
立地	恋瀬川南岸の舌状低位台地上	
墳形	円墳	墳丘規模：径15m・高さ2.5m
埋葬施設	箱式石棺？	
埴輪		
主な副葬品		
年代	6〜7世紀？	
備考	後藤・大塚1957の和尚塚、『茨城県古墳総覧』の和尚塚古墳	
近在の大型古墳		
文献	後藤・大塚1957、茨城県教育庁社会教育課1959、西宮1994、西宮1999、八郷町史編さん委員会2005	遺跡番号：58

横穴古墳		
所在	石岡市柿岡字下宿2032	
立地	恋瀬川西岸の台地上	
墳形	不明	墳丘規模：不明
埋葬施設	横穴式石室	
埴輪		
主な副葬品		
年代	6〜7世紀	
備考		
近在の大型古墳		
文献	八郷町史編さん委員会2005	遺跡番号：65

芦穂小学校前古墳		
所在	石岡市小屋字上山1057-1	
立地	小川と沖田川にはさまれた台地上	
墳形	円墳	墳丘規模：径18m・高さ1.5m
埋葬施設	不明	
埴輪		
主な副葬品		
年代	6〜7世紀	
備考		
近在の大型古墳		
文献	茨城県教育委員会1986、西宮1994、八郷町史編さん委員会2005	遺跡番号：76

第2章　地域研究

瓦谷古墳群	所在：石岡市瓦谷字弧塚
	立地：稲荷川東岸の台地上

群構成	前方後円墳	円墳	方墳	その他	総数
	0 (0)	3 (0)	0 (0)	13 (0)	16 (0)

埋葬施設：箱式石棺・横穴式石室	墳丘規模：
埴輪：なし	
主な副葬品：馬具、鉄刀	
年代：7世紀	
備考：	
近在の大型古墳：兜塚古墳	遺跡番号：90
文献：八郷町誌編さん委員会 1970、西宮 1998、八郷町史編さん委員会 2005	

小塙古墳群	所在：石岡市小塙字軍塚
	立地：有明川東岸の丘陵南端

群構成	前方後円墳	円墳	方墳	その他	総数
	0 (0)	0 (2)	0 (0)	0 (0)	0 (2)

埋葬施設：不明	墳丘規模：径35m・高さ7.5m
埴輪：	
主な副葬品：	
年代：6～7世紀	
備考：1号墳　円墳（周溝あり）	
近在の大型古墳：	遺跡番号：91
文献：八郷町史編さん委員会 2005	

二子塚古墳群	所在：石岡市瓦谷字二子塚
	立地：稲荷川西岸の丘陵上

群構成	前方後円墳	円墳	方墳	その他	総数
	0 (0)	0 (0)	0 (0)	0 (0)	不明

埋葬施設：箱式石棺	墳丘規模：
埴輪：	
主な副葬品：	
年代：6～7世紀	
備考：	
近在の大型古墳：	遺跡番号：92
文献：八郷町史編さん委員会 1986-2	

車塚古墳	所在：石岡市宇治会字車塚
	立地：恋瀬川西岸の台地上

墳形：不明	墳丘規模：
埋葬施設：横穴式石室	
埴輪：	
主な副葬品：	
年代：6～7世紀	
備考：	
近在の大型古墳：	遺跡番号：94
文献：八郷町史編さん委員会 2005	

向山古墳	所在：石岡市小塙字向山 907 ほか
	立地：恋瀬川東岸の台地端・有明川にはさまれた台地上

墳形：円墳	墳丘規模：径7m・高さ2m
埋葬施設：不明	
埴輪：	
主な副葬品：	
年代：不明	
備考：	
近在の大型古墳：	遺跡番号：95
文献：八郷町史編さん委員会 2005	

厚茂古墳群	所在：石岡市柴間字裏山 108-1
	立地：園部川南岸の丘陵上

群構成	前方後円墳	円墳	方墳	その他	総数
	0 (2)	2 (14)	0 (0)	0 (0)	2 (16)

埋葬施設：石棺2基	墳丘規模：
埴輪：	
主な副葬品：	
年代：6～7世紀	
備考：6号墳　円墳（周溝・外堤あり）　径41m・高さ6m	
近在の大型古墳：	遺跡番号：103
文献：八郷町史編さん委員会 2005	

五霊古墳群	所在：石岡市下林字五霊
	立地：恋瀬川東岸の微高地から台地上

群構成	前方後円墳	円墳	方墳	その他	総数
	0 (0)	0 (0)	0 (0)	6 (1)	6 (1)

埋葬施設：横穴式石室	墳丘規模：
埴輪：なし	
主な副葬品：	
年代：7世紀	
備考：1号墳・2号墳　1997年発掘調査	
近在の大型古墳：	遺跡番号：107
文献：西宮 1997、西宮 1998、八郷町史編さん委員会 2005	

岩谷古墳	所在：石岡市青田字岩谷 136-4
	立地：小桜川西岸の台地縁辺部

墳形：円墳	墳丘規模：径22m
埋葬施設：横穴式石室	
埴輪：なし	
主な副葬品：	
年代：7世紀中葉以降	
備考：「茨城県古墳総覧」の岩屋古墳、相田 1993 の岩屋乙古墳、1992年石室実測、2000年度確認調査	
近在の大型古墳：	遺跡番号：115
文献：茨城県教育庁社会教育課 1959、相田 1993、西宮 1996、八郷町史編さん委員会 2005	

石岡市域の古墳群

新地古墳

所在	石岡市川又字新地404-1
立地	恋瀬川西岸の台地上
墳形	不明
墳丘規模	不明
埋葬施設	不明
主な副葬品	
埴輪	
年代	不明
備考	
近在の大型古墳	
文献	八郷町史編さん委員会 2005
遺跡番号	116

塚原古墳

所在	石岡市半田字塚原 632
立地	恋瀬川西岸の台地上
墳形	不明
墳丘規模	不明
埋葬施設	不明
主な副葬品	
埴輪	
年代	不明
備考	
近在の大型古墳	
文献	八郷町史編さん委員会 2005
遺跡番号	117

佐久上ノ内古墳群

所在	石岡市佐久字上ノ内
立地	恋瀬川東岸の台地縁辺部

群構成	前方後円墳	円墳	方墳	その他	総数
	0 (0)	2 (1)	0 (0)	0 (0)	2 (1)

埋葬施設	箱式石棺
埴輪	
主な副葬品	
年代	6～7世紀
備考	
近在の大型古墳	佐自塚古墳
文献	
遺跡番号	136

小美玉市旧小川町・美野里町域の古墳群

本田　信之

1　はじめに

　小美玉市は、平成18年3月に小川町、美野里町、玉里村が合併して誕生した市であるが、筆者に与えられた対象地区は、園部川左岸から巴川流域に包括される小川・美野里地区である。

　当該地区における古墳の数は、旧町の遺跡台帳を集成した結果、82基となったが、園部川右岸及び霞ヶ浦北岸地域に位置する玉里地区では、111基が確認されている。旧町村の面積は、小川・美野里地区合計で124.88 km^2、玉里地区が15.33km^{2}であることからも、両地区における古墳分布の密度に差があることは明白である。ちなみに、1 km^{2}あたりの古墳数は、小川・美野里地区：0.66基、玉里地区：7.2基であり、当該地区の密度は玉里地区の1/10以下である。さらに、後期になると、玉里地区の霞ヶ浦北岸地域は、70～90m程度の前方後円墳が集中して築造される特異な地域である。一方で、小川・美野里地区は、大型前方後円墳が築造されず、古墳群自体も散在して分布するようである。

　このように両地区の間に、古墳の密度や大型前方後円墳の有無に相違があることを踏まえた上で、当該地区の古墳群構成を概観する。

2　小美玉市小川・美野里地区の地形概要

　小川・美野里地区は、茨城県中央部の霞ヶ浦北岸に位置し、旧小川町のわずかな部分で霞ヶ浦と接している。地形的には、大部分が石岡台地と呼称される標高20～30m程度の台地で占められ、古墳（群）は、全て低台地を含む台地上に築造されている。その台地を縫うように西から園部川（支流：沢目川、小曽納川、花野井川）、鎌田川、梶無川が霞ヶ浦高浜入りに流入している。また、市域の北部には、巴川（支流：黒川、十間川）が鉾田市を経由して北浦に流れる。それら中小河川沿いには、沖積低地が広がっている。

3　墳形と規模（第1表）

　詳細な測量調査を実施している古墳がほとんどないため、正確な墳形や規模は不明な部分が多いが、82基の墳形別内訳は、前方後円墳3基、帆立貝形古墳3基、円墳71基、方墳1基、不明4基である。前方後円墳は、前期の羽黒古墳を除くと、帆立貝形古墳や小型前方後円墳である[1]。この様相は、玉里地区に70～90mの前方後円墳が集中して築造されることと対照的である。

　35mを超える「大型古墳」は9基を数え、そのほとんどが園部川流域に所在するようである。また、その墳形別の内訳は前方後円墳2基、帆立貝形古墳2基、円墳5基である。当該地区では、20m以下の小型円墳が非常に多いことが特徴に挙げられる。

第1表　墳形と規模

前方後円墳	帆立貝形古墳	円墳	方墳	不明
3基	3基	71基	1基	4基
0～19m	20～34m	35m以上	内50m以上	不明
37基	23基	9基	6基	13基

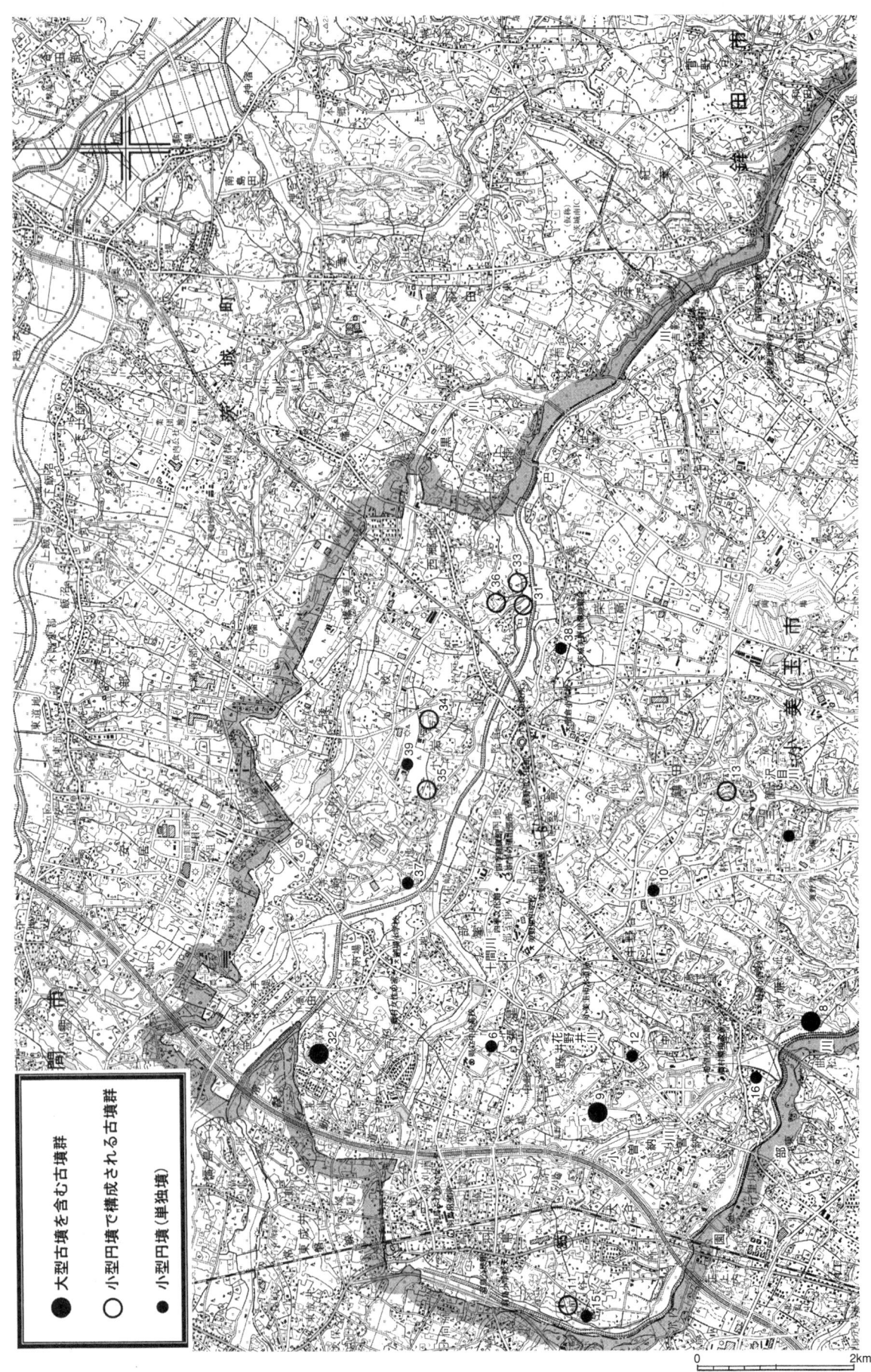

第1図　小川・美野里地区の古墳分布図（北半）

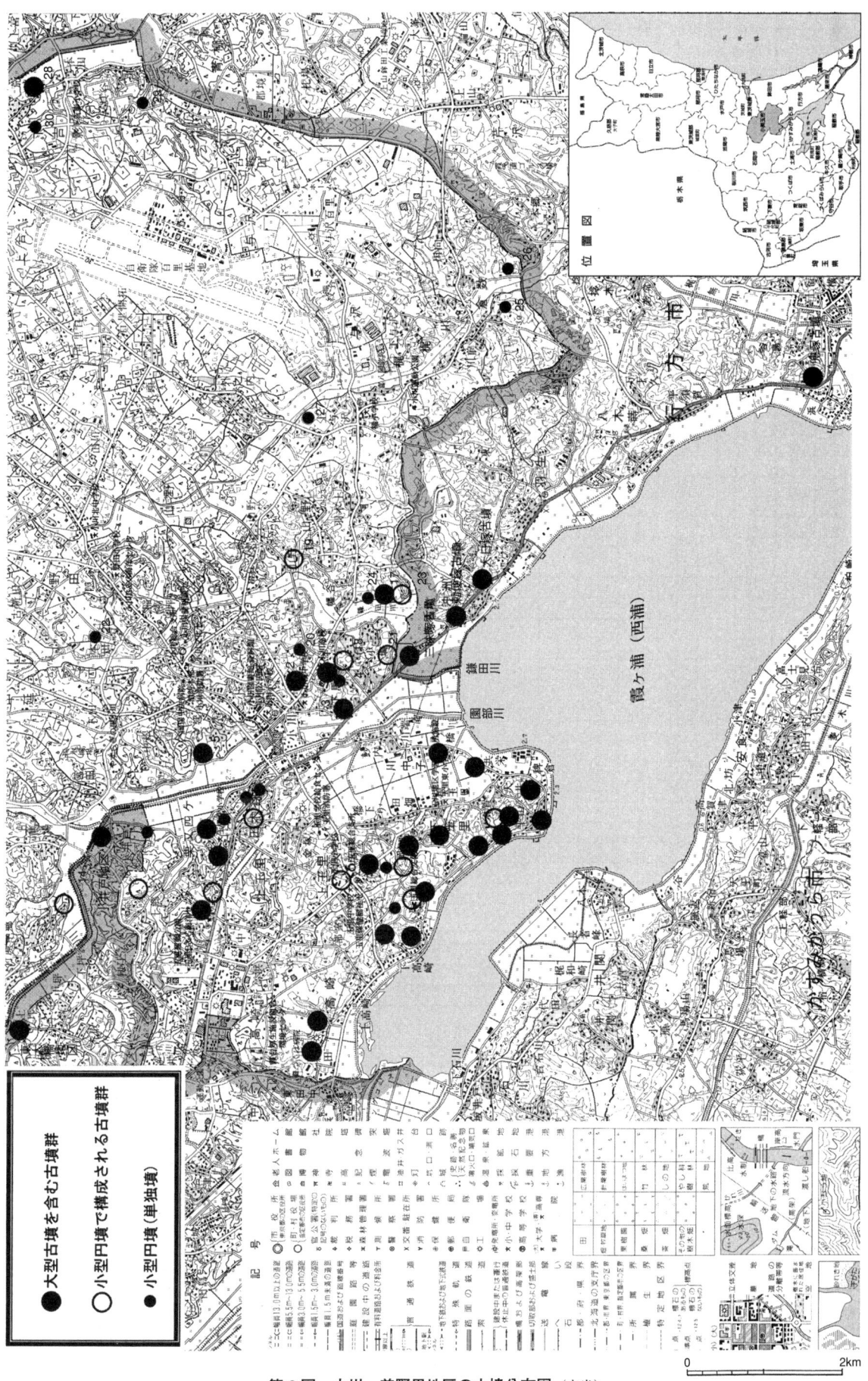

第2図　小川・美野里地区の古墳分布図 (南半)

第2表　小川・美野里地区における古墳一覧

園部川左岸

No.	遺跡名	墳形の構成と基数					時期				特記事項
		前方後円墳	円墳	方墳	前方後方墳	不明	前期	中期	後期	終末期	
1	地蔵塚古墳	1							▒		帆立貝形（墳丘長66m） 円筒埴輪　朝顔形円筒埴輪　馬形　盾形
2	雷神山古墳群		2								
2-a	雷神山古墳		1								径56m　二段築成
3	富士権現古墳		1						▒		径35m　雲母片岩散在
4	寺前古墳		1								円筒埴輪
5	（中延）大塚古墳		1								径43m
6	勅使塚古墳		1								
7	熊野権現古墳		1								箱式石棺　直刀
8	羽黒古墳群	1	2				■		▒		
8-a	羽黒古墳	1					■				墳丘長67m　壺形埴輪　器形円筒埴輪
9	愛宕山古墳群		5								第2号墳：円筒埴輪
9-a	愛宕山古墳第1号墳		1								径50m
10	（中野谷）大塚古墳		1								
11	神明塚古墳群		3						▒		
12	明生塚古墳	1									雲母片岩散在
13	蝶巣塚古墳群		3								
14	君ヶ崎古墳群		2								
15	山神古墳		1								
16	岩屋権現古墳					1			▒		箱式石棺

鎌田川流域

No.	遺跡名	前方後円墳	円墳	方墳	前方後方墳	不明	前期	中期	後期	終末期	特記事項
17	権現塚古墳		1						■		径45m（造出付：約10×20m） 箱式石棺2基 円筒埴輪　朝顔形円筒埴輪 玉類（管玉、切子玉）鉄鏃　剣
18	鞭の下古墳群		2								
19	犬塚古墳群		2								
20	谷中古墳		1								
21	久殿の森古墳群		2						▒		雲母片岩散在
22	本田古墳群		3								
23	幡谷古墳群		2								
24	介ノ台古墳		1								

梶無川流域

No.	遺跡名	前方後円墳	円墳	方墳	前方後方墳	不明	前期	中期	後期	終末期	特記事項
25	豆田古墳		1								前方後円墳集成（東北・関東編）には前方後円墳とある。
26	芹沢界古墳		1								
27	新田後古墳			1？							

巴川流域

No.	遺跡名	前方後円墳	円墳	方墳	前方後方墳	不明	前期	中期	後期	終末期	特記事項
28	道海古墳	1									墳丘長70m？　現在、所在不明
29	富士見塚古墳		1								
30	新堀古墳					1			▒		箱式石棺　管玉　ガラス小玉　金環
31	石船古墳群		10						▒		円筒埴輪
32	泥障塚古墳群	2	6						▒		雲母片岩散在
32-a	泥障塚古墳第1号墳	1							▒		帆立貝形（墳丘長：39.5m）
33	石船台古墳群		4								
34	塔ヶ塚古墳群		1			2			▒		箱式石棺
35	鹿久保古墳群		4								第1号墳：臼玉、切子玉、小玉
36	行人塚古墳群		2								
37	明神塚古墳		1								
38	稲荷山古墳		1						■		円筒埴輪
39	石堂古墳		1								

4 流域別における古墳群の様相（第1・2図／第2表）

(1) 園部川左岸　中流域～下流域（第3図）

　古墳の密度が低い当該地区において、比較的古墳が集中して築造される流域である。特に下流域には、後述する「下馬場」古墳群が形成される。中流域の舌状台地に所在する羽黒古墳群は、前方後円墳（4世紀後半）と2基の小型円墳（後期）で構成され、羽黒古墳からは、器台形円筒埴輪、壺形埴輪が採集されている（井 2008）。羽黒古墳群の下流約5kmには、大型円墳（径43m）の大塚古墳が単独に、支流小曽納川流域には、径50mの円墳を主墳とする愛宕山古墳群が所在する。支流を含む園部川流域の古墳群は、2～3kmの間隔をもって散在して分布する傾向がある。

　園部川右岸及び上流域は、区域外ではあるが、簡単に概観しておく。最上流域には、小型前方後円墳2基、円墳16基（内1基は径40m）で構成される石岡市厚茂古墳群が所在しているが、それより下流は、約10kmにわたって両岸とも古墳群の空白地域となる。羽黒古墳群の対岸に位置する石岡市東大橋地区には、傾城古墳群など2～8基の円墳で構成される小規模な古墳群が所在する。中～下流域の大型古墳は、石岡市東大橋地区に、径44mの大型円墳を含む上坪古墳群（円墳2基）、小岩戸地区に墳丘長72mの前方後円墳を主墳とする要害山古墳群、玉里地区には、墳丘長50mの前方後円墳を含む宮後古墳群が所在する。やや内陸部に位置する木船塚古墳群の木船塚古墳（前方後円墳：墳丘長約42m）では、双龍環頭大刀等が出土している。河口付近の玉里地区には、妙見山古墳（円墳：50m）、大井戸古墳（前方後円墳：100m？）などの大型単独墳が自然堤防上の低地に所在している。

　　a　「下馬場」古墳群（第3図）

　園部川と鎌田川が約100mに接近して霞ヶ浦に流入する口付近には、大型古墳が築造される。それぞれの古墳は、遺跡台帳上では単独墳として記載されているものが多いが、同じ台地に立地していることから「下馬場」古墳群として捉える。

　本古墳群は、園部川左岸の河口付近に所在し、帆立貝形古墳1基（66m）、大型円墳2基（56m、35m）、小型円墳5基の合計8基で構成される。帆立貝形古墳である地蔵塚古墳は墳丘長66m、後円部径40mを計り、当該地区では最大規模を誇る。1981年（昭和56）には、周溝と埴輪列を確認するための発掘調査が実施されている。調

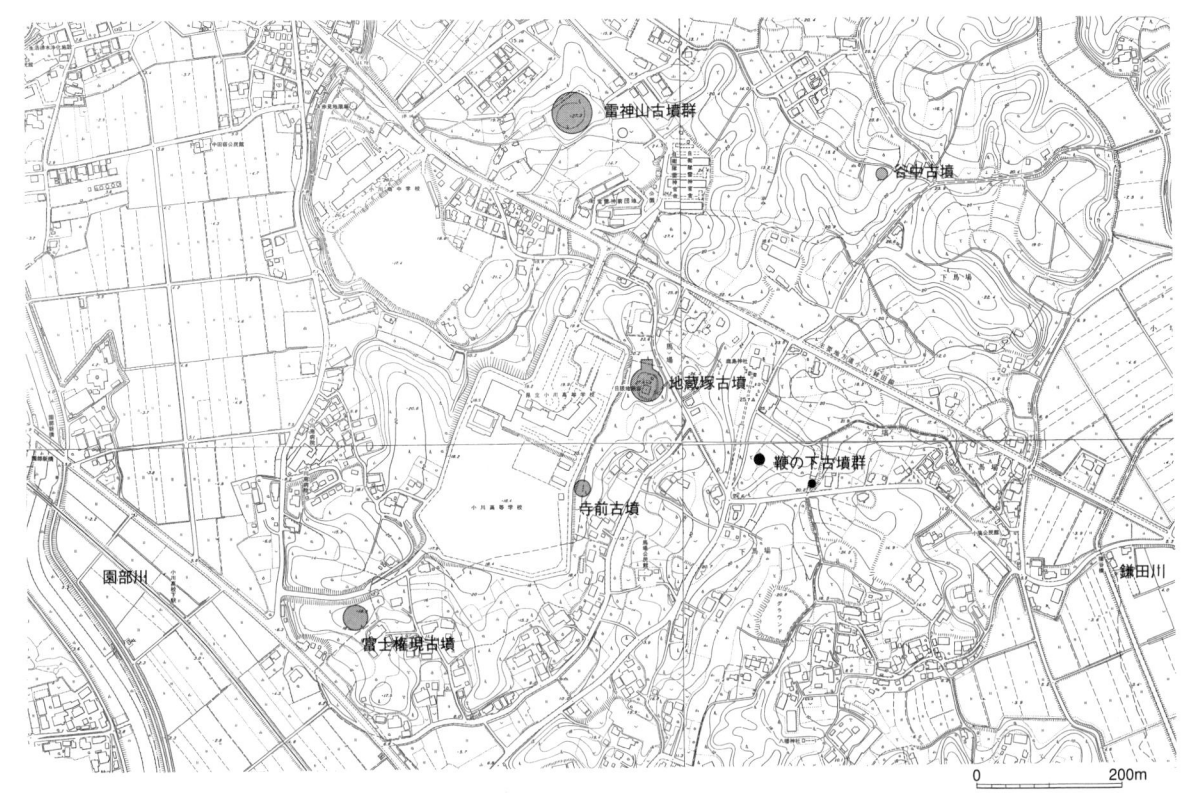

第3図　「下馬場」古墳群

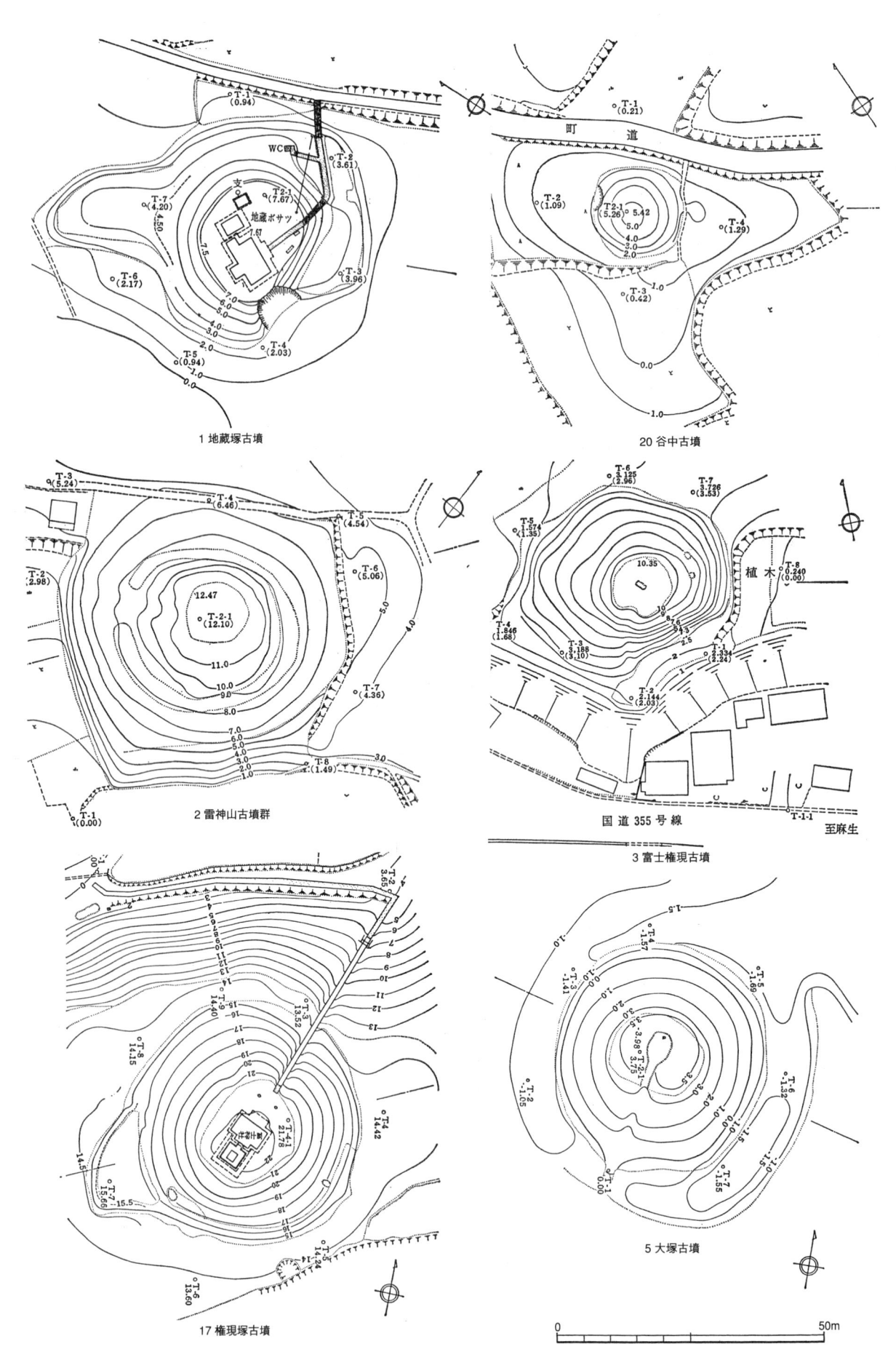

第 4 図　小川地区の主要古墳測量図（小川町 1982）

査では、後円部北西側の中段と鞍部から円筒埴輪列が確認された。出土した円筒埴輪（4条5段）、朝顔形円筒埴輪、形象埴輪は6世紀後半の所産であると思われる（宮内ほか1981）。径56mの雷神山古墳は円墳（二段築成）、富士権現古墳は35mの円墳である。

　b　愛宕山古墳群（第5,6図）

　園部川支流の小曽納川左岸に所在する古墳群である。本古墳群の主墳である第1号墳は径50mを測り、周溝が顕著に残存している。以前に円筒埴輪が出土したと伝わる。

　第1号墳を取り囲むように15〜28mの円墳が築造されている。この中で第2号墳は、市道改良工事に伴い2006年（平成18）に周溝の一部が発掘調査されている。併行して実施された測量調査により、墳丘規模は径28m、高さ2.5mであることが確認された。また、周溝の幅は6.0m（推定）であり、周溝からは、円筒埴輪片が出土している。第2号墳は出土した円筒埴輪から、後期に位置づけられている（小美玉市史料館 2008）。

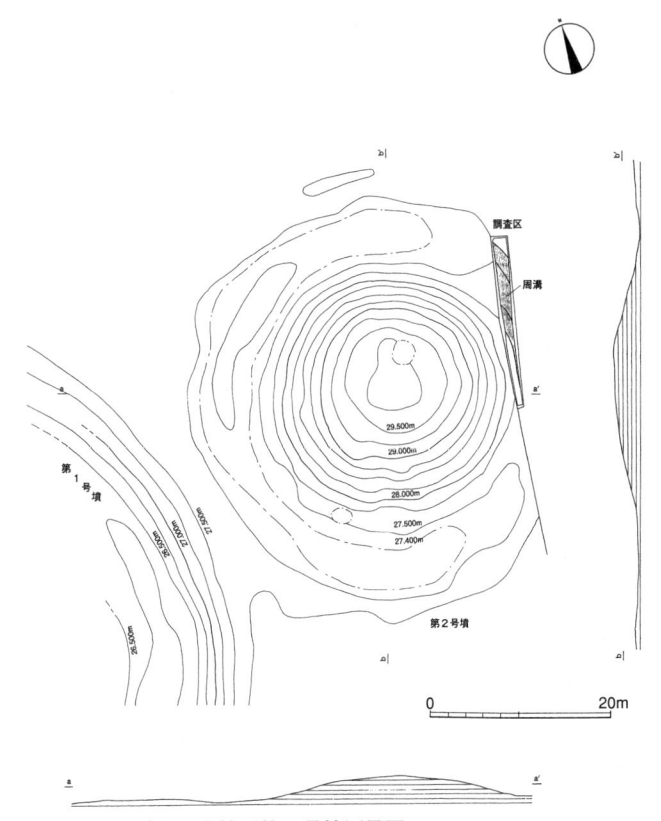

第5図　愛宕山古墳群第2号墳測量図　（小美玉市史料館 2008）

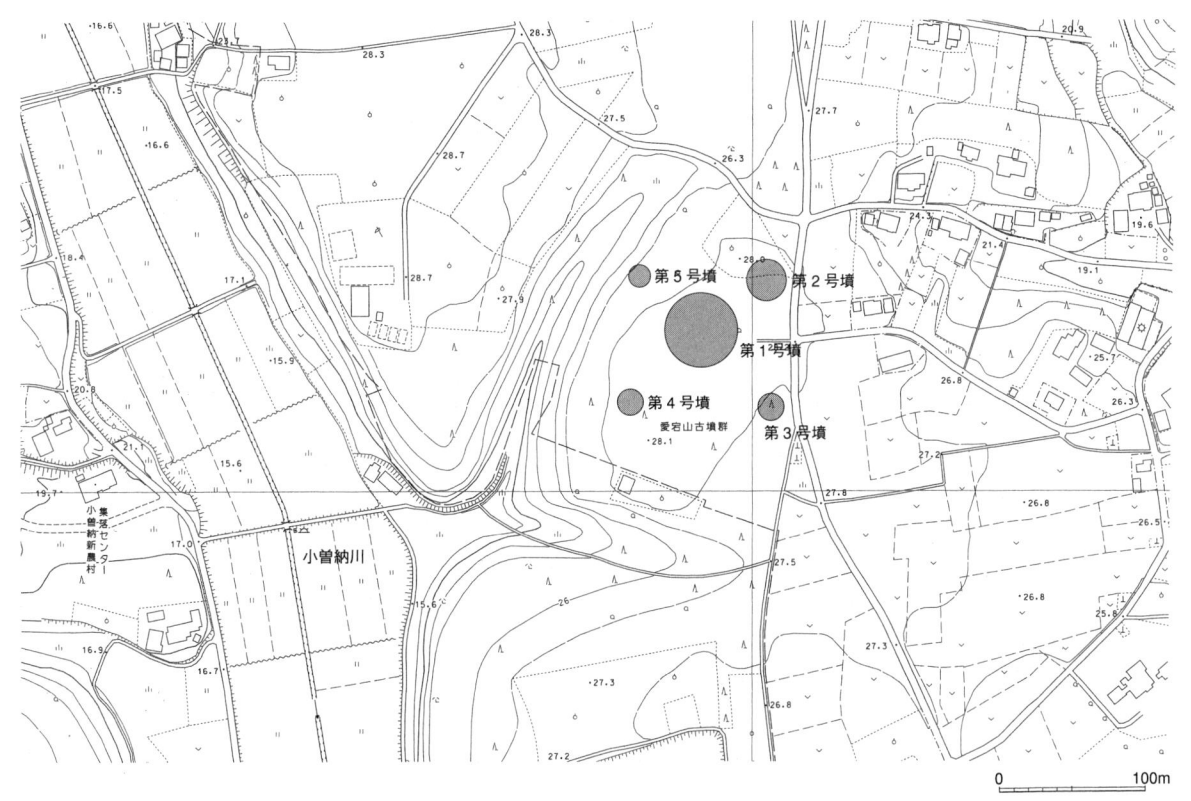

第6図　愛宕山古墳群：大型円墳を含む古墳群

(2) 鎌田川流域

8kmほどの小河川で、河口付近に古墳群が形成される。流域全体でも古墳は8基のみで、造墓活動は活発に行われないようであるが、左岸河口付近の低地には、行方市三昧塚古墳が所在している。

a 鎌田川左岸河口の古墳群（第7図）

鎌田川左岸の河口付近に所在する古墳（群）である。それぞれの古墳が台地の先端に築造されている。古代には、三昧塚古墳と同じく立花郷の領域である。

権現塚古墳は造り出し（約10×20m）を有する円墳であり、墳丘規模は径45mである。墳頂部には、富士神社が鎮座している。昭和5年、玉垣建設の際に2基の箱式石棺が発見され、棺内からは鉄鏃92本、剣2振、玉類（管玉10切子玉）が確認されている。その副葬品の一部は、東京国立博物館に収蔵されている。また、円筒埴輪等が確認されており（茂木ほか2002）、5世紀末から6世紀初頭の所産と考えられている。

谷津を挟んで北側には、介ノ台古墳（円墳）、南側には、幡谷古墳群（円墳2）が所在しており、両古墳とも10m以下である。また、権現塚古墳から一望できる河口付近の砂州上には、5世紀末葉の三昧塚古墳（前方後円墳）が所在している。

第7図 鎌田川河口の古墳群

(3) 梶無川中～上流域

中～上流域には、芹沢界古墳（円墳：16m）など3基の小型円墳が所在するのみであり、造墓活動が活発に行われないようである。しかし、行方市域の下流域には、墳丘長75～99m？の兜塚古墳を含む古墳群など複数の古墳群が形成される。

(4) 巴川中～上流域

最上流域付近には、帆立貝形古墳2基を含む泥障塚古墳群が形成される。上流域左岸の小岩戸、西郷地区には、2～10基の円墳で構成される小規模古墳群が集中しているが、これより下流は約8kmにわたって古墳の空白地となる。中流域の下吉影地区には、道海古墳など3基の単独墳が所在する。

a 泥障塚古墳群（第8図）

巴川右岸の上流域に所在する古墳群である。帆立貝形古墳2基、円墳6基（1基湮滅）で構成される。墳丘規模は第1号墳39.5m、第2号墳28mであり、墳丘上には、埋葬施設に採用されたと思われる雲母片岩が散在して

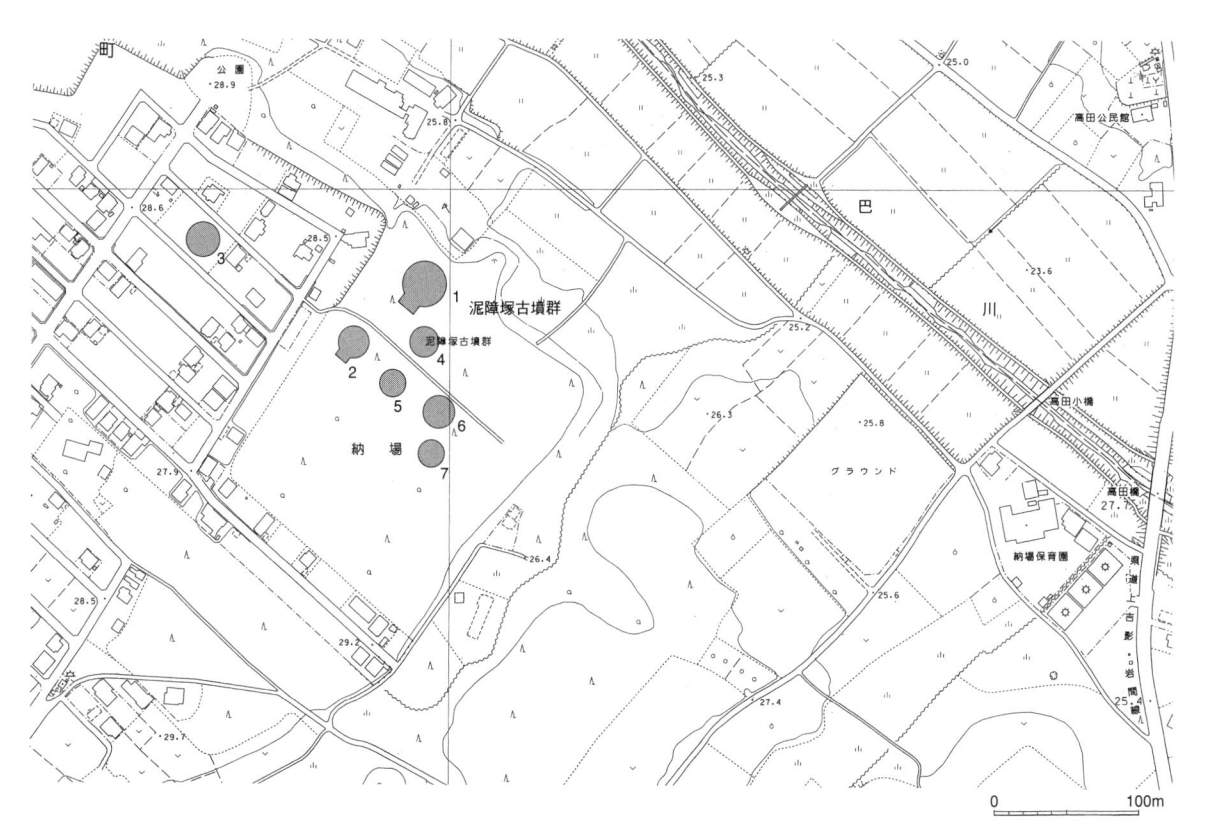

第 8 図　泥障塚古墳群：帆立貝形古墳と円墳で構成される古墳群

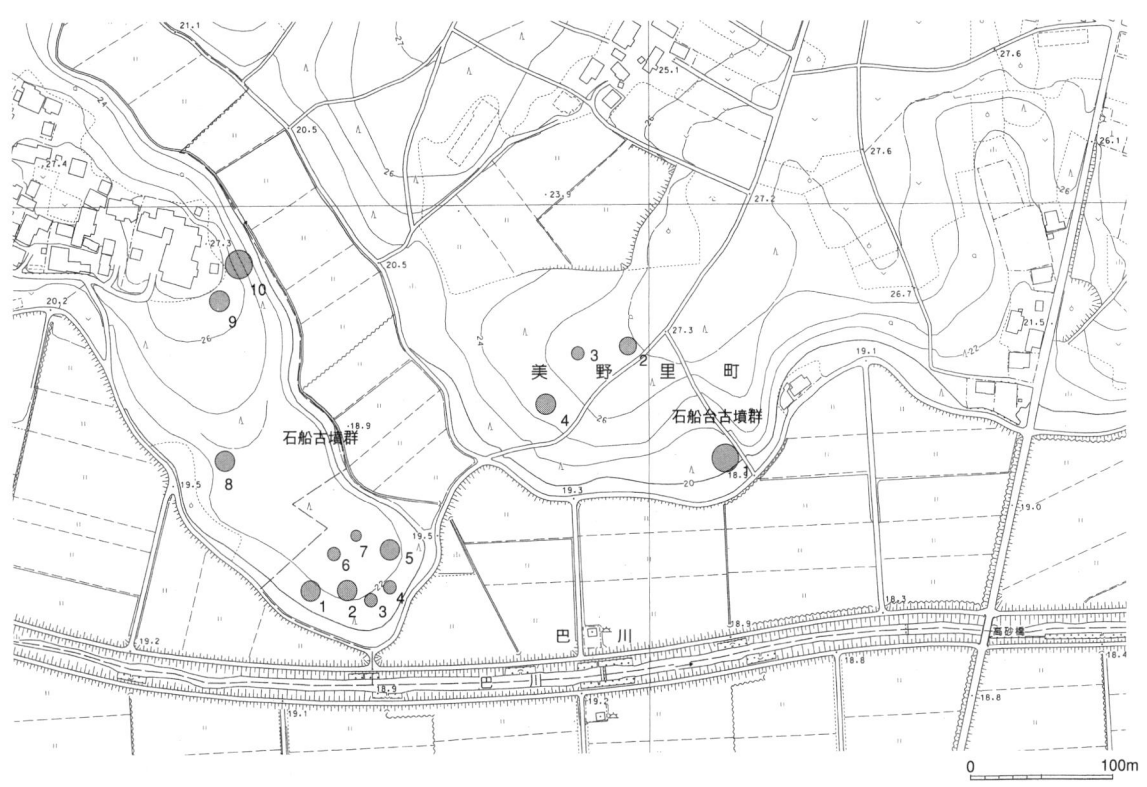

第 9 図　巴川左岸の古墳群：小型円墳で構成される古墳群

いる。第 3 ～ 7 号墳は円墳で、墳丘規模は 20m 前後である。

　b　石船古墳群（第 9 図）

　巴川左岸に面する舌状台地上に所在し、7 ～ 20 m の小型円墳 10 基で構成される古墳群である。谷津を挟んで

東側には、石船台古墳群が所在する。本古墳群は一部公園化されているが、第1号墳付近で円筒埴輪片を採集している。

　c　石船台古墳群　　（第9図）

　巴川左岸に所在し、10～20mの小型円墳4基で構成される古墳群である。谷津を挟んで西側には石船古墳群が所在する。

5　各古墳群の分布と構成

　小川・美野里地区での近年の調査事例は、地蔵塚古墳で埴輪列及び周溝の確認調査（宮内ほか1981）、新堀古墳の箱式石棺及び周溝調査（小川町教育委員会1988）、愛宕山古墳群第2号墳周溝調査（小美玉市史料館2008）、塔ヶ塚古墳群の主体部調査（千種1996）などがあるのみで、築造年代が分かる古墳は非常に少ない。また、築造年代を推定する遺物である埴輪も7基の古墳で確認されているのみである[2]。このように、小川・美野里地区における古墳群の時期的変遷を捉えることは、現状で非常に難しい。したがって、今回は、古墳群における規模と墳形の構成を中心に見ていくことにする。

　古墳群の分布では、20基を超える大規模な古墳群は存在せず、2～10基で構成される古墳群が各水域に散在するようである。古墳群は、全て20～30mの台地上に立地しており、低地や微高地には古墳群は所在していない。当該地区には、単独で所在する古墳も多いため、2基以上の「群」として所在するものは、16群を数えるに過ぎない。これら古墳群は墳丘規模や墳形から、4つの群構成（①～④）に分類できる。

① 大型円墳（35～50m程度）を主墳とし、その他に小型円墳で構成される古墳群　　【2古墳群】
　　愛宕山古墳群、鎌田川河口の古墳群

② 20m程度の小型円墳2～10基で構成される古墳群　　【11古墳群】
　　神明塚古墳群、蝶巣塚古墳群、君ヶ塚古墳群、鞭の下古墳群、犬塚古墳群、久殿の森古墳群、本田古墳群、石船古墳群、石船台古墳群、鹿久保古墳群、行人台古墳群

③ 前方後円墳（帆立貝形古墳を含む）を主墳とし、その他に小型円墳で構成される古墳　　【2古墳群】
　　羽黒古墳群　泥障塚古墳群

④ 帆立貝形古墳、大型円墳、10基以下の小型円墳で構成される古墳群　　【1古墳群】
　　「下馬場」古墳群

6　古墳群の時期と階層構成

　前期古墳は、器形円筒埴輪、壺形埴輪が採集されている羽黒古墳が4世紀後半に位置づけられる。それ以外で築造時期が分かる古墳は、出土した円筒埴輪などから、5世紀末～6世紀初頭の権現塚古墳、6世紀後半の地蔵塚古墳、稲荷山古墳がある。また、新堀古墳、塔ヶ塚古墳群、岩屋権現古墳、熊野権現古墳の主体部には、箱式石棺が採用されており、後期から終末期の年代が与えられる。このうち新堀古墳、塔ヶ塚古墳群では、埴輪が全く出土しなかったことから、埴輪樹立終焉後の7世紀代の古墳（群）であると思われる[3]。また、墳丘に棺材と思しき雲母片岩が散在する古墳が多数見受けられることから、羽黒古墳以外の古墳のほとんどが、後期以降に築造されたと推定できる。

　玉里地区南部に位置する「玉里古墳群」は、石岡市舟塚山古墳と同時期の5世紀中葉に形成が開始される。5世紀末から6世紀後半に至るまで、連綿として約60～90mの前方後円墳が築造され、首長系譜のたどれる古墳群である。その「玉里古墳群」と園部川を挟んだ対岸の「下馬場」古墳群は、大型古墳、帆立貝形古墳、小型円墳で構成されるため、首長系譜には含まれない。しかし古代においては、両古墳群が同じ田余郷の領域に所在することから、「下馬場」古墳群については、首長系列である「玉里古墳群」の政治的勢力との関連も考慮しなければならない。塩谷修氏は、霞ヶ浦沿岸における前方後円墳の築造規格を検討する中で、中期から後期にかけて、霞

ヶ浦北岸地域に帆立貝形古墳や大型円墳が集中して所在することに注目し、同時期に築造される 70 m 以上の前方後円墳とそれら古墳がほぼ同数であることから、「大型円墳や帆立形古墳が地域政権内部での政治的役割や秩序を表現するために、前方後円墳と異なる墳形として採用されていた可能性が高い」との指摘をしている（塩谷 2000）。こうした意味では、後期以降の霞ヶ浦北岸地域における階層構成は、80 m 前後の前方後円墳を頂点に帆立貝形古墳、大型円墳、小型古墳と言った重層化傾向を見てとれる。それら大型前方後円墳、帆立貝形古墳、大型円墳には、小型円墳が伴い、小型円墳は小規模な古墳群を形成するものが多い。

　小川・美野里地区の古墳群を規模や墳形の構成から概観してきたが、古墳自体の築造年代が不明な部分が多いため、事実記載が中心になってしまったことは否めない。当該地区の中で、大型前方後円墳が集中して築造される「玉里古墳群」や三昧塚古墳に隣接する霞ヶ浦沿岸部では古墳（群）が多く所在しているが、北部の内陸部を中心に古墳の造営が活発ではない。その中で、園部川、巴川の中流域には、小型円墳で構成される小規模古墳群や単独の小型円墳が散在している。一方で、各水域の上流域に位置する愛宕山古墳群や泥障塚古墳群には、大型古墳が分布している。そのような北部の内陸部は、茨城町小幡北山埴輪製作遺跡とその一部の埴輪が供給された「玉里古墳群」との結節点に位置する重要な地域である。しかし、「玉里古墳群」の首長系列との関連性、さらには、どのような階層構成に組み入れるかは、今後の検討課題としたい。そのためにも、未報告資料の公表や墳丘測量図の作成などを進めていく必要がある。

　本稿におきましては、明治大学佐々木憲一先生に執筆を薦めて頂きました。末筆ながら感謝の意を表します。

注
1) 巴川流域に位置する道海古墳は、旧小川町遺跡台帳には 70 m の前方後円墳とあるが現在は所在がよく分かっていない。
2) 小川・美野里地区の古墳において、埴輪が出土した古墳は、羽黒古墳、地蔵塚古墳、権現塚古墳、寺前古墳、稲荷山古墳、愛宕山古墳群第 2 号墳、石船古墳群である。
3) 新堀古墳の主体部は地下式の箱式石棺である。また、不整形の周溝が確認されているが、埴輪は全く出土していない。

参考文献

井　博幸　2008「羽黒古墳の埴輪」『小美玉市史料館報』　Vol.2　小美玉市史料館

石岡市教育委員会・石岡市遺跡分布調査会　2001『石岡市遺跡分布調査報告』

市毛勲ほか　1973「常陸における古墳の測量調査」『古代』　第 56 号　早稲田大学考古学会

小川町史編さん委員会　1982『小川町史上巻』

小川町史編さん委員会　1988『小川町史下巻』

小川町教育委員会　1988『新堀古墳発掘調査報告書』

小美玉市史料館　2008「第 1 部年報」『小美玉市史料館報』　Vol. 2　小美玉市史料館

小林三郎ほか　2005『茨城県霞ヶ浦北岸地域における古墳時代在地首長層の政治的諸関係理解のための基礎研究』　明治大学考古学研究室

佐々木憲一ほか　2006『関東における後期・終末期古墳群の諸相』　明治大学古代学研究所

塩谷　修　1997「霞ヶ浦沿岸の埴輪—5・6 世紀の埴輪の生産と埴輪祭祀」『霞ヶ浦の首長』　—古墳にみる水辺の権力者たち—　霞ヶ浦町郷土資料館

塩谷　修　2000「霞ヶ浦沿岸の前方後円墳築造規格」『常陸の前方後円墳』　(1)—茨城大学人文学部考古学研究報告第 3 冊—　茨城大学人文学部考古学教室

千種重樹　1996『塔ヶ塚古墳群』　美野里町教育委員会

美野里町史編さん委員会　1988『美野里町史上巻』　美野里町

美野里町教育委員会　1996『塔ヶ崎古墳群』

宮内良隆ほか　1981『茨城県東茨城郡小川町地蔵塚古墳』　小川町教育委員会

茂木雅博　1990「茨城県の円墳」『古代学研究』　第 123 号　古代学研究会

茂木雅博ほか　2002『常陸の円筒埴輪』　—茨城大学人文学部考古学研究報告第 5 冊—　茨城大学人文学部考古学教室

茂木雅博　2007『常陸の古墳』　同成社

160　第2章　地域研究

巴川流域

道海古墳

所在	小美玉市下吉影字海道 633 番地外
立地	巴川右岸に位置する標高 20m の台地上
墳形	前方後円墳？ 墳丘規模：墳丘長 70m　後円部径 48m　同高 6m　前方部高 3m
埋葬施設	不明
埴輪	不明
主な副葬品	不明
年代	不明
備考	現在は所在不明。（昭和 51 年作成の遺跡台帳に記載あり）
近在の大型古墳	
文献	

富士見塚古墳

所在	小美玉市下吉影字富士塚 1970
立地	巴川から開析する谷津に面する標高 27m の台地上
墳形	円墳　墳丘規模：径 13m　高 1.4m
埋葬施設	不明
埴輪	不明
主な副葬品	不明
年代	不明
備考	
近在の大型古墳	道海古墳（70m？）
文献	

新堀古墳

所在	小美玉市下吉影字新堀 1631 番地の 1
立地	巴川から開析する谷津に面する台地上
墳形	不明　墳丘規模：不明
埋葬施設	箱式石棺
埴輪	なし
主な副葬品	金環　菅玉　ガラス小玉
年代	終末期（7 世紀代）
備考	一部，周溝確認
近在の大型古墳	道海古墳（70m？）
文献	小川町教育委員会 1988

石船古墳群 第 1 号墳

所在	小美玉市西郷地字石船 425 番地
立地	巴川左岸に突き出した舌状台地上
墳形	円墳　墳丘規模：径 15m　高 1.5m
埋葬施設	不明
埴輪	あり（円筒埴輪）
主な副葬品	不明
年代	後期？
備考	
近在の大型古墳	
文献	美野里町 1988

石船古墳群 第 2 号墳

所在	小美玉市西郷地字石船 425 番地
立地	巴川左岸に突き出した舌状台地上
墳形	円墳　墳丘規模：径 15m　高 1.5m
埋葬施設	不明
埴輪	不明
主な副葬品	不明
年代	不明
備考	
近在の大型古墳	
文献	美野里町 1988

石船古墳群 第 3 号墳

所在	小美玉市西郷地字石船 425 番地
立地	巴川左岸に突き出した舌状台地上
墳形	円墳　墳丘規模：径 10m　高 1.0m
埋葬施設	不明
埴輪	不明
主な副葬品	不明
年代	不明
備考	
近在の大型古墳	
文献	美野里町 1988

石船古墳群 第 4 号墳

所在	小美玉市西郷地字石船 425 番地
立地	巴川左岸に突き出した舌状台地上
墳形	円墳　墳丘規模：径 10m　高 0.5m
埋葬施設	不明
埴輪	不明
主な副葬品	不明
年代	不明
備考	
近在の大型古墳	
文献	美野里町 1988

石船古墳群 第 5 号墳

所在	小美玉市西郷地字石船 425 番地
立地	巴川左岸に突き出した舌状台地上
墳形	円墳　墳丘規模：径 15m　高 1.7m
埋葬施設	不明
埴輪	不明
主な副葬品	不明
年代	不明
備考	
近在の大型古墳	
文献	美野里町 1988

石船古墳群 第6号墳	所在：小美玉市西郷地字石船425番地
	立地：巴川左岸に突き出した舌状台地上
	墳形：円墳　墳丘規模：径10m　高1.0m
	埋葬施設：不明
	墳輪：不明
	主な副葬品：不明
	年代：不明
	備考：
	近在の大型古墳：
	文献：美野里町1988

石船古墳群 第7号墳	所在：小美玉市西郷地字石船425番地
	立地：巴川左岸に突き出した舌状台地上
	墳形：円墳　墳丘規模：径7m　高0.3m
	埋葬施設：不明
	墳輪：不明
	主な副葬品：不明
	年代：不明
	備考：
	近在の大型古墳：
	文献：美野里町1988

石船古墳群 第8号墳	所在：小美玉市西郷地字石船1455番地の2
	立地：巴川左岸に突き出した舌状台地上
	墳形：円墳　墳丘規模：径15m　高1.5m
	埋葬施設：不明
	墳輪：不明
	主な副葬品：不明
	年代：不明
	備考：
	近在の大型古墳：
	文献：美野里町1988

石船古墳群 第9号墳	所在：小美玉市西郷地字石船1463番地
	立地：巴川左岸に突き出した舌状台地上
	墳形：円墳　墳丘規模：径15m　高2.0m
	埋葬施設：不明
	墳輪：不明
	主な副葬品：不明
	年代：不明
	備考：
	近在の大型古墳：
	文献：美野里町1988

石船古墳群 第10号墳	所在：小美玉市西郷地字石船1463
	立地：巴川左岸に突き出した舌状台地上
	墳形：円墳　墳丘規模：径20m　高1.0m
	埋葬施設：不明
	墳輪：不明
	主な副葬品：不明
	年代：不明
	備考：
	近在の大型古墳：
	文献：美野里町1988

泥障塚古墳群 第1号墳	所在：小美玉市納場字泥障塚845番地外
	立地：巴川右岸に位置する標高28mの台地上
	墳形：帆立貝形古墳　墳丘規模：墳丘長39.5m　後円部径27.5m　同高3.5m　前方部前端幅27m　同高2.0m
	埋葬施設：不明
	墳輪：不明
	主な副葬品：不明
	年代：不明
	備考：後円部墳頂に石棺の残欠が散在している。小美玉市指定文化財（史跡）
	近在の大型古墳：
	文献：美野里町1988

泥障塚古墳群 第2号墳	所在：小美玉市納場字泥障塚851番地
	立地：巴川右岸に位置する標高28mの台地上
	墳形：帆立貝形古墳　墳丘規模：墳丘長28m　後円部径20m　同高2m　前方部前端幅14m　同高1m
	埋葬施設：不明
	墳輪：不明
	主な副葬品：不明
	年代：不明
	備考：後円部墳頂に石棺の残欠が散在している。小美玉市指定文化財（史跡）
	近在の大型古墳：泥障塚古墳第1号墳
	文献：美野里町1988

泥障塚古墳群 第3号墳	所在：小美玉市納場字泥障塚808番地の200
	立地：巴川右岸に位置する標高28mの台地上
	墳形：円墳　墳丘規模：径22m　高1.8m
	埋葬施設：不明
	墳輪：不明
	主な副葬品：不明
	年代：不明
	備考：隣接する北浦団地内に所在する。小美玉市指定文化財（史跡）
	近在の大型古墳：泥障塚古墳第1号墳
	文献：美野里町1988

泥障塚古墳群 第8号墳	所在：	小美玉市納場字泥障塚地内
	立地：	巴川右岸に位置する標高28mの台地上
	墳形：円墳	墳丘規模：不明
	埋葬施設：	不明
	埴輪：	不明
	主な副葬品：	不明
	年代：	不明
	備考：	現在堙滅
	近在の大型古墳：	泥障塚古墳第1号墳
	文献：	美野里町1988
石船台古墳群 第1号墳	所在：	小美玉市西郷地字石船台444番地
	立地：	巴川左岸に位置する台地上
	墳形：円墳	墳丘規模：径20m 高1.5m
	埋葬施設：	不明
	埴輪：	不明
	主な副葬品：	不明
	年代：	不明
	備考：	
	近在の大型古墳：	
	文献：	美野里町1988
石船台古墳群 第2号墳	所在：	小美玉市西郷地字石船台437番地の1
	立地：	巴川左岸に位置する台地上
	墳形：円墳	墳丘規模：径13m 高1.2m
	埋葬施設：	不明
	埴輪：	不明
	主な副葬品：	不明
	年代：	不明
	備考：	
	近在の大型古墳：	
	文献：	美野里町1988
石船台古墳群 第3号墳	所在：	小美玉市西郷地字石船台437番地の1
	立地：	巴川左岸に位置する台地上
	墳形：円墳	墳丘規模：径10m 高0.8m
	埋葬施設：	不明
	埴輪：	不明
	主な副葬品：	不明
	年代：	不明
	備考：	
	近在の大型古墳：	
	文献：	美野里町1988

泥障塚古墳群 第4号墳	所在：	小美玉市納場字泥障塚848番地
	立地：	巴川右岸に位置する標高28mの台地上
	墳形：円墳	墳丘規模：径20m 高1.5m
	埋葬施設：	不明
	埴輪：	不明
	主な副葬品：	不明
	年代：	不明
	備考：	小美玉市指定文化財（史跡）
	近在の大型古墳：	泥障塚古墳第1号墳
	文献：	美野里町1988
泥障塚古墳群 第5号墳	所在：	小美玉市納場字泥障塚851番地外
	立地：	巴川右岸に位置する標高28mの台地上
	墳形：円墳	墳丘規模：径18m 高1.0m
	埋葬施設：	不明
	埴輪：	不明
	主な副葬品：	不明
	年代：	不明
	備考：	小美玉市指定文化財（史跡）
	近在の大型古墳：	泥障塚古墳第1号墳
	文献：	美野里町1988
泥障塚古墳群 第6号墳	所在：	小美玉市納場字泥障塚851番地
	立地：	巴川右岸に位置する標高28mの台地上
	墳形：円墳	墳丘規模：径22m 高1.3m
	埋葬施設：	不明
	埴輪：	不明
	主な副葬品：	不明
	年代：	不明
	備考：	小美玉市指定文化財（史跡）
	近在の大型古墳：	泥障塚古墳第1号墳
	文献：	美野里町1988
泥障塚古墳群 第7号墳	所在：	小美玉市納場字泥障塚852番地
	立地：	巴川右岸に位置する標高28mの台地上
	墳形：円墳	墳丘規模：径20m 高1.5m
	埋葬施設：	不明
	埴輪：	不明
	主な副葬品：	不明
	年代：	不明
	備考：	小美玉市指定文化財（史跡）
	近在の大型古墳：	泥障塚古墳第1号墳
	文献：	美野里町1988

石船台古墳群 第4号墳	所在：小美玉市西郷地字石船台 437 番地の 1 立地：巴川左岸に位置する台地上 墳形：円墳　墳丘規模：径 15m　高 1.0m 埋葬施設：不明 埴輪：不明　主な副葬品：不明 年代：不明 備考： 近在の大型古墳： 文献：美野里町 1988	
塔ヶ塚古墳群 第1号墳	所在：小美玉市小岩戸字塔ヶ崎 1720 番地外 立地：巴川左岸に開析する谷津の最深部に面する台地上 墳形：円墳　墳丘規模：不明 埋葬施設：不明 埴輪：不明　主な副葬品：不明 年代：不明 備考：石棺（雲母片岩）の残欠か散在している。 近在の大型古墳： 文献：美野里町 1988、美野里町教育委員会 1996	
塔ヶ塚古墳群 第2号墳	所在：小美玉市小岩戸字塔ヶ崎 1720 番地外 立地：巴川左岸から南北に開析する谷津の最深部に面する台地上 墳形：不明　墳丘規模：不明 埋葬施設：不明 埴輪：不明　主な副葬品：不明 年代：不明 備考： 近在の大型古墳： 文献：美野里町 1988、美野里町教育委員会 1996	
塔ヶ塚古墳群 第3号墳	所在：小美玉市小岩戸字塔ヶ崎 1720 番地外 立地：巴川左岸から南北に開析する谷津の最深部に面する台地上 墳形：不明　墳丘規模：不明 埋葬施設：不明 埴輪：不明　主な副葬品：不明 年代：不明 備考： 近在の大型古墳： 文献：美野里町 1988、美野里町教育委員会 1996	

鹿久保古墳群 第1号墳	所在：小美玉市小岩戸字鹿久保 1066 番地の 5 立地：巴川左岸に位置する標高 25m の台地上 墳形：円墳　墳丘規模：径 25m　高 1.2m 埋葬施設：不明 埴輪：不明　主な副葬品：臼玉 2　切子玉 1　小玉 3 年代：不明 備考：昭和 42 年頃発掘調査を実施したとされるが、詳細不明 近在の大型古墳： 文献：美野里町 1988	
鹿久保古墳群 第2号墳	所在：小美玉市小岩戸字羽黒 1077 立地：巴川左岸に位置する標高 25m の台地上 墳形：円墳　墳丘規模：径 15m　高 1.5m 埋葬施設：不明 埴輪：不明　主な副葬品：不明 年代：不明 備考： 近在の大型古墳： 文献：美野里町 1988	
鹿久保古墳群 第3号墳	所在：小美玉市小岩戸地内 立地：巴川左岸に位置する標高 25m の台地上 墳形：円墳　墳丘規模：不明 埋葬施設：不明 埴輪：不明　主な副葬品：不明 年代：不明 備考： 近在の大型古墳： 文献：美野里町 1988	
鹿久保古墳群 第4号墳	所在：小美玉市小岩戸地内 立地：巴川左岸に位置する標高 25m の台地上 墳形：円墳　墳丘規模：不明 埋葬施設：不明 埴輪：不明　主な副葬品：不明 年代：不明 備考： 近在の大型古墳： 文献：美野里町 1988	

第2章 地域研究

石堂古墳

所在	小美玉市小岩戸字石堂 1872
立地	巴川左岸に位置する標高 27m の台地上
墳形	円墳　墳丘規模：径 24m 高 2.4m
埋葬施設	不明
主な副葬品	不明
年代	不明
備考	
近在の大型古墳	所在地不明
文献	美野里町 1988

園部川流域

地蔵塚古墳

所在	小美玉市下馬場字宮前 504 番地の 1 外
立地	園部川に開析する谷津に面する標高 25m の台地上　園部川左岸
墳形	帆立貝形古墳　墳丘規模：墳丘長 66m　後円部径 40m　後円部高 7.7m　前方部前端幅 14m　前方部高 4.2m
埋葬施設	不明
埴輪	円筒埴輪　朝顔形円筒埴輪　形象埴輪
主な副葬品	不明
年代	6 世紀後半
備考	昭和 56 年に周溝及び埴輪列を確認する調査を実施　後円部北西側の中段と繋部に円筒埴輪列を確認　小美玉市指定文化財（史跡）
近在の大型古墳	雷神山古墳（円墳：56m）
文献	宮内良隆ほか 1981、小川町 1982・1988

雷神山古墳群 第1号墳（雷神山古墳）

所在	小美玉市小川字雷神前 607-1 番地外
立地	園部川に開析する谷津に面する台地上　園部川左岸
墳形	円墳　墳丘規模：径 56m 高 7.0m
埋葬施設	不明
埴輪	不明
主な副葬品	不明
年代	不明
備考	二段築成
近在の大型古墳	地蔵塚古墳（墳丘長 66m）
文献	小川町 1982

雷神山古墳群 第2号墳

所在	小美玉市小川字雷神前
立地	園部川に開析する谷津に面する台地上　園部川左岸
墳形	円墳　墳丘規模：径 19m 高 3.5m
埋葬施設	不明
埴輪	不明
主な副葬品	不明
年代	不明
備考	現在は所在不明
近在の大型古墳	雷神山古墳（円墳：56m）　地蔵塚古墳（墳丘長 66m）
文献	

行人台古墳群 第1号墳

所在	小美玉市西郷地内
立地	巴川左岸から南北に開析する谷津に面する台地上
墳形	円墳　墳丘規模：不明
埋葬施設	不明
主な副葬品	不明
年代	不明
備考	所在地不明
近在の大型古墳	
文献	美野里町 1988

行人台古墳群 第2号墳

所在	小美玉市西郷地字行人台 695 番地の 4
立地	巴川左岸から南北に開析する谷津に面する台地上
墳形	円墳　墳丘規模：径 22m 高 0.9m
埋葬施設	不明
主な副葬品	不明
年代	不明
備考	
近在の大型古墳	
文献	美野里町 1988

明神塚古墳

所在	小美玉市小岩戸字源道地 777
立地	巴川左岸に位置する標高 28m の台地上
墳形	円墳　墳丘規模：径 20m 高 1.5m
埋葬施設	不明
主な副葬品	不明
年代	不明
備考	
近在の大型古墳	
文献	美野里町 1988

稲荷山古墳

所在	小美玉市柴高字稲荷山 892-2
立地	巴川右岸に位置する谷津に面する台地上
墳形	円墳　墳丘規模：径 26.5m 高 2.8m
埋葬施設	不明
埴輪	円筒埴輪
主な副葬品	不明
年代	後期
備考	小美玉市指定文化財（史跡）
近在の大型古墳	
文献	美野里町 1988

富士権現古墳	所在：小美玉市小川字富士山 815 番地外
	立地：園部川左岸に位置する標高 16m の台地縁辺部
	墳形：円墳　　墳丘規模：径 35m　高 8m
	埋葬施設：箱式石棺？
	埴輪：不明
	主な副葬品：不明
	年代：後期
	備考：墳丘北側に周溝の痕跡あり。明治時代末期に盗掘
	近在の大型古墳：雷神山古墳（円墳：56m）　地蔵塚古墳（墳丘長 66m）
	文献：小川町 1982

寺前古墳	所在：小美玉市下馬場字寺前 485 の 1 番地外
	立地：園部川左岸に位置する標高 22m の台地上
	墳形：円墳　　墳丘規模：径 25m　高 4.5m
	埋葬施設：不明
	埴輪：円筒埴輪
	主な副葬品：不明
	年代：後期？
	備考：
	近在の大型古墳：雷神山古墳（円墳：56m）　地蔵塚古墳（墳丘長 66m）
	文献：小川町 1982

(中延)大塚古墳	所在：小美玉市中延字大塚 225 番地外
	立地：園部川左岸に位置する標高 22m の台地上
	墳形：円墳　　墳丘規模：径 43m　高 4.0m
	埋葬施設：不明
	埴輪：不明
	主な副葬品：不明
	年代：不明
	備考：
	近在の大型古墳：小美玉市指定文化財（史跡）
	文献：小川町 1982

勅使塚古墳	所在：小美玉市張星字勅使塚 344 番地
	立地：園部川の支流花野井川左岸に位置する台地上
	墳形：円墳　　墳丘規模：径 30m　高 4m
	埋葬施設：不明
	埴輪：不明
	主な副葬品：不明
	年代：不明
	備考：小美玉市指定文化財（史跡）
	近在の大型古墳：
	文献：美野里町 1988

熊野権現古墳	所在：小美玉市三箇字熊野 880 番地の 3
	立地：園部川の支流沢目川右岸に位置する台地上
	墳形：円墳　　墳丘規模：径 20m　高-
	埋葬施設：箱式石棺
	埴輪：不明
	主な副葬品：直刀
	年代：後期～終末期
	備考：直刀は近隣の三所神社に奉納されたとされる。
	近在の大型古墳：
	文献：美野里町 1988

羽黒古墳群 第 1 号墳 (羽黒古墳)	所在：小美玉市竹原字羽黒 1200 番地
	立地：園部川左岸に位置する舌状台地上
	墳形：前方後円墳　　墳丘規模：墳丘長 67m　後円部径 34m　同高 7m　前方部前端幅 15m　同高 3.5m 現存値
	埋葬施設：不明
	埴輪：器形円筒埴輪、壷形埴輪
	主な副葬品：不明
	年代：4 世紀後半
	備考：前方部前端方向に空堀状に掘削されていたが、現在は埋め戻されている。前方部はかなり改変されているものと思われる。周溝は墳丘北側及び西側に痕跡が残る。小美玉市指定文化財：
	近在の大型古墳：
	文献：市毛勲ほか 1973、美野里町 1988、井 2008

羽黒古墳群 第 2 号墳	所在：小美玉市竹原字羽黒 1197 番地
	立地：園部川左岸に位置する舌状台地上
	墳形：円墳　　墳丘規模：径 20m　高 3m
	埋葬施設：不明
	埴輪：不明
	主な副葬品：不明
	年代：不明
	備考：墓地となっており、雲母片岩が散在している。（羽黒古墳：67m）
	近在の大型古墳：
	文献：市毛勲ほか 1973、美野里町 1988、井 2008

羽黒古墳群 第 3 号墳	所在：小美玉市竹原字羽黒
	立地：園部川左岸に位置する舌状台地上
	墳形：円墳　　墳丘規模：残存径 11m
	埋葬施設：不明
	埴輪：不明
	主な副葬品：不明
	年代：不明
	備考：墓地となっており、雲母片岩が散在している。戦後湮滅か？（羽黒古墳：67m）
	近在の大型古墳：
	文献：市毛勲ほか 1973、美野里町 1988、井 2008

166　第2章　地域研究

愛宕山古墳群 第1号墳	所在：	小美玉市花野井字大塚564番地の1
	立地：	園部川支流小曽納川左岸に位置する標高27mの台地上
	墳形：円墳	墳丘規模：径50m　高5m
	埋葬施設：	不明
	埴輪：	円筒埴輪？
	主な副葬品：	不明
	年代：	不明
	備考：	周溝の痕跡が顕著に残る（幅10m程度）小美玉市指定文化財（史跡）
	近在の大型古墳：	愛宕山古墳群第1号墳（50m）
	文献：	美野里町1988, 小美玉市史料館2008
愛宕山古墳群 第2号墳	所在：	小美玉市中野谷字大塚48番地の1
	立地：	園部川支流小曽納川左岸に位置する標高27mの台地上
	墳形：円墳	墳丘規模：径28m　高2.5m
	埋葬施設：	不明
	埴輪：	円筒埴輪
	主な副葬品：	不明
	年代：	後期
	備考：	小美玉市指定文化財（史跡）平成18年に市道改良工事に伴い発掘調査を実施。周溝は幅約6.0m（推定）、深さ0.8mであり、円筒埴輪が少量出土している。
	近在の大型古墳：	愛宕山古墳群第1号墳（50m）
	文献：	美野里町1988, 小美玉市史料館2008
愛宕山古墳群 第3号墳	所在：	小美玉市花野井字大塚564番地の1
	立地：	園部川支流小曽納川左岸に位置する標高27mの台地上
	墳形：円墳	墳丘規模：径20m　高1.5m
	埋葬施設：	不明
	埴輪：	不明
	主な副葬品：	不明
	年代：	不明
	備考：	小美玉市指定文化財（史跡）
	近在の大型古墳：	愛宕山古墳群第1号墳（50m）
	文献：	美野里町1988, 小美玉市史料館2008
愛宕山古墳群 第4号墳	所在：	小美玉市花野井字大塚564番地の36
	立地：	園部川支流小曽納川左岸に位置する標高27mの台地上
	墳形：円墳	墳丘規模：径18m　高1.3m
	埋葬施設：	不明
	埴輪：	不明
	主な副葬品：	不明
	年代：	不明
	備考：	小美玉市指定文化財（史跡）
	近在の大型古墳：	愛宕山古墳群第1号墳（50m）
	文献：	美野里町1988, 小美玉市史料館2008
愛宕山古墳群 第5号墳	所在：	小美玉市花野井字大塚564番地の39
	立地：	園部川支流小曽納川左岸に位置する標高27mの台地上
	墳形：円墳	墳丘規模：径15m　高1.0m
	埋葬施設：	不明
	埴輪：	不明
	主な副葬品：	不明
	年代：	不明
	備考：	小美玉市指定文化財（史跡）
	近在の大型古墳：	愛宕山古墳群第1号墳（50m）
	文献：	美野里町1988, 小美玉市史料館2008
（中野谷） 大塚古墳	所在：	小美玉市中野谷字大塚48番地の1
	立地：	園部川から開析される大規模な谷津の最深部に位置する台地上（標高27m）
	墳形：円墳	墳丘規模：径16m　高0.8m
	埋葬施設：	不明
	埴輪：	不明
	主な副葬品：	不明
	年代：	不明
	備考：	現在は所在不明
	近在の大型古墳：	
	文献：	美野里町1988
神明塚古墳群 第1号墳	所在：	小美玉市羽鳥字金谷久保1253番地
	立地：	園部川左岸の台地上
	墳形：円墳	墳丘規模：径15m　高1.5m
	埋葬施設：	不明
	埴輪：	不明
	主な副葬品：	不明
	年代：	不明
	備考：	槨材と思われる雲母片岩片が散在している。
	近在の大型古墳：	
	文献：	美野里町1988
神明塚古墳群 第2号墳	所在：	小美玉市羽鳥字金谷久保562番地の2
	立地：	園部川左岸の台地上
	墳形：円墳	墳丘規模：径15m　高0.7m
	埋葬施設：	不明
	埴輪：	不明
	主な副葬品：	不明
	年代：	不明
	備考：	墳丘はかなり削平されている。
	近在の大型古墳：	
	文献：	美野里町1988

小美玉市旧小川町・美野里町域の古墳群

蝶巣塚古墳群 第3号墳	所在	小美玉市鶴田字権現峰728番地
	立地	園部川支流沢目川右岸に位置する台地上
	墳形：円墳	墳丘規模：径20m 高1.8m
	埋葬施設：不明	
	埴輪：不明	
	主な副葬品：不明	
	年代：不明	
	備考：	
	近在の大型古墳：	
	文献：美野里町1988	

君ヶ崎古墳群 第1号墳	所在	小美玉市竹原中郷字君ヶ崎338番地
	立地	園部川左岸に位置する舌状台地先端
	墳形：円墳	墳丘規模：径9.5m 高1.6m
	埋葬施設：不明	
	埴輪：不明	
	主な副葬品：不明	
	年代：不明	
	備考：	
	近在の大型古墳：	
	文献：美野里町1988	

君ヶ崎古墳群 第2号墳	所在	小美玉市竹原中郷字君ヶ崎338番地
	立地	園部川左岸に位置する舌状台地先端
	墳形：円墳	墳丘規模：径5.5m 高1.4m
	埋葬施設：不明	
	埴輪：不明	
	主な副葬品：不明	
	年代：不明	
	備考：	
	近在の大型古墳：	
	文献：美野里町1988	

山神古墳	所在	小美玉市羽鳥字金合久保544
	立地	園部川左岸に位置する標高29mの台地上
	墳形：円墳	墳丘規模：径20m 高2.0m
	埋葬施設：不明	
	埴輪：不明	
	主な副葬品：不明	
	年代：不明	
	備考：別称：卒下塚	
	近在の大型古墳：	
	文献：美野里町1988	

神明塚古墳群 第3号墳	所在	小美玉市羽鳥字金合久保1531番地の1外
	立地	園部川左岸の台地上
	墳形：円墳	墳丘規模：径8m 高1.4m
	埋葬施設：不明	
	埴輪：不明	
	主な副葬品：不明	
	年代：不明	
	備考：	
	近在の大型古墳：	
	文献：美野里町1988	

明生塚古墳	所在	小美玉市花野井字中台道16番地
	立地	園部川支流花野井川右岸に位置する台地上
	墳形：前方後円墳	墳丘規模：墳丘長31m 後円部径21m 同高3m 前方部長10m 同高2m
	埋葬施設：不明	
	埴輪：不明	
	主な副葬品：不明	
	年代：不明	
	備考：	
	近在の大型古墳：	
	文献：美野里町1988	

蝶巣塚古墳群 第1号墳	所在	小美玉市鶴田字蝶巣808番地
	立地	園部川支流沢目川右岸に位置する台地上
	墳形：円墳	墳丘規模：径23m 高2.4m
	埋葬施設：不明	
	埴輪：不明	
	主な副葬品：不明	
	年代：不明	
	備考：	
	近在の大型古墳：	
	文献：美野里町1988	

蝶巣塚古墳群 第2号墳	所在	小美玉市鶴田字兵庫久保730番地の1
	立地	園部川支流沢目川右岸に位置する台地上
	墳形：円墳	墳丘規模：径20m 同高1.8m
	埋葬施設：不明	
	埴輪：不明	
	主な副葬品：不明	
	年代：不明	
	備考：	
	近在の大型古墳：	
	文献：美野里町1988	

大塚古墳群 第1号墳

- 所在：小美玉市山野字大塚872番地
- 立地：鍛冶川左岸に位置する標高14mの台地上
- 墳形：円墳　墳丘規模：径25m　高4m
- 埋葬施設：不明
- 埴輪：不明
- 主な副葬品：不明
- 年代：不明
- 備考：
- 近在の大型古墳：
- 文献：小川町1982

大塚古墳群 第2号墳

- 所在：小美玉市山野字大塚前879番地
- 立地：鍛冶川左岸に位置する標高14mの台地上
- 墳形：円墳　墳丘規模：径17m　高3m
- 埋葬施設：不明
- 埴輪：不明
- 主な副葬品：不明
- 年代：不明
- 備考：
- 近在の大型古墳：
- 文献：小川町1982

谷中古墳

- 所在：小美玉市小川字谷中463番地
- 立地：鍛冶川に開析する谷津の最深部に面する標高23mの台地上
- 墳形：円墳　墳丘規模：径17m　高4.5m
- 埋葬施設：不明
- 埴輪：不明
- 主な副葬品：不明
- 年代：不明
- 備考：
- 近在の大型古墳：
- 文献：小川町1982

久殿の森古墳群 第1号墳

- 所在：小美玉市小塙字久殿の森566番地外
- 立地：鍛冶川右岸に位置する標高18mの台地上
- 墳形：円墳　墳丘規模：径10m　高3.0m
- 埋葬施設：不明
- 埴輪：不明
- 主な副葬品：不明
- 年代：不明
- 備考：墳頂部に雲母片岩材が散在している。
- 近在の大型古墳：
- 文献：小川町1982

岩屋権現古墳

- 所在：小美玉市竹原字天神1495
- 立地：園部川左岸の台地上
- 墳形：不明　墳丘規模：不明
- 埋葬施設：箱式石棺
- 埴輪：不明
- 主な副葬品：「剣、鏡、英、玉類」が石棺内から出土したと伝わるが、その所在は不明。
- 年代：後期～終末期
- 備考：石棺は現在、希望が丘公園に復元移設されている。
- 近在の大型古墳：羽黒古墳（67m）
- 文献：美野里町1988

鍛冶川流域

権現塚古墳

- 所在：小美玉市幡谷字介の角315番地外
- 立地：鍛冶川左岸に位置する台地先端
- 墳形：円墳（造り出し付）　墳丘規模：径45m　高8m　造り出し部（約10×20m）
- 埋葬施設：箱式石棺
- 埴輪：円筒埴輪、朝顔形円筒埴輪
- 主な副葬品：剣2　管玉10　切子玉　石鏃92
- 年代：5世紀末葉～6世紀初頭
- 備考：墳頂部には富士神社が鎮座しており、昭和5年、玉垣建設の際に2基の箱式石棺が確認された。副葬品の一部は東京国立博物館に収蔵されている。
- 近在の大型古墳：
- 文献：小川町1982、1988、茂木ほか2002

鞭の下古墳群 第1号墳

- 所在：小美玉市下馬場字鞭の下286番地
- 立地：鍛冶川右岸に位置する標高21mの台地上
- 墳形：円墳　墳丘規模：径18m　高5m
- 埋葬施設：不明
- 埴輪：不明
- 主な副葬品：不明
- 年代：不明
- 備考：通称：津島塚
- 近在の大型古墳：地蔵塚古墳（66m）
- 文献：小川町1982

鞭の下古墳群 第2号墳

- 所在：小美玉市下馬場字鞭の下106番地の1
- 立地：鍛冶川右岸に位置する標高21mの台地上
- 墳形：円墳　墳丘規模：径6m　高2m
- 埋葬施設：不明
- 埴輪：不明
- 主な副葬品：不明
- 年代：不明
- 備考：通称：鹿島塚
- 近在の大型古墳：地蔵塚古墳（66m）
- 文献：小川町1982

小美玉市旧小川町・美野里町域の古墳群

	幡谷古墳群 第1号墳	幡谷古墳群 第2号墳	介ノ台古墳	梶無川流域 豆田古墳
所在	小美玉市幡谷字トラカッカ430番地	小美玉市幡谷地内	小美玉市幡谷地内	小美玉市倉数字豆田1316番地の1外
立地	鎌田川左岸に位置する標高22mの台地上	鎌田川左岸に位置する標高22mの台地上	鎌田川左岸に位置する標高26mの台地上	梶無川右岸に位置する標高25mの台地上
墳形	円墳	円墳	円墳	円墳
墳丘規模	径8m 高2.0m	径5m 高2.0m	径8m 高2.0m	不明
埋葬施設	不明	不明	不明	不明
埴輪	不明	不明	不明	不明
主な副葬品	不明	不明	不明	不明
年代	不明	不明	不明	不明
備考	近在の大型古墳：権現塚古墳(45m)	所在地不明 近在の大型古墳：権現塚古墳(45m)	近在の大型古墳：権現塚古墳(45m)	前方後円墳集成（東北・関東編）には前方後円墳とある。近在の大型古墳：
文献	小川町1982	小川町1982	小川町1982	

	久殿の森古墳群 第2号墳	本田古墳群 第1号墳	本田古墳群 第2号墳	本田古墳群 第3号墳
所在	小美玉市小塙字久殿の森地内	小美玉市野田字中坪564番地の3	小美玉市野田字中坪414番地の5	小美玉市野田字中坪562番地の2外
立地	鎌田川右岸に位置する標高18mの台地上	鎌田川左岸に位置する標高26mの台地上	鎌田川左岸に位置する標高26mの台地上	鎌田川左岸に位置する標高26mの台地上
墳形	円墳	円墳	円墳	円墳
墳丘規模	径12m 高2.0m	径6m 高1.0m	径6m 高1.0m	不明
埋葬施設	不明	不明	不明	不明
埴輪	不明	不明	不明	不明
主な副葬品	不明	不明	不明	不明
年代	不明	不明	不明	不明
備考	所在地不明 近在の大型古墳：	近在の大型古墳：	近在の大型古墳：	墳丘削平 近在の大型古墳：
文献	小川町1982	小川町1982		小川町1982

芹沢界古墳	所在：小美玉市倉数字芹沢界 1070-2	
	立地：梶無川左岸に位置する標高 24m の台地上	
	墳形：円墳	墳丘規模：径 16m　同高 1.5m
	埋葬施設：不明	
	埴輪：不明	
	主な副葬品：不明	
	年代：不明	
	備考：	
	近在の大型古墳：	
	文献：	
新田後古墳	所在：小美玉市与沢字イカンチ 1035 番地の2外	
	立地：梶無川右岸に位置する標高 26m の台地上	
	墳形：方墳	墳丘規模：一辺 17m　同高 2m
	埋葬施設：不明	
	埴輪：不明	
	主な副葬品：不明	
	年代：不明	
	備考：	
	近在の大型古墳：	
	文献：	

小美玉市旧玉里村域の古墳群

佐々木　憲一

1　旧玉里村の概要

　旧玉里村は現在小美玉市の一部である。霞ヶ浦の高浜入り北岸に位置し、この地域は後世の国郡制の田余郷に比定できる。また5世紀に東国第2位の舟塚山古墳が築かれ、8世紀には国府・国分寺が設置された現在の石岡市の南東に隣接する。

　旧玉里村域では、1995、1996年に当時の村教育委員会が主体となり、明治大学文学部考古学研究室が遺跡の分布調査を実施しており（玉里村内遺跡調査団　2004）、また2001年から4年間、明治大学文学部考古学研究室が文部科学省・学術振興会科学研究費補助金を受けて村南部域の前方後円墳、大型円墳の測量調査を実施している（小林ほか2005）。明治大学の体系的測量調査以前にも、古墳で表採された埴輪が資料化されており、年代に関する考察が白石真理（1999）、日高慎（2001）、本田信之（1999, 2001, 2002）らによって公表されてきた。したがって、古墳群の群構成や年代的変遷が比較的よく捉えられている、常陸では稀な地域である。

2　古墳群の分布と群構成（図1）

　旧玉里村域の古墳群及び古墳は112知られている（表1)[1]。小美玉市を旧町村に分けたとき、1 km²あたりの古墳数は、小川・美野里地区：0.66基、玉里地区：7.2基であり、現在同じ市内とはいえ、玉里地域の古墳密度は小美玉市内の玉里以外の地域の10倍以上である。さらに旧玉里村域の古墳分布の顕著な特徴として、帆立貝形古墳3基を含めた前方後円墳が18基存在し、全体のなかでの比率が16％に達する。60～80 mクラスの前方後円墳が踵を接するように築かれるさまは、関東では特異であり、類似する状況は、北武蔵の埼玉古墳群と上総の富津古墳群を上げられるのみである。

　その空間分布のあり方は、次の3つのケースを区別できる。1）盟主墳1, 2基とそれを囲むような小古墳の一群からなる古墳群と、2）盟主墳を明確な形で伴わない古墳群（小古墳から構成される）、3）単独墳。古墳の空間分布はおおきく村南半と北半に分かれ、南半を明治大学文学部考古学研究室は「玉里古墳群」と名づけ、体系的測量調査の対象とした。その根拠は、この南部域では盟主墳どうしが北部域に比べて近接して立地しているからである。盟主墳相互の直接最短距離を調べてみると次の通りである。雷電山古墳と桜塚古墳が約800 m、桜塚古墳と閑居台古墳が約400 m、閑居台古墳と権現山古墳が約800 m、権現山古墳と滝台古墳が約780 m、滝台古墳と桃山古墳が約400 m、桃山古墳と山田峰古墳が約600 m、山田峰古墳と大井戸古墳が約600mと、1 km以上離れて立地する例はない。これら諸古墳をおおきく一括りにしたのである（小林他編2005, pp. 16-8）。

　北半は古墳と古墳群がさほど密集しておらず、南半と様相を異にする。前方後円墳に注目すると、旧玉里村北部北半に東から坂根山古墳（宮後古墳群）、岩屋古墳、前方後円墳3基を伴う木船塚古墳群が存在する。これらの前方後円墳は、南部域の盟主墳のなかで最北に位置する舟塚古墳より2 kmも北に離れている。また、高浜入り沿岸には龍王塚古墳、富士峯古墳の2基が単独で存在する。富士峯古墳は、おなじ湖岸地域に立地する閑居台古墳から1 km以上北にある。このように、旧玉里村域の古墳分布は明瞭に南半、北半に分かれるのである。以下、村域北半と南半に分けた上で、群構成を説明する。

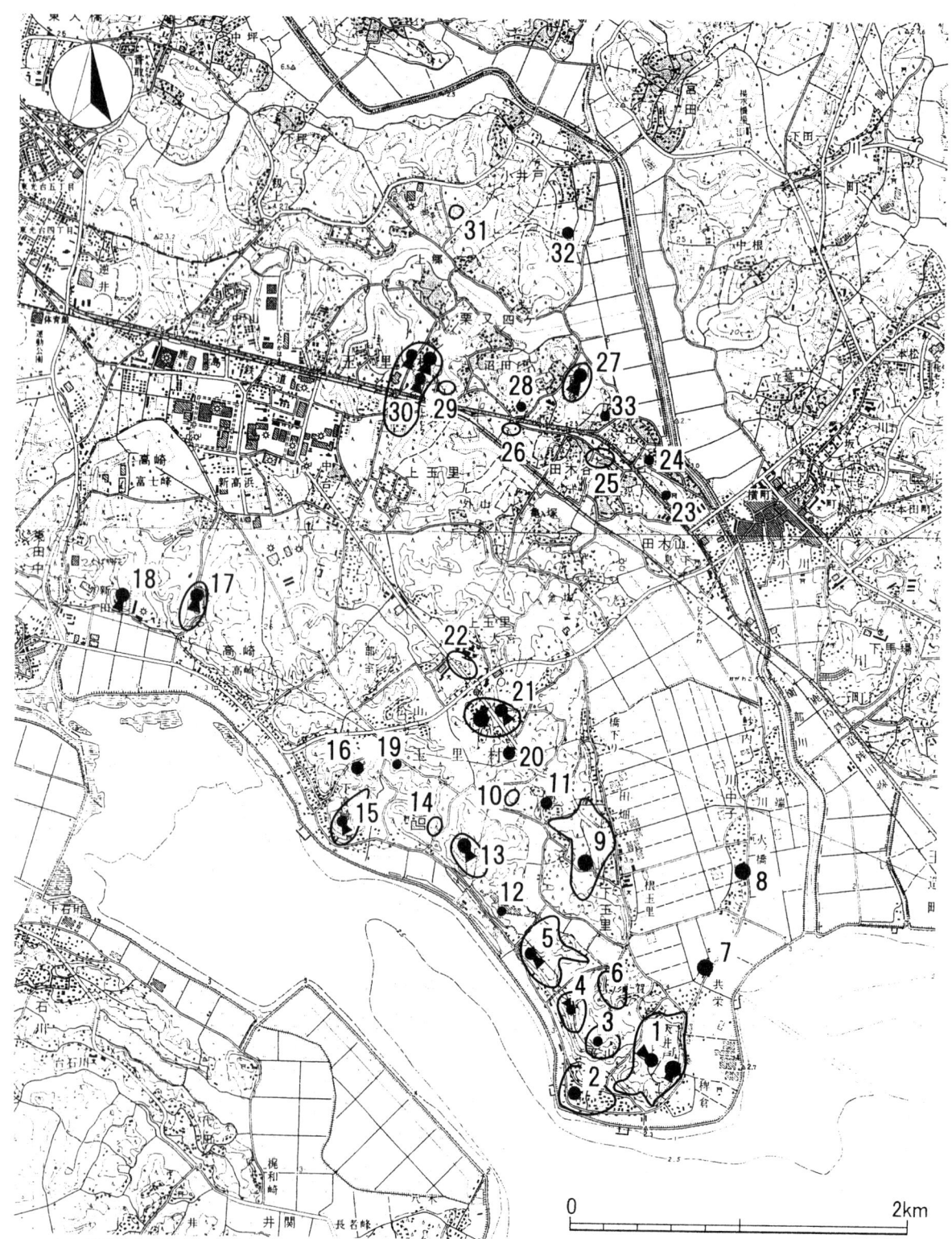

1.大井戸平古墳群　2.下平前古墳群　3.山田峯古墳群　4.桃山古墳群　5.滝台古墳群　6.イク子古墳群　7.大井戸古墳
8.妙見山古墳　9.塚山古墳群　10.高井新田古墳群　11.岡岩屋古墳　12.神楽窪古墳　13.権現平古墳群
14.岡の内古墳群　15.恵比寿古墳群　16.桜塚古墳　17.富士峰古墳群　18.龍王塚古墳　19.松山前古墳　20.天神塚古墳
21.舟塚古墳群　22.上玉里古墳群　23.香取台稲荷古墳　24.折戸古墳　25.東前古墳群　26.西平西根古墳群
27.宮後古墳群　28.岩屋古墳（前方後円墳であるが主軸不明）　29.大塚古墳群　30.木船塚古墳群　31.茶屋塚古墳
32.境塚古墳　33.鷲下古墳

第1図　旧玉里村域の古墳・古墳群分布図

第1表　旧玉里村域の古墳・古墳群一覧表 (番号は図1に対応)

No.	遺跡名	所在地	前方後円墳	円墳	方墳	前方後方墳	不明	前期	中期	後期	終末期	特記事項
1	大井戸平古墳群	下玉里	2	6			3			■		前方後円墳のうち1基は帆立貝形の愛宕塚古墳
2	下平前古墳群	下玉里	1?	3			1	■				
3	山田峯古墳群	下玉里		6			1		■			
4	桃山古墳群	下玉里	1	4					■			
5	滝台古墳群	下玉里	1	2					■			
6	イク子古墳群	下玉里		2					■			
7	大井戸古墳	下玉里	1						■			
8	妙見山古墳	下玉里		1					■			
9	塚山古墳群	下玉里	1?	4					■			円墳の内1基は直径50mを測る盟主墳、前方後円墳は帆立貝形
10	高井新田	下玉里		2						■		
11	岡岩屋古墳	下玉里		1							■	
12	神楽窪古墳	下玉里		1					■			
13	権現平古墳群	下玉里	1	6					■			2基の前期方形周溝墓を含む
14	岡の内古墳群	高崎		2								
15	恵比寿古墳群	高崎	1	6	3					■		
16	桜塚古墳群	高崎		2						■		1号墳は中期後半、新発見の2号墳は時期不明
17	富士峰古墳群	高崎	1	4						■		
18	龍王塚古墳	高崎	1							■		
19	松山前古墳	上玉里					1					
20	天神塚古墳	上玉里		1						■		
21	舟塚古墳群	上玉里	2	1						■		前方後円墳のうち1基は帆立貝形の雷電山古墳
22	上玉里古墳群	上玉里		4						■		
23	香取台稲荷古墳群	田木谷		1								
24	折戸古墳	田木谷		1								
25	東前古墳群	田木谷		4								
26	西平西根古墳群	田木谷		2								
27	宮後古墳群	栗又四ケ	1	2					■			
28	岩屋古墳	栗又四ケ	1							■		
29	大塚古墳群	栗又四ケ		2								
30	木船塚古墳群	栗又四ケ	3	11						■		
31	茶屋塚古墳群	栗又四ケ		2								
32	境塚古墳	栗又四ケ		1								
33	鷲下古墳	栗又四ケ		1								

南半（玉里古墳群）

確実な前方後円墳・帆立貝形古墳を含む古墳群、つまり盟主墳をともなうケース1は、大井戸平古墳群、桃山古墳群、滝台古墳群、権現平古墳群、恵比寿古墳群、舟塚古墳群である。このなかで、大井戸平古墳群と舟塚古墳群は、前方後円墳と大型帆立貝形古墳のペアが核を成している。舟塚古墳群をのぞき、高浜入り湖岸に立地する。また塚山古墳群は前方後円墳を伴わないが、直径50mの大型円墳、塚山古墳を盟主墳とする。この塚山古墳は5世紀前葉〜中葉の築造で、玉里古墳群では最初に築かれた盟主墳である。舟塚古墳群と塚山古墳群はやや内陸に立地する。さらに、湖岸地域の山田峯古墳群と下平前古墳群が前方後円墳を伴う可能性がある。

盟主墳を伴わない古墳群（ケース2）は、イク子古墳群（円墳2基）、高井新田古墳群（円墳2基）、上玉里古墳群（円墳4基）がある。単独の大型古墳（ケース3）として、全長100mあったとされる大井戸古墳、妙見山古墳（帆立貝形の可能性）、桜塚古墳（円墳；ただし、付近に時期不明の墳丘墓が存在する）、岡岩屋古墳がある。この内、妙見山と桜塚は5世紀後葉の築造、岡岩屋は横穴式石室を伴っており7世紀の築造である。神楽窪古墳も単独墳の可能性が高いが、その規模は不明である。

北半

確実な前方後円墳・盟主墳を伴う古墳群（ケース1）は、木船塚古墳群、宮後古墳群（坂根山古墳）、富士峰古墳群だけである。前方後円墳が単独で存在するケース3として、龍王塚古墳や岩屋古墳（可能性）がある。そのほかは、東前古墳群、西平西根古墳群、大塚古墳群、茶屋塚古墳群など、中小円墳のみで構成される古墳群である。

3 主な古墳群とその時間的変遷 (南半：玉里古墳群)

　舟塚古墳、権現山古墳が発掘調査されているほか、主要な前方後円墳・帆立貝形古墳、大型円墳が測量調査され、また埴輪も採集されているため、古墳群の年代的変遷は比較的よく把握されている。この地域では前期古墳は今のところ確認されていないが、権現山古墳付近に立地する方形周溝墓が古墳時代前期の所産である。

A. 5世紀代の古墳と古墳群 (5世紀代に形成が始まるものも含む)

　塚山古墳群（小林他編2005；図2）　本古墳群の盟主墳は、この地域で最古の、5世紀前葉に築造されたと考えられる塚山古墳である。石岡市舟塚山古墳と同型式の黒斑を伴う埴輪を有し、また舟塚山古墳の築造規格を採用した可能性がある。塚山古墳は陪冢のような小円墳を現状では3基を伴うが、さらにもう1基存在したらしい。そのほか、塚山古墳の北東の台地縁辺に天王山古墳が立地している。

　山田峯古墳群（玉里村内遺跡調査団2004；図3の102）　霞ヶ浦に面した標高約20mの舌状台地に立地する。小谷津を挟んで東方向に大井戸平古墳群、同じ台地状の北西方向に桃山古墳群が存在する。8基の円墳から構成されるが、内1基は前方後円墳であったとの言い伝えがある。その築造時期は不明である。近年、宅地開発に先立つ行政発掘調査が実施され、古墳群形成開始が5世紀に遡る可能性が高くなった。その他、2基の古墳から箱形石棺が検出されているので、古墳群は6世紀も継続していたことがわかる。

　下平前古墳群（玉里村内遺跡調査団2004；図3の122）　霞ヶ浦北岸に面する標高3～5mの、旧村域最南端の微高地上に位置する、5基からなる古墳群である。5世紀に形成が始まり、後期まで継続した古墳群である。そのうち、4号墳は現状では直径40mの円墳状であるが、前方後円墳であった可能性が指摘されている。箱形石棺を主体部に採用し、過去、刀と甲冑が出土したという。1号墳も直径40mを越す大型円墳である。2号墳（稲荷塚古墳）は直径21mの円墳であるが、鋲留短甲が出土した（石岡市教育委員会1961）。4号墳の形態にもよるが、下平前古墳群は、明確な形での「盟主墳」を伴わないようだ。

　それに続く5世紀の主要な古墳は、妙見山古墳（日高2001）、桜塚古墳（草野2006）、神楽窪古墳（玉里村史編纂委員会1975）である。妙見山古墳と神楽窪古墳は単独古墳である。神楽窪古墳は湮滅しており規模不明であるが、権現平古墳群の盟主墳、権現山古墳と同時期の特徴的な波状文を施す円筒埴輪を伴っており（本田2002）、注目される。桜塚古墳は単独墳であるが、付近に時期不明の墳丘墓が存在する。

B. 5世紀末～6世紀の古墳・古墳群

　権現平古墳群（小林編2000；図4）

　霞ヶ浦に面する台地縁辺に立地する。前方後円墳1基、円墳5基、方墳1基から構成される。そのうち、2号墳は古墳時代前期初頭の方形周溝墓である。この方形周溝墓築造後は5世紀末まで権現平古墳群における造墓活動は途絶えるので、権現平古墳群のほかの古墳とは関係がないと推測する。盟主墳である権現山古墳は前方後円墳で、全長89.5m、後円部径44.7m、前方部長44.8m、前方部幅59.4mの規模を誇る。5世紀末～6世紀初頭の時期に築造された。この時期には石岡市府中愛宕山古墳、旧玉造町三昧塚古墳、旧霞ヶ浦町富士見塚古墳と規模もほぼ同じ前方後円墳が相前後して築造された。石岡市舟塚山古墳を頂点とする体制が崩壊し、4つの首長系譜

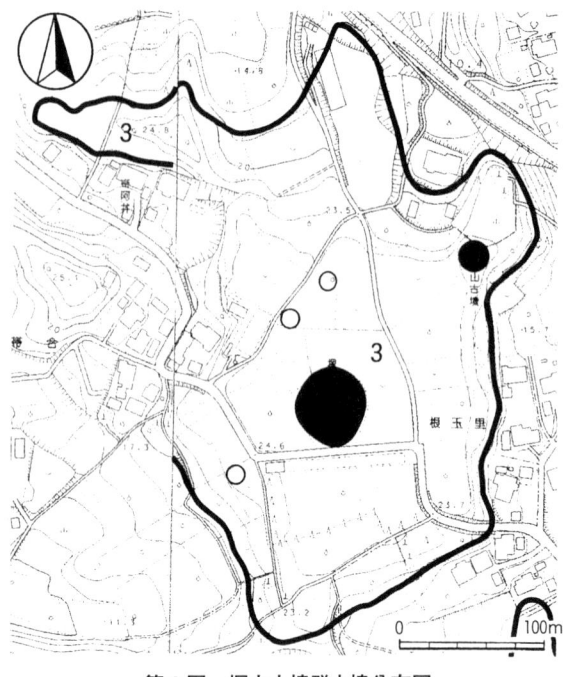

第2図　塚山古墳群古墳分布図

第3図　旧玉里村域　南玉里地域の古墳群分布図

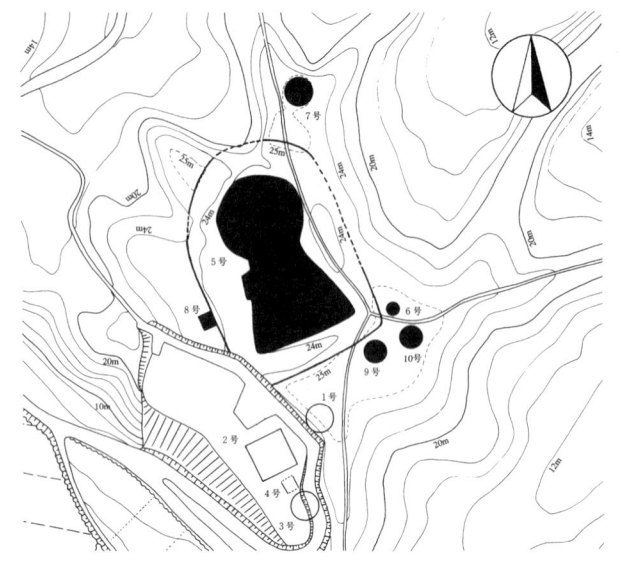

が並立した状況を示すかのごとくである。権現山古墳は周溝を伴い、円墳の権現平6、7号墳、方墳の8号墳は周溝に沿って存在するため、権現山古墳の「陪冢」と解釈できる。主体部は破壊されていたが、雲母片岩の箱形石棺の可能性が高い。また1号墳（径17.8mの円墳）からは、雲母片岩の箱形石棺が検出された。

6世紀は、活発に前方後円墳が築かれ、それらすべてが小円墳を伴っている（ケース1）。盟主墳の古い順に挙げると、舟塚古墳群（舟塚と帆立貝形の雷電山）、大井戸平古墳群（山田峰と帆立貝形の愛宕山）、滝台古墳群（滝台）、恵比寿古墳群（閑居台）、桃山古墳群（桃山）である。権現山古墳、舟塚古墳、雷電山古墳、山田峰古墳、愛宕山古墳、滝台古墳は、築造規格の点から、同一系譜の所産と考えられる。発掘された権現山古墳、舟塚古墳のほか、雷電山古墳、山田峰古墳、愛宕山古墳、滝台古墳も箱形石棺を主体部とする可能性が高い。閑居台古墳、桃山古墳の築造は6世紀後葉であり、前方後円墳矮小化の傾向が反映されている。また、桃山古墳は、築造規格と埴輪製作技術の観点から別系譜の可能性が高い。閑居台古墳は、7世紀に北半で築造された木船塚古墳との関係が指摘されている（曾根2006）。なお、全長100mあったとされる大井戸古墳の年代的位置づけが困難である。箱形石棺を伴う。墳頂からは三昧塚古墳を臨むことができる。

第4図　権現平古墳群古墳分布図

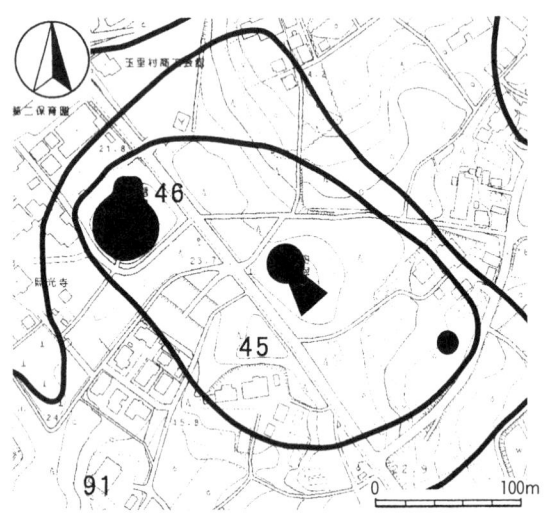

第5図　舟塚古墳群古墳分布図

舟塚古墳群（大塚・小林1968・1971、小林他編2005など：図5）　中台池に延びる谷津の西側に面した台地状に展開する。前方後円墳の舟塚古墳、大型帆立貝形古墳の雷電山古墳、円墳1基で構成される。舟塚古墳は1965〜68年に明治大学によって発掘調査され、希有な二重箱形石棺が検出された。権現山古墳に年代的に続く、6世紀前葉の首長墓である。全長74.0m、後円部径42.0m、前方部幅50.0mの規模を有し、継体大王墓である大阪府高槻市今城塚古墳の2/5の規格で設計された可能性がある（新井2000）。関東では稀な6条突帯の、良質の円筒埴輪を考えると、その築造規格の採用も十分考えられる。ちなみに今城塚古墳の円筒埴輪は10条突帯で、新池埴輪窯で規格をもって大量生産された。舟塚古墳の北東約100mの位置に雷電山古墳が立地する。墳丘長55.8m、後円部径48.0m、前方部長7.8mである。時期は舟塚古墳より後である。

大井戸平古墳群（小林他編2005；図3の23）　霞ヶ浦北岸に舌状に張り出す標高20〜25mの台地上に位置する、前方後円墳1基（山田峰古墳）、大型帆立貝形古墳1基（愛宕塚古墳）、円墳9基の合計11基で構成される古墳群である。円墳のうち5基は既に湮滅しているが、このほか、現地での聞き取り調査に拠ると、『玉里の遺跡』（玉里村内遺跡調査団2004）にリストされていない円墳も存在したようである。前方後円墳と帆立貝形古墳がペアで盟主墳として並立する様は、前述の舟塚古墳群も同様である。ただし、この古墳群は多数の円墳を伴っており、古墳群

の規模が大きい。山田峰古墳の復原規模は、全長83.6m、後円部径41.6m、前方部長42.0m、前方部幅57.5m、クビレ部幅30.0mである。舟塚古墳と同時期という意見もある（本田2001）が、明治大学文学部考古学研究室では、舟塚古墳より若干後出する時期に位置づけている（小林他編2005）。愛宕塚古墳は前方部が大きく破壊されている。墳丘長59.5m以上、後円部径49.8m、前方部長9.7m（残存）、前方部幅8.9m（残存）、クビレ部幅19.0mを測る。

滝台古墳群（小林他編2005；図6）　霞ヶ浦に面する標高約25mの台地の先端近くの西側縁辺に位置する。北西700mには権現平古墳群が、南東400mには桃山古墳群が存在するが、各々、別の台地に立地している。盟主墳の滝台古墳の復原規模は、墳丘長83.4m、後円部径36.1m、前方部長47.3m、前方部幅49.8m、クビレ部幅29.3mである。2基の円墳を伴っていたが、湮滅し、詳細は不明である。滝台古墳の円筒埴輪は口径や突帯の間隔が6条7段の舟塚古墳円筒埴輪と一致しており、同様の6条突帯の大型円筒埴輪を樹立していた可能性が極めて高い（白石1999）。舟塚築造に後続する時期を比定する。

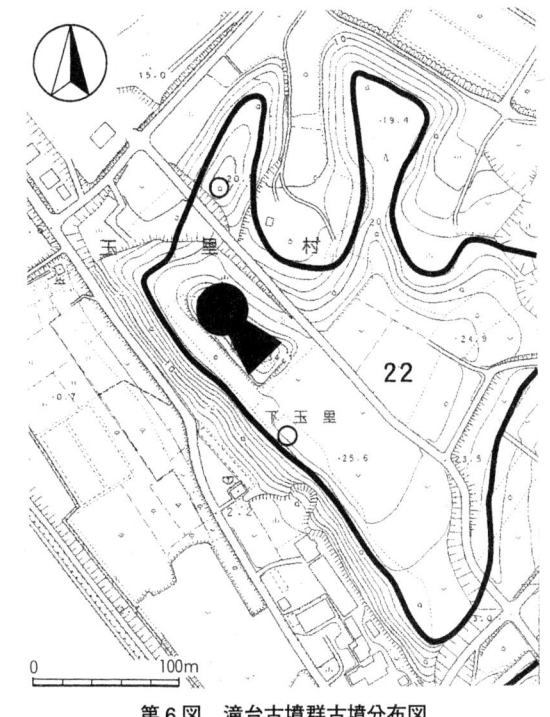

第6図　滝台古墳群古墳分布図

恵比寿古墳群（玉里村立史料館2002a；図7）　霞ヶ浦に面する標高約25～27mの台地上に立地する。桜塚古墳が北約400mに存在するが、谷津を挟んでいる。古墳群は前方後円墳1基（閑居台古墳）と円墳6基（内2基は未確認）から構成される。閑居台古墳は、墳丘長60m、後円部径28m、前方部長32m、前方部幅26.8mを測り、幅8～10mの周濠が盾形に巡る（玉里村立史料館2002）。埴輪が多数採集され、6世紀第3四半期と考えられる（本田1999）。

桃山古墳群（小林他編2005；図3の103）　霞ヶ浦に面する標高約20mの台地の西側縁辺に位置し、5世紀に形成が始まった山田峯古墳群の北西250m、先行して築造された滝台古墳の南東400mに立地する。盟主墳は前方後円墳の桃山古墳（第1号墳）で、復元全長54.5m、後円部径30.4m、前方部長24.1m、前方部幅37.4m、クビレ部幅23.0mを測る。この古墳の築造は、玉里古墳群内の前方後円墳では一番遅く、6世紀後葉である。また玉里古墳群内のほかの前方後円墳は基本的に舟塚古墳の築造規格を改変して採用しているのに対しこの古墳の築造規格は別物で、他地域の前方後円墳築造規格を採用している。埴輪も、玉里古墳群内の前方後円墳の埴輪の型式変化の範疇で捉えられない、玉里古墳群内では異質の前方後円墳である。桃山古墳のほかには、円墳4基が知られている（第5号墳は湮滅）。第2，3号墳は桃山古墳の北側に位置する小円墳である。第4号墳は、桃山古墳後円部の突出部の可能性も否定できないが、発掘していないため、不明である。

　7世紀には、内陸で直径40mの円墳、岡岩屋古墳が築造される（箕輪1998）。旧玉里村南部地域で始めて横穴式石室が導入された古墳である。

4　主な古墳群とその時間的変遷（北半）

　岩屋古墳が発掘調査されているほか、木船塚古墳も副葬品が知られている。
　北半でも古墳築造は5世紀に開始されるようである。坂根山古墳は前方後円墳で、短甲が出土したと伝えられる。6世紀は、古墳の築造はあまりなかったようで、玉里村西縁、恋瀬川河口付近に富士峰古墳が築かれる。

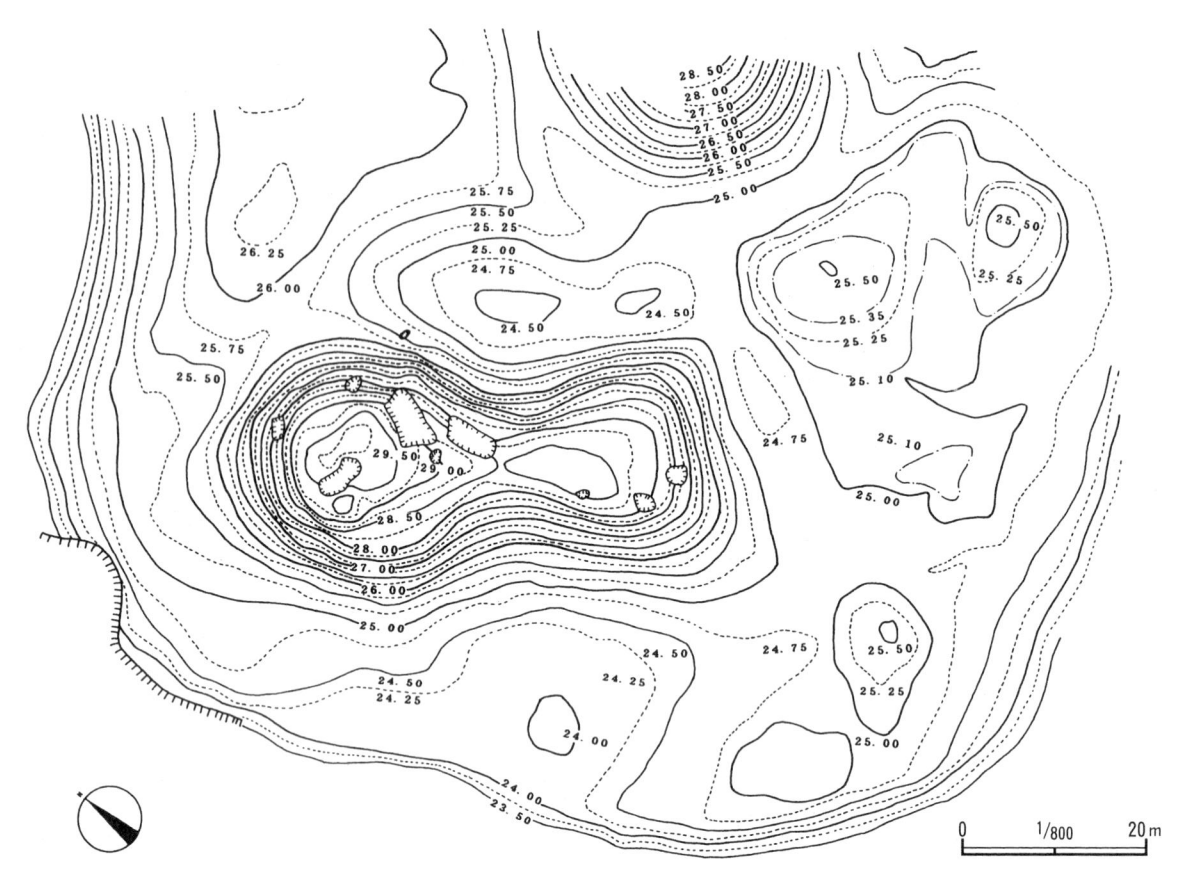

第 7 図　閑居台古墳とその周辺の小円墳群（恵比寿古墳群）

　7世紀になると坂根山古墳付近で古墳築造が活発化する。双竜環頭大刀が出土した木船塚古墳、横穴式石室を伴う岩屋古墳、共に前方後円墳である。注意すべきは、この時期になって、古墳築造が霞ヶ浦沿岸ではなく、内陸に集中する点である。南半の岡岩屋古墳も内陸である。

　宮後古墳群（玉里村内遺跡調査団 2004；図8の25）　園部川右岸に面した標高約20～24mの台地上に展開する。前方後円墳（坂根山古墳）1基と円墳2基の3基から構成されている。坂根山古墳は全長50mという記録がある。明治年間に発掘され、大刀類や甲冑が出土したと伝えられる。前述のとおり、その甲冑は短甲の可能性があり、したがって、5世紀の築造を想定しうる。

　木船塚古墳群（小玉ほか 2007 など；図8の1及び図9）　旧玉里村北部の園部川から延びる谷津から、南側に分岐する小支谷に面する舌状台地とその傾斜地に展開する。前方後円墳3基、円墳10期から構成されるが、2基の前方後円墳のみ残る。1号墳は墳丘残存長41.5m、後円部残存径22.9m、前方部残存長18.6mである。明治7年に双龍環頭大刀、圭頭大刀、金環などが出土しており、7世紀初頭に築造されたと考えられる。主体部も横穴式石室であった可能性がある。墳丘は、玉里古墳群に属する閑居台古墳と築造規格を共有する。小円墳は発掘調査で確認されたもので、10号墳、11号墳からは箱形石棺が検出された。築造は6世紀に遡る。

　その他、単独墳であるが、発掘調査された岩屋古墳に触れておきたい。破壊された横穴式石室が露出しているほか、北西約20mの位置で箱形石棺が発掘された。また周濠の形態は前方後円状を呈する。埴輪が存在しないため、7世紀初頭の築造と考え得る（小玉編 2000）。

5　まとめ

　旧玉里村域の古墳分布は北半と南半に分かれ、その群構成、時間的変遷も違うようである。しかしながら、南半の閑居台古墳と北半の木船塚1号墳の墳丘築造規格の共有の可能性が指摘されるため、別系譜の所産とは必ず

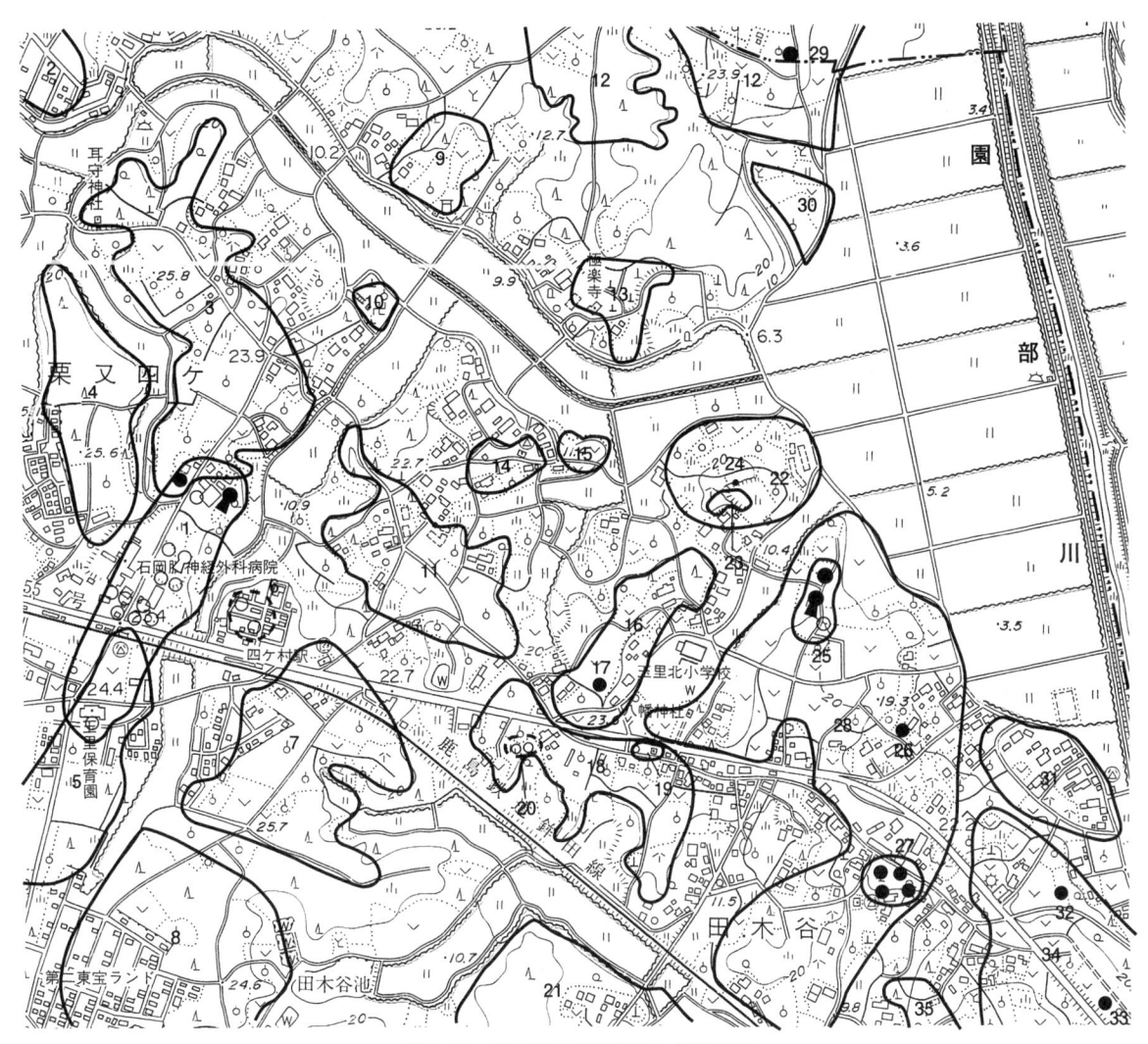

第8図　旧玉里村域北部の古墳分布図

しも言えないであろう。いずれにせよ、後期の前方後円墳が集中する地域であるため、その位置づけは、近隣地域の様相との比較が必須である。

注

1) 分布調査の報告書（玉里村内遺跡調査団　2004）から抽出した111基に加え、桜塚古墳の測量調査の際発見した同2号墳（草野 2006）を加えて112基となる。

謝辞　図1と集成表作成には、明治大学文学部3年生の田中大君の手を煩わせた。感謝したい。

参考文献

新井　悟 2000「茨城県玉里村舟塚古墳の再測量報告」『駿台史学』 109号, pp. 137-145.

石岡市教育委員会 1961『図説 石岡市史』

伊藤重敏・玉里村教育委員会 1995「木船塚古墳群第11号墳発掘調査報告」『玉里村立史料館報』 1, pp. 34-40. 玉里村立史料館

大塚初重・小林三郎 1968・1971「茨城県舟塚古墳」「同Ⅱ」『考古学集刊』 第4巻第1号, pp. 93-114, 第4号 pp. 57-103

草野潤平 2006「茨城県新治郡玉里村桜塚古墳測量調査報告」『考古学集刊』 第2号, pp. 95-108. 明治大学文学部考古学研究室

小玉秀成（編）2000「第2部 調査報告 岩屋古墳発掘調査報告」『玉里村立史料館報』 5, pp. 50-121. 玉里村立史料館

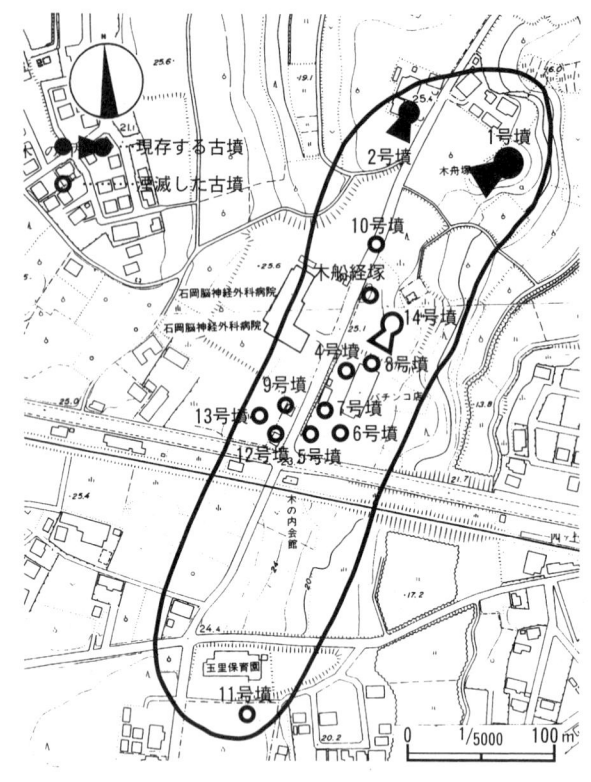

第 9 図　木船塚古墳群古墳分布図

小玉秀成・本田信之・曾根俊雄 2007「木船塚古墳試掘・測量調査報告」『小美玉市史料館報』 Vol. 1, pp. 49-79. 小美玉市史料館

小林三郎（編）2000『玉里村権現山古墳発掘調査報告書』玉里村教育委員会

小林三郎・石川日出志・佐々木憲一（共編）2005『茨城県霞ヶ浦北岸地域における古墳時代在地首長層の政治的諸関係理解のための基礎研究』明治大学文学部考古学研究室

佐々木憲一・古屋紀之 2002「茨城県新治郡玉里村雷電山古墳・舟塚古墳周辺測量報告」『駿台史学』 115, pp. 97-114. 駿台史学会

白石真理 1999「玉里村滝台古墳採集の円筒埴輪」『玉里村立史料館報』 4, pp. 89-96. 玉里村立史料館

曾根俊雄 2007「木船塚古墳試掘・測量調査報告―考察」『小美玉市史料館報』 第1号, pp. 63-70.

玉里村史編纂委員会 1975『玉里村史』玉里村教育委員会

玉里村内遺跡調査団 2004『玉里の遺跡』玉里村教育委員会

玉里村立史料館 1997「第1部 年報 岩屋古墳」『玉里村立史料館報』 2, pp. 14-19. 玉里村立史料館

玉里村立史料館 2002a「第1部 年報 閑居台古墳」『玉里村立史料館報』 7, pp. 37-39. 玉里村立史料館

玉里村立史料館 2002b「霞ケ浦沿岸における前方後円墳集成」『玉里村立史料館報』 7, pp. 91-123. 玉里村立史料館

玉里村教育委員会 1994『権現平古墳群』 附 木船塚Ⅱ号石棺、附 富士峯Ⅰ～Ⅲ号石棺

外山泰久 1988「常陸国玉里村に於ける元禄三年の徳川光圀による古墳発掘」『國學院大学考古学資料館紀要』5, pp. 155-161. 國學院大学考古学資料館

日高　慎 2001「妙見山古墳の埴輪－その位置付けと高浜入り周辺の埴輪生産」『玉里村立史料館報』 6, pp. 115-125. 玉里村立史料館

本田信之 1999「閑居台古墳採集の埴輪」『玉里村立史料館報』 4, pp. 97-103. 玉里村立史料館

本田信之 2000「玉里村木船塚古墳の再検討」『玉里村立史料館報』 5, pp. 171-183. 玉里村立史料館

本田信之 2001「玉里村山田峰古墳採集の埴輪」『玉里村立史料館報』 6, pp. 127-135. 玉里村立史料館

本田信之 2002「玉里村神楽窪古墳出土の波状文を施す円筒埴輪」『玉里村立史料館報』 7, pp. 83-94. 玉里村立史料館

本田信之 2006「地方王権の時代－古墳時代」玉里村史編纂委員会（編）『玉里村の歴史』 pp. 129-235.

箕輪健一 1998「高浜入りの最後の首長墓―岡岩屋古墳の横穴式石室について―」『玉里村立史料館報』 3, pp. 97-114. 玉里村立史料館

茂木雅博 1991「茨城県玉里村愛宕山古墳の測量」『博古研究』 第2号, pp. 58-62.

小美玉市旧玉里村域の古墳群

旧玉里村域の古墳

大井戸平古墳群

所在：下玉里
立地：霞ヶ浦北岸舌状に張り出す台地上

群構成	前方後円墳	円墳	方墳	その他	総数
	2（−）	6（3）	−（−）	3（2）	11（5）

埋葬施設：有り（1号墳・2号墳）
墳丘：有り（1号墳・2号墳）
主な副葬品：不明
年代：−
備考：〈3号墳〉円墳（径12m/高2m）、〈4号墳〉円墳（径20m/高4m）、〈5号墳：稲荷塚古墳〉円墳（径22m/高4.8m）、〈6号墳〉三峯古墳？円墳（径18m/高1m）、〈10号墳〉円墳（径5m/高1m）、〈11号墳〉円墳（径10m/高3m）。このうち6、7、9〜11号墳は湮滅
文献：玉里村史編纂委員会 1975、玉里村内遺跡調査団 2004、本田 2006

大井戸平古墳1号墳（山田峯古墳）

所在：下玉里
立地：霞ヶ浦北岸舌状に張り出す台地上
墳形：帆立貝形前方後円墳
墳丘規模：墳丘長83.6m/後円部径41.6m/後円部高約8.0m/前方部前端幅57.5m/前方部高約8.0m
外表遺物・施設：普通円筒埴輪、朝顔形埴輪
埋葬施設：不明
副葬品：不明
年代：6世紀中葉
備考：墳丘規模は復原数値
文献：玉里村史編纂委員会 1975、玉里村教育委員会 2005「第3章第6節 山田峯古墳」小林他編 2005、本田 2006

大井戸平古墳2号墳（愛宕塚古墳）

所在：下玉里
立地：霞ヶ浦北岸舌状に張り出す台地上
墳形：帆立貝形前方後円墳
墳丘規模：墳丘長59.5m以上/後円部径49.8m/後円部高約10.0m/前方部前端幅8.9m（残存）/前方部高約2.8m
外表遺物・施設：普通円筒埴輪
埋葬施設：不明
副葬品：不明
年代：6世紀後半
備考：墳丘規模は復原数値
文献：玉里村史編纂委員会 1975、茂木 1991、玉里村内遺跡調査団 2004、草野潤平、篠田泰輔、曽根俊雄 2005「第3章第7節 愛宕塚古墳」小林他 2005、本田 2006

下平前古墳群

所在：下玉里
立地：霞ヶ浦北岸沿いの微高地上

群構成	前方後円墳	円墳	方墳	その他	総数
	1?（−）	4（−）	−（−）	−（−）	5（−）

埋葬施設：箱形石棺（4号墳）
墳丘：有り（2号墳・3号墳）
主な副葬品：短甲（2号墳）／（伝）刀、甲冑（4号墳）／（伝）刀、甲冑（5号墳）
年代：古墳時代中期
備考：〈1号墳：天神塚古墳〉円墳（径42m/高4.5m）、〈2号墳：稲荷塚古墳〉円墳（径21m/高3m）、〈3号墳：無名塚古墳〉円墳（径30m/高4m）、〈4号墳〉前方後円墳？（円墳状：径40m/高4m）、〈5号墳〉円墳
近在の大型古墳：山田峯古墳
文献：石岡市教育委員会 1961、玉里村内遺跡調査団 2004、本田 2006

山田峯古墳群

所在：下玉里
立地：霞ヶ浦に面した舌状台地上

群構成	前方後円墳	円墳	方墳	その他	総数
	−（−）	7（4）	−（−）	−（−）	7（4）

埋葬施設：箱形石棺（5号墳・6号墳）
墳丘：無し
主な副葬品：金環（5号墳・6号墳）
年代：古墳時代後期（5〜6世紀中葉）
備考：〈1号墳〉円墳（径15m/高4m）、〈2号墳〉円墳（径20m/高4.5m）、〈7号墳〉円墳（後元径25.5m/高8.6m）
近在の大型古墳：桃山古墳
文献：太田雅晃、草野潤平、曽根俊雄 2005「第3章第4節 山田峯古墳群第7号墳」小林他 2005、玉里村内遺跡調査団 2004、本田 2006

桃山古墳群

所在：下玉里
立地：霞ヶ浦に面する台地縁辺上

群構成	前方後円墳	円墳	方墳	その他	総数
	1（−）	4（1）	−（−）	−（−）	5（1）

埋葬施設：不明
墳丘：有り（1号墳）
主な副葬品：不明
年代：−
備考：〈2号墳〉円墳、〈3号墳〉円墳、〈4号墳〉円墳、円墳状マウンド
近在の大型古墳：滝台古墳
文献：玉里村史編纂委員会 1975、玉里村内遺跡調査団 2004、本田 2006

182　　第2章　地域研究

大井戸古墳	所在：下玉里				
	立地：園部川右岸の霞ヶ浦に面した自然堤防上				
	墳形：前方後円墳	全長70～100m？			
	外表遺物・施設：円筒埴輪、人物埴輪、高坏				
	埋葬施設：箱形石棺				
	副葬品：（伝）大刀、甲冑、青色硝製勾玉				
	年代：古墳時代後期？				
	備考：－				
	文献：玉里村内遺跡調査団2004、本田2006	図版：			

妙見山古墳	所在：下玉里				
	立地：園部川沿いの自然堤防上				
	墳形：円墳	径50m			
	外表遺物・施設：円筒埴輪				
	埋葬施設：不明				
	副葬品：－				
	年代：古墳時代中期（5世紀中～後葉）				
	備考：－				
	文献：日高2001、本田2006	図版：			

塚山古墳群	所在：下玉里				
	立地：園部川右岸に面する台地上				
	群構成	前方後円墳	円墳	方墳	その他	総数
		1？（－）	4（3）	－（－）	－（－）	5（3）
	埋葬施設：有り（1号墳）				
	主な副葬品：古墳時代中期				
	年代：－				
	備考：〈2号墳〉天王山古墳）円墳状（概ね立貝形前方後円墳か？）（径約30m/高5m）				
	近辺の大型古墳				
	文献：玉里村内遺跡調査団2004、本田2006	図版：			

塚山古墳群1号墳（塚山古墳）	所在：下玉里				
	立地：園部川右岸に面する台地上				
	墳形：円墳	径50.8m/高8m（残存）			
	外表遺物・施設：円筒埴輪				
	埋葬施設：不明				
	副葬品：不明				
	年代：5世紀前葉				
	備考：－				
	文献：小坂延仁、篠田泰輔、曾根俊雄2005「第3章第8節　塚山古墳」（小林他2005）	図版：			

桃山古墳群1号墳（桃山古墳）	所在：下玉里				
	立地：霞ヶ浦沿いに面する台地縁辺上				
	群構成	前方後円墳	円墳	方墳	その他	総数
		1（－）	2（2）	－（－）	－（－）	3（2）
	墳丘長54.5m/後円部径30.4m/後円部高約5.9m/前方部前端幅37.4m/前方部高約6.9m				
	外表遺物・施設：普通円筒埴輪、朝顔形埴輪、馬形埴輪、形象埴輪（器台部分）				
	埋葬施設：不明				
	副葬品：不明				
	年代：6世紀後葉				
	備考：墳丘規模は復原数値				
	文献：草野潤平、佐藤祐樹、篠田泰輔、曾根俊雄2005「第3章第3節　桃山古墳」（小林他2005）、本田2006	図版：			

滝台古墳群	所在：下玉里				
	立地：霞ヶ浦沿いに面する台地縁辺上				
	群構成	前方後円墳	円墳	方墳	その他	総数
		1（－）	2（2）	－（－）	－（－）	3（2）
	埋葬施設：不明				
	埴輪：有り（1号墳）				
	主な副葬品：不明				
	年代：古墳時代後期				
	備考：〈2号墳〉円墳、（3号墳）円墳。桃山古墳				
	近辺の大型古墳				
	文献：玉里村内遺跡調査団2004、本田2006	図版：			

滝台古墳群1号墳（滝台古墳）	所在：下玉里				
	立地：霞ヶ浦沿いに面する台地縁辺上				
	墳丘長83.4m/後円部径36.1m/後円部高約7.9m/前方部前端幅49.8m/前方部高約7.2m				
	外表遺物・施設：円筒、朝顔、形象埴輪（家・鞆・人物）／土師器杯、須恵器器台／葺石あり				
	埋葬施設：不明				
	副葬品：不明				
	年代：6世紀中葉				
	備考：墳丘規模は復原数値				
	文献：白石1999、佐藤祐樹、篠田泰輔、曾根俊雄2005「第3章第5節　滝台古墳」（小林他2005）、本田2006	図版：			

イケ子古墳群	所在：下玉里				
	立地：園部川から中台地に延びる谷津を臨む台地上				
	群構成	前方後円墳	円墳	方墳	その他	総数
		－（－）	2（－）	－（－）	－（－）	2（－）
	埋葬施設：不明				
	副葬品：無し				
	主な副葬品：不明				
	年代：－				
	備考：－				
	文献：玉里村内遺跡調査団2004、本田2006	図版：			

小美玉市旧玉里村域の古墳群

権現平古墳群	所在：下玉里				
	立地：霞ヶ浦に面する台地縁辺上				
	群構成	前方後円墳	円墳	方墳	その他	総数
		1 (−)	6 (2)	1 (−)	2 (2)	10 (4)
	埋葬施設：箱式石棺（1号墳・5号墳）				
	埴輪：有り（5号墳）				
	主な副葬品：長頸鏃、大刀（5号墳）				
	年代：古墳時代前期・後期				
	備考：〈1号墳〉周溝内より土師器（壺・坩・器台・鉢）、勾玉、紡錘車形石製品破片、剥片（グリーンタフ製）。〈3号墳：旧皿号墳〉円墳（16.5m）。〈4号墳：旧Ⅳ号墳〉方形周溝墓（一辺7m）、周溝内より管玉、ガラス小玉出土、（1号墳：旧Ⅰ号墳）円墳（径17.8m）、箱式石棺、〈2号墳：旧Ⅱ号墳〉方形周溝墓（一辺20-20.5m）周溝内より土師器（壺・坩・器台・鉢・杯）、周溝内に土坑1基あり、〈4号墳：旧Ⅳ号墳〉方形周溝墓（別記）、〈6号墳〉円墳（径4.2m）、〈7号墳〉円墳（径17.5m）、〈8号墳〉方墳（一辺8.4m）、〈9号墳〉円墳（別記）、〈10号墳〉円墳				
	近在の大型古墳：−				
	文献：玉里村史編纂委員会 1975、玉里村教育委員会 1994、本田 2006 ｜図版：				

権現平古墳群 5号墳 （権現山古墳）	所在：下玉里				
	立地：霞ヶ浦に面する台地縁辺上				
	墳形：前方後円墳	墳丘長89.5m／後円部径44.7m／後円部高約9.7m (残存) ／前方部前端幅59.4m／前方部高約8.7m			
	外表遺物・施設：普通円筒埴輪、朝顔形円筒埴輪、形象埴輪（人物・馬形・短甲形、土器（坏・壺・直口壺）、須恵器（器型器台・直口壺）				
	埋葬施設：[前方部]木棺直葬				
	副葬品：[前方部] 長頸鏃、大刀				
	年代：5世紀末葉〜6世紀初頭				
	備考：−				
	文献：小林編 2000 ｜図版：				

間の内古墳群	所在：下玉里				
	立地：霞ヶ浦に面する台地縁辺上				
	群構成	前方後円墳	円墳	方墳	その他	総数
		− (−)	2 (2)	− (−)	− (−)	2 (2)
	埋葬施設：箱形石棺（1号墳・2号墳？）				
	埴輪：無し				
	主な副葬品：−				
	年代：−				
	備考：〈1号墳〉円墳、〈2号墳〉円墳				
	近在の大型古墳：−				
	文献：玉里村史編纂委員会 1975、玉里村内遺跡調査団 2004 ｜図版：				

高井新田古墳群	所在：下玉里				
	立地：園部川から中台地に延びる谷津に面する台地縁辺上				
	群構成	前方後円墳	円墳	方墳	その他	総数
		− (−)	2 (1)	− (−)	− (−)	2 (1)
	埋葬施設：不明				
	埴輪：無し				
	主な副葬品：−				
	年代：−				
	備考：−				
	近在の大型古墳：−				
	文献：玉里村内遺跡調査団 2004、本田 2006 ｜図版：				

岡岩屋古墳	所在：下玉里		
	立地：園部川から中台地に延びる谷津に面する台地上		
	墳形：円墳	径40m	
	外表遺物・施設：−		
	埋葬施設：横穴式石室		
	副葬品：金装大刀剣、冑（徳川光圀の発掘記録による）		
	年代：玉里地域最終段階の円墳（7世紀前葉）		
	備考：−		
	文献：玉里村史編纂委員会 1975、外山 1988、箕輪 1998、玉里村内遺跡調査団 2004、本田 2006 ｜図版：		

神楽窪古墳	所在：下玉里		
	立地：霞ヶ浦に面する台地縁辺上		
	墳形：円墳	墳丘規模：−	
	埋葬施設：石棺4基		
	埴輪：円筒埴輪		
	主な副葬品：不明		
	年代：5世紀末葉		
	備考：−		
	近在の大型古墳：−		
	文献：本田 2002 ｜図版：		

第 2 章　地域研究

恵比寿古墳群	所在：高崎
	立地：霞ヶ浦沿岸に面する台地上
	群構成：前方後円墳 / 円墳 / 方墳 / その他 / 総数 1（−） / 6（2） / −（−） / −（−） / 7（2）
	埋葬施設：不明
	埴輪：有り（1号墳）
	主な副葬品：不明
	年代：
	備考：〈1号墳〉閑居台古墳、前方後円墳（別記）、〈2号墳〉円墳（径30m）、〈3号墳〉円墳、〈4号墳〉円墳、〈5号墳〉円墳　桜塚古墳
	近在の大型古墳：桜塚古墳
	文献：玉里村史編纂委員会 1975、玉里村内遺跡調査団 2004

恵比寿古墳群 1号墳 （閑居台古墳）	所在：高崎
	立地：霞ヶ浦沿岸に面する台地上
	墳形：前方後円墳	墳丘規模：墳丘長60.0m／後円部径28.0m／後円部高約5.0m／前方部前端幅26.8m／前方部高約5.0m
	外表遺物・施設：円筒埴輪・盾形あるいは盾持ち人埴輪
	埋葬施設：不明
	副葬品：不明
	年代：6世紀第3四半期
	備考：
	文献：玉里村史編纂委員会 1975、本田 1999、玉里村立史料館 2002a、玉里村内遺跡調査団 2002b

桜塚古墳	所在：高崎
	立地：霞ヶ浦岸に面する台地上
	墳形：円墳	墳丘規模：径35m／高6m
	外表施設：不明
	埋葬施設：不明
	主な副葬品：不明
	年代：古墳時代中期（5世紀後半）
	備考：
	近在の大型古墳：閑居台古墳
	文献：草野 2006

富士峯古墳群	所在：高崎
	立地：霞ヶ浦から南北方向に開析された谷津を挟む東西を谷津に開析された台地上の先端
	群構成：前方後円墳 / 円墳 / 方墳 / その他 / 総数 1（1） / 4（4） / −（−） / −（−） / 5（5）
	埋葬施設：不明
	埴輪：
	主な副葬品：直刀、金環、勾玉（1号墳）
	年代：
	備考：
	近在の大型古墳：
	文献：玉里村史編纂委員会 1975	図版：

富士峯古墳群 1号墳 （富士峯古墳）	所在：高崎
	立地：霞ヶ浦から南北方向に開析された谷津を挟む東西を谷津に開析された台地上の先端
	墳形：前方後円墳	墳丘規模：墳丘長68.0m／後円部径30.0m／後円部高約6.5m／前方部前端幅30.0m／前方部高約6.4m
	外表遺物・施設：
	埋葬施設：箱形石棺3基（第Ⅰ号～第Ⅲ号）
	副葬品：〈第Ⅰ号石棺〉金環2、〈第Ⅱ号石棺〉直刀2、金環4、銅釧3、勾玉12、丸玉19以上、ガラス小玉
	年代：古墳時代後期後半
	備考：
	文献：玉里村史編纂委員会 1975、玉里村教育委員会 1994（附　富士峯Ⅰ～Ⅲ号石棺）	図版：

龍王塚古墳	所在：高崎
	立地：霞ヶ浦から南北方向に開析された谷津を挟む東西を谷津に開析された台地上の先端
	墳形：前方後円墳？	墳丘規模：不明
	埋葬施設：不明
	埴輪：−
	主な副葬品：不明
	年代：−
	備考：−
	近在の大型古墳：
	文献：玉里村史編纂委員会 1975	図版：

松山前古墳	所在：上玉里
	立地：霞ヶ浦から南北方向に開析された谷頭に面する台地上
	墳形：不明	墳丘規模：不明
	埋葬施設：不明
	埴輪：−
	主な副葬品：不明
	年代：−
	備考：−
	近在の大型古墳：
	文献：玉里村内遺跡調査団 2004、本田 2006	図版：

天神塚古墳	所在：上玉里
	立地：中台池に延びる谷津に面する台地上
	墳形：円墳	墳丘規模：径30m／高5m
	埋葬施設：不明
	埴輪：−
	主な副葬品：不明
	年代：−
	備考：−
	近在の大型古墳：
	文献：玉里村内遺跡調査団 2004	図版：

小美玉市旧玉里村域の古墳群

香取台稲荷古墳

所在：田木谷				
立地：中台池に延びる谷津の西側に面する台地上				
墳形：円墳		墳丘規模：径15m/高3m		
埋葬施設：不明				
埴輪：－				
主な副葬品：不明				
年代：－				
備考：－				
近在の大型古墳：－				
文献：玉里村史編纂委員会 1975、玉里村内遺跡調査団 2004			図版：	

折戸古墳

所在：田木谷				
立地：園部川に面する台地縁辺上				
墳形：円墳？		墳丘規模：不明		
埋葬施設：不明				
埴輪：－				
主な副葬品：不明				
年代：－				
備考：－				
近在の大型古墳：－				
文献：玉里村内遺跡調査団 2004			図版：	

東前古墳群

所在：田木谷
立地：園部川に面する台地上に園部川より田木谷池に延びる谷津の西側に面する

群構成	前方後円墳	円墳	方墳	その他	総数
	－（－）	4（－）	－（－）	－（－）	4（－）

埋葬施設：無し
埴輪：－
主な副葬品：不明
年代：－
備考：－
近在の大型古墳：－
文献：玉里村内遺跡調査団 2004

西平西根古墳群

所在：田木谷
立地：霞ヶ浦から田木谷池に開折する谷津の西側に面した緩斜面上

群構成	前方後円墳	円墳	方墳	その他	総数
	－（－）	2（2）	－（－）	－（－）	2（2）

埋葬施設：箱式石棺（1基）
埴輪：－
主な副葬品：不明
年代：古墳時代後期
備考：－
近在の大型古墳：－
文献：玉里村史編纂委員会 1975、玉里村内遺跡調査団 2004

舟塚古墳群

所在：上玉里
立地：中台池に延びる谷津の西側に面した台地上

群構成	前方後円墳	円墳	方墳	その他	総数
	2（－）	1（－）	－（－）	－（－）	3（－）

埋葬施設：二重箱形石棺（1号墳）
埴輪：有り（1号墳・2号墳・3号墳）
主な副葬品：大刀類、玉類
年代：古墳時代後期
備考：〈1号墳：舟塚古墳〉前方後円墳（別記）、〈2号墳：雷電山古墳〉帆立貝式前方後円墳（別記）、〈3号墳〉円墳（径10m）
近在の大型古墳：
文献：佐々木・古屋 2002、玉里村内遺跡調査団 2004 図版：

舟塚古墳群1号墳（舟塚古墳）

所在：上玉里
立地：中台池に延びる谷津の西側に面した台地上
墳形：前方後円墳　墳丘長 72.0m/後円部径 37.0m/後円部高約 8.65m/前方部前端幅 54.0m/前方部高約 8.25m
外表遺物・施設：普通円筒埴輪、朝顔形円筒埴輪、人物埴輪（武装・平装男子像・女子像・盾持ち人）、家形埴輪、馬形埴輪
埋葬施設：二重箱形石棺
副葬品：唐草文銀装圭頭大刀把頭、鹿角装大刀把頭、金銅製鞍金具、銀製山帽玉、桂甲小札、ガラス小玉、小玉（伝）金銅装双龍環頭大刀、金銅表片頭大刀、鉄鏃、鹿角装刀子、銅鋺、四獣鏡、馬具、玉類
年代：6世紀中葉
備考：－
文献：大塚・小林 1968・1971、新井 2000

舟塚古墳群2号墳（雷電山古墳）

所在：上玉里
立地：中台池に延びる谷津の西側に面した台地上
墳形：帆立貝形前方後円墳　墳丘長 55.8m/後円部径 48.0m/後円部高約 8.9m/前方部前端幅 ―m/前方部高約 3.0m
外表遺物・施設：普通円筒埴輪
埋葬施設：不明
副葬品：不明
年代：古墳時代後期
備考：墳丘規模は復原数値
文献：佐々木・古屋 2002、曾根俊雄 2005「第3章 雷電山古墳」（小林他 2005） 図版：

上玉里古墳群

所在：上玉里
立地：中台池に延びる谷津に面した台地上

群構成	前方後円墳	円墳	方墳	その他	総数
	－（－）	4（4）	－（－）	－（－）	4（4）

埋葬施設：箱式石棺（1基のみ確認）
埴輪：－
主な副葬品：不明
年代：古墳時代後期
備考：－
近在の大型古墳：舟塚・雷電山古墳
文献：玉里村内遺跡調査団 2004 図版：

第 2 章　地域研究

木船塚古墳群

| 所在：栗又四ヶ |
| 立地：園部川から延びる谷津から南に分岐する小支谷に面した舌状台地および傾斜面 |

群構成	前方後円墳	円墳	方墳	その他	総数
	3 (2)	11 (11)	− (−)	− (−)	14 (13)

- 埋葬施設：箱形石棺（4・9・10・11・12・13・14号墳）
- 墳輪：無し（1～4・9～14号墳）
- 主な副葬品：装飾付大刀類、金環（1号墳）
- 年代：古墳時代後期～終末期
- 備考：〈1号墳：木船山古墳（別記）、〈2号墳〉前方後円墳と伝えられる、〈3号墳〉近世初頭の経塚（4・9・12・13号墳）円墳（箱形石棺）、〈10号墳〉円墳（箱形石棺）（別記）、〈14号墳〉円墳（箱式石棺）（11号記）
- 文献：玉里村史編纂委員会 1975、伊藤・玉里村教育委員会 1995、玉里村内遺跡調査団 2004、本田 2006
- 図版：

木船塚古墳1号墳（木船塚古墳）

| 所在：栗又四ヶ |
| 立地：園部川から延びる谷津から南に分岐する小支谷に面した舌状台地および傾斜面 |

- 墳形：前方後円墳　墳丘長約42m/後円部径21.5m/前方部長13.5m
- 外表遺物：−
- 埋葬施設：−
- 副葬品：金銅装双龍頭環頭大刀、金銅装圭頭大刀、金環
- 年代：7世紀初頭（高浜入り最後の前方後円墳）
- 備考：−
- 文献：玉里村史編纂委員会 1975、玉里村教育委員会 1994（附木船塚II号石棺）、本田 2000、玉里村内遺跡調査団 2004、本田 2006、小толмач玉・本田・曽根 2007
- 図版：

木船塚古墳14号墳

| 所在：栗又四ヶ |
| 立地：園部川から延びる谷津から南に分岐する小支谷に面した舌状台地および傾斜面 |

- 墳形：前方後円墳　全長約32m
- 外表遺物：周溝覆土より土師器、須恵器
- 埋葬施設：箱形石棺
- 副葬品：不明
- 年代：7世紀初頭
- 備考：−
- 文献：玉里村史編纂委員会 1975、玉里村内遺跡調査団 2004
- 図版：

茶屋古墳群

| 所在：栗又四ヶ |
| 立地：園部川から野村田池に向かって開析される谷津に面した台地上 |

群構成	前方後円墳	円墳	方墳	その他	総数
	− (−)	2 (1)	− (−)	− (−)	2 (1)

- 埋葬施設：無し
- 墳輪：−
- 主な副葬品：−
- 年代：−
- 備考：〈1号墳〉円墳（径15m/高3m）、〈2号墳〉円墳
- 文献：玉里村史編纂委員会 1975、玉里村内遺跡調査団 2004
- 図版：
- 近在の大型古墳：

宮後古墳群

| 所在：園部川右岸に面した台地上 |

群構成	前方後円墳	円墳	方墳	その他	総数
	1 (−)	2 (1)	− (−)	− (−)	3 (1)

- 埋葬施設：有り（2号墳）
- 墳輪：−
- 主な副葬品：（伝）大刀、甲冑（1号墳）
- 年代：−
- 備考：〈1号墳：坂根山古墳〉前方後円墳（別記）、〈2号墳〉円墳、〈3号墳〉円墳
- 近在の大型古墳：
- 文献：玉里村史編纂委員会 1975、玉里村内遺跡調査団 2004、本田 2006
- 図版：

宮後古墳群1号墳（坂根山古墳）

| 所在：園部川右岸に面した台地上 |

- 墳形：前方後円墳　全長 50m
- 外表遺物：−
- 埋葬施設：不明
- 副葬品：（伝）大刀、甲冑
- 年代：古墳時代中期
- 備考：−
- 文献：玉里村史編纂委員会 1975、玉里村内遺跡調査団 2004、本田 2006
- 図版：

岩屋古墳

| 所在：玉里村北部の北西方向に延びる尾根に挟まれた舌状台地上 |

- 墳形：前方後円墳　全長約 30m
- 外表遺物：周溝クビレ部に須恵器（大甕・杯）、白玉 41、土壙
- 埋葬施設：横穴式石室
- 副葬品：箱形石棺、白玉、金環、ガラス、勾玉、白玉、〔横穴式石室〕須恵器（甕、杯）、ガラス、白玉
- 年代：7世紀初頭
- 備考：−
- 文献：玉里村立史料館 1997、玉里村立史料館 2000、玉里村内遺跡調査団 2004
- 図版：

大塚古墳群

| 所在：玉里村北部の北西方向に延びる尾根に挟まれた舌状台地上 |

群構成	前方後円墳	円墳	方墳	その他	総数
	− (−)	2 (2)	− (−)	− (−)	2 (2)

- 埋葬施設：不明
- 墳輪：無し
- 主な副葬品：−
- 年代：−
- 備考：2基ある円墳のうちどちらかで（径 20m/高 5m）石棺内より大刀出土とされる
- 文献：玉里村史編纂委員会 1975、玉里村内遺跡調査団 2004
- 図版：

小美玉市旧玉里村域の古墳群　　187

鏡塚古墳	所在：栗又四ヶ
	立地：園部川を臨む台地上
	墳形：円墳／墳丘規模：径26.2m
	埋葬施設：不明
	埴輪：無し
	主な副葬品：不明
	年代：－
	備考：
	近在の大型古墳：
	文献：玉里村内遺跡調査団 2004　　図版：
鷲下古墳	所在：栗又四ヶ
	立地：園部川右岸に面した台地上
	墳形：円墳／墳丘規模：不明
	埋葬施設：不明
	埴輪：不明
	主な副葬品：不明
	年代：不明
	備考：
	近在の大型古墳：
	文献：玉里村内遺跡調査団 2004

かすみがうら市域の古墳群

千葉　隆司

1　はじめに

　霞ヶ浦沿岸は、古墳が数多くみられる著名な地域である。その中で、かすみがうら市域には、霞ヶ浦沿岸地域の古墳文化を語る上で、重要な情報を提供してくれる古墳が少なくない。時期的にも、前期から終末期まで連続した内容が窺え、周辺地域を含めた各時期の考察においても貴重な役割を担っている。代表例を挙げるならば、かすみがうら市宍倉に所在する風返1号墳（風返稲荷山古墳）は、東国最後の前方後円墳を考える上で重要な情報を示し、多角的な分析により、多くの成果を掲示できる存在となっている。

　小論では、かすみがうら市域の古墳分布と内容を再整理すると共に、調査された古墳の情報をくみ取り、現段階で考察しうる当地域の古墳文化を叙述してみたいと思う。

2　かすみがうら市域の古墳分布論
(1)　古墳分布と地域設定

　かすみがうら市は、平成17年に霞ヶ浦町と千代田町の2町が合併して誕生した。この2町の古墳文化は、いままで合わせて考えられる機会はほとんどなく、それぞれ個別の地域単位として扱われてきた。それぞれの地区の古墳については、昭和34年に茨城県教育委員会より刊行された『茨城県古墳総覧』では、霞ヶ浦地区119基、千代田地区170基の合計289基と示されたが、近年の遺跡分布調査から、平成13年『霞ヶ浦町遺跡分布調査報告書―遺跡地図編―』で91箇所312基、平成19年に発行された『かすみがうら市埋蔵文化財遺跡地図―千代田地区―』で31箇所229基の合計122箇所541基が確認され、霞ヶ浦沿岸でも古墳が集中して築造された地域といえる。

　墳形の内訳を示すと、霞ヶ浦地区は、前方後方墳2基（全体の1％）、前方後円墳25基（8％）、帆立貝形7基（2％）、上円下方墳1基（1％）、円墳222基（71％）、方墳8基（2％）、横穴墓19基（6％）、不明28基（9％）となる。千代田地区では確認されていない前方後方墳や上円下方墳、横穴墓が含まれており、バリエーション豊かである。千代田地区は、方形周溝墓4基（2％）、前方後円墳16基（7％）、帆立貝形6基（3％）、円墳183基（79％）、方墳4基（2％）、不明16基（7％）となる。霞ヶ浦地区では未確認の方形周溝墓が含まれるという違いはあるが、他の墳形の割合はほぼ類似している。両地区を合わせると、方形周溝墓4基（1％）、前方後方墳2基（1％）、前方後円墳41基（7％）、帆立貝形13基（2％）、円墳405基（74％）、方墳12基（2％）、上円下方墳1基（1％）、横穴墓19基（4％）、不明44基（8％）となる。総合すると、円墳の多さは他地域同様に認められる事であるが、前方後方墳・前方後円墳・帆立貝形を合わせた有力古墳の多さは当地域の特色を示すものと考えられる。

　両地区の詳細は、各種一覧表を参照していただくとして、まず墳形をA前方後方墳・前方後円墳、B帆立貝形、C円墳・方墳とし、a70m以上、b50m以上70m未満、c30m以上50m未満、d20m以上30m未満、e10m以上20m未満として分類してみた。この分類を基に古墳の大きさをみていくことにしよう。

　霞ヶ浦地区は、a2基（全体の1％）、b9基（3％）、c15基（5％）、d38基（12％）、e90基（29％）、10m以下の古墳79基（25％）、横穴墓19基（6％）、不明60基（19％）となる。ここでは、70mを超える全長80.2mの富士見塚1号墳、78mの風返1号墳（風返稲荷山古墳）の2基がみられ、規模において優位性を示している。そして千代田地区では、a0基、b1基（1％）、c12基（5％）、d46基（20％）、e88基（38％）、10m以下の古墳23基（10％）、方形周溝墓4基（2％）、不明55基（24％）となる。ここでは、70m以上の古墳はみられず、50m以上の規模の古

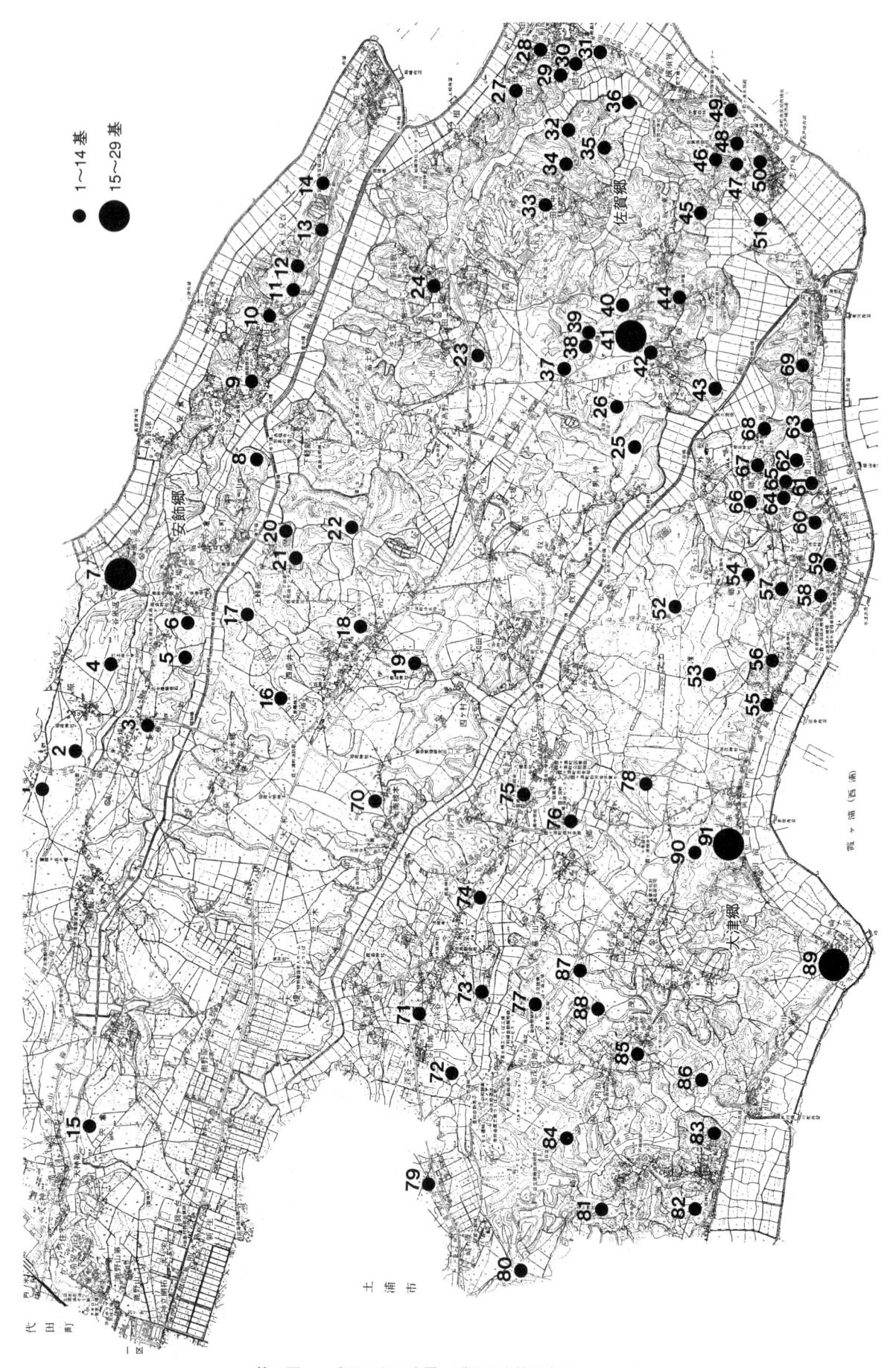

第1図　かすみがうら市霞ヶ浦地区古墳分布図 (1/50000)

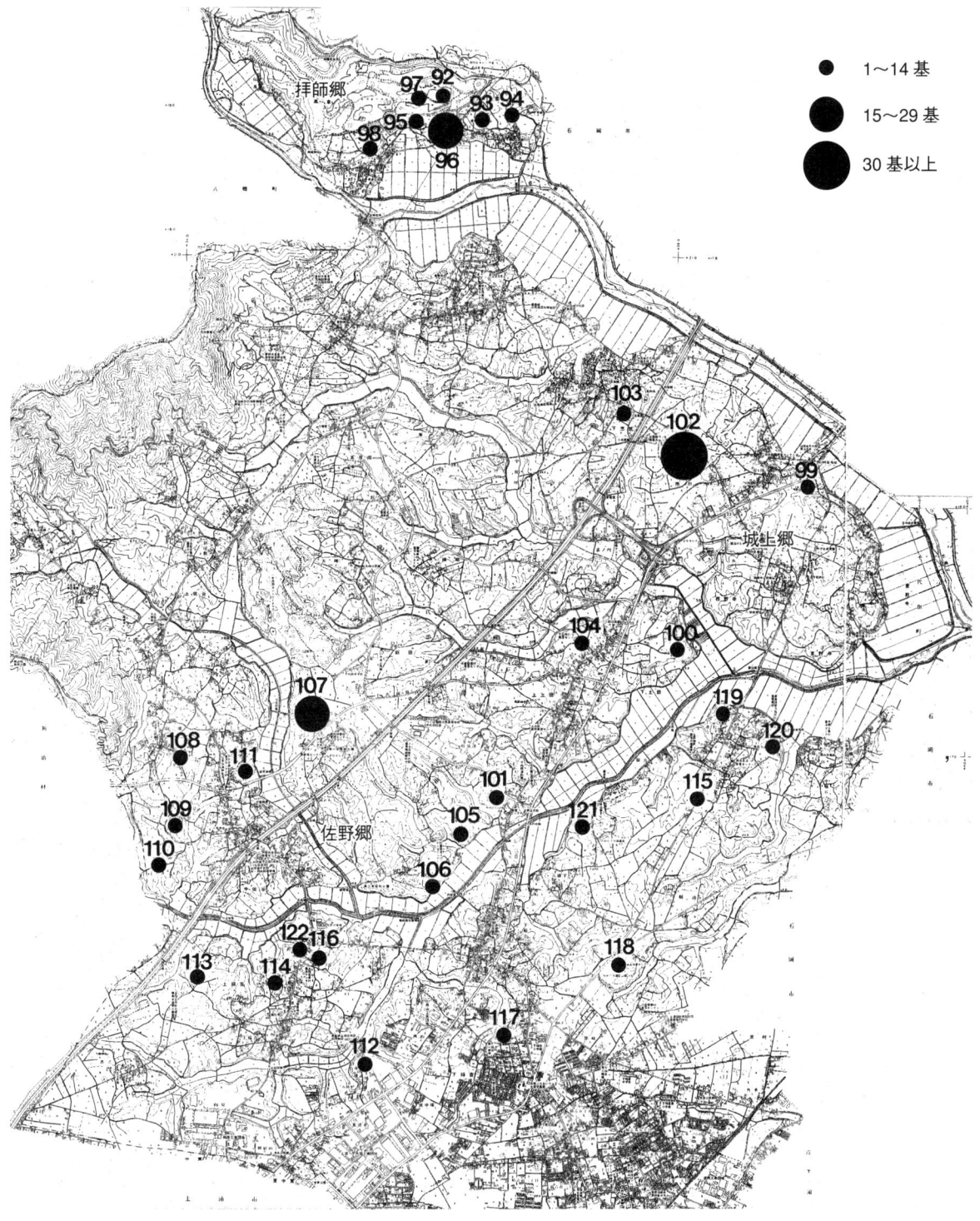

第2図　かすみがうら市千代田地区古墳分布図 (1/50000)

墳1基と霞ヶ浦地区と比較して、規模における優位性はあまり感じられない。しかし、20m以上30m未満と10m以上20m未満の規模においては、霞ヶ浦地区より多い割合が示されており、中規模古墳の多さを物語っている。そして両地区を合わせると、a2基（1％）、b10基（2％）、c27基（5％）、d84基（15％）、e178基（33％）、10m以下の古墳102基（19％）、横穴墓19基（3％）、方形周溝墓4基（1％）、不明115基（21％）となる。2地区の様相でも同様であったが、10m以上20m未満のe規模のものが最も多いことが分かる。この規模の古墳が、当地域の基底を支える階層といえそうである。

これまで当地域の古墳文化は、有力古墳を対象に考察されることが多かったが、それらは全体数のほんの一部

に過ぎない。そのほとんどが後期～終末期にかけての小規模・低墳丘の古墳といえる。次に、年代の判明する両地区ごとの時期的な古墳の様相について見ていくことにしよう。

　霞ヶ浦地区では、田宿・赤塚 16 号墳（赤塚古墳）が最古の部類に位置づけられる。しかし、全長約 30 m の前方後方墳ということのみで、調査前にして隠滅してしまった。近隣の前方後方墳では、行方市勅使塚古墳が 64 m、土浦市后塚古墳が 65 m、石岡市丸山 1 号墳が 55 m となるため、田宿赤塚 16 号墳は約 1/2 の大きさの古墳である。時期的には 4 世紀後半に位置づけられるであろう。次の時期の古墳としては、壺形埴輪が採集されている田宿・赤塚 1 号墳（田宿天神塚古墳）や寺山 1 号墳が上げられる。この時期から前方後円墳が有力古墳となり、4 世紀末と考えられる。5 世紀に入ると低地に築かれた直径約 40 m の円墳の牛塚古墳が築造される。牛塚古墳からも壺形埴輪が採集されている。この時期に特徴的にみられる低地古墳ということでは、田宿・赤塚 11 号墳も 5 世紀代に築かれた可能性がある。6 世紀段階になると首長墓造営は活発となり、かすみがうら市最大規模の古墳である富士見塚 1 号墳（前方後円墳・80.2 m）、風返 2 号墳（風返大日山古墳・帆立貝形・55 m）、田宿赤塚 7 号墳（裏山古墳・前方後円墳・40 m）が築かれてゆき、それぞれ富士見塚古墳群、風返古墳群、田宿赤塚古墳群を形成していく。その他、白幡古墳群・柳梅台古墳群など出島半島全域で古墳群が形成されていく。そして、当地域最後の前方後円墳の風返 1 号墳（風返稲荷山古墳）や、装飾古墳とされる太子 1 号墳（太子塚古墳）・折越十日塚古墳、最終末の埴輪が出土する野中 1 号墳（瓢塚古墳）、最後の大型円墳とされる風返 4 号墳（風返浅間山古墳）や車塚古墳、最後の大型方墳とされる富士塚山古墳や颯壁古墳、茨城県南部では珍しい志戸埼横穴墓群、埼浜横穴墓群が順次築造され、これらをもって当地域の古墳造営は終了していく。

　千代田地区では、壺形埴輪が採集されている夫婦塚古墳（千葉 2008）や熊野古墳（田中 1996）が最古の古墳に位置付けられ、4 世紀末と考えられている。その後の時期には、大塚 26 号墳が墳丘形態から想定されている（黒澤 1996）。ここまでは数少ない様相で、6 世紀を迎えると増加の傾向になる。粟田石倉山古墳や大塚 79 号墳、大塚 86 号墳（狐塚古墳）などは、小規模古墳ながらも墳丘に埴輪を樹立させる古墳である。蔵王古墳群や栗村古墳群では巧みな石材技術を駆使した横穴式石室がみられ、石材産出地ならではの発展をみることができる。また、常総地域特有の特異埋葬施設をもつ古墳が多数築造されるようになり、大塚古墳群は、県下最大級の総数 120 基を数える大古墳群（石岡市に所在する古墳も含む）となった。その中には、頭椎大刀と圭頭大刀が出土した大塚 103 号墳（笄埼古墳）や直径 40 m を測る大型円墳の大塚 52 号墳も含まれ、地域の優位性を保ちながら 7 世紀代まで存続している。

　古墳群の様相は、霞ヶ浦地区では、風返古墳群の 23 基を最大に、田宿赤塚古墳群 20 基、白幡古墳群 18 基、野中古墳群 16 基、埼浜横穴墓群 17 基、坂稲荷山古墳群 11 基、柳梅台古墳群 11 基と続く。それらには、前方後円墳を中心に円墳で構成されるものや円墳のみで構成されるものなどいくつかの古墳群構成がみられる。

　千代田地区では、大塚古墳群の 113 基（かすみがうら市所在の古墳）が最大となり、栗村古墳群 19 基、四万騎古墳群 19 基、下佐谷大塚古墳群 9 基、西田古墳群 7 基と続く。大塚古墳群以外は一般的な数量と古墳群構成を示し、大塚古墳群が特殊性を物語っている。

　筆者は、以前に旧霞ヶ浦町地区の古墳文化についてまとめたことがある（千葉 1997）。その中で、霞ヶ浦地区の古墳分布が、『和妙類聚抄』に記される古代郷の単位に当てはまるものと想定し、その郷ごとの地域範囲が古墳時代、特に後期古墳文化において有効なことを明らかにした。これと同様な単位で、日高慎氏も霞ヶ浦地区の古墳分布論を展開させ、霞ヶ浦地区において『和妙類聚抄』の郷単位が古墳時代を通じて存在していることを確信している（日高ほか 2001）。

　それでは次に『和妙類聚抄』によってかすみがうら市霞ヶ浦地区を茨城郡安飾郷、佐賀郷、大津郷、千代田地区を茨城郡城上郷、拝師郷、筑波郡佐野郷、清水郷の 7 郷単位に分け、各郷単位の古墳文化の内容を①古墳群数と古墳数、②有力古墳の分類、③最大規模の古墳、④時期別の様相、⑤主要古墳群の様相、⑥特筆すべき事項などに焦点をあて再確認してみることとする。

(2) 各地域の様相

【安飾郷】　安飾郷地域は、霞ヶ浦高浜入りに面する出島半島北岸地域である。古墳は、高浜入りや出島半島を東西に横走する一級河川菱木川に面する台地を中心に形成される。その中で宍倉地区の風返古墳群と安食・柏崎地区の太子古墳群・野中古墳群・富士見塚古墳群等に集中地域が認められる。この安飾郷地区では、21箇所総数83基の古墳が所在しており、石岡市域になるが風返古墳群と連続する井関古墳群をはじめ、高浜入り南岸の古墳を合わせると100基を越えるであろう。

　この地域では、10m以上の古墳が8形態46基数えられ、前方後円墳（以下Aとする）が4基（46基の中の9％）、帆立貝形（以下Bとする）が1基（1％）、円墳・方墳（以下Cとする）が41基（90％）、規模は70m以上（以下aとする）が2基（4％）、50m以上70m未満（以下bとする）が3基（7％）、30m以上50m未満（以下cとする）が2基（4％）、20m以上30m未満（以下dとする）が8基（17％）、10m以上20m未満（以下eとする）が31基（67％）となる。霞ヶ浦地区そしてかすみがうら市域で最大規模の前方後円墳が所在し、追従するb種が3基認められるが、その他は比較的一般的な様相を示す。

　最大規模の古墳は、富士見塚1号墳（富士見塚古墳）で80.2m、次いで風返1号墳（風返稲荷山古墳）の78.1mとなる。時期的にみると5世紀末の富士見塚1号墳、6世紀初頭の風返3号墳（風返羽黒山古墳）、6世紀前半の風返2号墳（風返大日山古墳）、6世紀中や後半段階の明確な首長墓は不明で、7世紀前半の風返1号墳、その後に位置づけられる風返4号墳（風返浅間山古墳）と続く。風返12号墳は、石棺系石室となり、これらをもって古墳終焉を迎えるものと考えられる。安飾郷地域の古墳群形成は、富士見塚古墳群や風返古墳群にみる6世紀を前後する時期に入ってからの事象と考えられ、両地区は安飾郷地区の2大勢力地となって発展していく。この2代勢力地の周囲にも数基からなる古墳群が衛星的に存在し、2大勢力に従属するものであろう。結果として古墳群が最大となったのは風返古墳群（23基）で、隣接する石岡市井関古墳群も加えると35基を数える。風返古墳群は、6世紀頃の形成開始と同時に、風返3号墳（風返羽黒山古墳）や風返2号墳（風返大日山古墳）が連続して築造され、しかも2号墳の周溝部付近からは丹後形埴輪？や多条凸帯を組み合わせた埴輪棺が確認され、特徴的な様相を示している。そして、風返1号墳の前方部に隣接して築かれた円墳群や12号墳の築造をもって7世紀後半段階には古墳群形成が終了する。

　その他、太子1号墳は、横穴式石室内に朱による円文が描かれ、装飾古墳に位置づけられている。茨城県南部では、数少ない事例の一つであり、被葬者の特殊性を物語っている。

　　古墳群数　　① 風返古墳群23基　② 野中古墳群16基　③ 太子古墳群8基
　　有力古墳の分類　　Aa2基　Ab1基　Ac1基　Bb1基　Cb1基　Cc1　Cd8基　Ce31基

【佐賀郷】　佐賀郷は、出島半島先端地域を中心とした場所で、霞ヶ浦が高浜入りと土浦入りに分かれる三叉沖を望むところである。古墳は、霞ヶ浦や出島半島南部を東西に横走する一級河川一ノ瀬川に面する台地、僅かに内陸に入った台地などに形成されている。その中で、一ノ瀬川河口域のやや内陸に入った左岸台地上に坂稲荷山1号墳・折越十日塚古墳、白幡古墳群などの集中地区がみられる。佐賀郷地区は、安飾郷よりも多い48箇所146基の古墳を数えることができる。

　この地域では、10m以上の古墳が10形態74基数えられ、Aが12基（16％）、Bが4基（6％）、Cが58基（78％）、規模はaがなく、bが4基（5％）、cが9基（12％）、dが22基（30％）、eが39基（53％）となる。この地域は、前方後円墳がまとまって存在しており、比較的大きな規模を有している。

　最大規模の古墳は、銚子塚1号墳（前方後円墳・64m）となり、寺山1号墳（前方後円墳・60m）、十日塚古墳（前方後円墳・60m）、坂稲荷山古墳（前方後円墳・59.4m）と続く。時期的にみると、壺形埴輪が採集された寺山1号墳が最古に位置づけられ、同じく壺形埴輪が出土した牛塚古墳（円墳・40m）に続く。中期と目される銚子塚1号・

2号墳があるが明確ではない。後期になると爆発的に基数を増していく傾向にある。白幡古墳群は、最大規模の古墳群で総数18基を数える。白幡古墳群は、昭和42年に日本大学考古学会によって11号墳〜15号墳の5基が調査され、すべて特異埋葬施設の終末期古墳とされている。近接して十日塚古墳があり、石室構造から7世紀代の古墳と想定される。その他、円墳群数基で構成される中台古墳群、羽黒山古墳群、乳母神古墳群、水の口古墳群、兵庫峰古墳群、十八塚古墳群、寺ノ内古墳群と前方後円墳や方墳、円墳といった違った墳形を交える八幡古墳群、根山台古墳群、寺山古墳群、柳梅台古墳群、房中古墳群などがある。その他、坂稲荷山古墳群のように、坂稲荷山古墳に近接して10基の小円墳が直線的に並列するものもあり、古墳群の形成が3様を示す。

佐賀郷も安飾郷と同様に、折越十日塚古墳において横穴式石室や内部に設置される石棺に朱による線や彩色が認められ、装飾古墳と考えられている。ここにも被葬者の特殊性が浮き出されている。

さらに、茨城県南部では稀な横穴墓が志戸埼地区にみられ、棺座を設けた玄室が確認されている。

  古墳群数　　①　白幡古墳群18基　②　坂稲荷山古墳群11基　③　柳梅台古墳群11基
  有力古墳の分類　　Aa0基　Ab3基　Ac3基　Ad4基　Ae2基　Bb1基　Bc1基　Bd2基　Cc5基
  　　　　　　　　　Cd16基　Ce37基

【大　津　郷】　大津郷は、霞ヶ浦土浦入りに面する出島半島南岸に位置し、ほぼ中央に一級河川川尻川が霞ヶ浦に注いでいる。古墳は、霞ヶ浦や川尻川流域の台地上に形成される。その中で、佐賀郷寄りの霞ヶ浦に面する台地上に田宿赤塚古墳群などの集中地区がみられる。大津郷は、安飾郷とほぼ同数の21箇所81基を数える。この地区も土浦市に古墳が広がりを見せるため全体数は増えるものである。

この地域では、10m以上の古墳が9形態34基数えられ、Aが6基（18％）、Bが1基（2％）、Cが27基（80％）、規模はaがなく、bが2基（6％）、cが4基（12％）、dが8基（23％）、eが20基（59％）となる。この地域も、前方後円墳がまとまって存在しており、佐賀郷同様に比較的大きな規模を有している。

最大規模の古墳は、田宿・赤塚古墳群1号墳（田宿天神塚古墳・前方後円墳・63m）、田宿・赤塚古墳群7号墳（裏山古墳・前方後円墳・40m）、田宿・赤塚古墳群14号墳（赤塚権現山古墳・前方後円墳・40m）となる。時期的には、湮滅してしまったが出島半島域では貴重な前方後方墳の田宿・赤塚古墳群16号墳（赤塚古墳）、壺形埴輪が採集された田宿・赤塚古墳群1号墳が古手の様相を示し、中期になると明確な古墳はみあたらない。6世紀以降になると他郷と同様に増加傾向にある。古墳群の形成規模で最大のものは、田宿・赤塚古墳群で総数20基を数える。16号墳の前方後方墳や1・7・10・14号墳の前方後円墳、そして15基の円墳で構成される。それ以外は、前方後円墳1と円墳2で構成される権現塚古墳群、帆立貝形1と円墳2で構成される榎前古墳群、円墳のみで構成される戸崎古墳群があるがいずれも小規模のものである。一方では、崎浜地区に横穴墓が17基形成されている。出島地域では、佐賀郷に該当する志戸崎地区に横穴墓がみられ、崎浜横穴墓は出島地域で2例目のものである。崎浜横穴墓は、霞ヶ浦の成立を物語るカキ殻化石層を穿ち築造されており、志戸崎横穴墓同様に棺座を有している。棺座は、規模の大小により、数が1〜3か所のものがみられる。

  古墳群数　　①　田宿赤塚古墳群20基　②　崎浜横穴墓群17基　③　南根本古墳群6基
  有力古墳の分類　　Aa0基　Ab1基　Ac3基　Ad1基　Ae1基　Be1基　Cb1基　Cc1基　Cd7基
  　　　　　　　　　Ce18基

【城　上　郷】　城上郷は、一級河川恋瀬川・一級河川天の川が霞ヶ浦に注ぐ河口域周辺に位置する。古墳は、この2河川を望む台地上を中心に形成される。その中で恋瀬川河口域に大塚古墳群が形成され、集中地区となっている。城上郷は、当地方最大の規模を誇る大塚古墳群が所在し、郷内は6箇所122基を数える。

この地域では、10m以上の古墳が9形態90基数えられ、Aが5基（6％）、Bが5基（6％）、Cが80基（88％）、

規模はaがなく、bが1基（1％）、cが4基（5％）、dが29基（32％）、eが56基（62％）となる。この地域では、前方後円墳や帆立貝形がまとまって存在しているが、小規模なものが多い、全体でも30m未満のものが90％を超えており、小規模古墳の集中地区といえる。

　墳丘規模が最大となるものは、熊野古墳（前方円墳・63m）で、出土した壺形埴輪から4世紀末の年代が与えられている。続いて大塚52号墳（円墳・40m）があり、大塚20号墳（前方後円墳・30m）、大塚31号墳（円墳・30m）と続く。時期的には先の熊野古墳そして近接して築造された夫婦塚古墳（墳形・規模不明）が壺形埴輪を出土しており当地域の先駆的な古墳に位置づけられる。黒澤彰哉氏によると大塚26号墳の墳丘も古手を示すものとされる。6世紀以降になると築造が活発になり、埴輪が出土した大塚29号墳・大塚79号墳などが代表される。また、小規模ながらも頭椎大刀や圭頭大刀が出土した大塚103号墳（筓埼古墳）、石棺系石室を採用した方墳などがみられ、大塚古墳群は中期の様相が明確ではないものの、前期から終末期にかけて断続的ではあるが形成されていった古墳群といえよう。その他では、新治古墳群や太夫河原古墳群など小規模円墳のみで構成される古墳群がわずかにみられる。城上郷での古墳分布の特徴は、恋瀬川を挟み対岸には、7世紀後半段階に常陸国府造営が開始されるといった環境にある。そうした環境は、常陸国府造営に関与した首長層の存在も想定可能とし、重要な地理的環境にあったといえる。まさに筓崎古墳に葬られた人物は、装飾大刀を2本具備できる有力者といえるであろう。こうした隣接する地域首長が関与しながら常陸国府も造営されていったものと考えられる。

　　古墳群数　　①　大塚古墳群113基　②　太夫河原古墳群5基　③　根崎古墳群4基
　　有力古墳の分類　　Aa0基　Ab1基　Ac1基　Ad3基　Bc2基　Bd2基　Be1基　Cc1基　Cd24基
　　　　　　　　　　Ce55基

【拝　師　郷】　拝師郷は、恋瀬川中流域の左岸、筑波山系に属する龍神山麓の地域に位置する。古墳は、この山麓の恋瀬川に向かって緩やかに下る台地上に形成される。その中で、茨城郷寄りの恋瀬川に面する台地に栗村古墳群などがみられ、集中地区となっている。拝師郷は、そのほとんどが旧八郷町地区となるが、恋瀬川左岸台地上に連続して形成されるかすみがうら市栗田・高倉、石岡市染谷古墳群といった総数100基を数える大規模古墳群があり、かすみがうら市域に限ると7箇所35基を数える。

　この地域では、10m以上の古墳が5形態19基数えられ、Aが2基（11％）、Bが0基（0％）、Cが17基（89％）、規模はa・bがなく、cが4基（21％）、dが5基（16％）、eが10基（53％）となる。この地域も、小規模の円墳・方墳が主体となることが分かる。

　墳丘規模が最大なものは、栗村10号墳（前方後円墳・40m）で、丸峰1号墳（円墳・35m）、栗村2号墳（円墳・34m）、座王4号墳（円墳・30m）となる。時期的には、方形周溝墓が確認された栗村古墳群を皮切りに、土坑墓や古式の横穴式石室をもつ栗村古墳群の後期初頭のもの、埴輪が樹立される粟田石倉山古墳、石棺系石室をもつ方墳まで所在している。古墳群の形成規模で最大のものは、前方後円墳1、円墳11基、方形周溝墓4基、不明2基、塚1基で構成される栗村古墳群で、19基を数える。拝師郷の古墳文化の特徴は、石棺に使用される石材産地ということである。変成岩である通称「粟田石」は、黒澤彰哉氏や石橋充氏などの研究により古霞ヶ浦沿岸は基より、千葉県内房地方にまで流通した著名な石棺材であった。ただ、つくば市平沢に産する「平沢石」も使用されることから、独占的な経済・流通範囲ではなかった。栗村古墳群は、この「粟田石」の石棺産業によって支えられた地区であったと考えられる。巧みかつ豊富な石室構造は、石材産出地ならではのもので、石工の墓域と想定可能である。

　　古墳群数　　①　栗村古墳群19基　②　蔵王古墳群6基　③　堂地古墳群4基
　　有力古墳の分類　　Ac1基　Ae1基　Cc3基　Cd5基　Ce9基

【佐　野　郷】　筑波郡佐野郷は、西北部が筑波山系の山並み、その南に天の川上・中流域や支流の雪入川が流れる場所に位置する。古墳は、2河川の流域台地上に形成される。中でも、2河川が合流する地区に集中地区が認められる。土浦市永井・本郷・大志戸地区も佐野郷内となるため郷内の全域を網羅するものではないが、かすみがうら市域では6箇所31基となる。

　この地域では、10 m以上の古墳が6形態13基数えられ、Aが4基（31％）、Bが0基（0％）、Cが9基（69％）、規模はa・bがなく、cが2基（15％）、dが4基（31％）、eが7基（54％）となる。この地域も小規模の円墳・方墳が主体となることが分かる。しかし、小規模ながら前方後円墳が4基存在することは注目される。

　墳丘規模が最大となるのが四万騎1号墳（前方後円墳・30 m）で、以下四万騎17号墳（前方後円墳・20 m）下佐谷大塚6号墳（前方後円墳・20 m）、四万騎18号墳（前方後円墳・15 m）となる。時期的には、未調査古墳がほとんどのため詳細に迫ることは難しいが、四万騎6・7号墳の調査例から、およそ後期になってからの築造と想定できる。佐野郷の最大規模の古墳群は、四万騎古墳群と想定され、中心的な存在を示す。佐野郷の特色は、古墳時代終末期以降に展開する筑波山東麓の窯業産業であり、黎明は6世紀後半段階にまで遡る可能性を秘めている。そうしたことから、かすみがうら市域ではないが、土浦市北部地域の後期古墳の存在は見逃せない。土浦市今泉に所在する全長56 mの大型前方後円墳である愛宕山古墳は、周囲に小規模前方後円墳や小・中規模円墳を形成し、26基からなる古墳群となっている。古墳群には、古墳時代前期の方墳群も含まれ、前期から断続的に形成されたものと想定される。これらの他にも、全長65 mを測る前方後円墳を含む沢辺南方古墳群や石枕が出土した根鹿北古墳群などが所在する。今後の成果が佐野郷の古墳文化を特徴付けるものと思われる。

　　　古墳群数　　①　四万騎古墳群19基　②　下佐谷大塚古墳群9基　③　吉兵衛屋敷古墳群3基
　　　有力古墳の分類　　Ac1基　Ad2基　Ae1基　Cc1基　Cd2基　Ce6基

【清　水　郷】　筑波郡清水郷は、霞ヶ浦土浦入りと天の川下流に挟まれたところに位置する。古墳は、霞ヶ浦や天の川に面する台地上に形成される。その中で霞ヶ浦に面する台地上に集中地区がみられ、かすみがうら市域は天の川流域の台地上に小規模古墳群がみられる程度である。土浦市中貫・白鳥・神立・手野・木田余地区も清水郷内となるためやはり郷内を網羅するものではないが、かすみがうら市域では11箇所22基を数える。

　この地域では、10 m以上の古墳が6形態25基数えられ、Aが5基（20％）、Bが0基（0％）、Cが20基（80％）、規模は、a・bがなく、cが2基（8％）、dが8基（32％）、eが15基（60％）となる。この地域も、小規模の円墳・方墳が主体となることが分かる。

　墳丘規模が最大となるのが、西田1号墳（前方後円墳・37 m）、御手洗1号墳（円墳・26 m）、愛宕山1号墳（円墳・26 m）、西田4号墳（前方後円墳・25 m）である。時期的には、未調査古墳がほとんどのため不明といわざるを得ないが、7基からなる西田古墳群は主たる存在といえ、小規模古墳群ながらも小規模の前方後円墳を5基保有している。その中で2号墳が調査されており、特異埋葬施設が確認されている。この清水郷も主要地区は、土浦市木田余、手野地区に求められると考えられ、かすみがうら市域は補完する形で地域有力者が存在していたものと考えられる。土浦市手野には、全長65 mの前方後方墳である后塚古墳や全長約84 mの前方後円墳の王塚古墳、土浦市常名には全長約90 mの常名天神山古墳と全長74 mの瓢箪塚古墳の2基の前方後円墳がある。これらは清水郷の有力古墳として捉えることができる。

　　　古墳群数　　①　西田古墳群7基　②　御手洗古墳群6基　③　愛宕山古墳群4基
　　　有力古墳の分類　　Ac1基　Ad4基　Cc1基　Cd4基　Ce15基

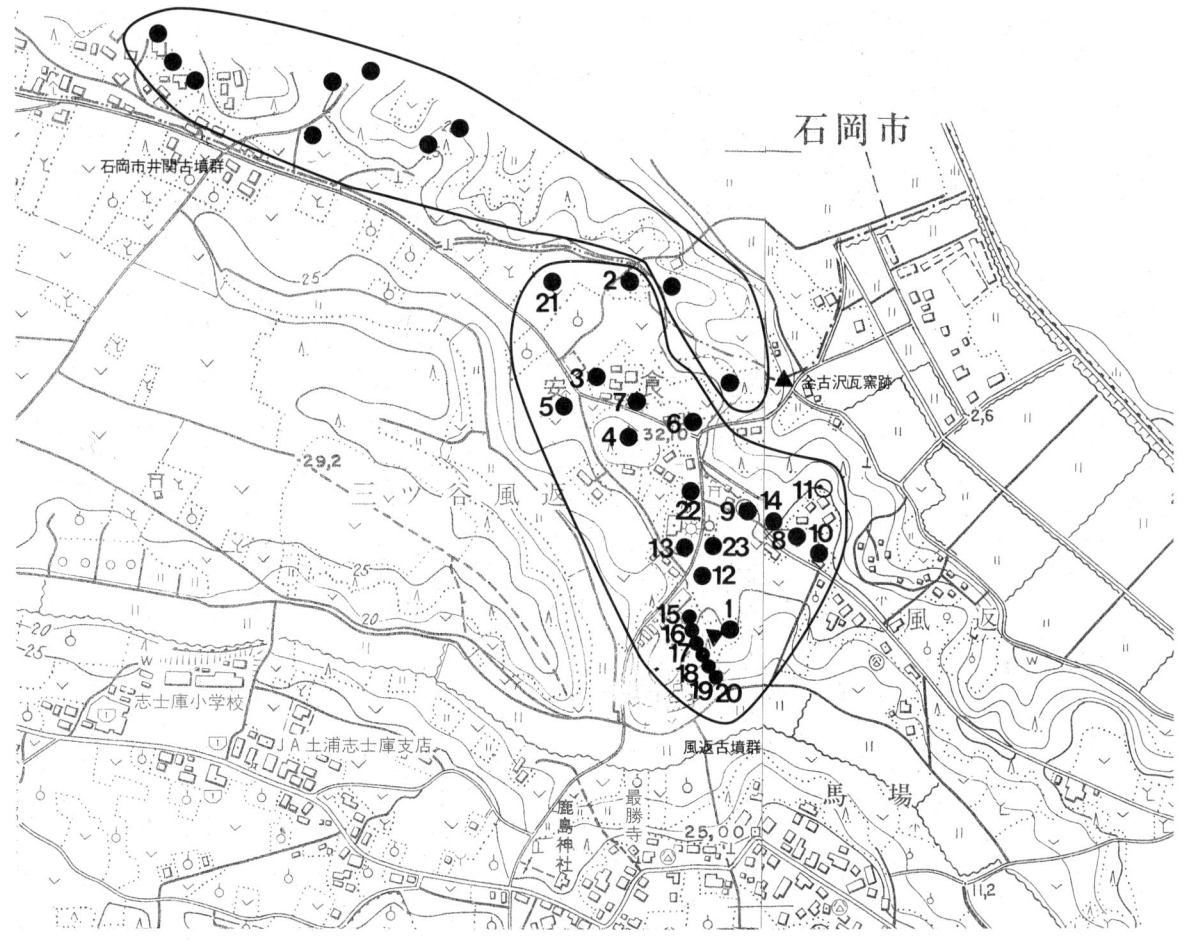

第3図　風返古墳群と石岡市井関古墳群の分布と金古沢瓦窯跡 (1/10000)

3　各郷の古墳の分析

(1)　安飾郷の富士見塚1号墳と風返稲荷山古墳

　安飾郷は、他のかすみがうら市域にはみられないAaランクが2基存在する。この2基が、6世紀前半築造の富士見塚1号墳と7世紀前半築造の風返1号墳であることは前述したとおりである。富士見塚1号墳は、霞ヶ浦高浜入りの玄関口ともいうべき柏崎地区に所在し、交通の要衝に築造されている。柏崎は、中近世の時期には港町として栄え、高浜港に向う船の風待ち港として著名であった。ここは、霞ヶ浦三叉沖から北上すると正面にくる位置で、こうした環境に築造された富士見塚1号墳は、安飾郷を統治する首長には相応しい環境・墳形・規模を誇る。富士見塚1号墳の築造企画は、霞ヶ浦を挟み対岸に所在する権現山古墳と相似形となり（日高　2000）、この相似形の系譜は対岸の玉里古墳群の中に色濃く存在している（曽根2005）。この系譜上にある玉里古墳群の舟塚古墳は、継体陵と目される今城塚古墳の2／5とされる（新井2000）ことから、富士見塚古墳もその相似形ということになるであろう。そして、後円部に粘土槨、前方部に箱形石棺を埋葬施設にし、粘土槨は、富士見塚1号墳の築造以前より当地域に用いられる埋葬施設で、箱形石棺は5世紀中葉以降に当地方で採用され、6世紀以降主流となるものである。副葬品には、破片であるが金銅装馬具や金銅製歩揺などの貴重な遺物が垣間見れる。加えて豊かな埴輪群が墳丘には樹立し、特に造り出し部における形象埴輪群は特徴的である。この埴輪群の中には、船の線刻を施した円筒埴輪があり、霞ヶ浦に面する北側に立てられていた。この船を線刻した円筒埴輪を以前に検討した結果、大和政権内部で浸透していた「天鳥船」思想との関係で描かれたものと推定したことがある（千葉2007a）。さらに、こうした中央の思想を当地の在地首長に伝授した仲介者として物部氏を想定してみた。

　風返稲荷山古墳は、高浜入り中盤の右岸、宍倉地区に所在する。この地は、6世紀を通じて優位性を保持してい

198　第 2 章　地域研究

第 4 図　富士見塚古墳群とその周辺の古墳群分布図と柏崎窯跡群、小津窯跡 (1/10000)

た玉里古墳群の対岸に位置し、それを意識して風返古墳群が形成されたように思える場所である。風返稲荷山古墳は、墳丘形態が左右対象とならず、その形状と立地から霞ケ浦からの目視ではなく、出島半島の内陸方向に目を向けた築造立地と考えられている（日高　2000）。さらに北側墳丘企画は、当地域に古墳時代後期初頭から伝統的に採用され続けてきた墳丘企画で、南側墳丘企画は常陸地方の内陸部に突如築造された古墳に多くみられると指摘される。南側墳丘企画については、つくば市松塚1号墳との相似形を見出し、桜東部グループと出島半島地域との関係を想定する指摘がある（日高　1998）。筆者は、以前に茨城郡と筑波郡の郡寺の創建瓦の類似性から、前段階の国造について論究し、7世紀初頭に設定された壬生部との関連性が両国造に存在したことを指摘したことがある（千葉　2007b）。日高氏が指摘する桜東部グループは筑波東部グループの中のもので、後の筑波郡と河内郡の関係に進展するとされ、筑波郡寺の中台廃寺と河内郡寺の九重廃寺は、茨城郡寺の茨城廃寺と同様な創建瓦を採用する。この瓦は、四天王寺にもみられる型式で、唯一伽藍配置が判明している茨城廃寺にあっては法隆寺式伽藍となっており、瓦同様に上宮王家との関連性を強めている。さらに、風返稲荷山古墳出土の棘葉形杏葉は、法隆寺金堂天蓋に付属する木製小楽天像に伴う光背との意匠共有が指摘されており（桃崎　2001）、茨城郡における壬生部がらみの関係を示す事象として捉えられる。富士見塚古墳群に隣接したところには、柏崎窯跡群（須恵器窯）が7世紀を前後する時期に操業が開始され、1号窯跡からは金属器模倣須恵器が出土している。金属器模倣須恵器は、遣隋使によってもたらされた中国式饗宴に用いられる銅鋺を補完するための食器とされ、以降各地に普及していったと考えられている。当地域で銅鋺は、古墳副葬品として発見される場合がほとんどであり、茨城廃寺からは破片であるが出土し、使用の場として興味深い事例といえる。この銅鋺及び金属器模倣須恵器を遣隋使の成果と捉え、加えて遣隋使を派遣した勢力との関係で普及したものと考えれば、また壬生部との関連性を強化する資料と考えられる。

　以上の富士見塚1号墳と風返1号墳の築造をみてくると、ヤマト政権の動きに強く反映した様相が窺える。具体的にいうなれば、物部政権から上宮王家（壬生部）政権への変化する構図である。物部氏は、ヤマト政権による東国進出に大きく貢献したとされ（志田　1971）、常陸地方の在地豪族にも多大な影響を及ぼしたと考えられる。そして、物部氏は、ヤマト政権を背後に、各地域に散在した在地豪族へ中央の新技術（稲作・武器・武具・鉄生産・玉作など）を持ち込むことで、傘下にしていったのであろう。そうした遺跡や遺物が霞ヶ浦沿岸地方にはみられ、在地首長墳墓には大王家と相似形を示すものが持ち込まれていった。しかし、物部守屋の没落による6世紀後半段階の政権交代劇により、当地方の支配秩序とヤマト政権の関係が崩れていった。中でも軍事力の蓄積によって優位性を高めた玉里古墳群の首長層は、崩壊を余儀なくされたようで、それを牽制するかのように対岸の位置にある風返古墳群に政権が移されていった感がある。その後、富士見塚1号墳・風返1号墳が所在する古墳群内には、共に常陸国分寺へ瓦を供給したと考えられる瓦窯が構築されていった。さらに、風返1号墳にほど近い馬場山地区からは、猿投産の灰釉陶器の火葬墓が確認されており、付近には律令時代にも豪族層が存在したことを示している。国営瓦窯は、産業としての生産条件は元より流通手段そして工人との関係により操業が開始されたものと考えられ、そこには火葬墓に表されるような豪族層も関与していたものと思われる。このように安飾郷が古代において重要視される地域であったことは考古資料からも裏付けられるのである。

(2)　佐賀郷の坂稲荷山1号墳と折越十日塚古墳

　佐賀郷は、古墳の規模では安飾郷に劣るが、前方後円墳の数では安飾郷4基に対し、佐賀郷12基とまとまった数となる。この中で、坂稲荷山1号墳と折越十日塚古墳は注目すべき古墳である。

　坂稲荷山1号墳は、一ノ瀬川を僅かに内陸に入った台地上に位置する。未調査のため不明な点が多いが、その規模から佐賀郷の有力古墳と考えられてきた。昭和60年発行の大正大学の出島地域遺跡分布調査報告（大正大1985）によると、坂稲荷山1号墳付近で円筒埴輪の基部破片が採集されており、タガが断面三角形のものと推測されている。しかし、その後の筑波大学による遺跡分布調査では、坂稲荷山古墳付近では埴輪は認められていない。埴輪の有無によって当地域の古墳年代観や解釈は大きく変わってしまうため、今後の調査が待たれるものである。

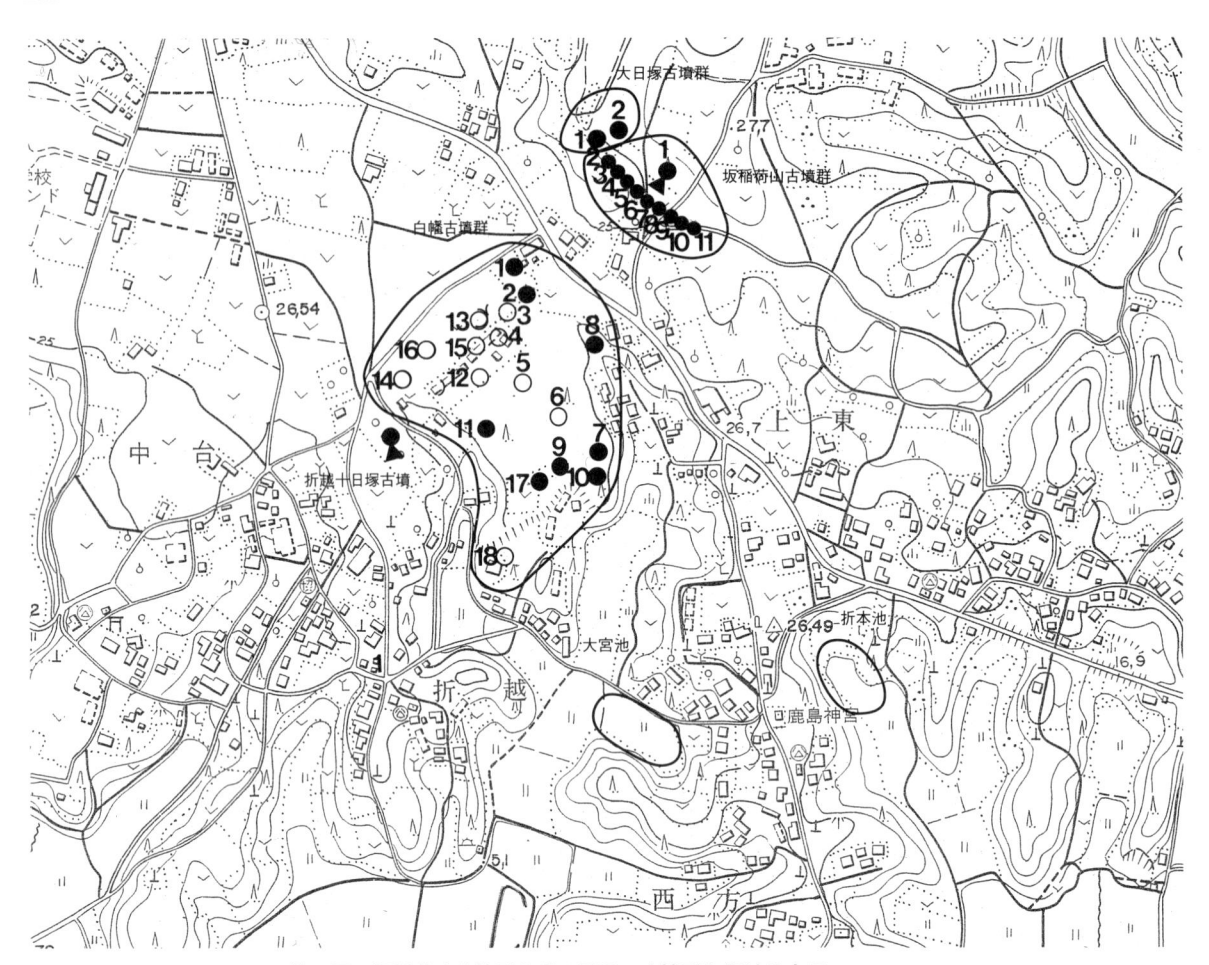

第5図　坂稲荷山古墳群とその周辺の古墳群と溜池分布図（1/10000）

　折越十日塚古墳は、坂稲荷山古墳の南約300mに位置し、付近は佐賀郷で最も数が多い白幡古墳群が所在している。本墳は、未調査であるが横穴式石室が盗掘に遭い、古くに開口していた。内部を観察した人物から石室内は朱による文様があるとされ、装飾古墳として注目される存在となった。しかし、石室内の写真をみるに、複室構造の石室に設置された石棺の側石外側が全面朱となるのと、玄室側壁に朱による斜線が確認できるに過ぎない。石室の構造は安飾郷の風返1号墳と類似することから7世紀前半段階のものと考えられている。

　佐賀郷においては、坂稲荷山1号墳の詳細が判明しないと不確定なことが多いが、その他の古墳状況から6世紀以降に勢力を拡大させていったものと思われる。

　そして、この2大前方後円墳の立地環境も興味深い。出島地域の有力古墳は、霞ヶ浦から視認できるかのように水辺に面した台地に築かれることが一般的であるが、坂稲荷山1号墳・折越十日塚古墳は、湖岸より少々奥まった場所に築造されている。この2古墳が所在するかすみがうら市坂の地域は、樹枝状支谷がかなり発達したところで、台地が細かく刻まれている様子が分かる。この狭小な連続する台地にも古墳は築造されているが、最も平坦かつ広大な平地を佐賀郷内に求めると2古墳の場所となる。この2古墳の周辺には、遺跡分布調査において坂大平遺跡・二城内遺跡・西方貝塚・西方2遺跡・坂遺跡など特に古墳時代後期に帰属する遺物が多数出土する拠点集落ともいえる遺跡がみられ、佐賀郷最大の18基からなる白幡古墳群の所在も考慮すると、佐賀郷の中心的な場所といえる。この場所が中心となりえる要因はいかなるものであったのであろうか。一つには谷津田開発による生産力向上が上げられる。古墳時代後期は、律令制前段階ともあり、地方統治基盤を稲作に求め、そうした社会構造を改めて整備しつつある時期であった。坂稲荷山1号墳や折越十日塚古墳周辺は、近世資料では溜池集中地区であったことが分かる。この溜池は、戦前の土地改良までは水田水利としては重要な存在であり、この溜池は地元有力者によって管理されることも少なくなく、溜池にはその有力者の個人名が付されたものもあった。近

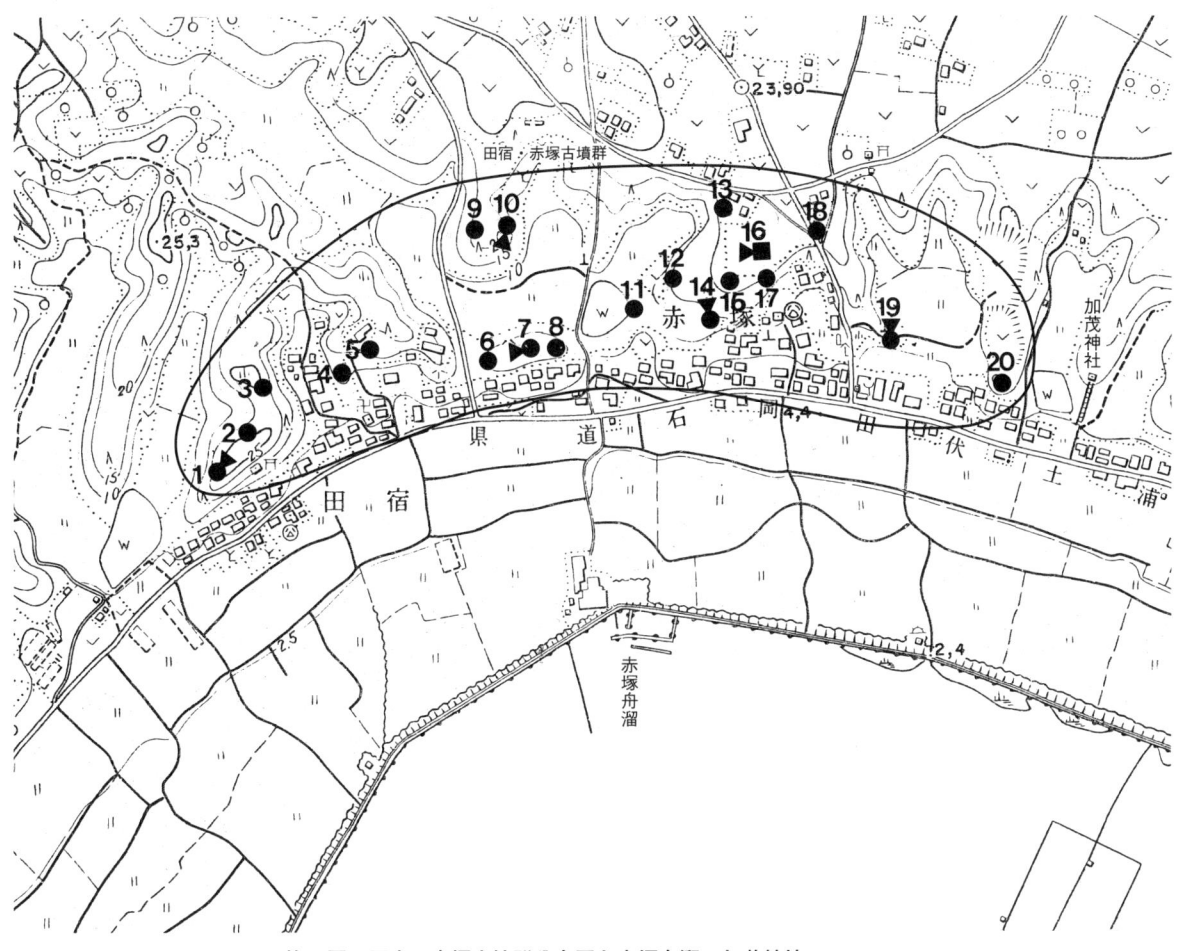

第6図　田宿・赤塚古墳群分布図と赤塚舟溜、加茂神社（1/10000）

世の坂村は、こうした溜池を使用した水田稲作が豊かな恵みをもたらし、周辺よりは収穫が多く、元禄十五年の坂村（佐賀村）の石高は二千五百三十四石二斗六升三合と出島地域で最も高いものとなっている。このような溜池による稲作が古墳時代まで遡る可能性を想定しつつ、このような稲作に適した環境が佐賀郷の中心的場所となりえる要素であったことを考えてみたい。

その他、現在の坂地区に所在する志戸崎港は、その地理的環境と湖底環境により、出島地域では大型船までも寄せることができる数少ない港である。霞ヶ浦の水深は湖というには非常に浅く、しかも湖底は平坦なものではないため、船が進行・停泊する際には注意を要する。海から大型船が入ってきたとすると、自ずと航行範囲や停泊する港が限定されてしまうのである。そうした中で、出島半島突端の佐賀郷に所在する志戸崎港は、比較的広い許容範囲をもった港であるため、水運によってもたらされる文物及び文化が多大なものとなっていたと思われる。古墳時代まで、このような水運環境が遡る可能性は大きく、この港や船の出入りを監督する権力者の出現も自然のなりゆきであった。佐賀郷においては、このような水田稲作や港による特徴が、この地に人口を増加させ、権力者を誕生させる要因となったのではなかろうか。

(3) 大津郷の田宿・赤塚1号墳と崎浜横穴墓群

田宿・赤塚1号墳は、筑波大学によって1995年に測量調査されている。その結果、全長63m、後円部径38m、高さ4.5m、前方部長25m、高さ2.5mと判明し、後円部に比べ低平な前方部などから前期古墳と考えられている（田中・日高　1996）。しかも、墳丘上から壺形埴輪片が多数採集されており、その形態から4世紀末頃の所産と考察されている。田宿赤塚1号墳の東約500mに前段階の前方後方墳の赤塚古墳（全長約30m）が所在し、首長墓系譜が想定されるが、その後5世紀段階の系譜が不明となる。立地からして田宿・赤塚11号墳が中期古墳の可能性が高いが、唯一、田宿赤塚1号墳の東約1.2kmの場所にある低地古墳の牛塚古墳（径約40mの円墳）が採集さ

れた壺形埴輪から5世紀初頭と推測されており、他郷と思われるが後続的要素を示す。

崎浜横穴墓群は、昭和38年に日本大学によって16基が確認され、その内6基が測量調査された。その結果、規模によって2つに分類、棺床や設置場所によって更に分類可能で、羨道・玄門から連続する通路状の掘り込みが崎浜横穴墓群の特異性と指摘している（竹石　1967）。そして、酷似する構造の横穴墓として千葉県長生郡長柄町の源六谷横穴墓群を取り上げている。このような一段高い位置の棺床は、高壇式と呼ばれ、上総地方に多くみられる。千葉県茂原市鏡谷横穴墓や夷隅町東前横穴墓は7世紀中ごろの年代が想定されており、高壇式の多くがこの時期に築造されたものと考えられている（渡辺　1988）。しかしその後、睦沢町玄知の下1号横穴墓の調査で、高壇式の羨道部より出土した須恵器長頸壺と土師器壺が7世紀前半代のものであったことから、当時期より高壇式が登場していることが判明した（澁谷　1989）。高壇式からは、金銅製品や彩色壁画などが確認さ

第7図　崎浜横穴墓群と崎浜舟溜（1/10000）

れないことから高塚墳墓よりは低いランクの墓性と考えられている（千葉県文化財センター　1992）。このような上総地方で多くみられる横穴墓の構造が、大津郷でみられる意味はいかなるものであろうか。このような横穴墓がみられる上総国そして安房国には、崎浜横穴墓が所在する地区と同様な「カモ」という地名が所在する。この「カモ」を少々みてみることにしよう。

田宿・赤塚古墳群や崎浜横穴墓群がみられる地域は、大字「加茂」という地区である。加茂の地名は、永享7年（1435）の『常陸国富裕仁等注文』などに賀茂郷と記されるように中世においては定着していたようである。『姓氏家系大辞典』（太田　1963）の「賀茂」の項によると、「賀茂、鴨の地名は、鴨族の移住、並びに賀茂社の勧請より起こる」とされ、大津郷の加茂地区もその可能性は否定できない。それを裏付けるように、ここ加茂地区には、加茂神社が鎮座する。社伝には、「寛正元年（1460）に京都賀茂社より（加茂）孫四郎が東へ下る際に御神体の御分霊を棒持して赤塚（加茂字赤塚）へ鎮座させ大神宮と称した」とあり、15世紀後半に加茂地区に賀茂社が勧請されたとされるが、祭神をみると「瓊瓊杵尊」であり賀茂社の祭神とは違っている。しかし、『山城国風土記』の逸文によると賀茂御祖神社（下鴨神社）の西本殿の祭神とされる賀茂建角身命は、瓊瓊杵尊と共に天孫降臨したという伝承を示しているので、その共通な事績により当地方において祭神とされたことも否定できない。加茂神社の所在する小字名をみると「大神宮」と称されることからも、古くより神格高い神社と認識されていたようである。さらに、先の『常陸国富裕仁等注文』により永享年間には「賀茂」の地名が存在しているので、社伝にいう寛正元年（1460）以前には賀茂社勧請ではなく付された「加茂」なる地名の意味があるとも考えられる。そこで一つの可能性としてあげられるのが、古代氏族の賀茂（鴨）氏との関係である。賀茂氏は山城国葛野を拠点とする氏族であり、厨管理に携わることから各地の台所とも関係を深めていったとされる。霞ヶ浦沿岸でも、大津郷の加茂のほかに行方市（旧玉造町）にも加茂があり、当地域の加茂が水辺の地区に設定されており、いうなれば水産物を目的とした厨も想定できるのである。このようなことから大津郷の加茂地区の成立には、中世における賀茂社の勧請よりも古代における賀茂（鴨）氏族との関係を想定してみたい。この賀茂（鴨）氏族との関係が古墳時代後期ま

で遡るかは明らかにしえないが、そうした氏族との関係を強めるにしても、前段階に賀茂（鴨）氏族との関係を持ち得る要素がここにあったわけで、その要素こそが水産物であり、その水産物による利益を権力基盤の一端にした豪族層の奥津城が田宿・赤塚古墳群、そして上総国・安房国にみられる横穴墓構造をもった豪族層との関係までつなげる要素となっていったのではなかろうか。

(4) 城上郷の大塚古墳群について

　大塚古墳群については、黒澤彰哉氏の研究に詳しい。大塚古墳群には、古墳時代初期の方形周溝墓に似た方墳の大塚115号墳、円形周溝墓とも目される円墳の大塚113号墳から、5世紀～6世紀にかけての土師器が出土しており、113号墳に関しては箱形石棺が墳丘裾に築かれた「特異埋葬施設古墳」とされている。こうした常総地域に特徴的にみられる「特異埋葬施設古墳」が後期群集墳以前より出現したことを黒澤氏は明らかにしており、この墓制がそれまでの共同体的墓制の流れであって、中心部に埋葬されないのは身分文化が未成熟であったものと指摘している。そして、大塚古墳群の群集化する背景に、対岸の茨城郡衙や常陸国府と無関係ではないとしている（黒澤　1993）。

　大塚103号墳（笄崎古墳）は、全長20m×高さ1mと大きさの割には低墳丘の古墳であるが、明治年間に頭椎大刀、圭頭大刀などが出土している注目すべき古墳である。飾大刀に関しては、大王家や畿内有力氏族が、地方首長層の在地内のいくつかの権益を承認した結果とされ（新納　1983）、それに立脚すると大塚103号墳はの被葬者は、中央と交流ができる立場であった人物と想定できる。黒澤氏が指摘する茨城郡衙や常陸国府との関係も考慮すると、自ずとそうした施設に関与する在地豪族の系譜を想定できるものとなる。律令期において役人として登用される大塚古墳群の豪族層の系譜は、大塚古墳群の形成過程から判断できるように古墳時代前期後半から存在し、終末期に至るまで身分分化が未成熟でありながらも在地権力を代々保持し得た一族といえる。そして、大塚古墳群が群集化する時期は古墳時代後期であり、主体となるのが小規模・低墳丘かつ特異埋葬古墳であった。しかもその数が他地域より群を抜く勢いで築造される。ここ大塚の地がいかに一定の権力を安定して保持できる地域であったかが予測される。

　大塚古墳群が形成される場所は、いつの時代も交通の要衝であった。交通の要衝の時代的特徴をあげると、古代においては東海道筋、中世においては鎌倉街道筋、近世においては水戸街道筋、近現代においては恋瀬川水運の新河岸があるなど、これらは時代を超えて混じり合う陸上・水上交通網であったと想定される。つまり、大塚古墳群の位置は①恋瀬川の水運が高浜港へ向かう水運路上であること、②常陸国を縦断する東海道の分岐点、③常陸国府付近で常陸国を横断する下野国方面に向かう分岐点といったように東西南北に向かう陸路と霞ヶ浦水運が交わるところであったのである。しかも、中世までは常陸国府あるいは府中を支配した大掾氏の領地であったことから判断できるように、古代においても常陸国府との関係が十分に考えられるところといえる。歴史上には、こうした交通の要衝が、文化・文物の移入と同時に、多くの人々が集住するという構図が多くみられる。大塚古墳群が100基を超す古墳群となったのも、このような交通の要衝がもたらす様々な事象のもとで権力者が安定した権力保持をした結果であろう。そして、常陸国府域の成立にあたっては、それまでの地域的関係と地理的環境から重要な役割を担っていったのである。常陸国内の古代郷を調査・研究している久信田氏は、城上郷は都に近い茨城郷ということで郷名が城上郷となった可能性を指摘している（久信田　1989）。そのような考えに立脚すると、茨城郷との関係が非常に強い郷といえ、城上郷に居住する豪族層は茨城郷を補佐する役割をもった豪族層ともいえる。

(5) 拝師郷の栗村古墳群

　栗村古墳群は、常総地域に広く普及していった石室・石棺材の変成岩産出地付近に形成された古墳群である。筑波山系の山並みは変成岩類・ハンレイ岩類・花崗岩類・安山岩類などの地質を有している（茨城県自然博物館1998）。栗村古墳群が所在する地域は、筑波山南方～西方にかけて広く分布する筑波変成岩帯に位置する。これらは、泥岩及び砂岩（砂泥互層）を原岩とし、熱変成の度合により変化をみせるものとなり、栗村古墳群周辺とつく

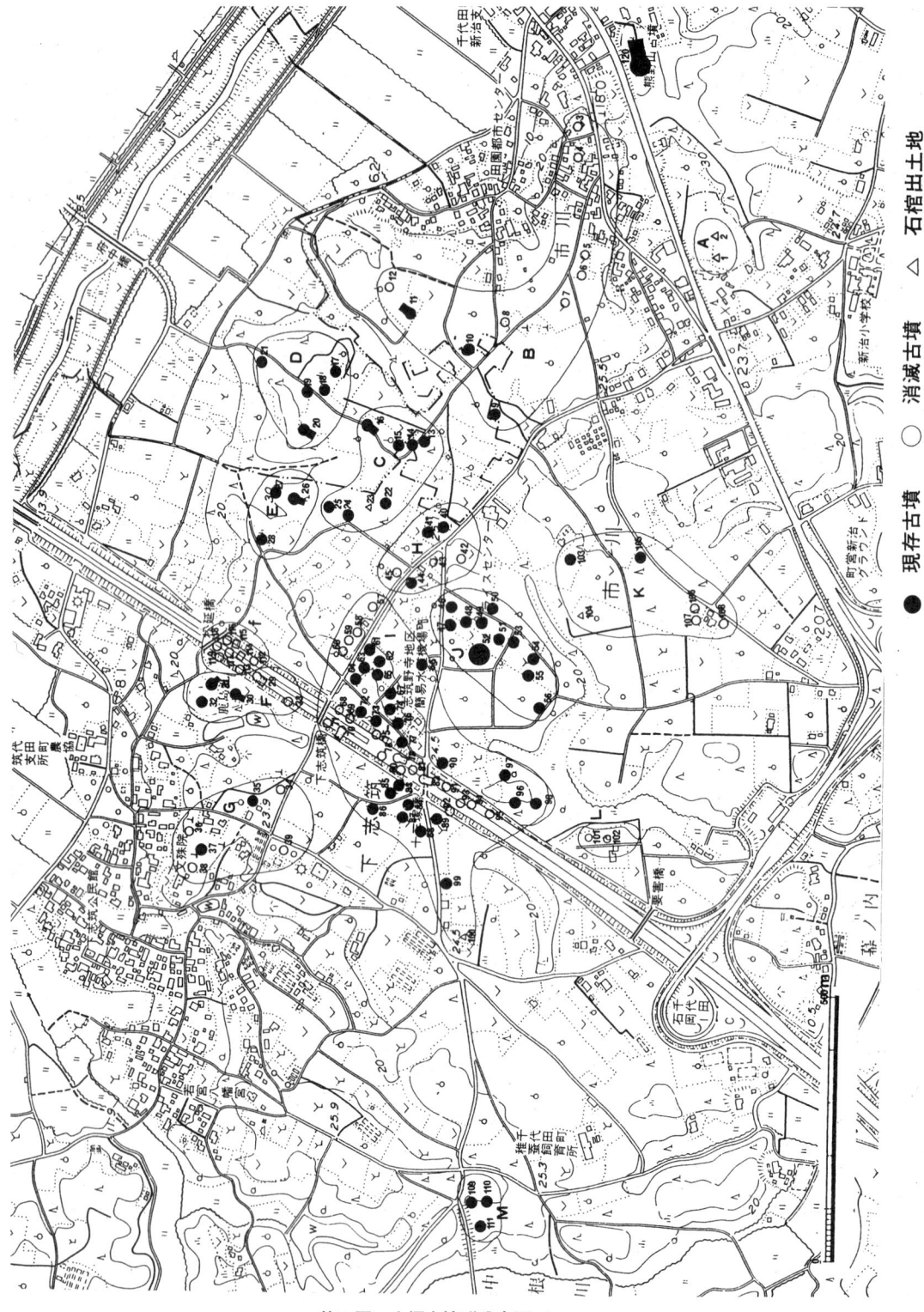

第 8 図　大塚古墳群分布図 (1/10000)

ば市平沢周辺とでは違いをみせるものとなっている。こうした筑波山系の変成岩帯の中で古墳時代後期において広く普及する石室・石棺材の供給場所となったのが栗村古墳群の所在する地域であった。ここは、恋瀬川に面し、荷積みの際にも便利で、恋瀬川は霞ヶ浦に注ぐことから沿岸地域に運搬するには容易であったため、石材供給地として発達したものと思われる。栗村古墳群周辺は、弥生時代後期からまとまった集落が営まれており、恋瀬川左岸地域では拠点的な集落を構成した。この地域に古墳時代に入ると石材加工技術を始めとした文化が移入され

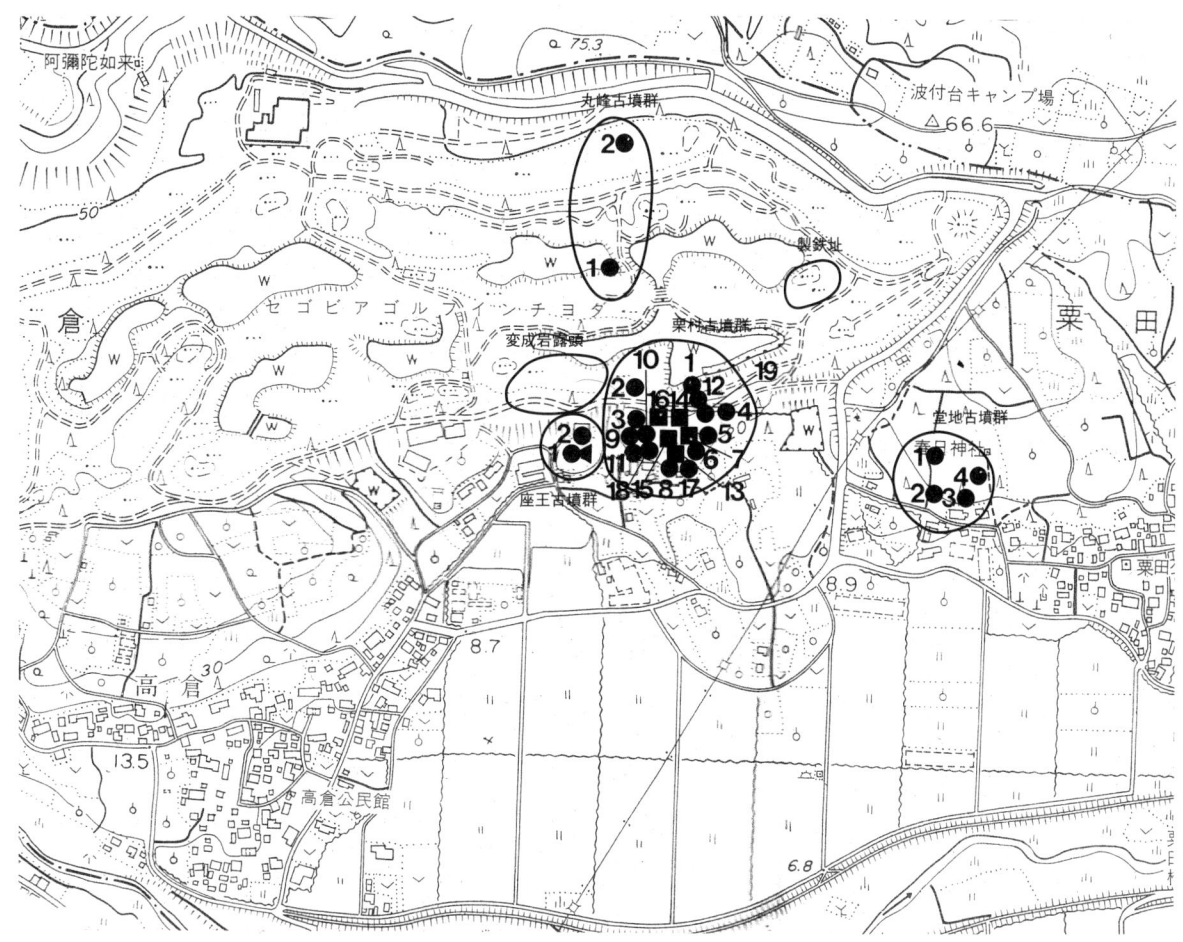

第9図　栗村東・西古墳群と周辺の古墳群、製鉄址・変成岩露頭（1/10000）

るのである。常総地域に相当な数の変成岩を使用した横穴式石室と箱形石棺が所在することを考えると、その供給地の繁栄は想像をはるかに超えるものであろう。また、搬入・搬送ルートを支配する人々の存在も想定されることから、石材産業一つをみても、様々な分野の有力者を育てたものと思われる。このようにして、当地方の重層的階層をつくり上げるものとなったと考えられる。

　栗村古墳群は、ゴルフ場造成により18基の古墳が調査された。当古墳群は、谷を挟んだ二つの台地に跨るため、東側のものを栗村東古墳群、西側のものを栗村西古墳群として区別している。栗村東古墳群は、19基から構成される古墳群で、その内訳は方形周溝墓4基、前方後円墳1基、円墳11基、不明2基、塚1基である。当古墳群は、まず13～16号墳とされた一辺が7～10mほどの方形周溝墓より古墳時代の墓制が始まる。出土した土師器から4世紀末頃の年代が考えられる。1・2・4号墳は、埋葬施設が確認できず墳丘の構築法などから調査担当者は木棺直葬の古墳と判断しており、その時期を5世紀代に想定している。その後、3・6・10号墳にみられるような横穴式石室の古墳を6世紀代に想定し、9・12・19号墳にみられる箱形石棺の古墳を7世紀代の築造と考え、4世紀末以降7世紀後半に至るまで継続される墓域と想定されている（伊東　1997）。この内容は大方妥当性をもつものと言えるが、注目すべきは6・10号墳にみられる比較的大型石材を使用した横穴式石室である。6号墳の横穴式石室は、基本的に変成岩板石で構成され、床面には大型の変成岩割り石が敷き詰められるもので、玄室奥部には棺座を設けている。単室・複室の両方の可能性があるが、石材の大きさや石材の厚みとそれらを隙間なく連ねて構成する技術は高いレベルのものと思われ、当墳に埋葬された被葬者は栗村東古墳における最頂点に達した人物とも推定される。10号墳に関しても、基本的に変成岩板石で構成される横穴式石室であるが、羨道の両側の上段部を変成岩の割り石で乱石積するものである。玄室は割り石を掘り立てることにより4区画されており、中央部が最大の棺座スペースとなる。出土遺物は、奥支室に集中してみられ、中には絹織物と思われる布目が付着した

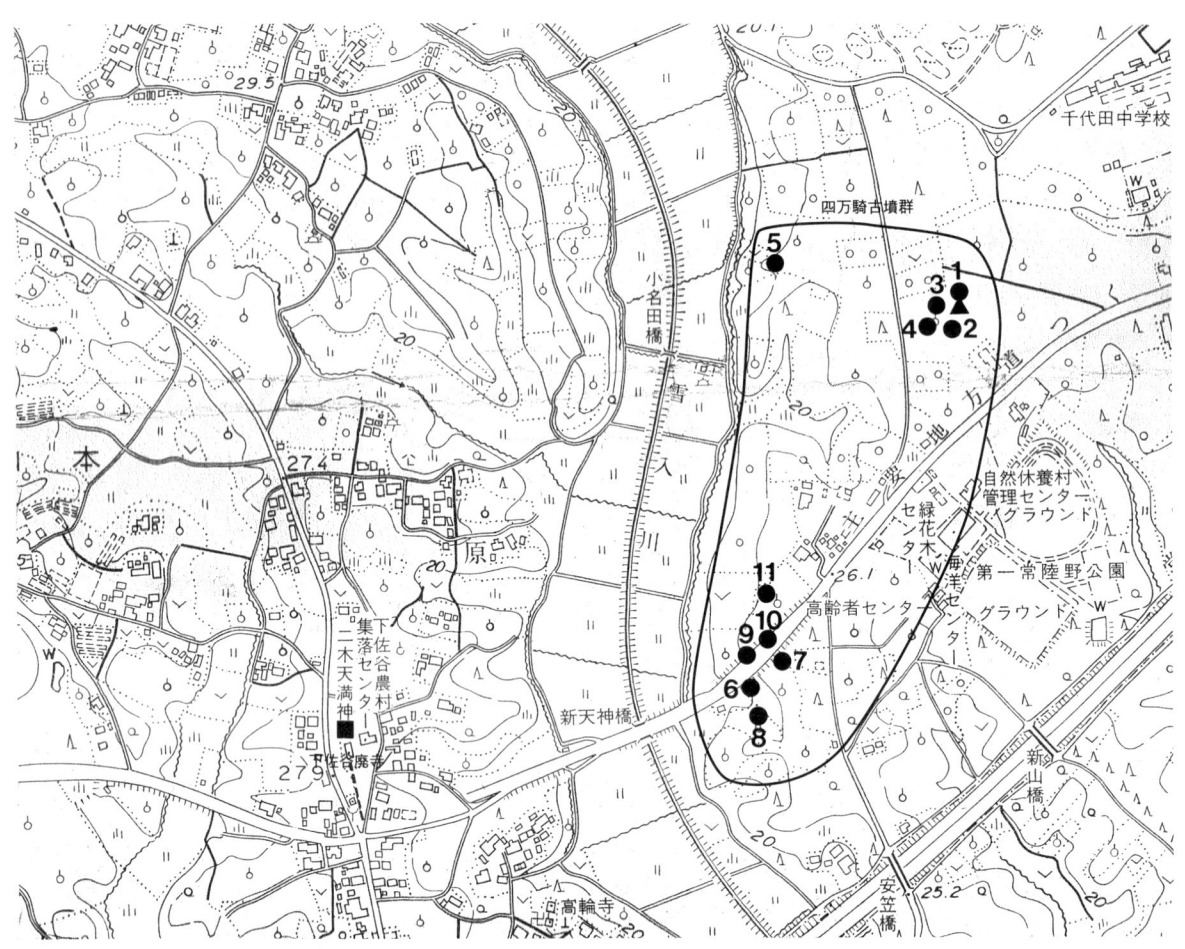

第 10 図　四万騎古墳群と下佐谷廃寺 (1/10000)

棺金具と思しき鉄製品が見られている。栗村西古墳群は、6基で構成される古墳群で、その内訳は前方後円墳1基、円墳5基である。4～6号墳の3基が調査されており、5号墳は周溝内に4基の土坑が確認され、墳丘には埋葬施設が確認されなかった。6号墳（円墳）は、特徴的な横口式の石室をもつ。石室は幅3.05m×奥行き1.74mの石室の南壁中央に幅0.75長さ1mほどの羨道部を付したもので、石室内部は大型の割り石によって4区画されている。墳丘規模（直径約27m）といい、石室構造といい、栗村西古墳群の最高有力者といえる古墳である。

　このように6世紀以降の栗村古墳群の横穴式石室は、石材産出地ならではの巧みな石材利用を施したもので、その背景には石工をはじめとした技術者の存在が想定できる。こうした石材産出が拝師郷、特に栗村古墳群を造り上げた一側面といえよう。

(6) 佐谷郷の四万騎古墳群

　四万騎古墳群は、前方後円墳3基と円墳15基から構成される古墳群で、雪入川中流域左岸に所在する。

　『千代田村史』によると前方後円墳には全長約35m、高さ3mのものがあり、そこからの出土か他の古墳からのものか不明であるが、古墳群中から内部が朱塗りの箱形石棺に人骨3体分が収められたものが発見され、直刀と耳環が出土したとされる。さらに墳丘上からは円筒埴輪が多く発見されたという。平成4年の道路拡張工事の事前調査では、2基の古墳（6・7号墳）が調査された。6号墳は、直径約30mを測る円墳と想定され、墳丘部北西部裾において内部が朱彩された箱形石棺が確認されている。副葬品としては、刀身の関部寄りに径6mmの円孔を穿ち、付属する鉄製倒卵形鍔に幅6mm×長さ8mmの方形孔を穿つといった特徴をもつ直刀（長さ104.6cm）をはじめ、鉄鏃などが発見されている。刀身の関部寄りに孔を穿つ直刀は、大塚29号墳や栗村東10号墳、そして次項で紹介する西田古墳でも確認されており、いずれも1m程度の大型直刀にみられるものである。

　四万騎古墳群が所在する場所から雪入川を遡ると関戸瓦窯跡がある。関戸瓦窯跡からは茨城郡寺とされる茨城

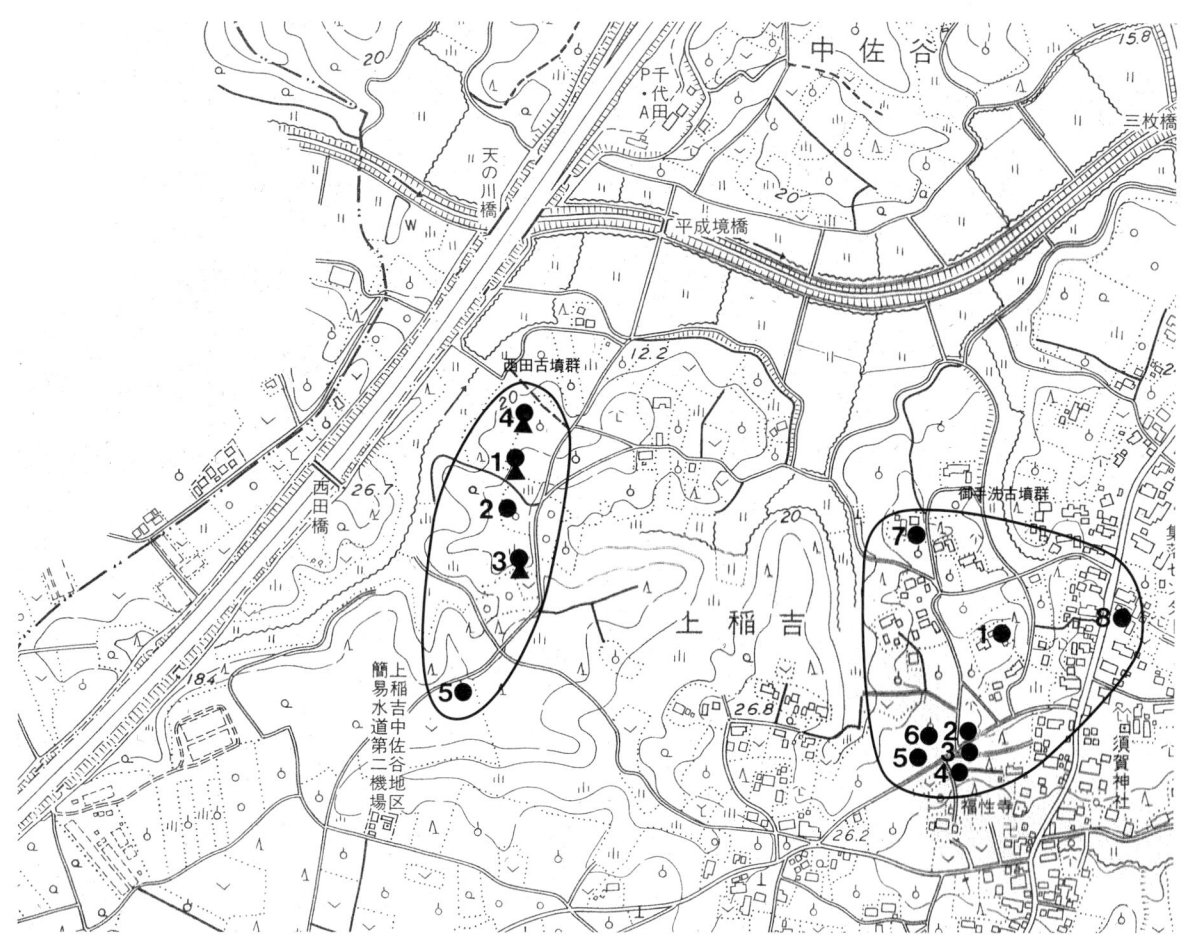

第 11 図　西田古墳群と御手洗古墳群 (1/10000)

廃寺と同文の瓦（茨城廃寺Ⅱ期）が確認されており、さらに四万騎古墳群と雪入川を挟み対峙した位置に建立される下佐谷廃寺の創建瓦も生産していることが判明している（黒澤　1994）。下佐谷廃寺は、茨城廃寺Ⅱ期の鋸歯文縁単弁十六葉花文鐙瓦や重弧文宇瓦も出土することから、8世紀前半代に茨城廃寺との何らかの関係をもって建立された古代寺院と考えられる。この時期に群寺以外の寺院は常陸国内では珍しく、佐谷郷の優位性や豪族層の関与が窺い知れる。佐谷郷の優位性といえば古代窯業といえる。良質な粘土層を持つ佐谷郷周辺は、一町田窯にみられるように須恵器生産から本格的な窯業が始まるとされる。しかし、同じ佐谷郷の土浦市栗山窯（7世紀第4四半期）をはじめ、当地に特徴的にみられる白雲母を含んだ胎土の7世紀中頃の須恵器が常陸国南部の集落や古墳副葬品としてみられることから、佐谷郷の須恵器生産は7世紀段階には開始されたものと推察される。しかも、ここ筑波郡佐谷郷の製品を流通させるためには茨城郡の霞ヶ浦と直結する河口部をもつ天の川を利用することが手っ取り早く、天の川中流域を支配領域とする筑波郡佐谷郷の首長は茨城郡との関係を密に考えなければならない立場にあったといえる。そうした背景が、筑波郡佐谷郷で生産する瓦が茨城郡の郡寺の屋根に葺かれる意味となり、加えて茨城郡寺と同じ瓦が筑波郡の下佐谷廃寺に葺かれる意味といえるのではなかろうか。

このように考えると佐谷郷における窯業生産が操業し始める頃に築造されていった四万騎古墳群は、筑波郡と茨城郡との結節点となる地の利と須恵器などの窯業を地場産業として成長した在地豪族層、しかも後には、古代寺院まで建立するに至る権力を持ち得た有力者を子孫にもつという被葬者像を想定し得るのである。

(7)　清水郷の西田古墳群

　西田古墳群は、天の川の中流域右岸に形成される、前方後円墳5基と円墳2基で構成される小古墳群である。しかし、古墳群の内訳でも分かるように小古墳群でありながらも前方後円墳の多さは注目に値する。それぞれの規模は、全長37ｍの1号墳、後円部径29ｍの3号墳、全長25ｍの4号墳、全長25ｍの6号墳、全長20ｍの

7号墳といったように中規模前方後円墳が主体を占める。『千代田村史』によると古墳群中最大規模のものは開墾の際に削平されたといい、古墳群中からは朱彩された箱形石棺や円筒埴輪などが発見されたという。また、昭和47年の2号墳（径約18 mの円墳）の調査では、地下設置の箱形石棺が南西墳丘裾部で確認され、内部からは3体分の人骨と直刀5・鉄鏃・玉類などが発見されている。これらから7世紀代の古墳と考えられ、前述した『千代田村史』の情報も合わせると後期古墳群と捉えることができる。

　西田古墳群周辺は、天の川に面する小支谷が発達する所で、西田古墳群の西側にも700 mほど入り込む小支谷があり、この谷に沿って古墳群が形成されている。以前行方郡の古墳分布を検討した際に後期古墳群の分布がこうした小支谷に面した台地単位に展開することに注目して、谷津田開発に伴う在地首長の台頭を想定したことがある（千葉　2009）。そうした古墳時代後期の開発領主的な在地首長の墳墓としては、全長30 m前後の規模の前方後円墳が有力視され、前方後円墳という墳形は中央政権と関連付けられる要素として考えてみたわけである。西田古墳群の場合も、こうした事象に当てはめられる要素が多く、それまでに未開の地であったこの地に新田開発を実施していった在地首長者像が窺えるのである。ただ前方後円墳が継続して築造される様相は、周辺の古墳群には、あまり類例がない。西田古墳群の東約500 mに位置する御手洗古墳群は円墳のみ8基で構成される古墳群である。西田古墳群の一族が、小支谷単位ではなく、御手洗古墳群を傘下に、もう少し広い地域単位の開発指導者であった可能性も指摘できる。

　清水郷は、西田古墳群の約2 km東に位置するかすみがうら市上稲吉字清水周辺が遺称地とされる。この清水地区の東側には大塚という小字名が存在している。大塚という地名の場所は、先の城上郷の大塚古墳群をはじめ、佐谷郷の下佐谷大塚古墳群、石岡市三村の大塚古墳群など大きな塚がある場合が多くみられる。清水郷の大塚周辺は宅地化が進行し、旧地形が想定できないほど開発されてしまったため、古墳の旧在などは不明といわざるを得ない。清水郷内の大塚地区にも、それなりの規模を有する古墳があったであろうことも指摘しておくが、想像の域を出ない。今後の地道な調査の累計によって判断したい。

4　おわりに

　かすみがうら市域の古墳と古墳群を概観してきたが、霞ヶ浦に面する霞ヶ浦地区と内陸部に位置する千代田地区さらに古代郷の小地域単位では、古墳文化の展開においてそれぞれの特徴をもち、違いがあったことが分かる。その違いは、地理的立地や地場産業などの地域環境によって在地豪族やヤマト政権の介入の度合に強弱が生じた結果と考えられる。常陸国の最大勢力である茨城国造の拠点となる茨城郡茨城郷付近では、当然のことながら他地域にはみられない集中した大型古墳がみられ、そこに副葬される品々も豪華かつ貴重なものが納められた。6世紀の前方後円墳の集中する玉里古墳群や7世紀の金銅製馬具を2セットも保有できた風返1号墳の風返古墳群などは、まさに茨城国造あるいは密接に係る首長の墓といえるであろう。このような高浜入りの古墳文化は、水運文化によってのみに支えられるばかりのものではなく、祭祀・儀式といったシャーマン的存在、稲作文化による生産基盤に加え製鉄・窯業・馬生産などの最先端産業や軍隊・軍装備などの軍事面が権力維持の基盤となっていたのであった。粟田かなくそ山や柏崎窯跡群の初期製鉄遺構や柏崎窯跡群の須恵器窯跡、『常陸国風土記』にみられる行方馬・金銅装馬具の集中、舎人集団の存在・甲冑・飾大刀などの集中はそれら諸事情に支えられる首長を裏付けるものとして有効な資料といえる。

　一方で、6世紀以降にみられる未開拓地の新たな古墳群の形成は、霞ヶ浦沿岸の豊かな自然の恵みを利用する新田開発に基づく在地の開発領主墓と協業体制をとっていた指導者及び従事者の墓域と想定される。霞ヶ浦沿岸にみられる中小河川や小支谷を利用した谷津田開発など開墾ラッシュが小規模地域権力者を生み出すものとなり、以前の一極集中的な在地豪族層が作り上げてきた家父長制に変化を与え、より細分化を進めると同時に、彼らの存在をヤマト政権に認めさせ、地域階層の位置づけを示す動きともなっていったと思われる。そのような水稲産業の充実は地域経済基盤の強化にもつながり、人口増加をもたらし、安定し生活を営める集落を増加させて

いった。集落の増加は今までの地域単位では収まりきれなくなり、『常陸国風土記』にみられるような白雉4年を代表する新たな建評行為となっていったのであろう。

　常陸国は、中央からみると、まさに日出ずる国といえる東端の地にあり、そこは常世の国と称されるに値する恵み豊かな環境が存在していた。加えて、常陸国の先には蝦夷の地があり、常陸国の恵み豊かな環境は前線基地としての機能を果たすべく、大和政権の強い思い入れが注ぎ込まれたのであった。そのような状況は、中央文化の直結移入、中央の人々の来訪を度々受け、充実した文物・文化をもたらし豊かな環境を動かざるものとしていったのである。

　常陸地方の弥生終末期から古墳時代前期に移り変わる時期、そして本格的な稲作文化の定着は、4世紀後半段階まで下る可能性がある（千葉 2008）。中央と比較すると1世紀以上文化の遅延が存在すると思われるが、裏を返せば在地色を強く持ち得ていたと同時に豊かな自然の恵みに肖れる地域であったといえる。そうした中に中央的要素（文化・文物・人など）が移入され、徐々にヤマト政権下の影響を多大に受けていくことになるが、その影響がある程度浸透すると一気に加速したヤマト政権色に染まるのが常陸地方の特徴といえる。つまり、4世紀後半段階では地域色が強く見受けられる古墳文化が7世紀段階には多くの飾大刀・金銅製馬具・銅鋺保有数を有するに至るのである。さらに稲作文化においても稲作を物語る資料が希薄な常陸地方が平安期には列島内で有数を誇る生産量を上げるまでに成長するのは、急速な中央文化の移入が古墳時代に強く実施されてきた事実があったからといえるのである。

　以上かすみがうら市域の古墳文化を考えると、常陸国の古墳文化の動向が集約されたように思える。それは古墳時代において重要な地域であったことが背景にあり、古墳文化の解明に有効な資料を提示している。今後も多角的・学際的手法によって当地域の古墳文化を考察していき、様々な資料を通し古墳人と会話を続け、霞ヶ浦沿岸の古墳時代史を叙述していきたいと思う。

参考文献

太田亮 1963『姓氏家系大辞典』 角川書店

竹石健二 1967「茨城県新治郡出島村所在崎浜横穴墓群について」『史叢』 第11輯　日本大学史学会

千代田村史編さん委員会 1970『千代田村史』 千代田村教育委員会

出島村史編さん委員会 1971『出島村史』 出島村

志田諄一 1971『古代氏族の性格と伝承』 雄山閣

茨城県 1974『茨城県史料　考古資料編　古墳時代』 茨城県

崙書房 1976『新編常陸国誌』

新納泉 1983「装飾大刀と古墳時代後期の兵制」『考古学研究』 30-3

大正大学考古学研究会 1985『鴨台考古』 第4号

田中広明 1988「霞ケ浦の首長―茨城県出島半島をめぐる古墳時代の研究―」『婆良岐考古』第10号　婆良岐考古同人会

渡辺政治 1988『山崎横穴墓』

黒澤彰哉 1988「常陸における古代寺院の一考察―各郡の造瓦活動を中心として―」『婆良岐考古』第10号　婆良岐考古同人会

久信田喜一 1989「古代常陸国茨城郡の郷について―夷針・山前・城上・佐賀・石間・安飾を中心に―」『茨城県立歴史館報』 16　茨城県立歴史館

澁谷興平ほか 1989『玄知の下1号横穴墓の調査』『史像』 22号

伊東重敏 1990『粟田かなくそ山製鉄遺跡調査報告』 新治郡千代田村教育委員会　高倉・粟田地区埋蔵文化財発掘調査会

伊東重敏 1992『四万騎遺跡調査報告』 新治郡千代田町教育委員会

千葉県文化財センター 1992『房総考古学ライブラリー6　古墳時代（2）』

黒澤彰哉 1993「常総地域における群集墳の一考察―茨城県新治郡千代田町の大塚古墳群の分析から―」『婆良岐考古』　第15号　婆良岐考古同人会

黒澤彰哉 1994『茨城県における古代瓦の研究』茨城県立歴史館

田中裕・日高慎 1996「茨城県出島村田宿天神塚古墳の測量調査」『筑波大学先史学・考古学研究』 第7号 筑波大学歴史・人類学系

石橋充 1997「常陸の横穴式石室と前方後円墳」『シンポジウム横穴式石室と前方後円墳』 第2回東北・関東前方後円墳研究会大会発表要旨資料

伊東重敏 1997『栗村東古墳群・栗村西古墳群・丸峯古墳群』 千代田村教育委員会 高倉・粟田地区埋蔵文化財発掘調査会

千葉隆司 1997『霞ヶ浦の首長―古墳にみる水辺の権力者たち―』 霞ケ浦町郷土資料館

日高慎 1998「茨城県つくば市松塚1号墳の測量調査」『筑波大学先史学・考古学研究』 第9号 筑波大学歴史・人類学系

茨城県自然博物館 1998『茨城県自然博物館第一次総合基本報告書』

新井悟 2000「茨城県玉里村舟塚古墳の再測量報告」『駿台史学』 第109号 駿台史学会

霞ヶ浦町遺跡調査会 2000『風返稲荷山古墳』

日高慎 2000「風返稲荷山古墳の墳丘企画と常陸の前方後円墳の墳丘企画」『風返稲荷山古墳』 霞ケ浦町遺跡調査会

桃崎祐輔ほか 2001『茨城県霞ケ浦町遺跡分布調査報告書―遺跡地図編―』 霞ケ浦町教育委員会・筑波大学考古学研究室

桃崎祐輔 2001「棘葉形杏葉・鏡板の変遷とその意義」『筑波大学先史学・考古学研究』 第12号 筑波大学歴史・人類学系

稲田智宏 2003「上下賀茂社」『歴史読本 王権の神社』 新人物往来社

稲田智宏ほか 2005『日本の神々』 東京美術

曾根俊雄 2005「玉里古墳群の墳丘について―系譜整理を中心に―」『茨城県霞ケ浦北岸地域における古墳時代在地首長層の政治的諸関係理解のための基礎研究』 明治大学考古学研究室

黒澤彰哉 2005「常総地域における古墳埋葬施設の特質」『婆良岐考古』 第27号 婆良岐考古同人会

杉山晋作ほか 2006『富士見塚古墳群』 かすみがうら市教育委員会

千葉隆司 2007a「霞ケ浦と他界観―富士見塚1号墳出土埴輪にみる線刻舟からの天鳥船思想―」『婆良岐考古』 第29号 婆良岐考古同人会

千葉隆司 2007b「常陸国における古代寺院造営の背景―茨城国と筑波国の壬生部関係からの試論―」『国士舘考古学』 第3号 国士舘考古学会

平野邦雄 2007『帰化人と古代国家』 吉川弘文館

千葉隆司 2008「日高見の国、そして常世の国への憧れ―霞ヶ浦高浜入りにおける古代国家の黎明―」『婆良岐考古』 第30号 婆良岐考古同人会

千葉隆司 2009「常陸風土記にみる古墳文化の展開」『風土記の現在』 明治大学古代学研究所

古墳カード引用文献

茨城県 1979『茨城県史料 考古資料編』

茨城県教育庁社会教育課 1959『茨城県古墳総覧』

霞ヶ浦町教育委員会・筑波大学考古学研究室 2001『霞ヶ浦町遺跡分布調査報告書―遺跡地図編―』

霞ヶ浦町教育委員会 2000『風返稲荷山古墳』

かすみがうら市教育委員会 2006『富士見塚古墳群』

黒決要次 1993「常総地域における群集墳の一考察」『婆良岐考古』 15

近藤義郎編 1994『前方後円墳集成 東北・関東編』 山川出版社

田中 裕 1999「茨城県霞ケ浦町牛渡銚子塚古墳の測量調査」『筑波大学先史学・考古学研究』 10

田中 裕・日高 慎 1996「茨城県出島村田宿天神塚古墳の測量調査」『筑波大学先史学・考古学研究』 7

千代田村教育委員会 1969『市川遺跡・根崎古墳・清水並木経塚』

千代田村教育委員会 1973『西田古墳』

千代田村教育委員会 1983『粟田石倉古墳』

千代田村教育委員会 1990『粟田かなくそ山製鉄遺跡調査報告』

千代田町教育委員会 1992『四万騎遺跡調査報告（四万騎Ⅰ・Ⅱ号墳）』

千代田町教育委員会 1997『栗村東古墳群・栗村西古墳群・丸峯古墳群』

千代田町教育委員会 2005『十三塚古墳調査報告書』

千代田村史編さん委員会 1970『千代田村史』

西宮一男 1973「茨城県千代田村西田古墳第2号墳調査概報」『茨城考古学』 5

かすみがうら市域古墳一覧表

No.	遺跡名	所在地	前方後円墳	円墳	方墳	前方後方墳	帆立貝墳	上円下方墳	横墓穴	不明	前期	中期	後期	終末期	特記事項
安飾郷															
1	河童塚古墳	宍倉3582-2			1										一辺15m、高さ3m、単独墳
2	大池古墳群	宍倉字小原3508		1											径8m、高さ0.7m、他の古墳は未詳
3	雷神前古墳	宍倉字馬場山1794-1ほか	1												全長58m、高さ2.5m、単独墳
4	椎ノ木古墳	宍倉字椎ノ木1392-18		1											径16m、高さ1.6m、単独墳
5	飯綱山古墳群	宍倉1879-1ほか		5											最大：3号墳、径17.3m、高さ2.5m
6	宍倉愛宕山古墳	宍倉字愛宕山1998-1		1											径7.5m、高さ1.3m
7	風返古墳群	宍倉字大道北1022ほか	1	19	1		1						■		最大：1号墳、全長78.1m
7-a	風返1号墳	安食字風返1526-4ほか	1										■		風返稲荷山古墳、全長78.1m、高さ10m、1964年調査
7-b	風返2号墳	宍倉字大道北1022					1						■		風返大日山古墳、帆立貝、全長55m、高さ6.3m、1965年調査
7-c	風返3号墳	宍倉字大坂北1012ほか		1									■		風返羽黒山古墳、径35m、高さ5.6m、1965年調査
7-d	風返4号墳	宍倉字風返995		1									■		風返浅間山古墳、径40m、高さ6m、2001年測量調査
8	鹿島峯古墳	宍倉字鹿島峯80.86	1												径12.3m、高さ1.6m、単独墳
9	堀の内古墳	安食字ホリノ内958ほか													不明、単独墳
10	太子古墳群	安食字太子734-1ほか	1	6	1								■		最大：1号墳。40m？、装飾古墳
10-a	太子1号墳（太子唐櫃古墳）	安食字太子734-1ほか	1										■		横穴式石室に朱による円文
11	笹塚古墳群	安食字太子2287-1		6				1							1号墳：上円下方墳？
11-a	笹塚1号墳	安食字太子2287-1						1							一辺23m、高さ6m、1963年調査
12	野中古墳群	安食太子2292-1ほか	1	15									■		最大：1号墳、全長28.7m、片岩あり、円筒埴輪
12-a	野中1号墳（瓢塚古墳）	安食太子2292-1ほか	1										■		
13	稲荷山古墳群	柏崎字稲荷山1514-1ほか		2											最大：2号墳、径18.5m、高さ2m
14	富士見塚古墳群	柏崎字稲荷山1555-3ほか	1	4									■		最大：1号墳、全長78m、高さ11.5m
14-a	富士見塚1号墳（富士見塚古墳）	柏崎字稲荷山1555-3ほか	1										■		円筒埴輪・形象埴輪・金銅装馬具・金銅製歩揺
15	庄衛門古墳	宍倉字庄衛門5200-6		1											径11.2m、高さ1.2m、単独墳
16	稗田古墳	西成井字稗田220-2		1											径13m、高さ1m、単独墳
17	長町古墳	西成井字長町507-1ほか		1											径10.3m、高さ1.5m、石棺、単独墳
18	大日古墳	西成井字宮尻1565		1											径13.6m、高さ2.5m、石棺、単独墳
19	山王古墳群	西成井字山王1377ほか	1	3											最大：2号墳、全長19.2m、高さ1.5m
19-a	山王2号墳	西成井字山王1377	1												
20	坂田古墳	上軽部字坂田365ほか		1											径9.3m、高さ2m、単独墳
21	上軽部古墳	上軽部字五反田堀212		1											湮滅？、単独墳
22	反町古墳	西成井字中根2032-1		1											湮滅？、単独墳
佐賀郷															
23	池端古墳群	岩坪字正佛田1845ほか		4											最大：4号墳、径11.2m、高さ2m
23-a	池端1号墳	岩坪字池端1854-25ほか		1											大日塚古墳、径8m、高さ2m、湮滅
24	中居古墳	岩坪字中居1069-2ほか	1												全長24m、高さ2.5m、単独墳
25	駒木山古墳	中台字駒木山556-3		1											たてはの古墳、径5m、高さ1m、単独墳
26	中台古墳群	中台字山ノ神436ほか		4											最大：1号墳、径20m、高さ1.6m
27	小池古墳群	田伏字小池3218		2											1号墳：墳形不明、石棺材あり、湮滅
27-a	小池2号墳	田伏字小池3218		1											径7m、高さ1.8m
28	堀の内古墳	田伏字堀の内3311		1											径26m、高さ2m、単独墳
29	桜山古墳	田伏3779		1											円墳？、径26.5m、高さ3m、単独墳
30	権兵山古墳群	田伏字根本3429-1		2											最大：1号墳、径15m、高さ2.5m、石棺
31	田伏愛宕山古墳	田伏字藤峰3502		1											愛宕山古墳、径30m、高さ10m、単独墳
32	小山古墳	田伏字向地4598-2		1											径10.6m、高さ3m、単独墳
33	新田後古墳群	田伏字新田後5136-1ほか		2											最大：1号墳、径9.7m、高さ1.5m、湮滅
34	馬宮古墳群	田伏字馬宮4801-2ほか	1	1											最大：1号墳、前方後円墳、全長10m、高さ0.5m
35	小野崎古墳	田伏字小野崎5462-1								1					1986年石棺発見、湮滅、単独墳
36	水神古墳	田伏字水神5468-7		1											径12m、高さ1m、石棺あり、単独墳
37	大平古墳	坂字大平4302-7		1											径12m、高さ1m、石棺あり、単独墳
38	大日塚古墳群	坂字御山久保4099-2ほか		2											最大：2号墳、径不明、高さ4m
39	坂稲荷山古墳群	坂字香取4014-1	1	10											坂稲荷山古墳（1号墳）の前方部周堤帯付近に小円墳が10基並ぶ
39-a	坂稲荷山1号墳	坂字香取4014-1	1												坂稲荷山古墳、全長59.4m、高さ4m、市指定文化財
40	坂古墳	坂字新地3840		1											どうじ塚古墳、径30m、高さ2.5m、湮滅

211

No.	遺跡名	所在地	前方後円墳	円墳	方墳	前方後方墳	帆立貝方墳	上円下方墳	横墓穴	不明	前期	中期	後期	終末期	特記事項
41	白幡古墳群	坂字白幡4184ほか		17			1								11号～16号墳、1967年日大調査
41-a	白幡11号墳	坂字白幡4225		1											径20.5m、高さ1.1m、箱形石棺
42	折越十日塚古墳	坂字折越3518ほか	1												全長60m、高さ4m、横穴式石室、装飾古墳？
43	要害館古墳	坂字館谷3313		1											径20m、高さ2m、単独墳
44	西方鹿島神社裏古墳	坂字西方2735		1											径20.1m、高さ2m
45	羽黒山古墳群	坂字前ノ内1866ほか		5											最大：4号墳、径30m、高さ4m
45-a	羽黒山3号墳	坂字東1855		1											東方古墳、径15.9m、高さ4m
46	乳母神古墳群	坂字平1938ほか		4											4号墳、1996年調査、湮滅
47	天神山古墳	坂字後久保1052ほか		1											径16.3m、高さ3m
48	後久保古墳	坂字後久保853-1		1											径26m、高さ2m高さ8m
49	長峯古墳	坂字長峯965-1		1											径18.5m、高さ1m、単独墳
50	志戸崎横穴群	坂字志戸崎873-1							2						1号墓：長さ2.1m、幅1m、1965年調査
51	小沼弁天塚古墳	坂字小沼1220-49		1											径17m、高さ2m
52	八幡古墳群	牛渡字八幡5548-1	1	4			1								最大：2号墳、径31.2m、高さ3.5m
52-a	八幡5号墳	牛渡字八幡木戸山5391-3	1												全長16.4m、高さ1m、半壊
53	水ノ口古墳群	牛渡字水ノ口3064		5											1号～5号墳：径5mj、高さ1m、湮滅
54	観音堂後古墳群	牛渡字観音堂5287		2											最大：1号墳、径9.2m、高さ2m
55	牛塚古墳	牛渡字牛塚2041		1								■			径40m、高さ4m、低地古墳、単独墳、市指定文化財
56	房中古墳群	牛渡字境前2016-2ほか	2	7	1										最大：1号墳、前方後円墳、全長24.7m、高さ2.5m、石棺材あり
56-a	房中2号墳	牛渡字境前2009			1										一辺17m、高さ1.6m
57	塚原古墳	牛渡字塚原2978		1											径9m、高さ1.4m、単独墳、1978年調査、湮滅
58	八田古墳	牛渡字八田1949ほか	1												全長27m、高さ3m、単独墳
59	兵庫峰古墳群	牛渡字羽黒2625ほか		5											最大：1号墳、径13m、高さ3.5m、石棺あり
60	羽黒古墳群	牛渡2673-1ほか		4											最大：1号墳、径20m、高さ1.6m
61	十八塚古墳群	牛渡2720-1ほか		6											最大：5号墳、径33m、高さ1.5m、石棺あり、湮滅
62	根山台古墳群	牛渡字新南2746-5ほか		6	1										最大：4号墳、円墳、径20m、高さ0.7m、湮滅
63	寺山古墳群	牛渡字寺山2737-1ほか	2	1			1					■	▨		最大：1号墳、前方後円墳、全長60m、高さ6m
63-a	寺山1号墳	牛渡字寺山2736-1	1									■			壺形埴輪・土師器出土
64	谷ツ後古墳	牛渡字谷ツ後2813-2								1					1980年調査、石棺あり、湮滅、単独墳
65	新南古墳	牛渡字新南2776-3								1					1975年調査、石棺あり、湮滅、単独墳
66	銚子塚古墳群	牛渡字銚子塚4002-2ほか	2												最大：1号墳、全長64m、高さ5.6m
66-a	銚子塚1号墳	牛渡字銚子塚4002-2	1												牛渡銚子塚古墳、1991年測量、石棺あり、市指定文化財
67	内台古墳	牛渡字内台3992-3		1											径7.3m、高さ0.5m、単独墳
68	寺ノ内古墳群	牛渡字貝塚4192-1ほか		4											最大：4号墳、径12.5m、高さ0.6m
69	柳梅台古墳群	牛渡字柳梅台3329ほか	2	8		1									最大：7号墳、径30m、高さ3.5m
69-a	柳梅台1号墳	牛渡字柳梅台3275-1				1									1984年測量調査、前方後方墳、全長28.6m、高さ3.55m
大津郷															
70	南根本古墳群	南根本字谷頭679-1ほか		6											最大：1号墳、径20.3m、高さ2.5m
71	稲荷塚古墳群	深谷字ぬノ区737ほか		5											深谷上原古墳群、最大：2号墳、径26m、高さ2m
72	深谷愛宕山古墳	深谷字ろノ区57			1										石棺材あり、湮滅
73	深谷愛宕塚古墳群	深谷字よノ区1251			2										最大：2号墳、10.95m×11.3m、高さ1.4m
74	下原古墳群	深谷字なノ区1985ほか		3											2号墳、9.4m、高さ1.4m
75	富士山古墳群	深谷字ゆノ区3434-3ほか			1										25m×25m、高さ4m、単独墳
76	颯壁古墳	深谷字きノ区3379ほか			1										かくれ塚古墳、11m×11.9m、高さ2.5m、単独墳
77	田中古墳群	深谷字かノ区1103-17ほか		4											最大：1号墳、径6m、高さ1m、片岩石材あり、湮滅
78	金猫塚古墳	深谷字もノ区3963-37ほか		1											径20m、高さ2m、湮滅
79	柳沢古墳	戸崎字柳沢2802-2ほか		1											径5m、高さ1m、一部湮滅、単独墳
80	養老田古墳	戸崎字養老田2008		1											径16m、高さ4m、一部湮滅、単独墳
81	八幡神社古墳	戸崎1812		1											径2.6m、高さ2m、単独墳
82	戸崎古墳群	戸崎字中山838ほか		4											最大：4号墳、径20m、高さ2m、湮滅
83	戸崎愛宕山古墳群	戸崎字下宿681ほか			2?										石棺あり、未詳、湮滅？
84	女人塚古墳	戸崎字一本松2281		1											径20m？、湮滅、単独墳
85	榎前古墳群	加茂字榎前4601ほか		2			1								最大：1号墳、帆立貝、19.8m、高さ1.3m

No.	遺跡名	所在地	前方後円墳	円墳	方墳	前方後方墳	帆立貝	上円下方墳	横墓穴	不明	前期	中期	後期	終末期	特記事項
86	権現塚古墳群	加茂字折戸4378ほか	1	2											2号墳：円墳？、1977年調査、人骨出土、石棺あり、湮滅
86-a	権現塚3号墳	加茂字折戸4362ほか		1											茶房塚古墳、径7m、高さ3.5m、湮滅
87	富士塚古墳群	加茂字富士4265ほか	1	2											最大：1号墳、前方後円墳、全長23m、高さ5.3m
88	車塚古墳	加茂字立木山4529ほか		1											径40m、高さ11.2m、単独墳
89	崎浜横穴墓群	加茂字観音782-1ほか							17						最大：17号墓、奥行2.3m、幅1.3m、高さ2m、棺座あり
90	大塚古墳群	加茂字鴨平4050ほか		2											1号墳：規模不明、石棺材あり、湮滅？
90-a	大塚2号墳	加茂字ノゲサ3999ほか		1											大塚（王塚）古墳、規模不明、湮滅
91	田宿・赤塚古墳群	加茂字田宿前2813ほか	4	15		1									赤塚古墳群
91-a	田宿・赤塚1号墳	加茂字田宿前2813ほか	1												田宿天神塚古墳、1995年測量調査、全長63m、高さ4.5m、壺形埴輪
91-b	田宿・赤塚7号墳	加茂字裏山3374ほか	1												裏山古墳、全長40m、高さ4.3m、一部湮滅、円筒埴輪
91-c	田宿・赤塚11号墳	加茂字入子畑3502-4		1											径13m、高さ2.5m、低地古墳
91-d	田宿・赤塚14号墳	加茂字裏山3349-2ほか	1												赤塚権現塚古墳、全長40m、高さ3m、半壊
91-e	田宿・赤塚16号墳	加茂字稲荷前3512ほか				1									赤塚古墳、全長30m、湮滅
拝師郷															
92	粟田かなくそ山古墳	粟田546ほか		1											径27m、1987年調査、円筒埴輪、湮滅
93	堂地古墳群	粟田字堂地384ほか		4		10									最大：3号墳、径13m、高さ1m
94	粟田台平古墳群	粟田台平429ほか		2											不明
95	座王古墳群	高倉字座王1320-1ほか	1	5		1									栗村西古墳群、最大：4号墳、円墳径30m、栗村西6号墳
96	栗村古墳群	高倉字栗村1320ほか	1?	11	4										栗村東古墳群、最大：10号墳、前方後円墳、全長40m、調査後湮滅
															方形周溝墓4基
97	丸峯古墳群	高倉字丸峯1351ほか		3											最大：1号墳、径35m、高さ0.3m、1978年調査
98	新地古墳群	高倉字新地686ほか		3											詳細不明
城上郷															
99	熊野古墳	市川字大塚40ほか	1												全長63m、壺形埴輪
100	土田古墳	上土田字稲原944		1											湮滅
101	椿堂遺跡	上土田字松本483-2				1									湮滅
102	大塚古墳群	下志筑字大塚1534ほか	7	99	2		5		6						帆立貝5基、
102-a	大塚10号墳	下志筑字大塚		1											愛宕山古墳、径10m、高さ2.5m、円筒埴輪
102-b	大塚11号墳	下志筑字大塚	1												船塚古墳、全長20m、高さ1m
102-c	大塚52号墳	下志筑字大塚		1											大塚古墳、径40m、高さ4m
102-d	大塚86号墳	下志筑字大塚		1											狐塚古墳、径20m、高さ1.5m、武人埴輪？
103	十三塚古墳	下志筑字十三塚943-1				1									10m×10m、石棺、2004年調査、湮滅
104	太夫河原古墳群	下土田字太夫河原1195-1ほか		5											最大：2号墳、径17m、高さ1.5m
105	新治古墳群	新治字新治578-1ほか		3											最大：1号墳、径20m、高さ1.7m、
佐野郷															
106	根崎古墳群	上土田字根崎384-2ほか	1	3											1号墳：径18m、高さ1.8m、1968年調査、円筒埴輪、湮滅
107	飯塚古墳群	中佐谷字飯塚671ほか		14?											詳細不明、1号墳：径6m、高さ0.7m、半壊
108	四万騎古墳群	中佐谷字四万木1059ほか	3	15											6・7号墳、1994年調査、湮滅
108-a	四万騎1号墳	中佐谷字四万木	1												全長30m、湮滅？
109	吉兵衛屋敷古墳群	下佐谷字吉兵衛屋敷944ほか		1?		1?									1号墳：径10m、高さ1m、石棺
110	古立古墳	下佐谷字古立1131-2ほか		1											径8m、高さ2m、単独墳
111	下佐谷大塚古墳群	下佐谷字大塚1171-2ほか	1?	6		2									最大：5号墳、円墳、径22m、高さ0.9m
111-a	下佐谷大塚6号墳		1?												全長20m、高さ1.5m
112	宮の脇古墳	下佐谷字宮の脇306-1				1									10.5m×10.5m、高さ1.2m
清水郷															
113	船橋古墳	上稲吉字舟橋1943-12ほか				1									湮滅
114	西田古墳群	上稲吉字西田1137-2	5	2											2号墳：1972年調査、円墳、径18m、高さ0.5m、湮滅
114-a	西田1号墳	上稲吉字西田	1												全長37m、湮滅
115	御手洗古墳群	上稲吉字天王台894-1ほか		6		2									最大：1号墳、円墳、径26m、高さ2.2m
116	愛宕山古墳群	下稲吉字市村平257-2		4											最大：3号墳、径34m、高さ5.5m
116-a	愛宕山1号墳	下稲吉字市村平		1											二子塚古墳、径26m、高さ4.5m
117	吾妻古墳	上稲吉字吾妻261-5		1											径21m、高さ2.5m、湮滅
118	狐塚古墳	下稲吉字大塚1736				1									詳細不明
119	新治道添古墳	下稲吉字新治道添51-2		1											径4m、高さ0.8m、単独墳
120	市村古墳群	下稲吉字新治道添59-5		3											最大：1号墳、円墳、径16m、高さ2.3m
121	高峰古墳群	下稲吉字高峰529-8ほか		3											最大：3号墳、径14m、高さ1.5m
122	愛宕古墳	上稲吉字愛宕166-1		1											径12m、高さ3m

第2章 地域研究

大塚古墳群

所在：茨城県かすみがうら市（旧 千代田町）大字下志筑 ほか
立地：恋瀬川左岸、新治台地の最も北側。

群構成	前方後円墳	円墳	方墳	帆立貝	その他	総数
	7 (5)	99 (85)	2 (0)	5 (0)		113 (90)

埋葬施設：箱式石棺、土壙
埴輪：あり（6基）
主な副葬品：直刀（9号墳、29号墳）、30号墳、66号墳、79号墳、86号墳、鉄鏃・刀子（80号墳）、刀子（82号墳、100号墳）、頭椎大刀他（103号墳）、金環（104号墳、鉄鏃、鐸（112）
年代：5世紀前半〜7世紀前半
備考：5世紀前半〜7世紀前半
近在の大型古墳：
文献：黒沢1993	図版：

狐塚古墳

所在：茨城県かすみがうら市（旧 千代田町）大字下稲吉大塚1736
立地：天の川に流入する逆川の古岸、新治台地上。下稲吉小学校の西方300m。

墳形：不明	墳丘規模：
埋葬施設：	
埴輪：	
主な副葬品：	
年代：	
備考：盗掘のため墳丘形態不明	
近在の大型古墳：	
文献：茨城県教育庁社会教育課1959	図版：

新治古墳群

所在：茨城県かすみがうら市（旧 千代田町）大字新治字新治578-1ほか
立地：天の川南岸で東西に小支谷を臨む新治台地。

群構成	前方後円墳	円墳	方墳	その他	総数
	0 (0)	3 (0)	0 (0)	0 (0)	3 (0)

埋葬施設：
埴輪：
主な副葬品：
年代：
備考：遺跡範囲内に新治神社が位置する。1号墳・・・円墳、径20m、高さ1.7m　2号墳・・・円墳、径15m、高さ1.2m　3号墳・・・円墳、径14m、高さ1.3m
近在の大型古墳：
文献：茨城県教育庁社会教育課1959	図版：

吾妻古墳

所在：茨城県かすみがうら市（旧 千代田町）大字上稲吉字吾妻261-5
立地：天の川の支流に臨む新治台地上。

墳形：（円墳、径21m、高さ2.5m）	墳丘規模：
埋葬施設：	
埴輪：	
主な副葬品：土師器	
年代：	
備考：湮滅	
近在の大型古墳：	
文献：	図版：

旧千代田町の古墳

船橋古墳群

所在：かすみがうら市（旧 千代田町）上稲吉字船橋1943
立地：新治台地上、天の川から南に入り込む小支谷の谷頭部

群構成	前方後円墳	円墳	方墳	その他	総数
	0 (0)	0 (4)	0 (0)	0 (0)	0 (4)

埋葬施設：
埴輪：
主な副葬品：
年代：
備考：1号墳　円墳径30m、高さ3m　2号墳　円墳径20m、高さ2m　3号墳　円墳　4号墳　円墳
近在の大型古墳：
文献：茨城県教育庁社会教育課1959	図版：

船橋古墳

所在：茨城県かすみがうら市（旧 千代田町）上稲吉字船橋1943-12
立地：東西を小支谷に開析された新治台地上

墳形：	墳丘規模：
埋葬施設：	
埴輪：	
主な副葬品：	
年代：	
出土品：縄文土器	
備考：昭和39年6月中旬に湮滅	
近在の大型古墳：	
文献：茨城県教育庁社会教育課1959	図版：

愛宕山古墳群

所在：茨城県かすみがうら市（旧 千代田町）大字下稲吉市村平257-2
立地：天の川右岸、新治台地上で東より入る小支谷の谷頭部

群構成	前方後円墳	円墳	方墳	その他	総数
	0 (0)	4 (0)	0 (0)	0 (0)	4 (0)

埋葬施設：
埴輪：
主な副葬品：直刀
年代：
備考：1号墳・・・円墳、径26m、高さ4.5m、墳頂に子安神社を祀る。2号墳・・・円墳、径11m、高さ1.5m　3号墳より東に入る小支谷の谷頭部　4号墳・・・円墳、径34m、高さ5.5m
近在の大型古墳：
文献：茨城県教育庁社会教育課1959	図版：

栗田かなくそ山古墳

所在：かすみがうら市（旧 千代田町）大字栗田
立地：竜神山西南麓の緩斜面上、新治台地上

墳形：円墳	墳丘規模：
埋葬施設：	
埴輪：	
主な副葬品：	
年代：	
備考：円墳　径27m（周溝含み径30.5m）削り出し技法での構築　昭和62年湮滅	
近在の大型古墳：	
文献：千代田村教育委員会1983・1990	図版：

かすみがうら市域の古墳群

根崎古墳

所在：茨城県かすみがうら市（旧 千代田町）大字上土田字根崎 384-2
立地：天の川南西岸に面する新治台地上

群構成	前方後円墳	円墳	方墳	その他	総数
	0 (1)	1 (0)	0 (0)	0 (0)	1 (0)

埋葬施設：箱式石棺（1号墳）
墳輪：あり 1基 1号墳
主な副葬品：
年代：
備考：1号墳‥円墳 径18m、高さ1.8m 土師器、円筒埴輪、人物埴輪が出土。2～4号墳は詳細不明。
近在の大型古墳：
文献：千代田村史編さん委員会1970、千代田村教育委員会1969 図版：

椿堂古墳

所在：茨城県かすみがうら市（旧 千代田町）大字上土田字松本 483-2
立地：天の川へ向け延びる小支谷の谷頭部、新治台地上
墳形： 墳丘規模：
埋葬施設：
墳輪：
主な副葬品：
年代：
備考：湮滅
近在の大型古墳：
文献： 図版：

太夫河原古墳群

所在：茨城県かすみがうら市（旧 千代田町）大字下土田字大夫河原 1195-1 ほか
立地：飯田川よりひえる小支谷の谷頭部、新治台地上

群構成	前方後円墳	円墳	方墳	その他	総数
	0 (0)	5 (0)	0 (0)	0 (0)	5 (0)

埋葬施設：
墳輪：
主な副葬品：
年代：
備考：1号墳‥円墳 径15m、高さ1.5m 2号墳‥円墳 径17m、高さ1.5m 3号墳‥円墳 径14m、高さ1.5m 4号墳‥円墳 径15m、高さ1.5m 5号墳‥径10m、高さ0.6m
近在の大型古墳：
文献： 図版：

愛宕古墳

所在：茨城県かすみがうら市（旧 千代田町）大字上稲吉字愛宕 166-1
立地：新治台地上の天の川右岸から入り込む小支谷の谷頭部
墳形： 墳丘規模：
埋葬施設：
墳輪：
主な副葬品：
年代：
備考：径12m 高さ3m 墳頂に石塔あり。
近在の大型古墳：
文献： 図版：

市村古墳群

所在：かすみがうら市（旧 千代田町）下稲荷・新治道添 59-5 ほか
立地：天の川を臨む右岸、新治台地上

群構成	前方後円墳	円墳	方墳	その他	総数
	0 (0)	3 (0)	0 (0)	0 (0)	3 (0)

埋葬施設：箱式石棺
墳輪：
主な副葬品：直刀（第1号墳）
年代：
備考：1号墳‥円墳 径16m、高さ2.3m 東京大学による調査、市村古墳と命名される。2号墳‥円墳 径11m、高さ1m 馬頭観音を祀る古墳の可能性がある。3号墳‥円墳 径5m、高さ0.5m 1号墳の西に隣接し、塚の可能性もある。
近在の大型古墳：
文献： 図版：

新治道添古墳

所在：茨城県かすみがうら市（旧 千代田町）大字下稲吉字新治道添 51-2
立地：小支谷により東西を開析された天の川に面する新治台地上
墳形： 墳丘規模：
埋葬施設：
墳輪：
主な副葬品：
年代：
備考：円墳 径4m 高さ0.8m
近在の大型古墳：
文献： 図版：

高峰古墳群

所在：かすみがうら市（旧 千代田町）下稲吉・高峰 529-8 ほか
立地：天の川を臨む右岸、新治台地上。この台地は小支谷により開析される。

群構成	前方後円墳	円墳	方墳	その他	総数
	0 (0)	3 (0)	0 (0)	0 (0)	3 (0)

埋葬施設：箱式石棺（出土古墳不明）
墳輪：
主な副葬品：土師器（高杯）、埴輪、勾玉、管玉
年代：
備考：1号墳‥円墳 径5m、高さ0.4m 南東に地膨れと思われるわずかな高まりがある。2号墳‥円墳 径11m、高さ0.8m 3号墳‥円墳 径14m 南東に盗掘坑あり
近在の大型古墳：
文献：千代田村史編さん委員会1970 図版：

土田古墳

所在：茨城県かすみがうら市（旧 千代田町）大字上土田字稲原 944
立地：天の川と中根川の合流地点に形成された半島状台地（新治台地）
墳形： 墳丘規模：
埋葬施設：
墳輪：
主な副葬品：
年代：
備考：湮滅
近在の大型古墳：
文献： 図版：

第2章　地域研究

西田古墳群

所在	かすみがうら市（旧 千代田町）上稲吉・西田 1137-2 外
立地	天の川より入り込む小支谷により櫛枝状に開析された新治台地上

群構成	前方後円墳	円墳	方墳	その他	総数
	0 (5)	1 (1)	0 (0)	0 (0)	1 (6)

埋葬施設	箱式石棺
埴輪	
主な副葬品	
年代	
備考	1号墳・・前方後円墳、全長37m 湮滅、2号墳・・円墳、径18m、高さ0.5m　3号墳・・前方後円墳、前方部削平 後円部径29m　4号墳・・前方後円墳、全長25m 湮滅　5号墳・・円墳、径4m　6号墳・・前方後円墳、全長25m 湮滅　7号墳・・前方後円墳、全長20m 湮滅
近在の大型古墳	
文献	近藤編1994、千代田村史編纂委員会1970、千代田村教育委員会1973、西宮1973　図版：

宮ノ脇古墳

所在	かすみがうら市（旧 千代田町）大字下佐谷字宮ノ脇 306-1 ほか
立地	雪入川右岸に南北を小支谷によって挟まれた新治台地上
墳形規模	方形、一辺 10.5×10.5m、高さ1.2m。
埋葬施設	
主な副葬品	
年代	奈良・平安時代か
備考	以前は円墳とされたが、瓦が散布していることから基壇の可能性。
近在の大型古墳	
文献	図版：

四万騎古墳群

所在	かすみがうら市（旧 千代田町）中佐谷／四万木 1059 ほか
立地	雪入川右岸の小支谷により開析された新治台地上

群構成	前方後円墳	円墳	方墳	その他	総数
	0 (3)	1 (14)	0 (0)	0 (0)	1 (17)

埋葬施設	石棺（6号墳、朱塗）
埴輪	
主な副葬品	
年代	
備考	1号墳・・前方後円墳、全長30m 湮滅か　5号墳・・墳丘西側削平、円墳、径16m、高さ0.7m　6号墳・・1992年の発掘調査後湮滅、直刀、刀子、鏃出土　墳丘北側は墳丘の北西裾部分に位置。7号墳・・1992年の発掘調査後湮滅　9号墳・・1992年時点で湮滅、12号墳・・湮滅　17号墳・・前方後円墳、全長20m。18号墳・・前方後円墳、全長10m。
近在の大型古墳	
文献	千代田町教育委員会1992、千代田村史編纂委員会1970、近藤編1994　図版：

吉兵衛屋敷古墳群

所在	茨城県かすみがうら市（旧 千代田町）大字下佐谷字吉兵衛屋敷 944 ほか
立地	小支谷により櫛枝状に開析された新治台地の先端部

群構成	前方後円墳	円墳	方墳	その他	総数
	0 (0)	1 (0)	0 (0)	1 (0)	2 (0)

埋葬施設	なし
埴輪	
主な副葬品	
年代	
備考	1号墳・・円墳か、2号墳・・墳形不明、湮滅、周辺に石棺材が散布。
近在の大型古墳	
文献	図版：

熊野古墳（熊野山古墳）

所在	茨城県かすみがうら市（旧 千代田町）大字市川字大塚40ほか
立地	南北小支谷に入り、東の恋瀬川へ向け延びる新治台地上
墳形	前方後円墳
埋葬施設	
埴輪	
主な副葬品	土師器
年代	5世紀前半
備考	前方後円墳、全長約63m、後円部径30m　5世紀前半に比定　後円部上に熊野神社が位置し、神社周辺に石棺材散布　土師器、壺形埴輪片出土
近在の大型古墳	
文献	茨城県1979、近藤編1994、千代田村史編纂委員会1970

飯塚古墳群

所在	かすみがうら市（旧 千代田町）大字中佐谷字飯塚 671 ほか
立地	天の川左岸の南北を小支谷によって開析された台地上

群構成	前方後円墳	円墳	方墳	その他	総数
	0 (0)	0 (2)	0 (0)	0 (12)	0 (14)

埋葬施設	
埴輪	
主な副葬品	土師器、直刀が出土
年代	
備考	1号墳・・円墳、径6m、高さ0.7m　2号墳・・円墳、径18m、高さ2.5m　3-14号墳詳細不明
近在の大型古墳	
文献	千代田村史編纂委員会1970　図版：

かすみがうら市域の古墳群

椎王古墳群（栗村西古墳群）	所在：かすみがうら市（旧 千代田町）大字高倉字塚王 1320－1 ほか						
	立地：新治台地上の竜神山南麓西斜面上						
	群構成	前方後円墳	円墳	方墳	その他	総数
		0 (1)	1 (2)	0 (2)	1 (5)
	埋葬施設：横穴式石室1基（4号墳）竪穴式小石室1基（1号墳）箱式石棺2基（1号墳、4号墳）木棺・土坑（1号墳箱式土坑1基、3号墳箱式土坑1基土坑4基）						
	埴輪：						
	主な副葬品：刀子、金環、須恵器、勾玉、管玉、直刀、須恵器（4号墳）						
	年代：						
	備考：斜面に6基が点在している。1号墳・・前方後円墳、全長18m。竪穴式石室、箱式石棺、箱形土壙1基 前方部が稍鏡式のプランを持つ。全長15m。径1m。南側・北側に盗掘坑か 墳丘上に石塔あり。円墳、径15〜19m 箱式土坑1基 土坑4基 消滅。4号墳・・円墳。径26〜30m。横口式石棺、箱式石棺。5号墳、6号墳・・位置不明。7号墳・・詳細不明						
	文献：						
	近在の大型古墳						

栗村古墳群（栗村東古墳群）	所在：茨城県かすみがうら市、竜神山南麓に広がる河岸段丘上						
	立地：新治台地上、大字高倉字栗村 1320 ほか						
	群構成	前方後円墳	円墳	方墳	その他	総数
		0 (1)	0 (13)	0 (4)	0 (1)	0 (19)
	埋葬施設：横穴式石室 4基、複室構造など、石棺 3基 箱式石棺、小型石棺、木棺・土坑など 5基 木棺直葬、粘土台用木棺直葬、箱式石棺、溝壁土壙						
	埴輪：1基 6号墳						
	主な副葬品：土師器 周溝 刀子 須恵器（5号墳 石室内）人物埴輪（6号墳）、直刀・鍔・剣（9号墳 石棺）、須恵器・管玉・鉄鏃・切子玉・丸玉 箱金具・人骨・直刀・鉄鏃（10号墳）石室内・漢道（12号墳 周溝）、はそう土製耳飾（耳飾）、土師器（16号墳 周溝）、刀子（19号墳 石棺）						
	年代：						
	備考：1号墳・・円墳、径20m、高さ5m。消滅。2号墳・・円墳、径34m、高さ2m。消滅。3号墳・・円墳、径20m、高さ1m。消滅。4号墳・・円墳、径23m、高さ2m。消滅。5号墳・・円墳、径17m、高さ0.1m。消滅。6号墳・・円墳、径30m、高さ1m。消滅。7号墳・・中世・塚山。8号墳・・円墳、消滅。9号墳・・円墳か、径0.4m。10号墳 9号墳の前方部の可能性あり。10号墳・・円墳、径36〜40m 9号墳が前方部の可能性あり。11号墳・・円墳、径15m、高さ0.3m。消滅。13号墳 消滅。14号墳 方形周溝墓 消滅。15号墳 方形周溝墓 消滅。16号墳・・円墳、径23m。17号墳 方形周溝墓 消滅。18号墳・・円墳、径17m。消滅。19号墳 消滅。						
	文献：千代田町教育委員会1997						
	近在の大型古墳						

丸峯古墳群	所在：茨城県かすみがうら市（旧 千代田町）大字高倉字丸峯 1351 ほか						
	立地：新治台地上の竜神山南麓西斜面上						
	群構成	前方後円墳	円墳	方墳	その他	総数
		0 (0)	1 (2)	0 (0)	0 (0)	0 (3)
	埋葬施設：						
	埴輪：						
	主な副葬品：						
	年代：						
	備考：1号墳・・円墳、径35m、高さ0.3m。横口式石棺、周溝を伴う。出土品 金環、陶器。2号墳・・円墳、径24m、高さ1〜3m。前方部が稍鏡式。周溝をともなう。3号墳・・径10m、高さ2m 坑を確認。報告書では丸峯4号墳として記載。						
	文献：千代田町教育委員会1997						
	近在の大型古墳						

十三塚古墳	所在：茨城県かすみがうら市（旧 千代田町）大字下志筑字十三塚 943－1						
	立地：恋瀬川より入り込む小支谷に開折された新治台地						
	墳形：	墳丘規模：方墳、一辺10×10m					
	埋葬施設：横穴式石室						
	埴輪：						
	主な副葬品：						
	年代：						
	備考：周溝を伴う。平成16年発掘調査、消滅。土師器出土。						
	文献：千代田町教育委員会2005						
	近在の大型古墳						

新地古墳群	所在：茨城県かすみがうら市（旧 千代田町）大字高倉字新地 689 ほか						
	立地：新治台地上の竜神山南麓に広がる河岸段丘上						
	群構成	前方後円墳	円墳	方墳	その他	総数
		0 (0)	0 (3)	0 (0)	0 (0)	0 (0)
	埋葬施設：						
	埴輪：						
	主な副葬品：						
	年代：						
	備考：1号墳・・円墳、径10m、高さ2m。石棺露出。2〜3号墳は詳細不明。						
	文献：千代田村教育委員会1983						
	近在の大型古墳						

栗田台平古墳群	所在：かすみがうら市（旧 千代田町）栗田／峯平 429 ほか						
	立地：竜神山南麓に広がる河岸段丘上						
	群構成	前方後円墳	円墳	方墳	その他	総数
		0 (0)	0 (2)	0 (0)	0 (0)	0 (2)
	埋葬施設：石棺1基（詳細不明）						
	埴輪：						
	主な副葬品：						
	年代：						
	備考：円墳2基 墳丘は削平され残っていない						
	文献：千代田村教育委員会1983						
	近在の大型古墳						

第2章 地域研究

御手洗古墳群

所在	茨城県かすみがうら市（旧 千代田町）大字上稲吉字天王台 894-1 ほか
立地	新治台地上、北の天の川より入り込む小支谷の谷頭部を中心に立地

群構成	前方後円墳	円墳	方墳	その他	総数
	0 (0)	6 (0)	0 (0)	0 (2)	6 (2)

- 埋葬施設：
- 埴輪：
- 主な副葬品：
- 年代：
- 備考：古墳時代後期　形象埴輪（人物・馬）出土　1号墳・・円墳　径 26m、高さ 2.2m　2号墳・・円墳　径 16m、高さ 0.7m　3号墳・・円墳　径 13m、高さ 0.5m　4号墳・・円墳　径 11m、高さ 0.3m　5号墳・・円墳　径 16m、高さ 0.3m　6号墳・・円墳、径 0.3m
- 近在の大型古墳：
- 文献：千代田村史編纂委員会 1970　図版：

旧霞ヶ浦町の古墳

河童塚古墳

所在	かすみがうら市（旧 霞ヶ浦町）宍倉 3582-2
立地	菱木川に合流する小川の左岸、台地上
墳形	方墳	墳丘規模：14m × 15m、高さ 3m

- 埋葬施設：
- 埴輪：
- 主な副葬品：
- 年代：
- 備考：方墳 14m × 15m、高さ 3m
- 近在の大型古墳：
- 文献：霞ヶ浦町教育委員会・筑波大学考古学研究室 2001　図版：

大池古墳

所在	茨城県かすみがうら市（旧 霞ヶ浦町）宍倉小原 3508 ほか
立地	菱木川に合流する小川の左岸、台地上

群構成	前方後円墳	円墳	方墳	その他	総数
	0 (0)	1 (0)	0 (0)	0 (0)	1 (0)

- 埋葬施設：
- 埴輪：
- 主な副葬品：
- 年代：
- 備考：1号墳　円墳径約 8m、高さ 0.7m　その他群
- 近在の大型古墳：
- 文献：霞ヶ浦町教育委員会・筑波大学考古学研究室 2001　図版：

堂地古墳群

所在	かすみがうら市（旧 千代田町）大字栗田字堂地 384 ほか
立地	新治台地上、竜神山西南麓の南へ向い緩く傾斜する斜面上

群構成	前方後円墳	円墳	方墳	その他	総数
	0 (0)	3 (1)	0 (0)	0 (10)	3 (11)

- 埋葬施設：
- 埴輪：人物埴輪
- 主な副葬品：土師器
- 年代：
- 備考：1号墳・・円墳、径 7m、高さ 1.5m　墳丘の北側削平を受ける　2号墳・・円墳　径 12m、高さ 2m　墳頂に盗掘坑あり　3号墳・・円墳、径 13m、高さ 1m　4号墳・・円墳、径 10m、高さ 1m　盗掘坑あり　出土品は縄文土器・土師器、古墳群内に春日大社
- 近在の大型古墳：
- 文献：千代田町教育委員会 1983、千代田町教育委員会 1997、茨城県教育庁社会教育課 1959　図版：

下佐谷大塚古墳群

所在	かすみがうら市（旧 千代田町）大字下佐谷字大塚 1171-2 ほか
立地	天の川より入り込む小支谷に開析された新治台地上

群構成	前方後円墳	円墳	方墳	その他	総数
	1 (0)	6 (0)	0 (0)	0 (2)	7 (2)

- 埋葬施設：
- 埴輪：
- 主な副葬品：
- 年代：
- 備考：1号墳・・円墳、径 10m、高さ 2.5m　2号墳・・円墳、径 7m、高さ 0.3m　3号墳・・円墳、径 15m、高さ 0.9m　4号墳・・円墳、径 20m、高さ 0.5m　5号墳・・円墳、径 22m、高さ 0.9m　6号墳・・前方後円墳、全長 20m、高さ 1.5m　7号墳・・円墳、径 17m、高さ 1m　8・9号墳・・湮滅　大塚遺跡と重複する範囲あり。
- 近在の大型古墳：
- 文献：　図版：

古立古墳

所在	かすみがうら市（旧 千代田町）大字下佐谷字立
立地	天の川より入り込む小支谷に開析された新治台地上
墳形	円墳	墳丘規模：

- 埋葬施設：
- 埴輪：
- 主な副葬品：
- 年代：
- 備考：円墳　径 8m、高さ 2m　古墳頂に石塔あり
- 近在の大型古墳：
- 文献：　図版：

かすみがうら市域の古墳群　219

風返古墳群

所在：茨城県かすみがうら市（旧 霞ヶ浦町）大字安食字風返1526-4ほか
立地：北側に霞ヶ浦高浜入りを臨む台地上

群構成	前方後円墳	円墳	方墳	帆立	その他	総数
	1 (0)	19 (11)	1 (0)	1 (0)		22 (11)

埋葬施設：1号墳・・横穴式石室、その他・・・箱形石棺
墳丘：2号墳・3号墳・9号墳
主な副葬品：1号墳・・金銅装馬具2セット、飾り大刀4振、銅椀
年代：1号墳・・7世紀前半、2号墳・・6世紀前半
備考：1号墳・・前方後円墳全長78m 高さ10m、2号墳・・帆立貝径55m 高さ6.3m、3号墳・・円墳径35m 高さ5.6m、4号墳・・円墳径56.2m 高さ7.5m、5号墳・・円墳径10m 高さ2m、6号墳・・円墳径25m 高さ1m、7号墳・・円墳径11m 高さ2m、8号墳・・円墳径14m・・円墳径20m、9号墳・・円墳径20m 高さ0.5m、10号墳・・円墳径11m 高さ2m、11号墳・・円墳径25m 高さ3m、12号墳・・方墳一辺9m、13号墳・・円墳（不明）、14号墳・・円墳径13m 高さ2m、15号墳・・円墳径10m 高さ0.5m、16号墳・・円（不明）、17号墳・・円墳径10m 高さ0.5m、18号墳・・円墳径10m 高さ0.6m、19号墳・・円墳径10m 高さ0.5m、20号墳・・円墳径10m 高さ0.5m、21号墳・・円墳径10m 高さ0.5m、22号墳・・（不明）、23号墳・・（不明）、遺跡に隣接して8世紀前半の金沢瓦窯跡がある。
文献：霞ヶ浦町教育委員会「風返稲荷山古墳」図版：

鹿島峯古墳

所在：茨城県かすみがうら市（旧 霞ヶ浦町）大字安食字鹿島峯80・86
立地：菱木川の支流に臨む台地上。
墳形：円墳　墳丘規模：径12.3m、高さ1.6m
埋葬施設：
墳輪：
主な副葬品：
年代：
備考：
近在の大型古墳：
文献：霞ヶ浦町教育委員会・筑波大学考古学研究室 2001　図版：

堀の内古墳

所在：茨城県かすみがうら市（旧 霞ヶ浦町）大字安食字ホリノ内958ほか
立地：菱木川の左岸台地上。
墳形：不明　墳丘規模：不明
埋葬施設：
墳輪：
主な副葬品：
年代：
備考：
近在の大型古墳：
文献：霞ヶ浦町教育委員会・筑波大学考古学研究室 2001　図版：

雷神前古墳

所在：茨城県かすみがうら市（旧 霞ヶ浦町）大字安倉字馬場山1794-1ほか
立地：菱木川左岸、北に入る小支谷の谷頭部
墳形：前方後円墳　墳丘規模：全長約58m、高さ約2.5m
埋葬施設：
墳輪：
主な副葬品：
年代：
備考：
近在の大型古墳：
文献：霞ヶ浦町教育委員会・筑波大学考古学研究室 2001　図版：

椎ノ木古墳

所在：茨城県かすみがうら市（旧 霞ヶ浦町）大字安倉字椎ノ木1392-18
立地：菱木川に合流する小川の左岸、台地上
墳形：円墳　墳丘規模：直径約16m、高さ約1.6m
埋葬施設：
墳輪：
主な副葬品：
年代：
備考：
近在の大型古墳：
文献：霞ヶ浦町教育委員会・筑波大学考古学研究室 2001　図版：

飯綱山古墳群

所在：茨城県かすみがうら市（旧 霞ヶ浦町）大字安倉字飯綱1879-1ほか
立地：菱木川の左岸、台地上

群構成	前方後円墳	円墳	方墳	その他	総数
	0 (0)	5 (0)	0 (0)	0 (0)	5 (0)

埋葬施設：
墳丘：
主な副葬品：
年代：
備考：1号墳・・円墳、径17.3m、高さ17.2m、高さ3m　2号墳・・円墳、径16.5m、高さ1.5m　3号墳・・円墳、径17.3m、高さ2.5m　4号墳・・円墳、径12.3m、高さ1.5m　5号墳・・円墳、径16m、高さ2m
近在の大型古墳：
文献：霞ヶ浦町教育委員会・筑波大学考古学研究室 2001　図版：

安倉愛宕山古墳

所在：茨城県かすみがうら市（旧 霞ヶ浦町）大字安倉字愛宕山1998-1
立地：菱木川左岸、台地上
墳形：円墳　墳丘規模：直径約7.5m、高さ1.3m
埋葬施設：
墳輪：
主な副葬品：
年代：
備考：
近在の大型古墳：
文献：霞ヶ浦町教育委員会・筑波大学考古学研究室 2001　図版：

220　第2章　地域研究

稲荷山古墳群

所在	かすみがうら市（旧 霞ヶ浦町）大字安食字稲荷山1514-1ほか
立地	菱木川の左岸台地上。

群構成	前方後円墳	円墳	方墳	その他	総数
	0 (0)	2 (0)	0 (0)	0 (0)	2 (0)

埋葬施設	
墳輪	
主な副葬品	
年代	
備考	1号墳・・円墳径10.2m 高さ1.3m、2号墳・・円墳径18.5m 高さ2m
近在の大型古墳	富士見塚1号墳（前方後円墳全長80.2m）
文献	霞ヶ浦町教育委員会・筑波大学考古学研究室 2001 図版：

富士見塚古墳群

所在	かすみがうら市（旧 霞ヶ浦町）大字安食字稲荷山1555-3ほか
立地	霞ヶ浦と菱木川に挟まれた台地上。

群構成	前方後円墳	円墳	方墳	その他	総数
	1 (0)	4 (0)	0 (0)	箱形石棺（3号墳）	5 (0)

埋葬施設	粘土郭（1号墳）、箱形石棺（1号墳）、土坑（2号墳）、直刀
墳輪	1・3号墳
主な副葬品	金銅装馬具・金銅製歩揺・直刀・鉄鏃・玉類（1号墳）、青銅製鋲具（2号墳）、青銅製鉸具・直刀・ガラス玉（3号墳）
年代	1号墳・・6世紀前半、2号墳・・6世紀前半、3号墳・・6世紀後半
備考	1号墳・・前方後円墳全長80.2m 高さ9m、2号墳・・円墳径25m 高さ2m、3号墳・・円墳径18m 高さ1.5m、4号墳・・円墳径10m 高さ1m、5号墳・・円墳径10m 高さ1m
近在の大型古墳	
文献	かすみがうら市教育委員会 2006 図版：

庄衛門古墳

所在	かすみがうら市（旧 霞ヶ浦町）大字庄衛門台地上
立地	茨城県かすみがうら市・菱木川に流れ込む小河川の上流部右台地上
墳形	円墳
墳丘規模	径11m×高さ1.2m

埋葬施設	
墳輪	
主な副葬品	
年代	
備考	
近在の大型古墳	
文献	霞ヶ浦町教育委員会・筑波大学考古学研究室 2001 図版：

太子古墳群

所在	かすみがうら市（旧 霞ヶ浦町）大字安食字太子734-1ほか
立地	菱木川の左岸台地上。

群構成	前方後円墳	円墳	方墳	その他	総数
	1 (0)	3 (3)	1 (0)	0 (0)	5 (3)

埋葬施設	箱形石棺
墳輪	
主な副葬品	直刀・鉄鏃（第1号墳）
年代	1号墳・・7世紀前半
備考	1号墳・・前方後円墳全長40m？石室内部に朱の円文がみられる。2号墳・・円墳径27m 高さ4m、3号墳・・方墳9m×11m、4号墳・・円墳径10m 高さ1m、5号墳・・円墳14m 高さ1.2m、6号墳・・（不明）、7号墳・・（不明）、8号墳・・（不明）
近在の大型古墳	
文献	霞ヶ浦町教育委員会・筑波大学考古学研究室 2001 図版：

笹塚古墳群

所在	茨城県かすみがうら市（旧 霞ヶ浦町）大字安食字太子734-1ほか
立地	菱木川の左岸台地上。

群構成	前方後円墳	円墳	方墳	上円下方？	総数
	0 (0)	0 (6)	0 (0)	1 (0)	1 (6)

埋葬施設	箱形石棺（6号墳）
墳輪	
主な副葬品	直刀・鉄鏃
年代	
備考	1号墳・・上円下方墳？一辺23m 高さ6m、2号墳・・円墳？（不明）、3号墳・・円墳（不明）、4号墳・・円墳（不明）、5号墳・・円墳（不明）、6号墳・・円墳径12m 高さ0.8m
近在の大型古墳	霞ヶ浦町教育委員会：太子1号墳（前方後円墳全長40m？）
文献	霞ヶ浦町教育委員会・筑波大学考古学研究室 2001 図版：

野中古墳群

所在	かすみがうら市（旧 霞ヶ浦町）大字安食字太子2292-1ほか
立地	菱木川の左岸台地上。

群構成	前方後円墳	円墳	方墳	その他	総数
	1 (0)	0 (15)	0 (0)	0 (0)	1 (15)

埋葬施設	箱形石棺（1・5号墳）
墳輪	1号墳
主な副葬品	
年代	
備考	1号墳・・前方後円墳全長28.7m、2号墳・・円墳径20m 高さ1m、3号墳・・円墳径18m 高さ1m、4号墳・・円墳径20m 高さ1m、5号墳・・円墳（不明）、6号墳・・円墳（不明）、7号墳・・円墳（不明）、8号墳・・円墳（不明）、9号墳・・円墳（不明）、10号墳・・円墳（不明）、11号墳・・円墳（不明）、12号墳・・円墳（不明）、13号墳・・円墳（不明）、14号墳・・円墳（不明）、15号墳・・円墳（不明）、16号墳・・円墳（不明）
近在の大型古墳	霞ヶ浦町教育委員会：太子1号墳（前方後円墳全長40m？）
文献	霞ヶ浦町教育委員会・筑波大学考古学研究室 2001 図版：

かすみがうら市域の古墳群

坂田古墳	所在：茨城県かすみがうら市（旧 霞ヶ浦町）大字上軽部字坂田 365 ほか
	立地：菱木川の中流部右岸台地上
	墳形：円墳　墳丘規模：径 9.3m × 高さ 2m
	埋葬施設：
	主な副葬品：
	年代：
	備考：
	文献：霞ヶ浦町教育委員会・筑波大学考古学研究室 2001　図版：
	近在の大型古墳：

上軽部古墳	所在：茨城県かすみがうら市（旧 霞ヶ浦町）大字上軽部字五反田堀 212
	立地：菱木川の中流部右岸台地上
	墳形：不明　墳丘規模：不明
	埋葬施設：
	主な副葬品：
	年代：
	備考：
	文献：霞ヶ浦町教育委員会・筑波大学考古学研究室 2001　図版：
	近在の大型古墳：

反町古墳	所在：茨城県かすみがうら市（旧 霞ヶ浦町）大字西成井中根 2032-1
	立地：菱木川が形成する小支谷奥部に面する台地上
	墳形：不明　墳丘規模：不明
	埋葬施設：
	主な副葬品：
	年代：
	備考：
	文献：霞ヶ浦町教育委員会・筑波大学考古学研究室 2001　図版：
	近在の大型古墳：

池端古墳群	所在：茨城県かすみがうら市（旧 霞ヶ浦町）大字岩坪字正佛田 1845 ほか
	立地：菱木川が形成する小支谷奥部に面する台地上

群構成	前方後円墳	円墳	方墳	その他	総数
	0 (0)	2 (2)	0 (0)	0 (0)	2 (2)

	埋葬施設：
	墳輪：
	主な副葬品：
	年代：
	備考：1 号墳（大日塚古墳）‥円墳、径 8m、高さ 2m、2 号墳‥円墳、径 10m、高さ 1m、3 号墳‥円墳、径 4m、高さ 0.5m、4 号墳（池端古墳）‥円墳、径 11.2m、高さ 2m
	近在の大型古墳：
	文献：霞ヶ浦町教育委員会・筑波大学考古学研究室 2001　図版：

稗田古墳	所在：茨城県かすみがうら市（旧 霞ヶ浦町）大字西成井字稗田 220-2
	立地：菱木川が形成する小支谷奥部に面する台地上
	墳形：円墳　墳丘規模：径 10.3m × 高さ 1.5m
	埋葬施設：
	主な副葬品：
	年代：
	備考：
	文献：霞ヶ浦町教育委員会・筑波大学考古学研究室 2001　図版：
	近在の大型古墳：

長町古墳	所在：茨城県かすみがうら市（旧 霞ヶ浦町）大字西成井字長町 507-1 ほか
	立地：菱木川に流れ込む小河川の中流部右岸台地上
	墳形：円墳　墳丘規模：径 13m × 高さ 1m
	埋葬施設：箱形石棺
	主な副葬品：
	年代：
	備考：石棺露出
	文献：霞ヶ浦町教育委員会・筑波大学考古学研究室 2001　図版：
	近在の大型古墳：

大日古墳	所在：茨城県かすみがうら市（旧 霞ヶ浦町）大字西成井字宮尻 1565
	立地：菱木川が形成する小支谷奥部に面する台地上
	墳形：円墳　墳丘規模：径 13.6 × 高さ 2.5m
	埋葬施設：箱形石棺
	主な副葬品：
	年代：
	備考：石棺露出
	文献：霞ヶ浦町教育委員会・筑波大学考古学研究室 2001　図版：
	近在の大型古墳：

山王古墳群	所在：茨城県かすみがうら市（旧 霞ヶ浦町）大字西成井字山王 1377 ほか
	立地：菱木川が形成する小支谷奥部に面する台地上

群構成	前方後円墳	円墳	方墳	その他	総数
	1 (0)	3 (0)	0 (0)	0 (0)	4 (0)

	埋葬施設：
	墳輪：
	主な副葬品：
	年代：
	備考：1 号墳‥円墳、径 7m、高さ 0.5m、2 号墳‥前方後円墳、前長 19.2m、高さ 1.5m、3 号墳‥円墳、径 16.2m、高さ 1.5m、4 号墳‥円墳、径 18.2m、高さ 2.5m
	近在の大型古墳：
	文献：霞ヶ浦町教育委員会・筑波大学考古学研究室 2001　図版：

第2章 地域研究

堀の内古墳
- 所在：茨城県かすみがうら市（旧 霞ヶ浦町）大字田伏字堀の内3311
- 立地：霞ヶ浦と小支谷に挟まれた台地上
- 墳形：円墳
- 墳丘規模：径26m、高さ2m
- 埋葬施設：
- 埴輪：
- 主な副葬品：
- 年代：
- 備考：
- 近在の大型古墳：
- 文献：霞ヶ浦町教育委員会・筑波大学考古学研究室 2001　図版：

桜山古墳
- 所在：かすみがうら市（旧 霞ヶ浦町）大字田伏3779
- 立地：霞ヶ浦と小支谷に挟まれた台地上
- 墳形：円墳
- 墳丘規模：径26.5m、高さ3m
- 埋葬施設：
- 埴輪：
- 主な副葬品：
- 年代：
- 備考：
- 近在の大型古墳：
- 文献：霞ヶ浦町教育委員会・筑波大学考古学研究室 2001　図版：

権兵山古墳群
- 所在：かすみがうら市（旧 霞ヶ浦町）大字田伏字根本3429-1
- 立地：霞ヶ浦と小支谷に挟まれた台地上

群構成	前方後円墳	円墳	方墳	その他	総数
	0 (0)	1 (1)	0 (0)	0 (0)	1 (1)

- 埋葬施設：
- 埴輪：
- 主な副葬品：
- 年代：
- 備考：1号墳・・円墳、径15m、高さ2.5m、2号墳・・円墳、径9m、高さ1m
- 近在の大型古墳：
- 文献：霞ヶ浦町教育委員会・筑波大学考古学研究室 2001　図版：

田伏愛宕山古墳
- 所在：かすみがうら市（旧 霞ヶ浦町）大字田伏字藤峰3502
- 立地：霞ヶ浦と小支谷に挟まれた台地上
- 墳形：円墳
- 墳丘規模：径30m、高さ10m
- 埋葬施設：
- 埴輪：
- 主な副葬品：
- 年代：
- 備考：
- 近在の大型古墳：
- 文献：霞ヶ浦町教育委員会・筑波大学考古学研究室 2001　図版：

中居古墳
- 所在：茨城県かすみがうら市（旧 霞ヶ浦町）大字岩坪字中居1069-2ほか
- 立地：菱木川が形成する小支谷奥部に面する台地上
- 墳形：前方後円墳
- 墳丘規模：全長24m、高さ2.5m
- 埋葬施設：
- 埴輪：
- 主な副葬品：
- 年代：
- 備考：
- 近在の大型古墳：
- 文献：霞ヶ浦町教育委員会・筑波大学考古学研究室 2001　図版：

駒木山古墳
- 所在：茨城県かすみがうら市（旧 霞ヶ浦町）大字中台字小駒木山556-3
- 立地：一ノ瀬川の中流部左岸台地上
- 墳形：円墳
- 墳丘規模：径5m、高さ1m
- 埋葬施設：
- 埴輪：
- 主な副葬品：
- 年代：
- 備考：別名たてはの塚古墳
- 近在の大型古墳：
- 文献：霞ヶ浦町教育委員会・筑波大学考古学研究室 2001　図版：

中台古墳群
- 所在：かすみがうら市（旧 霞ヶ浦町）大字中台字山ノ神436ほか
- 立地：一ノ瀬川が形成する小支谷奥部に面する台地上

群構成	前方後円墳	円墳	方墳	その他	総数
	0 (0)	2 (2)	0 (0)	0 (0)	2 (2)

- 埋葬施設：
- 埴輪：
- 主な副葬品：
- 年代：
- 備考：1号墳・・円墳、径20m、高さ1.6m、2号墳・・円墳、径3m、高さ0.5m、3号墳・・円墳、径3m、高さ0.8m、4号墳・・円墳、径4m、高さ0.6m
- 近在の大型古墳：
- 文献：霞ヶ浦町教育委員会・筑波大学考古学研究室 2001　図版：

小池古墳群
- 所在：かすみがうら市（旧 霞ヶ浦町）大字田伏字小池3218
- 立地：霞ヶ浦の面する台地上

群構成	前方後円墳	円墳	方墳	その他	総数
	0 (0)	1 (1)	0 (0)	0 (0)	1 (1)

- 埋葬施設：箱形石棺（1号墳）
- 埴輪：
- 主な副葬品：
- 年代：
- 備考：1号墳・・不明、2号墳・・円墳、径7m、高さ1.8m
- 近在の大型古墳：
- 文献：霞ヶ浦町教育委員会・筑波大学考古学研究室 2001　図版：

水神古墳

項目	内容
所在	茨城県かすみがうら市（旧 霞ヶ浦町）大字田伏字水神 5468-7
立地	小支谷中部に面する台地上
墳形	円墳
墳丘規模	径 12m×高さ 1m
埋葬施設	
墳輪	
主な副葬品	
年代	
備考	
近在の大型古墳	
文献	霞ヶ浦町教育委員会・筑波大学考古学研究室 2001 図版：

大平古墳

所在	茨城県かすみがうら市（旧 霞ヶ浦町）大字坂字大平 4302-7
立地	小支谷奥部に面する台地上
墳形	円墳
墳丘規模	径 12m、高さ 1m
埋葬施設	箱形石棺
墳輪	
主な副葬品	
年代	
備考	
近在の大型古墳	
文献	霞ヶ浦町教育委員会・筑波大学考古学研究室 2001 図版：

大日塚古墳群

所在：かすみがうら市（旧 霞ヶ浦町）大字坂字御山久保 4099-2 ほか
立地：小支谷奥部に面する台地上

群構成	前方後円墳	円墳	方墳	その他	総数
	0 (0)	2 (0)	0 (0)	0 (0)	2 (0)

項目	内容
埋葬施設	
墳輪	
主な副葬品	
年代	
備考	1号墳・・円墳、径は不明、高さ 2m。2号墳・・円墳、径は不明、高さ 4m
近在の大型古墳	
文献	霞ヶ浦町教育委員会・筑波大学考古学研究室 2001 図版：

小山古墳

所在	かすみがうら市（旧 霞ヶ浦町）大字田伏字向地 4598-2
立地	小支谷に面する台地上
墳形	円墳
墳丘規模	径 10.6m、高さ 3.5m
埋葬施設	
墳輪	
主な副葬品	
年代	
備考	
近在の大型古墳	
文献	霞ヶ浦町教育委員会・筑波大学考古学研究室 2001 図版：

新田後古墳群

所在：茨城県かすみがうら市（旧 霞ヶ浦町）大字田伏字新田後 5137-1
立地：小支谷奥部に面する台地上

群構成	前方後円墳	円墳	方墳	その他	総数
	0 (0)	1 (1)	0 (0)	0 (0)	1 (1)

項目	内容
埋葬施設	
墳輪	
主な副葬品	
年代	
備考	1号墳・・円墳、径 9.7m、高 1.5m。2号墳・・円墳、径 4.7m、高 0.8m
近在の大型古墳	
文献	霞ヶ浦町教育委員会・筑波大学考古学研究室 2001 図版：

馬宮古墳群

所在：茨城県かすみがうら市（旧 霞ヶ浦町）大字田伏字馬宮 4801-2
立地：小支谷奥部に面する台地上

群構成	前方後円墳	円墳	方墳	その他	総数
	1 (0)	1 (0)	0 (0)	0 (0)	2 (0)

項目	内容
埋葬施設	
墳輪	
主な副葬品	
年代	
備考	1号墳・・前方後円墳、径 10m、高 0.5m。2号墳・・円墳、径 6.5m、高 1.6m
近在の大型古墳	
文献	霞ヶ浦町教育委員会・筑波大学考古学研究室 2001 図版：

小野崎古墳

所在	茨城県かすみがうら市（旧 霞ヶ浦町）大字田伏字小野崎 5462-1
立地	小支谷中部に面する台地上
墳形	不明
墳丘規模	不明
埋葬施設	箱形石棺
墳輪	
主な副葬品	
年代	
備考	1986 年石棺発形
近在の大型古墳	
文献	霞ヶ浦町教育委員会・筑波大学考古学研究室 2001 図版：

第 2 章　地域研究

折越十日塚古墳	所在：茨城県かすみがうら市（旧 霞ヶ浦町）大字坂字新地 3840 立地：小支谷奥部に面する台地上 群構成：前方後円墳　墳丘規模：全長 60m × 高さ 4m 埋葬施設：横穴式石室 埴輪： 主な副葬品： 年代： 備考：横穴式石室内の後室台側石に未練、箱形石棺側石外側石が全体未塗り 近在の大型古墳： 文献：霞ヶ浦町教育委員会・筑波大学考古学研究室 2001　図版：
要害館古墳	所在：茨城県かすみがうら市（旧 霞ヶ浦町）大字坂字館 3313 立地：小支谷奥部に面する台地上 墳形：円墳　墳丘規模：全長 20m × 高さ 2m 埋葬施設： 埴輪： 主な副葬品： 年代： 備考： 近在の大型古墳：折越十日塚古墳 文献：霞ヶ浦町教育委員会・筑波大学考古学研究室 2001　図版：
西方鹿島神社裏古墳	所在：茨城県かすみがうら市（旧 霞ヶ浦町）大字坂字西方 2735 立地：小支谷中部に面する台地上 墳形：円墳　墳丘規模：径 20.1m × 高さ 2m 埋葬施設： 埴輪： 主な副葬品： 年代： 備考： 近在の大型古墳： 文献：霞ヶ浦町教育委員会・筑波大学考古学研究室 2001　図版：
羽黒山古墳群	所在：茨城県かすみがうら市（旧 霞ヶ浦町）大字坂字前ノ内 1866 ほか 立地：一ノ瀬川が形成する小支谷に面する台地上 群構成： |	前方後円墳	円墳	方墳	不明	総数
---	---	---	---	---	---
	0 (0)	4 (1)	0 (0)	0 (0)	4 (1)	 埋葬施設： 埴輪： 主な副葬品： 年代： 備考：1 号墳・・・円墳、径 13.5m、高さ 1m、2 号墳・・・不明、3 号墳・・・円墳、径 15.9m、高さ 1m、4 号墳・・・円墳、径 30m、5 号墳・・・円墳、径 30m、高さ 3m 近在の大型古墳： 文献：霞ヶ浦町教育委員会・筑波大学考古学研究室 2001　図版：
坂稲荷山古墳群	所在：かすみがうら市（旧 霞ヶ浦町）大字坂字香取 4014-1 ほか 立地：小支谷奥部に面する台地上 群構成： |	前方後円墳	円墳	方墳	その他	総数
---	---	---	---	---	---
	1 (0)	10 (0)	0 (0)	0 (0)	11 (0)	 埋葬施設： 埴輪： 主な副葬品： 年代： 備考：1 号墳・・・前方後円墳、全長 59.4m、高さ 5m、2 号墳・・・円墳、径 8m、高さ 1m、3 号墳、径 5m、高さ 0.5m、6 号墳・・・円墳、径 5m、高さ 0.5m、4 号墳・・・円墳、径 3m、高さ 0.5m、5 号墳・・・円墳、径 3m、高さ 0.5m、7 号墳・・・円墳、径 3m、高さ 0.5m、8 号墳、径 3m、高さ 0.5m、9 号墳・・・円墳、径 0.5m、高さ 3m、10 号墳・・・円墳、径 3m、高さ 0.5m、11 号墳・・・円墳、径 5m、高さ 0.5m 近在の大型古墳： 文献：霞ヶ浦町教育委員会・筑波大学考古学研究室 2001　図版：
坂古墳	所在：茨城県かすみがうら市（旧 霞ヶ浦町）大字坂字新地 3840 立地：小支谷奥部に面する台地上 墳形：円墳　墳丘規模：径 30m × 高さ 2.5m 埋葬施設： 埴輪： 主な副葬品： 年代： 備考：別名どうじ塚古墳 近在の大型古墳： 文献：霞ヶ浦町教育委員会・筑波大学考古学研究室 2001　図版：
白幡古墳群	所在：かすみがうら市（旧 霞ヶ浦町）大字坂字台幡 4184 ほか 立地：小支谷奥部に面する台地上 群構成： |	前方後円墳	円墳	帆立貝	不明	総数
---	---	---	---	---	---
	0 (0)	9 (6)	0 (1)	0 (2)	9 (9)	 埋葬施設：箱形石棺（11～15 号墳） 埴輪： 主な副葬品： 年代： 備考：1 号墳・・・円墳、径 8.7m、高さ 1.8m、2 号墳・・・円墳、径 21.1m、高さ 3m、3 号墳、径 16m、高さ 2m、4 号墳・・・円墳、径 15m、高さ 2m、5 号墳・・・円墳、径 13m、高さ 1m、6 号墳、径 15.5m、高さ 1m、7 号墳・・・円墳、径 15.5m、高さ 1m、8 号墳・・・円墳、径 13m、高さ 0.9m、9 号墳・・・円墳、径 17.6m、高さ 1.8m、10 号墳・・・円墳、径 15m、高さ 1.5m、11 号墳・・・円墳、径 20m、高さ 1.1m、12 号墳・・・円墳、径 1.3m、13 号墳・・・円墳、径 14m、高さ 0.7m、14 号墳・・・帆立貝、径 25.6m、高さ 2m、15 号墳・・・円墳、径 17m、高さ 0.9m、16 号墳・・・円墳、径 10m、高さ 0.55m、17 号墳・・・円墳、径 12.2m、高さ 1m、18 号墳・・・不明 近在の大型古墳：折越十日塚古墳 文献：霞ヶ浦町教育委員会・筑波大学考古学研究室 2001　図版：

かすみがうら市域の古墳群

志戸崎横穴群

所在	かすみがうら市（旧 霞ヶ浦町）大字坂戸崎戸崎873-1
立地	小支谷河口部に面する台地上
墳形	横穴墓
墳丘規模	
埋葬施設	
埴輪	
主な副葬品	
年代	
備考	1号墓・・長さ2.1m、幅1m、1965年発掘　2号墓・・長さ未詳、幅1m
近在の大型古墳	
文献	霞ヶ浦町教育委員会・筑波大学考古学研究室2001
図版	

小沼弁天塚古墳

所在	かすみがうら市（旧 霞ヶ浦町）大字坂字小沼1220-49
立地	一ノ瀬川河口部に面する低地
墳形	円墳
墳丘規模	径17m×高さ2m
埋葬施設	
埴輪	
主な副葬品	
年代	
備考	
近在の大型古墳	
文献	霞ヶ浦町教育委員会・筑波大学考古学研究室2001
図版	

八幡古墳群

所在	かすみがうら市（旧 霞ヶ浦町）大字牛渡字八幡5548-1ほか				
立地	一ノ瀬川より入り込む小支谷奥部の台地上				
	前方後円墳	円墳	方墳	帆立貝	総数
	1 (0)	4 (0)	0 (0)	1 (0)	6 (0)
埋葬施設					
埴輪					
主な副葬品					
年代					
備考	1号墳・・円墳、径6m、高さ2.5m、2号墳・・帆立貝、径31.2m、高さ3.5m、3号墳、径4m、高さ1m、5号墳・・前方後円墳、全長16.4m、高さ1m、半裏、6号墳・・円墳、径4m、高さ0.8m				
近在の大型古墳					
文献	霞ヶ浦町教育委員会・筑波大学考古学研究室2001				
図版					

孔母神古墳群

所在	かすみがうら市（旧 霞ヶ浦町）字平1938ほか				
立地	小支谷奥部に面する台地上				
群構成	前方後円墳	円墳	方墳	不明	総数
	0 (0)	1 (3)	0 (0)	3 (0)	1 (3)
埋葬施設	箱形石棺				
埴輪					
主な副葬品					
年代					
備考	1号墳・・不明、2号墳・・不明、3号墳・・円墳、径8m、高さ0.5m、4号墳・・不明				
近在の大型古墳					
文献	霞ヶ浦町教育委員会・筑波大学考古学研究室2001				
図版					

天神山古墳

所在	かすみがうら市（旧 霞ヶ浦町）大字坂字後久保1052ほか
立地	小支谷河口部に面する台地上
墳形	円墳
墳丘規模	径16.3m×高さ3m
埋葬施設	
埴輪	
主な副葬品	
年代	
備考	
近在の大型古墳	
文献	霞ヶ浦町教育委員会・筑波大学考古学研究室2001
図版	

後久保古墳

所在	かすみがうら市（旧 霞ヶ浦町）大字坂字後久保853-1
立地	霞ヶ浦に面する台地上
墳形	円墳
墳丘規模	径26m×高さ8m
埋葬施設	
埴輪	
主な副葬品	
年代	
備考	
近在の大型古墳	
文献	霞ヶ浦町教育委員会・筑波大学考古学研究室2001
図版	

長峯古墳

所在	かすみがうら市（旧 霞ヶ浦町）大字坂字長峯965-1
立地	霞ヶ浦に面する台地上
墳形	円墳
墳丘規模	径18.5m×高さ1m
埋葬施設	
埴輪	
主な副葬品	
年代	
備考	
近在の大型古墳	
文献	霞ヶ浦町教育委員会・筑波大学考古学研究室2001
図版	

第 2 章　地域研究

房中古墳群

所在：かすみがうら市（旧 霞ヶ浦町）大字牛渡字壇前 2016-2 ほか
立地：霞ヶ浦に面する台地上

群構成	前方後円墳	円墳	方墳	その他	総数
	2 (0)	3 (4)	1 (0)	0 (0)	6 (4)

埋葬施設：箱形石棺
埴輪：
主な副葬品：
年代：
備考：1号墳・・・前方後円墳、全長 24.7m、高さ 2.5m、石棺材あり、2号墳・・・方墳、一辺 17m、高さ 1.6m、3号墳・・・円墳、径 10.2m、4号墳・・・前方後円墳、全長 21m、高さ 2m、5号墳・・・円墳、径 20m、高さ 2m、石棺材あり、6号墳・・・不明、石棺発見後湮滅、7号墳・・・不明、石棺発見後湮滅、8号墳・・・円墳、径 5m、高さ 1m、半壊、10号墳・・・円墳、径 5m、高さ 1m、湮滅、石棺材あり
近在の大型古墳：
文献：霞ヶ浦町教育委員会・筑波大学考古学研究室 2001　**図版**：

塚原古墳

所在：かすみがうら市（旧 霞ヶ浦町）大字牛渡字塚原 2978
立地：霞ヶ浦より入り込む小支谷により開析された台地上
墳形：円墳　　**墳丘規模**：径 9m×高さ 1.4m
埋葬施設：
埴輪：
主な副葬品：
年代：
備考：1978 年調査後湮滅
近在の大型古墳：
文献：霞ヶ浦町教育委員会・筑波大学考古学研究室 2001　**図版**：

八田古墳

所在：かすみがうら市（旧 霞ヶ浦町）大字牛渡字八田 1949 ほか
立地：霞ヶ浦に面する台地上
墳形：前方後円墳　　**墳丘規模**：全長 27m×高さ 3m
埋葬施設：
埴輪：
主な副葬品：
年代：
備考：
近在の大型古墳：
文献：霞ヶ浦町教育委員会・筑波大学考古学研究室 2001　**図版**：

水ノ口古墳群

所在：かすみがうら市（旧 霞ヶ浦町）大字牛渡字水ノ口 3064
立地：一ノ瀬川より入り込む小支谷奥部の台地上

群構成	前方後円墳	円墳	方墳	その他	総数
	0 (0)	0 (5)	0 (0)	0 (0)	0 (5)

埋葬施設：
埴輪：
主な副葬品：
年代：
備考：1号墳・・・円墳、径 5m、高さ 1m、湮滅、2号墳・・・円墳、径 5m、高さ 1m、湮滅、3号墳・・・円墳、径 5m、高さ 1m、湮滅、4号墳・・・円墳、径 5m、高さ 1m、湮滅、5号墳・・・円墳、径 5m、高さ 1m、湮滅
近在の大型古墳：
文献：霞ヶ浦町教育委員会・筑波大学考古学研究室 2001　**図版**：

観音堂後古墳群

所在：かすみがうら市（旧 霞ヶ浦町）大字牛渡字観音堂後 5287
立地：一ノ瀬川より入り込む小支谷奥部の台地上

群構成	前方後円墳	円墳	方墳	その他	総数
	0 (0)	2 (0)	0 (0)	0 (0)	2 (0)

埋葬施設：
埴輪：
主な副葬品：
年代：
備考：1号墳・・・円墳、径 9.2m、高さ 2m、2号墳・・・円墳、径 8.1m、高さ 2m
近在の大型古墳：
文献：霞ヶ浦町教育委員会・筑波大学考古学研究室 2001　**図版**：

牛塚古墳

所在：かすみがうら市（旧 霞ヶ浦町）大字牛渡字牛塚 2041
立地：霞ヶ浦に面する低地
墳形：円墳　　**墳丘規模**：径 40m、高さ 4m
埋葬施設：
埴輪：壺形埴輪
主な副葬品：
年代：
備考：市指定文化財
文献：田中・日高 1996　**図版**：

かすみがうら市域の古墳群

根山台古墳群

所在	かすみがうら市（旧 霞ヶ浦町）大字牛渡字新南 2746-5 ほか
立地	霞ヶ浦に面する台地上

群構成	前方後円墳	円墳	方墳	その他	総数
	0 (0)	1 (5)	1 (0)	0 (0)	2 (5)

埋葬施設	
墳輪	
主な副葬品	
年代	
備考	1号墳・・方墳　一辺9m、高さ0.4m、2号墳・・円墳　径9.5m、高さ0.4m、3号墳・・円墳　径16m、高さ0.7m、4号墳・・円墳　径20m、高さ0.7m、5号墳・・不明、湮滅、6号墳　径10m、高さ0.7m、7号墳・・不明、湮滅
近在の大型古墳	
文献	霞ヶ浦町教育委員会・筑波大学考古学研究室 2001　図版：

寺山古墳群

所在	かすみがうら市（旧 霞ヶ浦町）大字牛渡字寺山 2737-1 ほか
立地	霞ヶ浦に面する台地上

群構成	前方後円墳	円墳	帆立貝	方墳	総数
	2 (0)	1 (0)	1 (0)	0 (0)	4 (0)

埋葬施設	
墳輪	
主な副葬品	
年代	
備考	1号墳・・前方後円墳、全長60m、高さ6m、2号墳・・前方後円墳、全長29m、高さ1.8m、3号墳・・帆立貝？、径20m、高さ2m、4号墳・・円墳　径31.5m、高さ2.5m
近在の大型古墳	
文献	霞ヶ浦町教育委員会・筑波大学考古学研究室 2001　図版：

谷ヶ後古墳

所在	かすみがうら市（旧 霞ヶ浦町）大字牛渡字谷ヶ後 2813-2
立地	霞ヶ浦より入り込む小支谷により開析された台地上
墳形	
墳丘規模	
埋葬施設	箱形石棺
墳輪	
主な副葬品	
年代	
備考	1980年発掘、石棺出土。湮滅
近在の大型古墳	
文献	霞ヶ浦町教育委員会・筑波大学考古学研究室 2001　図版：

兵庫條古墳群

所在	かすみがうら市（旧 霞ヶ浦町）大字牛渡字羽黒 2625 ほか
立地	霞ヶ浦に面する台地上

群構成	前方後円墳	円墳	方墳	その他	総数
	0 (0)	5 (0)	0 (0)	0 (0)	5 (0)

埋葬施設	箱形石棺
墳輪	
主な副葬品	
年代	
備考	1号墳・・円墳　径13m、高さ3.5m、石棺、2号墳・・円墳　径5.1m、高さ0.7m、3号墳・・円墳　径4.8m、高さ0.5m、4号墳　径8.2m、高さ0.8m、5号墳・・円墳　径7.6m、高さ0.5m
近在の大型古墳	
文献	霞ヶ浦町教育委員会・筑波大学考古学研究室 2001　図版：

羽黒古墳群

所在	かすみがうら市（旧 霞ヶ浦町）大字牛渡 2673-1 ほか
立地	霞ヶ浦に面する台地上

群構成	前方後円墳	円墳	方墳	その他	総数
	0 (0)	3 (1)	0 (0)	0 (0)	3 (1)

埋葬施設	
墳輪	
主な副葬品	
年代	
備考	1号墳・・円墳　径20m、高さ1m、2号墳・・円墳　径18m、高さ2m、3号墳・・円墳　径10m、高さ0.8m
近在の大型古墳	
文献	霞ヶ浦町教育委員会・筑波大学考古学研究室 2001　図版：

十八塚古墳群

所在	かすみがうら市（旧 霞ヶ浦町）大字牛渡 2720-1 ほか
立地	霞ヶ浦に面する台地上

群構成	前方後円墳	円墳	方墳	その他	総数
	0 (0)	3 (3)	0	0 (0)	2 (4)

埋葬施設	箱形石棺
墳輪	
主な副葬品	
年代	
備考	1号墳・・円墳　径18m、高さ5m、2号墳・・円墳　径10m、高さ3.5m、湮滅、3号墳・・円墳　径20m、高さ1.6m、一部運滅、4号墳・・不明、湮滅、5号墳・・円墳　径33m、高さ1.5m、湮滅、石棺、6号墳・・不明、湮滅
近在の大型古墳	
文献	霞ヶ浦町教育委員会・筑波大学考古学研究室 2001　図版：

第 2 章　地域研究

柳梅台古墳群

所在	かすみがうら市（旧 霞ヶ浦町）大字牛渡字柳梅台 3329 ほか
立地	霞ヶ浦に面する台地上

群構成	前方後方墳	円墳	方墳	帆立貝	総数
	1 (0)	4 (4)	0 (0)	2 (0)	7 (4)

埋葬施設	箱形石棺
埴輪	
主な副葬品	
年代	
備考	1号墳・・・前方後方墳、全長28.6m、高さ3.55m、1984年測量、2号墳・・・円墳、径20m、高さ0.8m、石棺、1984年測量、3号墳・・・円墳、径17.7m、高さ1m、4号墳・・・円墳、径20m、高さ2.5m、5号墳・・・円墳、径20m、高さ2m、6号墳・・・円墳、径15m、高さ3m、7号墳・・・円墳、径30m、高さ3.5m、8号墳・・・円墳、径18m、高さ0.7m、石棺、1984年測量、9号墳・・・円墳、径7m、高さ1.5m、湮滅、10号墳・・・円墳、径10m、高さ0.7m、湮滅、11号墳・・・不明、湮滅、石棺あり
近在の大型古墳	
文献	霞ヶ浦町教育委員会・筑波大学考古学研究室 2001　図版：

南根本古墳群

所在	かすみがうら市（旧 霞ヶ浦町）大字南根本字谷頭 679 − 1 ほか
立地	一ノ瀬川に入りこむ小支谷により開析された台地上

群構成	前方後円墳	円墳	方墳	その他	総数
	0 (0)	4 (2)	0 (0)	0 (0)	4 (2)

埋葬施設	
埴輪	
主な副葬品	
年代	
備考	1号墳・・・円墳、径20.3m、高さ2.5m、2号墳・・・円墳、径6.5m、高さ0.5m、3号墳・・・円墳、径8.2m、高さ1.1m、4号墳・・・円墳、径13.2m、高さ1.7m、半壊、5号墳・・・円?、湮滅、6号墳・・・円墳、径10m、高さ0.7m、湮滅
近在の大型古墳	
文献	霞ヶ浦町教育委員会・筑波大学考古学研究室 2001　図版：

稲荷塚古墳群

所在	かすみがうら市（旧 霞ヶ浦町）大字深谷字ぬノ区 73 ほか
立地	一ノ瀬川に入りこむ小支谷により開析された台地上

群構成	前方後円墳	円墳	方墳	その他	総数
	0 (0)	3 (2)	0 (0)	0 (0)	3 (2)

埋葬施設	箱形石棺
埴輪	
主な副葬品	
年代	
備考	1号墳・・・円墳、径12.3m、高さ1.5m、2号墳・・・円墳、径26m、高さ2m、3号墳・・・円墳、径12.5m、高さ1m、湮滅、4号墳・・・円墳、径5m、高さ0.5m、半壊、5号墳・・・円墳、径10m、高さ2m、半壊、石材あり
近在の大型古墳	
文献	霞ヶ浦町教育委員会・筑波大学考古学研究室 2001　図版：

新南古墳

所在	かすみがうら市（旧 霞ヶ浦町）大字牛渡字新南 2776 − 3
立地	霞ヶ浦より入り込む小支谷により開析された台地上

群構成				墳丘規模	

埋葬施設	箱形石棺
埴輪	
主な副葬品	
年代	
備考	1975年発掘、石棺出土。湮滅
近在の大型古墳	
文献	霞ヶ浦町教育委員会・筑波大学考古学研究室 2001　図版：

銚子塚古墳群

所在	かすみがうら市（旧 霞ヶ浦町）大字牛渡字銚子塚 4002 − 2 ほか
立地	霞ヶ浦より入り込む小支谷により開析された台地上

群構成	前方後円墳	円墳	方墳	その他	総数
	2 (0)	0 (0)	0 (0)	0 (0)	2 (0)

埋葬施設	箱形石棺
埴輪	
主な副葬品	
年代	
備考	1号墳・・・前方後円墳、全長64m、高さ5.6m、1991年測量、石棺、市指定文化財、2号墳・・・前方後円墳、全長40m、高さ7m、半壊、石棺、銚子塚東古墳
近在の大型古墳	
文献	田中 1999

内台古墳

所在	かすみがうら市（旧 霞ヶ浦町）大字牛渡字内台 3922 − 3
立地	霞ヶ浦より入り込む小支谷により開析された台地上

群構成	前方後円墳	円墳	方墳	その他	総数
	0 (0)				

埋葬施設	円墳
埴輪	
主な副葬品	
年代	
備考	墳丘規模：径7.3m、高さ0.5m
近在の大型古墳	
文献	霞ヶ浦町教育委員会・筑波大学考古学研究室 2001　図版：

寺ノ内古墳群

所在	かすみがうら市（旧 霞ヶ浦町）大字牛渡字貝塚 4192 − 1 ほか
立地	霞ヶ浦より入り込む小支谷により開析された台地上

群構成	前方後円墳	円墳	方墳	その他	総数
	0 (0)	4 (0)	0 (0)	0 (0)	4 (0)

埋葬施設	
埴輪	
主な副葬品	
年代	
備考	1号墳・・・円墳、径8.2m、高さ0.5m、2号墳・・・円墳、径11m、高さ1.6m、3号墳・・・円墳、径10m、高さ1.5m、4号墳・・・円墳、径12.5m、高さ0.6m
近在の大型古墳	
文献	霞ヶ浦町教育委員会・筑波大学考古学研究室 2001　図版：

かすみがうら市域の古墳群　229

富士塚山古墳

項目	内容
所在	かすみがうら市（旧 霞ヶ浦町）大字深谷字ゆノ区 3434-3 ほか
立地	一ノ瀬川に入りこむ小支谷により開析された台地上
墳形	方墳
墳丘規模	25×25m、高さ4m
埋葬施設	
埴輪	
主な副葬品	
年代	
備考	近在の大型古墳
文献	霞ヶ浦町教育委員会・筑波大学考古学研究室 2001　図版：

熊壁古墳

所在	かすみがうら市（旧 霞ヶ浦町）大字深谷字き ノ区 3379 ほか
立地	紀ノ瀬川に面する左岸台地上
墳形	円墳
墳丘規模	11×11.9m、高さ2.5m
埋葬施設	
埴輪	
主な副葬品	
年代	
備考	近在の大型古墳
文献	霞ヶ浦町教育委員会・筑波大学考古学研究室 2001　図版：

田中古墳群

所在	かすみがうら市（旧 霞ヶ浦町）大字深谷字か ノ区 1103-17 ほか
立地	紀ノ瀬川に面する左岸台地上

群構成	前方後円墳	円墳	方墳	その他	総数
	0 (0)	0 (4)	0 (0)	0 (0)	0 (4)

項目	内容
埋葬施設	
埴輪	
主な副葬品	
年代	
備考	1号墳‥‥円墳、径6m、高さ1m、湮滅、石棺材あり、2号墳‥‥円墳、5m、高さ1m、湮滅、石棺材あり、3号墳‥‥円墳、径2.3m、高さ0.8m、湮滅、4号墳‥‥円墳、径4m、高さ1.4m、湮滅
文献	霞ヶ浦町教育委員会・筑波大学考古学研究室 2001　図版：

金塚家古墳

所在	かすみがうら市（旧 霞ヶ浦町）大字深谷字も ノ区 3963-37 ほか
立地	紀ノ川により小支谷により開析された台地上
墳形	円墳
墳丘規模	径20m、高さ2m
埋葬施設	
埴輪	
主な副葬品	
年代	
備考	湮滅
文献	霞ヶ浦町教育委員会・筑波大学考古学研究室 2001　図版：

深谷愛宕山古墳

所在	かすみがうら市（旧 霞ヶ浦町）大字深谷字ろノ区 57
立地	紀の川に面した左岸台地上
墳形	円墳？
墳丘規模	
埋葬施設	
埴輪	
主な副葬品	
年代	
備考	石棺材あり、湮滅
文献	霞ヶ浦町教育委員会・筑波大学考古学研究室 2001　図版：

深谷愛宕塚古墳群

所在	かすみがうら市（旧 霞ヶ浦町）大字深谷字よノ区 1251
立地	紀ノ瀬川に面する左岸台地上

群構成	前方後円墳	円墳	方墳	その他	総数
	0 (0)	0 (0)	2 (0)	0 (0)	2 (0)

項目	内容
埋葬施設	
埴輪	
主な副葬品	
年代	
備考	1号墳‥‥方墳、9.95×10.8m、高さ1.15m、2号墳‥‥方墳、10.95×11.3m、高さ1.4m
文献	霞ヶ浦町教育委員会・筑波大学考古学研究室 2001　図版：

下原古墳群

所在	かすみがうら市（旧 霞ヶ浦町）大字深谷字なノ区 1985 ほか
立地	紀ノ瀬川に面する左岸台地上

群構成	前方後円墳	円墳	方墳	その他	総数
	0 (0)	3 (0)	0 (0)	0 (0)	3 (0)

項目	内容
埋葬施設	
埴輪	
主な副葬品	
年代	
備考	1号墳‥‥円墳、径5.4m、高さ0.4m、2号墳‥‥円墳、9.4m、高さ1.4m、3号墳‥‥円墳、径3m、高さ0.5m
文献	霞ヶ浦町教育委員会・筑波大学考古学研究室 2001　図版：

戸崎愛宕山古墳群

項目	内容
所在	かすみがうら市（旧 霞ヶ浦町）大字戸崎字下宿 681 ほか
立地	霞ヶ浦に面する左岸台地上

群構成	前方後円墳	円墳	方墳	その他	総数
	0 (0)	0 (2)	0 (0)	0 (0)	0 (2)

項目	内容
埋葬施設	箱形石棺
埴輪	
主な副葬品	
年代	
備考	運滅、未評
近在の大型古墳	
文献	霞ヶ浦町教育委員会・筑波大学考古学研究室 2001
図版	

女人塚古墳

所在	かすみがうら市（旧 霞ヶ浦町）大字戸崎字一本松 2281
立地	川尻川に入りこむ小支谷により開析された台地上
墳形	円墳
墳丘規模	径 20m
埋葬施設	
埴輪	
主な副葬品	
年代	
備考	運滅
近在の大型古墳	
文献	霞ヶ浦町教育委員会・筑波大学考古学研究室 2001
図版	

榎前古墳群

所在	かすみがうら市（旧 霞ヶ浦町）大字加茂字榎前 4601 ほか
立地	川尻川に入りこむ小支谷により開析された台地上

群構成	前方後円墳	円墳	方墳	帆立貝	総数
	0 (0)	1 (1)	0 (0)	1 (0)	2 (1)

項目	内容
埋葬施設	
埴輪	
主な副葬品	
年代	
備考	1 号墳・・円墳、径 19.8m、高さ 1.3m、2 号墳・・円墳、径 8m、高さ 1m、半壊、3 号墳・・・帆立貝、不明、運滅
近在の大型古墳	
文献	霞ヶ浦町教育委員会・筑波大学考古学研究室 2001
図版	

柳沢古墳

所在	かすみがうら市（旧 霞ヶ浦町）大字戸崎字柳沢 2802-2 ほか
立地	紀ノ川に入りこむ小支谷により開析された台地上
墳形	円墳
墳丘規模	径 5m、高さ 1m
埋葬施設	
埴輪	
主な副葬品	
年代	
備考	一部運滅
近在の大型古墳	
文献	霞ヶ浦町教育委員会・筑波大学考古学研究室 2001
図版	

養老田古墳

所在	かすみがうら市（旧 霞ヶ浦町）大字戸崎字養老田 2008
立地	川尻川に入りこむ小支谷により開析された台地上
墳形	円墳
墳丘規模	径 16m、高さ 4m
埋葬施設	
埴輪	
主な副葬品	
年代	
備考	一部運滅
近在の大型古墳	
文献	霞ヶ浦町教育委員会・筑波大学考古学研究室 2001
図版	

八幡神社古墳

所在	かすみがうら市（旧 霞ヶ浦町）大字戸崎 1812
立地	川尻川に入りこむ小支谷により開析された台地上
墳形	円墳
墳丘規模	径 20m、高さ 2.6m
埋葬施設	
埴輪	
主な副葬品	
年代	
備考	
近在の大型古墳	
文献	霞ヶ浦町教育委員会・筑波大学考古学研究室 2001
図版	

戸崎古墳群

所在	かすみがうら市（旧 霞ヶ浦町）大字戸崎字中山 838 ほか
立地	霞ヶ浦に面する左岸台地上

群構成	前方後円墳	円墳	方墳	その他	総数
	0 (0)	2 (2)	0 (0)	0 (0)	2 (2)

項目	内容
埋葬施設	
埴輪	
主な副葬品	
年代	
備考	1 号墳・・円墳、径 15m、高さ 1m、2 号墳・・円墳、径 10m、高さ 1m、3 号墳・・円墳、径 8.2m、高さ 1.5m、4 号墳・・円墳、径 20m、高さ 2m、運滅
近在の大型古墳	
文献	霞ヶ浦町教育委員会・筑波大学考古学研究室 2001
図版	

かすみがうら市域の古墳群

崎浜横穴群

所在	かすみがうら市（旧 霞ヶ浦町）大字加茂字観音 782-1				
立地	川尻川に入りこむ小支谷により開析された台地上				
群構成	前方後円墳	円墳	方墳	横穴墓	総数
	0 (0)	0 (0)	0 (0)	17 (0)	0 (0)
埋葬施設					
埴輪					
主な副葬品	伝鉄剣出土				
年代					
備考	1号墓・・・幅2.5m、高さ2.5m、楣座あり、2号墓・・・幅1m、高さ0.7m、3号墓・・・奥行2.7m、幅3m、高さ2.7m、4号墓・・・幅1.25m、楣座あり、5号墓・・・幅1.5m、奥行0.7m、高さ1.3m、6号墓・・・奥行1.9m、幅1.3m、楣座あり、7号墓・・・奥行1.6m、幅1.2m、幅0.6m、高さ1.35m、8号墓・・・幅1.6m、高さ0.45m、9号墓・・・奥行1.6m、幅1.2m、10号墓・・・奥行1.6m、幅1.9m、11号墓・・・奥行0.5m、幅0.5m、12号墓・・・奥行1.6m、高さ0.7m、14号墓・・・奥行1.6m、幅0.4m、13号墓・・・幅0.5m、楣座あり、16号墓・・・奥行0.4m、幅0.7m、17号墓・・・奥行2.3m、幅1.3m、高さ2m、楣座あり				
近在の大型古墳					
文献	霞ヶ浦町教育委員会・筑波大学考古学研究室 2001　図版：				

大塚古墳群

所在	かすみがうら市（旧 霞ヶ浦町）大字加茂字鴨平 4050 ほか				
立地	霞ヶ浦川に入りこむ小支谷により開析された台地上				
群構成	前方後円墳	円墳	方墳	その他	総数
	0 (0)	0 (2)	0 (0)	0 (0)	0 (2)
埋葬施設					
埴輪					
主な副葬品					
年代					
備考	1号墳・・・円墳、消滅、石棺材あり、2号墳・・・円墳、消滅、大塚（王塚）古墳				
近在の大型古墳					
文献	霞ヶ浦町教育委員会・筑波大学考古学研究室 2001　図版：				

権現塚古墳群

所在	かすみがうら市（旧 霞ヶ浦町）大字加茂字折戸 4378 ほか				
立地	川尻川に入りこむ小支谷により開析された台地上				
群構成	前方後円墳	円墳	方墳	その他	総数
	1 (0)	0 (2)	0 (0)	0 (0)	1 (2)
埋葬施設	箱形石棺				
主な副葬品					
年代					
備考	1号墳・・・前方後円墳、全長不明、詳細不明、1977年発掘、人骨出土、消滅、3号墳・・・円墳、径8m、高さ3.5m、消滅、茶房塚古墳				
近在の大型古墳					
文献	霞ヶ浦町教育委員会・筑波大学考古学研究室 2001　図版：				

富士塚古墳群

所在	かすみがうら市（旧 霞ヶ浦町）大字加茂字富士塚 4265 ほか				
立地	川尻川に入りこむ小支谷により開析された台地上				
群構成	前方後円墳	円墳	方墳	その他	総数
	1 (0)	2 (0)	0 (0)	0 (0)	3 (0)
埋葬施設					
主な副葬品					
年代					
備考	1号墳・・・前方後円墳、全長23m、高さ5.3m、2号墳・・・円墳、径6m、高さ0.7m、3号墳・・・円墳、径8m、高さ1.8m				
近在の大型古墳					
文献	霞ヶ浦町教育委員会・筑波大学考古学研究室 2001　図版：				

軍塚古墳

所在	かすみがうら市（旧 霞ヶ浦町）大字加茂字立木山 4529 ほか
立地	川尻川に入りこむ小支谷により開析された台地上
墳形	円墳
墳丘規模	径40m、高さ11.2m
埋葬施設	
埴輪	
主な副葬品	
年代	
備考	
文献	霞ヶ浦町教育委員会・筑波大学考古学研究室 2001　図版：

田宿・赤塚古墳群	所在：かすみがうら市（旧 霞ヶ浦町）大加茂字田宿前2813 ほか				
	立地：霞ヶ浦に面した台地上				
	群構成	前方後方墳	前方後円墳	円墳	その他	総数
		0 (1)	4 (0)	9 (6)	0 (0)	13 (7)
	埋葬施設：				
	埴輪：壺形埴輪・円筒埴輪				
	主な副葬品：				
	年代：				
	備考：1号墳・・・全長63m、高さ4.5m、1995年測量、田宿天神塚古墳、2号墳・・・？、湮滅、3号墳・・・円墳、径13.8m、高さ0.8m、4号墳・・・円墳、径3m、5号墳・・・円墳、径20m、高さ4m、6号墳・・・円墳、径10m、半壊、7号墳・・・前方後円墳、全長40m、高さ4.3m、一部湮滅、10号墓・・・円墳、径18.5m、全長18.5m、8号墓・・・円墳、径13m、高さ2.5m、12号墳・・・円墳、径13.8m、高さ1.5m、13号墳・・・円墳、径14m、高さ3m、14号墳・・・前方後円墳、全長40m、高さ3m、半壊、赤塚権現塚古墳、15号墳・・・円墳、径9m、高さ1.5m、湮滅、16号墳・・・円墳、径11m、高さ30m、赤塚古墳、17号墳・・・円墳（規模不明）、湮滅、18号墳・・・円墳、径2.5m、湮滅、19号墳・・・円墳、径8.3m、高さ1.2m、一部湮滅、20号墳・・・円墳？（規模不明）、一部湮滅				
	近在の大型古墳：				
	文献：霞ヶ浦町教育委員会・筑波大学考古学研究室 2001				図版：

つくば市域の古墳群

石橋　充

はじめに

　つくば市は、昭和62年に大穂町・豊里町・谷田部町・桜村の4町村が合併して誕生した。その後、昭和63年に筑波町が、平成14年に茎崎町が加わり、北は筑波山、南は牛久沼までの南北約30km、東西約15km、面積284ha、人口約20万人という県内でも上位の規模を有する市となった。市の中心部には1970年に建設が始まった研究学園都市地区が位置し、その周囲には旧町村の中心市街地を核とした田園風景が広がっている。

　つくば市は合併によって大きな市域を有することとなったが、市内でも地形の特徴や歴史的な経緯は一様ではない。市域の地形は、北には標高877mの筑波山を中心とする筑波山地が広がり、その西から南を霞ヶ浦へと注ぐ大河川である桜川が流れる。桜川は万年前までは古鬼怒川の流路であり、両岸には現在の水量には見合わない広い低地が広がっている。桜川の右岸には標高20～30mの筑波台地が広がり、これを刻むように霞ヶ浦へと注ぐ花室川・小野川や、牛久沼へと注ぐ東谷田川・西谷田川などの中小河川が南流する。西には大河川である小貝川が南流し、現在では常総市・下妻市との境をなす。小貝川は古代常陸国と下総国との境界となっているが、古来流路が安定しておらず、古代には鬼怒川と区別されていなかったようである。古墳の立地は筑波山地と山麓の段丘、桜川に沿った低地、桜川右岸の筑波台地に大きく三分でき、河川流域では全体として鬼怒川・霞ヶ浦流域とはなるものの、桜川・霞ヶ浦へ繋がる市北東半の河川と、牛久沼・小貝川へ繋がる市南西半のものとで大きく二分できる。また、歴史的な経緯としても、古代の郡域では市の北半は筑波郡、南半は河内郡にあたり、その後の支配領域の変遷もより複雑なものとなる。

　本稿では、サンプル的に現在の行政区画で切り取られた範囲の古墳の動向をまとめること、その中で特色となることを汲み取って他地域と比較できるようにまとめることの2点を目的に、市内の古墳の把握状況を略述し、次に時代や地域の特色と思われることをいくつか紹介していくこととしたい。

1　つくば市における古墳の把握

　現在、つくば市内では110古墳（群）、約440基が把握されている。現況で確認できないがかつての記録を否定する理由に乏しいものも含まれており、今後、中近世の塚等とされていたものが古墳と判明することもあるかもしれない。さらに、削平古墳の存在を考えれば把握数と実数とのズレは見込まれるものの、現状では上記の数ということになる。

　現在の古墳数の把握は、平成12年度に行った茨城県遺跡地図改訂作業の中で見直したものが直接の基礎となっているが、それ以前に行われた昭和35年の『谷田部町古墳総覧』（西宮1960）での詳細な踏査や旧各町村史作成時の調査、平成2・3年度の大穂・豊里地区の詳細分布調査（つくば市教育委員会1992）の成果に積み上げられたものである。また、市内における古墳発掘調査は明治39年の小田古墳群に始まり（和田1906）、その後も『谷田部町古墳総覧』に関係する発掘調査（西宮1960）、茨城大学による沼田八幡塚古墳の史跡整備に伴う調査（茂木他1979）、筑波大学による発掘・測量調査等の学術調査（増田他1981）に加え、開発に伴う発掘調査の成果が蓄積している。特に近年はつくばエクスプレス関連の大規模な沿線開発が進行しており、一年ごとに多くの新知見が加えられている。

　さらに、『谷田部町古墳総覧』作成の中で着目された、低墳丘で、雲母片岩の板石で造る箱式石棺を墳丘裾部の

地下に埋設し、その中への多数埋葬を通常とすることを特色とした、いわゆる「変則的古墳」[1]が多く所在する地域であることも古墳把握の上で影響している。すなわち、低墳丘で墳丘内に埋葬施設が所在しないため、現地表からの観察で自然の土地の起伏や中近世の塚等との識別が他地域と比べて困難という事情がある。この事情からか、『谷田部町古墳総覧』で100基を超えるとされた下河原崎古墳群は、現況で古墳と判断できるものが無いことに加え、試掘調査でも周溝が確認されない等、古墳群の存在自体が疑わしい。また、33基とされていた高野古墳群も、試掘調査の結果、周溝・主体部ともに確認できず、農作業や伐採等で積み上げた盛土と判断された。このような調査の結果により、多数からなる古墳群は極めて限られている状況が推測できるようになったことは、『谷田部町古墳総覧』や町村史関連踏査の成果の修正点といえる。

2　首長墓の動向

(1)　首長系譜の所在

筑波山麓の首長墳については、筑波大学による一連の測量・発掘調査成果と、その成果から生まれた岩崎卓也氏の首長系譜研究がある（岩崎1989）。岩崎氏は時期ごとに最大の古墳を首長墳としたとき、筑波山麓において継続的な系譜が辿れること、首長墳の位置が古代の郷を越えて転々と移動することを示した。地方の首長権が血縁相続とは別原理で継承される不安定さ読み取った先駆的な事例研究で、首長権輪番制説の好例として評価された。

その後、滝沢誠氏は筑波周辺の首長系譜について新知見を加えて再検討している（滝沢1994）。1系譜内での首長権の移動という岩崎氏の理解に対し、滝沢氏は筑波山南麓の古墳を桜川の東西で分けてグループ化、西部から東部への首長権移動と捉えなおしている。また、この移動が5世紀前葉に起こることから、中央の政治変動と地方での首長権移動の画期とが連動するとした都出比呂志氏の見解（都出1988）を支持するものとなっている。

滝沢氏の見解は、未調査古墳の年代や筑波東部グループを1系譜とするかという点に課題は残っているものの、古墳の年代観は現知見で考える限り概ね妥当と考えられる。この地域の首長系譜の私見としては、滝沢案に北条中台古墳群中の巨大な横穴式石室を有する2基を加え、1水守桜塚古墳、2a山木古墳、3a水守古墳群の円墳3基、2b土塔山古墳（漆所5号墳）、3b上ノ台古墳（漆所6号墳）、4沼田八幡塚古墳、5甲山古墳、6北条中台2号墳、7北条中台1号墳、8佐戸ヶ岩屋古墳（平沢1号墳）と理解している。今後も新知見の追加や遺物の年代検討により修正の必要が生じることも考えられるが、首長系譜としてのまとまりは明瞭である。

また、上記の筑波山麓の12基の他に、桜川右岸台地から微高地にかけて、滝沢氏が桜東部グループとする古墳が点在している。詳細不明ながらも埴輪を持たず墳頂部平坦面が広いことから前期古墳と考えられる上野天神塚古墳、金田古墳、測量調査成果等から埴輪終焉後の前方後円墳と判断される松塚2号墳と近在する1号墳、古代河内郡衙である金田官衙遺跡に近在する大型円墳である横町2号墳の5基である。いずれも詳細が判明していないが、筑波山麓とは別の首長系譜を成す可能性がある。

(2)　大型円墳・方墳の動向

以上で挙げた首長系譜を成す古墳には、前方後円墳以外に円墳・方墳も多く含まれている。茨城県内においては、中期と終末期に大型円墳が多く認められるとされる。

つくば市内の大型円墳・方墳にはやはり詳細不明なものが多い。わずかに得られている知見から、中期の円墳に関わるものとしては水守古墳群が挙げられる。水守2号墳（水守八幡塚古墳）では柳葉形の鉄鏃や短剣、両面穿孔の管玉の出土が知られており、4世紀代に遡る可能性がある。その所在地が水守桜塚古墳と山木古墳の中間にあたることからも付近が前期～中期にかけての墓域であった可能性は高く、残る大型円墳である2基も時期が近い可能性が高い。

7世紀の円墳・方墳に関わるものとしては、雲母片岩の巨大な板石を組み合わせて造る横穴式石室を埋葬主体部とする、北条中台2号墳・1号墳、平沢1号墳が挙げられる。特に、古代筑波郡衙正倉院である平沢官衙遺跡を間近に視認できる位置にあることは、地域の首長層が古代郡司層へと繋がることが読み取れる「常陸国風土記」

の記載との合致を予測させる点で、古代国家の地方制度成立を古墳・遺跡から検討する際の貴重な事例となりうる。また、金田官衙遺跡に近在する横町2号墳も、出土遺物は知られていないものの、終末期の首長墳候補といえる。

以上の大型円墳・方墳の動向は、概ね県内の動向と合致すると言えそうである。ただし、水守2号墳が4世紀代に遡る可能性があり大型円墳の早い例といえそうなこと、6世紀後葉で埴輪を有する可能性がある中台2号墳の存在が前方後円墳終焉の早さを示していること、前方後円墳終焉後に円から方への転換が認められることの3点は、県内他地域と比較して位置づけるべき事象と思われる。

(3) 首長墳の規模

先立って行われたシンポジウムや座談会での席上、曾根氏から石岡市での規模毎の古墳数分析をもとに、主丘部35m以上の古墳は少数に限定され、古墳規模を示す際の基準となりうることが示された。すなわち、首長墳の候補ともいえるであろう。この規模の基準について、これまで首長系譜を構成すると考えてきた古墳では主丘部20〜57mとなる。主丘部35m以上を基準とするとわずかに小さいものがいくつかあるが、主丘部30m以上とすると、桜塚古墳が20m前後であるのを除き概ね合致する。このことから本稿では主丘部30m以上を地域の首長墳級と考え、「大型」と表現する。ただし、古墳を表現する際の大中小の3区分は分析対象とする範囲によって変わりうるものであり、地域内の分析が主となる本稿では首長墳級をすべてまとめて大型と表現することが便利であると考えてのことである。

3　中小古墳の動向

(1) 中・小型古墳の数

前節で首長墳とした古墳は主丘部30m以上の規模があるもので、市内の古墳を見る中ではこれらを「大型」と位置づけた。本節で検討するより小さな古墳は「中型」「小型」と表現し、便宜的に主丘部20〜30mの古墳を中型、それ以下を小型と位置づけておく。

市内の古墳の中で中小型古墳の占める割合は9割を超え、大部分は中・小型古墳ということになる。墳形については後述のとおり現況での判断が実態を反映しないことが多いものの、首長墳とは考え難い中・小型前方後円墳が多い。これは東関東を通じた特色といえる。古墳の時期はほとんどが不詳であるが、大半が後期・終末期と推測される。

以下では、わずかな知見を頼りに中小型古墳の動向をたどることとする。

(2) 古墳時代前期の方形周溝墓

現在、つくば市内で後期以前に遡る中小型の墳墓とわかる例は、すべて「方形周溝墓」である。弥生時代以前、市内では墳丘を有する墓の例は知られていない。弥生時代に知られている墓は中期後半の土器棺墓であり、再葬墓と推測される。市内で墳丘を有する最初の墓は古墳時代初め頃の方形周溝墓である。その古い例は、体部を赤彩無地とし肩部・口縁部を縄文で飾る壺や、胴部をハケ調整、口縁部に輪積痕を残し口縁端部に刻み目を入れる甕を特徴とする、南関東地方の弥生土器と関係している。周溝墓から南関東系の土器が出土した例として、市内では牛久沼に臨む泊崎城跡内方形周溝墓が、周辺では牛久市姥神遺跡の方形周溝墓群（奥原遺跡発掘調査会1989）が挙げられる。そのほか、方形周溝墓に伴う遺物は無いが、同遺跡内の集落から南関東系の土器が主体的に出土する例として、苅間六十目遺跡、高須賀熊の山遺跡が挙げられる。墓制・土器ともに在来のものとの差異は大きく、背景に人の移住を含めた南関東地方の強い影響が考えられる。また、これらの遺跡は市南西部の小貝川流域に所在しており、霞ヶ浦経由ではなく鬼怒川経由の動向と推測される。これに続いて、北条中台古墳群9・64号墓、花室城跡201・202遺構など、南関東地方の土器が出土しない方形周溝墓も築造されている。埋葬施設は不詳であるが、北条中台64号墓では周溝内に土器棺が設置されており、弥生時代の墓制との関連が強く窺える。

市内の方形周溝墓築造に先立って畿内では古墳築造が始まっていたと思われるが、方形周溝墓を除く市内で確

認できる最古の古墳は石釧等が出土する4世紀後半の水守桜塚古墳であり、方形周溝墓出現の方が早いと考えられる。集計ではこれらの方形周溝墓も古墳の数に含めているが、その出現の契機は首長層の高塚古墳とは異なるものである。

(3) 埴輪を有する古墳

つくば市内での中期の中小型古墳の動向は不明である。北条中台古墳群では周溝等から中期の土師器を出土するものもあるが、全体に遺構の重複が顕著で共伴関係がわかりにくいこともあり、評価は難しい。ただし、埴輪・石棺・石室を有さず、墳丘が失われて周溝のみ確認できる古墳の中に、5世紀に遡るものが含まれている可能性は残る。

次に年代の知見が得られる中小型古墳は、後期の埴輪を有するものである。市内から出土するものはすべて窖窯焼成、1次タテハケ調整で、全体の形状がわかるものは3条4段構成を基本としている。胎土には、①白雲母・長石・石英の粗粒を多く含むもの、②長石・石英の粗粒を多く含むが雲母が微小なもの、③含有物に粗粒が少ないもの等がある。①・②は筑波山系の花崗岩や雲母片岩に由来する鉱物を含むもので、つくば市域を含む桜川左岸が産地である可能性が高いと考えている。③には下横場34号墳で出土している下総型埴輪が含まれている可能性がある（石橋2004）。筑波山系の鉱物を含む埴輪は、編年研究が進んでおらず詳細な年代を知ることは困難であるが、①は5世紀後葉頃の土浦市宍塚小学校古墳が古い例となり、6世紀後葉頃の北条中台2号墳が新しい例となる。市内で後期の埴輪を有する古墳（群）としては20例が挙げられる。埴輪を有する古墳の一部に箱式石棺や横穴式石室を埋葬施設とするものが認められるが、首長墳を除くと6世紀後葉のものにわずかに認められるのみであり、中小型古墳では埴輪と横穴式石室・箱式石棺との盛行時期の重複は短期間であったといえる。なお、埴輪を有する古墳の調査例では周溝のみが確認される削平古墳が多く、埋葬施設は墳丘内に木棺を納めるものが多かったと推測される。

(4) 横穴式石室・石棺を有する古墳

埴輪終焉前後の後期・終末期の中小型古墳は、石室や石棺を有することで認識できる。

埋葬施設の状況は、桜川左岸の筑波山南麓と右岸の筑波台地で大きく異なる（石橋2001）。

筑波山麓では6世紀中葉には土浦市高崎山西2号墳例から横穴式石室の構築が始まっていたことが窺え、中小型古墳にも石室の築造が多く認められる。石室には側壁基底部から天井までを雲母片岩等の筑波変成岩（以下、片岩）の板石1枚で構成するものと割石積みとするものがあり、前者は大型古墳に多く認められる。また、山口古墳群では花崗岩を主とした乱石積みで畿内型といえる横穴式石室が2例現存しており、特に山口2号墳例は畿内の石室と比べても遜色無いものである。

片岩板石組の箱式石棺は、市内の筑波山南麓では6世紀中葉の甲山古墳を古い例とし、6世紀末以降には地下埋設とするものが散見される。筑波山麓では著しく小型のもののほか、側壁を割石積みとしたもの等が多いことも特色で、石材が自給できることの反映ではないかと考えている。また、7世紀中葉以降では、山の斜面に立地する古墳が多く認められ、畿内をはじめとする全国的な状況とも合致する。なお、先述のとおり、埴輪と箱式石棺や横穴式石室が共存する中小型古墳は稀であり、埴輪を有していない石室・石棺の多くは6世紀末以降と推測される。

一方、桜川右岸の筑波台地では6世紀末以降、低墳丘で、前方後円墳であればくびれ部付近、円墳であれば南側墳裾に片岩板石組の箱式石棺を地下埋設し、一棺への追葬を普通とする、いわゆる「変則的古墳」が一般的となる。次いで、片岩板石組で箱式石棺の一方の小口に玄門と短い羨道を付設した「石棺系石室」を地下に埋設する中小型の円・方墳が、7世紀中葉に加わる。現在知られている台地部分での6世紀末以降の中小型古墳の埋葬施設は、すべてこれらのどちらかに該当する。

4 古墳群の構成
(1) 群中の古墳数と密度

　中小型古墳の時期については、方形周溝墓が特色となる前期、状況が全く不明な中期、埴輪を有する古墳が散見される後期、石棺・石室が普及する終末期という大略的な区分はできるが、これを細分して状況を検討するには知見が乏しい。大略的な時期毎に古墳群の数と密集度を見ていくと、各時期を通じた共通点とともに多数が密集するというあり方の古墳群が特殊であることがわかる。

　前期の方形周溝墓は、調査範囲の都合上、全体の把握は困難であるものの、苅間六十目遺跡では3基、高須賀熊の山遺跡では2基、北条中台古墳群では2基、花室城跡では2基、泊崎城跡では1基、牛久市姥神遺跡では3基というように、少数の群在が基本となるようである。密集度はやや低く、数十mの間を置くものが多く、近接するものは高須賀熊の山遺跡例のみである。

　埴輪を有する後期の古墳群は、埴輪を持たない古墳も共存しつつ10基以下の群をなす場合が多く、中でも5基以下のものが主体となる。一方、北条中台古墳群（第1図）、下横場古墳群（第2図）では50基を超える多数の古墳が密集している。下横場古墳群では埴輪が無く石棺を主体部とする終末期の古墳を、北条中台古墳群では前期の方形周溝墓と終末期の石棺・石室を有する古墳をそれぞれ含むものであり、古墳群の継続時期が長いことを特色としている。ただし、それぞれ57基、72基が確認されている古墳数は他と比べて図抜けており、一時期に築造された古墳数もやはり多かったといえる。すなわち、古墳の築造期間が短い古墳群ないし一時期の古墳築造数が少ない古墳群は多数が密集するあり方とはならないが、古墳が継続的に造られると同時に一時期に複数の古墳が造られる古墳群が多数密集となると考えられ、その数は極めて限られるようである。

　埴輪を持たず石棺・石室を有する古墳群も10基以下の群をなす場合が多く、中でも5基以下のものが主体となる。島名関の台古墳群は2基で埴輪の出土が伝えられる古墳群[2]、大曽根松原古墳群は埴輪を持たない古墳群で、ともに20基を超えるが3～5基の支群に分解可能であり、その支群の間には数十mの間隔が空くなど北条中台古墳群・下横場古墳群とは異なり密集度が低い。複数の古墳群を一つの線で括ったものと言えるかもしれない。

　以上のように、つくば市内では各時期を通じて一古墳群での築造数は10基以下で5基にも満たないもののほうが主となる。また、群中での古墳の密度についても、周溝を接するほど密集する例は稀であり、数十mの間隔を空けて点在する例が多く認められる。多数が密集する古墳群は極めて限られており、時期が継続的であること、一時期での築造数が多いことの両方を満たしていることが要件となっているようである。

　また、行政的に囲んだ古墳群を越えて、複数の古墳群が比較的狭い範囲に所在している例もある。その一例が桜川右岸台地上の上野・上境周辺の古墳（群）のあり方である（第3図）。上野・上境周辺には前期の首長墳と考えられる上野天神塚古墳、上野勅使塚古墳群、上野古屋敷古墳、上境作の内古墳群、上境滝の台古墳群等が所在する。それぞれは立地する地形の違い等で別古墳群として位置づけているが、全体として古墳分布が濃い地域を形成することとなる。より巨視的に見ると、桜川右岸の縁辺は南北に長い帯状に古墳分布が濃い地域と捉えることも可能である。これらの中には時期を違える古墳も含まれているが、視認できる古墳、特に上野天神塚古墳のようなかつての首長墳を意識しないと考えることも不自然であろう。つまり、集中して位置する古墳群という直接的で密接な関係のほかに、一つの古墳群とするには散在的でありながらも、他と比べて近しい古墳（群）同士の関係を認識できる場合があると考えている。

(2) 古墳群中の格差

　多数が密集する古墳群の墳形・規模の構成からは、均質さよりも格差をより強く読み取ることができる。

　北条中台古墳群は、西側の約半分が調査されている。調査範囲についての群構成を見てみると、首長墳級といってよい大型円墳である2号墳と巨大な石室を有する1号墳、中型前方後円墳で埴輪を有する3・22号墳、中小型円墳で埴輪を有する26・33号墳等、中小型円墳で埴輪を有さない11・12号墳等、周溝未確認で主体部のみ確認されている7・15号墳等、方形周溝墓である9・64号墳というように、多様である。多様さの要因には時期差も含

第 2 章　地域研究

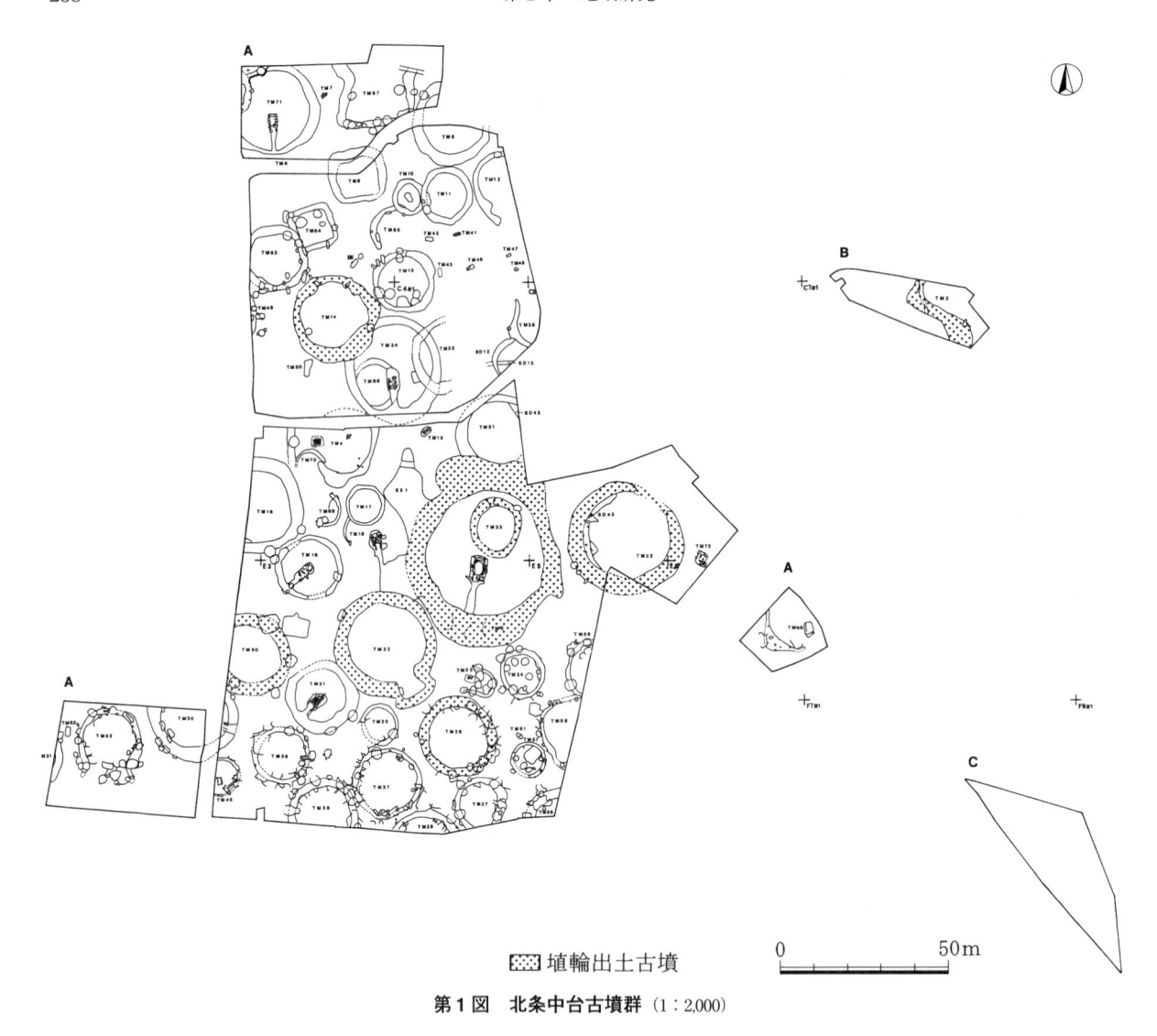

▨ 埴輪出土古墳

第 1 図　北条中台古墳群　(1 : 2,000)

▨ 埴輪出土古墳

第 2 図　下横場古墳群北半　(1 : 2,000)

つくば市域の古墳群 239

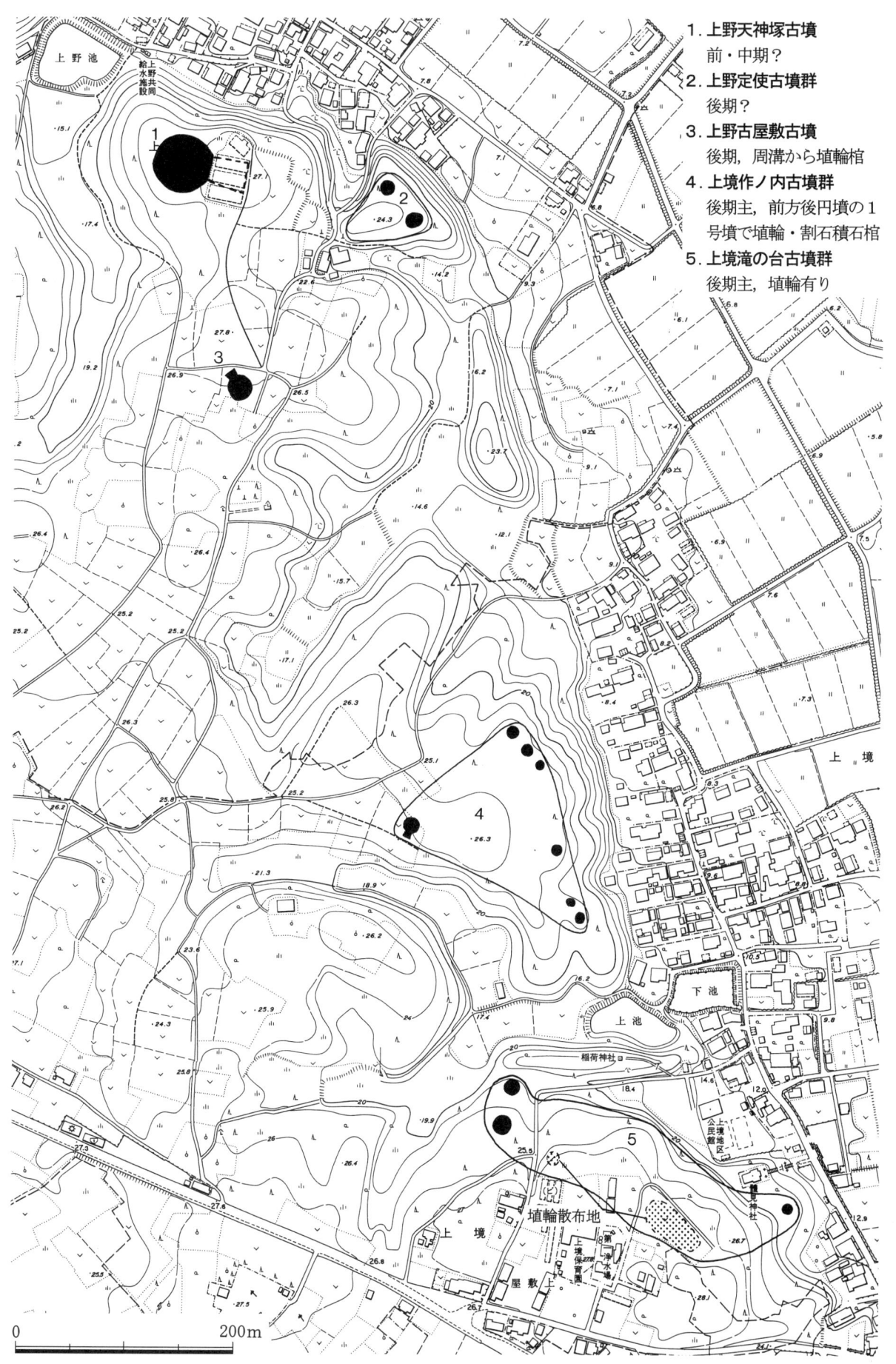

1. 上野天神塚古墳
   前・中期？
2. 上野定使古墳群
   後期？
3. 上野古屋敷古墳
   後期，周溝から埴輪棺
4. 上境作ノ内古墳群
   後期主，前方後円墳の1
   号墳で埴輪・割石積石棺
5. 上境滝の台古墳群
   後期主，埴輪有り

第3図　上野・上境の古墳群 (1：5,000)

まれているが、埴輪を有する時期の中でも中型前方後円墳で埴輪を有する3号墳と中小型円墳で埴輪を有する26号墳等の間に格差を見て取ることができる。また、石室の導入後も、巨大な板石組石室である1・2号墳と、割石積み石室の6・18号墳等では、石室・墳丘の規模に格差がある。さらに下位には埴輪を持たない円墳や、周溝が確認されていない石棺等が位置づけられるであろう。このように後期・終末期を通じて、群中の多様さの中には格差の表現が含まれているように見える。

また、下横場古墳群では、一部の概略測量図はあるものの、古墳の形・規模に関する詳細は不明なことのほうが多い。群中で比較的大きな古墳は30mの円墳とされる5号墳や25mの前方後円墳である18号墳であるが、詳細は不明である。発掘調査がなされたのは51号墳1基のみである。51号墳は墳長17mの埴輪を有する帆立貝形古墳で、主体部は片岩板石の出土から石棺と推測されている。51号墳は、地表での痕跡からはこの古墳に前方部が付くことが全く予想できず、周囲を見るならば楕円形の3・5号墳の方が前方後円墳の可能性が高く感じられる。おそらく、群は円墳だけでなく小型前方後円墳が多数含まれて密集する状況であろう。このような例は土浦市木田余台古墳群にも認められる。ここでの前方後円形の墳丘は地域の首長であることを示すものではありえず、群中での小さな格差を示す表現の一方法と見たほうが理解しやすい。

なお、下横場古墳群には北条中台古墳群とは異なり首長墳と考えられる大型古墳が認められないが、小野川を挟んだ対岸には後期の首長居館である梶内向山遺跡（財団法人茨城県教育財団 2003）が所在する。また、北条中台古墳群では大型古墳が造られるものの、これが群形成の後半であり、それまでの首長墳は別の場所に所在している。希少例となる多数密集型の古墳群がともに権威に関係しているが、大型古墳の築造が群形成の契機となっていない点は興味深い。

そのほか、未調査古墳の多い古墳群を分析することは難しいが、島名関の台古墳群での1号墳、大曽根松原古墳群での13号墳、高山古墳群の5号墳等、中小型前方後円墳が含まれるものが多い。5基以下の未調査古墳群においては不詳であるものの、群中の古墳数が多いもので格差の認められない例はむしろ稀といえる。

(3) つくば市での古墳群のあり方

数・密集度と墳形・規模・埋葬施設の点から、市内においては時期を通じて10基以下で5基にも満たない群が散在するあり方が一般的であること、多数が密集する古墳群が権威に関係してわずかにあること、群中に小さな格差が読み取れることなどを見てきた。シンポジウムの際に田中裕氏が触れたように、当初に家父長家族の墓地として定義された群集墳（近藤 1952）の姿とは、均質さや古墳数、密集度の点で大きく異なるのが実態である。

古墳群内での格差を示している要素は規模だけでなく、中小型の前方後円墳の存在、横穴式石室と箱式石棺の差、埴輪の有無等である。埋葬施設については片岩板石組のもので首長層は横穴式石室を、中間層は地下埋葬の箱式石棺を用いるという差異があり、これを首長層が管理していることを論じたことがある（石橋 1995・2001）。古墳群内の格差の上には地域の首長層が位置しており、古墳群内での中小型古墳間の格差を示すアイテムの創出・導入にも関与していると推測される。

しかし一方では、後期以降に中小型古墳の数が増加すること、前期には方形周溝墓と呼ぶほうが適当とも思われる墳墓が円形を基本とし前方後円形を含むより古墳的なものに変わること、埴輪や横穴式石室が導入され普及していくことは、地域内で完結する変化ではない。このような多くの地域で共通する状況との、正反対の相違ではない「ずれ」についてどのように説明できるのかは、周囲の状況とあわせて解決すべき課題であろう。

5 まとめにかえて

本稿では現在までにわかっているつくば市内の古墳の知見を元に、様相をまとめつつ特色となりそうな部分を探った。前半では首長系譜の所在について確認し、常陸の古墳において共通の動向を示しそうな大型円墳について触れた。後半では中小型古墳を主に古墳時代前期での方形周溝墓の動向や、地域色を示す後期以降の埴輪や埋葬施設、古墳群の散在性や群中での格差の存在等について見てきた。

現在の行政区画で切り取られた範囲をサンプル的に扱ったため、以上の状況が東日本、関東、東関東、常陸、常陸南部、さらに狭い地域のどの範囲で共通しているのかは、別に整理し検討されるべき課題であろう。ただし、畿内をはじめとして全国的に共通すると考えられている様相とは、多くのずれが認められることは確かである。市内の古墳を説明するとき「この地方では」という言葉を使うことは多く、ともすれば田舎の産物と納得してしまいそうになる。しかしながら、古墳研究で強調される畿内を中心とした様々な共通性だけでなく、共通していなくてもいい部分がどこにあるのか、その境界を整理し理由を説明していくことができるならば、地域内での古墳築造のルールだけでなく、地域を超えた古墳築造のルールについても言及できるのではないかと考えている。

注

1) 「変則的古墳」の名称には、対称となる原則的な古墳がどのようなものかという批判から、埋葬位置の地域色として捉えなおした「常総型古墳」（安藤1981）の名称や、周溝内埋葬等を含めた概念としての「特異埋葬施設墳」（黒沢2005）の名称も用いられる。いわゆる「変則的古墳」について、筆者は埋葬施設、埋葬位置、一棺多数埋葬等の要素を個別に検討した上で組み合わせの意味を考えていくべきと思っているが、現在のところ定見は無い。ここでは、用語の混乱を避けることから、この種の古墳を広く通用している「変則的古墳」の名称で表記する。

2) 島名関の台古墳群のうち5・13号墳では埴輪の出土が伝わっているが、古墳の現況と出土品の所在が確認できない。一方で、現存する古墳で埴輪が採集できないことや箱式石棺の出土については確認できるため、古墳群の時期の中心が埴輪終焉後の終末期にあると判断される。

引用・参考文献

安藤鴻基ほか 1981『小台遺跡発掘調査報告書』 小台遺跡調査会

石橋 充 1995「常総地域における片岩使用の埋葬施設について」『筑波大学　先史学・考古学研究』 第6号　筑波大学

石橋 充 2001「筑波山南東麓における6・7世紀の古墳埋葬施設について」『筑波大学　先史学・考古学研究』 第12号　筑波大学

石橋 充 2004「「筑波山系の埴輪」の分布について」『埴輪研究会誌』 第8号　埴輪研究会

茨城県教育委員会 1989『遺跡・古墳発掘調査報告書』 Ⅴ

茨城県教育財団 1983『ツバタ遺跡　高山古墳群』

茨城県教育財団 1990『松原古墳群　松原遺跡　南谷津遺跡』

茨城県教育財団 1995『中台遺跡』

茨城県教育財団 1998『中谷津遺跡1』

茨城県教育財団 2000『六十目遺跡』

茨城県教育財団 2003『梶内向山遺跡』 茨城県教育財団文化財調査報告第199集

茨城県教育財団 2004『島名関の台南B遺跡　面野井北ノ前遺跡』

茨城県教育財団 2007『上野古屋敷遺跡1』

茨城県教育財団 2008『下河原崎谷中台遺跡　下河原崎高山古墳群』

岩崎卓也 1989「古墳分布の拡大」『古代を考える　古墳』 白石太一郎編　吉川弘文館

大川清ほか 1971『茨城県桜村土浦学園線　花室城跡発掘調査概報』 茨城県教育委員会

大穂町史編纂委員会 1989『大穂町史』

奥原遺跡発掘調査会 1989『奥原遺跡』 牛久市

春日綱男 1990『羽成7号墳』 つくば市教育委員会

川上名昭ほか 1972『茨城県筑波町山木古墳』 茨城県考古学会

河野辰男ほか 1982『下横場古墳群（南中妻179番地）実測調査及び第51号墳保存調査報告書』 谷田部町教育委員会

河野辰男ほか 1985『羽成1号墳発掘調査報告書』 谷田部町羽成1号墳発掘調査会

茎崎町教育委員会 1990『下岩崎古墳群第1号墳発掘調査報告書（勘兵衛塚）』

茎崎町史編さん委員会 1994『茎崎町史』 茎崎町上川名昭ほか 1972『茨城県筑波町山木古墳』 茨城考古学会

黒沢彰哉 2005「常総地域における古墳埋葬施設の特質」『婆良岐考古』 第27号　婆良岐考古同人会

近藤義郎 1952『佐良山古墳群の研究』 津山市
桜村史編纂委員会 1982『桜村史』 上巻 桜村教育委員会
山武考古学研究所編 1996『高野南遺跡―住宅地造成に伴う埋蔵文化財発掘調査報告書―』 つくば市教育委員会
滝沢　誠 1994「筑波周辺の古墳時代首長系譜」『歴史人類』 筑波大学歴史・人類学系
つくば市教育委員会 1992『つくば市遺跡分布調査報告書 ―大穂地区・豊里地区―』
つくば市教育委員会 2000『つくば市内遺跡 ―平成11年度発掘調査報告―』
つくば市教育委員会 2001『つくば市遺跡分布調査報告書 ―谷田部地区・桜地区―』
つくば市教育委員会 2001『つくば市内遺跡―平成12年度発掘調査報告―』
つくば市教育委員会 2005『つくば市内重要遺跡―平成16年度確認・試掘調査報告―』
つくば市教育委員会 2006『つくば市内遺跡 ―平成17年度発掘調査報告―』
つくば市教育委員会 2007『つくば市内遺跡―平成18年度発掘調査報告―』
つくば市教育委員会 2008『つくば市内遺跡―平成19年度発掘調査報告―』
筑波町史編纂専門委員会 1989『筑波町史』上巻
都出比呂志 1988「古墳時代首長系譜の継続と断絶」『待兼山論叢』 史学篇第22号　大阪大学文学部
寺内のり子ほか 1982『茨城県筑波郡筑波町　平沢・山口古墳群調査報告』 筑波大学考古学研究会
豊里町史編纂委員会 1985『豊里の歴史』豊里町
西宮一男 1960『古墳総覧　附　関の台第9号墳　面野井第5号墳石棺調査報告』 谷田部町教育委員会
平松康毅 1980『泊崎城址』 茎崎村教育委員会
増田精一ほか 1981『筑波古代地域史の研究　昭和54～56年度文部省特定研究経費による調査研究概要』 筑波大学
丸子　亘 1975『大井古墳群発掘調査概要』 大井古墳群発掘調査団
日高　慎 1998「茨城県つくば市松塚1号墳の測量調査」『筑波大学　先史学・考古学研究』 第9号　筑波大学歴史・人類学系
茂木雅博ほか 1979『常陸八幡塚古墳整備報告書』 八幡塚古墳調査団
谷田部の歴史編さん委員会 1975『谷田部の歴史』 谷田部町教育委員会
和田千吉 1906「常陸国小田村古墳調査」『考古界』6-1

つくば市域古墳一覧表

No.	遺跡名	所在地	前方後円墳	円墳	方墳	前方後方墳	不明	前期	中期	後期	終末期	特記事項
筑波地区・小貝川流域												
1	安食稲荷塚古墳群	安食字稲荷塚905外	0	1	0	0	2					最大：円5m（1号），石棺？：2・3号
筑波地区・桜川流域												
2	上菅間赤渕古墳	上菅間字赤渕418		1								円15m
3	中菅間大塚山古墳	中菅間字峯ノ下100	1									前方後円30m
4	中菅間稲荷塚古墳	中菅間字稲荷前1397-1		1								円10m
5	池田亀の子塚古墳	池田字鹿島西341		1								円7m
6	池田古墳	池田字屋敷東川端34		1								円15m
7	水守桜塚古墳	水守字桜塚715					1					前方後円約45m，粘土床
8	水守古墳群	水守字館ノ内653外	0	6	0	0	0					最大：円35m，2号墳：粘土郭？
9	作谷十九耕地古墳	作谷字十九耕地2532-2	0	1	0	0	0					数十年前に箱式石棺出土。
10	山木古墳	山木字舛田115-1外	1									前方後円48m，粘土床
11	山木坊ノ下古墳	山木字坊ノ下356	1									前方後円約20m
12	山木古墳群	山木字東原1072外	0	3	0	0	0					最大：円約10m（1号）
13	上大島井戸川古墳群	上大島字井戸川	0	0	0	0	2					墳形・規模不詳
14	上大島前峯古墳群	上大島字北峯	0	3?	0	0	0					最大：円約20m，横穴式石室3基
15	国松古墳群	国松字台の山1804外	0	1	0	0	?					規模不詳
16	国松東坪古墳群	国松字東坪864-1	0	3	0	0	0					最大：円約15m（1号）
17	沼田古墳群	沼田字八幡374外	1	1	0	0	0					最大：前方後円91m（1号），2号：横穴式石室，1号：埴輪
18	臼井燈ヶ池古墳群	臼井 燈ヶ池付近	0	1	0	0	?					最大：円5m（1号）
19	臼井古墳群	臼字押出981外	0	3	0	0	0					最大：円20m（1号），3号：割石積石棺，1号：埴輪
20	漆所古墳群	つくば市漆所字土塔500外	3	4	0	0	0					最大：前方後円61m（5号），3・7号：横穴式石室？，7号：埴輪
21	北条城山古墳	北条字城山431-19	1									帆立貝式40m，埴輪
22	北条中台古墳群	北条字古城1159外	5	45	2	0	20					最大：円36m（2号），横穴式石室7基・箱式石棺25基・壺棺1基等，埴輪9基
23	北条八坂神社古墳	北条字古城102		1								円20m
24	北条大塚古墳	北条字大塚3120			1							方10m
25	平沢古墳群	北条字永瀬645外	0	2	2	0	0					最大：長方35m（1号），1～4号：横穴式石室
26	山口古墳群	山口字新寺373外	0	3	0	0	1					最大：円23m（1号），横穴式石室：1～4号
27	小和田屋敷古墳	小和田字北沢476-1外					1					墳形・規模不詳，埴輪
28	小和田古墳群	小和田字後山556外	0	0	0	0	4					墳形・規模不詳，横穴式石室：1～3号
29	甲山古墳群	北条字甲山2309外	1	4	0	0	5					最大：後円部約30m（1号），箱式石棺：1号，埴輪：1号
30	小田古墳群	小田字道祖神3561外	0	2	0	0	1					最大：円30m（2号），1号：箱式石棺，2号：横穴式石室，3号：埴輪
31	大形古墳群	大形字吾妻2193-1外	0	3	0	0	0					最大：円15m（1号），1号：埴輪
大穂地区・小貝川流域												
32	吉沼熊野夫婦塚古墳群	吉沼字熊野2896外	2	2	0	0	1					最大：前方後円約40m?（1号），1号：埴輪
33	吉沼愛宕神社古墳	吉沼字新地4081-1外		1								円19m
34	吉沼能田古墳群	吉沼字熊野2984外	1	?	0	0	0					最大：前方後円42m（1号），箱式石棺？
大穂地区・西谷田川流域												
35	吉沼戸ノ山古墳群	吉沼字東戸ノ山535外	0	2	0	0	0					最大：円5m（1・2号）
大穂地区・東谷田川流域												
36	長高野古墳群	長高野字原地1211-1外	0	19	0	0	0					最大：円20m（2号）
37	前野庚申塚古墳	前野字山木地1394外					1					墳形・規模不詳，埴輪
大穂地区・蓮沼川流域												
38	要中根古墳	要字中根	0	0	0	0	1					墳形・規模不詳
大穂地区・桜川流域												
39	佐古墳群	佐字馬場崎788外	0	1	0	0	3					規模不明，2～4号：箱式石棺？
40	大曽根松原古墳群	大曽根3968外	1	19	0	0	0					最大：前方後円28m（13号）
41	大曽根大日塚古墳	大曽根字吾妻3723-13		1								円約30m
42	大曽根立石古墳	大曽根字沖の宮1735外					1					墳形・規模不詳，箱式石棺
43	玉取一ノ矢古墳群	玉取字八坂前2625外	0	2	0	0	0					最大：円20m（2号）
44	玉取千手堂古墳	玉取字旭台1591外	1									前方後円53m
45	玉取古墳群	玉取字谷津1698外	0	2	0	0	0					最大：円15m（1号）
豊里地区・小貝川流域												
46	上郷台宿古墳群	上郷字川口3513-6外	0	1	0	0	3					最大：円20m（1号），箱式石棺？：2～4号
豊里地区・西谷田川流域												
47	上郷大塚古墳	上郷字宿裏1827外					1					墳形・規模不詳，箱式石棺？
48	手子生愛宕塚古墳	手子生字原山1627外					1					円？約15m
49	今鹿島稲荷前古墳	今鹿島字細田西4256-2		1								円約20m
50	高野権現塚古墳	高野字権現後1141					1					墳形・規模不詳，箱式石棺
51	今鹿島浅間塚古墳群	今鹿島字浅間3521外	0	17	0	0	0					最大：円約20m（1号）

No.	遺跡名	所在地	前方後円墳	円墳	方墳	前方後方墳	不明	前期	中期	後期	終末期	特記事項
豊里地区・東谷田川流域												
52	沼崎前木古墳群	沼崎字西浦2467外	0	5	0	0	0			■		最大：円約20m（1号）
53	高野古墳群	高野字清水台381-6外	0	0	0	0	?			■		近世以降の盛土状遺構
54	百家根崎古墳群	百家字根崎480-10外	2	0	0	0	1				■	最大：前方後円21m（2号墳）
谷田部地区・小貝川流域												
55	高須賀熊の山古墳群	高須賀字熊野山807外	0	6	2	0	0			■		最大：方11m,方形周溝墓（方墳）：2基
谷田部地区・西谷田川流域												
56	真瀬新田古墳群	真瀬字中道303-2外	0	0	0	0	2			■		墳形・規模不明，1号：箱式石棺?，2号：埴輪
57	真瀬中道古墳	真瀬字中道158-4外		1						■		円15m
58	上河原崎小山台古墳	上河原崎字小山台202		1						■		円17m
59	元中北鹿島明神古墳	上河原崎元中北字鹿島明神309		1						■		円18m
60	下河原崎古墳群	下河原崎	0	0	0	0	?			■		詳細不明
61	下河原崎高山古墳群	下河原崎字三夜山450外	2	7	2	0	0				■	最大：方33m,：3号：石棺系石室
62	島名榎内古墳群	島名字榎内3620外	0	6	1	0	0			■		最大：方23m
63	島名榎内西古墳	島名字榎内3255-2					1			■		墳形・規模不明，箱式石棺
谷田部地区・東谷田川流域												
64	島名関ノ台古墳群	島名字関ノ206-1外	1	28	0	0	0				■	最大：円47m?，2・3・9号：箱式石棺?，5・13号：埴輪?
65	島名熊の山古墳群	島名	0	0	0	0	?			■		詳細不明
66	島名前野古墳	島名字前野3806		1						■		円8m
67	谷田部中城古墳	谷田部字中城4097-2		1						■		円18m
68	谷田部遠見塚古墳	谷田部字遠見塚3541-1		1						■		円13m
69	面野井古墳群	面野井字西ノ台631外	1	2	0	0	4				■	最大：円18m，1～6号：箱式石棺?
70	上横場道心塚古墳群	上横場字道心塚2008	0	6	0	0	0			■		最大：円24m
71	谷田部カロウド塚古墳	谷田部字藤ヶ入6092外		1						■		円10m，箱式石棺
72	谷田部台町古墳群	谷田部字富士塚6145-4外	0	3	1	0	0			■		最大：円25m
73	羽成古墳群	羽成字上山82外	1	1	0	0	5				■	最大：前方後円20m，7号：石棺系石室，1号：箱式石棺
谷田部地区・蓮沼川流域												
74	西大橋塚山古墳	西大橋字塚山614-1		1						■		円10m
75	西大橋中内台古墳群	西大橋字中内台264-2外	0	3	0	0	0			■		最大：円8m
76	苅間六十目遺跡	苅間字東1638-1外	0	0	2	0	0	■				最大：方5m,方形周溝墓（方墳）：2基
77	苅間古墳	松代1丁目	0	1	0	0	0			■		円35m，詳細不明
谷田部地区・小野川流域												
78	下横場古墳群	南中妻字塚原179外	2	50	0	0	5				■	最大：円?30m，3・5・19・34・51：箱式石棺?，埴輪9基
79	稲荷前稲荷塚古墳	稲荷前36-8			1					■		方18m
80	赤塚駒形古墳群	赤塚字駒形174-2外	0	3	0	0	0				■	最大：円10m，1・2号：埴輪
桜地区・花室川流域												
81	大角豆千現塚古墳	大角豆字野口639-2	1							■		最大：前方後円13m以上
82	柴崎大日古墳	柴崎大日955-3外		1						■		円10m
83	柴崎稲荷前古墳	柴崎字稲荷前885-1外		1						■		円65m?，詳細不明
84	上ノ室入定原古墳	上ノ室字入定原2030-1外		1						■		円12m
85	上ノ室大日塚古墳	上ノ室字池ノ臺1393-1外		1?						■		円6m
桜地区・桜川流域												
86	栗原五龍塚古墳群	栗原字五竜2421外	0	1	0	0	1			■		最大：円?20m，2号：箱式石棺
87	栗原愛宕塚古墳	栗原字大山2762		1						■		円22m
88	栗原十日塚古墳	栗原字成井代2648-2		1						■		円17m
89	栗原古塚古墳	栗原字古塚1512-5	1?								■	前方後円・規模不明，箱式石棺
90	上野天神塚古墳	栗原字成井代2648-2	1						■			前方後円：80m?
91	上野定使古墳群	上野字定使233外	0	2	0	0	0			■		最大：円21m
92	上野古屋敷古墳	上野字石塔251-2外	1	0	0	0	0				■	前方後円32m，埴輪棺
93	上境作ノ内古墳群	上境字作ノ内200外	1	6	0	0	0				■	最大：前方後円21m，1号：割石積石棺，1号：埴輪
94	上境滝の台古墳群	上境字滝ノ山328外	0	3	0	0	?			■		最大：円20m，古墳不明散布地：埴輪
95	上境どんどん塚古墳	上境字古屋敷1020		1						■		円20m
96	中根中谷津古墳	中根字中谷津797-1			1					■		方14m，石棺系石室
97	横町古墳群	横町字庚申塚428外	0	3	0	0	0			■		最大：円50m
98	金田古墳	金田字天神1097	1							■		前方後円75m
99	中根とりおい塚古墳群	中根字宮ノ前615-1外	0	1	0	0	1			■		円6m，1号：石棺?，1号：埴輪?
100	松塚古墳群	松塚字宮ノ内353外	2	1	0	0	0				■	最大：前方後円62m
101	花室大日塚古墳	花室字後田193		1						■		円14m
102	花室城跡	花室字御城580外	0	0	2	0	0	■				最大：方10m，方形周溝墓（方墳）：2基
103	吉瀬鹿島様古墳	吉瀬字根本763	1							■		前方後円：45m，土浦市宍塚古墳群と同台地上
104	吉瀬東古墳群	吉瀬字東1561外	0	0	2	0	0			■		最大：前方後円?15m，土浦市宍塚古墳群と同台地上

No.	遺跡名	所在地	墳形の構成と基数					時期				特記事項
			前方後円墳	円墳	方墳	前方後方墳	不明	前期	中期	後期	終末期	
105	吉瀬出戸遺跡	吉瀬字出戸931-1外	0	0	0	0	?			■		埴輪散布地で古墳不明，土浦市宍塚古墳群と同台地上
106	吉瀬山中久保古墳群	吉瀬字山中久保1458外	0	2	0	0	?					最大：円22 m，古墳不明散布地：埴輪，土浦市宍塚古墳群と同台地上

茎崎地区・西谷田川流域

| 107 | 上岩崎稲荷塚古墳 | 上岩崎1788-1 | | 1 | | | | | | | | 円18 m |
| 108 | 泊崎城跡 | 富士見台37-4外 | | | 1 | | | ■ | | | | 方16 m以上，方形周溝墓 |

茎崎地区・東谷田川流域

109	下岩崎古墳群	下岩崎1229-1外	0	0	1	0	2					最大：方10m，1号墳は近世の塚と判明
110	若栗宮本古墳群	若栗甲1245外	0	0	0	0	5					墳形・規模不詳
111	小茎稲荷山古墳群	小茎825-1外	0	2	0	0	0					規模不明，埴輪？

茎崎地区・稲荷川流域

| 112 | 高崎郷中塚古墳群 | 高崎2290-1外 | 1 | 2 | 0 | 0 | 0 | | | | | 最大：前方後円24 m以上 |

茎崎地区・小野川流域

| 113 | 大井五十塚古墳群 | 大井1731-1外 | 3 | 8 | 0 | 0 | 1 | | | | ■ | 最大：前方後円43 m，10号：箱式石棺 |
| 114 | 下大井古墳群 | 大井1304外 | 0 | 1 | 0 | 0 | 2 | | | | | 最大：円5 m |

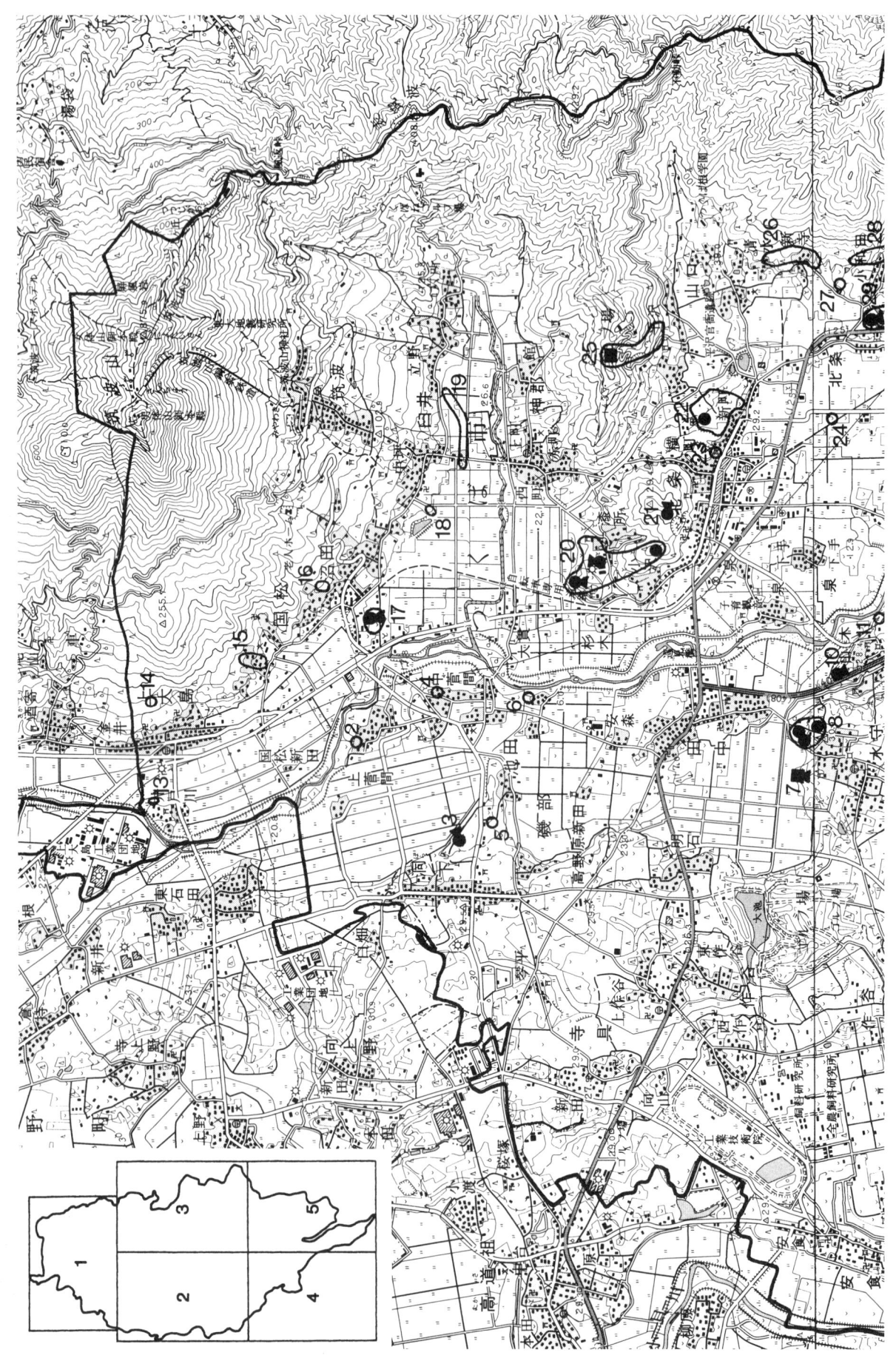

つくば市古墳分布図1（北部，1：50,000）

つくば市古墳分布図 2 （西部, 1：50,000）

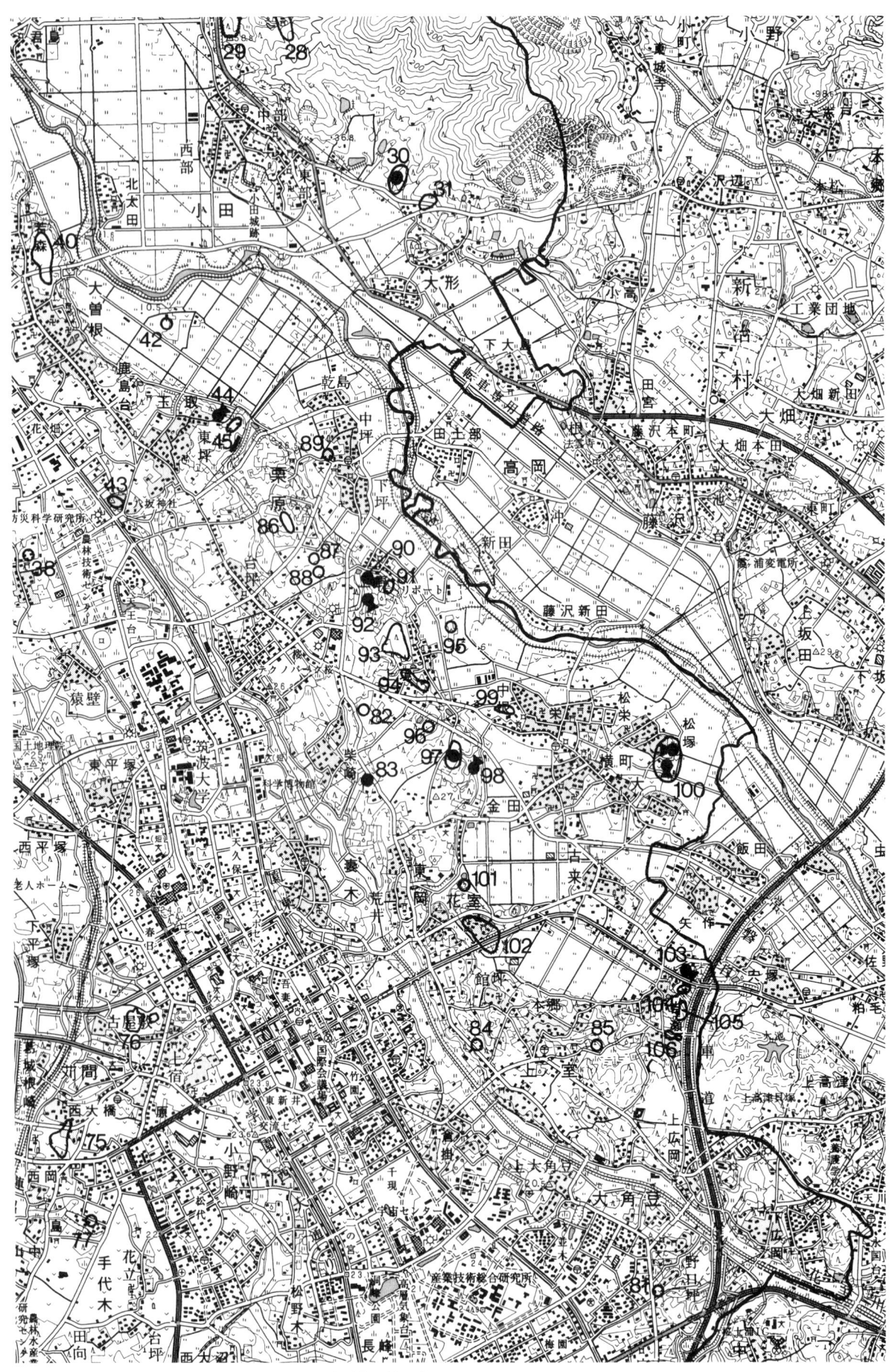

つくば市古墳分布図 3 （東部，1：50,000）

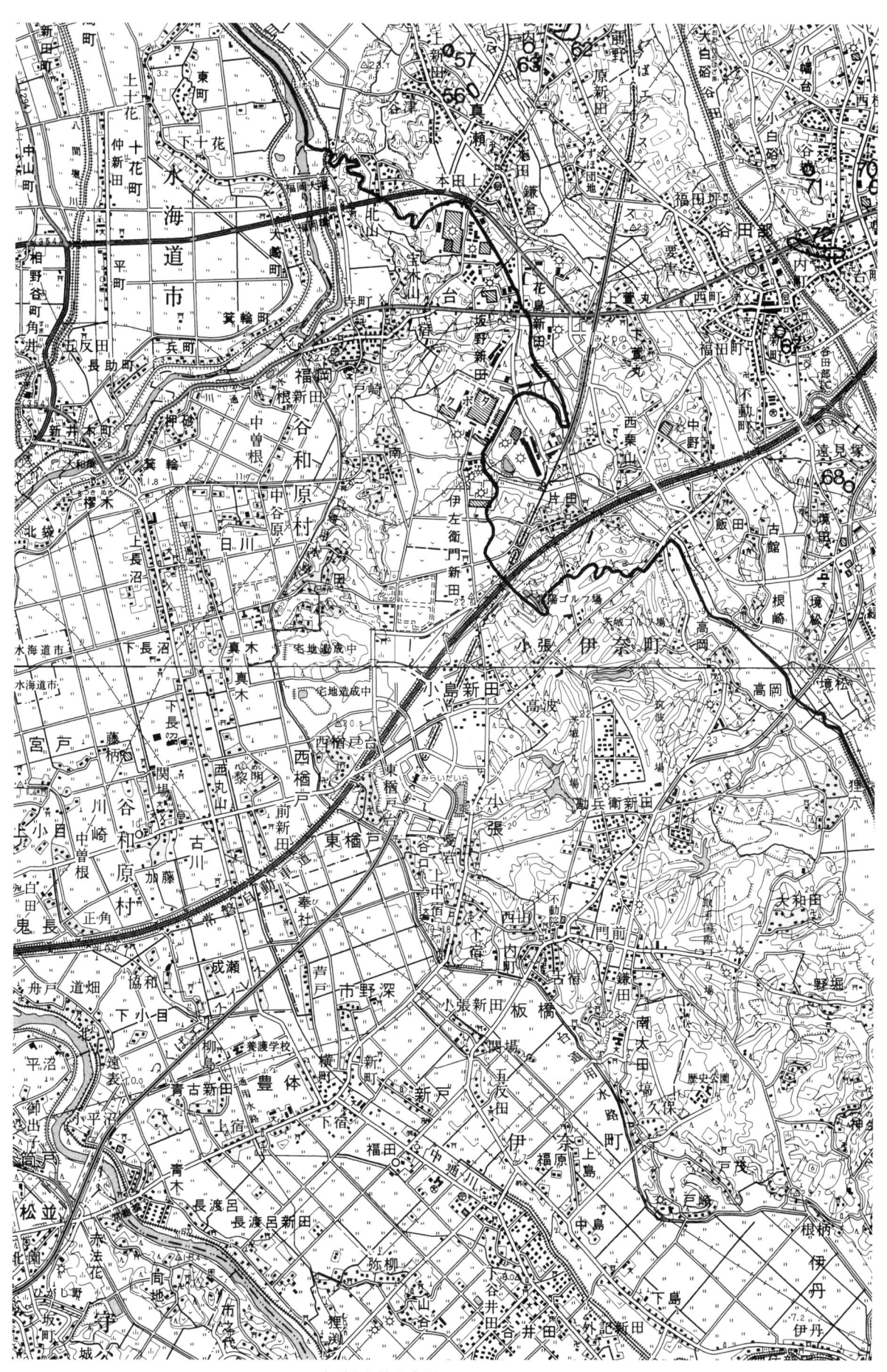

つくば市古墳分布図 4 （南西部，1：50,000）

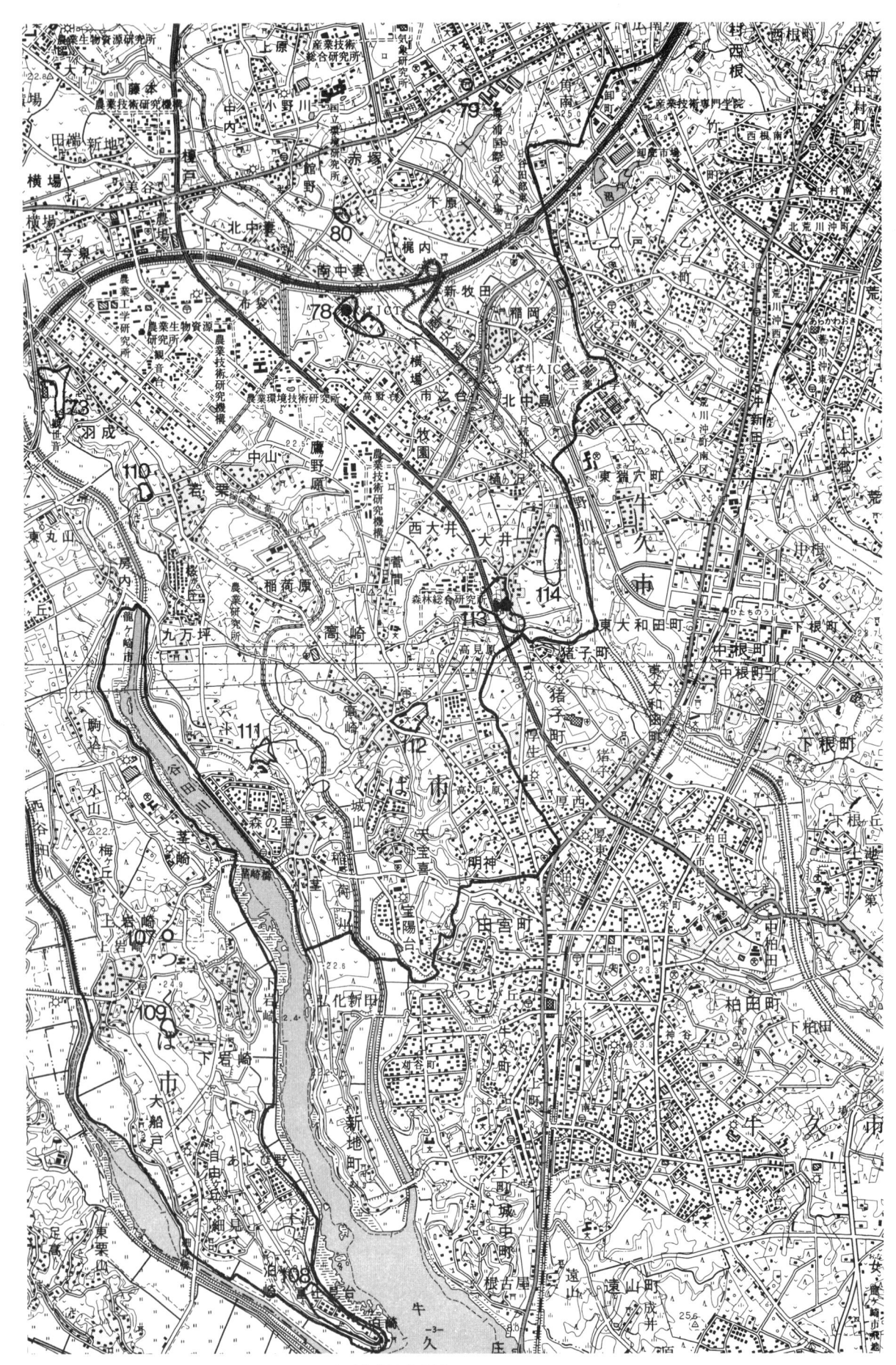

つくば市古墳分布図 5 （南東部，1：50,000）

つくば市域の古墳群

古墳群名・古墳名	池田亀の子塚古墳					所在地	つくば市池田字鹿島西341	前方後円	帆立貝	円	方	その他	総基数
	立　地	:	小野川右岸、東へ突出する標高30mの舌状台地南側。					0	0	1	0	0	1
	埋葬施設	:	不明										
	埴輪有無	:	0基										
	墳丘	:	1基										
	年代判明古墳	:	なし										
	主な副葬品	:	なし										
	群中の大型古墳	:	なし（円7m）										
	文献		筑波町史編纂専門委員会1989										

備考

古墳群名・古墳名	池田古墳					所在地	つくば市池田字屋敷東川端34	前方後円	帆立貝	円	方	その他	総基数
	立　地	:	桜川右岸、標高16mの微高地縁辺部。					0	0	1	0	0	1
	埋葬施設	:	不明										
	埴輪有無	:	0基										
	墳丘	:	1基										
	年代判明古墳	:	なし										
	主な副葬品	:	なし										
	群中の大型古墳	:	なし（円15m）										
	文献		筑波町史編纂専門委員会1989										

備考

古墳群名・古墳名	水守桜塚古墳					所在地	つくば市水守字桜塚715	前方後円	帆立貝	円	方	その他	総基数
	立　地	:	桜川右岸、北側に突出する標高約25mの舌状台地先端部。					0	0	0	0	1	1
	埋葬施設	:	粘土床										
	埴輪有無	:	0基										
	墳丘	:	1基										
	年代判明古墳	:	4c後半、石釧										
	主な副葬品	:	変形四獣鏡、勾玉、管玉、ガラス製小玉、瑪瑙製丸玉、石釧、短剣										
	群中の大型古墳	:	なし　前方後方約45m										
	文献		増田ほか1981、筑波町史編纂専門委員会1989										

備考
・昭和54年に一部発掘調査。

古墳群名・古墳群	水守古墳群					所在地	つくば市水守字館ノ内653外	前方後円	帆立貝	円	方	その他	総基数
	立　地	:	桜川右岸、北側に突出した標高30mの舌状台地上。					0	0	6	0	0	6
	埋葬施設	:	粘土槨？　特徴：2号墳が掘られた際、粘土が多量に認められた。										
	埴輪有無	:	0基										
	墳丘	:	6基										
	年代判明古墳	:	2号墳（5c初め？、鉄鏃、両面穿孔管玉										
	主な副葬品	:	2号墳（鉄剣、鉄鏃、ガラス勾玉、ガラス小玉、管玉）										
	群中の大型古墳	:	1号墳（円35m）、2号墳（円32m）、3号墳（円約30m）										
	文献		筑波町史編纂専門委員会1989										

備考
・2号墳が掘られた際に出土した遺物が伝わっている。
・3号墳は水守城体台に改修されている。
・付近に箱式石棺材の可能性がある板石が所在することから、後期・終末期の古墳を含む可能性がある。

古墳群名・古墳名	安食稲荷塚古墳群					所在地	つくば市安食字稲荷塚905外	前方後円	帆立貝	円	方	その他	総基数
	立　地	:	小野川右岸、標高約20mの台地縁辺。					0	0	3	0	0	3
	埋葬施設	:	不明										
	埴輪有無	:	0基										
	墳丘	:	3基										
	年代判明古墳	:	なし										
	主な副葬品	:	なし										
	群中の大型古墳	:	なし（最大：1号墳・円5m）										
	文献		つくば市教育委員会1992										

備考
・現存1基で、2基は箱式石棺石材の可能性がある板石を数えている。

古墳群名・古墳名	上菅間赤渕古墳					所在地	つくば市上菅間字赤渕418	前方後円	帆立貝	円	方	その他	総基数
	立　地	:	桜川右岸、標高20mの微高地縁辺部。					0	0	1	0	0	1
	埋葬施設	:	不明										
	埴輪有無	:	0基										
	墳丘	:	1基										
	年代判明古墳	:	なし										
	主な副葬品	:	なし										
	群中の大型古墳	:	なし（円15m）										
	文献		筑波町史編纂専門委員会1989										

備考

古墳群名・古墳名	中菅間大塚山古墳					所在地	つくば市中菅間字塚ノ腰100	前方後円	帆立貝	円	方	その他	総基数
	立　地	:	桜川右岸、標高約30mの台地縁辺部。					1	0	0	0	0	1
	埋葬施設	:	不明										
	埴輪有無	:	0基										
	墳丘	:	1基										
	年代判明古墳	:	なし										
	主な副葬品	:	なし										
	群中の大型古墳	:	なし（前方後円30m）										
	文献		増田ほか1981、筑波町史編纂専門委員会1989										

備考
・昭和56年に測量調査。

古墳群名・古墳名	中菅間稲荷塚古墳					所在地	つくば市中菅間字稲荷前1397-1	前方後円	帆立貝	円	方	その他	総基数
	立　地	:	桜川右岸、標高18mの微高地縁辺部。					0	0	1	0	0	1
	埋葬施設	:	不明										
	埴輪有無	:	0基										
	墳丘	:	1基										
	年代判明古墳	:	なし										
	主な副葬品	:	なし										
	群中の大型古墳	:	なし（円10m）										
	文献		筑波町史編纂専門委員会1989										

備考

252　第2章　地域研究

古墳群名・古墳名	所在地	前方後円	帆立貝	円	方	その他	総基数
上大鳥井戸川古墳群	つくば市上大鳥字井戸川	0	0	0	0	2	2

立地：桜川左岸、標高22mの微高地。
埋葬施設：不明
墳丘有り：0基
墳丘無し：2基
年代判明古墳：なし
主な副葬品：なし
群中の大型古墳：墳形・規模不詳
文献：筑波町史編纂専門委員会1989

備考
・2基所在したとされるが、神社境内に1基の墳丘がわずかに残るのみ。

古墳群名・古墳名	所在地	前方後円	帆立貝	円	方	その他	総基数
上大鳥前峯古墳群	つくば市上大鳥字北峯	0	0	3?	0	0	?

立地：桜川左岸、筑波山西麓
埋葬施設：横穴式石室　2?基　特徴：花崗岩乱石積で小型の石室。開口方向：南西
墳丘有り：0基
墳丘無し：?基
年代判明古墳：石室の確認できた2基は7cか
主な副葬品：なし
群中の大型古墳：なし（最大円墳20m）
文献：筑波町史編纂専門委員会1989

備考
・70基以上の古墳群とされるが山林により全容は不明。3基を確認したが番号整理等がされていない。
・昭和25年頃開口した石室から勾玉30余、金環5、腕輪100が出土。

古墳群名・古墳名	所在地	前方後円	帆立貝	円	方	その他	総基数
国松古墳群	つくば市国松字台の山1804外	0	0	1	1	?	2

立地：桜川左岸、標高30～50mの筑波山南西麓
埋葬施設：不明
墳丘有り：不明
墳丘無し：2基
年代判明古墳：運滅古墳（6c、三鈴杏葉、埴輪）
主な副葬品：運滅古墳2基（鏡、三鈴式杏葉、埴輪、三鈴式杏葉、石釧、石剣、埴輪）
群中の大型古墳：規模不詳
文献：筑波町史編纂専門委員会1989

備考
・かつては相当数の古墳があったといわれており、運滅古墳の一つからは東京国立博物館所蔵の鏡、三鈴式杏葉、石釧、埴輪等が出土し、筑波小学校校舎にあった円墳からは馬具・勾玉・埴輪が出土したとされる。

古墳群名・古墳名	所在地	前方後円	帆立貝	円	方	その他	総基数
作谷十九耕地古墳	つくば市作谷字十九耕地2532-2	0	0	0	0	1	1

立地：桜川右岸、西田川の支流に西面する標高28mの台地上。
埋葬施設：箱式石棺？　特徴：
墳丘有り：0基
墳丘無し：1基
年代判明古墳：なし
主な副葬品：なし
群中の大型古墳：墳形・規模不詳
文献：

備考
・数十年前に箱式石棺出土。

古墳群名・古墳名	所在地	前方後円	帆立貝	円	方	その他	総基数
山木古墳	つくば市山木字舛田115-1外	1	0	0	0	0	1

立地：桜川右岸、標高約23mの台地北側先端
埋葬施設：粘土床　特徴：検出状況から長さ3.3mの舟形木棺を固定したと推測される。
墳丘有り：0基
墳丘無し：1基
年代判明古墳：4c末～5c初（土師器、滑石製管玉・勾玉）
主な副葬品：短剣、鉄composite芙管玉、碧玉製管玉、滑石製勾玉、ガラス小玉、鉄片
群中の大型古墳：なし（前方後円墳20m）
文献：上川ほか1972、筑波町史編纂専門委員会1989　前方後円墳48m

備考
・昭和43年度に道路工事に伴い発掘調査。

古墳群名・古墳名	所在地	前方後円	帆立貝	円	方	その他	総基数
山木坊ノ下古墳	つくば市山木字坊ノ下356	1	0	0	0	0	1

立地：桜川右岸、桜川に東面する標高約30mの台地縁辺
埋葬施設：不明
墳丘有り：0基
墳丘無し：1基
年代判明古墳：なし
主な副葬品：なし
群中の大型古墳：なし（前方後円墳20m）
文献：なし

備考

古墳群名・古墳名	所在地	前方後円	帆立貝	円	方	その他	総基数
山木東原古墳群	つくば市山木字東原1072外	0	0	3	0	0	3

立地：桜川右岸、北から入る支谷に東面する標高約30mの台地上。
埋葬施設：不明
墳丘有り：0基
墳丘無し：3基
年代判明古墳：なし
主な副葬品：なし
群中の大型古墳：なし（最大：1号墳・円約10m）
文献：なし

備考

つくば市域の古墳群

古墳群名・古墳名	所在地	前方後円	帆立貝	円	方	その他	総基数
白井古墳群	つくば市白井字押出 981 外	0	0	3	0	0	3

立地：桜川左岸、筑波山南麓扇状地との境の標高 28～30m の台地縁辺部。
埋葬施設：石棺　1基　特徴：3号墳で雲母片岩割石積の石棺。
墳輪有り：1基
墳輪無し：2基
年代判明古墳：なし
主な副葬品：1号墳（6c、埴輪）
群中の大型古墳：なし（最大：1号墳・赤塚古墳・円 20m）
文献：筑波町史編纂専門委員会 1989

備考：
・2号墳遺物の出土は伝承によるもの。
・1号墳は基盤整備に際して隠滅。工事に際して埴輪が出土。筑波町史では 47m の前方後円墳としているが、旧状の写真からは前方部の評価が難しく 20m の円墳とした。

古墳群名・古墳名	所在地	前方後円	帆立貝	円	方	その他	総基数
漆所古墳群	つくば市漆所字土塔 500 外	3	0	4	0	0	7

立地：桜川左岸、筑波山地南西端に位置する城山西陵丘とその北側段丘上。
埋葬施設：横穴式石室　2? 基　特徴：3号墳は花崗岩の奥壁のみ遺存。7号墳は詳細不明。開口方向：南
墳輪有り：7号墳
墳輪無し：6基
年代判明古墳：1号墳（6世紀中～後葉、土師器）、5号墳（5世紀初？、墳形）
主な副葬品：前方後円墳 3基、円墳 2基、不明数基
群中の大型古墳：1号墳（土塔山古墳・前方後円 61m）、6号墳（上の台古墳・円 42m）
文献：増田ほか 1981、筑波町史編纂専門委員会 1989、つくば市教育委員会 2007、2008

備考：
・5号墳で昭和 55 年に測量調査、7号墳で平成 19 年度に一部発掘調査がされている。
・この他、工場建設の際に石槨が多数出土したこと、隠滅古墳から直刀・勾玉等が出土したとされる。

古墳群名・古墳名	所在地	前方後円	帆立貝	円	方	その他	総基数
北条城山古墳	つくば市北条字城山 431-19	0	1	0	0	0	1

立地：桜川左岸、標高約 120m の城山南側山頂。
埋葬施設：不明
墳輪有り：1基
墳輪無し：0基
年代判明古墳：6c、埴輪
主な副葬品：なし
群中の大型古墳：帆立貝約 40m
文献：

備考：
・営林施設建設に伴い平成 18 年度に行った確認調査で発見。
・城館の腰曲輪の痕跡として改修されている。

古墳群名・古墳名	所在地	前方後円	帆立貝	円	方	その他	総基数
国松東坪古墳群	つくば市国松字東坪 864-1	0	0	3	0	0	3

立地：桜川左岸、筑波山南西麓の標高 30～40m の尾根上。
埋葬施設：不明
墳輪有り：0基
墳輪無し：3基
年代判明古墳：なし
主な副葬品：なし
群中の大型古墳：なし（最大：1号墳・円約 15m）
文献：

古墳群名・古墳名	所在地	前方後円	帆立貝	円	方	その他	総基数
沼田古墳群	つくば市沼田字八幡 374 外	1	0	1	0	0	2

立地：桜川左岸、筑波山南西麓から西に延びる標高 24m の台地上。
埋葬施設：横穴式石室：1基　特徴：2号墳に雲母片岩割石積で単室の石室。開口方向：南
墳輪有り：1基
墳輪無し：1基
年代判明古墳：1号墳（6c 前半、埴輪）、2号墳（6c 後半？）
主な副葬品：なし
群中の大型古墳：1号墳（八幡塚古墳・前方後円 91m）
文献：茂木ほか 1979、筑波町史編纂専門委員会 1989

備考：
・1号墳で昭和 54 年に墳丘整備に伴い一部発掘調査。
・1号墳遺物には調査時のものほか、周溝にあたる東側池出土の人物埴輪が知られている。

古墳群名・古墳名	所在地	前方後円	帆立貝	円	方	その他	総基数
白井稲ヶ池古墳	つくば市白井 稲ヶ池付近	0	0	1	0	?	1

立地：桜川左岸、筑波山南西麓から南に延びる標高 29m の古長状台地端。
埋葬施設：不明
墳輪有り：0基
墳輪無し：1基
年代判明古墳：なし
主な副葬品：なし
群中の大型古墳：なし（最大：1号墳・稲荷塚古墳・円 5m）
文献：筑波町史編纂専門委員会 1989

備考：
・古墳群とされるが現存 1 基でその他は不明。

第2章 地域研究

平沢古墳群

古墳群名・古墳名	所在地	前方後円	帆立貝	円	方	その他	総基数
平沢古墳群	つくば市北条字永瀬645外	0	0	2	2	0	4

立地：桜川左岸、筑波山地南西端に位置する城山の南東山裾部。
埋葬施設：横穴式石室：4基　特徴：雲母片岩板石を組んだ複室の石室。1・2・4号墳は玄門石材をL字等に加工。開口方向：南
埴輪 有り：0基
埴輪 無し：4基
年代判明古墳：3号墳（7c中葉？、鉄鏃、須恵器長頸瓶）、1・2・4号墳（7c、複室横穴式石室・玄門）
主な副葬品：1号墳（鉄鏃、須恵器長頸瓶）
群中の大型古墳：3号墳（須恵器長頸瓶・長方35m）
文献：増田ほか1981、寺内ほか1982、筑波町史編纂専門委員会1989、つくば市教育委員会2005、2008

備考
・昭和51〜53年に石室等の測量調査、平成16・19年度に3号墳の崩壁自然倒壊に伴う測量、一部発掘調査。

山口古墳群

古墳群名・古墳名	所在地	前方後円	帆立貝	円	方	その他	総基数
山口古墳群	つくば市山口字新寺373外	0	0	3	0	1	4

立地：桜川左岸、筑波山地南に位置する宝篋山の、標高約40〜50mの西側山裾部。
埋葬施設：横穴式石室：4基　特徴：乱石積で畿内型のもの2基、板石組のもの2基。開口方向：南
埴輪 有り：0基
埴輪 無し：4基
年代判明古墳：1号墳（6c後葉、両袖の畿内型石室）、3号墳（7c、L字の石室玄門石材）
主な副葬品：なし（最大：1号墳・円23m）
群中の大型古墳：なし
文献：増田ほか1981、寺内ほか1982、筑波町史編纂専門委員会1989

備考
・昭和51〜53年に石室等の測量調査。

小和田屋敷古墳

古墳群名・古墳名	所在地	前方後円	帆立貝	円	方	その他	総基数
小和田屋敷古墳	つくば市小和田字北沢476−1外	0	0	0	0	1	1

立地：桜川左岸、筑波山地南に位置する宝篋山の、標高約30mの西側山裾部。
埋葬施設：不明
埴輪 有り：1基
埴輪 無し：0基
年代判明古墳：6c、埴輪
主な副葬品：なし
群中の大型古墳：墳形・規模不詳
文献：なし

備考
・社会福祉施設建設に伴い平成7年度に発掘調査。
・埴輪が出土する周溝の一部を検出するが、墳形・規模は不明。

北条中台古墳群

古墳群名・古墳名	所在地	前方後円	帆立貝	円	方	その他	総基数
北条中台古墳群	つくば市北条字古城1159外	3	2	45	2	20	72

立地：桜川左岸、筑波山地南西の城山から東に延びる標高33mの台地上。
埋葬施設：横穴式石室：7基　特徴：雲母片岩板石組石室と割石積単室とが確認できる。開口方向：南
　　　　　箱式石棺：25基　特徴：雲母片岩割石積石棺。小型のもの含む。
　　　　　石棺：1基　特徴：雲母片岩割石積石棺。4号・45号墳
　　　　　土壙：1基　特徴：円筒埴輪2本を組み合わせたもの。61号墳
　　　　　壺：9基　2号・3号・14号・20号・22号・26号・32号・33号・61号墳
埴輪 有り：63基
埴輪 無し：
年代判明古墳：64号墳（4c、土師器）、3号・14号・20号・22号・26号・32号・33号・61号墳（6c後葉、装飾品類等）
主な副葬品：装飾大刀、馬具、鉄鏃、埴輪、石室、埴輪、馬鈴等
群中の大型古墳：2号墳（円36m）
文献：筑波町史編纂専門委員会1989、茨城県教育財団1995

備考
・宅地造成等に伴い複数回調査。
・1号墳では大型の板石組石室が遺存しており、首長墓級といえる。

北条八坂神社古墳

古墳群名・古墳名	所在地	前方後円	帆立貝	円	方	その他	総基数
北条八坂神社古墳	つくば市北条字古城102	0	0	1	0	0	1

立地：桜川左岸、筑波山地南西端に位置する城山の南東山裾部。
埋葬施設：不明
埴輪 有り：0基
埴輪 無し：1基
年代判明古墳：
主な副葬品：なし
群中の大型古墳：なし（円20m）
文献：筑波町史編纂専門委員会1989

北条大塚古墳

古墳群名・古墳名	所在地	前方後円	帆立貝	円	方	その他	総基数
北条大塚古墳	つくば市北条字古塚3120	0	0	0	1	0	1

立地：桜川左岸、標高約16mの低位段丘上。
埋葬施設：不明
埴輪 有り：0基
埴輪 無し：1基
年代判明古墳：
主な副葬品：なし
群中の大型古墳：なし（方約10m）
文献：茨城県教育委員会1989

備考

つくば市域の古墳群

古墳群名・古墳名	所　　在　　地	前方後円	帆立貝	円	方	その他	総基数
大形古墳群	つくば市大形字吾妻 2193-1 外	0	0	3	0	0	3
	立　地：桜川左岸、筑波山地南端山裾に南に延びる標高約 35m の台地上。						
	埋葬施設：不明						
	墳丘有り：1 基　　　　　　　　　　2 基						
	墳輪無し：　　　　　　　1 号墳						
	年代判明古墳：1 号墳（6c、埴輪）						
	主な副葬品：なし（最大：1 号墳・円約 15m）						
	群中の大型古墳：なし						
	文　献：筑波町史編纂専門委員会 1989						
備考							

古墳群名・古墳名	所　　在　　地	前方後円	帆立貝	円	方	その他	総基数
吉沼熊野夫婦塚古墳群	つくば市沼字熊野 2896 外	2	0	2	0	1	5
	立　地：小貝川左岸、標高約 22m の台地上から縁辺部。						
	埋葬施設：不明						
	墳丘有り：1 基　　　　　　　　　　1 号墳						
	墳輪無し：　　　　　　　4 基						
	年代判明古墳：1 号墳（6c、埴輪）						
	主な副葬品：なし						
	群中の大型古墳：1 号墳（前方後円約 40m²）						
	文　献：大穂町史編纂委員会 1989、つくば市教育委員会 1992						
備考	・現存は 4 基。 ・1 号墳は前方部が削平されており規模不明だが、約 40m と推測される。						

古墳群名・古墳名	所　　在　　地	前方後円	帆立貝	円	方	その他	総基数
吉沼愛宕神社古墳	つくば市吉沼字新地 4081-1 外	0	0	1	0	0	1
	立　地：小貝川左岸、標高約 25m の台地上。						
	埋葬施設：不明						
	墳丘有り：0 基						
	墳輪無し：1 基						
	年代判明古墳：なし						
	主な副葬品：なし						
	群中の大型古墳：1 号墳（円 19m）						
	文　献：つくば市教育委員会 1992						
備考							

古墳群名・古墳名	所　　在　　地	前方後円	帆立貝	円	方	その他	総基数
吉沼能田古墳群	つくば市吉沼字熊野 2964 外	1	0	?	0	0	?
	立　地：小貝川左岸、標高約 20m の台地上。						
	埋葬施設：箱式石棺？						
	墳丘有り：2 基						
	墳輪無し：? 基						
	年代判明古墳：なし						
	主な副葬品：なし						
	群中の大型古墳：1 号墳（前方後円 42m）						
	文　献：つくば市教育委員会 1992						
備考	・現況は不詳。大正 10 年代と昭和 20 年代に箱式石棺出土の伝承がある。						

古墳群名・古墳名	所　　在　　地	前方後円	帆立貝	円	方	その他	総基数
小和田古墳群	つくば市小和田字後山 556 外	0	0	0	0	4	4
	立　地：桜川左岸、筑波山地南に位置する宝篋山の、標高 30～55m の西側山裾部。						
	埋葬施設：横穴式石室：3 基　　　特徴：割石積で小型のものである が構造不詳。開口方向：南？						
	墳丘有り：0 基						
	墳輪無し：4 基						
	年代判明古墳：横穴式石室のものは 6・7c か						
	主な副葬品：なし						
	群中の大型古墳：墳形・規模不詳						
	文　献：筑波町史編纂専門委員会 1989						
備考							

古墳群名・古墳名	所　　在　　地	前方後円	帆立貝	円	方	その他	総基数
甲山古墳群	つくば市北条字甲山 2309 外	1	0	4	0	0	5
	立　地：桜川左岸、筑波山地南に位置する宝篋山の、標高約 30m の西側山裾。						
	埋葬施設：箱式石棺：2 基　　　特徴：雲母片岩板石を用いたもの。内部赤彩。						
	墳丘有り：1 基　　　　　　　　　　1 号墳						
	墳輪無し：4 基						
	年代判明古墳：6c 前半						
	主な副葬品：直刀、鉄鏃、刀子、ガラス小玉、滑石製臼玉、耳環、青銅製鋲金具						
	群中の大型古墳：1 号墳（後円部約 30m）						
	文　献：増田ほか 1981、筑波町史編纂専門委員会 1989						
備考	・1 号墳は昭和 56 年に一部発掘調査。箱式石棺 2 基を墳頂部に L 字形に配置。後円部が残る土地の形から前方後円墳とされるが、円墳の可能性もある。						

古墳群名・古墳名	所　　在　　地	前方後円	帆立貝	円	方	その他	総基数
小田古墳群	つくば市小田字道祖神 3561 外	1	0	2	0	1	3
	立　地：桜川左岸、筑波山地南に位置する宝篋山南麓の標高約 35m の台地上。						
	埋葬施設：横穴式石室：1 基　　特徴：雲母片岩片組で複室の石室。開口方向：南						
	墳丘有り：1 基						
	墳輪無し：2 基						
	年代判明古墳：1 号墳（6・7c、横穴式石室）、2 号墳（7c 前半、箱式石棺）、3 号墳（6c、埴輪）						
	主な副葬品：1 号墳（直刀、人骨）、2 号墳：雲母片岩板石を用いた石棺						
	群中の大型古墳：1 号墳（円約 30m）						
	文　献：和田 1906、筑波町史編纂専門委員会 1989						
備考	・1 号墳は大正時代に発掘。 ・1・2 号墳は近年まで竹林にて封土が不詳であったが、伐採により 2 号墳は目測約 30m と大型であることが判明。 ・3 号墳は埴輪散布地で墳丘不詳。						

256　第2章　地域研究

古墳群名・古墳名	佐古墳群						
	所　在　地	つくば市佐才馬場崎788 外	前方後円	帆立貝	円	方	その他	総基数
	立　　　地：桜川右岸、標高25～30mの台地上。		0	0	1	0	3	4
	埋　葬　施　設：箱式石棺　3基							
	埴　輪　有　り：0基							
	埴　輪　無　し：4基							
	年代判明古墳：箱式石棺の3基が6・7c か							
	主　な　副　葬　品：勾玉、管玉、鉄刀、銅鏡、人骨（以上『大穂町史』記載）							
	群中の大型古墳：規模不詳							
	文　　　献：大穂町史編纂委員会 1989、つくば市教育委員会 1992							
備考								
・墳丘は現存しないが、神社域内に石棺2基があり（移築）、神社西側別に別の石棺石がある。								
・出土品の伝承があるが詳細不明。								
特徴：雲母片岩板石を用いている。								

古墳群名・古墳名	大曽根松原古墳群						
	所　在　地	つくば市大曽根3968 外	前方後円	帆立貝	円	方	その他	総基数
	立　　　地：桜川右岸、標高約25mの台地上から縁辺部。		1	0	19	0	0	20
	埋　葬　施　設：不明							
	埴　輪　有　り：0基							
	埴　輪　無　し：20基							
	年代判明古墳：1号墳（6世紀中～後葉、土師器）							
	主　な　副　葬　品：なし							
	群中の大型古墳：なし（最大：13号墳・前方後円約28m）							
	文　　　献：大穂町史編纂委員会 1989、茨城県教育財団 1990、つくば市教育委員会 1992							
備考								
・1号墳は昭和62年度に道路改良工事に伴い発掘調査された。								
・基盤整備工事に伴い多くが削平、航空写真で確認できる周溝等により墳形が確認できる。								
・この他、箱式石棺2基が出土したとされるが、詳細不明。								

古墳群名・古墳名	大曽根大日塚古墳						
	所　在　地	つくば市大曽根字若妻3723-13	前方後円	帆立貝	円	方	その他	総基数
	立　　　地：桜川右岸、小谷津に面した標高約30mの台地上。		0	0	1	0	0	1
	埋　葬　施　設：不明							
	埴　輪　有　り：0基							
	埴　輪　無　し：1基							
	年代判明古墳：なし							
	主　な　副　葬　品：なし							
	群中の大型古墳：径約30m							
	文　　　献：つくば市教育委員会 1992							
備考								

古墳群名・古墳名	吉沼戸ノ山古墳群						
	所　在　地	つくば市吉沼字東戸ノ山535 外	前方後円	帆立貝	円	方	その他	総基数
	立　　　地：西谷田川右岸、標高約28mの台地上。		0	0	2	0	0	2
	埋　葬　施　設：不明							
	埴　輪　有　り：0基							
	埴　輪　無　し：2基							
	年代判明古墳：なし							
	主　な　副　葬　品：なし							
	群中の大型古墳：なし（最大：1・2号墳・円5m）							
	文　　　献：つくば市教育委員会 1992							
備考								

古墳群名・古墳名	長高野古墳群						
	所　在　地	つくば市長高野字原地1211-1 外	前方後円	帆立貝	円	方	その他	総基数
	立　　　地：東谷田川右岸、標高約30mの台地上。		0	0	19	0	0	19
	埋　葬　施　設：不明							
	埴　輪　有　り：0基							
	埴　輪　無　し：19基							
	年代判明古墳：なし							
	主　な　副　葬　品：なし							
	群中の大型古墳：なし（最大：2号墳・円20m）							
	文　　　献：つくば市教育委員会 1992							
備考								
・6基を除き墳丘は低平で不明瞭。								
・楕円形のものがあり、前方後円墳が含まれている可能性がある。								

古墳群名・古墳名	前野庚申塚古墳						
	所　在　地	つくば市前野字山木地1394 外	前方後円	帆立貝	円	方	その他	総基数
	立　　　地：東谷田川左岸、標高約30mの台地上。		0	0	0	0	1	1
	埋　葬　施　設：不明							
	埴　輪　有　り：1基							
	埴　輪　無　し：0基（埴輪）							
	年代判明古墳：6c							
	主　な　副　葬　品：なし							
	群中の大型古墳：墳形・規模不詳							
	文　　　献：つくば市教育委員会 1992							
備考								
・墳丘は削平を受けており、現況では辺10mの方形で、高さ1.5m。								
・庚申塚として整備された際に、埴輪が多く出土したとされる。								

古墳群名・古墳名	要中根古墳						
	所　在　地	つくば市要中根	前方後円	帆立貝	円	方	その他	総基数
	立　　　地：蓮沼川左岸、標高約25mの台地上。		0	0	0	0	1	1
	埋　葬　施　設：不明							
	埴　輪　有　り：0基							
	埴　輪　無　し：1基							
	年代判明古墳：なし							
	主　な　副　葬　品：なし							
	群中の大型古墳：墳形・規模不詳							
	文　　　献：つくば市教育委員会 1992							
備考								
・湮滅								

つくば市域の古墳群

古墳群名・古墳名	上郷台宿古墳群
所在地	つくば市上郷字川口3513-6 外
立地	小貝川左岸、標高約20mの台地上から縁辺部
埋葬施設	箱式石棺？ 3基
埴輪 有り	0基
埴輪 無し	4基
年代判明古墳	2・3・4号墳（6・7c、箱式石棺）
主な副葬品	小刀（3号墳）、人骨2体（4号墳）
群中の大型古墳	なし（最大：1号墳・円約20m）
文献	つくば市教育委員会1992
前方後円	0
帆立貝	0
円	1
方	0
その他	3
総基数	4

備考
- 現存するのは1・4号墳の2基。
- 2・3・4号墳で石棺の出土が、3号墳では小刀、4号墳では人骨2体の出土が伝わる。
- 特徴：判明しているものは雲母片岩板石を用いている。

古墳群名・古墳名	上郷大塚古墳
所在地	つくば市上郷字宿裏1827 外
立地	西谷田川右岸、標高約23mの台地上。
埋葬施設	箱式石棺？ 1基
埴輪 有り	0基
埴輪 無し	1基
年代判明古墳	6・7c（箱式石棺）
主な副葬品	なし
群中の大型古墳	墳形・規模不詳
文献	豊里町史編纂委員会1985、つくば市教育委員会1992
前方後円	0
帆立貝	0
円	0
方	0
その他	1
総基数	1

備考
- 現存せず、詳細不明。
- 「農里の歴史」では、現存していないものの、主体部が箱式石棺であったとしている。
- 特徴：雲母片岩板石を用いたものか。

古墳群名・古墳名	手子生愛宕塚古墳
所在地	つくば市手子生字原山1627 外
立地	西谷田川右岸、標高約26mの台地上。
埋葬施設	不明
埴輪 有り	0基
埴輪 無し	1基
年代判明古墳	なし
主な副葬品	なし
群中の大型古墳	なし（円？約15m）
文献	つくば市教育委員会1992
前方後円	0
帆立貝	0
円	0
方	0
その他	1
総基数	1

備考
- 現況では前方後円形状であるが、不明瞭。

古墳群名・古墳名	大曽根立石古墳
所在地	つくば市大曽根字沖の宮1735 外
立地	桜川右岸、標高約7mの微高地。
埋葬施設	箱式石棺 1基
埴輪 有り	0基
埴輪 無し	1基
年代判明古墳	6〜7c（箱式石棺）
主な副葬品	直刀2、土器
群中の大型古墳	墳形・規模不詳
文献	つくば市教育委員会1992
前方後円	0
帆立貝	0
円	0
方	0
その他	1
総基数	1

備考
- 昭和10年代にすでに石棺が出土。石材2枚が現地に残る。石棺発見時にはすでに墳丘が無かったとされる。
- 石棺から直刀2本と土器が出土したとされるが、現存しない。

古墳群名・古墳名	玉取一ノ矢古墳群
所在地	つくば市玉取字八坂前2625 外
立地	花室川水源地付近、標高約30mの台地上。
埋葬施設	不明
埴輪 有り	0基
埴輪 無し	2基
年代判明古墳	なし
主な副葬品	なし
群中の大型古墳	なし（最大：2号墳・円20m）
文献	つくば市教育委員会1992
前方後円	0
帆立貝	0
円	2
方	0
その他	0
総基数	2

備考

古墳群名・古墳名	玉取千手堂古墳
所在地	つくば市玉取字旭台1591 外
立地	桜川右岸、標高約25mの台地上から縁辺部。
埋葬施設	不明
埴輪 有り	0基
埴輪 無し	1基
年代判明古墳	なし
主な副葬品	なし
群中の大型古墳	前方後円墳53m
文献	つくば市教育委員会1992
前方後円	1
帆立貝	0
円	0
方	0
その他	0
総基数	1

備考

古墳群名・古墳名	玉取古墳群
所在地	つくば市玉取字谷津1698 外
立地	桜川右岸、標高約25mの台地上から縁辺部。
埋葬施設	不明
埴輪 有り	0基
埴輪 無し	4基
年代判明古墳	なし
主な副葬品	なし
群中の大型古墳	1号墳（15m円）
文献	大穂町史編纂委員会1989、つくば市教育委員会1992
前方後円	0
帆立貝	0
円	2
方	0
その他	0
総基数	2

備考

第2章 地域研究

古墳群名・古墳名	所在地	前方後円	帆立貝	円	方	その他	総基数
高野古墳群	つくば市高野字清水台 381-6 外	0	0	0	0	?	?
	立地：東谷田川右岸、標高約25mの台地上。						
	埋葬施設：不明						
	埴輪有り：0基						
	埴輪無し：0基						
	年代判明古墳：なし						
	主な副葬品：なし						
	群中の大型古墳：なし						
	文献：筑波町史編纂専門委員会1989、山武考古学研究所編1996						
備考	・平成4年度の確認調査で33基の低い盛土状遺構を確認したが、すべて周溝・主体部は無く、農作業等に伴ってできた近世以降のものと判断された。						

古墳群名・古墳名	所在地	前方後円	帆立貝	円	方	その他	総基数
百家根崎古墳群	つくば市百家字根崎 480-10 外	0	0	2	0	1	3
	立地：東谷田川右岸、標高約21mの台地上から縁辺部。						
	埋葬施設：箱式石棺						
	埴輪有り：2基						
	埴輪無し：3基						
	年代判明古墳：7c（1・2号墳、箱式石棺）						
	主な副葬品：耳環、勾玉、丸玉、ガラス小玉、人骨6体以上（1号墳）						
	群中の大型古墳：なし（最大：2号墳・前方後円 21m）						
	文献：特徴：雲母片岩板石を用いている。						
備考	・平成15年度に農作業中の不時発見に伴い1号墳石棺を調査、平成16年度に土地改良に伴い1～3号墳を調査。 ・1・2号墳の主体部が調査により箱式石棺と判明したほか、3号墳でも周溝からの板石出土や石棺出土の伝承から箱式石棺であったと推測される。						

古墳群名・古墳名	所在地	前方後円	帆立貝	円	方	その他	総基数
高須賀熊野山古墳群	つくば市高須賀字熊野山 807 外	0	0	6	2	0	8
	立地：小貝川左岸、樹枝状に支谷が入り込む標高23mの台状地上。						
	埋葬施設：不明						
	埴輪有り：0基						
	埴輪無し：8基						
	年代判明古墳：1・2号墓（4c、土師器）						
	主な副葬品：なし						
	群中の大型古墳：なし（最大：1号墓・方 11m）						
	文献：西宮1960、谷田部の歴史を編さん委員会1975、つくば市教育委員会2000、2001						
備考	・平成11年度の試掘調査で方形周溝第2基を確認。 ・藪のため、現況で墳丘が確認できたのは円墳1基（1号墳築「古墳総覧」記載の番号とは対応しない）。						

古墳群名・古墳名	所在地	前方後円	帆立貝	円	方	その他	総基数
今鹿島稲荷前古墳	つくば市今鹿島字細田西 4256-2	0	0	1	0	0	1
	立地：西谷田川支流の右岸、標高約25mの台地上。						
	埋葬施設：不明						
	埴輪有り：0基						
	埴輪無し：1基						
	年代判明古墳：なし						
	主な副葬品：なし						
	群中の大型古墳：なし（円約20m）						
	文献：つくば市教育委員会1992						
備考	・30～40年前に運滅。板石が何枚も出土したとされ、箱式石棺を有していたと思われる。						

古墳群名・古墳名	所在地	前方後円	帆立貝	円	方	その他	総基数
高野権現塚古墳	つくば市高野字権現塚 1141	0	0	0	0	1	1
	立地：西谷田川支流の右岸、標高約25mの台地縁辺部。						
	埋葬施設：箱式石棺?						
	埴輪有り：1基						
	埴輪無し：なし						
	年代判明古墳：6・7cか（箱式石棺）						
	主な副葬品：なし						
	群中の大型古墳：墳形・規模不詳						
	文献：つくば市教育委員会1992						

古墳群名・古墳名	所在地	前方後円	帆立貝	円	方	その他	総基数
今鹿島浅間塚古墳群	つくば市今鹿島字浅間 3521 外	0	0	17	0	0	17
	立地：東谷田川右岸、標高約25mの台地上。						
	埋葬施設：不明						
	埴輪有り：0基						
	埴輪無し：17基						
	年代判明古墳：なし						
	主な副葬品：なし						
	群中の大型古墳：なし（最大：1号墳・浅間塚古墳・円約20m）						
	文献：つくば市教育委員会1992						
備考	・1m以上の墳丘を有するものは5基のみで、他は低く不明瞭。						

古墳群名・古墳名	所在地	前方後円	帆立貝	円	方	その他	総基数
沼崎前木古墳群	つくば市沼崎字西浦 2467 外	0	0	5	0	0	5
	立地：東谷田川右岸、標高約25mの台地上。						
	埋葬施設：不明						
	埴輪有り：0基						
	埴輪無し：5基						
	年代判明古墳：なし						
	主な副葬品：なし						
	群中の大型古墳：なし（最大：1号墳・円約20m）						
	文献：つくば市教育委員会1992						

つくば市域の古墳群

古墳群名・古墳名	所在地	前方後円	帆立貝	円	方	その他	総基数
下河原崎古墳群	つくば市下河原崎	0	0	0	0	?	?

立　　地：西谷田川と東の支流に挟まれた、標高20〜24mの台地上。
埋　葬　施　設：石　棺：1基　特徴：詳細不明。
墳　輪　有　り：0基
墳　輪　無　し：0基
年代判明古墳：なし
主な副葬品：なし
群中の大型古墳：規模不詳
文　　献：西宮1960、谷田部の歴史編さん委員会1975、つくば市教育委員会2001

備考
・『総覧』では135基からなる古墳群とされているが、現地調査及び常磐新線沿線開発に伴う試掘調査の結果から、多くは自然地形と考えられる。
・『総覧』での箱式石棺の記載等から一部に実態のある古墳と思われるが、不明である。

古墳群名・古墳名	所在地	前方後円	帆立貝	円	方	その他	総基数
下河原崎高山古墳群	つくば市下河原崎字三夜山450外	1	0	7	2	0	11

立　　地：西谷田川と東の支流に挟まれた標高20〜24mの古状台地南端。
埋　葬　施　設：石棺系石室：1基　特徴：雲母片岩板石を用いたもので、墓道を有する。　　　　　　開口方向：南
墳　輪　有　り：0基
墳　輪　無　し：11基
年代判明古墳：3号墳（7c中葉〜後半、須恵器、石棺系石室）
主な副葬品：須恵器プラスコ型提瓶（3号墳）、鉄刀（6号墳）、鉄刀（9号墳）
群中の大型古墳：1号墳（方墳33m）、5号墳（前方後円墳32.5m）
文　　献：西宮1960、谷田部の歴史編さん委員会1975、茨城県教育団1983、2008、つくば市教育委員会2001

備考
・現況で墳丘が確認されたのは4基（1〜3・5号墳）。『古墳総覧』記載の区画整理事業に伴う12〜17号墳は自然地形と判断した。
・道路改良工事に伴う発掘調査を昭和57年度に、常磐新線沿線開発に伴う測量調査を平成9年度に、5号墳周縁の一部の発掘調査と墳丘の測量調査を平成18年度に実施。
・現在、古墳の番号は『総覧』を基礎としており、昭和57年度調査1号墳は現4号墳、2号墳は現3号墳である。

古墳群名・古墳名	所在地	前方後円	帆立貝	円	方	その他	総基数
島名槇内古墳群	つくば市島名字槇内3620外	0	0	6	1	0	7

立　　地：西谷田川左岸、標高24mの台地上。
埋　葬　施　設：不明
墳　輪　有　り：0基
墳　輪　無　し：7基
年代判明古墳：なし
主な副葬品：なし
群中の大型古墳：（最大：4号墳・方23m）
文　　献：西宮1960、谷田部の歴史編さん委員会1975、つくば市教育委員会2001

備考
・現況で墳丘が確認できたのは円墳2基（1・3号墳）・方墳1基（4号墳）。他は確認できない。

古墳群名・古墳名	所在地	前方後円	帆立貝	円	方	その他	総基数
真瀬新田古墳群	つくば市真瀬字中道303-2外	0	0	0	0	2	2

立　　地：小貝川左岸、標高23mの台地上。
埋　葬　施　設：石棺？：1基　詳細不明。
墳　輪　有　り：1基
墳　輪　無　し：1基
年代判明古墳：1号墳（6・7c、石棺？）、2号墳（6c、埴輪）
主な副葬品：刀？（1号墳）
群中の大型古墳：墳形・規模不詳
文　　献：つくば市教育委員会2001

備考
・墳丘は古くに削平されており、現況では確認できない。
・開き取り調査によると、20年前までは石棺と刀が出土したとのことである。

古墳群名・古墳名	所在地	前方後円	帆立貝	円	方	その他	総基数
真瀬中道古墳	つくば市真瀬字中道158-4外	0	0	1	0	0	1

立　　地：西谷田川左岸、標高20mの台地上。
埋　葬　施　設：不明
墳　輪　有　り：0基
墳　輪　無　し：1基
年代判明古墳：なし
主な副葬品：なし
群中の大型古墳：なし（円15m）
文　　献：つくば市教育委員会2001

古墳群名・古墳名	所在地	前方後円	帆立貝	円	方	その他	総基数
上河原崎小山台古墳	つくば市上河原崎字小山台202	0	0	1	0	0	1

立　　地：西谷田川右岸、標高23mの台地縁辺。
埋　葬　施　設：不明
墳　輪　有　り：0基
墳　輪　無　し：1基
年代判明古墳：なし
主な副葬品：なし
群中の大型古墳：なし（円17m）
文　　献：つくば市教育委員会2001

古墳群名・古墳名	所在地	前方後円	帆立貝	円	方	その他	総基数
元中北鹿島明神古墳	つくば市上河原崎元中北字鹿島明神309	0	0	1	0	0	1

立　　地：西谷田川左岸、標高20mの台地上。
埋　葬　施　設：不明
墳　輪　有　り：0基
墳　輪　無　し：1基
年代判明古墳：なし
主な副葬品：なし
群中の大型古墳：なし（円18m）
文　　献：つくば市教育委員会2001

備考

第 2 章　地域研究

古墳群名・古墳名	島名前野古墳
所在地	つくば市島名字前野 3806
立地	東谷田川右岸、標高 23m の台地上。
埋葬施設	不明
墳丘有り	0 基
墳丘無し	1 基
年代判明古墳	なし
主な副葬品	なし
群中の大型古墳	なし（円 8m）
文献	つくば市教育委員会 2001
前方後円	0
帆立貝	0
円	1
方	0
その他	0
総基数	1

備考

古墳群名・古墳名	谷田部中城古墳
所在地	つくば市谷田部字中城 4097-2
立地	東谷田川右岸、標高 13m の台地縁傾斜地。
埋葬施設	不明
墳丘有り	0 基
墳丘無し	1 基
年代判明古墳	なし
主な副葬品	なし
群中の大型古墳	なし（円 18m）
文献	つくば市教育委員会 2001
前方後円	0
帆立貝	0
円	1
方	0
その他	0
総基数	1

備考

古墳群名・古墳名	谷田部逸見塚古墳
所在地	つくば市谷田部字逸見塚 3541-1
立地	東谷田川から入る谷津の西標高 23m の台地縁辺。
埋葬施設	不明
墳丘有り	0 基
墳丘無し	1 基
年代判明古墳	なし
主な副葬品	なし
群中の大型古墳	なし（円 13m）
文献	つくば市教育委員会 2001
前方後円	0
帆立貝	0
円	1
方	0
その他	0
総基数	1

備考

古墳群名・古墳名	島名榎内西古墳
所在地	つくば市島名字榎内 3255-2
立地	西谷田川左岸、標高 20m の台地上。
埋葬施設	石棺：0 基／1 基 特徴：雲母片岩板石を用いた箱式石棺。
年代判明古墳	6・7c、箱式石棺
主な副葬品	なし
群中の大型古墳	墳形・規模不明
文献	つくば市教育委員会 2001
前方後円	0
帆立貝	0
円	0
方	0
その他	1
総基数	1

備考
・40〜50 年はど前に出土したとされる箱式石棺 1 基が地上に露出。

古墳群名・古墳名	島名関ノ台古墳群
所在地	つくば市島名字関ノ台 206-1 外
立地	西谷田川右岸、標高 16〜23m の台地縁辺から台地上。
埋葬施設	石棺：2 基／27 基 特徴：判明しているものは雲母片岩板石を用いている。
年代判明古墳	5・13 号墳
主な副葬品	直刀、金環、金銅製金具片
群中の大型古墳	1 号墳（前方後円墳 40m）、9 号墳（円 33m）、24 号墳（円 47m？）
文献	西宮 1960、谷田部の歴史編さん委員会 1975、つくば市教育委員会 2001、茨城県教育財団 2004
前方後円	1
帆立貝	0
円	29
方	0
その他	0
総基数	30

備考
・現況で墳丘が確認できるものは 4 基（19・20・25・29 号墳）。大型円墳とされる 24 号墳については実態不詳。
・開墾作業中に石棺が発見され、昭和 33 年に発掘調査が行われた（9 号墳）。その他の出土品は不明。
・平成 14 年度に常磐新線建設に伴う発掘調査で発見された島名関の台南 B 遺跡 1 号墳を本古墳群の 30 号墳として加えた。
・2 号墳（6・7c、箱式石棺）、3 号墳（6・7c、箱式石棺）、5 号墳（6c、埴輪）、9 号墳（7c 後半、箱式石棺）、13 号墳（6c、埴輪）、30 号墳（6c 中葉、土師器）、（獣珠？）（9 号墳）、勾玉、鉄刀（2 号墳）、鉄刀片（17 号墳）

古墳群名・古墳名	島名熊の山古墳群
所在地	つくば市島名字熊の山
立地	東谷田川左岸の台地上。
埋葬施設	不明
墳丘有り	0 基
墳丘無し	? 基
年代判明古墳	なし
主な副葬品	なし
群中の大型古墳	なし
文献	西宮 1960、谷田部の歴史編さん委員会 1975、つくば市教育委員会 2001
前方後円	0
帆立貝	0
円	?
方	0
その他	?
総基数	?

備考
・旧遺跡地図では円墳 12 基が島名熊の山遺跡の発掘調査範囲内に所在するとされるが、発掘調査では確認されておらず、存在が疑わしい。

つくば市域の古墳群 261

古墳群名・古墳名	谷田部台町古墳群							
	所　在　地	前方後円	帆立貝	円	方	その他	総基数
	つくば市谷田部字富士塚6145-4 外	0	0	3	1	0	4
立　地：東谷田川左岸、標高22〜24mの舌状台地上。
埋　葬　施　設：不明
埴　輪　有　り：0基
墳　輪　無　し：4基
年代判明古墳：なし
主な副葬品：なし
群中の大型古墳：なし（最大：1号墳・円25m）
文　　献：西宮1960、谷田部の歴史編さん委員会1975、つくば市教育委員会2001

備考
・現況で墳丘が確認できたのは円墳1基・方墳1基（1・2号墳）。他は確認できない。
・研修センター用地造成、農地耕作に伴う発掘調査をそれぞれ昭和58年度と平成元年度に実施。

古墳群名・古墳名	羽成古墳群							
	所　在　地	前方後円	帆立貝	円	方	その他	総基数
	つくば市羽成字上山82 外	1	0	1	0	5	7
立　地：東谷田川左岸、標高25mの台地上西側縁辺部。
埋　葬　施　設：石棺系石室：1基　特　徴：雲母片岩板石を用いたもので、墓道を有する。
							開口方向：南
埴　輪　有　り：1基　棺：雲母片岩板石を用いたもの。
墳　輪　無　し：7基
年代判明古墳：1号墳（6c中〜7c、箱式石棺）、7号墳（7世紀中葉〜後半、須恵器・石棺系石室）
主な副葬品：須恵器、直刀（茎破片）、ガチ（1号墳、須恵器フラスコ形長頸瓶（7号墳）
群中の大型古墳：なし（最大：1号墳・前方後円20m）
文　　献：谷田部の歴史編さん委員会1975、河野ほか1985、春日1990、つくば市教育委員会2001

備考
・現況で墳丘を確認できたのは1基（6号墳）。
・研修センター用地造成、農地耕作に伴う発掘調査をそれぞれ昭和58年度と平成元年度に実施。

古墳群名・古墳名	西大橋塚山古墳							
	所　在　地	前方後円	帆立貝	円	方	その他	総基数
	つくば市西大橋字塚山614-1	0	0	1	0	0	1
立　地：蓮沼川右岸、標高24mの台地上。
埋　葬　施　設：不明
埴　輪　有　り：0基
墳　輪　無　し：1基
年代判明古墳：なし
主な副葬品：なし
群中の大型古墳：なし（円10m）
文　　献：つくば市教育委員会2001

備考

古墳群名・古墳名	面野井古墳群							
	所　在　地	前方後円	帆立貝	円	方	その他	総基数
	つくば市面野井字西ノ台631 外	1	0	3	0	4	8
立　地：東谷田川と東の支流に挟まれた標高20〜30mの舌状台地上ほか　特徴：判明しているものは雲母片岩板石を用いている。
埋　葬　施　設：石棺：6基
埴　輪　有　り：0基
墳　輪　無　し：8基
年代判明古墳：5号墳（6c末〜7c前葉、箱式石棺）
主な副葬品：勾玉、切子玉、鉄刀、ガチ、金環、鉄鏃（1号墳）、四獣鏡（2号墳）、鉄刀（3号墳）、鉄刀、ガチ（5号墳）
群中の大型古墳：なし（最大：5号墳・円18m）
文　　献：西宮1960、谷田部の歴史編さん委員会1975、つくば市教育委員会2001、茨城県教育財団2004

備考
・現況で墳丘が確認できたのは1基（2号墳）。位置のみ確認した4号墳の他は、削平や藪のため確認できない。
・開墾作業中に石棺が発見され、昭和34年に発掘調査が行われた（5号墳）。
・平成14年度に常磐新線建設に伴う発掘調査で発見された面野井北ノ前遺跡1号墳を本古墳群の8号墳として加えた。

古墳群名・古墳名	上横場道心塚古墳群							
	所　在　地	前方後円	帆立貝	円	方	その他	総基数
	つくば市上横場字道心塚2008	0	0	6	0	0	6
立　地：東谷田川左岸、標高23mの台地上。
埋　葬　施　設：不明
埴　輪　有　り：0基
墳　輪　無　し：6基
年代判明古墳：なし
主な副葬品：なし
群中の大型古墳：なし（最大：1号墳・道心塚古墳・円24m）
文　　献：西宮1960、谷田部の歴史編さん委員会1975、つくば市教育委員会2001

備考

古墳群名・古墳名	谷田部カロウド塚古墳							
	所　在　地	前方後円	帆立貝	円	方	その他	総基数
	つくば市谷田部字藤ヶ丘6092 外	0	0	1	0	0	1
立　地：東谷田川から入る谷津の北側標高23mの台地上　特徴：箱式石棺。詳細不詳。
埋　葬　施　設：石棺：1基
埴　輪　有　り：0基
墳　輪　無　し：1基
年代判明古墳：6・7c、箱式石棺
主な副葬品：鉄刀、鉄鏃（古墳総覧記載）
群中の大型古墳：なし（円10m）
文　　献：西宮1960、谷田部の歴史編さん委員会1975、つくば市教育委員会2001

備考
・現存せず、大正年間に箱式石棺・人骨・鉄刀・鉄鏃が発見されている。

第2章 地域研究

古墳群名・古墳名	所在地	前方後円	帆立貝	円	方	その他	総基数
下横場古墳群		1	1	50	0	5	57

立地：小野川右岸、標高20mの台地上から縁辺部。
埋葬施設：石棺：5基 特徴：判明しているものは雲母片岩片岩板石を用いている。
埴輪 有り：9基 5・6・8・27・34・44・50・51・54号墳
埴輪 無し：48基
年代判明古墳：3号墳（6 ～ 7c、箱式石棺［総覧］）、5号墳（6c後葉、埴輪・石棺？）、6号墳（6c、埴輪、8号墳（6c、箱式石棺［総覧］）、19号墳（6 ～ 7c、箱式石棺、埴輪［総覧］）、27号墳（6c、埴輪［総覧］）、34号墳（6c後葉、下総型埴輪、箱式石棺［総覧］）、44号墳（6c、埴輪）、51号墳（6c後葉、埴輪、土師器杯・埴輪・箱式石棺？）、54号墳（6c、埴輪）
主な副葬品：鉄刀（19号墳）、鉄刀（34号墳）、土師器、石棺片
群中の大型古墳：5号墳（円？ 30m）
文献：西宮1960、谷田部の歴史編さん委員会1975、河野ほか1982、つくば市教育委員会2001

備考：
・昭和57年度に記録保存目的の測量・発掘調査を実施（発掘は51号墳）。その他の出土品は不時発見、表面採集。
・円墳とされているものに楕円形のもの数基あり、小型の前方後円墳である可能性がある。
・昭和57年調査時に43号墳以降が追加されているが、［総覧］の分と57年調査時の同番号墳には規模等に大きな差が認められるものもあり、番号訂正に対応しているかは不詳。
・現在、墳丘が現存するものは10基未満。

古墳群名・古墳名	所在地	前方後円	帆立貝	円	方	その他	総基数
稲荷前稲荷塚古墳		0	0	0	1	0	1

立地：小野川左岸、標高25mの台地上。
埋葬施設：不明
埴輪 有り：0基
埴輪 無し：1基
年代判明古墳：なし
主な副葬品：なし
群中の大型古墳：なし（方18m）
文献：つくば市教育委員会2001

古墳群名・古墳名	所在地	前方後円	帆立貝	円	方	その他	総基数
赤塚駒形古墳群	つくば市赤塚字駒形174-2外	0	0	3	0	0	3

立地：小野川左岸、標高23mの台地縁辺。
埋葬施設：不明
埴輪 有り：2基 1号墳、2号墳（旧台帳記載）
埴輪 無し：1基
年代判明古墳：1・2号墳（6c、埴輪）
主な副葬品：なし
群中の大型古墳：なし（最大：2号墳・円10m）
文献：つくば市教育委員会2001

備考：
・2基は削平されており、現況で確認できるのは1号墳のみ。

古墳群名・古墳名	所在地	前方後円	帆立貝	円	方	その他	総基数
西大橋中内台古墳群	つくば市西大橋字中内台264-2外	0	0	3	0	0	3

立地：蓮沼川左岸、標高23 ～ 25mの台地上。
埋葬施設：不明
埴輪 有り：0基
埴輪 無し：3基
年代判明古墳：なし
主な副葬品：なし
群中の大型古墳：なし（最大：1号墳・円8m）
文献：つくば市教育委員会2001

古墳群名・古墳名	所在地	前方後円	帆立貝	円	方	その他	総基数
苅間六十目遺跡	つくば市苅間字東浦1638-1外	0	0	0	2	0	2

立地：蓮沼川左岸、南北を支谷に刻まれた標高24mの台地中央部。
埋葬施設：不明
埴輪 有り：0基
埴輪 無し：2基
年代判明古墳：2号墓（4c中頃、土師器）
主な副葬品：なし
群中の大型古墳：なし（最大：1号墓・方4.8m）
文献：茨城県教育財団2000、2001

備考：
・方形周溝墓2基を検出。

古墳群名・古墳名	所在地	前方後円	帆立貝	円	方	その他	総基数
苅間古墳	つくば市松代1丁目	0	0	1	0	0	1

立地：蓮沼川左岸、西から入る支谷に南面する標高23mの台地上。
埋葬施設：不明
埴輪 有り：0基
埴輪 無し：1基
年代判明古墳：なし
主な副葬品：なし
群中の大型古墳：円墳、34.6m
文献：西宮1960、谷田部の歴史編さん委員会1975、つくば市教育委員会2001

備考：
・学園都市建設に際して削平され、現況では確認できず、詳細な位置も不明。

つくば市域の古墳群　263

古墳群名・古墳名	上ノ室入定原古墳
所在地	つくば市上ノ室字入定原 2030-1 外
立地	花室川左岸、北から入る谷津に挟まれた標高 24m の台地上。
埋葬施設	不明
墳輪有り	0 基
墳輪無し	1 基
年代判明古墳	なし
主な副葬品	なし
群中の大型古墳	なし（円 12m）
文献	つくば市教育委員会 2001
前方後円	0
帆立貝	1
円	0
方	0
その他	0
総基数	1

備考
・平成 12 年度の分布調査以前は上ノ室大日塚古墳との混同があったが、こちらを新規の古墳として整理した。

古墳群名・古墳名	上ノ室大日塚古墳
所在地	つくば市上ノ室字池ノ臺 1393-1 外
立地	花室川左岸、標高 24m の台地上。
埋葬施設	不明
墳輪有り	0 基
墳輪無し	1 基
年代判明古墳	なし
主な副葬品	なし
群中の大型古墳	なし（円 6m）
文献	桜村史編纂委員会 1982、つくば市教育委員会 2001
前方後円	0
帆立貝	0
円	1?
方	0
その他	0
総基数	1

古墳群名・古墳名	栗原五龍塚古墳群
所在地	つくば市栗原字五竜 2421 外
立地	桜川右岸、北から入る谷津に挟まれた標高 25m の台地上。
埋葬施設	石棺：1 基　特徴：雲母片岩板石を用いた箱式石棺。
墳輪有り	0 基
墳輪無し	2 基
年代判明古墳	2 号墳（6c 末〜7c 初、鉄鏃・箱式石棺）
主な副葬品	鉄鏃、直刀、土玉（2 号墳）
群中の大型古墳	なし（最大：2 号墳・円？約 20m）
文献	つくば市教育委員会 2001、2006
前方後円	0
帆立貝	0
円	1
方	0
その他	0
総基数	2

備考
・平成 17 年度に農作業中の不時発見により 2 号墳の一部を発掘調査。

古墳群名・古墳名	栗原愛宕塚古墳
所在地	つくば市栗原字大山 2762
立地	桜川右岸、標高 22〜23m の台地上。
埋葬施設	不明
墳輪有り	0 基
墳輪無し	1 基
年代判明古墳	なし
主な副葬品	なし
群中の大型古墳	なし（円 22m）
文献	桜村史編纂委員会 1982、つくば市教育委員会 2001
前方後円	0
帆立貝	0
円	1
方	0
その他	0
総基数	1

古墳群名・古墳名	大角豆千現塚古墳
所在地	つくば市大角豆字野口 639-2
立地	花室川右岸、低地から入る谷津の北側、標高 24m の台地上。
埋葬施設	不明
墳輪有り	0 基
墳輪無し	1 基
年代判明古墳	なし
主な副葬品	なし
群中の大型古墳	なし（前方後円 13m 以上）
文献	桜村史編纂委員会 1982、つくば市教育委員会 2001
前方後円	1
帆立貝	0
円	0
方	0
その他	0
総基数	1

備考
・平成 20 年度発掘調査。墳丘長 13m 以上、円丘部 12m の小型前方後円墳と判明。
・付近には、他にも 2 基古墳があったとのことであるが確認できない。1 基は現在の学園地区内に位置したとのことである。

古墳群名・古墳名	柴崎大日古墳
所在地	つくば市柴崎字大日 955-3 外
立地	花室川左岸、大きくえり込む合津の東側標高 23〜26m の台地上。
埋葬施設	不明
墳輪有り	0 基
墳輪無し	1 基
年代判明古墳	なし
主な副葬品	なし
群中の大型古墳	なし（円 10m）
文献	つくば市教育委員会 2001
前方後円	0
帆立貝	0
円	1
方	0
その他	0
総基数	1

備考
・墳頂部に板石が露出しており、石棺材の可能性がある。

古墳群名・古墳名	柴崎稲荷前古墳
所在地	つくば市柴崎字稲荷前 885-1 外
立地	花室川左岸、低地からはいる合津の東、標高 25m の台地上。
埋葬施設	不明
墳輪有り	0 基
墳輪無し	1 基
年代判明古墳	なし
主な副葬品	なし
群中の大型古墳	円 65m²
文献	桜村史編纂委員会 1982、つくば市教育委員会 2001
前方後円	0
帆立貝	0
円	1
方	0
その他	0
総基数	1

備考
・旧台帳によると 1962 年当時は、県道藤沢・荒川線により 1/3 を削平された状況とされるが、現存しない。

第2章 地域研究

古墳群名・古墳名	上野古屋敷古墳							
所在地	つくば市上野字石塔 251-2 外							
立地：桜川右岸、標高 27m の台地上。								
埋葬施設：埴輪棺								
埴輪有り：1基								
墳丘無し：0基								
年代判明古墳：6c 中葉（埴輪棺）								
主な副葬品：なし								
群中の大型古墳：なし（前方後円・31.5m）								
文献 茨城県教育財団 2007								
	前方後円	帆立貝	円	方	その他	総基数
	0	1	0	0	0	1

備考
・周溝内の埴輪棺以外の埴輪出土は微量で、埴輪を持たない古墳として築造されたと思われる。

古墳群名・古墳名	上境作ノ内古墳群
所在地	つくば市上境字作ノ内 200 外
立地：桜川右岸、2本の谷津に挟まれた標高 22～24m の台地上。
埋葬施設：石棺 特徴：雲母片岩割石を平積みとした石棺。
埴輪有り：1基
墳丘無し：0基
年代判明古墳：6世紀後葉、埴輪・石棺
主な副葬品：直刀（1号墳、個人所有）、両頭金具、耳環（1号墳、平成12年度発掘調査出土）
群中の大型古墳：なし（最大：1号墳・前方後円 21m）
文献 つくば市教育委員会 1992, 2001
	前方後円	帆立貝	円	方	その他	総基数
	0	1	6	0	0	7

備考
・1号墳は平成12年度に確認・発掘調査。かつて1号墳石棺から出土した直刀2振が伝わっている。

古墳群名・古墳名	上境滝ノ台古墳群
所在地	つくば市上境字滝ノ山 328 外
立地：桜川右岸、支谷に北面する標高 18～27m の台地上。
埋葬施設：不明
埴輪有り：0基
墳丘無し：3基
年代判明古墳：古墳不明散布地2箇所（6c、埴輪）
主な副葬品：なし
群中の大型古墳：なし（最大：3号墳・円 20m）
文献 桜村史編纂委員会 1982、つくば市教育委員会 2001
	前方後円	帆立貝	円	方	その他	総基数
	0	0	3	0	0	3

備考
・以前は 7～8 基が所在、戦後の混乱期に盗掘された。
・確認できる古墳群の周辺に埴輪の散布地が複数あるほか、桜村史民俗資料館所蔵の円筒・形象埴輪が出土したとされる。

古墳群名・古墳名	栗原十日塚古墳
所在地	つくば市栗原字成井代 2648-2
立地：桜川右岸、標高 22～23m の台地上。
埋葬施設：不明
埴輪有り：0基
墳丘無し：1基
年代判明古墳：なし
主な副葬品：なし
群中の大型古墳：なし（円 17m）
文献 桜村史編纂委員会 1982、つくば市教育委員会 2001
	前方後円	帆立貝	円	方	その他	総基数
	0	0	1	0	0	1

古墳群名・古墳名	栗原石塚古墳
所在地	つくば市栗原字石塚 1512-5
立地：桜川右岸、標高 8m の微高地上。
埋葬施設：箱式石棺 特徴：雲母片岩板石を用いたもの。内面赤彩。
埴輪有り：0基
墳丘無し：1基
年代判明古墳：6・7c、箱武石棺
主な副葬品：直刀、鉄鏃（『桜村史』に出土伝承記載）
群中の大型古墳：規模不明
文献 桜村史編纂委員会 1982、つくば市教育委員会 2001
	前方後円	帆立貝	円	方	その他	総基数
	1?	0	0	0	0	1

備考
・かつては墳丘・周溝が遺存しており前方後円墳であったとされるが、現況では確認できず、石棺のみ露出している。

古墳群名・古墳名	上野天神塚古墳
所在地	つくば市上野字天神 529 外
立地：桜川右岸、標高 23～24m 台地先端部。
埋葬施設：不明
埴輪有り：0基
墳丘無し：1基
年代判明古墳：なし
主な副葬品：なし
群中の大型古墳：前方後円墳 80m²
文献 桜村史編纂委員会 1982、つくば市教育委員会 2001
	前方後円	帆立貝	円	方	その他	総基数
	1	0	0	0	0	1

備考
・『桜村史』では全長 80m、後円部径 50m、高さ 8m、前方部長 30m、高さ 2m とされるが、現在残るのは直径約 50m の後円部のみ。
・墳丘部平坦面が広く、前方部が低かったことから前期古墳の可能性がある。

古墳群名・古墳名	上野定使古墳群
所在地	つくば市上野字定使 233 外
立地：桜川右岸、標高 22m の舌状台地の先端。
埋葬施設：不明
埴輪有り：0基
墳丘無し：2基
年代判明古墳：なし
主な副葬品：なし
群中の大型古墳：なし（1号墳・円 21m）
文献 つくば市教育委員会 2001
	前方後円	帆立貝	円	方	その他	総基数
	0	0	2	0	0	2

備考
・2基のほか、南西墓地の部分も円墳の可能性あり。

つくば市域の古墳群

古墳群名・古墳名	所 在 地	前方後円	帆立貝	円	方	その他	総基数
金田古墳	つくば市金田字天神 1097	1	0	0	0	0	1
立 地：桜川右岸、標高 20m の舌状台地上。
埋 葬 施 設：不明
墳 丘 有 り：0基
墳 丘 無 し：1基
年代判明古墳：なし
主な副葬品：直刀、双孔円板・剣形石製模造品
群中の大型古墳：前方後円墳 75m[2]
文 献：桜村史編纂委員会 1982、つくば市教育委員会 2001

備考
・『桜村史』では直刀、双孔円板・剣形石製模造品の出土を伝える。
・前方部は不明瞭で、細長い台地上に造られた円墳の可能性も考えられる。

古墳群名・古墳名	所 在 地	前方後円	帆立貝	円	方	その他	総基数
中根とりおい塚古墳群	つくば市中根字宮ノ前 615-1 外	0	0	1	0	1	2
立 地：桜川右岸、標高 8m の微高地上。
埋 葬 施 設：石 棺？：1基　特徴：詳細不明。
墳 丘 有 り：1基
墳 丘 無 し：なし
年代判明古墳：なし
主な副葬品：なし
群中の大型古墳：なし（最大：1号墳・円 6m）
文 献：桜村史編纂委員会 1982、つくば市教育委員会 2001

備考
・現存1基（1号墳）。
・1号墳で、かつては石棺が露出し、人形（埴輪か）が出土したとの伝承あり。

古墳群名・古墳名	所 在 地	前方後円	帆立貝	円	方	その他	総基数
松塚古墳群	つくば市松塚字宮ノ内 353 外	2	0	1	0	0	3
立 地：桜川右岸、標高 4～5m の微高地上。
埋 葬 施 設：不明
墳 丘 有 り：0基
墳 丘 無 し：3基
年代判明古墳：1号墳（6c 末～7c 前半、墳形）
主な副葬品：須恵器片（1号墳、墳丘採集）
群中の大型古墳：1号墳（前方後円墳、62m）、2号墳（前方後円墳、57m）
文 献：桜村史編纂委員会 1982、日高 1998、つくば市教育委員会 2001

備考
・平成7年に筑波大学により測量（1号墳）・測定（2号墳）、調査が実施されている。

古墳群名・古墳名	所 在 地	前方後円	帆立貝	円	方	その他	総基数
花室大日塚古墳	つくば市花室字後田 193	0	0	1	0	0	1
立 地：桜川左岸、北に延びる標高 24m の舌状台地。
埋 葬 施 設：不明
墳 丘 有 り：1基
墳 丘 無 し：なし
年代判明古墳：なし
主な副葬品：なし
群中の大型古墳：なし（円 14m）
文 献：つくば市教育委員会 2001

備考

古墳群名・古墳名	所 在 地	前方後円	帆立貝	円	方	その他	総基数
上境どんどん塚古墳	つくば市上境字古屋敷 1020	0	0	1	0	0	1
立 地：桜川右岸、標高 7～8m の微高地上。
埋 葬 施 設：不明
墳 丘 有 り：0基
墳 丘 無 し：1基
年代判明古墳：なし
主な副葬品：なし
群中の大型古墳：なし（円 20m）
文 献：桜村史編纂委員会 1982、つくば市教育委員会 2001

備考
・十数年前まで、頂部に上がり振動を加えると、どんどんと音がするので、この名がついたという。

古墳群名・古墳名	所 在 地	前方後円	帆立貝	円	方	その他	総基数
中根中谷津古墳	つくば市中根字中谷津 797-1	0	0	0	1	0	1
立 地：桜川と花室川に挟まれた標高約 25m の舌状台地先端部。
埋 葬 施 設：石棺系石室：1基　特徴：雲母片岩板石を用いたもので、墓道を有する。開口方向：南
墳 丘 有 り：0基
墳 丘 無 し：1基
年代判明古墳：7c 中葉～後半、石棺系石室
主な副葬品：なし
群中の大型古墳：なし（方 14m）
文 献：茨城県教育財団 1998、つくば市教育委員会 2001

備考
・平成8・9年度に常磐新線沿線開発の土地区画整理事業に伴う発掘調査を実施。

古墳群名・古墳名	所 在 地	前方後円	帆立貝	円	方	その他	総基数
横町古墳群	つくば市横町字庚申 428 外	0	0	3	0	0	3
立 地：桜川右岸、標高 25m の台地縁辺部。
埋 葬 施 設：不明
墳 丘 有 り：0基
墳 丘 無 し：3基
年代判明古墳：なし
主な副葬品：なし
群中の大型古墳：2号墳（円 50m）
文 献：増田ほか 1981、桜村史編纂委員会 1982、つくば市教育委員会 2001

備考
・昭和53年度に筑波大学考古学研究会による測量調査（2号墳）。
・『桜村史』に埴輪、石棺片出土の記載があるが出土古墳の特定はできない。

266　　　第 2 章　地域研究

古墳群名・古墳名	所　在　地	前方後円	帆立貝	円	方	その他	総基数
吉瀬出戸遺跡	つくば市吉瀬字出戸 931-1 外	0	0	0	0	1	1
	立　地：桜川右岸、北から入る谷津に面した標高 25～26m の台地縁辺。						
	埋　葬　施　設：不明						
	埴　輪　有　り：1 基						
	埴　輪　無　し：0 基						
	年代判明古墳：6c. 墳丘						
	主 な 副 葬 品：なし						
	群中の大型古墳：墳形・規模未確認						
	文　　　　　献：つくば市教育委員会 2001						

備考
・埴輪が散布するが古墳は現存しておらず、候補地はあるものの所在不明。
・平成 20 年度に一部で確認調査を行い、埴輪片が数点出土したが古墳は未確認。
・土浦市矢塚古墳群と同台地上。

古墳群名・古墳名	所　在　地	前方後円	帆立貝	円	方	その他	総基数
吉瀬山中久保古墳群	つくば市吉瀬字山中久保 1458 外	0	0	2	0	0	2
	立　地：桜川右岸、北から入る谷津に面した、標高 25m の舌状台地上。						
	埋　葬　施　設：不明						
	埴　輪　有　り：0 基						
	埴　輪　無　し：2 基						
	年代判明古墳：古墳不明 (6c. 埴輪)						
	主 な 副 葬 品：なし						
	群中の大型古墳：なし (最大：1 号墳・円 22m)						
	文　　　　　献：つくば市教育委員会 2001						

備考
・かつては北側の台地縁辺付近にもマウンドがあったという。
・埴輪は、北側の台地縁辺から西の支谷に面した畑に集中する。
・土浦市矢塚古墳群と同台地上。

古墳群名・古墳名	所　在　地	前方後円	帆立貝	円	方	その他	総基数
上岩崎稲荷塚古墳	つくば市上岩崎 1788-1	0	0	1	0	0	1
	立　地：西谷田川左岸、標高約 22m の台地上。						
	埋　葬　施　設：不明						
	埴　輪　有　り：0 基						
	埴　輪　無　し：1 基						
	年代判明古墳：不明						
	主 な 副 葬 品：なし						
	群中の大型古墳：円 18m						
	文　　　　　献：						

備考

古墳群名・古墳名	所　在　地	前方後円	帆立貝	円	方	その他	総基数
花室城跡	つくば市花室字綱城 580 外	0	0	0	2	0	2
	立　地：桜川右岸、標高 24m の台地上。						
	埋　葬　施　設：不明						
	埴　輪　有　り：0 基						
	埴　輪　無　し：2 基						
	年代判明古墳：1・2 号墓 (4c. 土師器)						
	主 な 副 葬 品：土師器						
	群中の大型古墳：なし (最大は 202 号遺構・方 10m)						
	文　　　　　献：大川ほか 1971、桜村史編纂委員会 1982、つくば市教育委員会 2001						

備考
・昭和 45 年、土浦学園線建設のため発掘調査。
・方形周溝墓 2 基を検出。

古墳群名・古墳名	所　在　地	前方後円	帆立貝	円	方	その他	総基数
吉瀬鹿島横穴古墳	つくば市吉瀬字根本 763	1	0	0	0	0	1
	立　地：桜川右岸、標高 20m の台地突端部。						
	埋　葬　施　設：不明						
	埴　輪　有　り：0 基						
	埴　輪　無　し：1 基						
	年代判明古墳：なし						
	主 な 副 葬 品：なし						
	群中の大型古墳：前方後円墳、45m						
	文　　　　　献：桜村史編纂委員会 1982、つくば市教育委員会 2001						

備考
・土浦市矢塚古墳群と同台地上。

古墳群名・古墳名	所　在　地	前方後円	帆立貝	円	方	その他	総基数
吉瀬東古墳群	つくば市吉瀬字東 1561 外	1?	0	0	1	0	2
	立　地：桜川右岸、東から入る台津の北側、標高 20～22m の台地縁辺。						
	埋　葬　施　設：不明						
	埴　輪　有　り：0 基						
	埴　輪　無　し：2 基						
	年代判明古墳：なし						
	主 な 副 葬 品：なし						
	群中の大型古墳：なし (最大：2 号墳・前方後円墳？ 15m)						
	文　　　　　献：桜村史編纂委員会 1982、つくば市教育委員会 2001						

備考
・土浦市矢塚古墳群と同台地上。

つくば市域の古墳群　267

古墳群名・古墳名	小峯稲荷山古墳群						
所在地	つくば市小峯825-1外	前方後円	帆立貝	円	方	その他	総基数
立地：東谷田川・西谷田川の河口に挟まれ、標高約22mの台地縁辺。		0	0	2	0	0	2
埋葬施設：不明							
墳丘有り：1?基							
墳輪無し：1基							
年代判明古墳：埴輪出土伝承のある古墳は6cか							
主な副葬品：なし							
群中の大型古墳：規模不明							
文献　茎崎町史編さん委員会1994							

備考
・現存するのは無く、2基は開き取り調査によるもの。
・茎崎町史では円墳5基とし、直刀2振と円筒埴輪が出土したとの伝承を記している。

古墳群名・古墳名	高崎郷中塚古墳群						
所在地	つくば市高崎2290-1外	前方後円	帆立貝	円	方	その他	総基数
立地：稲荷川左岸、支谷の奥、標高約22mの台地上。		1	0	2	0	0	3
埋葬施設：不明							
墳丘有り：0基							
墳輪無し：3基							
年代判明古墳：なし							
主な副葬品：なし							
群中の大型古墳：（最大：2号墳・前方後円24m以上）							
文献							

古墳群名・古墳名	大井五十塚古墳群						
所在地	つくば市大井1731-1外	前方後円	帆立貝	円	方	その他	総基数
立地：小野川右岸、標高約22mの小野川の支流に北面した台地縁辺。		2	1	8	0	1	12
埋葬施設：箱式石棺：1基　特徴：雲母片岩板石を用いたもの。10号墳。							
墳丘有り：0基							
墳輪無し：12基							
年代判明古墳：10号墳（6c末〜7c前半、箱式石棺、土師器）							
主な副葬品：なし							
群中の大型古墳：5号墳（前方後円43m）							
文献　丸子1975、茎崎町史編さん委員会1994							

備考
・昭和48年度に道路建設に伴う5・8・10号墳の一部が発掘調査。
・1・3・12号墳では石棺材の可能性がある板石がある。

古墳群名・古墳名	下大井古墳群						
所在地	つくば市大井1304外	前方後円	帆立貝	円	方	その他	総基数
立地：小野川右岸、標高約20mの台地縁辺。		0	0	1	0	2	3
埋葬施設：不明							
墳丘有り：0基							
墳輪無し：3基							
年代判明古墳：なし							
主な副葬品：なし							
群中の大型古墳：（最大：1号墳・円5m）							
文献							

備考
・現存1基で、2基は石棺石材の可能性がある板石を数えている。

古墳群名・古墳名	泊崎城跡						
所在地	つくば市富士見台37-4外	前方後円	帆立貝	円	方	その他	総基数
立地：東谷田川・西谷田川に挟まれ、牛久沼に突出する、標高約20mの舌状台地の先端。		0	0	0	0	1	1
埋葬施設：不明							
墳丘有り：0基							
墳輪無し：1基							
年代判明古墳：1号墓（4c前半、南関東系土器）							
主な副葬品：なし							
群中の大型古墳：1号墓（方16m以上）							
文献　平松1980、茎崎町史編さん委員会1994							

備考
・昭和54年に宅地造成に伴って発掘調査。
・南関東の弥生系土器の影響を受けた土器が出土する方形周溝墓1基の一部を検出。

古墳群名・古墳名	下岩崎古墳群						
所在地	つくば市下岩崎1229-1外	前方後円	帆立貝	円	方	その他	総基数
立地：稲荷川右岸、支谷の奥、標高約22mの台地上。		0	0	0	1	2	3
埋葬施設：不明							
墳丘有り：0基							
墳輪無し：3基							
年代判明古墳：なし							
主な副葬品：なし							
群中の大型古墳：（最大：1号墳・方10m）							
文献　茎崎町教育委員会1990							

備考
・1号墳は道路拡幅工事によって近世の塚と判明。

古墳群名・古墳名	若栗宮本古墳群						
所在地	つくば市若栗甲1245外	前方後円	帆立貝	円	方	その他	総基数
立地：東谷田川左岸、支谷の奥、標高約24mの台地縁辺。		0	0	0	0	5	5
埋葬施設：箱式石棺：5基　特徴：雲母片岩板石を用いたもの。							
墳丘有り：0基							
墳輪無し：5基							
年代判明古墳：箱式石棺とされる5基は6・7cか							
主な副葬品：なし							
群中の大型古墳：墳形・規模不詳							
文献							

備考
・2基は石棺の所在不明、3基は石棺石材が残る旧在地不詳。

土浦市域の古墳群

塩谷　修

はじめに

　ここでは、現在の行政区画である「土浦市」の範囲に限って、古墳と古墳群を集成し提示する。この範囲は便宜上設定されたものではあるが、地理的には霞ヶ浦西岸の土浦入り及び桜川下流域とする地域とほぼ重なっており、地域社会や領域という点で歴史的な意味も合わせ持っており、桜川を通じて筑波山南麓一帯とも深いつながりを持った地域である[1]。そしてこの地域は、霞ヶ浦北岸の高浜入りや霞ヶ浦東南部の潮来・鹿島地域とともに、霞ヶ浦沿岸において首長墳と目される大型前方後円墳（およそ全長55m以上、円丘部径35m以上を目安[2]）が相対的に密に分布する地域のひとつとして注目される。

　土浦入りにおける大型前方後円（方）墳の動向をみると、古墳時代中期の大半と後期前半が空白となっていることが大きな特徴である。また前期及び後期後半においても、比較的広範な領域にも関わらず、首長墳クラスの前方後円（方）墳はわずかに数基程度が認められるに過ぎない状況も指摘できる[3]。土浦市域内で確認される古墳と古墳群を集成すると（第1表参照）、確実なものとして92件の古墳と古墳群がある。古墳の総数は計318基＋αとなり、本来の実数はこれをさらに超えることが予測される。つまり、わずかな大型古墳を除く300基を超える大半の古墳は、円墳、そして方墳を中心とする小・中規模の古墳であることが読み取れる。本企画の主題でもある古墳群と中・小古墳の動態は、当地域においても古墳時代の地域社会や政治動向を考えるひとつの重要な視点と言えよう。

　当地域の古墳と古墳群の分布を見ると、南から花室川流域、桜川流域、天の川流域、そして霞ヶ浦土浦入り北岸と、各水系、水域に沿って集中していることは明白である（第1図参照）。以下、その分布域ごとの主要な古墳と古墳群を概観した上で、古墳群と大型古墳を視点に類型化を試みたい。これによって、当地域における古墳時代地域社会の特質を見出す手掛かりとしたい。

1　おもな古墳と古墳群

　以下、古墳群が集中する水系ごとに、ある程度内容のわかる古墳群を抽出し、その概要を紹介する。また、わずかに点在する大型古墳についても、古墳群との関係を意識しつつ合わせてその概要を提示したい。

(1) 花室川流域

　a　石倉山古墳群（No.6）（第2図）

　　終末期主体の古墳群で、前方部の短い小型前方後円形墳を伴い円墳・方墳など、最大径32mの10基前後の小・中規模古墳で構成される。埋葬施設には、箱式石棺か同様に片岩板石組みの石棺系石室がある。

　b　十三塚B古墳・寺家ノ後B古墳群（No.9・8）（第3図）

　　一辺20mに満たない、方墳4基が確認された小規模な古墳群。埋葬施設は、片岩板石組みの石棺系石室で、すべて終末期の低墳丘墳と考えられる。

　c　法泉寺古墳群・中内山古墳群（No.10・11）（第4図）

　　南北400mほどの比較的広範な台地上に展開する古墳群で、阿見町地内の丸山古墳群や湮滅した五蔵古墳群を含め、10基を超える古墳が点在していた。確認できる古墳は方墳と想定される1基を除き、すべて円墳で、南部には径35m前後のやや大型の円墳が多く、北部は径10～20mの小規模な円墳で占められ

ている。後期後半の円筒埴輪が確認され、須恵器の出土が伝えられる古墳もあり、古墳時代後期以降に形成された古墳群と考えられる。

(2) 桜川右岸

a 高津天神山古墳群（No.16）

径20mに満たない小規模な円墳2基が現存する。もとは、周辺に古墳が点在しており、大型の板石を利用した横穴式石室墳の存在も想定される。現存する円墳からは、後期中葉の円筒埴輪や形象埴輪が出土しており、小・中規模古墳で構成される後期～終末期の古墳群と考えられる。

b 宍塚古墳群（No.17）（第5図）

全長56mの後期前方後円墳を主墳に、20基に達する円墳を主体に構成される比較的大規模な古墳群。埋葬施設としてはくびれ部にある箱式石棺が確認され、後期後半の円筒埴輪や形象埴輪も出土するなど、後期～終末期の古墳群と考えられる。

c 竜王山古墳・宍塚小学校内古墳・上郷後古墳（No.18・19・20）（第5図）

丘陵上に展開する宍塚古墳群に隣接し、桜川右岸の微高地上に立地する諸古墳で、現状で4基の古墳が確認される。古墳時代前期の底部穿孔赤彩壺が出土し、一辺20数mを超える大型方墳（竜王山古墳下層）や、中期の特徴を残す円筒埴輪を出土する円墳（あるいは前方後円墳、宍塚小内古墳）などが調査され、横穴式石室墳（竜王山古墳）の存在も想定される。宍塚古墳群に継続し、これに先行する古墳群として注目される。

(3) 桜川左岸

a 常名天神山古墳・瓢箪塚古墳（No.28・29）（第11・12図）

全長約90mと約74mの二基の大型前方後円墳が、東西に隣接して構築されている。瓢箪塚古墳は湮滅し詳細を知りえないが、写真に残る側面観は前方部が後円部よりかなり低い形態である[4]。天神山古墳は、古式なプロポーションをとどめる前方後円墳で、現状で円筒埴輪などは確認できていないが、前期に遡る可能性が高い。

b 山川古墳群・北西原古墳群（No.30・31）（第11～14図）

山川古墳群は、最大一辺36m、古墳時代前期の中・小規模方墳21基を中心に、中期・後期の小規模円墳、前方後円墳へと継続する比較的大規模な古墳群である。終末期方墳4基が発掘された北西原古墳群が北側に隣接し、南に隣接する常名天神山古墳・瓢箪塚古墳を含め、前期大型前方後円墳を主墳とするかなり長期にわたる大規模な古墳群と考えられる。

c 下坂田・上坂田古墳群、武者塚古墳群（No.34・36・37）（第16図）

小・中規模の円墳を主体に、十数基の古墳で構成される中規模古墳群で、わずかに全長20m前後の小規模前方後円墳も築造されている。甲冑、円筒・形象埴輪、銀製飾大刀・飾板（冠）などの出土品から、中期・後期・終末期と継続する古墳群である。また、群内の畑中から重圏文鏡[5]も出土している。

なお、最近になって墳丘が消失した古墳の周溝が新たに複数確認されている。また、さらなる未確認古墳、消失古墳の存在も想定される。隣接する石橋古墳群、釈迦久保古墳群、塚原古墳群などを含めて捉え、台地縁辺に沿って広域に展開し、30基規模に達する比較的大規模な古墳群を形成していた可能性も考えられる[補注]。

d 田宮古墳群（No.42）

中・小規模の前方後円墳、円墳、総数9基の古墳で構成され、最大は、全長約45mの前方後円墳。埋葬施設は箱式石棺や横穴式石室で、円筒埴輪や人物・馬、水鳥などの形象埴輪も出土しており、後期・終末期の古墳群と考えられる。

e 高崎山古墳群 (No.44) (第15図)

　前方後円墳2基、円墳8基など、総数10基の中・小古墳で構成される中規模な古墳群。最大は、全長約50 mの前方後円墳。埋葬施設は、全長27 mの小規模前方後円墳で古式な横穴式石室が調査され、円筒や形象埴輪 (人物・馬)、馬具なども出土している。その他にも、埴輪を出土する古墳が認められ、前者と同様後期から終末期にかけての古墳群と考えられる。

(4) 天の川流域

a 愛宕山古墳・愛宕山古墳群 (No.53・54) (第17・18図)

　全長56 mの後期大型前方後円墳である愛宕山古墳を主墳に、少数の小規模前方後円墳と小・中規模の円墳を主体に構成される。総数23基の古墳が確認され、主墳愛宕山古墳からは円筒埴輪や人物など形象埴輪が出土し、後期から終末期の比較的大規模な古墳群と思われる。

　なおこの他、隣接して小規模な前期方墳群 (8基) も調査されており、中期古墳の存在が定かでないが、前期に始まり長期にわたり継続する大規模古墳群の可能性も高い。

b 根鹿北古墳群 (No.63) (第19図)

　小規模な終末期方墳2基と、箱式石棺が調査されている。周辺からは、滑石製石枕や埴輪片も採集されており、中期から終末期に継続する小規模な古墳群が想定される。

(5) 霞ヶ浦土浦入り北岸

a 東台古墳群 (No.72) (第8図)

　終末期小型前方後円形墳を主体に、いずれも小規模な円墳や方墳で構成される比較的規模の大きな古墳群である。すでに掘削された台地縁辺に、わずかに残存していた埴輪をもつ後期古墳も調査されている。

　総数19基の古墳が調査確認されているが、本来は後期～終末期の中小古墳が密集するさらに大規模な古墳群が想定される。

b 王塚古墳・后塚古墳 (No.73・74) (第6・7図)

　王塚古墳は、全長約84 mの大型前方後円墳で、現状で埴輪は確認されない。后塚古墳は全長約65 mの比較的大型の前方後方墳で、いずれも発掘調査は行われていない。后塚古墳から王塚古墳へと継続する前期前半から中葉、遅くとも後半にかけての首長墳と考えられる。

　隣接して目立った古墳群は確認できないが、周辺に古墳時代前期の遺跡が集中することと、西側台地上にある東台古墳群との関係は注目してよい。

c 下郷古墳群 (No.77) (第9図)

　最大全長22 mと、小規模な前方後円墳や円墳で構成される中規模な古墳群で、総数17基の古墳が確認されている。埋葬施設として多数の箱式石棺が発見され、円筒埴輪も出土しており、後期～終末期へと継続する古墳群と考えられる。

d 田村舟塚古墳群 (No.82) (第9・10図)

　古墳時代中期の全長約50 mの前方後方墳を主墳に、中・小規模の前方後円墳2基、円墳3基、方墳1基で構成される10基に満たない小規模な古墳群。中期に始まり後期、あるいは終末期まで継続する。

2 古墳群の構成

　上記の主要な古墳と古墳群について、その構成の特徴を (1) 基数、(2) 時期、(3) 墳形・規模の3項目を視点に分類すると、およそ次のような類型が考えられる。各項目、類型ごとに該当する古墳及び古墳群を列記する。

(1) 基数

Ⅰ類：数基の古墳で構成され、きわめて小規模な古墳群

　　→ (十三塚B古墳・寺家ノ後B古墳群)、根鹿北古墳群、田村舟塚古墳群

Ⅱ類：10基前後、あるいはそれ以上10数基の古墳で構成される古墳群
　　　→石倉山古墳群、(法泉寺古墳群・中内山古墳群)、高津天神山古墳群、(下坂田・上坂田古墳群・武者塚古墳群)、田宮古墳群、高崎山古墳群、下郷古墳群
Ⅲ類：20基以上、中には3・40基に達する可能性のある規模の大きな古墳群
　　　→(宍塚古墳群・竜王山古墳・宍塚小学校内古墳・上郷後古墳)、(常名天神山古墳・瓢箪塚古墳・山川古墳群・北西原古墳群)、(愛宕山古墳・愛宕山古墳群)、(王塚古墳・后塚古墳・東台古墳群)

ここでは、広範囲な台地上や、台地縁辺から中央へ、丘陵から微高地へ等々、地形の連続と点在する古墳や古墳群のまとまりに留意し、広域な古墳群として把握することに努めた。このような視座の中で、単独古墳と古墳群との関係についても、古墳群の盛衰や首長墳の地域共同体間の移動[6]、地域集団領域内での墓域の移動などを考慮し、時期の隔たりや立地の隔たりの認められるものについても、意識的に関連する古墳群として把握した事例もある（例えば、王塚古墳・后塚古墳・東台古墳群の一群）。

(2)　時期

1類：前期からはじまり、断続的にも継続する古墳群
　　　→〔宍塚古墳群・竜王山古墳・宍塚小学校内古墳・上郷後古墳〕、〔常名天神山古墳・瓢箪塚古墳・山川古墳群・北西原古墳群〕、〔愛宕山古墳・愛宕山古墳群〕、〔王塚古墳・后塚古墳・東台古墳群〕

2類：中期からはじまり、後期・終末期に継続する古墳群
　　　→〔下坂田・上坂田古墳群、武者塚古墳群〕、根鹿北古墳群、田村舟塚古墳群

3類：前・中期の古墳が認められない古墳群
　　　→石倉山古墳群、〔法泉寺古墳群・中内山古墳群〕、〔十三塚B古墳・寺家ノ後B古墳群〕、高津天神山古墳群、田宮古墳群、高崎山古墳群、下郷古墳群

上記の広域な古墳群を単位に、築造時期の構成を整理した。3類とした後期・終末期の古墳群が多い中、古墳群を広義の視点で捉えると、前期にはじまり終末期まで継続、断続する1類とした古墳群が主要水系に点在するのが注目される。

一方、領域を限定して狭い地域で古墳群を捉えると、後期・終末期に形成される古墳群が一層目立ってくる。中でも、後期から終末期で20基を超える古墳群は、当地域では数少ない規模の大きな古墳群で、東台古墳群、宍塚古墳群、愛宕山古墳群などがある。ただ、後期・終末期の古墳群で、これを超える規模の古墳群は、現状では確認できない。

(3)　墳形・規模

a類：大型前方後円（方）墳を含む古墳群
　　　→〔宍塚古墳群・竜王山古墳・宍塚小学校内古墳・上郷後古墳〕、〔常名天神山古墳・瓢箪塚古墳・山川古墳群・北西原古墳群〕、〔愛宕山古墳・愛宕山古墳群〕、〔王塚古墳・后塚古墳・東台古墳群〕

b類：小型前方後円形墳〔帆立貝形も〕を含む古墳群
　　　→石倉山古墳群、〔下坂田・上坂田古墳群、武者塚古墳群〕、田宮古墳群、高崎山古墳群、下郷古墳群　田村舟塚古墳群

c類：小・中規模の円墳・方墳で構成される古墳群
　　　→〔法泉寺古墳群・中内山古墳群〕、〔十三塚B古墳・寺家ノ後B古墳群〕、高津天神山古墳群、根鹿北古墳群

前方後円墳を主体に大型古墳の有無を視点に類型化したが、当地域では、大規模古墳の基準とした径35mを超えるような大型の円墳は認められない。

a類の大型前方後円墳は、前・中・後期とその築造時期は様々で、領域内に1基ないし2基（継続）と一時的な築造に終わっている。古墳群が大型前方後円墳の築造を契機にその地に形成される場合や、中小の古墳群を基盤

とし、ある時期に大型の前方後円墳が群内に築造される場合などが認められる。

　水系単位に見ると、花室川流域は唯一大型前方後円墳の築造を見ない地域であるが、河口にある法泉寺古墳群には径 30 m を超える比較的大型の円墳が築造されている。

結語　－霞ヶ浦土浦入り周辺における古墳群形成と地域社会

　最後に、当地域の古墳群の特徴（地域を超えた特徴、地域独自の特徴）を整理し、中・小の古墳を主体に構成される古墳群や群集墳の視点から、古墳群形成と地域社会について若干の考察を行ない、結語としたい。

　まずは、前章の類型化の成果を、広域な古墳群ごとにまとめると次のようである。

　　〔十三塚B古墳・寺家ノ後B古墳群〕：Ⅰ－3－c
　　〔根鹿北古墳群〕：Ⅰ－2－c
　　〔田村舟塚古墳群〕：Ⅰ－2－b

　　〔石倉山古墳群〕：Ⅱ－3－b
　　〔法泉寺古墳群・中内山古墳群〕：Ⅱ－3－c
　　〔高津天神山古墳群〕：Ⅱ－3－c
　　〔下坂田・上坂田古墳群・武者塚古墳群〕：Ⅱ－2－b
　　〔田宮古墳群〕：Ⅱ－3－b
　　〔高崎山古墳群〕：Ⅱ－3－b
　　〔下郷古墳群〕：Ⅱ－3－b

　　〔宍塚古墳群・竜王山古墳・宍塚小学校内古墳・上郷後古墳〕：Ⅲ－1－a
　　〔常名天神山古墳・瓢箪塚古墳・山川古墳群・北西原古墳群〕：Ⅲ－1－a
　　〔愛宕山古墳・愛宕山古墳群〕：Ⅲ－1－a
　　〔王塚古墳・后塚古墳・東台古墳群〕：Ⅲ－1－a

　霞ヶ浦土浦入りに位置する土浦市域の古墳と古墳群を概観すると、まずⅠ類、Ⅱ類とした小規模な古墳群が多数を占めていることが指摘できる。その数は、古墳群42例中39例と9割を超えており、その多くが後期から始まり終末期へと継続する3類の古墳群である。

　これに対し、Ⅲ類はごく少数である。その大きな特徴は、Ⅲ類の古墳群が前期に始まり終末期まで長期に継続、もしくは断絶を挟んで継続する古墳群（1類）であること、あるいはその可能性が高いこと、また前期から後期いずれかの大型前方後円（方）墳が群中ないしは隣接して築造されていること（a類）などがあげられる。地域的に見ると、Ⅲ類は桜川流域及び土浦入り北岸の主水系を中心に展開し、一部天の川流域へも拡散している。天の川は、筑波山南麓に連なる丘陵地帯を水源とし、恋瀬川を介して霞ヶ浦高浜入りへと通じている。これに対し、南部の小河川花室川下流域にⅢ類は認められず、比較的大型の円墳を含み河口に位置するⅡ類の法泉寺古墳群・中内山古墳群の存在が注目されるのみである。Ⅲ類の古墳群の特徴からは、古墳時代を通して大型前方後円墳が特定の地域に継続集中して築造されることがなく、主水系に面し規模の大きな古墳群を形成する四つの地域共同体に、時期を違えて点在している状況が読み取れる。

　ただ、広域な視点で捉えたⅢ類の四つの古墳群にしても、群を構成する中・小古墳の数は、最大で山川古墳群・北西原古墳群の現状で36基と、40基に満たない規模であり、しかもその半数以上は古墳時代前期の方墳群である。後期・終末期の古墳群では、前述したように東台古墳群、宍塚古墳群、愛宕山古墳群など20基を超える程度が最大で、関東地方にも認められるような50基を超え、100基に達する中・小古墳で構成される後期群集墳は認

められない。わずかに東台古墳群は、小型前方後円形墳を中心に円墳、方墳など終末期古墳19基が密集して調査されており、これらが台地縁辺に立地する古墳群の一部であること、他に埴輪を持つ後期古墳も存在することから、基数や密集度が示す古墳群の規模はさらに拡大することが予測される。後期後半から終末期の短期間に、中・小古墳が密集して築造された、当地域では唯一の小規模な群集墳であった可能性も考えられる。霞ヶ浦土浦入りに面する占地と、隣接して后塚古墳・王塚古墳の出現期大型前方後円（方）墳が築造された歴史的背景を考慮し、桜川下流域及び霞ヶ浦土浦入り一帯の中では傑出した地域共同体の特質として理解できるかもしれない。

桜川左岸の台地南縁に位置する山川古墳群は、隣接する古墳時代前期と目される大型前方後円墳常名天神山古墳の築造を契機に、あるいは連動して形成された古墳群で、前期後半の方墳（方形周溝墓）が21基密集して営まれ、その北側には古墳群の造営母体と考えられる100軒を超える前期の大規模集落（北西原・神明遺跡[7]）が発見されている。方墳の規模をみると、一辺10ｍ以下、15ｍ前後、20ｍ前後、そして最大は8号墳の36ｍと、大小3～4段階の格差が認められる。より広域な首長墳の性格をもつ前方後円墳を頂点に、これを擁立する下位の方墳群が古墳時代の階層構造に組み込まれていた状況が窺われる[8]。なお、前述の后塚古墳・王塚古墳は、常名天神山古墳に先行する可能性のある広域首長墳だが、この二基の大型前方後円（方）墳周辺にも古墳時代前期の比較的大きな遺跡が集中することが指摘されており[9]、同様に中・小古墳による前期古墳群の形成も予測される。

山川古墳群では、前期方墳群以後の状況は判然としない点も多いが、中期を含む数基の中・小円墳が方墳群の周辺に確認されている。確実なことは、関東、東北地方など東日本の他地域と同様に[10]、中・小古墳の墳形が中期には円墳へと変化していることである。現状では数基の円墳が散在する状況が確認されるのみで、中期の段階では前期や後期・終末期のような密集する古墳群は形成されなかったようである。中期後半から末葉の須恵器や土師器を共伴する二基の小規模円墳がその始まりとすれば、前期方墳群の終焉後、中期前半から後半の断絶を経て円墳がその周辺に築造されたことになるが、方墳群の中にわずかに1基だが前期に遡る可能性のある小円墳も発見されている。ただ、桜川右岸微高地上の竜王山古墳・宍塚小学校内古墳・上郷後古墳のある古墳群でも、判明する前期の方墳に続く古墳は中期末葉の円墳で、その後は隣接する丘陵上に円墳が多数築造されている。やはり、古墳群形成の大勢は、中期前半から後半の断絶を経て方墳から円墳への転換が行われ、後期古墳群へと推移したと想定される。

はじめに述べたように、当地域の大型前方後円墳の動向は、古墳時代中期の大半と後期前半が空白となっていることが大きな特徴である。この間、広域首長墳としての大型前方後円墳の築造は、桜川中流域の筑波山南麓周辺に移っていたと想定される。これは、霞ヶ浦土浦入りから桜川を遡上し筑波山南麓周辺に至る一帯が、地域共同体が密接に結び付く一つの領域を形成していた証左とも考えられる。また、中期後半・末葉以降に認められる中・小円墳を主体とする古墳群の形成も、当地域では後期中葉以降に活発化するようであり、広域の首長墳たる大型前方後円墳の空白は古墳群の形成にもなにがしかの影響を及ぼしていたのであろう。

注
1) 霞ヶ浦土浦入りから桜川流域を遡上し筑波山南麓に至る範囲は、ほぼ近世土浦藩の領域に相当する。
2) 当地域は大型の円墳が認められない地域で、円墳はその大半が径30ｍ以下に集中している。円墳の規模は径30～35ｍで一線を画していると考え、同規模の後円部をもつ前方後円墳として、およそ全長55ｍを想定した。
3) 塩谷修 2000「第3章 考察 霞ヶ浦沿岸の前方後円墳と築造規格」『常陸の前方後円墳（1）』 茨城大学人文学部考古学研究報告第3冊 茨城大学人文学部考古学研究室 表2参照
4) 土浦市史編さん委員会編 1966『図説土浦市史』 土浦市教育委員会 17～18頁
5) 岩崎卓也 1986「出シ山出土の銅鏡」『武者塚古墳』 茨城県新治村教育委員会
6) 藤沢敦 2006「第1章 東北地方南部における小規模墳の消長とその位置」『小規模古墳の消長に基づく古墳時代政治・社会構造の研究』平成15年度～17年度科学研究費補助金研究成果報告書 25～28頁
7) 土浦市教育委員会『常名台遺跡群確認調査・神明遺跡（第3次調査）』2002、『北西原遺跡（第1次調査）』2004、『北西

原遺跡（第 3 次・第 4 次調査）・山川古墳群（第 1 次調査）』 2004、『神明遺跡（第 5 次調査）』 2005
8) 塩谷修 1996「第 5 章 茨城県の方形周溝墓」『関東の方形周溝墓』 同成社
9) 平岩俊哉 1984「4 土浦市域における古代集落」『土浦の遺跡－埋蔵文化財包蔵地－』 土浦市教育委員会
10) 前掲藤沢 2006、白井久美子 2007「関東の後・終末期古墳群の特性」『考古学リーダー 12 関東の後期古墳群』 六一書房

追記　本文脱稿後、新たに確認された消失古墳の調査報告が刊行された。土浦市教育委員会『赤弥堂遺跡（東地区）』 2009。
　　　周辺古墳群の内容も合わせて、最新の調査成果として参照されたい。

引用文献

石橋　充 1996『埴輪研究会会誌』第 2 号
茨城県教育財団 1990『寺家ノ後 A・B 遺跡、十三塚 A・B 遺跡、永国十三塚、旧鎌倉街道』
茨城県教育財団 1990『田宮古墳群』
茨城県教育財団 1995『原出口遺跡』
茨城県教育財団 2000『茨城県教育財団文化財調査報告書第 167 集・下郷古墳群』
茨城県住宅供給公社 1975『烏山遺跡群』
大塚　博 1974『殿里台及び常名台遺跡調査報告書』 土浦市教委
小川和博・大淵淳志 1991『木田余台Ⅰ』
上高津貝塚ふるさと歴史の広場 2005「法泉寺古墳群・五蔵遺跡」『上高津貝塚ふるさと歴史の広場年報』 12 号
上高津貝塚ふるさと歴史の広場 2005『上高津貝塚ふるさと歴史の広場年報』 第 10 号
上高津貝塚ふるさと歴史の広場 2007a『第 12 回企画展　上高津貝塚の歴史的環境』
上高津貝塚ふるさと歴史の広場 2007b「中高津古墳」『上高津貝塚ふるさと歴史の広場年報』 13 号
上高津貝塚ふるさと歴史の広場 2008『高崎山 2 号墳と桜川流域の後期古墳』
國學院大學 1971『常陸宍塚』
國學院大學考古学会 1967「茨城県新治郡新治村塚山古墳発掘調査報告」『上代文化』 37 号
國學院大學第Ⅱ部考古学研究会 1990「高津天神山 1 号墳・2 号墳墳丘測量調査報告」『うつわ』 第 3 号
山武考古学研究所 2001『高崎山古墳群西支群第 2 号墳・第 3 号墳』
長南倉之助 1928「常南地方の古墳」『新修』 27 号
筑波大学 1981「根本古墳」『筑波古代地域史の研究』
土浦市教育委員会 1984a『土浦の遺跡』
土浦市教育委員会 1984b『下郷古墳発掘調査報告書』
土浦市教育委員会 1986『向原遺跡』
土浦市教育委員会 1987『般若寺遺跡（西屋敷地内）・竜王山古墳・般若寺遺跡（宍塚小学校地内）発掘調査概報』
土浦市教育委員会 1997『根鹿北遺跡・栗山窯跡』
土浦市教育委員会 1998『三芳古墳・東谷遺跡 2 次』
土浦市教育委員会 2001『下郷遺跡・下郷古墳群』
土浦市教育委員会 2002『常名台遺跡群確認調査・神明遺跡（第 3 次調査）』
土浦市教育委員会 2003『北西原遺跡（6 次調査）』
土浦市教育委員会 2004『北西原遺跡（1 次調査）』
土浦市教育委員会 2004『山川古墳群（1 次・2 次調査）』
土浦市教育委員会 2007『山川古墳群（3 次調査）』
土浦市史編さん委員会 1975『土浦市史』
土浦市・出島村教育委員会 1995『寿行地古墳発掘調査報告書』
新治村史編纂委員会 1986『図説新治村史』
武者塚古墳調査団 1986『武者塚古墳』
茂木雅博他 1991「土浦市における古墳の測量」『博古研究』 創刊号
茂木雅博他 1993『博古研究』 第 5 号

第1表　土浦市内古墳一覧

No.	遺跡名	前方後円墳	円墳	方墳	前方後方墳	不明	前期	中期	後期	終末期	特記事項
	(花室川流域)										
1	馬道古墳群		5						■		最大：径20m、湮滅（5号：箱式石棺）
2	不動堂古墳群		2						■		最大：径17m、台地下の水田脇に石棺材あり
3	大日古墳		1								径：約30m
4	浅間古墳		1								径：約20m
5	向原古墳群		5	1					■		最大：径30m、5・6号：箱式石棺
6	石倉山古墳群	1	4	4					■		最大：径約32m、5号（前方後円）：箱式石棺、1・2・8・9号：石棺系石室
7	南達中古墳		1								径：約11m
8	寺家ノ後B古墳群			3							最大：一辺17m、1・2・3号：石棺系石室、須恵器長頸壺
9	十三塚B古墳			1							最大：一辺12.5m
10	法泉寺古墳群		2						▨		円墳4基（内阿見町2基）、最大：径約35m、近隣より円筒埴輪
11	中内山古墳群		6						■		最大：径約20m、1・5・6号：円筒埴輪
12	桜ヶ丘古墳					1					箱式石棺
	(桜川右岸)										
13	ひさご塚古墳	1							■		全長：20m、円筒埴輪、形象埴輪（馬）
14	霞ヶ岡古墳		1								径：約15m
15	三芳古墳		1					▨			径：約30m、円筒埴輪、土師器
16	高津天神山古墳群		2						■		もと円墳3基（現存2基）、最大：径15m。※周辺に古墳点在、横穴式石室墳有？
17	宍塚古墳群	3	20			1			■		後円墳最大：全長56m、円墳最大：径約33m、1・11号：箱式石棺、5・6・18号：円筒・形象埴輪
18	竜王山古墳			1			■				一辺24m以上、底部穿孔壺、上部に横穴式石室墳？
19	宍塚小学校内古墳		1?				■				径：約24m、円筒埴輪、滑石製模造品
20	上郷後古墳					1					円筒埴輪
21	矢作稲荷神社古墳		1						■		径：約30m、円筒埴輪
22	矢作ドンドン塚古墳					1					円筒埴輪
23	幕下女騎古墳	1									全長：28m、「土浦市史」に円筒埴輪が出土と表記。
	天王山古墳群		4								最大：径約7m　※所在不明
	小松古墳		1								径：約20m　※所在不明
	(桜川左岸)										
24	浅間塚古墳	1									全長：32m、
25	真鍋愛宕神社古墳		1						▨		径：約31m、※隣接遺跡より埴輪片出土
26	殿里台古墳					1					※箱式石棺
27	殿里古墳		1								径：14m
28	常名天神山古墳	1					■	▨			全長：約90m、
29	瓢箪塚古墳	1						▨			全長：約74m、湮滅、※礫床？
30	山川古墳群	2	9	21			■	▨			最大：辺36m（方墳）、8号：壺棺、3・14号：箱式石棺
31	北西原古墳群			4						■	最大：辺25m、石棺系石室
32	石橋古墳群		3?								最大：径15m
33	釈迦久保古墳群	1	1								最大：径6m
34	下坂田古墳群	2	6						■		最大：全長22m（前方後円？）、5号：短甲、挂甲、衝角付冑、眉庇付冑　※畑中より重圏文鏡出土
35	屋敷付古墳（旧塚山3号）	1?	1?						■		全長：20m、箱式石棺（朱彩、人骨5体分）、下坂田古墳群に含まれる
36	上坂田古墳群		4						■		最大：径22m、3号：人物埴輪（女子）、箱式石棺あり
37	武者塚古墳群		1			1				■	最大：径約23m（1号：石棺系石室、人骨6体）、2号：箱式石棺単独
38	塚原古墳群		2								最大：径約20m
39	坂田稲荷山古墳群		○								最大：径約30m（伝）、古墳群湮滅
40	藤沢東町古墳群					○					古墳群詳細不明、※前方後円墳1、円墳2基とも言われる？、箱式石棺？
41	大日塚古墳（鹿島神社）		1								径：5m
42	田宮古墳群	2	7						■		最大：全長45m（前方後円墳、横穴式石室）、8・9号：箱式石棺、3号：形象（人物、馬、水鳥）

No.	遺跡名	前方後円墳	円墳	方墳	前方後方墳	不明	前期	中期	後期	終末期	特記事項
43	小高寄居古墳群		2								最大：径約20m（伝）
44	高崎山古墳群	2	8						■		最大：全長50m（前方後円）、2号：横穴式石室・円筒、形象（人物、馬）埴輪、1・5・6号墳：円筒埴輪
45	稲荷塚古墳		1			○					径：15m、※伝箱式石棺、小規模古墳群か？
	高岡根古墳					1					詳細不明、湮滅 ※所在不明
(天の川流域)											
46	沢辺南方古墳群	1	1								伝最大：全長65m（前方後円）、形象（人物、動物）出土、※湮滅
47	村内古墳群	1	3								最大：全長35m（前方後円）
48	沢辺稲荷古墳群		2								最大：径7m
49	塚廻り古墳		1								径：約8m
50	ろくろうじ古墳群					○			■		古墳群詳細不明、※横穴式石室墳あり
51	本田坪古墳					1					※箱式石棺露出
52	今泉古墳		1？								推定径：10m、石棺あるいは、横穴式石室
53	愛宕山古墳	1							■		全長：55m、円筒埴輪、女子人物埴輪
54	愛宕山古墳群	3	15	8		4	■				最大：全長約25m、10号：箱式石棺？、10・23号：円筒埴輪、形象埴輪、方墳（方形集溝墓）：8基
55	八幡神社古墳	1									推定全長：50m
56	油田古墳		1								径：14m
57	大塚古墳群		3								径：20m
58	堂原古墳群		6			1					最大：径17m、7号：箱式石棺、3号：石棺？
59	細内古墳		1								径：約28.5m、箱式石棺？
60	吹上片蓋古墳群		2			1					最大：径18m
61	吹上坪古墳群	2	4						■		最大：全長約22m、1号：円筒埴輪
62	片蓋北古墳		1								径：6m
63	根鹿北古墳群			2		1		▓	▓	■	最大：辺11m、1・2号：石棺系石室、3号：箱式石棺単独、※周囲より埴輪片、石枕出土
64	鍛冶後古墳	1									規模等詳細不明
65	本郷古墳群		1			○					径：約15m、その他の古墳詳細不明。※石棺材集積あり
66	常浄山古墳群		1			○					径：約15m、その他の古墳詳細不明。※石棺材集積あり
67	舟塚古墳		1								径：約11m
68	本郷原山古墳		1			○					径：約15m、塚か？ ※本郷原山古墳群、円墳5基とも言われる？
69	愛宕塚古墳		1								径：約15m
70	大志戸古墳		1			○					径：約20m、※本来大志戸古墳群、円墳18基とも言われる？
71	辻堂古墳群		2			1					最大：径15m
(霞ヶ浦土浦入り北岸)											
72	東台古墳群	12	4	2		1			■		最大：径32.5m、1・2・4・5・6・7・10・13・17号：箱式石棺、9号：石棺系石室、19号：円筒埴輪
73	王塚古墳	1						■			全長：約84m、
74	后塚古墳				1			■			全長：約65m、
75	手野ドンドン塚古墳		1								径：15m、※伝箱式石棺
76	馬坂古墳		1						■		径：14m、円筒埴輪、土師器出土
77	下郷古墳群	3	9	1		4			■		最大：全長約22m、1・3・7・8・9・10・12・13・17号：箱式石棺、15号：円筒埴輪
78	清水脇古墳	1									全長：25m
79	柏原南古墳		1					▓			径：6m、※周囲の畑から円筒埴輪
80	田村上郷古墳		1						■		径：約30m、円筒埴輪、人物（武人）埴輪
81	池嶋古墳		1								径：14m、石棺？
82	田村舟塚古墳群	2	3	1	1		■				最大：全長50m（前方後方）、土師器高杯、刀子
83	後久保古墳		1？								石棺？
84	根寄上古墳群		2					▓			最大：径17m、2号：埴輪片
85	山王古墳	1						▓			全長：46m、※土師器高杯出土
86	東原古墳		1								径：12m
87	寿行地古墳		1						■		径：14.5m、箱式石棺
88	今宮古墳					1					箱式石棺
89	原ノ坊古墳群		2								最大：径20m
90	西浦古墳群		3								最大：径13m、3号：石棺？
91	地蔵院古墳		1								径：16m

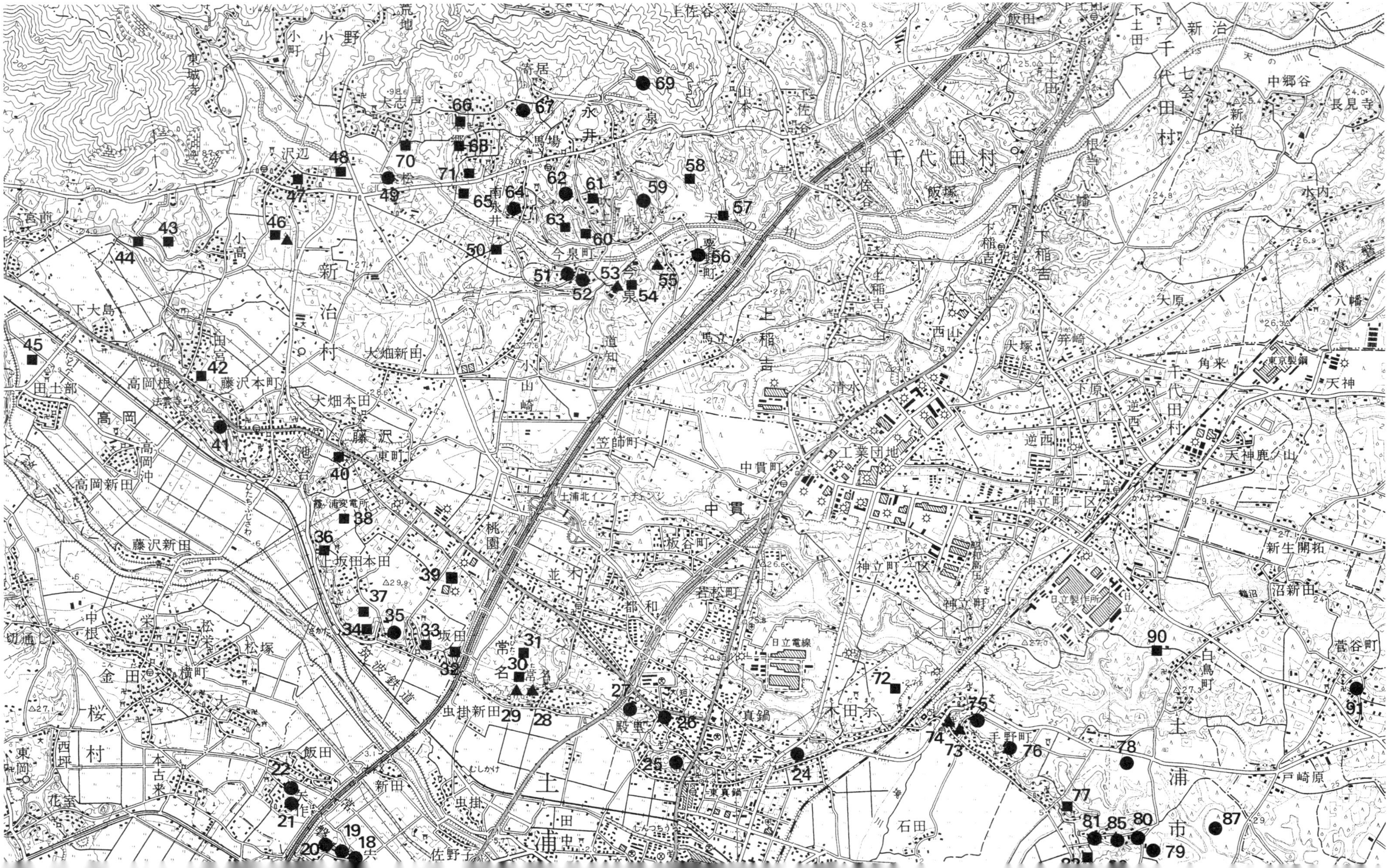

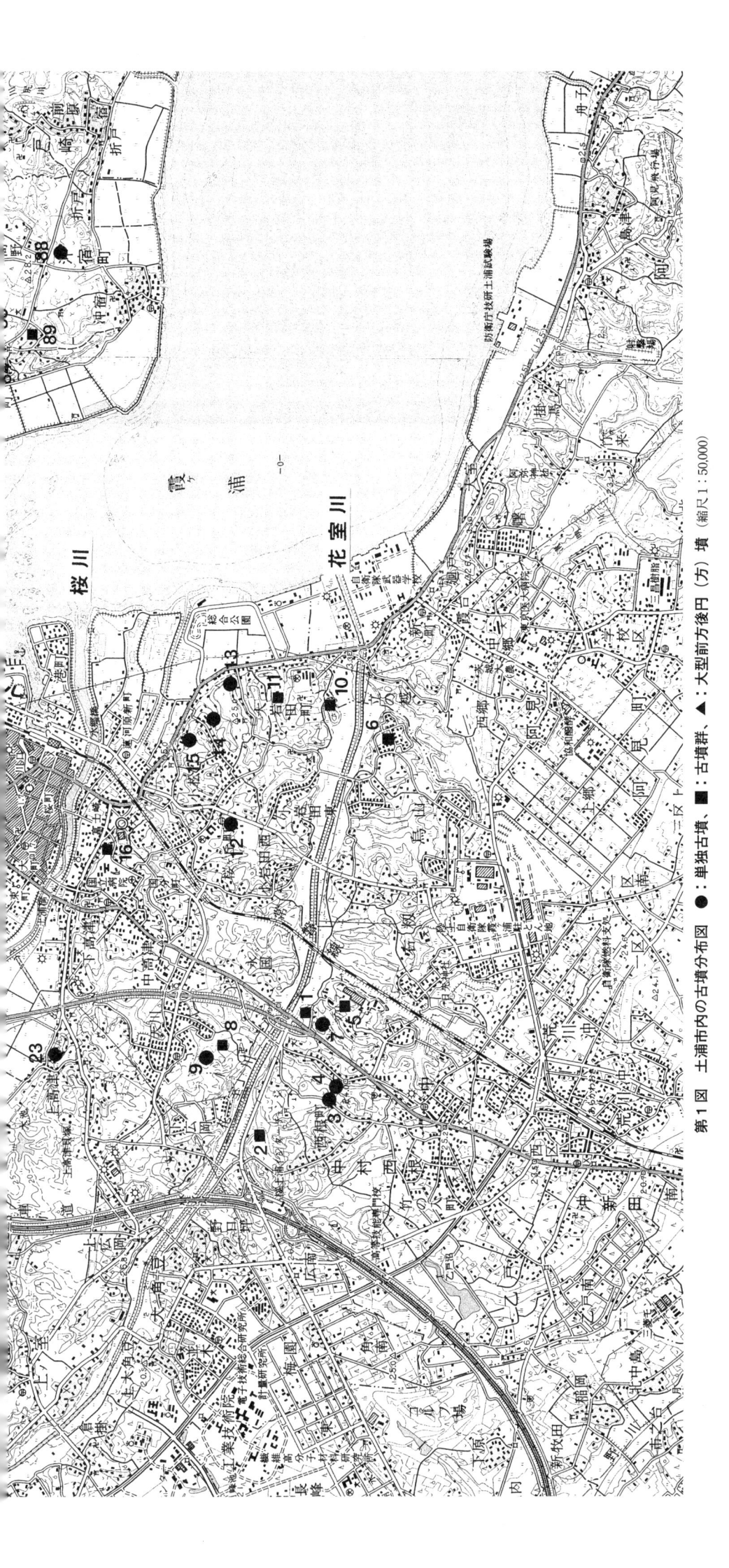

第 1 図 土浦市内の古墳分布図　●：単独古墳、■：古墳群、▲：大型前方後円（方）墳（縮尺 1：50,000）

第 2 図　石倉山古墳群分布図（茨城県住宅供給公社 1975 文献より）

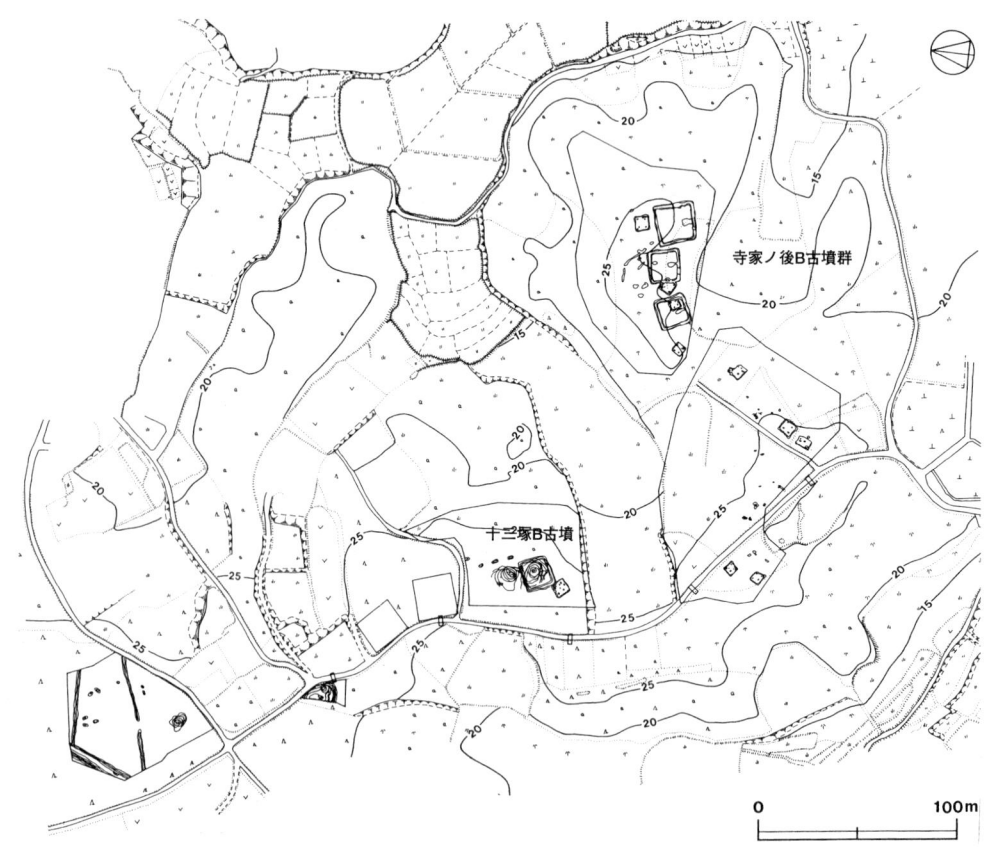

第 3 図　十三塚 B 古墳・寺家ノ後 B 古墳群分布図（茨城県教育財団 1990 文献より）

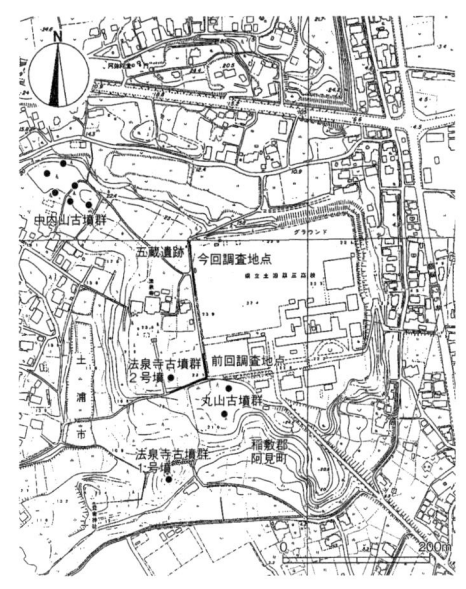

第4図　法泉寺・中内山古墳群分布図
※丸山古墳群は阿見町地内
（上高津貝塚ふるさと歴史の広場2005文献より）

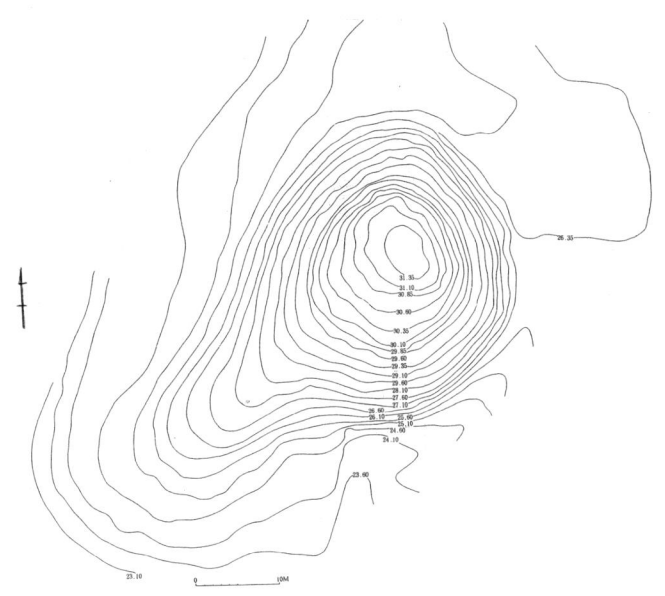

第6図　后塚古墳測量図　（茂木他1991文献より）

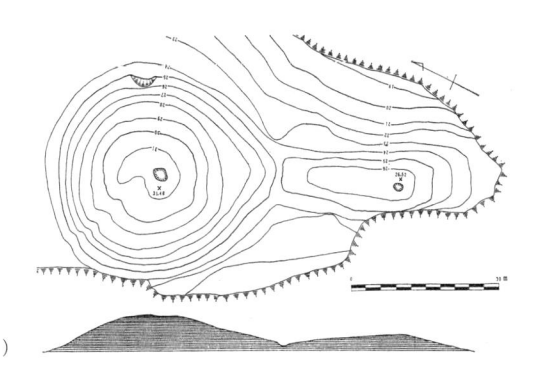

第7図　王塚古墳測量図
（土浦市教育委員会1975文献より）

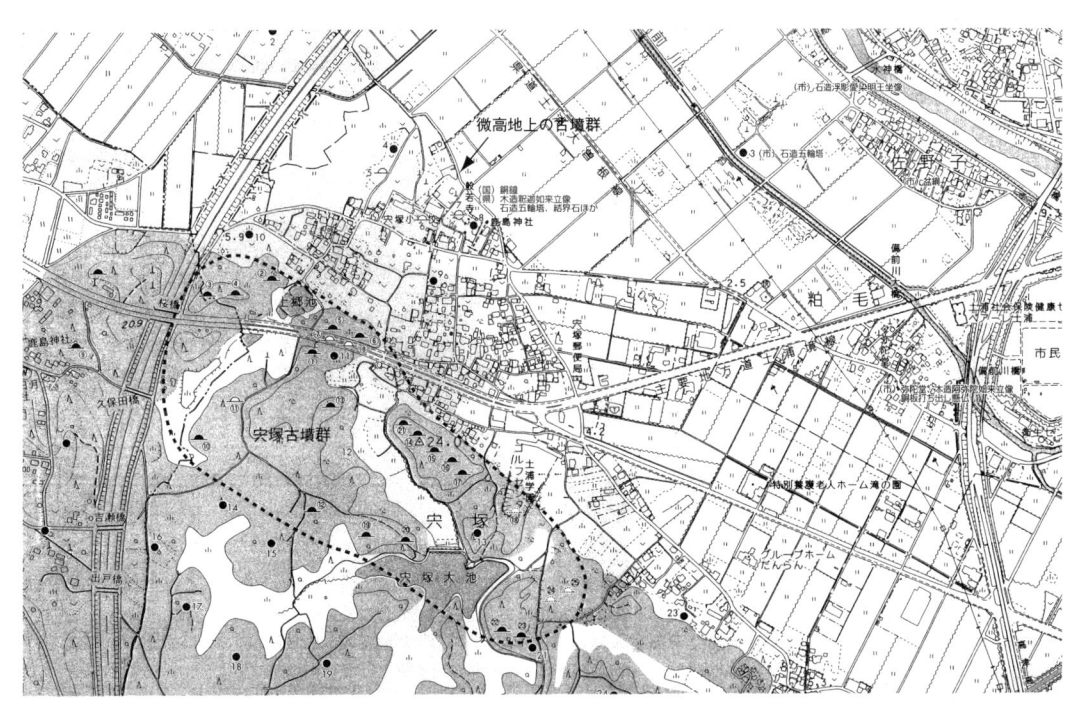

第5図　宍塚古墳群と微高地上の古墳群（竜王山・宍塚小内・上郷後古墳）
🔺：現存する古墳、　⌒：湮滅した古墳
（上高津貝塚ふるさと歴史の広場2007『上高津貝塚の歴史的環境』より、石川功原図に加筆）

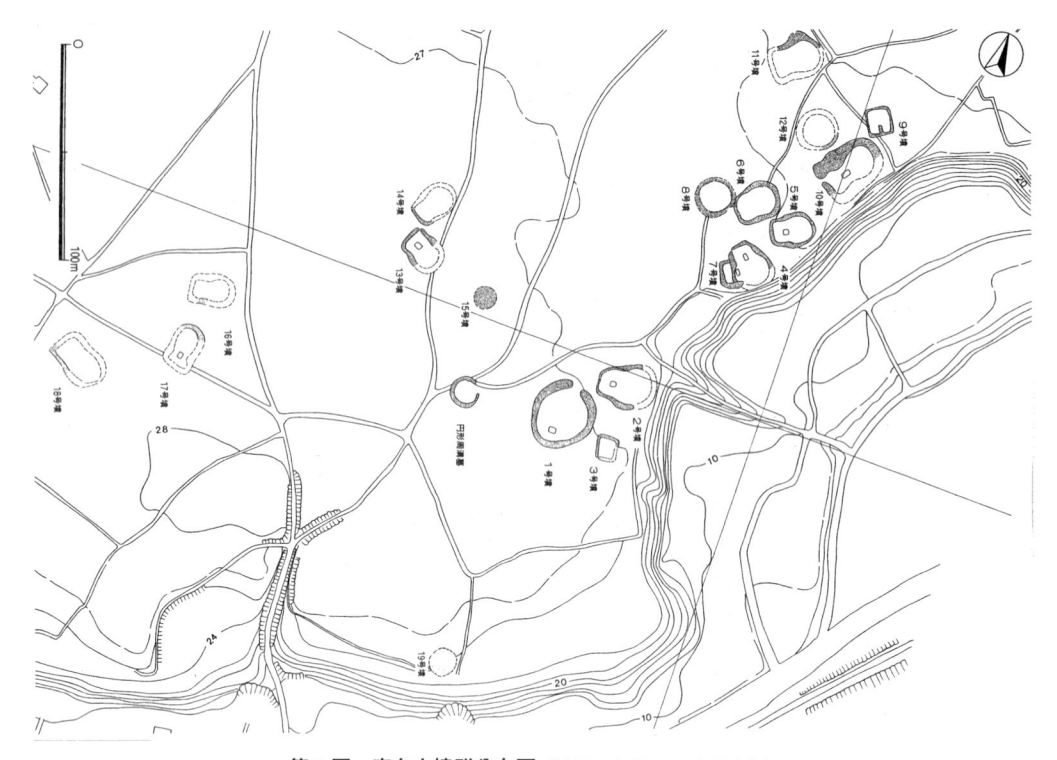

第8図　東台古墳群分布図（小川・大淵 1991 文献より）

第10図　田村舟塚2号墳測量図
（茂木他 1993 文献より）

第9図　下郷古墳群（1-18）・田村舟塚古墳群（23-29）分布図
（土浦市教育委員会 2001 文献より、関口満原図）

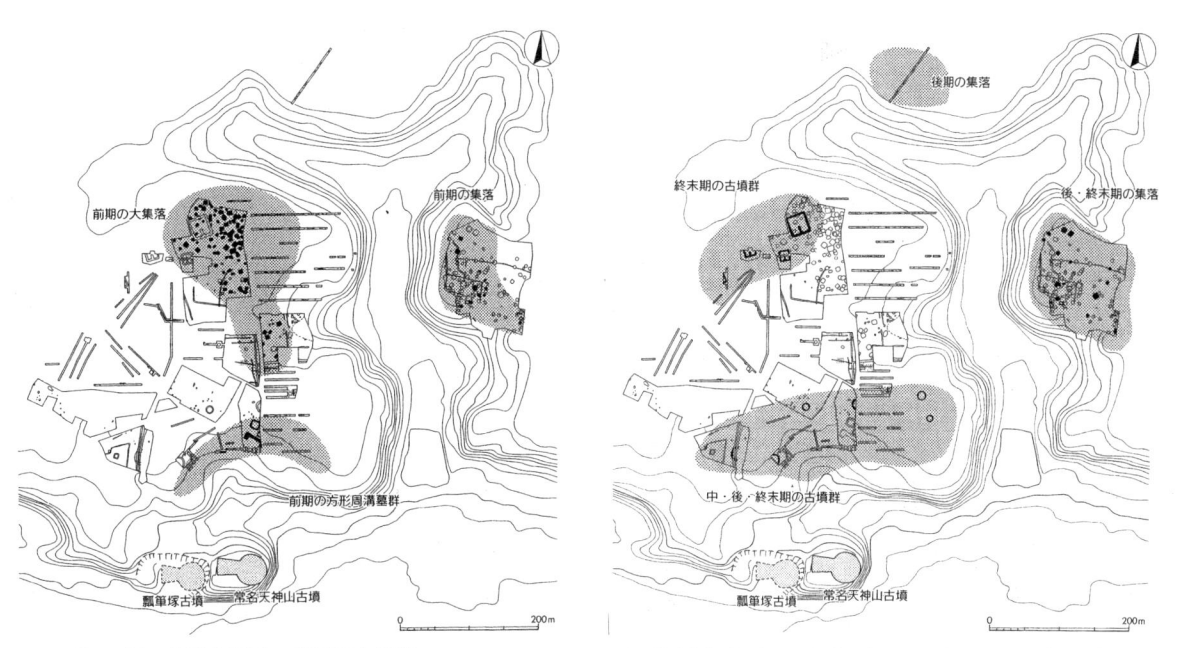

第11図　山川古墳群・北西原古墳群（左が前期、右が中期〜後・終末期）（土浦市教育委員会2002文献より、吉澤悟原図）

第12図　常名天神山古墳測量図（茂木他1991文献より）

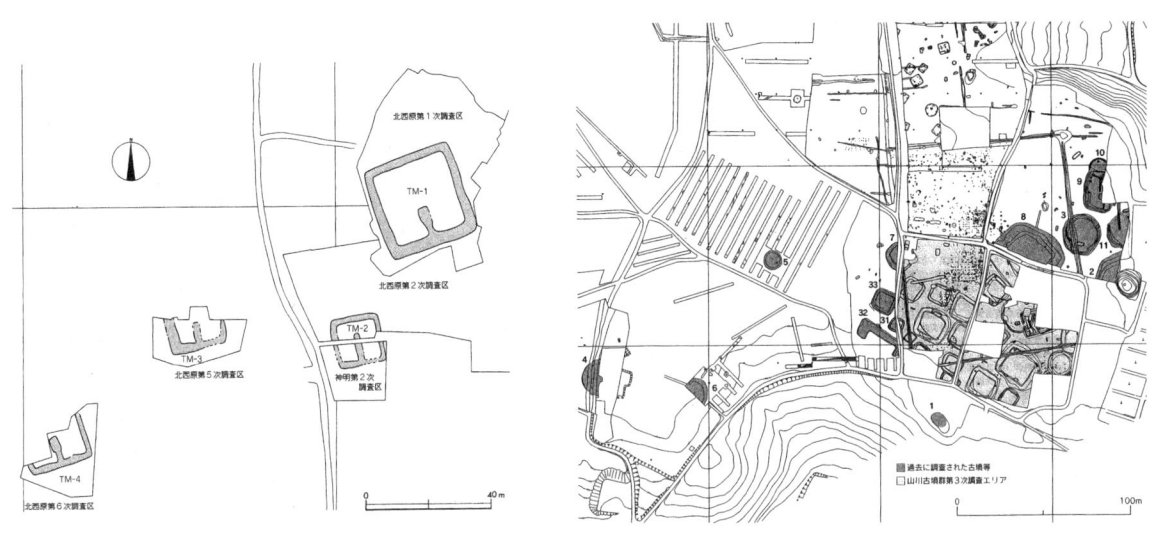

第13図　北西原古墳群分布図（土浦市教育委員会2003文献より）　第14図　山川古墳群分布図（土浦市教育委員会2007文献より）

284　第2章　地域研究

第15図　高崎山古墳群分布図
（山武考古学研究所2001文献より）縮尺約1:6,000

第16図　下坂田字出シ山出土の
重圏文鏡・径約8cm
（武者塚古墳調査団1986文献より）

第17図　愛宕山古墳群分布図
（上高津貝塚ふるさと歴史の広場2005文献より）縮尺約1:15,000

第18図　愛宕山古墳測量図（茂木他1991文献より）

第19図　根鹿北古墳群分布図
（土浦市教育委員会1997文献より）

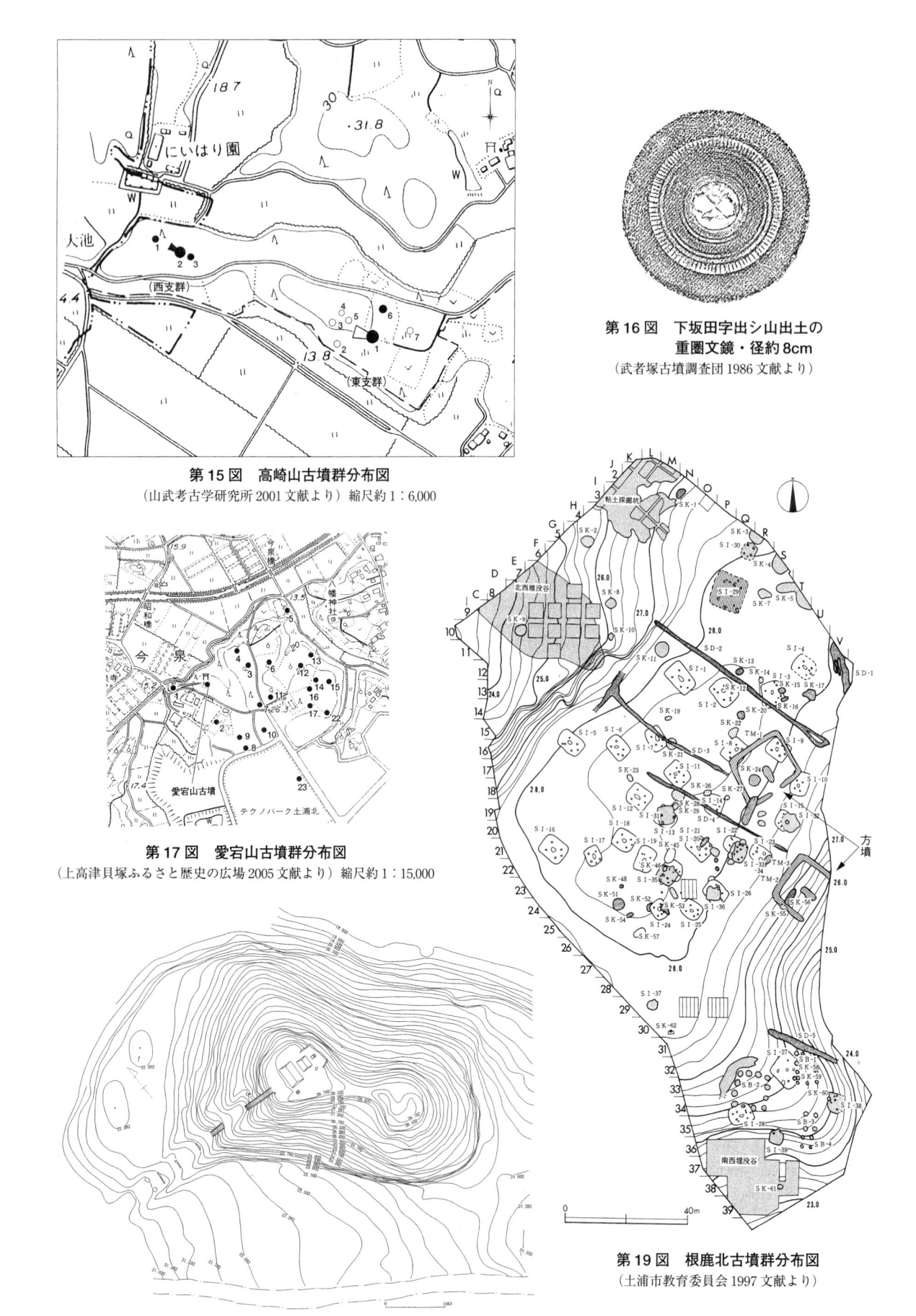

土浦市域の古墳群

向原古墳群

所在	土浦市中字向原633-1 他
立地	花室川南岸台地上

群構成	前方後円墳	円墳	方墳	その他	総数
	0	5	1	0	6

埋葬施設	箱形石棺（1・2号墳）
墳形	
主な副葬品	［2号墳］・勾玉、須恵器（フラスコ瓶）、鉄鏃
年代	古墳時代後期～終末期
備考	別称としえ塚古墳群。1962年頃には6基存在し、中には横穴式石室または石棺系横穴式石室の古墳も存在していたようである。1号墳・・・円墳、径約30m、高さ1.5m、1986年調査。消滅。南端部区外より以前に箱形石棺出土。2号墳・・・方墳、10×14m、高さ約0.4m、1986年調査、周溝から勾玉・須恵器、主体部から鉄鏃出土。
近在の大型古墳	なし
文献	土浦市教育委員会1986
図版	

石倉山古墳群

所在	土浦市烏山2丁目530-74 他
立地	花室川南岸台地上

群構成	前方後円墳	円墳	方墳	その他	総数
	1	4	4	0	9

埋葬施設	箱形石棺（5号墳）・石棺系横穴式石室（1・2号墳）・横穴系箱形石棺（8・9号墳）
墳形	
主な副葬品	［1号墳］・須恵器（長頚壺）［2号墳］・須恵器・坏）［5号墳］・須恵器（長頚壺）
年代	古墳時代終末期
備考	1号墳・・・方墳、17×14m、素掘りの墓道を有する石棺系横穴式石室。2号墳・・・方墳、16×16.5m、素掘りの墓道を有する石棺系横穴式石室。3号墳・・・円墳、径約32m、高さ約2.75m、主体部不明。4号墳・・・円墳、径約24×29m、高さ約2m、主体部不明。5号墳・・・前方後円墳・・・全長約18m、幅約14m、主軸中央部に箱形石棺。6号墳・・・楕円形、径約20×17.5m、高さ約0.4m、主体部不明。7号墳・・・円墳、径約15m、主体部不明。8号墳・・・方墳、14×20m、高さ約0.3m、掘り方のみの検出では石棺穴系箱形石棺が存在したと思われる。9号墳・・・方墳、15×20m、高さ約0.6m、中央部に横穴系箱形型石棺と1974年調査・消滅。1～9号墳とも近在の大型古墳 なし
文献	茨城県住宅供給公社1975
図版	

南達中古墳

所在	土浦市中字南達中563-1 他
立地	花室川南岸奥の小谷状台地上
墳形	円墳
墳丘規模	径約11m、高さ約1.5m
埋葬施設	
墳形	
主な副葬品	
年代	
備考	近隣南達中A遺跡より埴輪片が採集されるので、周囲には他にも古墳が存在したと思われる。小谷津を挟んだ北側に馬道古墳群、谷津を挟んだ東側に向原古墳群あり。
近在の大型古墳	なし
文献	土浦市教育委員会1984a
図版	

（花室川流域）

馬道古墳群

所在	土浦市中字馬道199-1 他
立地	花室川南岸台地上

群構成	前方後円墳	円墳	方墳	その他	総数
	0	5	0	0	5

埋葬施設	箱形石棺（5号墳）
墳形	円筒埴輪（1号墳）
主な副葬品	
年代	古墳時代後期（1号墳）
備考	1号墳・・・径約18m、高さ約2.5m、円筒埴輪表採、最近削平。2号墳・・・径約20m、高さ約1.5m、最近削平。3号墳・・・径約19m、高さ約3m、最近削平。4号墳・・・径約4.5m、高さ約1m、周溝かなり削平。5号墳・・・大正9年3月箱形石棺出土、石碑あり、墳丘確認できず。
近在の大型古墳	なし
文献	土浦市教育委員会1984a
図版	

不動堂古墳群

所在	土浦市中村西根字不動塚970 他
立地	花室川南岸台状台地上

群構成	前方後円墳	円墳	方墳	その他	総数
	0	2	0	0	2

埋葬施設	
墳形	
主な副葬品	
年代	
備考	1号墳・・・径約12m、高さ約1.3m。2号墳・・・径約17m、高さ約1.7m。なお台地下に箱形石棺のものと思われる片岩の集積あり。
近在の大型古墳	なし
文献	土浦市教育委員会1984a
図版	

大日古墳

所在	土浦市中村西根字台楽648 他
立地	花室川南岸津奥の台地上
墳形	円墳
墳丘規模	径約30m、高さ約2m
埋葬施設	
主な副葬品	
年代	
備考	東に浅間古墳隣接
近在の大型古墳	なし
文献	土浦市教育委員会1984a
図版	

浅間古墳

所在	土浦市中字台楽994 他
立地	花室川南岸津奥の台地上
墳形	円墳
墳丘規模	径約20m、高さ約2m
埋葬施設	
主な副葬品	
年代	
備考	西に大日古墳隣接
近在の大型古墳	なし
文献	土浦市教育委員会1984a
図版	

中内山古墳群

所在：土浦市大岩田字中内山 1708 他
立地：桜川南岸・霞ヶ浦から西へ小さく入り込む谷を北に臨む台地上

群構成	前方後円墳	円墳	方墳	その他	総数
	0	6	0	0	6

埋葬施設：
墳輪：円筒埴輪
主な副葬品：管玉
年代：6～7世紀
備考：1号墳…円墳、高さ約3m、径約15m。2号墳…円墳、高さ約0.8m、径約13m。3号墳…円墳、高さ約3m、径約13m、一部削平。4号墳…円墳、高さ約0.5m、径約18m、墳丘は道によって分断。5号墳…円墳、径約2.5m、高さ約15m、円筒埴輪あり、中世に墓地として再利用。6号墳…円墳、高さ約1.7m、径約15m、円筒埴輪あり、中世に墓跡あり。なお、本古墳群から明治～昭和初期頃に多数の管玉が出土したと法泉寺古墳に伝えられている。南周削平。なお、本古墳跡は同じ台地上にあり、台地の北西部に中内山古墳群が、南東に法泉寺古墳群が位置している。
近在の大型古墳：なし
文献：土浦市教育委員会 1984a　図版：

桜ヶ丘古墳

所在：土浦市桜ヶ丘町 1351-33
立地：花室川北岸の谷津奥部の台地縁辺

墳丘規模：12.5×12m、高さ約 0.8m

墳形：不明
埋葬施設：箱形石棺
墳輪：
主な副葬品：
年代：
備考：都市計画道路工事中に箱形石棺が出土。
近在の大型古墳：
文献：土浦市教育委員会 1984a　図版：

（桜川右岸）

ひさご塚古墳

所在：土浦市大岩田字毛上地 2886 他
立地：花室川北岸・霞ヶ浦を臨む台地上

墳丘規模：全長 20m、高さ 3m

墳形：前方後円墳
埋葬施設：
墳輪：円筒埴輪・形象埴輪（馬）
主な副葬品：
年代：6世紀後半
備考：前方部は削平
近在の大型古墳：なし
文献：土浦市教育委員会 1984a　図版：

寺家ノ後B古墳群

所在：土浦市永国台 2-5 他
立地：花室川北岸台地上

群構成	前方後円墳	円墳	方墳	その他	総数
	0	0	3	0	3

埋葬施設：石棺系横穴式石室
墳輪：なし
主な副葬品：須恵器
年代：7世紀末～8世紀前半
備考：1号墳…方墳、17×16m、高さ約1m、南に開口する小型の石棺系横穴式石室。板石の側壁石がある前庭状の短い墓道を有する。2号墳、12.6×11m、高さ約1.1m、南に開口する小型の石棺系横穴式石室、素掘りの墓道を有する。3号墳…方墳、12×11.7m、墳丘の、南に開口する小型の石棺系横穴式石室を有する。素掘りの墓道を有する。1～3号墳とも周溝か、ら新古器跡群の須恵器長頸壺が出土している。1～3号墳とも1988年発掘調査。
近在の大型古墳：なし
文献：茨城県教育財団 1990　図版：

十三塚B古墳

所在：土浦市永国台 3-31 他
立地：花室川北岸台地上

墳丘規模：12.5×12m

墳形：方墳
埋葬施設：石棺系横穴式石室
墳輪：なし
主な副葬品：須恵器
年代：7世紀末～8世紀前半
備考：寺家ノ後B古墳群と小谷津を隔てた西側にあり、大きくは同じ古墳群と考えられる。小型の石棺系横穴式石室は南に開口し、素掘りの墓道を有する。なお、中近世にこの塚が築かれている。1988年発掘調査。
近在の大型古墳：なし
文献：茨城県教育財団 1990　図版：

法泉寺古墳群

所在：土浦市大岩田字辰巳 1620 他
立地：花室川北岸河口台地上

群構成	前方後円墳	円墳	方墳	その他	総数
	0	2	0	0	2

埋葬施設：
墳輪：
主な副葬品：
年代：
備考：1号墳…円墳、高さ約 5m、径約 20m。2号墳…円墳、高さ約 1.5m、径約 12.5m。このほかに隣接した阿見町地内に丸山古墳（円墳 2）が現存している。また現土浦三高敷地内にも数基の古墳が存在していることが写真から観察され、2005 年には周溝の一部と考えられる溝も検出されている。なお 2007 年に本古墳群と中内山古墳群との間で古墳の周溝が確認され、円筒埴輪が出土している。このことから、本来は中内山・法泉寺・丸山古墳は同台地上に展開する一連の古墳群として捉えるべきものと考えられる。また、土浦市史に『土浦三高出土と伝えられる須恵器（坏・提瓶・ハソウ）』が紹介されているが、本古墳群出土かどうかはやや不明確である。
近在の大型古墳：
文献：土浦市教育委員会 1984a、上高津貝塚ふるさと歴史の広場 2005　図版：

土浦市域の古墳群

尖塚古墳群

所在	土浦市尖塚字大日山 961−1 他
立地	桜川南岸台地上

群構成	前方後円墳	円墳	方墳	その他	総数
	3	20	0	1	24

埋葬施設	箱形石棺（1・11 号墳）
埴輪	円筒埴輪（5・6・18 号墳）、形象埴輪（馬・人物：6・18 号墳）
主な副葬品	金銅製耳環（1 号墳）
年代	6 世紀後半〜7 世紀
備考	1 号墳（別称大日山）・・・前方後円墳、全長 56m、後円部径 40m、高さ 5.6m。本古墳群中最大。1968 年調査。現在後円部の一部運滅。2 号墳（別称大台山）、円墳、径約 30m、高さ約 2.5m。方墳または帆立貝式古墳の可能性もある。3 号墳（別称おっとしま）山 1 号墳（別称おっとしま山）2 号墳・・・円墳、全長約 24m、後円部径 16m、高さ 2.8m。4 号墳（別称おっとしま山）とし）山 2 号墳・・・円墳、径約 22m、高さ 2.9m。5 号墳・・・円墳、径約 23m、高さ 3m。1969 年調査、円筒埴輪あり、現在道路により一部運滅。6 号墳・・・前方後円墳、全長 23m、高さ 0.6m。1969 年調査、主体部はくびれ部に箱形石棺を有していたと可能性がある。現在道路により後円部運滅。7 号墳・・・円墳、径約 10m、高さ約 2m。現在運滅。8 号墳・・・円墳、径約 7m、高さ約 1m。現在運滅。9 号墳・・・つくば市内。10 号墳・・・円墳、径約 25m、高さ約 2.5m。11 号墳・・・埴形不明、明治 26 年に発掘され、直刀が出土したという。現在箱形石棺が残る 1.5m。12 号墳・・・円墳、径約 33m、高さ約 5m。13 号墳・・・円墳、径約 35m、高さ約 5m。16 号墳、14 号墳・・・円墳、径約 18m、高さ約 1.2m。17 号墳・・・円墳、径約 14m、高さ約 1.8m。18 号墳（別称根本古墳・人形塚）・・・円墳、径約 20m、高さ約 2m。円筒・形象埴輪あり。1979 年調査、運滅。19 号墳・・・円墳、径約 20m、高さ約 1.5m。墳頂部が広く、改変の可能性もある。20 号墳・・・円墳、径約 10m、高さ約 0.5m。自然地形の可能性もある。21 号墳・・・円墳、径約 15m、高さ約 1.5m。22 号墳・・・円墳、径約 1.2m。23 号墳・・・円墳、規模不明、運滅。24 号墳・・・円墳、径約 15m、高さ約 1.5m、運滅。25 号墳・・・運滅。
近在の大型古墳	なし
文献	国学院大学 1971、筑波大学 1981
図版	

竜王山古墳

所在	土浦市尖塚字西屋敷 1461 他
立地	桜川南岸微高地上
墳形	方墳？	墳丘規模：一辺 24m 以上
埋葬施設	
埴輪	壺形埴輪・円筒埴輪
主な副葬品	
年代	4 世紀後半・6 世紀？
備考	本古墳は当初墳丘があり、そこから出土したと伝えられる大型の石材が近隣にあったことから、横穴式石室を有する前方後円墳を想定されたが、その後墳丘は削平されて、1986 年に発掘調査が行なわれたところ、主体部付近は擾乱が激しく何も検出できなかったが、周囲からコーナーを持つ周溝が確認された。その周溝内から壺形土器が検出されている。円筒埴輪も出土している。
近在の大型古墳	尖塚古墳群、尖塚古墳群 1 号墳
文献	土浦市教育委員会 1984a・1987
図版	

霞ヶ岡古墳

所在	土浦市霞ヶ岡町 2774 他
立地	桜川南岸河口・霞ヶ浦を臨む台地上
墳形	円墳	墳丘規模：径約 15m、高さ約 1.6m
埋葬施設	
埴輪	
主な副葬品	
年代	
備考	
近在の大型古墳	なし
文献	土浦市教育委員会 1984a

三方古墳

所在	土浦市小松 3 丁目 624 他
立地	桜川南岸、河口部の台地縁辺
墳形	円墳	墳丘規模：径約 34m、高さ約 3.3m
埋葬施設	
埴輪	円筒埴輪
主な副葬品	
年代	6 世紀初頭
備考	主体部、墳丘の大部分は削平。1997 年発掘調査時に周溝より埴輪、土師器出土。
近在の大型古墳	なし
文献	土浦市教育委員会 1998
図版	

高津天神山古墳群

所在	土浦市下高津 1−72−2 他
立地	桜川南岸河口を臨む台地上

群構成	前方後円墳	円墳	方墳	その他	総数
	0	2	0	0	2

埋葬施設	
埴輪	円筒埴輪・形象埴輪（馬・人物）
主な副葬品	
年代	6 世紀前葉〜中葉
備考	1 号墳・・・円墳、高さ約 3.4m、径約 14m。円筒埴輪のほか、力士埴輪、馬埴輪の出土が伝えられている。2 号墳・・・円墳、高さ 0.8m、径約 15m。このほかにも昭和初期に西側を挟んだ現土浦国立病院敷地数内で箱形石棺が 2・3 基発見されたと伝えられる。また、小谷津を挟んだと言われている。現在土浦市役所敷地内に鹿塚（富士塚）という古墳があり、明治時代に発掘したと石碑が市役所内にあるが、その石材の大きさから推定すると横穴式石室であった可能性がある。
近在の大型古墳	なし
文献	土浦市史編さん委員会 1975、国学院大学第 II 部考古学研究会 1990
図版	

第2章 地域研究

幕下女臈古墳

所在	土浦市上高津字望月698 他
立地	桜川南岸台地上
墳形	前方後円墳	墳丘規模：全長約28m、高さ約2m
埋葬施設	
主な副葬品	
年代	
備考	以前に円筒埴輪が出土したと伝えられている。尖塚古墳群の南東約1kmにある。
近在の大型古墳	尖塚古墳群1号墳
文献	土浦市教育委員会 1984a	図版：

天王山古墳群

所在	土浦市下高津4丁目169 他
立地	桜川南岸台地上

詳構成	前方後円墳	円墳	方墳	その他	総数
	○	4		○	4

埋葬施設	
主な副葬品	
年代	
備考	径約7m、高さ約1m程度の円墳4基が存在したと言われるが、現在消滅、詳細不明。
近在の大型古墳	なし
文献	土浦市史編さん委員会 1975	図版：

小松古墳

所在	土浦市小松地内
立地	桜川南岸・霞ヶ浦西岸台地上
墳形	円墳	墳丘規模：径約20m、高さ約4m
埋葬施設	
主な副葬品	
年代	
備考	消滅、詳細不明。
近在の大型古墳	土浦市史編さん委員会天川1011 他
文献	土浦市史編さん委員会 1975	図版：

中高津古墳

所在	土浦市中高津字天川1011 他
立地	桜川南岸、北から入る合津の先端付近の台地上
墳形	円墳	墳丘規模：径約27.5m、高さ約3.4m
埋葬施設	
主な副葬品	
年代	
備考	1965年発掘調査、埋葬部、出土遺物なく、塚かと思われる。
近在の大型古墳	上高津貝塚ふるさと歴史の広場 2007b
文献		図版：

尖塚小学校内古墳

所在	土浦市尖塚字西屋敷1478 他
立地	桜川南岸微高地上
墳形	円墳？	墳丘規模：径約26m
埋葬施設	
埴輪	円筒埴輪・朝顔形埴輪
主な副葬品	須恵器・滑石製模造品
年代	5世紀末頃
備考	尖塚古墳群の位置する台地の北側微高地上にあり、隣接して竜王山古墳がある。墳丘は削平されており、周濠の一部が確認され、1986年発掘調査時に周溝内から埴輪等が出土した。埴輪は素焼きを含む墳丘の中では最も古い一群のものと考えられている。なお、前方後円墳と見た場合にはもっと大型となる。
近在の大型古墳	尖塚古墳群1号墳
文献	土浦市教育委員会 1987	図版：

上郷後古墳

所在	土浦市尖塚字上郷後1159-2
立地	桜川南岸微高地上
墳形	不明	墳丘規模：不明
埋葬施設	
埴輪	円筒埴輪
主な副葬品	
年代	6世紀後半
備考	尖塚小学校内古墳・竜王山古墳の西にあり、同じ微高地上に位置している。現状は墓地で明確な墳丘は確認できないが円筒埴輪が表採されている。
近在の大型古墳	尖塚古墳群1号墳
文献	上高津貝塚ふるさと歴史の広場 2007a	図版：

矢作稲荷神社古墳

所在	土浦市矢作字後848 他
立地	桜川南岸微高地上
墳形	円墳	墳丘規模：径約30m、高さ約2.5m
埋葬施設	
埴輪	円筒埴輪
主な副葬品	
年代	6世紀
備考	尖塚古墳群の北東に位置し、東北には松塚古墳群（つくば市）がある。円筒埴輪表採。
近在の大型古墳	松塚古墳群
文献	土浦市教育委員会 1984a	図版：

矢作ドンドン塚古墳

所在	土浦市矢作字後街道860 他
立地	桜川南岸微高地上
墳形	円墳	墳丘規模：不明
埋葬施設	不明
埴輪	円筒埴輪
主な副葬品	
年代	6世紀
備考	墳丘は確認できないが、埴輪片が表採されており、本来は矢作稲荷山古墳などとともに古墳を形成していたと思われる。なお、近隣には本墳以外にも古墳が存在していたとの指摘もある。
近在の大型古墳	松塚古墳群
文献	土浦市教育委員会 1984a	図版：

土浦市域の古墳群　289

常名天神山古墳	所在：土浦市大字常名字天神久保 2445-1 他		
	立地：桜川左岸の舌状台地先端		
	墳形：前方後円墳	全長約 90m、後円部径 48m、後円部高 7m、前方部先端幅約 25m、前方部高 3m	
	外表遺物・施設：		
	埋葬施設：		
	副葬品：		
	年代：前期後半～中期初頭		
	備考：墳頂に神社と宝篋印塔あり。土浦市指定史跡。		
	文献：茂木他 1991		図版：
瓢簞塚古墳	所在：土浦市大字常名字西根 2447-1		
	立地：桜川左岸の台地縁辺		
	墳形：前方後円墳	全長約 74m、後円部高 5.2m、前方部高 2.6m	
	外表遺物・施設：		
	埋葬施設：墳丘下に礫床		
	副葬品：		
	年代：前期後半～中期初頭		
	備考：天神山古墳の西 50m に隣接、湮滅古墳。別称挑籖塚古墳		
	文献：土浦市史編さん委員会 1975、土浦市教育委員会 1984a		図版：
山川古墳群	所在：土浦市大字常名字方 2380 他		
	立地：桜川左岸の台地縁辺		
	群構成：	帆立貝形 2 / 円墳 9 / 方墳 21 / 前方後方 1 / 総数 33	
	埋葬施設：甕棺（8 号墳、14 号墳）、箱式石棺（3 号、9 号、14 号墳）、フラスコ形壙（9 号墳）		
	墳形：		
	主な副葬品：直刀（3・14 号墳）、中期、後期、終末期		
	年代：古墳時代前期、中期、後期、終末期		
	備考：1 号墳…円墳、径 18m、高さ 2.3m、2 号墳…円墳？、径約 38m、3 号墳…帆立貝形、全長 23.3m、箱式石棺（くびれ部中央）、4 号墳…円墳、径 21.5m、5 号墳…円墳、径 12.5m、6 号墳…円墳、径約 20m、7 号墳…方墳、辺 15m、8 号墳…方墳、辺 36.2m、甕棺、8 号墳…方墳、前方後方、全長 23m、7 世紀、10 号墳…円墳、径 11.2m、5 世紀、11 号墳…帆立貝形、径 25m、7 世紀、12 号墳…方墳、辺 13.2m、13 号墳…方墳、辺 23.5m、14 号墳…帆立貝形、全長 18.5m、15 号墳…方墳、16 号墳…方墳、辺 15.9m、17 号墳…円墳、18 号墳…方墳、辺 13.8m、19 号墳…方墳、20 号墳…円墳、径 15.9m、21 号墳…方墳、22 号墳…方墳、辺 10.4m、23 号墳…方墳、辺 17.6m、24 号墳…方墳、辺 13.5m、25 号墳…方墳、26 号墳…方墳、辺 14.7m、27 号墳…方墳、辺 6.3m、28 号墳…方墳、辺 19.7m、29 号墳…方墳、長辺 9.4m、30 号墳…方墳、辺 13.1m、31 号墳…方墳、辺 8.4m、32 号墳…方墳？、方墳？、長辺 19.5m、33 号墳…方墳、辺 13.45m		
	近在の大型古墳：常名天神山古墳　瓢簞塚古墳		
	文献：土浦市教育委員会 2002、2004、2007		図版：

（桜川左岸）

浅間塚古墳	所在：土浦市大字木田余字浅間台 2560 他		
	立地：霞ヶ浦を南東に臨む台地縁辺		
	墳形：前方後円墳	墳丘規模：全長 32m、後円部径 18m、高さ 1.5m	
	埋葬施設：		
	主な副葬品：		
	年代：		
	備考：墓地により墳丘一部削平。墳頂に祠あり。本古墳の西側で青石の玉作遺跡（浅間塚西遺跡）が確認されている。		
	近在の大型古墳：		
	文献：土浦市教育委員会 1984a		図版：
真鍋愛宕神社古墳	所在：土浦市西真鍋町 1989 ほか		
	立地：桜川左岸の台地先端		
	墳形：円墳	墳丘規模：径 31m、高さ 3m	
	埋葬施設：		
	墳輪：隣接遺跡より埴輪片出土		
	主な副葬品：		
	年代：6 世紀？		
	備考：墳頂に神社あり。東側のどんどん塚（径 19m、塚としているが古墳の可能性もある）、西側の墳輪散布地とともに小規模な古墳群を形成した可能性あり。		
	近在の大型古墳：なし		
	文献：土浦市教育委員会 1984a		図版：
殿塚台古墳	所在：土浦市真鍋五丁目 688-3		
	立地：桜川左岸の谷頭に面した台地上		
	墳形：	墳丘規模：	
	埋葬施設：箱式石棺		
	墳輪：		
	主な副葬品：直刀（石棺）		
	年代：		
	備考：		
	近在の大型古墳：大塚塚 1974		
	文献：大塚博 1974		図版：
殿里古墳	所在：土浦市大字殿里字ハイ坂 536		
	立地：桜川左岸の台地縁辺		
	墳形：円墳	墳丘規模：径 14m、高さ 2.5m	
	埋葬施設：なし		
	墳輪：		
	主な副葬品：		
	年代：		
	備考：この古墳とは断定できないが、大正 15 年 3 月に「殿里字道坂の古墳」から人骨 2 体分が出土したとする記録あり。		
	近在の大型古墳：なし		
	文献：長南 1928、土浦市教育委員会 1984a		図版：

第2章 地域研究

下坂田古墳群

所在：
立地：

群構成	前方後円墳	円墳	方墳	その他	総数
	2	6	0	0	8

埋葬施設：
埴輪：

主な副葬品：短甲・桂甲・衝角付甲、眉庇付甲など（5号墳）

年代：5世紀後半～7世紀

備考：釈迦久保古墳群と小谷津を隔てた西側にあり、本来は釈迦久保古墳・屋敷付古墳・上坂田古墳群などを総合して古墳群として捉えるべきである。1号墳・・・円墳、径約4～5m、高さ約1m。2号墳・・・前方後円墳？、全長約17m、高さ約13.5m。3号墳・・・円墳、径約2m。4号墳・・・円墳、径約15m、高さ約0.7m。5号墳・・・短甲・桂甲・胃ほか出土。6号墳・・・円墳、径約16m、高さ約3m。江戸時代安政元年(1854)に短甲・桂甲・胃ほか出土。7号墳・・・前方後円墳？、全長22m、高さ約2m。8号墳・・・円墳、径約7m、高さ約1m。墳丘に永正6年(1361)の板碑【茨城県指定文化財】あり。また下坂田字出シ山から重圏文鏡が出土している。

近在の大型古墳：なし

文献：新治村史編纂委員会 1986、武者塚古墳調査団 1986、土浦市史ぶるさと歴史の広場 2008

屋敷付古墳

所在：土浦市下坂田字屋敷付1075
立地：
墳形：円墳または前方後円墳？   墳丘規模：約20×10m、高さ約2m
埋葬施設：箱形石棺
埴輪：なし
主な副葬品：直刀4・刀子2・鉄鏃26・鉄環2
年代：7世紀
備考：別称：塚山古墳。下坂田古墳群の中にあり、本来は一体となった古墳である。1964年発掘調査、石棺内側面は朱彩が認められる。人骨は推定5体分で、うち1体の頭蓋骨顔面部に鉄鏃1本が付着していた。現在頭蓋骨は国学院大学、その他出土品は土浦二高蔵。
文献：国学院大学考古学会 1967
図版：

上坂田古墳群

所在：土浦市桜川字上野744 他
立地：桜川北岸台地上

群構成	前方後円墳	円墳	方墳	その他	総数
	0	4	0	0	4

埋葬施設：箱形石棺
埴輪：形象埴輪（巫女）（3号墳）
主な副葬品：直刀（つくば市桜資料館蔵）
年代：6～7世紀
備考：下坂田古墳群と隣接している。1号墳・・・円墳、径約13m、高さ約1.5m。2号墳・・・円墳、径約17m、高さ約2.5m。3号墳・・・円墳、径約5m、形象埴輪出土。4号墳・・・円墳、径約22m、高さ約3m。このほかにも石棺の出土地点があるほか、2007年に新たな古墳の周溝が確認されている。坂田台の古墳は相当数が大正年間の筑波鉄道の工事に伴って墳丘が盛土として利用されたと伝えられている。
近在の大型古墳：なし
文献：新治村史編纂委員会 1986、武者塚古墳調査団 1986
図版：

北西原古墳群

所在：土浦市大字常名字絵ノ木2815 他
立地：桜川左岸の台地上

群構成	前方後円墳	円墳	方墳	その他	総数
	0	0	4	0	4

埋葬施設：石棺系石室（1～4号墳）
埴輪：
主な副葬品：須恵器（ハソウ）、土師器
年代：7世紀
備考：1号墳・・・方墳、25×25m、釘（墓道）。2号墳・・・方墳、12×11.5m。3号墳・・・方墳、17×？m。1号墳はこのタイプの古墳では大型である。
近在の大型古墳：常名天神山古墳、鷲神塚古墳
文献：土浦市教育委員会 2003、2004
図版：

石橋古墳

所在：土浦市下坂田字台山1261 他
立地：桜川北岸台地上
墳形：円墳   墳丘規模：径約15m、高さ約2m
埋葬施設：
埴輪：
主な副葬品：
年代：
備考：常名天神山古墳と下坂田古墳群の間の台地上にある。2007年に隣接地で古墳の周溝2基分が発見されたことから、古墳群を形成していたと思われる。
近在の大型古墳：常名天神山古墳、鷲神塚古墳
文献：新治村史編纂委員会 1986
図版：

釈迦久保古墳群

所在：土浦市下坂田字釈迦久保1191 他
立地：桜川北岸台地上

群構成	前方後円墳	円墳	方墳	その他	総数
	1	1	0	0	2

埋葬施設：
埴輪：
主な副葬品：
年代：
備考：石橋古墳と小谷津を挟んだ西、下坂田古墳群と小谷津を挟んだ東にある。1号墳・・・円墳、径約6m、高さ約2m。2号墳・・・小型の前方後円墳か、規模不明。
近在の大型古墳：なし
文献：新治村史編纂委員会 1986
図版：

土浦市域の古墳群

藤沢東町古墳群

所在：土浦市大畑字上迎原1456 他						
立地：桜川北岸台地上						
群構成	前方後円墳	円墳	方墳	その他	総数
	○	○	○	○	( )
埋葬施設：						
埴輪：						
主な副葬品：						
年代：						
備考：「筑崎山西2号墳」に「古墳は封土が削平を受けて消滅している」と記載され、『武者塚古墳』では前方後円墳1、円墳2とされている。藤沢小学校建設時に箱形石棺が発見されたとも言われ、小学校東側に前方後円墳があったとも言われるが、詳細不明。						
近在の大型古墳：なし	図版：					
文献：山武考古学研究所2001						

大日塚古墳

所在：土浦市高岡字宮下2410						
立地：桜川北岸、小谷状台地上						
墳形：円墳	墳丘規模：径約5m、高さ約1m					
埋葬施設：						
埴輪：						
主な副葬品：						
年代：						
備考：墳頂に片岩製の板碑が1枚あり。						
近在の大型古墳：なし	図版：					
文献：新治村史編纂委員会1986						

田宮古墳群

所在：土浦市田宮字天神577 他						
立地：桜川北岸台地上						
群構成	前方後円墳	円墳	方墳	その他	総数
	2	7		箱形石棺（8・9号墳）	9
埋葬施設：横穴式石室（1号墳）、箱形石棺（8・9号墳）						
埴輪：形象埴輪（人物・馬・水鳥）（3号墳）						
主な副葬品：						
年代：6・7世紀						
備考：1号墳（別称火矢塚・天神古墳）、前方後円墳、全長約45m、高さ約2.3m。1987年発掘調査。破壊が激しいが小型の横穴式石室と思われる。2号墳（別称油塚）、円墳径約18m、高さ約4m。3号墳・・・円墳、径約10m、高さ約1.5m。5号墳・・・円墳、径約20m、高さ約3m。1987年部分調査。6号墳・・・円墳、径約25m、高さ約1.4m。1987年発掘出土したとも言われる。4号墳・・・円墳、径約8m、高さ約1.5m。5号墳・・・円墳、径約20m、高さ約2m。8号墳・・・前方後円形墳、8号墳・・・円墳、径約22m、長さ約15m、墳丘削平のため、周溝、墳丘削平のため、箱形石棺掘り方検出。8号墳・・・円墳、径約15m、墳丘削平のため、周溝、箱型石棺掘り方のみ確認。						
近在の大型古墳：なし						
文献：新治村史編纂委員会1986、茨城県教育団1990	図版：					

武者塚古墳群

所在：土浦市上坂田字峰台1153-3 他						
立地：桜川北岸、やや中央寄りの台地上						
群構成	前方後円墳	円墳	方墳	その他	総数
	○	1	○	1	2
埋葬施設：地下式横穴式石室（1号墳）・箱形石棺（2号墳）						
埴輪：なし						
主な副葬品：銀製圭頭大刀・三累環頭大刀・銀製帯状金具・青銅製釣・直刀3・鉄鏃・勾玉・管玉・小玉・みずらなど（1号墳）						
年代：7世紀						
備考：1号墳・・・（通称：武者塚古墳）円墳、径約23m。墳丘なし。主体部は副室構造の地下式横穴式石室で、前室から出入りをする。飾大刀などは前室から発見。2号墳・・・1号墳の北側の道路工事中に箱形石棺の発見されたもの、墳形不明。本古墳と同台地上坂田・下坂田古墳群とは200m程度の空間を有している。						
近在の大型古墳：なし						
文献：武者塚古墳調査団1986						

塚原古墳群

所在：土浦市上坂田1756 他						
立地：桜川北岸台地上						
群構成	前方後円墳	円墳	方墳	その他	総数
	○	2	○	○	2
埋葬施設：						
埴輪：						
主な副葬品：						
年代：						
備考：1号墳・・・円墳、径約20m、高さ約3m。・・・円墳、径約14m、高さ約1.5m。2号墳・・・円墳、径約14m、高さ約1.5m。『武者塚古墳』では上坂田の古墳群の一部として紹介。						
近在の大型古墳：なし						
文献：新治村史編纂委員会1986、武者塚古墳調査団1986	図版：					

坂田稲荷山古墳群

所在：土浦市下坂田字稲荷						
立地：桜川北岸台地中央部付近						
群構成	前方後円墳	円墳	方墳	その他	総数
	○	○	○	○	( )
埋葬施設：						
埴輪：						
主な副葬品：						
年代：						
備考：『武者塚古墳』に「武者塚古墳の北東方約800mの山林内に数基の円墳を発見した。うち1基は径約30m、高さ5m近いという」とあるが現状では確認できない。立地的に考えればあり古墳があろうそうな場所ではないので、存在したとしても塚ではないかと思われる。						
近在の大型古墳：なし	図版：					
文献：武者塚古墳調査団1986						

第 2 章　地域研究

高岡根古墳	所在：土浦市高岡字大松
	立地：
	群構成：前方後円墳／円墳／方墳／その他／墳丘規模：／総数
	埋葬施設：
	埴輪：
	主な副葬品：
	年代：
	備考：詳細不明
	近在の大型古墳：なし
	文献：　　　　　図版：

（天の川流域）

沢辺南方古墳群	所在：土浦市沢辺字稲荷
	立地：桜川北岸・天の川につながる谷津の先端部付近
	群構成：前方後円墳 0／円墳 0／方墳 0／その他 0／総数 0
	埋葬施設：
	埴輪：
	主な副葬品：
	年代：
	備考：1960年の分布調査では全長約65mの前方後円墳1、直径約20mの円墳1が存在したが、現在は確認できていない。形象埴輪（人物・動物）が出土したとも伝えられる。
	近在の大型古墳：なし
	文献：新治村史編纂委員会 1986　　図版：

村内古墳群	所在：土浦市沢辺字村内 818 他
	立地：桜川北岸・天の川上流南岸の台地上
	群構成：前方後円墳 1／円墳 3／方墳 0／その他 0／総数 4
	埋葬施設：
	埴輪：
	主な副葬品：
	年代：
	備考：1号墳…前方後円墳、全長約35m、高さ約3m。2号墳…円墳、径約6m、高さ約1.5m。3号墳…円墳、径約9m、高さ約1.5m。墳頂に片岩板石あり。4号墳…円墳、径約5m、高さ約1.5m。
	近在の大型古墳：なし
	文献：新治村史編纂委員会 1986　　図版：

小高寄居古墳群	所在：土浦市小高字寄居 596 他
	立地：桜川北岸舌状台地上
	群構成：前方後円墳 0／円墳 2／方墳 0／その他 0／総数 2
	埋葬施設：
	埴輪：
	主な副葬品：
	年代：
	備考：『図説新治村史』には、高崎山古墳群の谷津を隔てた台地上に直径約20m、高さ約3mの円墳2基が存在するとされているが、現状未確認。
	近在の大型古墳：なし
	文献：新治村史編纂委員会 1986　　図版：

高崎山古墳群	所在：土浦市小高字高崎 536-3 他
	立地：桜川北岸舌状台地上
	群構成：前方後円墳 2／円墳 8／方墳 0／その他 0／総数 10
	埋葬施設：横穴式石室（2号墳）
	埴輪：円筒・形象（人物・馬）（2号墳）・円筒埴輪（1・5・6号墳）
	主な副葬品：馬具・直刀・勾玉・管玉・須恵器・土師器
	年代：6世紀前半～7世紀
	備考：1号墳（旧西1号墳）…円墳、径約13m、円筒埴輪あり。2号墳（旧西2号墳）…前方後円墳、全長約27m、高さ約2.5m、円筒、形象埴輪あり、横穴式石室、円筒に北部九州の影響が指摘されている。石室・北部九州の影響が指摘されている。3号墳（旧西3号墳）…円墳、径約16m、周溝などのみ確認。4号墳（旧東1号墳）…円墳、径約20m、高さ約2.5m、前方後円墳（伝）、円筒埴輪出土。5号墳（旧東3号墳）…円墳、径約10m、周溝にトレンチ状の掘り込みあり。6号墳（旧東4号墳）…円墳、径約10m、高さ約1m。7号墳（旧東5号墳）…円墳、径約20m、高さ約1.5m。9号墳（旧東7号墳）…円墳？墳丘削平、脇に円筒埴輪あり。8号墳（旧東6号墳）…円墳？墳丘削平のため詳細不明。10号墳（旧東7号墳）…円墳？墳丘削平、脇に円筒埴輪あり。なお、新治中学校に高崎山古墳群出土の円筒埴輪のものと考えられる。特徴から見て2号墳以外の古墳のものと考えられる。
	近在の大型古墳：なし
	文献：山武考古学研究所 2001、上高津貝塚ふるさと歴史の広場 2008

稲荷塚古墳	所在：土浦市田土部字天神 2218-3
	立地：桜川北岸低地（微高地上か）
	墳形：円墳　　墳丘規模：径約15m、高さ約3m
	埋葬施設：箱形石棺？
	埴輪：
	主な副葬品：
	年代：
	備考：桜川脇の低地の水田中にある。東側の鹿島神社周辺にも1基存在したと言われているので、小規模な古墳群を形成していたと思われる。神社境内に片岩板石があり、石棺材の可能性がある。
	近在の大型古墳：なし
	文献：新治村史編纂委員会 1986　　図版：

土浦市域の古墳群

今泉古墳

所在	土浦市大字今泉字本田坪1490
立地	天の川右岸の台地縁辺
墳形	円墳？
墳丘規模	推定径10m、高さ2m
埋葬施設	石棺あるいは、横穴式石室
墳輪	
主な副葬品	
年代	
備考	
近在の大型古墳	愛宕山古墳（全長55m）
文献	長南1928、土浦市教育委員会1984a　図版：

愛宕山古墳

所在	土浦市大字今泉字原田1601
立地	台地先端
墳形	前方後円墳
墳丘規模	全長55m、後円部径30m、後円部高4.9m、前方部先端幅35m、前方部高5.5m
埋葬施設	
外表遺物・施設	円筒埴輪、形象埴輪（女子人物）／周溝は墳丘片側のみ
副葬品	
年代	6世紀後半
備考	後円部墳頂に祠あり。土浦市指定史跡。
文献	茂木他1991、上高津貝塚ふるさと歴史の広場2005　図版：

愛宕山古墳群

所在	土浦市大字今泉字原田1600-1他
立地	天の川右岸の舌状台地上

群構成	前方後円墳	円墳	方墳	その他	不明	総数
	3	15	(8)		4	22

埋葬施設	2・10号墳…円筒、形象埴輪片、23号墳…円筒埴輪
墳輪	10号墳…円筒、形象埴輪片、23号墳…円筒埴輪
主な副葬品	
年代	6〜7世紀
備考	1号墳…円墳、径18m、高さ2m、2号墳…円墳、3号墳、前方後円墳、全長22m、4号墳…円墳、径16m、高さ2.5m、5号墳…円墳、径16m、高さ2.5m、6号墳…円墳、径7m、高さ1.5m？、10号墳…円墳、径10m、高さ1m、8号墳…円墳、8m、高さ1.7m？、9号墳…円墳、高さ1.5m？、10号墳…円墳、全長32.2m、稽式石棺、円筒、形象埴輪片、11号墳…前方後円墳、全長約25m、12号墳…円墳、径30m、高さ3m、13号墳…円墳、径30〜40m、14号墳…円墳、径20m、高さ1m、15号墳…円墳、径20m、高さ2m、16号墳…円墳、径16m、高さ1.2m、17号墳…円墳、径20m、高さ2m、18〜20号墳、21号墳…塚、22号墳、23号墳…円墳、全長19m、後円部径13.6m、円筒埴輪、前期方墳群（8基）あり。
近在の大型古墳	群中に前方後円墳愛宕山古墳（全長55m）
文献	土浦市教育委員会1984a、茨城県教育財団1995、上高津貝塚ふるさと歴史の広場2005・2007b　図版：

沢辺稲荷古墳群

所在	土浦市沢辺字稲荷478他
立地	桜川北岸・天の川上流部南岸台地上

群構成	前方後円墳	円墳	方墳	その他	総数
	0	2	0	0	2

埋葬施設	
主な副葬品	
年代	
備考	1号墳…円墳、径約7m、高さ約1.5m。2号墳…円墳、径約5m、高さ約1.5m。本来はもっと数が多かったが、削平されたと思われる。
近在の大型古墳	なし
文献	新治村史編纂委員会1986　図版：

塚廻り古墳

所在	土浦市大志字塚廻り1640
立地	天の川南岸台地上
墳形	円墳
墳丘規模	径約8m、高さ約2.5m
埋葬施設	
墳輪	
主な副葬品	
年代	
備考	
近在の大型古墳	なし
文献	新治村史編纂委員会1986　図版：

ろくろうじ古墳群

所在	土浦市永井字泉山1954
立地	筑波山塊から続く山の頂上部分に近い南斜面

群構成	前方後円墳	円墳	方墳	その他	総数
	0	0	0	1	1

埋葬施設	横穴式石室
墳輪	
主な副葬品	
年代	6〜7世紀
備考	「常南地方の古墳」には「墳丘は全く削り取られて原型を留めず、羨道部から発掘されたので表面の長さは僅かに3尺ばかりを見るのみである。特に特徴とするのは二重の羨門を設けてあることで、第1羨門は高さ3尺、幅7寸、左右に扉石（高1尺4寸）、それから2尺の間隔をとって第2羨門があるJと記されている。その他にも周囲にも古墳があるとされるが、詳細は不明。
近在の大型古墳	なし
文献	新治村史編纂委員会1986、長南1928　図版：

本殿坪古墳

所在	土浦市大字今泉字本田坪1422-1
立地	天の川右岸の台地上
墳形	
墳丘規模	
埋葬施設	箱式石棺
墳輪	
主な副葬品	
年代	
備考	宅地内に石棺露出
近在の大型古墳	愛宕山古墳（全長55m）
文献	土浦市教育委員会1984a　図版：

細内古墳

所在	土浦市粟野町字細内471
立地	天の川左岸の谷津に臨む台地縁辺
墳形	円墳
墳丘規模	径約28.5m、高さ0.5m
埋葬施設	箱式石棺？
埴輪	
主な副葬品	
年代	
備考	石棺材あり。
近在の大型古墳	なし
文献	土浦市教育委員会1984a 図版：

吹上片鞍古墳群

所在	土浦市大字今泉字片フタ259-2 他
立地	天の川左岸の尾根状の台地先端

群構成	前方後円墳	円墳	方墳	不明	その他	総数
	0	2	0	1		3

埋葬施設	
埴輪	
主な副葬品	
年代	
備考	1号墳…円墳、径18m、高さ2m。2号墳…円墳、径18m、高さ1.8m。3号墳…人形塚、形態・規模不明
近在の大型古墳	
文献	土浦市教育委員会1984a 図版：

吹上片坪古墳群

所在	土浦市大字今泉字吹上坪318-1 他
立地	天の川左岸の尾根状の台地上

群構成	前方後円墳	円墳	方墳	不明	その他	総数
	2	4	0	0		6

埋葬施設	円筒埴輪（1号墳）
主な副葬品	
年代	6世紀代（1号墳）
備考	1号墳…円墳、径17m、高さ2.5m、円筒埴輪散布。2号墳…円墳、径20m、高さ2m、須恵器、土師器採集、3号墳…前方後円墳、全長18m、後円部径13m、高さ1.5m、4号墳…推定円墳径20m、高さ1m、5号墳…円墳、径16m、高さ2m、土師器採集円墳径16m、6号墳…前方後円墳、全長22m、後
近在の大型古墳	
文献	土浦市教育委員会1984a 図版：

片鞍北古墳

所在	土浦市大字今泉字片ふた1079
立地	天の川左岸の台地上
墳形	円墳
墳丘規模	径6m、高さ1.6m
埋葬施設	
埴輪	
主な副葬品	
年代	
備考	
近在の大型古墳	なし
文献	土浦市教育委員会1984a 図版：

八幡神社古墳

所在	土浦市粟野町字八幡1884-6 他
立地	天の川右岸の台地縁辺
墳形	前方後円墳
墳丘規模	推定全長50m、後円部径約25m
埋葬施設	
埴輪	円筒埴輪？
主な副葬品	
年代	
備考	後円部の一部が残存。昭和2年頃年仏堂前の瓢形墳より円筒埴輪出土とする記録あり。
近在の大型古墳	愛宕山古墳（全長55m）
文献	長南1928、土浦市教育委員会1984a 図版：

油田古墳

所在	土浦市粟野町字油田1783-1 他
立地	天の川右岸の尾根状の台地上
墳形	円墳
墳丘規模	径14m、高さ2m
埋葬施設	箱形石棺？
埴輪	
主な副葬品	
年代	
備考	平成2年道路拡幅により一部調査。道路反対側で石棺出土といわれる。
近在の大型古墳	規模不明
文献	土浦市教育委員会1984a 図版：

大塚古墳群

所在	土浦市粟野町字大塚806-1
立地	天の川右岸の台地縁辺

群構成	前方後円墳	円墳	方墳	その他	総数
	0	3	0	0	3

墳丘	
埋葬施設	
主な副葬品	
年代	
備考	1号墳…円墳、径20m、高さ2m。2号墳…円墳、径20m、高さ2m、3号墳…円墳、規模不明（かすみがうら古市）
近在の大型古墳	
文献	土浦市教育委員会1984a 図版：

堂原古墳群

所在	土浦市粟野町字堂原885 他
立地	天の川右岸の尾根状の台地上

群構成	前方後円墳	円墳	方墳	不明	その他	総数
	0	6	0	1		7

埋葬施設	7号墳は箱式石棺、3号墳も石棺か。
主な副葬品	
年代	
備考	1号墳…円墳、径12m、高さ1.5m、2号墳…円墳、径12m、高さ0.8m、墳頂に石材、4号墳…円墳、径13m、高さ2m、6号墳…低墳丘円墳、径10m、高さ0.5m、7号墳…墳形不明、推定径約25m、高さ2m、箱式石棺露出
近在の大型古墳	なし
文献	土浦市教育委員会1984a 図版：

土浦市域の古墳群

舟塚古墳	所在：土浦市永井字舟塚153-3
	立地：天の川北岸、筑波山塊麓近くの台地上
	墳形：円墳　墳丘規模：径約11m、高さ約2.5m
	埋葬施設：
	埴輪：
	主な副葬品：
	年代：
	備考：頂部削平。
	近在の大型古墳：なし　図版：
	文献：新治村史編纂委員会1986
本郷原山古墳	所在：土浦市本郷字原山5-1
	立地：天の川南岸台地中央部
	墳形：円墳　墳丘規模：径約15m、高さ約1.5m。
	埋葬施設：
	埴輪：
	主な副葬品：
	年代：
	備考：墳頂部に五輪塔の一部がある。立地的に見ても塚ではないかと思われる。なお、『武者塚古墳』では「本郷原山古墳群」として、円墳5と記載されている。
	近在の大型古墳：なし　図版：
	文献：新治村史編纂委員会1986
愛宕塚古墳	所在：土浦市永井字内田144
	立地：天の川南岸台地上
	円墳　墳丘規模：径約15m、高さ約3m。
	埋葬施設：
	埴輪：
	主な副葬品：
	年代：
	備考：墳頂部に石造物（市指定）あり、北・東・南側削平。
	近在の大型古墳：なし　図版：
	文献：新治村史編纂委員会1986
大志戸古墳	所在：土浦市大志戸1221他
	立地：天の川北岸台地上
	墳形：円墳　墳丘規模：径約20m、高さ約5m
	埋葬施設：
	埴輪：
	主な副葬品：
	年代：
	備考：北側の1/2が削平。1960年の報告では「大志戸古墳群」とあり、古墳群であったものと思われる。なお『武者塚古墳』では「大志戸古墳群」では古墳群を円墳18として記載している。
	近在の大型古墳：なし　図版：
	文献：新治村史編纂委員会1986

根鹿北古墳群	所在：土浦市大字今泉字根鹿1192-1
	立地：天の川左岸の台地先端
	群構成：前方後円墳0／円墳0／方墳2／その他1／総数3
	埋葬施設：石棺系石室（1・2号墳）、箱式石棺（3号）
	埴輪：
	主な副葬品：
	年代：（5・6世紀）〜7世紀
	備考：1号墳…方墳、11×9m、2号墳…方墳、9.5×7m、3号墳…箱式石棺単独、周溝未発見。古墳群の周辺より、埴輪片や石枕出土
	近在の大型古墳：
	文献：土浦市教育委員会1997　図版：
鍛冶後古墳	所在：土浦市永井字鍛冶後369他
	立地：天の川右岸の古状台地上
	墳形：前方後円墳　墳丘規模：
	埋葬施設：
	埴輪：
	主な副葬品：
	年代：
	備考：現状は削平が進み、形状は不明瞭。
	近在の大型古墳：なし
	文献：新治村史編纂委員会1986　図版：
本郷古墳群	所在：土浦市本郷字三宮塚618
	立地：天の川北岸台状台地上
	群構成：前方後円墳0／円墳1／方墳0／その他0／総数0
	埋葬施設：
	埴輪：
	主な副葬品：
	年代：
	備考：3号墳…円墳、径約15m、高さ約2m。その他の古墳は不明。なお、「本郷城附古墳群」出土の直刀が伝えられている。
	近在の大型古墳：なし
	文献：新治村史編纂委員会1986　図版：
常浄山古墳群	所在：土浦市本郷字常光山1449-1他
	立地：天の川北岸の谷津に面する台地上
	群構成：前方後円墳0／円墳1／方墳0／その他0／総数1
	埋葬施設：箱形石棺？
	埴輪：
	主な副葬品：
	年代：
	備考：1号墳…円墳、径約15m、高さ約3m。その他は詳細不明、常浄山墓地内に石棺材と思われる片岩の集積がある。
	近在の大型古墳：なし
	文献：新治村史編纂委員会1986　図版：

后塚古墳

所在	土浦市手野町字後塚2148-1他
立地	霞ヶ浦土浦入り北岸、南西に開く台地北西端
墳形：前方後方墳	全長65m、後方部35～40m、前方部先端幅約20m、前方部高5.5m
埋葬施設：	
墳輪：	
主な副葬品：	
年代：古墳時代前期	
備考：	
近在の大型古墳：王塚古墳	
文献：土浦市教育委員会1984a、茂木他1991	図版：

手野ドンド塚古墳

所在	土浦市手野町字学校前4054他
立地	霞ヶ浦土浦入り北岸の谷頭に面した台地縁
墳形：円墳	墳丘規模：径15m、高さ1.5m
埋葬施設：伝 箱式石棺	
墳輪：	
主な副葬品：	
年代：	
備考：60年前に湮滅と伝えられる。手野台地上には石棺出土の伝承も多い。	
近在の大型古墳：王塚古墳、后塚古墳	
文献：土浦市教育委員会1984a	図版：

馬坂古墳

所在	土浦市手野町字正木2021-1他
立地	霞ヶ浦土浦入り北岸に面した台地縁辺
墳形：円墳	墳丘規模：径14m、高さ2m
埋葬施設：	
墳輪：円筒埴輪	
主な副葬品：	
年代：6世紀	
備考：円筒埴輪、土師器を採集	
近在の大型古墳：王塚古墳、后塚古墳	
文献：土浦市教育委員会1984a	図版：

辻堂古墳群

所在	土浦市本郷字西1405他
立地	天の川北岸の谷津に面した台地上

群構成	前方後円墳	円墳	方墳	その他	総数
	0	1	0	2	3

埋葬施設：	
主な副葬品：	
年代：	
備考：1号墳…円墳…径15m、高さ5m。3号墳…円墳…径12m、高さ約2.5m。2号墳は詳細不明。	
近在の大型古墳：なし	
文献：新治村史編纂委員会1986	図版：

東台古墳群（霞ヶ浦土浦入り北岸）

所在	土浦市木田余東台一丁目80他
立地	霞ヶ浦土浦入り北岸の台地縁辺

群構成	前方後円墳	円墳	方墳	不明	総数
	12	4	2	1	19

埋葬施設：箱式石棺（1、2、4、5、6、7、10、13、17号）、石棺系石室（9号墳）	
墳輪：円筒埴輪（19号墳）	
主な副葬品：6号…直刀、鉄鏃、蛇紋岩丸玉、10号…ガラス小玉、13号…直刀、鉄鏃、刀子、土製玉類、成人骨3体	
年代：6～7世紀	
備考：1号墳…円墳、径32.5m、箱式石棺、2号墳…前方後円墳、全長約26.6m、後円部径約17.9m、前方部幅12.75m、箱式石棺、金環（周溝）、3号墳…方墳、10×14.3m、箱式石棺（周溝）、4号墳…前方後円墳、推定全長28m、前方部長約8m、前方部幅12 2m、箱式石棺、須恵器（周溝内）、5号墳…前方後円墳、全長24.4m、後円部径19.35m、前方部幅13.75m、箱式石棺、直刀、鉄鏃、6号墳…前方後円墳、全長25.2m、箱式石棺、土師器（周溝）、7号墳…前方後円墳？、規模不明、箱式石棺、蛇紋岩丸玉（石棺）、褚石管玉、9号墳…方墳、12.2×12.5m、石棺系石室、10号墳…前方後円墳、推定全長26m、12号墳、後円部径約21.6m、箱式石棺、推定径20m、13号墳…前方後円墳？、前方部幅13.3m、前方部径23m、14号墳…前方後円墳、15号墳…円墳？、武式石棺、直刀、鉄鏃、刀子、土製玉類、成人骨3体（石棺）、11号墳、箱16号墳？、17号墳…前方後円墳、18号墳…箱式石棺、19号墳…不明、円筒埴輪	
近在の大型古墳：王塚古墳、后塚古墳	
文献：小川・大淵1991	図版：

王塚古墳

所在	土浦市手野町字大塚2166
立地	霞ヶ浦土浦入り北岸、南西に小さく開く台地東南端
墳形：前方後円墳	全長84m、後円部径42m、後円部高7.5m、前方部先端幅約13m、前方部高2.5m
埋葬施設：	
墳輪：	
主な副葬品：	
年代：古墳時代前期	
備考：西側に后塚古墳あり。土浦市指定史跡。	
近在の大型古墳：后塚古墳	
文献：土浦市史編さん委員会1975、土浦市教育委員会1984	図版：

土浦市域の古墳群　297

田村上郷古墳

所在	土浦市田村町字柏原2100 他
立地	霞ヶ浦土浦入り北岸の谷頭に面した台地上
墳形	円墳
墳丘規模	径約30m、高さ2m
埋葬施設	
埴輪	円筒埴輪　人物（武人）　壇設
主な副葬品	
年代	6世紀代
備考	近隣の柏原南古墳などと古墳群を形成する。
近在の大型古墳	
文献	土浦市教育委員会1984a、石岡1996　図版：

池島古墳

所在	土浦市田村町字薬師1720-1 他
立地	霞ヶ浦土浦入り北岸に面する細長く延びた台地先端
墳形	円墳
墳丘規模	径14m、高さ1.4m
埋葬施設	石棺？
埴輪	
主な副葬品	
年代	
備考	南側の薬師堂の礎石が片岩であることから、石棺材の可能性を推定。
近在の大型古墳	
文献	土浦市教育委員会1984a　図版：

田村舟塚古墳群

所在	土浦市田村町字舟塚1018-1 他
立地	霞ヶ浦土浦入り北岸に面する尾根状台地

群構成	前方後円墳	円墳	方墳	前方後方	総数
	2	3	1	1	7

埋葬施設	
埴輪	
主な副葬品	
年代	古墳時代中・後期
備考	1号墳…前方後円墳、全長25m、前方部幅10m、後円部径12m、高さ2m。2号墳…前方後方墳、全長50m、後円部径20m、高さ2.5m、前方部幅10m、高さ1m、刀子、3号墳…円墳、径18m、高さ1.5m。4号墳…円墳？、径7m、高さ0.5m。5号墳…方墳、辺19m、高さ1.7m。6号墳…円墳、径15m、高さ1.5〜3m。6号墳…前方後円墳、全長18m、後円部径10m、高さ1m、前方部幅8m、高さ2m
近在の大型古墳	
文献	土浦市教育委員会1984a、茂木他1993　図版：

後久保古墳

所在	土浦市田村町字五龍1635-1
立地	霞ヶ浦土浦入り北岸に面する台地上
墳形	円墳？
墳丘規模	
埋葬施設	石棺？
埴輪	
主な副葬品	
年代	
備考	祠の脇に石棺材あり。
近在の大型古墳	
文献	土浦市教育委員会1984a　図版：

下郷古墳群

所在	土浦市手野町字中内後930-2 他
立地	霞ヶ浦土浦入り北岸に面する細長く延びた台地上

群構成	前方後円墳	円墳	方墳	不明	総数
	3	9	1	4	17

埋葬施設	箱式石棺（1号、3号、7号、8号、9号、10号、12号、13号、17号墳）
埴輪	15号墳…円筒埴輪
主な副葬品	3号墳…直刀、鏃、刀子、10号…ガラス小玉、人骨
年代	6世紀〜7世紀
備考	1号墳、径17.8m、高さ1.3m、3号墳…円墳、径12m、高さ1.5m、箱式石棺、6世紀前半、2号墳…円墳、径11m、高さ1m、5号墳…円墳、径13m、高さ1.5m、6号墳…円墳、径16m、7号墳…墳形・規模不明、箱式石棺、8号墳…円墳、9号墳…規模不明、箱式石棺、10号墳、径26.4m、後円部径約16m、前方部幅13.3m、13×13.2m、箱式石棺、11号墳…円墳、径18m、12号墳…方墳、前方後円墳、13号墳…前方後円墳、箱式石棺、14号墳…円墳、径9m、15号墳…前方後円墳、後円部径14m、高さ1.5m、円筒埴輪、16号墳、径15m、高さ1.7m、17号墳…円墳、墳形・規模不明、箱式石棺（伝　人骨、直刀出土）
近在の大型古墳	
文献	土浦市教育委員会1984b・2001、茨城県教育財団2000

清水脇古墳

所在	土浦市手野町字清水脇3988-8
立地	霞ヶ浦土浦入り北岸の台地上
墳形	帆立貝形前方後円墳
墳丘規模	全長25m、後円部高さ2m
埋葬施設	
埴輪	
主な副葬品	
年代	
備考	立地的に塚の可能性も考えられる。
近在の大型古墳	
文献	土浦市教育委員会1984a　図版：

柏原南古墳

所在	土浦市田村町字柏原2016
立地	霞ヶ浦土浦入り北岸の谷頭に面した台地縁
墳形	円墳
墳丘規模	径約6m、高さ0.8m
埋葬施設	
埴輪	周囲の畑から円筒埴輪片を採集
主な副葬品	
年代	
備考	
近在の大型古墳	
文献	土浦市教育委員会1984a　図版：

寿行地古墳

所在：土浦市沖宿町字寿行地3570-3 他				
立地：川尻川左岸の台地上中央寄り				
墳形：円墳			墳丘規模：径14.5m	
埋葬施設：箱式石棺				
埴輪：				
年代：7世紀中葉				
主な副葬品：耳環、人骨（20歳程度の女性）、布片				
備考：周溝内より、湖西産須恵器・フラスコ形長頸瓶				
近在の大型古墳：出島村教育委員会1995　図版：				
文献：				

今宮古墳

所在：土浦市沖宿町字今宮2029				
立地：霞ヶ浦入り北岸の台地上				
墳形：円墳			墳丘規模：	
埋葬施設：箱式石棺				
埴輪：				
主な副葬品：				
年代：				
備考：墳丘湮滅。石棺材が畑に置かれている。				
近在の大型古墳：なし				
文献：土浦市教育委員会1984a　図版：				

原ノ坊古墳群

立地：霞ヶ浦入り北岸の台地上					
群構成	前方後円墳	円墳	方墳	その他	総数
	0	2	0	0	2
埋葬施設：					
埴輪：					
主な副葬品：なし					
年代：					
備考：1号墳…円墳、径20m、高さ2m、2号墳…円墳、径14m、近隣に宮脊古墳群あり。					
近在の大型古墳：なし					
文献：土浦市教育委員会1984a　図版：					

西宮古墳群

所在：土浦市白鳥町字薬ノ口796 他					
立地：谷頭に面した台地上					
群構成	前方後円墳	円墳	方墳	その他	総数
	0	3	0	0	3
埋葬施設：3号墳…石棺？					
埴輪：					
主な副葬品：なし					
年代：					
備考：1号墳…円墳、径13m、高さ1.5m、2号墳…円墳？、径4m、高さ0.8m、3号墳…円墳、径9m、高さ1.5m、石棺？					
近在の大型古墳：なし					
文献：土浦市教育委員会1984a　図版：					

根寄上古墳群

所在：土浦市田村町字新久1098 他					
立地：霞ヶ浦土浦入り北岸、谷奥の台地縁辺					
群構成	前方後円墳	円墳	方墳	その他	総数
	0	2	0	0	2
埋葬施設：					
埴輪：2号墳…埴輪片					
主な副葬品：					
年代：					
備考：1号墳…円墳、径17m、高さ2.3m、2号墳…円墳？、径9m、高さ1.5m、埴輪片採集					
近在の大型古墳：なし					
文献：土浦市教育委員会1984a　図版：					

宮脊古墳群

所在：土浦市沖宿町字猫内2448他					
立地：霞ヶ浦入り北岸に面する台地上					
群構成	前方後円墳	円墳	方墳	その他	総数
	0	2	0	0	2
埋葬施設：					
埴輪：					
主な副葬品：なし					
年代：					
備考：1号墳…円墳、径30m、高さ1m、2号墳…円墳、径20m、高さ1m。現在は整地され墳丘確認できず。					
近在の大型古墳：なし					
文献：土浦市教育委員会1984a　図版：					

山王古墳

所在：土浦市田村町字山王2077-2 他				
立地：霞ヶ浦入り北岸に面する細長く延びた台地上				
墳形：前方後円墳			墳丘規模：全長46m、後円部径28m、高さ2m、前方部幅20m、高さ3m	
埋葬施設：				
埴輪：				
主な副葬品：なし				
年代：				
備考：前方部より、古墳時代中期の土師器高坏採集。西側に池島古墳あり。				
近在の大型古墳：なし				
文献：土浦市教育委員会1984a　図版：				

東原古墳

所在：土浦市田村町字稲荷965-1				
立地：川尻川の支谷を南に臨む台地				
墳形：円墳			墳丘規模：径12m、高さ2m	
埋葬施設：				
埴輪：				
主な副葬品：なし				
年代：				
備考：				
近在の大型古墳：なし				
文献：土浦市教育委員会1984a　図版：				

地蔵院古墳	所在：土浦市菅谷町字宅地添1037-3		
	立地：一の瀬川右岸、支谷に臨む台地縁		
	墳形：円墳	墳丘規模：径16m、高さ2m	
	埋葬施設：		
	埴輪：		
	主な副葬品：		
	年代：		
	備考：		
	近在の大型古墳：なし	図版：	
	文献：土浦市教育委員会1984a		

(作成：石川功・塩谷修)

霞ヶ浦沿岸の終末期古墳について
―土浦市内の事例を中心として―

石川　功

はじめに
本論では、霞ヶ浦周辺地域の終末期の古墳群に特徴的な前方後円墳と方墳について土浦市の事例を中心に概観する。

1　終末期古墳の概念
霞ヶ浦沿岸地域においては、かすみがうら市風返稲荷山古墳など埴輪を持たない大型前方後円墳が複数確認されており、首長墓である前方後円墳が埴輪祭祀廃絶後の7世紀初頭から前半頃まで築造されていたと考えられている。また、5世紀後半頃に出現し、霞ヶ浦沿岸の後期古墳に盛行した筑波山系の山地で産出する片岩系の石材を使用した箱形石棺は、当初古墳中心部に設置されていたものが、古墳時代後期以降次第に設置場所を古墳裾に変化させていくことが知られている。このことから霞ヶ浦沿岸地域の後期古墳を総称して所謂「変則的古墳」や「常総形古墳」などと呼ばれることが多い（市毛1966・1973、茂木1967・1971、杉山1969、黒澤1993・2005）。今回紹介する終末期古墳は、大型前方後円墳築造停止頃からそれ以降に盛行した、常総形古墳の最終末に位置付けられるものと考えられる。

2　霞ヶ浦沿岸の終末期古墳の様相
(1)　形態・規模
終末期前方後円（形）墳[1]

墳形については、前方後円墳の意識はあるものの全体に不整で、比較的括れ部の意識が弱くやや盾形のものや、より形が崩れた楕円形に近いものもある一方、比較的後円部が大きく前方部が小さい帆立貝形古墳に似た形態のものも存在する。周溝は比較的浅く、幅も広い部分と狭い部分があるなど一定しないものが多く、周溝の一部にブリッジ状の掘り残しを有するものもある。なお、調査前においては後円部には盛土があるが、前方部の盛土は元々低いため、発掘調査前には多くが円墳と誤認されている。古墳の大きさは全長20m前後のものが多いが、東台10号墳（土浦市遺跡調査会1990）のように30mに届くものもある。

主体部は、古墳中央括れ部地下に設置された片岩系の石材を使用した箱形石棺である。主体部が古墳の主軸線上のくびれ部付近に設置されている形態[2]は下野の後期小型前方後円墳との関連が想起される。ただし、群集墳化した場合は主体部の方位よりも古墳の主軸と主体部の方向を合せて設置することのほうに優先意識があり、主体部の方位自身には規則性がなくなっている点が、南向きの横穴式石室である下野とは大きく異なっている点である。また東台古墳群（木田余東台）などの例をみると、本墳の箱形石棺は、蓋石の構成が大1枚小2枚程度の組み合わせとなっていることが多く、明らかに追葬時の蓋石の除去を念頭に置いたような組み合わせ方をしている。なお特異な例としては、山川古墳群（常名）で、主体部位置は共通するが、墳形がどちらかといえば前方後方形のものが1基確認されている（山川古墳群第2次調査会2004）。

この形態の前方後円墳は、かすみがうら市松延古墳群（千代田村教育委員会1983）など埴輪を持つ後期最終末頃の小型前方後円墳として出現するが、その後群集墳に採用されるようになり、東台古墳群では12基が群集した状態で確認されている。この東台古墳群の状況は、本墳が前方後円形を呈するもののあくまでも内容は群集墳であ

302　　第 2 章　地域研究

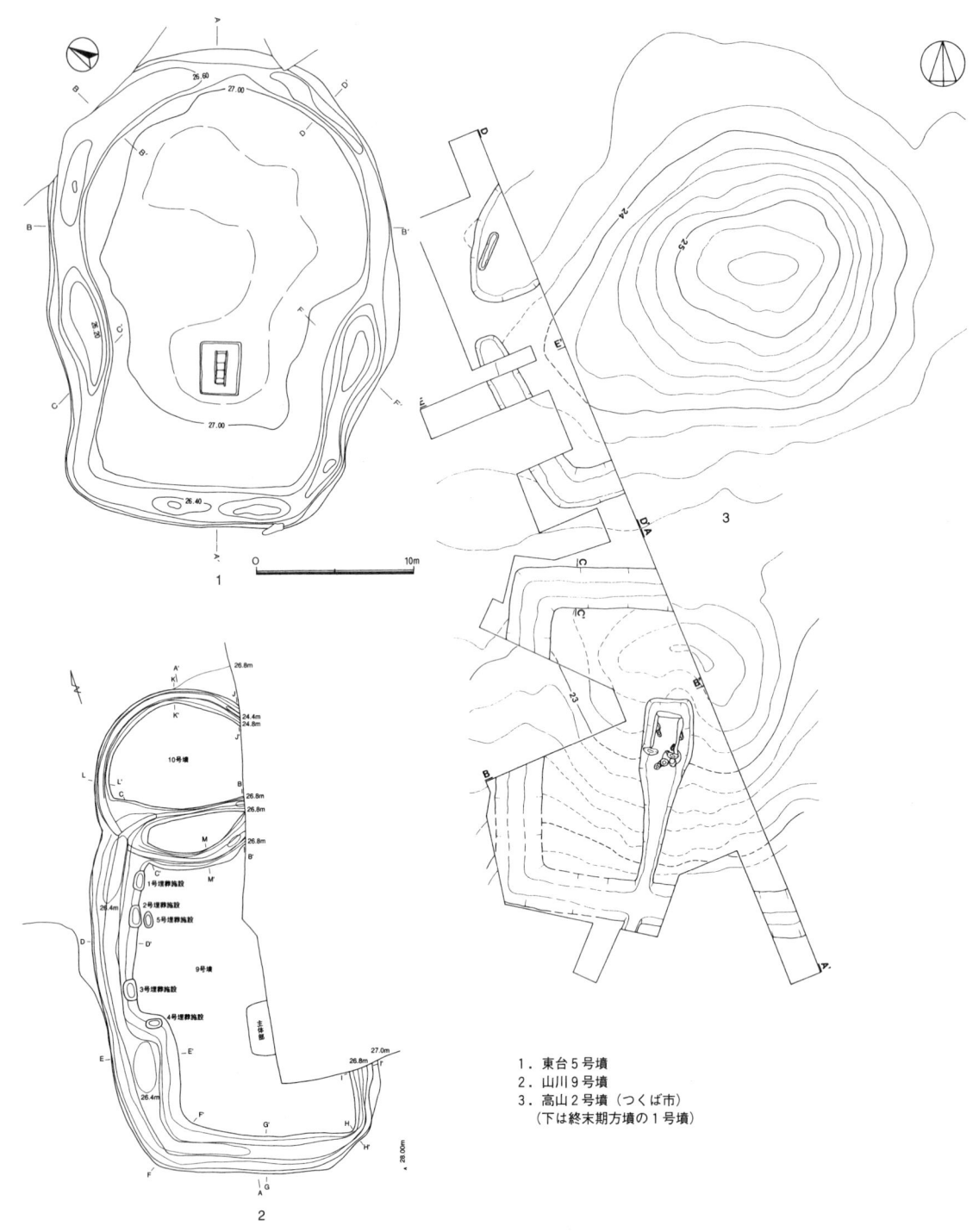

第 1 図　終末期前方後円（形）墳 (S=1/400)

1．東台 5 号墳
2．山川 9 号墳
3．高山 2 号墳（つくば市）
　（下は終末期方墳の 1 号墳）

ることが窺えるものであり、本来の前方後円墳とは一線を画し、前方後円墳の持つ首長墓としての意味を喪失していた古墳であると考えられる。ただし、形態的には松延古墳群などの後期の小型前方後円墳と、東台古墳群の終末期前方後円（形）墳とをどこで区別するかは難しい[3]。

終末期方墳

　墳形については方墳で、古墳の規模は一辺 10 m〜20 m 程度のものが多いが、北西原 1 号墳（常名）（土浦市遺跡調査会 2004）のように一辺 30 m を超えるやや大型の古墳も存在する。墳形は概ね正方形のものが多いが、石倉山 9 号墳（烏山）（茨城県住宅供給公社 1975）や牛久市ヤツノ上遺跡（茨城県教育財団 1993）では長方形墳[4]も確認されている。周溝の断面は逆台形で、比較的しっかりと掘られているが、墳丘は非常に低墳丘であり、確認されたもの

でも中央部に非常に低い盛土を小さく有するのみである。そのため、耕作などで簡単に墳丘が失われてしまうことが多く、遺構確認時に始めて形態が明らかとなることが多い。

主体部は古墳中央やや南寄りの地下に構築されたいわゆる石棺系石室（石棺式石室・箱形横穴式石室・石棺形態を有する横穴式石室などとも呼称される）が大半である[5]。使用されている石材は霞ヶ浦沿岸では片岩系の板石、千葉県北部では軟砂岩切石が用いられることが多い。なお片岩の板石の場合、使用されている石材の寸法は概ね箱形石棺に使用されているものと変わらない。このことから、この石棺系石室の構築者は行方市大日塚古墳（佐々木ほか2008）やかすみがうら市風返稲荷山古墳（霞ヶ浦町教育委員会2004）などの横穴式石室で使用されているような、いわば特注の大型片岩板石を入手できるような層ではなく、旧来の箱形石棺の石材流通の上で石材を入手する層の人たちであったことが推定できる。なお、石室の大きさ自体も箱形石棺と大差ないため[6]、不時発見など発掘調査以外で発見されている場合には箱形石棺と誤認されていることも多いと思われる。

本墳は主体部の形態により下記の種類に大別できる。

Aタイプ：墓道・羨道を有し横に開口する石棺系石室

A①：主体部は南側を向き、長めの素掘りの墓道によって周溝と接続する。主体部は単室で規模は箱形石棺並み。基本は両袖だが、片袖？（北西原1号墳）もある。框石が確認されるので本来は板石による玄門閉塞かと推定されるが、遺存状況が悪く確認できた例はない。土浦市内における代表例は石倉山1・2号墳（烏山）（茨城県住宅供給公社1975）や寺家ノ後B2・3号墳（永国）（茨城県教育財団1990）、北西原1～4号墳（常名）（西谷津遺跡調査会2003、土浦市遺跡調査会2004・2006）などがあり、霞ヶ浦沿岸・千葉県北部で比較的確認例が多い。塩谷Ⅲ類（塩谷1992）、石橋A類（石橋1995）、箕輪A-Ⅰ類（箕輪1996）。なお、黒澤彰哉氏（2005）も墓道を有するものを石棺系石室Aとしている。

A②：主体部は南側を向き、墓道は短めで、両側面に板石を立てた前庭状の墓道を持つ。主体部規模は単室で箱形石棺並み。楣石・框石を備え、玄室入口を板石で閉塞する玄門閉塞。両袖。代表例は千葉県公津原古墳群瓢塚41号墳（千葉県企業庁1975）などがあり土浦市内でも寺家ノ後B1号墳（永国）がこのタイプに該当する。塩谷Ⅲ類、石橋A類・箕輪A-Ⅰ類。なお、行方市成田3号墳（茨城県教育財団1998）は円墳でやや墓道が長いが、石室の形態的にはこの形式に含まれると考えられる。

なお、鹿嶋市宮中野古墳群99-1号（茨城考古学会1970）は全体的にはこの形態に似るが、無袖で框石が存在するが袖石が存在せず、状況的に板石閉塞であったとは断言できないので、今回はとりあえず保留としたい。

A③：前・後室から成る複室構造。前室に比べ後室は1段低い点などはBタイプに似るが、前室が南側に開口する点で大きく異なる。玄室は両袖で、楣石・框石とも存在し、前室入口を板石で閉塞しているが、前室と玄室の間は床面の仕切石のみで袖石は存在しない。石岡市道祖神1号墳（石岡市教育委員会1995）で確認された石室は前室側壁が2枚構成、玄室側壁も2～3枚構成であり、玄室部分のみの平面形では1.8×1.3mほどであり、武者塚古墳ほどの玄室の大きさではない。なお、前室より前の部分に小さな側壁の石を立てている点ではA②と共通点がある。類例は石岡市染谷古墳群の道祖神2号墳や石岡市峠1・2号墳（山武考古学研究所1989）など。現在のところ土浦市内での発見例は確認されていない。箕輪A-Ⅱ-a類。

なお、石岡市道祖神1号墳については、前室が開口するためこちらに分類しておくが、報告書によれば明確な羨道が確認できていないようであり、Bタイプとの共通点がうかがわれる（黒澤2005）。

Bタイプ：墓道・羨道を有さない石棺系石室

前室を持つ複室構造。前室は南向きであり横穴式石室の羨道に擬せられているが、周溝に向かって開口しないのが最大の特徴である。そのため実際の出入りは前室の蓋石を外して行うこととなり、箱形石棺との類似性が強い。前室は玄室に比べ1段高く、玄室入口は両袖で框石が存在するが、楣石は存在しない。土浦市内では武者塚

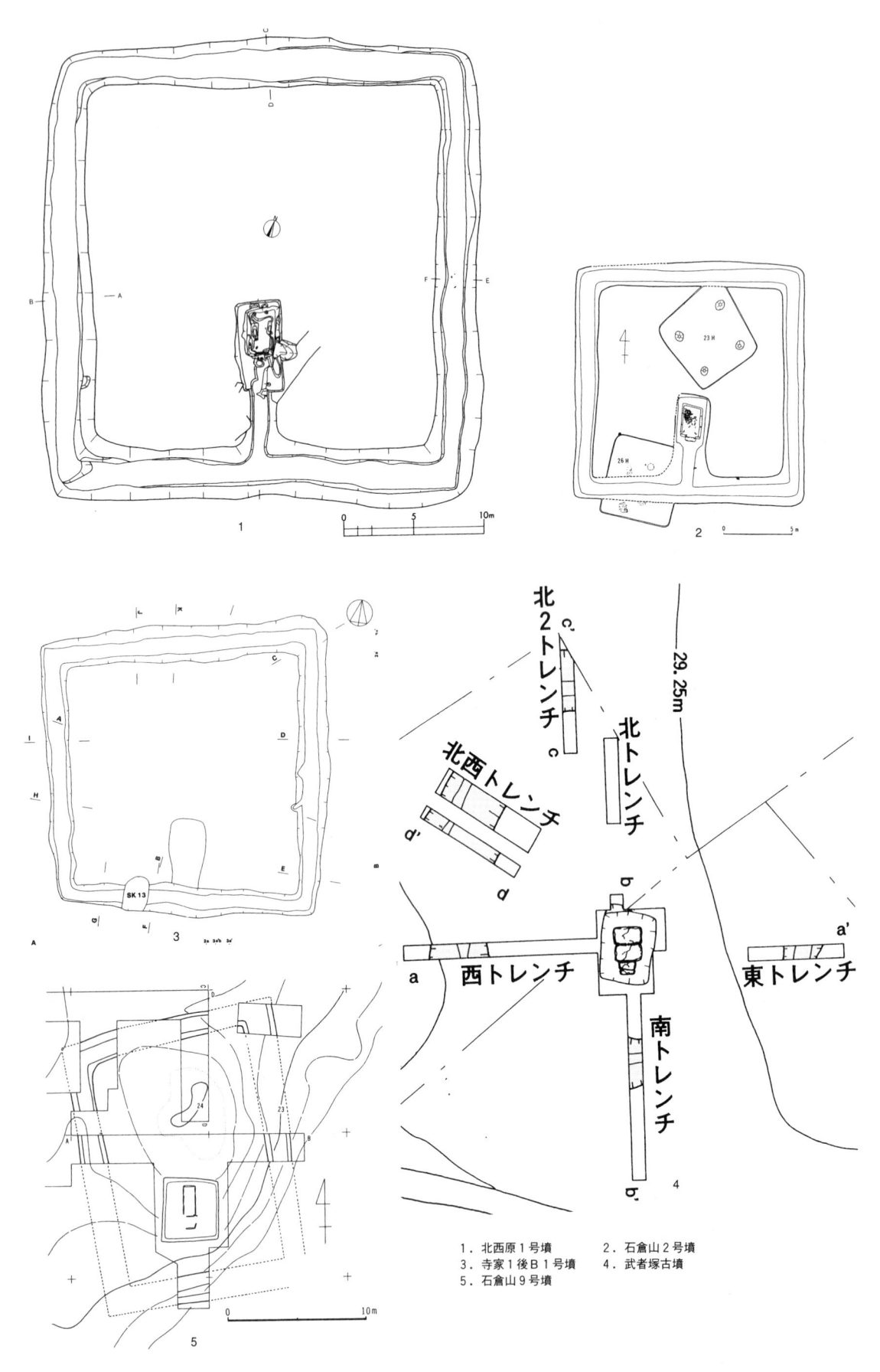

1. 北西原1号墳　2. 石倉山2号墳
3. 寺家1後B1号墳　4. 武者塚古墳
5. 石倉山9号墳

第2図　終末期方墳 (S=1/400)

霞ヶ浦沿岸の終末期古墳について　305

1. 北西原3号墳〔A①タイプ〕
2. 寺家1後B1号墳〔A②タイプ〕
3. 道祖神1号墳（石岡市）〔A③タイプ〕
4. 武者塚古墳〔Bタイプ〕
5. 石倉山9号墳〔Bタイプ〕

第3図　石棺系石室（S=1/100）

古墳（円墳・上坂田）（武者塚古墳調査団 1986）、石倉山 9 号墳（烏山）が確認されているが、その他の地域での発見例は不明。なお武者塚古墳の石室は前室が約 1×1 m、玄室が約 2×1.5 m、高さ約 1.5 m を有する大型のものであり、玄室側壁も大型の 1 枚石を使用するなど横穴式石室並の大型の材料を使用して築造している点が、前で規定した石棺系石室の概念から少し外れるところもある。それに対し石倉山 9 号墳の玄室は箱形石棺並みであり、石材も特に大きいものではない。塩谷 II 類、石橋・箕輪 B 類。なお、黒澤彰哉氏も墓道を有さないものを石棺系石室 B としている。

本石室を箱形石棺の中で捉える考え方もある（阿久津・片平 1992・稲村 2000 など）。ただし石室の主軸方向は正しく南を向いている点については、石棺よりも横穴式石室の意識が感じられる。なお石倉山 9 号墳の石室構築位置は長方墳長軸中央のやや下であり、前出する終末期前方後円（形）墳との関連を想起させるような場所である。

その他

遺存状況は悪いが、向原 2 号墳（中）（土浦市遺跡調査会 1987）は方墳ではあるが主体部は掘り方形状から見て箱形石棺と思われる。また行方市成田 7 号墳も方墳で主体部は箱形石棺である。なお、箱形石棺の場合は主体部の主軸方向が必ずしも南を向かず、古墳の主軸方向ともずれている場合もあり、上記石室との意識の相違が感じられる。また稲敷市前山古墳（円墳）（茨城県史編さん原始古代史部会、1974）では千葉県に見られる砂岩切石積みの横穴式石室も確認されている。

(2) 終末期古墳の年代

まず終末期前方後円（形）墳としたものについては、大きな特徴として大塚 5 号墳・松延 2 号墳では埴輪が確認されていることが挙げられる。このことからこの形態の古墳は埴輪廃絶前の 6 世紀末頃に出現したものであることが分かる。ただしその他の古墳では埴輪が確認できないので、主体は 7 世紀代であろうと考えられる。また周溝などから明確に須恵器などの土器類が確認される例がすくないことから、古墳の祭祀行為自身は円墳などその他の後期古墳と特に変わりはないものであったと思われる。主体部も撹乱されていることが多く不明な点も多いが、東台 13 号墳の石棺内からは直刀や鉄鏃などが確認されており、概ね 7 世紀中葉前後の年代が推定されている。また前方後方（形）の山川 9 号墳は周溝からフラスコ形瓶が出土しており、7 世紀後半の年代が推定される。

終末期方墳については、周溝・前庭・墓道から長頸壺を中心とした須恵器が確認される例が多く、この形態の古墳に共通した墓前祭祀行為が存在していたことが伺われる。なお使用されている須恵器についても湖西産と思われるものが非常に目立つが、寺家ノ後 B 古墳群では地元の新治窯跡群で生産されたと思われる長頸壺も確認されている。なおこれらの終末期方墳から出土した須恵器の年代は 7 世紀後半〜8 世紀頃と推定されているものが多く、どの古墳の出土品でもあまり大きな差は見られない。なお、主体部については撹乱されている例が多く、副葬品の内容は明らかなものが意外と少ない[8]。

(3) 終末期古墳の分布

終末期前方後円（形）墳

この形態の古墳は、土浦市内では東台古墳群のほか、石倉山古墳群（烏山）などで確認されているほか、以前に調査されている坂田台山 1 号墳（塚山古墳・下坂田）（樋口・山田 1967）もこのタイプである可能性が考えられる、また近年愛宕山古墳群（今泉）においてもこのタイプの可能性のある古墳が発見されている（黒澤 2007）。茨城県内でみると前出のかすみがうら市松延古墳群、大塚古墳群（茨城県教育財団 1980、黒澤 1993）のほか、つくば市高山古墳群（茨城県教育財団 1983）、潮来市観音寺山古墳群（茂木 1980）など霞ヶ浦沿岸地域の広範囲で確認されている。この形態の古墳は、くびれ部裾などに主体部を持つ形態の前方後円墳などと同様に、霞ヶ浦沿岸地域の後期から終末期の前方後円墳から派生した形態の 1 つと考えられ[7]、かなり広範囲に分布していると考えられる。

終末期方墳

終末期方墳については、A①・A②タイプとしたものについては、霞ヶ浦沿岸から千葉県北部において複数例が確認されており（千葉県文化財センター 1992）、霞ヶ浦沿岸地域の終末期方墳として広範囲で採用されていた形態

であったことが分かる。それに対し、現状ではBタイプは武者塚古墳および石倉山古墳、A③は石岡市道祖神古墳群や峠遺跡で確認されているにすぎない。類例が少なく確たることは言えないが、この状況についてしいて言えばBは霞ヶ浦の土浦入り、A③は高浜入りでしか確認されていないことになる。

3 終末期古墳群の特徴

これらの終末期古墳を古墳群として捉えた場合、土浦市内では次のような特徴が見られる。

(1) 古墳群の構成の変化

① 終末期前方後円（形）墳を含み、終末期方墳を含まない古墳群

下郷古墳群（田村町）（下郷古墳発掘調査団1981、茨城県教育財団2000、下郷古墳群遺跡調査会2001）は18基から成る古墳群で、終末期前方後円（形）墳2基を含むが方墳は確認されていない。また戸崎中山遺跡（沖宿町）（茨城県教育財団2004）では2基の古墳が発見され、うち1基は終末期前方後円（形）墳であるが、方墳は確認されていない。なお、山川古墳群も古墳群中に終末期前方後方（形）墳1基を含むものの、終末期方墳は存在していない古墳群である。なお、坂田台山古墳群および愛宕山古墳群についても、古墳群中に明確な方墳は確認されていない。

② 終末期前方後円（形）墳と、終末期方墳を含む古墳群

東台古墳群（19基）は、終末期前方後円（形）墳12基を主とし、その他円墳および終末期方墳A①1基によって構成されている古墳群である。石倉山古墳群（9基）も、終末期前方後円（形）墳1基その他円墳と、終末期方墳A①2基、終末期方墳B2基から構成されている古墳群である。なお、つくば市高山古墳群においても、終末期前方後円（形）墳と、終末期方墳A①の存在が確認されている。また、かすみがうら市大塚古墳群は全体では100基を超える大型の古墳であるが、円墳・前方後円（形）墳のほか、十三塚古墳のような終末期方墳A①も含まれている。

③ 終末期方墳のみで構成される古墳群

北西原古墳群（4基）及び根鹿北古墳群（今泉・3基）（土浦市遺跡調査会1997）中2基は、終末期方墳A①で構成されている古墳群である。また寺家ノ後B古墳群・十三塚B古墳（計4基）は、終末期方墳A①3基と終末期方墳A②1基で構成されている古墳群である。

上記の様相から見れば、後期・終末期の古墳群は、全体として後期の前方後円墳＋円墳などから構成される古墳群から、7世紀中葉頃を境として円墳の代わりに終末期前方後円（形）墳がつくられる古墳群が出現し、その後7世紀後半頃に終末期方墳が出現して次第に終末期方墳単一で構成される古墳群に移行していったのではないかと考えられる。

なお、類例が少ないため確たることは言えないが、終末期方墳A②が終末期前方後円（形）墳と共存している事例が確認されていない点を積極的に評価すれば、終末期方墳についても終末期方墳A①から終末期方墳A②へ移行する前後関係が想定できるかもしれない。

(2) 古墳群中における終末期方墳の立地

最後に、古墳群中における終末期方墳の立地について考えてみたい。

東台古墳群では、終末期前方後円墳が展開している地域の北端に終末期方墳が隣接して築造されている。また石倉山古墳群も終末期前方後円（形）墳を含む古墳群の西と東に終末期方墳が位置しているが、これも別に古墳を隔てる明確な空間は感じられない。同様な例は小さな調査区の中に終末期前方後円墳と終末期方墳が確認されたつくば市高山古墳群の場合も見ることができる。それに対し山川古墳群と同じ台地上にありながら、北西に約200m離れて台地中央部に別の古墳群として形成されている終末期方墳単一で構成される北西原古墳群や、花室川を隔てた対面に後期古墳の古墳群があるにもかかわらず別に終末期方墳単一の古墳群を形成している寺家ノ後B古墳群などの例も確認されている[9]。

このように、終末期方墳を含む古墳群の場合、既存の後期・終末期古墳群の一部として終末期方墳を築造して

いる古墳群と、あえてそれまでの古墳群とは距離をおいて終末期方墳単一の古墳群を築造している例の2つが存在していることが分かる。このことから見ると、霞ヶ浦沿岸地域における終末期方墳の導入については、それまでの既存勢力が形成していた古墳群の中に、新しい形態の古墳として終末期方墳が導入されて築造された地域と、逆に古墳群を形成していた既存集団とは別の新たな集団が、新しい形態の古墳である終末期方墳を持ち込んで、今までの古墳群とは一線を画すようにやや離れた場所に古墳群を築造した場合があったようにも見える。このことは、霞ヶ浦沿岸地域の古墳群において、古墳時代後期にはいわゆる常総型古墳と箱形石棺が盛行し横穴式石室をほとんど採用しなかったのに対し、終末期になると方墳とともに（かなり形骸化しているとはいえ）急激的に横穴式石室が広がったことと相まって考えれば、この時期霞ヶ浦沿岸の中小古墳の被葬者層にそれまでとは違う新しい波が打ち寄せていたであろうことが想定される。

　7世紀は、政治的にはそれまでの国造体制から律令制への移行期にあたっている。地方における終末期古墳の展開も、何らかの政治的な影響を表しているのであろう。

注

1) 「前方後円（形）」として前方後円墳と区別したものに岩崎1992などがある。
2) 黒澤彰哉氏（2005）は、このような古墳を「特異性帆立貝式古墳」としている。今回終末期前方後円（形）墳としたものは、このうちの主軸並行型のものに限定している。
3) 小室　勉氏は『常陸の古墳時代』において墳丘と主体部の関係を模式図で3段階に示している。また黒澤彰哉氏（前掲）は6期に分類している。この黒澤氏の4期と5期の境目あたりが前方後円墳の変質→終末期前方後円（形）墳ということになるのではないかと思われる。
4) ただし、ヤツノ上遺跡の長方形墳は、当初正方形に造られたのち、二辺方向を延長して長方形墳としたものである。
5) 石棺系石室の問題については小室1979、渋谷1987・1988、阿久津・片平1992、安藤1992、塩谷1992、石橋1995、箕輪1996、日高2000、稲村2000、黒澤2005ほかを参照。
6) 終末期の箱形石棺と石棺系石室の寸法が変わらない点については、黒澤彰哉氏（2005）は「石棺の石室化」として捉えている。
7) 黒澤彰哉氏（2005）は、造り出し付き円墳から変化したものと捉えている。確かに主軸直交型のものは造り出し付き円墳から派生したものであることは間違いないが、東台古墳群のような比較的前方部が大きく寸詰まり気味の平面形は、造り出し付き円墳というより宍塚1号墳（宍塚）などのような最終末の前方後円墳の平面形に似ているように見える。あるいは造り出し付き円墳だったものに最終末の前方後円墳の形態の意識が加わって生まれたのが、本来の終末期前方後円（形）墳ということになるのであろう。なお、霞ヶ浦沿岸の前方後円墳の墳丘企画の問題については阿久津・片平1992、日高1998・2000、塩谷2000ほか参照。
8) 龍ヶ崎市道祖神前遺跡2号墳はA②タイプの石棺系石室を有する方墳である。石室内からは3体分の人骨が比較的良好に発見されているが、石室内から発見された副葬品は釘1点のみであった。なお、釘は石室羨道部からも4点出土している。木棺が存在していたのだろうか。（龍ヶ崎市教育委員会2007）
9) 千葉県龍角寺古墳群においても、岩屋古墳など終末期の方墳と、その他の古墳は大きくは同じ古墳群であるが、小グループでは異なっている（栄町教育委員会2008）。

引用・参考文献

市毛　勲　1966「東国における墳丘裾に内部施設を有する古墳について」『古代』　4号　早稲田大学考古学会
茂木雅博　1967「箱式石棺の編年に関する一試論―霞ヶ浦沿岸を中心として」『上代文化』　36輯
樋口清之・山田　実　1967「塚山古墳調査報告」『上代文化』　37輯　国学院大学考古会
杉山晋作　1969「所謂変則的古墳の分類について」『茨城考古学』　2号　茨城考古学会
茨城考古学会　1970『茨城県鹿島郡鹿島町宮中野古墳群調査報告』　茨城県教育委員会
茂木雅博　1971「箱式石棺について」『常陸大生古墳群』
市毛　勲　1973「『変則的古墳』覚書」『古代』　56号　早稲田大学考古学会

茨城県史編さん原始古代史部会 1974『茨城県史料　考古史料編古墳時代』　茨城県
茨城県住宅供給公社 1975『土浦市烏山遺跡群—土浦市烏山住宅団地造成用地内埋蔵文化財2・3次調査報告書—』
千葉県企業庁 1975『公津原』
小室　勉 1979『常陸の古墳時代』
茂木雅博 1980『常陸観音寺山古墳群の研究』
茨城県教育財団 1980『常磐自動車道関係埋蔵文化財調査報告書Ⅰ』　茨城県教育財団報告Ⅴ　財）茨城県教育財団
下郷古墳発掘調査団 1981『下郷古墳発掘調査報告』　土浦市教育委員会
茨城県教育財団 1983『科学博関連道路谷田部明野線道路改良工事地内埋蔵文化財調査報告書』茨城県教育財団報22集　財）茨城県教育財団
千代田村教育委員会 1983『茨城県松延3・4号墳発掘調査報告』
武者塚古墳調査団 1986『武者塚古墳』　新治村教育委員会
土浦市遺跡調査会 1987『向原遺跡』　土浦市教育委員会
渋谷興平 1987「東関東地方中部に見る後期古墳の一面—石棺形態を有する横穴式石室の性格—」『史像』 16号　東京文化史学会
渋谷興平 1988「千葉・茨城両県における終末期古墳の問題−横穴式石室を営む方墳に関して」『史像』 18号　東京文化史学会
山武考古学研究所 1989『石岡市峠遺跡発掘調査報告書』　石岡市教育委員会
土浦市遺跡調査会 1990『木田余台Ⅰ』　土浦市教育委員会
茨城県教育財団 1990『永国地区住宅団地建設予定地内埋蔵文化財発掘調査報告書』　茨城県教育財団調査報告60集　財）茨城県教育財団
阿久津　久・片平雅俊 1992「常陸の後期古墳の様相」『国立歴史民俗博物館研究報告』44集　国立歴史民俗博物館
安藤鴻基 1992「終末期方墳」『国立歴史民俗博物館研究報告』 44集　国立歴史民俗博物館
岩崎卓也 1992「関東地方の前方後円形小墳」『国立歴史民俗博物館研究報告』 44集　国立歴史民俗博物館
塩谷　修 1992「終末期古墳の地域相—茨城県桜川河口の事例から—」『土浦市立博物館紀要』 4号　土浦市立博物館
千葉県文化財センター 1992『房総考古学ライブラリー6　古墳時代 (2)』　財）千葉県文化財センター
黒澤彰哉 1993「常総地域における群集墳の一考察—茨城県新治郡千代田町大塚古墳群の分析から—」『婆良岐考古』 15号　婆良岐考古同人会
茨城県教育財団 1993『牛久北部特定土地区画整理事業地内埋蔵文化財調査報告書 (Ⅰ)』　茨城県教育財団調査報告81集　財）茨城県教育財団
石橋　充 1995「常総地域における片岩使用の埋葬施設について」『筑波大学先史学・考古学研究』 6号　筑波大学歴史・人類学系
石岡市教育委員会 1995『茨城県石岡市道祖神古墳発掘調査報告』　石岡市教育委員会
箕輪健一 1996「終末期古墳と石棺式石室」『婆良岐考古』 18号　婆良岐考古同人会
石橋　充 1997「常陸の横穴式石室と前方後円墳」『第2回東北・関東前方後円墳研究会シンポジウム横穴式石室と前方後円墳』　東北・関東前方後円墳研究会
土浦市遺跡調査会 1997『根鹿北遺跡　栗山窯跡』　土浦市教育委員会
茨城県教育財団 1998『北浦複合団地造成事業地内埋蔵文化財調査報告書Ⅰ』　茨城県教育財団調査報告130集　財）茨城県教育財団
日高　慎 1998「茨城県つくば市松塚1号墳の発掘調査」『筑波大学先史学・考古学研究』　第9号　筑波大学歴史・人類学系
日高　慎 2000「風返稲荷山古墳の墳丘企画と常陸の前方後円墳の墳丘企画」『風返稲荷山古墳』　霞ヶ浦町教育委員会
日高　慎 2000「雲母片岩使用の横穴式石室と箱形石棺」『風返稲荷山古墳』　霞ヶ浦町教育委員会
稲村　繁 2000「茨城における前方後円墳の終焉とその後」『第5回東北・関東前方後円墳研究会シンポジウム前方後円墳の終焉とその後』　東北・関東前方後円墳研究会
塩谷　修 2000「霞ヶ浦沿岸の前方後円墳と築造企画」『常陸の前方後円墳 (1)』　茨城大学人文学部考古学研究室
茨城県教育財団 2000『下郷古墳群』　茨城県教育財団文化財調査報告第167集　財）茨城県教育財団
下郷古墳群遺跡調査会 2001『下郷遺跡　下郷古墳群』　土浦市教育委員会

小沢重雄・本田信之 2002「茨城県下における古墳の地域性」『第7回東北・関東前方後円墳研究大会シンポジウム前方後円墳の地域性』 東北・関東前方後円墳研究会
西谷津遺跡調査会 2003『山川古墳群確認調査　西谷津遺跡　北西原遺跡（第6次調査）　神明遺跡（第4次調査）』 土浦市教育委員会
小林孝秀 2004「常陸南部における横穴式石室の系譜と地域性」『専修考古学』 10号　専修大学考古学会
山川古墳群第2次調査会 2004『山川古墳群（第2次調査）』 土浦市教育委員会
土浦市遺跡調査会 2004『北西原遺跡（第1次調査）』 土浦市教育委員会
茨城県教育財団 2004『戸崎中山遺跡』 茨城県教育財団文化財調査報告第218集　財）茨城県教育財団
黒澤彰哉 2005『十三塚古墳調査報告書』 千代田町教育委員会
黒澤彰哉 2005「常総地域における古墳埋葬施設の特質」『婆良岐考古』 27号　婆良岐考古同人会
土浦市遺跡調査会 2006『弁才天遺跡　北西原遺跡（第5次調査)』 土浦市教育委員会
龍ヶ崎市教育委員会 2007『茨城県龍ヶ崎市　道祖神前遺跡第2号墳調査報告書』 龍ヶ崎市教育委員会
黒澤春彦 2007「愛宕山古墳群・原田北遺跡」『上高津貝塚ふるさと歴史の広場年報』 13号　上高津貝塚ふるさと歴史の広場
佐々木憲一ほか 2008「茨城県行方市大日塚古墳再測量調査報告」『考古学集刊』 第4号　明治大学考古学研究室
栄町教育委員会 2008『千葉県印旛郡栄町岩屋古墳』 栄町

土浦市域・桜川流域の後期古墳と円筒埴輪について

石川　功

はじめに

今回土浦市域の古墳群を集成してみると、比較的多くの後期古墳群・古墳について円筒埴輪の存在を確認することができた。本章は、今回の集成作業等から感じた土浦市域を中心とした桜川流域の円筒埴輪についての概観である。

1　埴輪を有する古墳

土浦市域の桜川流域に存在する古墳群のうち、埴輪の存在が確認できたものは、東台古墳群19号墳（上高津ふるさと歴史の広場2008）（木田余東台）、高津天神山古墳群1号墳（國學院大學第二部考古学研究会1990）（下高津）、宍塚古墳群5・6・18号墳（根本古墳）（國學院大學宍塚調査団1971・筑波大学1981a）および宍塚小学校内古墳（土浦市教育委員会1987）・上郷後古墳（茨城大学史学第6研究室1984）（宍塚）、矢作稲荷神社古墳（茨城大学史学第6研究室）（矢作）、上坂田・下坂田古墳群3号墳ほか（新治村教育委員会1986）（上坂田・下坂田）、高崎山古墳群1・2号墳ほか（新治村教育委員会1986・山武考古学研究所2001）（小高）などである。このほかに現状では古墳が存在しないが埴輪片などが表採されている場所としては西真鍋遺跡（茨城大学史学第6研究室1984）（真鍋）、ドンドン塚跡（茨城大学史学第6研究室1984）（矢作）、および出土したと伝えられる馬埴輪が存在する真鍋地内（日高1985）があり、実物は不詳ながら埴輪の出土が伝えられる古墳としては幕下女騎古墳（上高津ふるさと歴史の広場2008）（上高津）、田宮古墳群（新治村教育委員会1986）（田宮）などがある。このほか桜川中流部のつくば市域においても、宍塚古墳群に隣接する吉瀬地内（上高津ふるさと歴史の広場2008）、上境滝の台古墳群（桜村史編纂委員会1982・茨城県教育財団2007）（上境）、甲山古墳群（茨城大学1981b）（北条）・中台古墳群（茨城県教育財団1995）（北条）・八幡塚古墳（筑波町史編纂委員会1989）（沼田）などから埴輪の出土が知られている。

これらの古墳について立地と規模を表にすると次のとおりである。

	桜川南岸（筑波稲敷台地）		桜川北岸（新治台地）
	台地上	微高地上	台地上
10基以下及び前後で構成される古墳群	高津天神山古墳群、幕下女騎古墳 （上境滝の台古墳群）	宍塚小学校内古墳・上郷後古墳、矢作稲荷神社古墳、ドンドン塚跡	高崎山古墳群、西真鍋遺跡、真鍋地内、田宮古墳群 （甲山古墳群、八幡塚古墳）
20基以上で構成される古墳群	宍塚古墳群		東台古墳群、上坂田・下坂田古墳群、（中台古墳群）

桜川流域の古墳については、立地的には桜川から入る谷津に面した地形などを主眼とした古墳群であると考えられ、古墳群の規模はその谷津地形の大きさや複雑さと相関があるように見える。なおこれらの古墳うち大型古墳といえるのはつくば市の八幡塚古墳くらいで、残りの古墳のうち大きさが確認できているものは全長30メートル程度までの小型の前方後円墳や円墳などが多い。なお、常名天神山古墳や宍塚古墳群、つくば市松塚古墳群などには全長50メートル級の前方後円墳も存在しているが、いずれも埴輪が確認されてないことから、常名天神山などは円筒埴輪樹立前の前期古墳、宍塚や松塚の古墳は埴輪樹立停止後に築造された7世紀前半頃の古墳と考えられている。

2 桜川流域後期古墳の円筒埴輪

(1) 形態

こられの古墳から出土した円筒埴輪のうち、全体の形が概ね確認・推定できるのは東台19号墳、宍塚5号墳・6号墳・18号墳、高崎山2号墳および上境滝の台古墳群と中台古墳群などであり、他は破片のみの確認である。

これらの全体形が確認できた円筒埴輪について共通する形態としては、3条4段構成で高さは概ね50センチ程度のものであることが挙げられる。これらの円筒埴輪は発見されている古墳が小型墳であるためか、特に大型の埴輪は確認されていない。これらの特徴はいわゆる霞ヶ浦沿岸部を中心とした地域の円筒埴輪に広く認められるものである。ただし、特異例として東台19号墳では3条4段とともに2条3段の円筒埴輪も確認されている。円筒埴輪のプロポーションは、比較的底径と口径の差があり、逆円錐状に開く形のものが多い。その中でも高崎山2号墳のように全体がやや太めで比較的寸胴に見えるものや、宍塚5号墳のように胴部は細身で口縁部のみ外方に開くもの、東台19号墳（3条4段タイプ）・宍塚6号墳などのように全体として開きながら、さらに口縁部も外方に開くものなどがある。タガについては細めの台形タガや三角タガのものが多い。なお、タガの位置については宍塚18号墳や高崎山2号墳のように基底部のタガの位置が低めにあり、口縁部が長くなるものと、東台19号墳（3条4段タイプ）や宍塚6号墳のように基底部のタガの位置が高めで、口縁部が短くなるものの2種類に大別される。焼成については、比較的赤褐色を呈するものと、黄褐色を呈するものの2種類がある。赤褐色のものは胎土に雲母が多く、風化が進むと粉っぽくなる傾向があり、それに対し黄褐色のものは雲母よりも長石が目立ち、風化が進むと比較的砂粒が目立つ傾向がある。ハケ目についてはすべて1次タテハケであるが、東台19号墳（3条4段タイプ）や宍塚6号墳のものは比較的ハケ目が弱めである[1]。

(2) 使用傾向と年代観

上記の特徴をもとに、各古墳における形態と埴輪の使用傾向を表にしてみると次のようになる。

			赤褐色で雲母が多い	黄褐色で長石が多い
形態	比較的直線的		宍塚小学校内古墳	高津天神山1号（八幡塚）
	比較的口縁部が開く	基底部タガ低め	宍塚18号墳、高崎山2号墳（中台古墳群）	
		基底部タガ高め	東台19号墳、宍塚5号墳、宍塚6号墳、（上境滝の台古墳群）、（中台古墳群）	
形態詳細不明			矢作稲荷神社古墳、ドンドン塚、上郷後古墳、上坂田・下坂田古墳群　など	真鍋地内

上記表から見れば、この地域の円筒埴輪において主体となるのは赤褐色で雲母の多いタイプの埴輪で、黄褐色のものは比較的少ないことが分かる。特に口縁部が開く形態については、黄褐色のものでは明確なものが確認されておらず、年代差が反映していることが予想される。

なお、これらの古墳について共伴する出土品や埴輪の特徴をもとに年代的に概観すると、直線的な形態でタガの突出も高く明瞭な宍塚小学校内古墳が5世紀末頃、須恵器や馬具が出土した高崎山2号墳や、中空式の人物埴輪を伴う高津天神山古墳が6世紀前半から中葉が推定されているが、その他の古墳については概ね6世紀後半から末頃の年代が推定されている。これらの点からみると、桜川流域の古墳における円筒埴輪は、全体傾向としては形態が直線的から口縁が開くものへ、基底部タガ低めから高めに変化したと見ることができる。また埴輪樹立のピークは6世紀後半にあり、その時期に最も盛行していたのが比較的基底部のタガが高めで、口縁部が外方に開く形態の円筒埴輪であると考えられそうである。

3 桜川流域の古墳群と円筒埴輪について

桜川流域の古墳群・古墳においては、比較的埴輪が確認される古墳は多い。ただしそのほとんどは6世紀・特に後半の古墳であると想定されることから、この地域の古墳・古墳群において砕片であっても埴輪が確認できれ

ば、まず6世紀後半を中心とした年代の古墳であると疑ってみることが可能である。これらの埴輪には、筑波山及び周辺の山塊を構成する花崗岩の成分である雲母や長石が含まれており、これらの埴輪の生産地が筑波山塊からの堆積物の影響を受ける地域であったことが想像に難くない。ところで、同じ桜川流域でもより上流部の桜川市岩瀬ひさご塚古墳で見られる埴輪の素地には粗めの長石が多い割に雲母が目立たない[2]ことから見て、相対的に雲母が多い埴輪を生産していたのは桜川中・下流域を中心とする地域であることが想像される。

このように今回概観した桜川中・下流域の古墳においては、大別すると胎土の色が黄褐色・赤褐色の2種類の埴輪が存在するが、主体となるのは赤褐色の埴輪であり、特に6世紀後半段階になると黄褐色の埴輪が確認できなくなる。このことからみれば、桜川流域の古墳については、6世紀前半から中葉頃においては大別される2箇所の生産地から埴輪が供給されていたが、6世紀後半頃の埴輪樹立の最盛期には赤褐色の埴輪が地域を席巻したと考えることができる[3]。この赤褐色の胎土の埴輪について、現状では窯跡が確認されていないため生産場所は不明である。ただし細かく観察すると形態の特徴などに差異が認められることから、生産地は小幡のような大型の生産地ではなく、桜川中・下流域のどこかに比較的小規模な生産地が複数あり、そこからこの地域の複数の古墳に供給された可能性が想定されるのではないだろうか。

注

1) 桜川流域・霞ヶ浦沿岸の埴輪の特徴については、塩谷修1997「霞ヶ浦沿岸の埴輪」『霞ヶ浦の首長』霞ヶ浦町郷土資料館に詳しい。また桜川流域ではないが土浦市愛宕山古墳群23号墳からも黄褐色で長石の目立つ埴輪が確認されている。
2) 岩瀬ひさご塚古墳については岩瀬町教育委員会1991『岩瀬ひさご塚』を参照。なおこの埴輪は今回分類した黄褐色の胎土の埴輪に含まれる長石粒よりも粗めであり、今回の黄褐色の胎土の埴輪とは生産地が異なるものと考えられる。
3) 今回は桜川流域に範囲を限定したため集成していないが、より範囲を広げて霞ヶ浦土浦入りとしてみても比較的同様の傾向となると思われる。

引用・参考文献

茨城県教育財団 1995『中台遺跡』
茨城県教育財団 2007『上野古屋敷遺跡Ⅰ』
茨城大学史学第6研究室 1984『土浦の遺跡』
上高津貝塚ふるさと歴史の広場 2008『高崎山2号墳と桜川流域の後期古墳』
國學院大學宍塚調査団 1971『常陸宍塚』
國學院大學第Ⅱ部考古学研究会 1990「高津天神山1号墳・2号墳墳丘測量調査報告」『うつわ』3号
桜村史編纂委員会 1982『桜村史（上巻）』
山武考古学研究所 2001『高崎山古墳群西支群第2号墳・第3号墳』
筑波大学 1981a「根本古墳」『筑波地域古代史の研究』
筑波大学 1981b「甲山古墳」『筑波地域古代史の研究』
筑波町史編纂委員会 1989『筑波町史 上巻』
土浦市教育委員会 1987『般若寺遺跡（西屋敷地内）・竜王山古墳 般若寺遺跡（宍塚小学校地内）発掘調査概報』
新治村教育委員会 1986『図説新治村史』
日高 慎 1985「茨城県土浦市真鍋出土の馬形埴輪について」『埴輪研究会誌』第1号

第3章　常陸における古墳群の特質

(座談会)

常陸の古墳群の地域的差異をめぐって

茂木　雅博・稲田　健一・川口　武彦
田中　　裕・曾根　俊雄・本田　信之
千葉　隆司・糸川　　崇・石橋　　充
塩谷　　修・石川　　功（発言順）
佐々木憲一（司会）

茂木：常陸は、日本で一番前方後円墳が多い地域の一つで、今でも分布調査をやると、60、70m級の古墳が新たにみつかることがあります。私たちも7基か8基の古墳を茨城大の調査で発見しました。茨城で研究を実践するには、学問以前の部分で難しさもありますが、それに負けずに、若い研究者には是非がんばってほしいです。

　今回のテーマに関して言えば、古墳群とは何か、何をもって古墳群というのか。今まで常陸の古墳研究はバラバラで問題があったので、これを機会に曖昧だった基準をしっかり確立させたらどうでしょうか。常陸の古墳群を素材にこれを突き詰めて考えて行けば、他の地域の研究にも影響を与えることになると私は考えます。今日まで、次代を担う若い人がこれだけ集まって、議論する機会は無かったのではないでしょうか。

　それには、常陸だけではものが見えない。東アジア的な視点で皆さんに研究してもらいたいのです。少なくとも「日本」くらいのところを視野に入れながら研究していってほしいなと思います。そういう点では佐々木さんが今回のような企画をしてくれましたので、非常に期待しております。よろしくお願いします。

佐々木：ありがとうございました。それでは早速座談会をはじめたいと思います。これは7月に行いましたシンポジウム「常陸の古墳群」の続編です。「古墳群」がテーマですから、規模と構成を中心に、横穴墓との空間的関係や方形周溝墓が含まれるのかなどについて、各地域の担当の方々に現在の動向や、知られていることをお話いただきます。古墳群の構成と関連して、常陸の大型円墳の問題については、2008年の東北・関東前方後円墳研究会「前期・中期における大型円墳の位置と意味」でなぜか常陸が省略されてしまったものですから、この場で特に議論しておきたいと思います。最終的に常陸の中での地域的差異、それからまた常陸のなかで地域を越えた共通性などを抽出できればよいかと思います。

　そして今、茂木先生から東アジア史の中で、そして日本史の中でという宿題をいただきました。私も関西から関東に赴任いたしましたので、まったく同感です。常陸の古墳研究が古墳時代史の全体的枠組み構築に役立つような見方を提示できれば、日本史へも貢献になるのではないかと考えております。例えば、和田晴吾先生が定義する群集墳が本当に常陸でもあり得るのかどうか、そういう理論的な問題にも触れられれば良いと考えています。

各地の古墳群の在り方について

佐々木：では始めたいと思いますが、古墳群の規模と言っても、例えば、かすみがうら市旧千代田村域の大塚古墳群は100基以上で構成されておりますし、ひたちなか市の磯崎ですともっと多いですね。そういう大規模な古墳群から、数基で完結するような古墳群もあり、常陸のなかでもバラエティに富んでいます。ですから、北のほうから順に現在知られていることからお話いただければと思います。規模と構成が切ってもきれないようでしたら一緒にお話いただければよろしいかと思います。なお古墳群の位置については、第Ⅱ章の各節の第1表の番号に（括弧）で言及し、それを手がかりに各節の古墳群分布図を参照いただきますよう、お願いします。

稲田：本書第Ⅱ章第1節の資料で示しましたが、ひたちなか市で、「古墳群」というように捉えているのは、38古墳群があります。その中で数が確認されているもののうち、古墳10基以上からなる古墳群は、13あります。よ

って、3分の2は9基以下で「古墳群」という名称が付けられていることになります。主な古墳群は、太平洋岸にあります。阿字ケ浦海岸あたりから南にむかって平磯地区までに、磯崎東(3)、磯合(4)、入道(5)、三ツ塚(6-8)、新道古墳群(9)の5つの古墳群として登録されておりますが、地形では連続しているので一つの古墳群として捉えることが出来ます。そうすると、100基以上の古墳から成る古墳群となります。本当に古墳群と呼べるようなのはここですね。

あとは那珂川左岸と那珂川支流の中丸川流域などにあり、ここでは14～16基の古墳で構成されます。名称上は古墳群と言われますが、50基を超える古墳からなる古墳群は太平洋岸にしかありません。

構成について簡単にふれますと、100基を超える太平洋岸の古墳群には、前方後円墳は含まれておりません。太平洋岸では阿字ケ浦に川子塚古墳という古墳時代中期の前方後円墳がただ1基のみ存在しますが、古墳群として群を成しません。ただ、今後の問題として出てくるかと思いますが、平磯地区の三ツ塚古墳群には50mを超える円墳が2基、38m級の円墳1基と、大型円墳が3基存在します。逆に、那珂川左岸、中丸川流域には前方後円墳が分布しますが、大型の円墳がないというような特徴がひたちなか市にはあります。

佐々木：ありがとうございました。稲田さんにはわざわざ古墳群の立地にまで触れていただいたので、それについて私の方から質問をさせていただきますが、古墳群は、太平洋沿岸でも尾根上にあるのか、低地にあるのか、傾向などありますか。

稲田：基本的には太平洋や河川を臨む台地縁辺部にあり、河川の上流域や内陸部にはあまり見られない、というところです。

佐々木：なるほど、ありがとうございました。稲田さんには今後の方向性を含んだようにうまくまとめていただきました。次に水戸市ではどうでしょうか。

川口：旧水戸市域を私が担当しまして、地図を作成しました(第1図)。古墳群は、台地上に築造されており、塚宮古墳群(126)のように那珂川左岸の低地に築造されている例や一本松古墳(229)のように那珂川左岸の自然堤防上に築造されている事例もありますが、丘陵上では現在のところ確認されていません。水戸市南・東部の古墳についても同様の状況です(第11図)。

那珂川の北側にニガサワ古墳群(112)、十万原古墳群(93)、塚山添古墳群(91)、那珂川の支流に西原古墳群(80)、桜川の流域に赤塚古墳群(85)、妙徳寺付近古墳群(87)、加倉井古墳群(86)など多数の古墳群が営まれております。これらの中で面積もおおきくて、基数も多いのが十万原と西原、赤塚古墳群、加倉井古墳群などで、これらの多くはすべて後期から終末期にかけて営まれた古墳群と考えております。

加倉井古墳群とその南側の妙徳寺付近古墳群(87)、その東側の松山古墳群(285)は、非常に近接しており、形成された年代も非常に近く、基本的にすべて円墳で構成されております。これらは古墳群という枠をこえた、大きなひとつの群集墳の支群と見ることができるのではないかと考えております。ここが旧水戸市と内原町域との境になりますが、内原町の丘陵地帯にも古墳群が営まれておりますので、こちらとの関連も出てくるかと思います。

水戸市の古墳群の内容構成については、次のように分類しました。まず、構成する古墳の密集度から、古墳墳群の範囲の中に密集して築造されているグループ(Ⅰ類)と古墳群の範囲の中に散漫に築造されているグループ(Ⅱ類)に区分しました。さらに、構成する古墳の組み合わせから個々の古墳群をさらにA類～D類の4類型に細分しました(第2章, p.76を参照)。この分類に照らし合わせて、各古墳群を時期別に整理してみたのが第2章p.77の第2表ですが、表からは次のような傾向が読み取れます。

まず、全ての時期を通じてⅠD類、つまり多角形墳と小型の円墳から構成され、それらが密集して築造されているグループは確認されておりません。また、前期の古墳群は前方後方墳と複数の小型の円(方)墳(形周溝墓)が密集して築造される傾向がある特徴が挙げられます。これが後期になると、古墳群の構成が多様化しまして、前方後円墳と複数の小型の円墳から構成される群集墳に加えて、30m以上の円墳と小型の円墳から構成される群集墳、30m未満の古墳のみから構成される群集墳などが出現します。さらに後期～終末期になると、古墳群の

構成はさらに多様化し、新たに多角形墳と小型の円墳から構成される古墳群が出現します。

　現状では、中期の古墳群は愛宕山古墳群しか確認できておりませんので、中期の古墳群の様相についてはほとんどわかっておりませんが、前期から終末期まで連綿と営まれ続けるような古墳群は確認できない点に特徴があるといえるのではないでしょうか。

田中：今、川口さんからも説明がありましたが、旧水戸市の86、87、285に隣接するように、桜川上流域に田島古墳群(4)があり、51基の古墳で構成されております。明確に境界線があるわけではないのですが、把握されている範囲内で最大の基数を誇ります。第2の規模が、涸沼前川に注ぐ江川右岸の杉崎古墳群(17)で40基。その次の牛伏古墳群17基は田島古墳群に隣接して存在しています。また、内原町域の北部の丘陵上に約200基が集中しておりまして、西側の旧友部町の丘陵地帯にも続いております。これらが、一見してまとまりをみせているという現状です。

佐々木：ありがとうございました。台帳上は別々の古墳群となっていても、実際はもっとまとまるというケースもあるということですね。個々の古墳群の集まりをどう捉えるかという問題は、今後も触れていきたいと思います。

田中：そうですね、これは古墳群の認識に際して、疎密をどうみるかという問題に関わってくるかと思います。

佐々木：次は、石岡市お願いします。

曾根：そもそも古墳群の設定というものが、石岡市でも必ずしも同一の概念でなされているわけではありませんが、仮に行政的に「古墳群」として認識されているものは、数え間違いがなければ、50あります。そのうち、15基以上の古墳からなる古墳群は7つあります。いくつかは第Ⅱ章でもとりあげましたが、染谷古墳群(18)、舟塚山古墳群(153)、大塚古墳群(201)、丸山古墳群(32)、瓦谷古墳群(90)、加生野古墳群(25)などです。そのうち、染谷古墳群は石棺系石室をもつ方墳や円墳41基からなり、埴輪が無いことから、いわゆる終末期を中心とした古墳群と考えられます。舟塚山古墳群は非常に範囲が広く設定されており、そのなかに41基存在します。この古墳群では前期の方形周溝墓と考えられる溝が確認調査で検出されており、中期の舟塚山古墳など、後期の府中愛宕山古墳など、さらには終末期まで、継続的とは言えないかもしれませんが、前期から終末期まで古墳が築かれております。

　そのほか、旧八郷町の丸山古墳群は前期の前方後方墳の丸山1号墳を含む古墳群ですが、中期は確認されていません。そして後期に横穴式石室をもつ丸山4号墳などが築かれるという、前期と後期の古墳群です。私は群集墳というものがどういうものかまだイメージがつかめていませんが、八郷でいわゆる群集墳に近いものとして、加生野古墳群があります。墳丘や石室が現存するものは3、4基くらいしかありませんが、昭和50年代、県の重要遺跡調査などの時点では20基ほど残っていました。さらに、学校建設などで石棺などが多数出てきたようで、かつて八郷で文化財を担当しておられた西宮一男先生によりますと、100基を超すような大古墳群だったのではないかということです。

佐々木：ありがとうございました。曾根さんには、方形周溝墓を伴う古墳群に触れていただきましたが、いわゆるマウンドをともなう古墳らしい古墳と、方形周溝墓、それから横穴墓との空間的、年代的関係についても、項目を改めて是非ふれたいと思いますので、よろしくお願いいたします。

　次に、現在の小美玉市の旧小川町・旧美野里町域をお願いいたします。

本田：小川、美野里、玉里と合併して小美玉市となりました。まず、小川・美野里地区では、古墳、古墳群が非常に少なく、園部川、巴川、梶無川など各河川に散在しているような状況です。また、注目されるのは、梶無川、巴川の中流域、旧小川町東部の方には古墳が非常に少ないということです。対象地域に古墳は全部で82基しかありません。

　古墳群の規模も小さく、古墳群を構成する基数が一番多いのが石船古墳群(31)で、10基です。20m以下の小型円墳で構成されています。二番目に多いものが、8基で構成されます、巴川最上流域の泥障塚古墳群(33)です。

小型の帆立貝形前方後円墳2基と円墳6基で構成されています。古墳群の定義がはっきりしていないところなのですが、小川、美野里地区において古墳群が10基以下で構成されているのが大きな特徴です。

佐々木：旧玉里村域は狭い地域に古墳がたくさん存在する地域です。その上に前方後円墳の数が多く、前方後円墳が古墳群の中で占める率も高いという際立った特徴があります。個々の古墳群の群構成とその規模について言いますと、10基程度のものばかりなのですが、明治大学が旧玉里村域南部を対象として測量調査を実施したとき、この地区全体を一気に「玉里古墳群」（1～22；17、18を除く）として定義してしまいました。その場合、玉里古墳群はかなり大規模な、数の多い古墳群ということになります。しかし分布調査の報告に従いますと、個々の古墳群は5基前後で構成され、規模は小さい。ただし顕著な特徴として、玉里古墳群内の個々の古墳群の多くが前方後円墳を伴うということが挙げられるかと思います。立地については霞ヶ浦湖岸に近いものが多いのですが、大半は湖岸に迫る尾根上にあります。低地にある古墳は妙見山古墳(8)、大井戸古墳(7)ぐらいで、群を成しません。その他、内陸（旧玉里村域北部）にある古墳群のなかでは、木船塚古墳群(30)が前方後円墳3基を含む14基で構成され、この地区では規模は大きいと言えるかと思います。

　ここまで言っていいのかわかりませんが、前方後円墳や塚山のような大型円墳のまわりに小さな古墳がぽつぽつとあって、とても畿内的な発想ですが、旧玉里村域については、古墳の規模に階層性が見られるかなと思うのです。「玉里古墳群」を構成する権現平古墳群(13)、恵比寿古墳群(15)にしても、前方後円墳の周りに小さな古墳がある。

本田：そうですね、ありますね。玉里古墳群という大きな括りではなく、その他桃山古墳群(4)、滝台古墳群(5)など、尾根上の小規模な古墳群としてみると、必ず前方後円墳に小さな円墳が伴うという状況が顕著にあります。ただ、この前試掘した山田峯古墳群(3)は、前方後円墳がなくて円墳だけの古墳群である可能性が高いです。

田中：その前方後円墳と小さな円墳の関係ですが、これらが周りにあるのでしょうか。それとも並んであるような感じなのでしょうか。

佐々木：ぽつぽつとあるだけで、畿内の中期古墳のように、盟主墳があってその周りを取り囲むような陪冢という形では必ずしもないのですが。

本田：でも権現平古墳群はそういう陪冢の配置ですよね。

佐々木：はい、権現平古墳群については、私もそう思っています。ただ、奈良県御所市教育委員会の藤田和尊(2007)さんが、石岡市の舟塚山古墳群も、権現山古墳群も陪冢ではない、という論文を最近お書きになりました。要するに畿内の厳密なルール・規範からは若干はずれるということだと思います。

茂木：畿内の厳密な陪冢というのはどういうものですか。

佐々木：藤田（1993）さんの定義に拠りますと、「主墳の濠の堤の上に築造されるか、またはほぼ近接する位置にあるもの」ということです。「ほぼ近接する位置」というのは、発掘されていなくても「周堤と陪冢の間には、主墳と陪冢の関係を示唆させる何らかの構造物があった」という想定に基づいた定義です。

茂木：舟塚山古墳を取り囲む小さな古墳を陪冢としなかったら何なのか。陪冢とは陪葬することじゃないでしょう。どうも曖昧なものがたくさんある。陪冢というのは、周堤帯の上にあって、遺体を埋葬しないで葬具を埋納するものが陪冢です。例えば、奈良の行燈山古墳の前にある南行燈山、北行燈山のような前方後円墳や、天神山古墳も陪冢ではないと思います。

　茨城県内で陪冢というと、今のところ石岡市舟塚山古墳以外に存在しません。もしかすると、常陸太田市梵天山古墳の前方部北側の小丘が含まれるかもしれません。それから、群馬県の太田天神山古墳も間違いなく陪冢です。あくまで陪冢と陪墳とは別です。陪冢とは何かということをしっかり議論しておかないとおかしくなってしまう。

　畿内、畿内とだまされてはいけない。畿内の人たちが正しいということは絶対にないからね。常陸のほうが上だというくらいの気持ちでやらないと。

佐々木：ありがとうございます。そういう問題も今回あぶり出していきたいと思います。

塩谷：今の話だと、玉里の前方後円墳と円墳は、陪冢云々の問題ではない。むしろ、「霞ケ浦沿岸の前方後円墳と築造企画」（塩谷 2000）で述べたのですが、大型前方後円墳と直径50ｍを超えるような大型円墳が世代ごとにセットになるのではないか、ということです。大型前方後円墳はなるべく目立つところにあるのに対して、円墳はちょっと奥まったところにある。ひとつひとつが近場で、同世代墳のような関係になりはしないか、ということを考えたことがあります。本田君はどう思いますか。

本田：いわゆる帆立貝形の古墳のことですか。

塩谷：まあそうですね。前方部の短いものと、ちゃんとしたものと言っていいかも知れません。

本田：それは年代的な問題ですね。玉里の話になりますが、ぱっと浮かぶのが、舟塚古墳と雷電山古墳、玉里南部の山田峰古墳と愛宕山古墳、そういう形で、そういう風に見えることもまああるのかな、という感じです。

塩谷：佐々木さんが階層性の問題を言われたので、セットということが具体的に何を意味するかは別として、前方後円墳を頂点に、帆立貝形の前方部の短いもの、さらに円墳、というような同世代ごとの関係があって、他の地域より古墳からみた階層構造がより複雑な状況を呈していたとのでは、ということです。

佐々木：個人的には言いたいですね。私も玉里地域は突出していると思います。ご指摘ありがとうございます。申し訳ないのですが、次に進みたいと思います。

千葉：かすみがうら市は霞ケ浦町（旧出島村）・千代田町2町が合併して誕生した市で、全体で122箇所541の古墳を確認しています。その中で霞ヶ浦地区では前方後方墳2基、全体の1％、前方後円墳が25基で全体の8％、帆立貝式が7基、2％、上円下方墳が1％、大体ここまでで全体の1割程度です。そして円墳と方墳で大体230基くらいです。そしてこの地区で特徴的なのが、横穴墓が形成されることです。千代田地区では、前方後方墳や上円下方墳、横穴墓などは無いのですが、方形周溝墓が4基ありまして2％、前方後円墳が16基で7％、帆立貝式が6基で3％、その他、円墳と方墳が80％を占めています。

次に大きさについては、霞ヶ浦地区では全体の1％にあたる2基が70ｍ以上ありまして、そのほか50ｍ以上70ｍ未満が9基、30ｍ以上50ｍ未満が15基あり、ここまでが先ほどの話の主墳部35ｍ以上ということになります。以上で霞ヶ浦地区の大体1割、30基くらいになります。千代田地区に関しては、70ｍ以上の古墳は無く、50ｍ以上70ｍ未満が1基、30ｍ以上50ｍ未満が12基あり、ここまでが先ほどの話の主墳部35ｍ以上のもので、千代田地区で言うと6％、13基となります。

古墳群の構成については、霞ヶ浦地区では、風返古墳群23基(7)を最大に、田宿赤塚古墳群20基(91)、白幡古墳群18基(41)、野中古墳群16基(12)、そして崎浜横穴17基(89)、と10基以上のものが7古墳群あります。これらは前方後円墳を中心に構成されるものとか、円墳だけで構成されるものと内容には様々あるようです。

千代田地区では、構成基数が最も多いのは大塚古墳群(102)で、石岡市にはいっている7基を含めて、120基で構成されている大型古墳群です。その次に、栗村古墳群19基(96)、四万騎古墳群19基(108)と続き、19基以上になりますとこの3つで、それ以下は10基以下のものばかりです。

こうした古墳群を時期的にみていきますと、弥生時代から古墳時代の始まりにかかわる方形周溝墓や土器棺墓のある時期から連続する形で古墳群の形成につながっていくところが大塚古墳群と栗村古墳群の2か所です。このように在地の墓制から前方後方墳や前方後円墳という古い段階から追えるものが千代田地区には存在しています。それから6世紀以降になりますと、富士見塚古墳群(14)や、風返古墳群が出てきます。前方後円墳、帆立貝式、円墳があるような古墳群で、先ほど佐々木さんがおっしゃったような階層性というものがみられるようになるかと思います。

私の作った古墳群の分布図（第1・2図）をみていただくとわかるのですが、古代の郷の単位でひとつまとまりができます。古墳群が集中的に形成されているところに、古代の郷の拠点集落、人口密度の高い地域になり、古代に発展してくると思います。古墳群の分布とちょうどうまい具合に重なってくるので、こういったことが古墳群

の階層秩序の形成に遡れば、その可能性を考えることができるのではないかと思います。その他、古墳群の形成が活発でない地域で、いきなり6世紀後半から古墳群が作られる地域もみえてきまして、今まであるところとないところというように、古墳群の連続性といきなり発生してくる地域とみえてきますので、こういったところも注目したいと思います。

あとは、出島半島（旧霞ケ浦町）では、横穴墓の問題がひとつ注目すべきことです。それと装飾古墳など特徴的な古墳もありますので、出島半島の注目すべきところではないかと思います。

佐々木：ありがとうございました。7月のシンポジウムのときには発表をお願いできなかった鹿島地域について、今日の座談会に鹿嶋市教育委員会の糸川崇さんに特にお出でいただきました。よろしくお願いします。

糸川：今回急遽、ご連絡を頂いたので準備があまりできませんでしたが、今までまとめたものからお話させていただきたいと思います。茨城県遺跡台帳から数えてきたのですが、鹿島郡の古墳は972基、行方郡のほうが680基ございました。群としては3基以上で古墳群としていますが、鹿島郡では97古墳群、単独で存在しているものが42基。行方の場合は96古墳群、単独の古墳は33基、とほぼ鹿島郡と大体似たような数字になっております。

旧鹿島郡内の古墳の数はおよそ1000基弱、行方郡内の古墳の数はおよそ700基弱という数字を見た場合、前方後円墳の数は鹿島郡では約70基、行方郡では約100基と、ちょうど10分の1にして逆転しているような状況になります。また、茨城県内で一番古い形のいわゆる前方後方墳は、鹿島郡内では旧鉾田地区で2基、大洋地区で1基、行方郡では1基、確認されています。

また、ちょっと特徴的なのですが、鹿島郡内の972基中、約3分の1にあたる336基の古墳が旧鉾田地区に集中します。そして古墳群の数にしますと38群、さらに鹿島郡全体で方墳46基のうち38基が旧鉾田地区にあり、飛び抜けて多い数字ですね。行方郡では総数680基のなかので方墳は52基です。次に多いのが北浦で27基となっています。

鹿島の場合は、古墳群といっても前方後円墳は帆立貝式を含んでも1～2基、これに対して円墳が3～5基と小規模な古墳群で形成されており、北浦に面した台地を中心としてこうしたパターンが多いようです。ただご存じのように、鹿島台地の最も南側に位置している宮中野（きゅうちゅうの）古墳群は別格です。数字が変わることがあるのですが、最新の数字ですと124基、前方後円墳が20基、上円下方墳が1基、帆立貝式古墳が2基、円墳101基。先ほど話にあがりました大型円墳も2基確認されています。それからこれをすべてひとつの台地として考えるのは厳しいところがありますが、この宮中野古墳群を全体の大きな群として捉え、その中の支群として括って捉えると、天神林古墳群（8基）、鶴来（かくらい）古墳群（4基）、お伊勢台古墳群（10基）、それと宮中野古墳群（102基）と4つの群に分けてその全体が124基と捉えています。特に大型の古墳ですが、そのほとんどすべてが北浦に面していることが特徴です。

それと、これは偶然なのでしょうか、常陸国一之宮である鹿島神宮に一番近いお伊勢台古墳群が一番古い古墳群と考えられます。つまり、鹿島神宮に近い台地ほど古い古墳群が、離れるにしたがって新しい古墳群が形成されるという傾向があります。

最も古いお伊勢台古墳群の立地する台地の斜面には大掾辺田（だいじょうべた）横穴墓群が形成されています。それから南の方にも木滝横穴墓群が構築されておりまして、ひたちなか市に次いで多く横穴墓が形成される地域であることもひとつの特徴だと思います。

また、お伊勢台古墳群の下には北浦の湖岸段丘があり、こちらに水田が見つかっております。その同じ段丘上に低地型の古墳群が形成されています。爪木（つまぎ）古墳群といい、埴輪をもつ前方後円墳1基、それから円墳4基を現在確認しておりますが、記録によればかつては13基の古墳があったということです。そうした意味からすると宮中野古墳群を含め、鹿島の古墳群は全体で400基ほど確認されているのですが、往時はその倍近い古墳があった可能性が考えられます。

茂木：宮中野古墳群がいくつかに分かれることについて、一言だけ付け加えさせてください。実は、鹿島臨海工

業地帯造成の計画が興った時、この地域は文化財行政の無法地帯だったのです。ここに浄水場を作るという計画があった1962年、はじめてこの地域を見に行きました。大きな円墳がブルドーザーで壊されたりするのを目の当たりにし、必死になって遺跡を守らなければと思い、いろいろな活動をしました。そして、鹿島地域の開発と文化財保護との狭間で、とにかく分布調査をしなくちゃいけないということで、古墳の分布図を作りました。そのとき、宮中野古墳群は本来ならばいくつかに分けるべきでしたが、ひとつの古墳群としてまとめ、古墳群を構成する古墳の数を多くして、政策的に保存の方向に動かしたのです。

それから先ほどの方墳の数の問題ですが、『鉾田町史』の作成の時、分布調査をやり直しましたが、方墳は大変少なかったと思います。もう一つ、この地域には信仰の対象の方墳がいくつかあります。富士浅間や出羽三山などの歴史時代の信仰の塚のようなものがあるので、『茨城県古墳総覧』のなかの鹿島郡の方墳は殆んど再検討が必要と私は考えています。

さらに付け加えますと、『常陸国風土記』に基づいて言えば、私は、鹿島地域には国造は設置されなかったのではないかと考えています。下海上の国造の一部と那珂の国造の一部を割いて新郡を設置したといいますが、私は、あそこはそうじゃないと思っています。鹿島の神がいる訳で、国造を置く必要が無かった。その存在が極めて重要な意味を持っていたと考えます。だから宮中野には古い古墳が存在するのではないか、と私は見ているのです。

佐々木：研究史もふまえた興味深い事例を本当にありがとうございました。次は内陸に行って、つくば市の事例を石橋さんにお願いします。

石橋：つくば市の古墳の数ですが、107古墳群、約400基。台地の真ん中には古墳群は少なく、台地の縁辺に多くあるという傾向にあります。その中で、ひとつの古墳群の数が20基以上からなるものは、北条中台古墳群(22)、下横場古墳群(78)、大曽根松原古墳群(40)、島名関の台古墳群(64)の4箇所だけです。このうち、周溝が接するほど墳丘が密集している古墳群は北条中台古墳群と下横場古墳群の2箇所だけです。北条中台古墳群は65基、今確認されているところで約70基から構成され、小さな前方後円墳、大型円墳（つまり規模の格差がある）、方形周溝墓2基を含みます。分布密度が濃いだけでなく、古墳を壊して古墳を作っていることもわかりました。旧谷田部町域（つくば市南部）の下横場古墳群では、調査されている古墳は1基のみですが、埴輪を持つ古墳と石棺を持つ古墳などがあり、小さな前方後円墳が隣あって接するように存在するのが特徴です。

もうひとつは、たとえば、500mですとか、1km四方というスケールのなかで見ると、個々の古墳群の密度は、濃くないのですが、多くの古墳群が認識でき、いくつかの支群とも理解できそうなものがあります。例えば、桜川の中流域、旧桜村のあたり、桜川右岸の台地のおよそ500m四方の中に20数基があるという状況です。そこには、前方部が無くなっているのですが復元すると70mに達する上野天神山古墳(90)があります。墳頂平坦面が随分広く、埴輪が拾えないので、前期古墳か中期古墳ではないかと考えています。そのまわりに円墳2、3基の上野定使古墳群(91)と、発掘調査で周溝が確認された、6世紀の埴輪棺を持っている30mくらいの前方後円墳、上野古屋敷古墳(92)が1基あります。あとは20数mくらいで、埴輪を持ち、割石積みの石棺がある変則的古墳の仲間に入るものと、5基くらいの円墳からなる上境作ノ内古墳群(93)があります。そして小さな谷をはさんで、確認できているもので3基くらいですが、上境滝の台古墳群(94)という、埴輪を持つ古墳を含む古墳群があります。削平されたものを考慮に入れて、5基くらいから構成されると思います。また谷を挟んで終末期の方墳の中根中谷津古墳(96)、そしてまた谷を挟んでというように、この台地縁辺を歩くと多数の古墳群が確認できます。このようなひとつひとつの古墳群が全く関係なく分布しているとは考えられず、このような古墳群をどういう纏まりとして考えていけるのか、というのが一つポイントになってきます。

佐々木：今のお話ですが、そのような纏まりの古墳群の具体的な数字でお聞きしますと、どれくらいでしょうか。

石橋：だいたい20基前後だと思います。この地域の北と南にも続くのですが、それを含めますと50基弱くらいです。ただ墳丘が無くなってしまったもの等があるかも知れませんので厳密には言えません。密集度はないのですけれども、古墳が纏まって分布します。

茂木：その地域で発掘調査した古墳のなかで、箱式石棺が埋葬施設になっている例はありますか。

石橋：上境作の内古墳群の1号墳は、割石積の石棺です。

茂木：追葬しているのですよね。何体埋葬されていたのでしょうか。

石橋：すでに石棺は開いてしまっていたので、埋葬された人数はわかりません。

塩谷：開いていない古墳はありましたか。

石橋：今のところ調査例はありません。他にも、割石積の石棺、箱式石棺に小口と墓道のついたような石室など、バラエティに富んで、時期差も存在しています。

佐々木：ありがとうございます。最後に土浦市です。

茂木：土浦市には小規模な古墳群が多いことについては私に責任がありますので、少し説明させてください。1970年代後半から1980年代初頭にかけて、つくば万博が終わると開発が進むだろうという情勢の中で、開発に際してのトラブルを無くすため、分布調査を実施し、周知の埋蔵文化財包蔵地としてあらかじめ登録し、分布図と遺跡台帳を作成しました。この時、壊された遺跡（古墳）が地下にあるという前提のもとに、現存する古墳2基以上のものを古墳群と定義しました。山川古墳群なども、そのような方法で認識された古墳の一例です。そのような事情があり、土浦には2基程度の小規模な古墳群が多いということも念頭に置いていただければと思います。

塩谷：土浦は霞ヶ浦の土浦入りに位置しており、最近新治村と合併して、北の方へ少し市域が広がりました。古墳の分布は、桜川流域、霞ケ浦の土浦入りの北岸、北の方では天の川流域、南の方では花室川流域というように流域沿いに集中しています。全部で三百十数基、古墳群としては42古墳群です。土浦の領域というのは、桜川を上って旧筑波町域を入れると、筑波山の南側から土浦入りの桜川河口まで、ちなみにこれは江戸時代の土浦藩領とほぼ重なります。古墳時代の地域を考えると、旧筑波町を含めたこの領域に歴史的な意味がありそうで、石橋さんがご報告された旧筑波町と一緒に考えた方がいろいろ見えてくると思います。

　古墳群の規模については、石橋さんが先ほど言われていた、谷を挟んでもひとつの古墳群と捉えるような視点で、なるべく広域に見ていきます。実際は私の分類した、数基程度の古墳で構成されるⅠ類、10基から10数基の古墳で構成されるⅡ類、それから20基以上、中には30～40基の古墳で構成されるⅢ類に基づきます。市内42古墳群のうち、広域にみたとしても、7割近くが数基程度の古墳で構成されるⅠ類、非常に小規模な古墳群です。また、県内でもいくつかある、近隣では旧筑波町の中台古墳群などのように後期・終末期を中心に50基以上で100基近い、そういう大規模な古墳群は土浦入り周辺には無い。Ⅲ類の古墳群の中には、少し広域にみると30～40基の古墳で構成される規模の大きいものとして、宍塚古墳群(17)と竜王山古墳・宍塚小学校内古墳(18-20)や常名天神山(28)・瓢箪塚(29)と山川古墳群(30)・北西原古墳群(31)などがあります。このような比較的大規模な古墳群と捉えられそうなものは、前期からはじまり中期、後期、終末期と、規模には差がありますが、各時期の古墳築造が連綿と続きます。前方後円墳で言うと、60ｍ級のもの、それから90ｍ近いような大型のものがこの中に含まれてきます。56ｍの愛宕山古墳(53)もここに入ってきます。

石川：先ほどの石橋さんの意見を受けて、塩谷さんの内容に補足します。古墳群の中で、周溝が共有されるほど集中する古墳群は終末期の前方後円墳が群集する東台古墳群(72)と方形周溝墓が群集する山川古墳群(30)だけで、あとは散在します。さらに石橋さんが指摘された桜川の南岸域にかけて古墳が小規模に連なるという分布の特徴は、土浦市内でも同じような状況であると考えております。そういった古墳の分布に続くように位置するのが宍塚古墳群(17)で、さらにその下に続くのが高津天神山古墳(16)であると思います。規模を見ますと、そのような古墳群の中で宍塚古墳群が比較的大規模な古墳群で、全部で25基あります。つくば市域に入ってこれに続くものを含めますと30基オーバーになると思います。

　桜川右岸の微高地上に点在する古墳群として、矢作稲荷神社古墳(21)、周辺に埴輪片が採集されている矢作ドンドン塚古墳(22)があり、これらに繋がってくるのが、東北に立地するつくば市の松塚古墳群という分布です。

桜川左岸の台地にも同じように、高崎山古墳群(44)が10基前後、田宮古墳群(42)も10基前後のグループがあります。常名にいきますと方形周溝墓が非常に多く全体の数も増えます。あとは真鍋周辺に失われた古墳群がいくつかあって、これも数基で構成されるものだと思います。それから東台古墳群と王塚・后塚古墳(73, 74)は桜川の河口に位置するものですが、これら二つを纏めてしまうと塩谷さんの言うとおり前期から終末期という継続期間になります。しかし王塚・后塚は前期の古墳で、東台は終末期であり、間が抜けることになる上に、両者の性格もかなり違います。また東台古墳群と王塚・后塚古墳の間には旧郡境でもある境川があるので、これらをひとつに纏めていいのかどうか、意見の相違があるかも知れません。

あとは愛宕山や宍塚について、私は、散在する中で細かい谷津に合わせた中での支群というような古墳群と考えています。ちょうど谷があり、谷津に面した小規模な古墳群はそれと関連していて、谷津という生産基盤を持っているグループが、小さな群を成して古墳を作っている、というようなイメージを受けます。

常陸における大型円墳の問題

佐々木：ありがとうございました。古墳群の規模、群構成について一通り報告していただきました。次に、大型円墳の在り方について各地域でお話いただき、その次に方形周溝墓、横穴墓の関係に着目してみていきたいと思います。ではまず、茂木先生に問題提起をお願いします。

茂木：まず「大型」古墳というとき、これだけの人が集まっているのだから、小美玉ではこれが大型、ひたちなかではこれが大型、とみんなバラバラではなくて、少なくとも常陸の古墳ではこれ以上の規模を大型とするという基準を作ったらどうですか。

常陸地域で前方後円墳について言えば、何m以上から大型というのでしょうか。100mを超える前方後円墳を大型としたら、常陸には十数基程度存在しますが、この数字はかなり多いですよね。そうすると、やはり大型というものを、常陸地域全体で考えて、整理していくべきではないかと思います。そしてさらに日本全体の中で、50mを大型と言えるかどうかを考えたほうが良いのではないでしょうか。そうでないと、おらが村の大型古墳というような話になってしまう。今日の所は、前方後円墳にしたら50m以上のものが大型ということになるでしょうかね。小さな村の中だけで「大型」としたのでは、議論にならないかも知れません。常陸の古墳を理解する上でこの点が重要です。客観的にみる、その方法を議論してほしいですね。

ところどころ見てくると、例えば常陸の東海村地域では前方後円墳がなくなって大きな円墳が入ってきてということがあると思います。時によっては首長墓に大型の円墳を採用する場合もあると思います。1990年に森浩一さんが『古代学研究』123号で日本の大型円墳を特集して、僕が常陸を担当したのです。当時はそんなにたくさん古墳がなかったので、今となっては極めて雑な資料ですけれども、円墳の場合40mくらいをそのとき大型の基準と考えました。他の地域ともあわせながら考えると、例えば大洗の車塚が本当に円墳だとすると、日本屈指の大円墳だと思うので、これを大型ではなく超大型と呼ぶとかすればよいのではないでしょうか。

佐々木：ありがとうございました。大型の基準については、実は、7月の前回のシンポジウムで、前方後円墳を含めて、主丘部径長35mをひとつの目安として見ていきたいという問題提起を曾根さんがされております。私はこれに賛成ですので、これを軸にして、各地域のことを考えていけばいいかと思いますが。

稲田：7月のシンポジウムの際に、曾根さんが作成した表を基準に大体35m位という話が出ましたので、私も先ほどの報告で35m以上ということであれば5基、存在するとしました。現在、ひたちなか市で略測もふくめて、規模のわかる古墳は40基くらいです。一番小さいのが直径10mくらいの規模で、そこから30mくらいの規模までは、大体1、2m刻みで連なっています。30mを超えてきますと、36.4mのものがあり、ここにまず6mの開きがあります。次に38mが2基、そして10m以上の開きがあり、50mを越える円墳が2基ということで、数も少なく、どこで線を引くべきかは難しいです。30mと35mの間に確認されている古墳がないので、ここで線を引くのか、それとも40mで線を引いて、それ以上を大型というのか難しいですね。10m以上の開きを評価す

るのであれば、ひたちなか市では50mを越える円墳2基が確実に大型と言えるかと思います。38mのもの2基と36.4mのものをどういうふうに扱ったらよいのか、他の地域との比較や7月の曾根さんのデータとあわせてみなさんに検討していただければと思います。

　もうひとつ付け加えますと、那珂川の対岸の大洗町には車塚古墳という直径96mを超える大型円墳があって、この古墳との関係をどう考えるのか。というのは、直径50.9mの三ツ塚第3古墳群第12号墳(8)から出ている壺形埴輪が非常に特徴的なものでして、これが車塚古墳出土の壺形埴輪と非常に似ていることから、車塚古墳から何らかの影響を受けて作られているのではないか、とひたちなか市の白石真理(2004)さんが報告しています。時期も大体5世紀前半としており、私も賛成です。那珂川対岸にそういったものがあり、さらに5世紀の半ばくらいに、三ツ塚古墳群の少し北に川子塚古墳(12)という80mを超える前方後円墳が出現してきます。このような流れのなかに、大型円墳が存在します。

　大型円墳の年代については詳しく調査されていないのでわかりにくいのですが、直径38.2mの三ツ塚第3古墳群第14号墳(8)からは円筒埴輪が表採されており、大体6世紀中葉から後葉くらいだと思われます。次に、38mの大穴塚古墳(13)は、埴輪を持たずに横穴式石室という情報しか無いのですが、そこから推定するのであれば7世紀前半代くらいだと思います。ですから、50m級のものは5世紀前葉、38m級のものが6世紀から7世紀前半くらいに作られていると思います。このように築造時期に違いがありますが、いずれも太平洋岸にしかないということが共通した特徴となっています。

佐々木：はい。ありがとうございました。次にかすみがうら市域をお願いします。千代田地域と出島地域で違うかも知れませんが、いかがでしょうか。

千葉：先ほどお話ししたデータから言いますと、全体で30m以上のものが40基近くあり、その中から円丘部、主丘部に限定すればもっと減るかも知れませんが、霞ケ浦の高浜入りより北岸地域に優位性がありまして26基とかたまってあります。ですが、どこから大型とすればいいのかわかりません。出島からの様相から考えますと全体の一割くらいを大型としたほうが良いのかなと思っております。あとになってきますと限りなく増えてしまいます。また時期によっても変わってきますし、調査してみないと何とも言えない部分もあります。

塩谷：千葉さんが大型のものが全体の一割と言ったのはどういう視点でしょうか。

千葉：30m以上のものを数えると一割になります。

茂木：全体を見ながら、そういう基準を佐々木さんが提示してみてはいかがでしょう。

佐々木：私が長野市や茨城県でフィールドワークに参加させて頂くようになって以来、古墳時代を考える上で大切だと思ったことは、まず地域ごとの在地の豪族や、豪族がいないけれどもまとまった共同体の自立性や主体性を重視したほうが、より実際に近い古墳時代像が描けるのではないか、ということです。地域的な脈絡をまずは考えて、地域的な基準とは何か、ということを明らかにしてから、それを基に抽象化の方向に向かいたいと考えています。

茂木：ソビエト連邦が解体する前と、解体した後で、地域をめぐる視点がやや異なってきているかも知れませんね。邪馬台国が徳島にあったという考えなども最近出てきていますね。そういうおらが村の、という視点ではなく、中央の政権の中で前方後円墳が作られたはずです。前方後円墳は、常陸では生まれてこないのです。常陸の地域では、終末期になると全長15mくらいでも前方後円墳を作る意味があるはずです。

佐々木：それはそうで、前方後円墳を各地で採用した意味は大きいと思います。ただ、前方後円形を採用することが、地元にとってプラスであるという意識があったのだと思います。そして、その前方後円墳の受容の意味が東国では地域によって違った可能性を私は想定しているのです。

茂木：常陸には前方後円墳が400基前後くらいあるでしょうか、このうち約8割は、「前方後円墳体制」が崩れた後に作られたものです。この体制が崩れた後に爆発的に増えるのです。ここが常陸地域の面白さではないでしょうか。これを変則的古墳と捉えてしまうとそういう特質は出てこないのではないでしょうか。

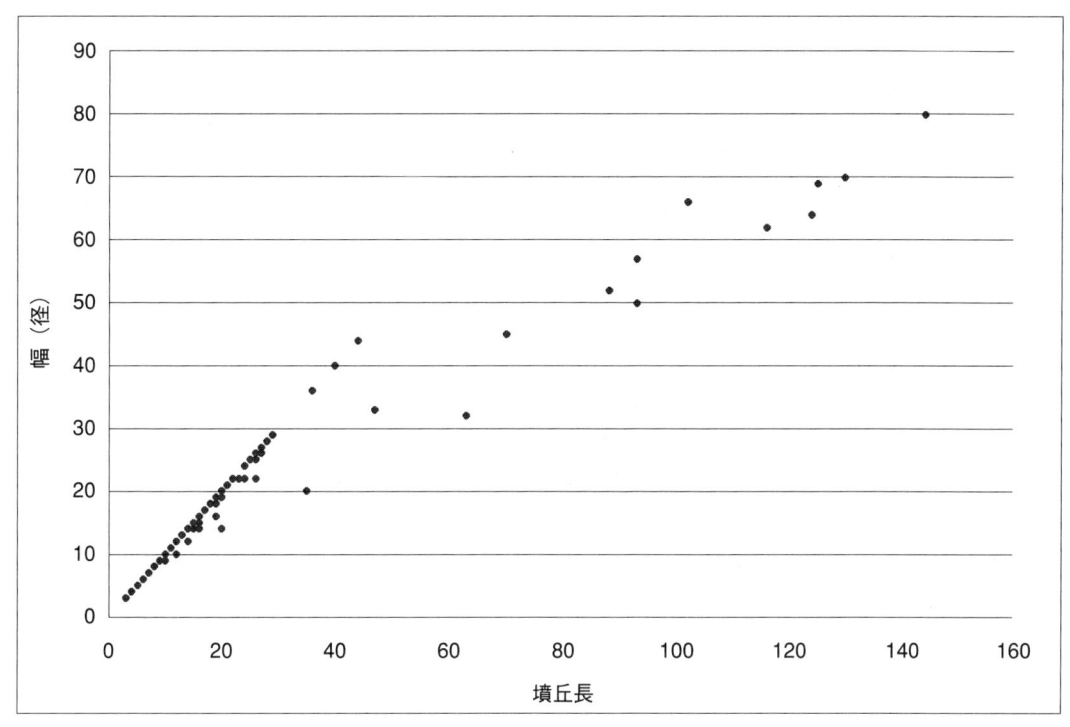

千葉県前・中期古墳規模の分布

佐々木：それは賛成です。前方後円墳体制崩壊後の前方後円墳の意味は、やはり地域の視点から考えていった方が現実的と思うのです。

塩谷：35ｍを目安にみていくと、各地域にあるということになりそうでしょうか。田中さんが前に、常陸は大型円墳が多いとおっしゃった時は、35ｍ以上の円墳を指して言われている訳ではないですよね。

田中：もちろん、35ｍから50ｍも多いし、さらに50ｍを超えるものが多いのです。

塩谷：50ｍ以上のものがあるというところに、ひとつ大きな意味があるのですね。

茂木：円墳だけでなく、前方後円墳についてもそうですね。奈良県より多いのです。

田中：私が以前分析したことがある千葉県の前期と中期のデータをみると、調査歴を有する古墳は全部で300基くらいあります。今まで具体的なデータで示したことはありませんが、ピラミッド状の階層性が捉えられるのではないかと考えた際の、基本的なデータを作成してあります。

　千葉県の前・中期古墳の大きさは、だいたい墳丘長30ｍくらいまでは飛躍がみられず連なっている。それ以上になると、規模の格差が広がってくるので、先ほど茂木先生がおっしゃられた、「おらが村の古墳」のトップというのは、大体30ｍくらいでしょう。

　また、前方後円墳や前方後方墳については、明瞭な規模の格差を有して作られるという特徴を有しています。千葉県域で一番規模の大きいものは内裏塚古墳になります。

　その中で、円墳や方墳にしても、30ｍくらいがトップで、それから上は、規模の格差が明瞭で、規模分布の拡散が激しい、ということが言えます。

　茨城県域での私の担当の旧内原町域でも、先ほどの石岡市域を対象とした曾根さんの分析結果と、基本的にはほとんど同じような様相です。内原町域では、後期の古墳が多いのですが、最も多いのは10ｍから15ｍの古墳で、そのあたりから30ｍくらいまでは断続的です。ただ20ｍから25ｍの古墳がやや少ない。それ以上からは一挙に数が少なくなってきて、規模の拡散が激しくなってくるという特徴です。このように、基本的には「おらが村」のトップというのが30ｍくらいの円墳ということになります。それ以上の規模というのは、前方後円墳に特徴づけられるような、規模で序列を決めるような原理が働いているように思います。

私はそのように分析をしておりますので、先ほど千葉さんからもお話がありましたが、一割くらいが30m前後を境にしたものになるという点には整合するかも知れません。

そしてもうひとつは、規模の格差は、どのくらいの規模を基準にして、それ以上の規模のものがどれだけ存在するかが問題となってきます。千葉の例をみると50mを超える円墳というのはありません。1基あるかないかです。そうしますと、50mを超えてくるものは、異なる原理のもとに作られたとみることができるかも知れません。したがって、千葉県域との比較ということで言えば、常陸地域の特徴として50mを超えるような円墳というのは非常に特筆されると言えるのでないでしょうか。

佐々木：ありがとうございました。これを踏まえまして同じ水戸市の旧水戸市域の方を川口さんお願いします。

川口：旧水戸市側の方で30mを超える円墳をみてゆきますと、石川川右岸の下入野古墳群(198)と那珂川左岸の白石古墳群(126)に40mと45mの円墳が1基ずつ確認されております。30m級の円墳は単独墳の六地蔵寺古墳(190)と諏訪神社古墳(256)のほか、高原古墳群第1号墳(242)、白石古墳群、西原古墳群第11号墳(80)、赤塚古墳群E4号墳(85)、成沢大塚古墳群(90)、県教育財団が調査したニガサワ古墳群第1号墳(112)、調査はされていませんが稲荷塚古墳群(221)、飯島町古墳群(223)にも30mを超える円墳があります。このように見ますと、旧水戸市域ではやはり30m前後が基準になってくるでしょうか。50mを超える円墳は現状では確認されておりません。

上記の古墳群については西原古墳群と赤塚古墳群、ニガサワ古墳群を除き発掘調査や測量調査も行われていないのが現状ですが、埴輪を伴っているものが、六地蔵寺古墳と赤塚古墳群E4号墳です。他の古墳については埴輪の出土が報告されておりませんので、30mを超える大型円墳の出現時期としては、今のところ、後期から終末期くらいに位置付けられると考えています。

佐々木：ありがとうございました。旧水戸市では45mのものが突出しているということですね。

茂木：ここでの議論は、国造制があったことを前提として考えているのでしょうか。ここが一番大切なところでしょう。常陸の場合は信濃などとは違って、小さな国造です。そういうなかでどういう動態があるのか。一代限りでは無いはずですので、国造クラスのお墓として円墳を考え、それが続いて行くのだと思います。ヒエラルキーを考えるとするならば、国造クラスの下にまた当然階層があるでしょう。そういう前提でいくならば、国造のお墓の円墳なのか、それともそうでない円墳なのか、というような整理をしていかなければならないのではないでしょうか。『常陸国風土記』を読んでみれば、国造という言葉が出てきますので、私は国造制があったと思います。

逆に国造制がないという前提で話を進めれば、また違った結論が出てくると思います。久慈なら久慈の、茨城なら茨城の系列がどういうものか、といったことを整理していかないと、議論がわからなくなってしまうのではないでしょうか。

佐々木：同感です。今回、地域区分の問題もあります。今回の企画では現在の市町村の区域で議論してしまっています。

茂木：そういう点では、今の市町村域という区分ではなく、千葉さんが言ったように郷の区分の整理の仕方の方が良いかも知れませんね。

要するに、常陸は毛野よりは小さいが千葉県域よりは大きく、それでも小さな国造がたくさんある。毛野には大田天神山古墳はあるけれども、それを除くと100mを超えるような巨大なものがない。ところが、常陸は、下館市の芦間山、石岡市の舟塚山、常陸太田市の梵天山など、100mを超えるような古墳がごろごろしている。この辺をどう理解するか。その下のランクとしていま議論している古墳群が出てきます。これらの古墳群にどれくらいの人数が埋葬されているかを数えてみたことがあるのですが、ほとんどの人間が埋葬されているのではないかと思いました。塩谷さんたちと発掘した筑西市の専行寺古墳などは、小さな箱式石棺の中に7体の遺体が入っていました。これを仮にすべての小さな古墳群にあてはめると、何千人もの人間が古墳に埋葬されていることになりましょうか。そうすると、小さな古墳は首長墓でも何でもないことになります。私は、苦し紛れですが、屯

田兵のような人が入っていたのかとも書いたことがあります。だから刀一本くらいしか持っていないのではないか、特別に認められたそのような人々まで常陸では古墳を作ることができたのではないか、と考えました。そのような視点で整理する必要があるのかなと思います。

佐々木：おっしゃる通りです。少なくとも旧国造領域で、その中での大型古墳の基準や意義を議論すべきですね。

茂木：それが難しいとすれば、やはり千葉さんの指摘した律令期の郷単位で整理していくべきでしょうね。

塩谷：ここまでの議論を整理しますと、大型円墳については、田中さんが言ったように、おらが村の普通の人達の誰でも作れたような古墳群とは少し違った35m以上のものを、まずは大型として扱うということですね。そしてもうひとつは、茂木先生が今おっしゃったように、国造などの人達の大型古墳として、80m近いもの、50mを超えてくるものを視野に入れて議論するという二つの流れを確認できますね。

　そういう意味では、常陸の場合は、まず古墳時代中期、5世紀代にとてつもない大型円墳がある。80mくらいのもの、その下に50mを超えるようなもの、さらにその下に35mを超えるといった大型円墳です。そして、それらの上に茂木先生が今おっしゃった、100mを超える超大型の前方後円墳が位置づけられる、ということでしょうか。時期の問題も含めて整理していく必要がありますね。

田中：同感です。小さな円墳については、千葉県の事例をみている時に、やはり、社会の構成員の誰もが葬られていたのではないか、と計算したことがありました。常陸の地域でも同じような状況があるということをここでお聞きしましたので、塩谷さんのおっしゃるとおり、そのような整理が必要なのだと思います。その時、超大型の円墳と前方後円墳との関係が気になります。その大型円墳が作られた時期には、前方後円墳は無いのでしょうか。

佐々木：その辺については、今確認された、おらが村のトップの大型円墳と、もっと広域の政治的ネットワークの中で位置づけられる大型円墳という二つの意味の違う大型円墳を考える時に参考となる研究成果があります。曾根（2005）さんが気付かれたのですけども、旧玉里村の大型円墳の塚山が、どうも舟塚山の後円部と周壕部分の築造規格を参考にして作られたのではないかということです。埴輪も共通しています。塚山は直径50mくらいですから、これについては、政治的ネットワークの中の大型円墳として特別扱いして良いと思っています。

田中：地域の中で、両者を同じような位置づけにするのか、それとも階層差があると捉えるのか、というようにどのように存在するのかが気になります。例えば大型の円墳と前方後円墳とがセットになり、一対一の関係で対応するように存在するのか。つまり同時に存在したか、という点ですがいかがでしょうか。

塩谷：同じ世代というくらいは言えるかも知れません。規模による階層構造があると思います。セットになるようなことがどこの地域でも認められる訳ではなく、高浜入りの北岸地域（旧玉里村域）というところだからこそ存在したのだと思っています。この地域の政治的な位置づけの反映と捉えています。

田中：高浜入りの地域ということは、主に、後期の例ということになりますね。

塩谷：そうですね。中期後半から後期ですね。

田中：単純に、古墳の群として一緒にあるということを重視して考えると、大洗町の鏡塚古墳、車塚古墳がかなり近い時期に隣り合って作られている。こういう事例をもセットとして捉えられているのでしょうか。

塩谷：いいえ。大洗町の鏡塚と車塚はセットとして捉えていません。また違う意味をもつものだと思います。

田中：わかりました。

塩谷：ここで、先ほどの郷単位に有力な古墳群をみていくという視点で、千葉さんに確認したいのです。出島半島全体を見たとき、郷を単位に有力首長墳があり、岩崎卓也先生（1989）が筑波をフィールドとして以前言われたように、輪番制のように郷から郷へ動いていくようなことを想定されているのか、それとも有力首長墳は並列状態で郷単位に存在したことを想定されているのか。

千葉：並列する時もあるでしょうし、輪番制のように回るような時もあったと思います。白石太一郎（1991）さんは茨城国の中に、墳丘長60m以上の後期前方後円墳が12群という単位でみられることに注目し、比較的大規模

な前方後円墳がいずれも6世紀でも早い時期のものが多く、諸勢力間の勢力差は見出しがたく、等質とさえいえるとしています。このような6世紀初めの時期は、並列しているように考えられますし、それ以降は勢力差が墳形や規模に現れてくる状況が見受けられますので輪番制も想定できます。これらは、古代の郷に大体当てはまってきて、こうした郷単位の前段階に当たる地域単位が古墳時代にすでに存在して、ひとつのまとまりの茨城の国を構成している。という考えを私は重視しています。このような視点で出島半島をみていくと、茨城国内での有力首長墳の並立状態、輪番制状態があるように考えられるのです。

　そういった中で、茨城国と那珂国の地域単位を見ていった時に、数多くの郷の成立数と前方後円墳の数が存在するので、やはり、こういう状況を考慮して首長墓単位と変遷を捉えるべきと考えます。その他、部民とか名代・子代、ミヤケなども含めて考えていく必要があるかと思っております。

佐々木：ここまでの議論を踏まえて、曾根さん、石岡市の大型円墳についてご紹介くださいますか。茨城国として国造の領域を考えると、石岡と玉里は一緒に考える必要がありますが……。石岡市では、50m以上の突出した大型円墳は何基くらいありますか。

曾根：35m以上ですと7基あり、50m以上の円墳ですと、出島半島のほうにある石川古墳群（217）に1基あり、埴輪が拾われており、古墳時代後期と考えられます。

佐々木：別格ですが、鹿島地域ではどうでしょうか。

糸川：30mを超えるものが4基、このうち、43mのものが1基あります。ただ、宮中野古墳群の場合は、大塚古墳が現在は帆立貝式古墳となっていますが、当初は円墳として考えられていまして、全長は92mあります。

佐々木：鹿島地域では、むしろ大塚古墳の存在に意義がありそうですね。次に小美玉市お願いします。

本田：古墳が全時期を通じて82基あり、そのうち円墳が70基。そして50m以上の円墳は50mの愛宕山古墳群1号墳(9)、56mの雷神山古墳(2-a)、以上2基あります。40m以上では権現塚古墳(17)、大塚古墳(5)の2基、35m以上になりますと、ちょうど全体の一割の7基です。

　時期的にみますと、雷神山古墳は、今のところ埴輪があるとも無いとも言えず、難しいのですが、二段築成で、平坦面が広いなどの特徴から古墳時代中期くらいで良いかと考えています。権現塚古墳に関しては埴輪が採集されていますので、こちらは6世紀になるかと思います。

佐々木：雷神山と権現塚では時期が違う可能性があるということですかね。

本田：何とも言えませんが……。古代の郷で言うと、田余郷に両方とも位置します。

佐々木：田余郷でいきますと、大型円墳については、旧玉里村域の塚山(9)、妙見山(8)などがあり、多いですね。岡岩屋(11)は終末期で、前方後円墳が作られなくなってからの古墳です。

　本田さんに質問ですが、権現塚古墳と同時期の前方後円墳はありますか。

本田：近い時期としては、権現塚古墳の眼下に低地古墳の三昧塚古墳があります。権現塚古墳のほうがやや古いでしょうか。

石橋：つくば市ですが、50mを超えるような大きい円墳の確実な例はありません。30m以上で首長墓と思われるものは6基あります。北条中台古墳群の2号墳は、6世紀の終わりくらいで、大きい石室を持ったものです。残る5基のうち、実態がわかっているものが少ないですが、40m台が2基、30m台が3基です。このうち30m台の3基が水守古墳群(8)で、比較的近くに位置しています。このうちの一つから、昔に墳頂部が掘られてしまった古墳があります。ここから出てきた遺物に鉄鏃とガラス小玉や勾玉があります。古墳時代中期初め、5世紀初めくらいの位置付けだと思います。地域の首長墓としての印象は持っています。

佐々木：筑波国には国造がいたにも関らず50m以上の大型円墳がない。これはひとつの地域的な特徴ですね。

石橋：久慈川などの地域に比べますと、古墳全体が小ぶりな感があります。首長系譜として追えるものでも、前方後方の水守桜塚古墳(7)などは前方部の評価によるのですが30ないし45mくらいで、それほど大きいものではないですし、次代の山木古墳(10)にしましても50m弱で、他も60m前後のものが多いです。こうした状況

から筑波国の中心部の首長墳としての系譜として考えています。

茂木：首長系譜としては、筑波では最後に方墳は出てこないのですか。つくばの最後の首長墓はどこですか。

石橋：平沢古墳群(25)の1号墳、佐戸ヶ岩屋古墳が方墳としての最後の首長墓だと思います。

茂木：佐戸ヶ岩屋の周辺が最後の首長墓ですか。あれだけ立派な石室ですからね。

石橋：北条中台古墳群、佐戸ヶ岩屋を含む平沢古墳群などが最後の地域です。

横穴墓の問題

佐々木：時間が大分押しておりますが、ここで横穴墓のことを少し触れたいと思います。私がフィールドワークに参加している旧玉里村域では横穴墓は無いのですが、まず、例えば鹿島地域には多いですよね。

糸川：宮中野地区では、横穴は基本的には宮中野古墳群と同じ台地の斜面に構築されています。それとまったく離れた南の方の木滝地区に6基確認されています。これまで28基確認されていますが、マウンドをもつ古墳と時期はほぼ一緒で、7世紀後半くらいのものが多いようです。なかには線刻画を有する横穴があり、ひとつの特徴となっています。きちんとした調査はされていませんので、詳しくはわかりません。木滝横穴の出土遺物は、湖西産の須恵器がほとんどということです。畿内の影響が強いと言われる宮中野古墳群ですが、横穴墓の被葬者は畿内以外の地域からの別な集団の移住の可能性が考えられそうです。

茂木：鹿嶋市の南部には地下式横穴が存在していますが、関東では鹿嶋市だけですよね。宮崎県にあるようなもので、非常に特殊ですね。

佐々木：地域的特徴として、鹿嶋市の南部で地下式横穴がある。横穴墓もマウンドを伴う古墳も7世紀後半という同時期に存在したので、墓制の違いは集団差の反映という解釈ができそうということですね。次に、鹿嶋以上に横穴墓が多いひたちなかではいかがでしょうか。

稲田：基本的には鹿島地域と同じ状況です。台地上には前方後円墳の虎塚古墳(39)があり、その斜面部に十五郎横穴墓群(52)があります。確認されている数は186基ですが、それ以上の存在が推定されます。築造時期は調査されているものが少ないので、7世紀初めからと言われる方もいますし、7世紀の中ごろからと言われる方もいます。確実には、7世紀中葉のものが明治大学の調査で確認されています。虎塚古墳群第4号墳という方墳から7世紀中葉くらいの須恵器が出土していますので、当古墳築造時には横穴墓群の築造が開始されていたと言えるかと思います。横穴墓から出土する須恵器の時期的なピークが7世紀後葉から8世紀前半ですので、この時期に盛んに造られたと考えています。

この十五郎横穴墓群の他に、市内には4つの横穴墓群があります。このうち3つが十五郎穴横穴墓群の近くに位置しています。あとひとつが、太平洋岸に面したところで、数は不明確ですが3基の横穴墓が確認されています。時期も出土遺物も不明です。

佐々木：十五郎穴横穴墓群の場合は虎塚古墳がトップにあって、方墳と横穴墓ですね。他の地域との違いの意味などについてご意見はありますでしょうか。

稲田：難しいですけれども、先ほど千葉さんが報告された出島地域と同様、横穴墓があって装飾古墳がある。一方、虎塚古墳群第4号墳は割り抜き玄門を有しており、確実な例としては茨城県内で唯一です。栃木県の壬生地域あたりとも似ているし、出雲系の石室にも似ているということで、装飾古墳とのかかわりや横穴墓の形態とのかかわりもあるでしょうから、集団をどのように理解するかという問題は難しい課題です。

佐々木：ちょうど出島半島のことが出ましたので、詳細を千葉さんにお願いします。

千葉：かすみがうら市には常陸南部で唯一の横穴墓の志戸崎横穴墓群、崎浜横穴墓群があります。いずれも、高段式と呼ばれる構造で、房総南部との関係も指摘されています（竹石 1967）。崎浜横穴墓群は、出島半島南岸の主たる古墳群である田宿・赤塚古墳群（20基）とは約1キロメートル離れており、そのほか周辺には目立った古墳や古墳群は所在していません。特徴的なのは立地です。地名からも判断できるように、岬の様な地形の霞ヶ浦に突

き出す台地の先端部に位置しています。志戸崎横穴墓群も同様です。しかも、この2つの横穴墓群に隣接して、古くからの港、霞ヶ浦では津と言ったりしますが、そういった水辺施設が所在する類似点があります。つまり、水辺を意識して穿たれた横穴墓と考えられます。

佐々木：最後になりましたが、水戸市の横穴墓についてご紹介ください。

川口：水戸市の横穴墓は、那珂川左岸の台地にある権現山横穴墓群が市内で唯一確認されている横穴墓です。現在は七ッ洞公園というイギリス式庭園を基調とした公園にある池底に沈んでしまっており、視認は出来ないのですが、権現山横穴墓群の第1号墓および第2号墓の玄室には線刻壁画が認められています。第1号墓からは須恵器と土師器が出土しておりまして、玄室の左右側壁に放射状線文が描かれています。第2号墓からは遺物は出土していないのですが、玄室の左右側壁に稲妻形文・縦線・横線・建物・靫が描かれています。第3号墓からはガラス製小玉2、水晶製切子玉8、第4号墓からはガラス製丸玉4、金環2が出土しています。造営年代については、調査者である大森信英さんや最近では日立市の生田目さんや稲田さんのように7世紀前葉とする見解と、川崎純徳さんのように8世紀前後とする見解とがあります。

　この横穴墓群が営まれている台地上には富士山古墳群、小原内古墳群、白石古墳群、権現山古墳群という6世紀～7世紀中葉頃にかけて築造された4つの古墳群が営まれています。このうち、富士山古墳群の1号墳・2号墳・小原内古墳群の1号墳は埴輪を伴っているので、6世紀代のどこかに位置づけられるかと思いますが、権現山古墳群の1号墳・2号墳、小原内古墳群の4号墳、白石古墳群の1号墳～4号墳は埴輪を伴っていないことから、7世紀代の終末期古墳として位置づけられるのではないかと考えています。この中でも白石古墳群の1号墳～4号墳はいずれも直径が30mを超える大型の円墳であり、その他の古墳群とは内容構成からやや異質な印象を受けます。そうしますと、谷津の斜面に営まれた横穴墓群と台地上に営まれた円墳群とは時期的な並行関係があると考えられ、大きな群集墳を構成しているという見方もできるかと思います。

佐々木：私が驚いた事例に、遠江東部では、横穴墓のほうが良い物が出土し、ランク的にも同時期のマウンドを伴う古墳よりも、横穴墓の被葬者の方が上ではないかと解釈させるような状況があります（鈴木2001）。こういう地域的な特質は常陸地域でもあるのでしょうか。

茂木：それは難しいですが、横穴とマウンドを持つ古墳との関係で言えば、東海村にあります。発掘していないので、何とも言えませんが、下に線刻画のある横穴もある下諏訪横穴群があって、上にはもしかするとマウンドをもつ古墳があった可能性があります。これらがどんな性格なのかはわかりません。佐々木さんが言ったように掛川あたりには横穴から環頭大刀を出している例は特異な例ですね。他の地域であるとすれば北の方でしょう。

古墳群のなかでの方形周溝墓の問題

佐々木：最後にもうひとつ、古墳群と方形周溝墓との関係についてお話を伺いたいのです。例えば、旧玉里村域の権現平古墳群(13)には、古墳時代前期に方形周溝墓があって、そこに古墳群が形成されるケースです。そのようなケースがあればご紹介いただきたいと思います。

本田：小美玉市では、その権現山古墳周辺の例だけですね。

川口：水戸市域では方形周溝墓は古墳時代前期にみられ、市域北・中部では赤塚古墳群と二の沢古墳群で確認されています。赤塚古墳群は正式報告が刊行されていないため、詳細な年代については検討を要しますが、W支群のW1～W5、W8、W18～W29号が該当すると思われます。ただし、赤塚古墳群では前期に位置づけられるような前方後円墳や前方後方墳などは確認されておりません。近隣でもその時期に位置づけられる古墳は確認されていないのが現状です。その後、5世紀には古墳の築造が認められず、6世紀前葉から中葉にかけて築造されたE支群のE3号墳とE1号墳との間に年代的な隔たりがあります。

　前方後方墳3基、円墳1基を含む二の沢古墳群では、第5号周溝墓が方形周溝墓の可能性があるとされています。その他の遺跡では、旧常澄村域にある道西遺跡で方形周溝墓が3基確認されています。道西遺跡の資料も未

報告のままとなっておりますが、前期のものとみられる土師器甕がTM1の周溝の中から出土しています。道西遺跡の直近にも前期に位置づけられる古墳群はなく、本遺跡の立地する台地の東方3.3kｍ離れたところに舶載鏡とみられる三角縁三神三獣鏡が出土したとされる大場天神山古墳が築造されている程度です。

このように水戸市域では、道西遺跡のように方形周溝墓のみから構成される場合と、二の沢古墳群のように前方後方墳と方形周溝墓が一緒に築造されている場合の2つの在り方があるようです。

佐々木：赤塚古墳群の場合、中期古墳がないとすると、小美玉市権現平古墳群と通時的な古墳築造のあり方は共通しますね。ただ、赤塚古墳群では前方後円墳が立地する台地と方形周溝墓群が立地する台地が別なので（第Ⅱ章第2節、第7図）、空間分布という点では、方形周溝墓の至近に周壕に囲まれた前方後円墳を築造した権現平古墳群とは、大いに異なるという印象を受けます。

塩谷：土浦市では、山川古墳群(30)の発掘調査の結果、方形周溝墓というか方墳というか、前期の方形墳が30基くらい発見されました。南に隣接して、常名天神山古墳(28)と挑戦塚（瓢箪塚）(29)という2基の大型前方後円墳もあり、天神山は前期に遡る可能性が高い。中期に少し間をおいて、中期後半くらいから円墳の築造がはじまり、それから後期、終末期と続きます。2基の前方後円墳を除けば、あとは小さな古墳です。階層的には方形周溝墓の系譜の人間がこれらの古墳を作っていると考えます。

石川：なお、山川古墳群から北西に200ｍほど台地中央に入った場所に北西原古墳群(31)もあります。こちらは山川古墳群にはない終末期の方墳だけで構成されている古墳群なので、近隣ではありますが、やや性格が異なるのではないかと思います。

茂木：常名天神山古墳は古いでしょうね。挑戦塚（瓢箪塚）古墳は残っていないので、古墳時代前期からずっと連綿と続くかどうかはわかりませんが。

塩谷：挑戦塚（瓢箪塚）も新しい古墳ではないと思います。一枚だけ残っている写真からみると後期とは明らかに違います。

佐々木：方形周溝墓から、前期の古墳を含め連綿と続く地域もあるということですね。

石川：ただ、山川古墳群の方形周溝墓の周りにある古墳からは埴輪は出ていません。ですから6世紀には一度途絶えるかも知れません。

石橋：方墳というか、方形周溝墓というもので、新しい年代ではどれくらいまであるのでしょうか。5世紀の前半にはあるのでしょうか。

石川：方形周溝墓では5世紀の前半はありませんね。円形周溝墓のような小型の円墳は若干あります。

塩谷：円墳が作られるまでに少し間が空くかも知れません。今の状況では何とも断言できませんが。

石川：4世紀代には方形周溝墓が群集し、5世紀位にも少しあって、埴輪をもつ時期に一度切れる。埴輪が無くなる時期にまた出てきて、7世紀前半まで続き、7世紀後半から末頃に少し離れて北西原古墳群が形成される、と考えています。

佐々木：つくば市では、石橋さんのレジュメには、古墳時代初頭の方形周溝墓が南関東地方の影響からと書かれており、泊崎城跡内遺跡(107)などの事例を挙げていますが、これらは前期以降継続するのでしょうか。

石橋：泊崎城跡内遺跡では弥生町式と捉えられる土器が方形周溝墓から出土しています。類例として、つくば市内ではないのですが、牛久の姥神遺跡では方形周溝墓が3基あり、南関東の弥生土器が出土しています。市内では高須賀熊の山古墳群(55)など南関東の土器と方形周溝墓の組み合わせは他にもありますが、連綿と続く事例は今のところありません。北条中台古墳群では、方形周溝墓があって、5世紀の後半の古墳があるかどうかわかりませんが、5世紀の終わりか6世紀にまた復活して、その後連綿と続いて行くようです。古墳の内容がもっとわかっていけば継続性も明らかになっていくのではないかと思います。市内では2、3基くらいの方形周溝墓がまとまってある事例が増えてきており、群としてあるのは現在のところ土浦だけだと思います。

曾根：石岡市では方形周溝墓が3か所で確認されており、いずれも古墳群の中に位置します。ひとつ目が、はじ

めにも触れた舟塚山古墳群(153)にあり、確認調査ですが、方形周溝墓と考えられています。壺形埴輪が出土していまして、前期後半くらいだと思います。舟塚山古墳群には中期前半の古墳は確認されていませんので、継続性は不明です。

　ふたつ目は、横穴式石室墳から構成される染谷古墳群(18)にあります。また染谷古墳群中の二子塚遺跡では、方形周溝墓の近くから二重口縁壺がまるまる一個体出土しています。前期の古墳の存在が推定されますし、おそらく方形周溝墓との関係もあるでしょう。こちらも中期、後期の古墳が確認されておらず、終末期中心の古墳群です。

　もうひとつが後生車古墳群(52)です。前期後半の方形周溝墓だと考えられます。古墳群は後期から終末期の古墳群で、染谷古墳群とは谷をはさんで位置します。

千葉：今、曾根さんからお話がありました染谷古墳群の西へ約500mのところにあるのが、栗村東古墳群です。栗村東古墳群からは、方形周溝墓が4基確認されています。1基が地形的な制約があるため一辺を欠きますが、それ以外の3基は一辺が8〜12mを測る、溝が全周するタイプです。その内の1基から全体が刷毛目調整された胴部球形となる複合口縁の壺が出土しており、古墳時代前期後半頃のものと考えられています。市域では、これ以降の方形周溝墓は発見されていません。この栗村東古墳群及び石岡市の染谷古墳群、後生車古墳群は、約500mのほぼ等間隔で隣接しており、これらは一つの関連しあう、ある意味まとまりをもった遺跡群と捉えることが可能であると思っています。それぞれの古墳群が断絶する時期を補いながら終末期まで、墓域として利用される様相があります。さらに、これらの古墳群は、霞ヶ浦沿岸の古墳時代前期の遺跡で顕著な、利水において重要な地区に形成されており、それらを支配する権力者の姿も想定されます。加えて、竜神山という雨乞い、水祭祀と関わりが強い山が背後にあることも重要なポイントと考えています。

田中：今のお話を聞いていて改めて考えてみますと、古墳時代全期間を通して確実に継続していると言えるのは、千葉県での例にみられるように50万m²を全掘したような上総国分寺台の古墳群ですとか、『関東の後期古墳群』シンポジウムで白井久美子さん (2007) が詳しく議論した、30万m²を全掘した市原市草刈古墳群ですとか、徹底的に発掘したところでないと捉えられない点に注意が必要です。あとは同じシンポジウムで小沢洋さん (2007) が触れた木更津市請西塚原古墳群などです。そういったことを背景に考えますと、茨城県で、前期の方形周溝墓といわれるものと後期の古墳群が同じ立地にあるというのは単なる偶然とは思えません。しかも、小さな円墳が中期にあるという土浦の事例は、草刈古墳群とまったく同じ特徴です。方形周溝墓、あるいは小規模方墳というものがだいたい前期で終わりまして、その後、中期の土器が周溝などに入ってくる、径6mですとか、大きくても径13mくらいの、本当に小さな円墳が出現し、それが場所を少しずつずらしながら、ずっと作られていく。少しずつずれて築かれるので、結局最後は元へ戻ってくる。そのうちの一か所だけ掘っていると、なかなか全体像がわからないのです。こんなに事例があるということは、ある程度、古墳群の連続性を想定したくなります。

佐々木：うまくまとめていただき、また先行企画のシンポジウムにも絡めていただいて、ありがとうございます。もう少し皆さんにお話し頂きたいことは色々あるのですが、時間もあります。

　茂木先生から、箱式石棺や変則的古墳についても議論するよう提言いただきましたが、時間もありませんので、今後、継続してこのような会を設けさせていただき、議論を続け、常陸のなかの地域ごとの比較をして、常陸の古墳研究の枠組みを作っていきたいと思います。

茂木：若い研究者にお願いがあります。古墳群の定義、古墳群とは何か、という今議論してきたことを、うまくまとめていってほしいですね。どこの地域でも古墳群という定義や概念は曖昧です。常陸の古墳群からの意見を整理してまとめてほしいと思います。

佐々木：とてもごもっともな問題提起をありがとうございます。まず、私が常陸の古墳を勉強し始めた時、地域によって多様である、ということに非常に興味を持ちました。空間的には、100基以上のまとまりを認識しても良い古墳群がいくつか存在することが現実としてあります。同時に、広い範囲を区切ってまとめられるとしても、

十数基単位という古墳群が圧倒的に多いということは、常陸の特色としてひとつ挙げてもいいのではないかと思います。次に、時間的継続性については、古墳時代を通して連綿と続く古墳群はとても少ないのではないでしょうか。発掘してみなければわかりませんが、茂木先生がおっしゃったように、大半は後期に集中してできるのだと思います。しかし、先ほど田中さんの指摘がありましたように、前期の方形周溝墓をきっかけにして連綿と続きそうな古墳群もあるということは注意しておく必要があると思います。

茂木：川西宏幸氏と轟俊二郎氏が、記念碑的業績である「円筒埴輪総論」(1978)と『埴輪研究』第1冊(1973)の対象からなぜ常陸を除外したのでしょうか。複雑すぎるからではないでしょうか。だから下総型埴輪を使うけれども、常陸の埴輪を使いませんでした。轟氏は潮来市子子舞塚(まごまいづか)古墳出土の、川西氏は鏡塚古墳出土の埴輪を見て、それを認識しました。私はそれらの埴輪を持ち、京都にまで行ったことがあります。とにかく鏡塚の年代ひとつをとっても、常陸という地域は非常に難解である。そこに佐々木さんがこの研究会を開催し、切り込んでいくところに、大きな意義があるのではないでしょうか。若い方々がこれだけ集まって議論している訳ですから、佐々木さんに是非まとめていってほしいと思います。

佐々木：常陸の古墳・古墳群や埴輪についてパターン化できないのだと思います。茂木先生がご提言くださるように、まとめるためにも基礎データをきちんと蓄積させ、地域を超えて、各々の市町村の持ち場を超えて議論して、今後少しでも抽象化への方向を考えたいと思います。

関東、常陸のデータの提示は、関西の研究者との議論に必ず役立つと思います。積極的にデータの提示と議論の呼びかけを行いたいと思っています。そのようなアクションを起こすためにこの研究会を考えました。

茂木：是非、協力を惜しみませんので、この若い人たちが参加したことをまとめていただきたいと思います。

私はやはり、「変則的古墳」とは何か、変則的でないものとは何かという問題をきちんと整理していただきたいと思います。何をもって変則的と言うのか、という議論の前提がなければなりません。例えば箱式石棺というものを基準にみていくと、極めて限定されてしまうでしょう。正統な古墳とは、昔、後藤守一先生がおっしゃった、大きなマウンドをもち、墳頂から2mくらいの深さに埋葬施設があるもの、ということになります。仮にこれを基準に常陸の古墳を変則的と捉えると、この地域にある古墳は理解できなくなってしまいます。この地域では、「変則的」と言っているものがまさに正統な古墳になるはずです。

横穴式石室も墳丘の中心から外れているものがあります。それはなぜか、そして箱式石棺ですね。これは追葬するためのものです。追葬するためには、墳頂に深く埋葬するのではできません。だから裾部にあって8体も9体も埋葬されている訳です。それがここでは異常なことではありません。横穴式石室を作れなかった階級、階層、須恵器を持たせられなかった古墳が、墳丘の中心から外れている箱式石棺ということになろうかと思います。

佐々木：ありがとうございます。まとめるというよりは、逆に、たくさん宿題をいただきました。このような形で皆さんに今後も集まっていただき、是非、古墳時代史の全体的理解のために役立つような議論を続けたいと思います。

糸川：ひとつ提案ですが、古墳群を語る時、まず時期を足がかりにした方が良いのではないでしょうか。例えば、大型古墳の基準を作ることや、埴輪の有無、変則的古墳の問題もそうですが、現在のところは前期、中期、後期で良いと思いますので、時期の問題をきちんと整理してからでないと、議論がかみ合わなくなってしまうのではないでしょうか。

佐々木：おっしゃる通り、時期の問題、編年的な視点が本日の議論では弱かったと思いますので、これも課題として受け止めたいと思います。ただ今回、編年の枠組みを提示せず議論したのにも実は理由があります。言い訳になりますが、東北・関東前方後円墳研究会が常陸の古墳に関する様々な課題を議論してきたとはいえ、発掘されていない大多数の古墳、時期が明確にわからない古墳はほとんど触れてこなかったと思います。ですから今回、時期がわからない中小古墳を積極的に議論の対象にしたいという意図がありました。

本日は、長時間にわたり本当にどうもありがとうございました。

引用・参考文献

岩崎卓也 1989「古墳分布の拡大」白石太一郎（編）『古代を考える　古墳』 pp. 36-72. 吉川弘文館

小沢　洋 2007「上総における古墳群構成の変化と群集墳」佐々木憲一（編）『関東の後期古墳群』 pp. 140-152. 六一書房

川西宏幸 1978「円筒埴輪総論」『考古学雑誌』第64巻第2号（全冊）

塩谷　修 2000「霞ケ浦沿岸の前方後円墳と築造企画」木崎悠・茂木雅博（共編）『常陸の前方後円墳（1）』 pp. 116-36. 茨城大学人文学部考古学研究報告第3冊

白井久美子 2007「関東の後・終末期古墳群の特性」佐々木憲一（編）『関東の後期古墳群』 pp. 33-52. 六一書房

白石太一郎 1991「常陸の後期・終末期古墳と風土記建評記事」『国立歴史民俗博物館研究報告』 第35集, pp. 131-159 国立歴史民俗博物館

白石真理 2004「ひたちなか市三ツ塚第12号墳出土遺物について」『埴輪研究会誌』 第8号

鈴木一有 2001「東海地方における後期古墳の特質」『東海の後期古墳を考える』 pp. 383-406. 第8回東海考古学フォーラム三河大会

曾根俊雄 2005「玉里古墳群の墳丘について―系譜整理を中心に―」小林三郎他（編）『茨城県霞ケ浦北岸地域における古墳時代在地首長層の政治的諸関係理解のための基礎研究』 pp. 111-125. 明治大学文学部考古学研究室

竹石健二 1967「茨城県新治郡出島村所在崎浜横穴墓群について」『史叢』 11　日本大学史学会

轟俊二郎 1973『埴輪研究』第1冊（私家版）

藤田和尊 1993「陪冢考」『関西大学考古学研究室開設四拾周年記念考古学論集』 pp. 237-271. 関西大学考古学研究室

　　　　 2007「陪冢の展開」『考古学論究―小笠原好彦先生退任記念論集』 pp. 197-216. 眞陽社

「常陸」というフィールドから「古墳群」を考える
—総括に代えて—

田中　裕

本書が目指したもの
(1) 豊かな研究フィールドへの一歩

　茨城県域の古墳群を研究するに当たり、基礎研究の重要性は本書冒頭で佐々木憲一の力説するとおりである。とりわけ、全国でわずか五箇所しか残っていない『風土記』の一つが「常陸」に存在する点は注目されるところであり、国造国から評、そして国・郡の成立に至る歴史的経緯を探るうえで、古代史に欠くことのできない研究フィールドといえる。このフィールドを活かすためには、考古学自体が地域に深く根ざしていく必要がある。周知のことではあるが、残念ながら現状はその状態に至っていない。第Ⅰ章で大塚初重・茂木雅博両先生は、それまでの歴史観が崩壊した戦後において、物証による歴史再構築の活動を根付かせるために血のにじむ努力を払ってこられ、この地域の考古学が現在に至る経緯を、豊富な経験と深い洞察に基づき、折々の社会情勢と絡めて詳細に述べられている。私どもはそこに学び、反芻し、将来への課題と方法を見出していかなければならない。

　茨城県域における古墳群は、『茨城県古墳総覧』によって全国でも早くに総合的把握が行われた。各研究者と市町村教育委員会によるその後の個別的調査活動も、数多く行われてきた。しかし、自治体に専門職員を常時配置するような高度な文化財保護体制の構築が遅滞したことの影響は大きく、結果として、網羅的かつ組織的な調査の実施に至らなかった。成果の体系化・総合化を行うための基礎作業、例えば、地図と対照できるかたちで古墳群を全県的に比較できるような集成作業も、課題のまま積み残されてしまった。この状況では、茨城県域内に何があるのか、地元の研究者でも全体像の把握が難しく、まして他の者にとってはなおさらである。豊かなフィールドには程遠い状態といえる。

　その中で、白石太一郎 (1991) は「常陸」の後・終末期古墳と「風土記建評記事」を比較検討し、古代行政区画の成立問題において基本文献となる研究を送り出した。よく調べると、この研究は田中広明 (1988) の成果に拠るところが大きいことに気づく[1]。詳細な踏査に基づくだけでなく、大型前方後円墳を抽出し、霞ヶ浦周辺に集中築造される様子を地図に示しながら理解できるようにしたこの成果が、次の研究を生み出す起爆剤になったともいえる。ここに私どもは多くを学ぶことができる。議論の活性化には、他地域の研究者が踏査を追体験でき、現地でも容易に再確認できる基礎的研究が要求される。さらに、現在の地域区分とは異なる古代の分析に当たっては、より広域で同じ視座による把握と整理が必要なのである。

　以上の理由により、「常陸」の古墳群を目に見えるかたちで示すこと、つまり、地図と対照しながら古墳群の概要が一覧できるようになることが、本書の目標である。対象域内を一様に網羅することが理想であるが、調査精度の差が著しい現況は一朝一夕に解決できるものではない。大型古墳が集中する地域を軸に、地元で活躍する研究者により蓄積された古墳群データを共に公表することをもって、将来の網羅的作業に備えるものとする。

(2) 古墳群の把握に当たっての視座

　常陸では、古墳群の面的調査例が他地域よりも著しく乏しい。そこで第Ⅱ章では、おもに踏査で知りうる次の共通要素を定め、意識的にすくい上げることとした。

　a　立地
　b　古墳群の基数と密度

c　古墳群の構成（墳形と規模）
　　d　埴輪の有無
　　e　方形周溝墓と中期古墳の有無
　　f　その他

　このうち、cの古墳群の構成は墳形別の数だけでなく、規模を参考として「首長墓」を抽出し、一目で分かるように心がけた。こうすると、範囲偏重の『埋蔵文化財分布地図』とは異なり、古墳群の全般的な特徴を即座に差別化して理解でき、群中の核となる古墳を目印にして、誰でも現地踏査が容易になる。

　また、「分布」とともに重視したのは、古墳群の「継続性」である。長期にわたり同一場所で古墳の連続築造が行われたかどうか、d　埴輪の有無、e「方形周溝墓」発掘例や中期古墳発掘例の有無、f　その他の事項（横穴墓と墳丘をもつ古墳との関係、内容の分かる古墳の編年的位置付けなど）は、いずれもその手がかりである。

　以上の共通視座で把握を進めていったが、すぐに容易ならざる問題にぶつかった。明治大学シンポジウムの総括で触れたように、「古墳群」をどうくくるか、という問題である。

古墳群の認識に関わる問題

(1)　古墳群のもつ二つの性格

　「古墳群」の概念が最初に示されたのは、戦前に遡る。後藤守一は、群馬県藤岡市にある白石稲荷山古墳など7基の前方後円墳について「一郡ないし一郷の人々によって営まれた古墳のすべてであり、部族の首長を中心として営まれた上代人の生活を反映する」単位としての「古墳群」と認識するべきことを指摘し、一つの古墳群の中では首長墓が「一代一墓」の原則により築かれるとした（後藤・相川 1936）。これが現在の「首長墓系譜」研究の基礎理論である。

　同じころ、古墳を「群」ととらえ、その造営に関わった背景の集団を復原しようという、もう一つの試みが芽生えようとしていた。栗山一夫【赤松啓介】（栗山 1934・35）による加古川流域の古墳群把握の試みである。こちらは分布論による集団の把握を目的としており、社会構造を探る側面が強い。この試みが、後に近藤義郎による家父長墓説（近藤 1952）や、さらに水野正好の群集墳構造分析（水野 1970）などに代表される、群集墳論の端緒となったとみてよい。

　このように、「古墳群」には当初から異なる二つの性格付けがなされ、別々の系統をたどって今日の認識に至っているのである。整理すると次のとおりである。

　① 一定の政治的結合単位とみなされる関係性をもって代々の古墳が築造された様
　② 墓域を共有するとみなされる状態で複数の古墳が集まっている様

　この二つの認識は学史上混同してはならないのであるが、文化財保護上必要な「遺跡範囲」としても「古墳群」を掌握しなければならないという現実的問題に絡みとられて、分別しようという意識は低かった。そして、「遺跡範囲」の認識と事実上重なるところが多い②の「古墳群」は、さらに今日までの文脈の中で、「群集墳」がほぼ類義語として言い換えられている[2]。しかし、「群集墳」をこのような意味で使用することは妥当なのであろうか。「古墳群」のくくり方を考えるためにはこの難解な問題にも立ち入らねばならないが、厚い研究史[3]のすべてに立ち返ることは不可能なので、理論的枠組みを提示した論考のいくつかを読み直しておきたい。

(2)　「群集墳」認識の漂流

　岡山県佐良山古墳群において、近藤義郎が後期の古墳群を性格付けるために重視したのは、「横穴式石室という、今までなかった構造の内部主体と副葬品とをもって」「この佐良山にみられるように、狭小な地域に、考えられないほどの夥しさをもって、出現してくる」（近藤 1952, 43p）点、すなわち横穴式石室と、多数が密集することの、二つの要素が同時に出現する点であった。「家父長的家族」の台頭による有力家族墓の成立を、横穴式石室という家族を追葬するための、そして造営に多くの労働力を必要とする施設に、見出したわけである。こうして「群集

墳」の成立は家父長制家族の成立という新たな発展段階に入った証拠とみなされるようになり、やがて古墳時代二期区分（大塚1966）の論理的支柱となった。このように、横穴式石室は有力家族墓としての「群集墳」にとって本来的に不可欠の要素なのである。

　これに対し、次第に発掘調査が進展してくると、外見では「群集墳」にみえる古墳群の中に、横穴式石室を伴わない例もあることが分かった。石部正志（1980）は、横穴式石室をもつ「後期群集墳」よりも古い様相の遺物が出土し、伝統的要素とみえる竪穴系埋葬施設をもつこれらを「古式群集墳」と呼んで区別し、「古式群集墳や後期群集墳は、世帯共同体の家長層の単位墓という点において、弥生時代の方形墓の伝統をひいており、本質を異にするものではない」と指摘して、近藤の家父長制成立説を批判した。

　石部の指摘により横穴式石室をもたない「群集墳」は認知された。各地で「古式群集墳」や「初期群集墳」[4]の報告が相次ぎ、これらは石部説を補強するかと思われた。ところが、用語の分離は質的な差異を認める方向に流れる。横穴式石室導入そのものに社会構造論的意義を見出さなかった石部の意図とは裏腹に、「後期群集墳」成立時（＝横穴式石室導入時）は有力家族墓の確立された段階のものという認識に置換された。これにより、横穴式石室をもたない「群集墳」は過渡的な位置付けに沈んだ。やがて、家父長制の象徴である「群集墳」において、横穴式石室の有無に対する意識も低下していく。

　古墳群を体系的に分類・整理しようと試みた和田晴吾（1992）は、「古式」に対し「新式」の用語を当て、分類という観点から、用語と概念を再整理している。これにより両者は分離されうるものとの認識がますます深まった。さらに注目すべきは、この論考が次に掲げる大きな変更を果たしていることである。

1) 有力家族墓としての「群集墳」を新たに「古式群集墳」と「新式群集墳」に分け、弥生時代以来の墓制を「古式群集墳」から明確に切り離したことで、石部の用語を使用しながらも石部説を否定したこと
2) 近藤説以来、有力家族墓として不可欠の要素であった横穴式石室を、「群集墳」の要件から外しながらも、「群集墳」が有力家族墓であると引き続き認定したこと

　このうち2)は、「群集墳」が大和政権による有力家長層の取り込みを表すとした近藤の考え方を受けた広瀬和雄（1978）の説（詳しくは後述）を引用したものであるが、「新式」以外にも拡大適用した結果、近藤の掲げた有力家族墓の要素が二つから一つに減っていることに、学界が十分な反応をしたかといえば否であろう[5]。

　このような経緯により、「群集墳」は家父長制の象徴として学界の底流に息づき、結局、横穴式石室をもつものが、「群集墳」の典型的存在として君臨し続けるのである。群集墳論はこれからも、横穴式石室をもつ「群集墳」を中心に進めるか、せいぜい、それとの対比によってしか進まないことになる。群集墳論が西日本を中心とした議論に終始する理由もここにある。

　東日本の古墳群では、横穴式石室導入時期の差が大きく、数の偏差も大きい。とりわけ本書の扱う茨城県や千葉県等では導入が遅く、古墳数に比して数も少ない。横穴式石室が少ないことが、古墳群自体の把握を困難にしている側面もある。もし、古式・新式の分類をこの地域に適用すれば、自動的に「後進地域」の位置付けを甘受することになるが、妥当な評価といえるのであろうか。

(3) いわゆる「群集墳」とは異なる古墳群

　近藤説を受けた群集墳の優れた論説は数あるが、次の二説は重要である。

　一つは、白石太一郎（1966、1973）によって、大型古墳の付近に展開する群集墳の存在から、大型古墳の被葬者を祖と仰ぐ、擬制的同祖同族関係を問うたものである。

　もう一つは、広瀬和雄（1978）による、群集墳成立は、大和政権と家父長層との「墓域の賜与－獲得」という政治的行為を前提とすることを指摘したものである。

　この両説は、群集墳論の重要な視点を今日まで与え続けているが、ここで注目したいのは説の是非ではなく、両説が根拠とした古墳群である。いずれも100基をはるかに超えて高密度に集結し、一つの山や谷を覆い尽くすような古墳群である。白石の扱った奈良県では、こうした古墳群が盆地を中心に放射状に展開しており、近藤も

この事実を政治的に重要視している。広瀬が論拠として重視した大阪府一須賀古墳群も、200基を超えて密集する古墳群である。そういえば、近藤が群集墳の概念を定着させる契機となった佐良山古墳群も、100基をはるかに超えて密集する古墳群であった。つまり、これらの群集墳論はすべて、多数高密度型の古墳群を対象としたものなのである。

多数高密度型の古墳群を「群集墳」の代表例と呼ぶのであれば、関東においてこれに比類する古墳群はあまりない。これまでみてきたように、常陸では数基から十数基が群をなすが、連続せずに散在するような古墳群が大半である。こうした古墳群を、上記のような多数高密度型により構築された概念に当てはめることには無理がある。無批判に家父長制やヤマト王権との直接的政治関係の議論等と結び付けることは避け、新たに適切な枠組みや概念で把握することが必要である。

以上の問題点を踏まえ、常陸の古墳群把握においては便宜上、『埋蔵文化財分布地図』に記載される範囲に準じている。これらは遺跡範囲として把握され、微地形の変化（例えば台地の切れ目など）で区分されることが多い。地形の見方によってはくくり方がバラバラになってしまう問題点を抱えるが、有用な点もある。一つは、微地形と遺跡の連続性との関係を重視するため上記の②に掲げる「墓域」の概念と重ねやすいこと、二つ、意思統一の難しい状況下としては、大雑把ながら同じ方法で作業を進めることが容易であること、三つ、把握される基数・密度・範囲がさまざまであっても、個々の古墳の空間的位置関係を地図上で想像しやすいため、新たな捉え方を探る基礎データとして妥当な線であることである。

常陸の古墳群の特色について

常陸の古墳群の特色は、第Ⅱ章で地区ごとに詳細に述べられ、座談会で議論した内容のとおりであるが、先に掲げた共通の視座から気づいたことを、もう一度振り返りたい。

(1) 前方後円墳の多さ、前方後円墳と円墳の混在

関東における前方後円墳の多さは、近年特に注目を集めている[6]。直接の原因は、座談会で取り上げられたとおり、後期における爆発的な増加である。この現象は東国の特性を示すとみられ、『風土記』との接点を考える際にも大きな意味をもつ。

『前方後円墳集成』によると、旧国別では1位の下総が421基、常陸はこれに迫る405基、都道府県別では1位の千葉県が677基に対し茨城県は445基、いずれも全国2位という圧倒的な数の前方後円（方）墳がある。周知の通りこのときの集計と分布図は不備も多い。今回の成果を照合すると、実数は確実に増加する。車崎正彦（1994）の統計によると、下総では50m以下の前方後円墳が91.7％を占める。常陸でも傾向は似ているが、大型古墳も少なくないとされる（佐藤・鹿志村1994）。『集成』をもとに計算すると、常陸では50m以下の前方後円墳は72.0％で、確かに9割超の下総とはかなり異なる。常陸では50m以上の前方後円墳も110基を超え、全国的にみても「多い」という評価になろう。

古墳群中における前方後円墳のあり方をみると、ひたちなか市笠谷古墳群、水戸市ニガサワ古墳群、赤塚古墳群、内原古墳群、小美玉市権現山古墳群、かすみがうら市風返古墳群、白幡古墳群、つくば市北条中台古墳群、下横場古墳群、土浦市東台古墳群、愛宕山古墳、宍塚古墳群、鹿嶋市宮中野古墳群などにおいて、各地で前方後円（方）墳と円（方）墳が混在していることが報告されている。しかも、規模差が著しいもの、少ないものなど、その様相は多様である。逆に一定数（数十基以上）の古墳群において、規模や墳形が等質的である例を探すならば、候補すら見つけることができない。最も密集度が高く、規模差も少ないかすみがうら市の大塚古墳群の場合でも、113基中に7基以上の前方後円墳（帆立貝形含む）が混在しており、発掘調査が進めばその数は飛躍的に増えると予想される。このように、常陸では古墳群中に前方後円（方）墳と円（方）墳が少なからず混在する傾向にある。同様の傾向が下総でも認められるので、前方後円墳数の多さに関する手がかりの一つといえよう。

(2) 規模による首長墓の目安

　首長墓の明確な指標は示しにくく恣意的になりやすい（田中 2006）。前方後円墳は首長墓の代表格であるから、各地域において前方後円墳の規模が傑出した存在となっていれば、首長墓の識別は容易であるが、周知の通り、常陸ではそれほど単純ではない。首長墓の識別指標を各地域ごとに共有しておく必要がある。

　調査例が少ないため、異なる墳形を同じ土台で議論するには、墳丘規模のほかに広く適用できる指標は見あたらない。古墳規模に身分が反映されているならば、身分が高いほど数は少なく、低いほど多くなる可能性が高いはずである。したがって、統計的に把握することで、地域内における身分の差別化について、大まかな実態を知ることができる。

　詳細は第Ⅱ章曾根俊雄らの論考と座談会に譲るが、次の二つの視点から検討された。

1) 墳丘長で比較する
2) 主丘の径で比較する

　このうち2)は、前方後円墳であれば後円部、円墳であればそのものの径で比較するもので、30mないし35m以上の古墳（したがって、前方後円墳では墳丘長50m～60m以上）は、下位の古墳との間に明確な隔絶性があり、異論なく大型古墳と認められた。ただし、墳丘長50m以下の前方後円墳を径30m以下の円墳と同じ階層とみてよいかということも問題視された。そこで、1)の墳丘長を隔絶性という観点からみると、前方後円墳は30m～40mの付近より大きくなると隔絶性が少しずつ認められるようになる。基層部分を直接統率するような階層を首長に含めるのであれば墳丘長30m前後、隔絶性を重んじれば35m以上の前方後円墳は首長墓に含めてよい。以上の共通認識を得られた。

(3) 「変則的古墳」または「常総型古墳」等と「前方後円形小墳」

　常陸では横穴式石室の採用後も、竪穴系埋葬施設を多く使用する。横穴式石室としては6世紀前半の土浦市高崎山2号墳例が突出して古いものの、かすみがうら市風返稲荷山古墳など、概して6世紀後葉以降の大型前方後円墳では横穴式石室が採用される。その6世紀後葉以降になっても、小型古墳等では竪穴系埋葬施設であり続けるのである。

　これらは、第Ⅱ章で石橋充が取り上げた市毛勲（1963）のいわゆる「変則的古墳」、あるいはその特徴を地域的様相として切り取った安藤鴻基（1981）や糸川道行（1992）らによる「常総型古墳」の分布域であることと関係がある。筑波山の片岩板石による組合式箱形石棺（箱式石棺）を墳丘裾部やくびれ部等に配置することなどが指標とされ、かすみがうら市白幡古墳群や、土浦市東台古墳群など霞ヶ浦周辺の古墳群では、前方後円形や円形の墳丘をもつこの種の古墳が主体をなす。これらのほとんどは10m台、20m台の小型古墳で占められており、常陸における古墳造営集団では最も基層部分に該当する。

　「変則的古墳」等の呼称や指標の問題に立入る用意はないが、常陸の古墳群を俯瞰的にみると、片岩の分布圏外にも、類似の古墳が存在することには注意したい。岩崎卓也（1992）は水戸市内原のコロニー古墳群に含まれる、前方後円形の低い前方部（くびれ付近）に木棺を配する例があるのに着目し、石棺でなくとも、竪穴系埋葬施設を地下（盛土ではない位置）に設置するという特徴に、一つの系譜を見出した。もしこの理解が妥当であれば、石材の流通圏に限定されず、地下埋葬の概念を共有する範囲として関東の東半分ほどを念頭に置かなければならない[7]。岩崎は、この種の古墳に含まれる前方後円形の古墳を「前方後円形小墳」と呼び、首長墓としてのいわゆる「前方後円墳」とは区別することを提案した。常陸において前方後円墳の規模がはっきり隔絶性を示さない原因に、この「前方後円形小墳」が大きく関わっている。

　首長墓の境界線上と考えた墳丘長30m～40mの前方後円墳の埋葬施設は、小型古墳に多い竪穴系の地下埋葬と、大型古墳に多い横穴式石室の両例がみられる。後期後葉に至っても、墳丘長30m～40m付近を境界として身分の差別化が図られていた可能性は高い。そうだとすると、「前方後円形小墳」は単なる文化の残滓ではなく、地域の体系に組み込まれた存在である。

(4) 大型円墳

　常陸の特徴の一つとして、大型円墳の存在があげられる。径30 m以上の円墳を仮に大型と呼ぶとすると、常陸では径50 mを超え、さらに100 mに迫ろうというものまでもが含まれるという顕著な特徴がある。

　座談会で「超大型円墳」とも称された、径90 m超の円墳（大洗町車塚古墳・常陸太田市高山塚古墳）が、まず特筆される。全国最大の円墳は後期の埼玉県行田市丸墓山古墳（105 m）であるから、これに匹敵する径を有するが、常陸の2古墳は中期前葉の築造で、比較的背が低いという相違点がある。径50 m前後の円墳であるひたちなか市三ツ塚12号・13号墳、茨城町諏訪神社古墳、笠間市山王山古墳、小美玉市塚山古墳、同妙見山古墳も中期古墳とみられている。前期～中期においては、例えば大洗町鏡塚（日下ヶ塚）古墳と車塚古墳が隣接するように、大型前方後円墳と超大型円墳が隣接する様子が認められる。こうしたあり方は、例えば山梨県の中道銚子塚古墳と丸山塚古墳などの例にみるように、広範囲で認められるものかもしれない。

　一方、埴輪を有する後期の大型円墳等が存在することも注目される。通常、前方後円墳終焉後の首長墓に、終末期古墳としての大型円墳ないし大型方墳が該当する場合が多い。しかし常陸の場合、石岡市とかすみがうら市の境界に位置する井関・風返古墳群のように、井関スクボ塚古墳（43 m）・風返浅間山古墳（35 m）・同羽黒古墳（56 m）などの埴輪を有する大型円墳が存在し、時系列でみれば、後期前葉の風返大日塚古墳（帆立貝形・55 m）と後葉の風返稲荷山古墳（前方後円墳・78 m）に挟まれるという希有なあり方を示す。対岸の玉里古墳群においては、座談会で塩谷修の指摘するとおり、円墳系統で捉えてもよいであろう帆立貝形の大型古墳が、大型前方後円墳と一対で分布する点も特徴的である。

　このように、後期における大型前方後円墳と大型円墳等の同世代併存は、常陸の特徴といえる。多少の前後関係は存在するとしても、埴輪樹立の盛んな時期に築造され、近接して築造される例は広く認めることができる。

(5) 古墳群の継続性

　本書では、多くの古墳群について成り立ちを明らかにした。その結果、古墳群研究の急所[8]である継続性の検討も可能になってきたことは、大きな前進と考えている。

　成果をまとめてみると、水戸市赤塚古墳群、小美玉市権現山古墳群、石岡市舟塚山古墳群、後生車古墳群、つくば市北条中台古墳群では、前期の小規模方墳（方形周溝墓）と中期後半ないし後期の古墳群が、隣接ないし近接して存在するという。また第Ⅱ章で塩谷修は、古墳群の位置関係を整理しながらやや大きく捉え直すことにより[9]、後期・終末期古墳群と思われていた古墳群の中に、断続的とはいえ前期～後期までの継続性を窺える古墳群を見出すことができると指摘する。その例として、土浦市域の【宍塚古墳群・竜王山古墳群・宍塚小学校内古墳・上郷後古墳】、【常名天神山古墳・瓢箪塚古墳・山川古墳群・北西原古墳群】、【愛宕山古墳・愛宕山古墳群】、【王塚古墳・后塚古墳・東台古墳群】を挙げている。

　これらの古墳群では、中期の一部または全部が確認できていない例が多く、継続性は証明されたわけではないとの批判があろう。しかし、継続的な古墳群の存在がすでに報告されている千葉県の事例（田中2002、白石2007、白井2007）でも、中期古墳は検出されにくい。確認されているのは遺跡の全面発掘調査によるもので、小円墳の浅い周溝から出土した土器から中期古墳の存在がかろうじて判明した例もある。座談会では、常陸でも中期の小円墳が存在することが明らかになっており、共通の現象がみられる。以上を総合するならば、常陸においても継続性の高い古墳群の存在を想定できる。

　断続的とはいえ、前期から後期まで続く可能性のある古墳群が報告されたことは注目に値する。あくまで見かけ上の継続であり、確認例も少ないので過大評価は慎むべきではあるが、現在の西日本中心の群集墳論がそのまま地域の古墳群に通用する土台にはなっていないことは、明白である。

(6) 古墳群の偏在性

　古墳群の位置関係と大型古墳の位置を俯瞰的にみると、まず第Ⅱ章で千葉隆司の力説するように、各地区内部において古墳の粗密が明瞭に存在し、さらに地区間においては、古墳の集中度に著しい差が存在していることに

気づく。

　細かくみると、前期・中期古墳はさほど偏在しているようにはみえない。第Ⅱ章で塩谷修は前期古墳（方形周溝墓）から断続的に続く古墳群が河川流路に沿って点在すると指摘している。大型古墳の場合も河川流路沿いに築造される傾向が強く、河川流域ごとの数や規模に格差があるが、やはり分布は極度の一点集中を示すことはなく、単基〜数基の小群が、それぞれ一定間隔で点在する傾向がある（田中・日高　1996）。

　これに対し、後期古墳は偏在性が際立つ。一つの古墳群として報告されている中では、密集度、分布の連続性、古墳数において鹿嶋市宮中野古墳群とかすみがうら市大塚古墳群が突出している。一方、より広域的視野から首長墓の集中地点を見出そうとするならば、水戸市内原古墳群と小美玉市玉里古墳群、そして宮中野古墳群が特筆されよう。内原古墳群と玉里古墳群は、常陸の北と南を代表する後期の大型前方後円墳群として把握される。その系譜にふさわしい規模の終末期大型古墳は、いまのところ含まれないという共通点もある。これに比べ、宮中野古墳群は後期の大型古墳と小型古墳が混在し密集する、全国的にも稀有な様相をもつ。類例には、利根川を挟んだ下総の竜角寺古墳群が唯一該当するのみであろう。両群中には、前方後円墳終焉後の大型古墳としてそれぞれ宮中野大塚古墳（帆立貝または円墳・92m）と竜角寺岩屋古墳（方墳・80m）を含むという共通点もある。

　このように、常陸の古墳群の顕著な偏在性は、後期になると首長墓が一定の場所に集中して築造されることで顕在化する。

まとめ

　古墳時代研究において都出比呂志の提唱した「前方後円墳体制」論の検証は最重要課題である。古墳群からの分析では、古墳時代前期には関東でも前方後円墳の築造を開始しており、その時点で前方後円墳に代表される政治的秩序に参画していることは疑いないが、政治的関与の程度と方法、そして奈良時代に至るまでの経過の描写が問題である。「体制」論では、前期から後期に至るまで、大王墓の系譜と地域の首長墓の系譜は連動しているとされる（都出1988）。また、ある程度全国的に共通する身分秩序が敷かれたとも想定され、地域的様相はその中に織り込まれているとみられている（都出1989）。

　常陸では、後期になると前方後円墳が爆発的に増加し、同時に、古墳の著しい偏在が起こる。この事実を「体制」論に織り込むのは、かなり手強い仕事である。「一代一墓」では整理不可能なほどの前方後円墳の集中は、古墳群ごとに単系の首長墓系譜を想定することの限界を示す。その上で大王墓の系譜と連動するというためには、複数系譜の大王墓が同時期に造営されていることが望ましいが、実際はそうはなっていない。かといって、前方後円墳の政治的意味がすでに失われていたわけでもない。このことは、後期の巨大前方後円墳が大阪と奈良に引き続き独占されている事実によって明白である。

　すでにみてきたように、常陸では多数高密度型の「群集墳」を見出すことが困難である。大小の前方後円墳が混在することが多く、基本的な単位は少数である。一部に100基を超える古墳群も存在するが、そこに既存の群集墳論が適用できる土台は見出せなかった。

　ということは、そもそもの古墳群の二つの捉え方、①「一代一墓」という首長墓系譜に連なる政治的単位を具現化する概念と、②群集墳論を当てはめて一定の墓域を共有する古墳を理解しようとする概念のどちらも、常陸の資料にそのまま適用することには困難があるということである。「体制」論以前に、古墳群把握の理論的枠組みから整える必要がある。

　このような事態に至った一つの要因は、古墳群と墓域の関係に対する理解の曖昧さにあろう。多数高密度型をモデルに構築された論理が、わずか数基の古墳群にも同じ「群集墳」として適用されることがあったとすれば、まさに問題である。この両者は異質なものとして、明確に分離することから始めなければならない。ただし、論理の拡大解釈を防ぐには、数や密集度等において中間的な様相のもの、あるいは曖昧なものについては、あえて単純な二者択一にしないことも肝要である。

立地を異にして数基から構成される古墳群は、それぞれの小群を単独の古墳群として認識することができるかもしれない。また、さらに高所から見た場合、点在するようにみえた小群をまとまりとしてくくることができ、小群が複合した姿として捉えられることもある。この場合、把握の仕方によっては総数200基からなるものも現れるが、古墳分布は基数の割に極めて広範囲に及ぶのであって、狭小な一帯を埋め尽くす多数高密度型とはまったく構造が異なる。構造の違いは、例えば千葉県千葉東南部ニュータウン地内の生実・椎名崎古墳群の例がわかりやすい。見かけ上まとまってみえる当古墳群は、多数高密度型に匹敵する総数190基を誇るが、小群と小群の間に同時期の集落が各々営まれており、「村落に付随する古墳群」として確実に認識できる構造をもっている（田中2002）。常陸においても今後、小群単独の場合も含め、集落動向を意識した分析が待たれる。

　小群が複合する場合、等質ではなく、古墳群に一定の中心があり、一定の秩序（政治的秩序等）を保って群構成をなすものもある。この場合も比較的広い範囲に分布が及ぶ傾向にあるが、密集度が高いものは、多数高密度型と比肩しうる大古墳群として現れる場合がある。第Ⅱ章で把握された水戸市内原古墳群は、最大規模の前方後円墳群を起点として、起点に近い立地にある古墳群ほど規模と墳形において優位を示す、という相関関係を有する。この場合、墓域ごとに同心円的な格差が存在するということになる。おもしろいことに、内原古墳群よりはるかに小数の古墳群（例えばつくば市上野・上境古墳群）でも、同様の捉え方ができる可能性が報告されている。

　明治大学によって設定された玉里古墳群の構成はどうであろうか。群を構成する前方後円墳は墳丘長90m前後に達し、霞ヶ浦沿いの台地上に点在する。それぞれ大型の円墳等が各前方後円墳に隣接し、その周囲にそれぞれ円墳群を帯同する。これを、首長墓と首長墓に付随する古墳からなる個々の古墳群（＝小群）が一箇所に集まった複合形態と考えるならば、さほど無秩序ではない。この場合、各墓域は並列的で、格差は見出しがたい。集合することを可能にする政治的・社会的背景が問題となるが、玉里古墳群の場合、霞ヶ浦高浜入りという特定の場所に特別な意味があるとみるほかあるまい。

　等質でない小群複合の古墳群は、従来の二つの古墳群概念を折衷した捉え方で見出されるといえる。つまり、後藤以来の単系的首長墓系譜を前提とした古墳群に対し、墓域の観念を加えて複合首長墓系譜を前提とする古墳群である。複合の意味するところは、単なる従属にとどまらない、古墳立地の共有による首長相互の関係の表明にほかならない。

　以上に類する古墳群の複合的な捉え方は、従来の首長墓系譜研究でも結果としてなされてきたと思われるが、理論的枠組みの整理を伴うものに当たらなかったので、本書の成果を目にして私自身のためにも整理しておきたいと考え、紙数をいただいた[10]。常陸の古墳群の抱える諸問題を総括するにはいささか論点が偏った観があり、座談会で茂木先生から私どもに賜った宿題に十分答えられたか誠に心許ないが、残す問題は本書掲載の優れた諸論考をもとに御検討願えれば幸いである。

　　末筆ながら、2008年7月21日シンポジウム「常陸の古墳群」における御講演の記録化を御承諾いただき校正に御尽力を賜った大塚初重先生、茂木雅博先生をはじめ、シンポジウム運営に尽力下さった明治大学教職員及び学生の皆様、執筆者及び座談会出席者の皆様、座談会記録化その他の編集に尽力下さった及川穣氏・日隈広志氏、そして本書の出版に多大なる御支援を下さった六一書房八木環一氏に、共同編集者の佐々木憲一共々厚く御礼申し上げる。

注
1) 白石は事実関係の記載に際し、11カ所について田中の成果を引用している。白石はこのころ田中の成果に接し、「常陸」の古墳群の様相について強い驚きをもって再認識したとみられる。
2) 河上邦彦は「特定の意味を持っていた『群集墳』という用語は、今日では、後期の小古墳が群集している現象を示しているようである」（河上1977）とし、1977年の時点ですでに定義が曖昧になっていたことを記している。
3) 比較的最近まとめられた研究史では、瀬川貴文（2001）が重要な論点をまとめているほか、池上悟（2004）は簡便に概略を示し、広瀬和雄（2007）はかつてまとめた詳細な研究史に補注を加えている。

4) 用語としては、寺沢知子（1982）らの「初期群集墳」が「古式群集墳」よりもよく使用されている。
5) 近畿の中枢付近でも後期に竪穴系埋葬施設を使い続ける古墳群が存在することの重要性を含めて再整理されたはずであるが、それでも一般的には、横穴式石室をもつ「群集墳」の意義を評価した近藤説の強い影響力下にあることを、ここでは強調しておきたい。
6) 例えば、白石太一郎（1999）は各県時期別に最大古墳を示した際、後期における前方後円墳の卓越を明確に描き、ヤマト王権が関東の首長をとりわけ厚遇した可能性を指摘する。
7) 実際、片岩の分布圏内においても、石棺とともに木棺や土壙墓の配置もみられ、石棺は初葬で優先的に使用されているに過ぎないともみてとれる。この現象は、前方後円形にだけにとどまるものはない。こうした埋葬位置の特質として捉え直そうという動きには、例えば黒澤彰哉（2005）の論考がある。
8) 古墳群の継続性の検討は、既述の石部説の再評価と関わる。
9) 古墳群は通常、中期から築造開始される例や、後期・終末期限定の例が多く見出される。もしその原因が、単に古墳群の認識単位の狭さに由来するのであれば見直しが必要である。すなわち、単位を狭めるほど群当たりの基数は少なくなり、造営時期も短期間にとどまるのは当然の帰結だからである。
10) 古墳群の密度と規模について具体的数値や条件を挙げて客観的に分類した論考も存在するが、そうした分布のディテールと今回の私の考えを関係付けて論じる用意がなく、割愛させていただいた。ご批判は甘んじてお受けし、一つ一つ整理してお答えしていきたい。

引用・参考文献

安藤鴻基 1981『小台遺跡発掘調査報告書』 小台遺跡調査会
池上 悟 2004『日本横穴墓の形成と展開』 雄山閣
石部正志 1980「群集墳の発生と古墳文化の変質」『東アジア世界における日本古代史講座』 第4巻 朝鮮三国と倭国 学生社
市毛 勲 1963「東国における墳丘裾に内部施設を有する古墳について」『古代』 第41号
糸川道行 1992「群集墳の形成」『古墳時代（2）』 房総考古学ライブラリー6 財団法人千葉県文化財センター
岩崎卓也 1992「関東地方東部の前方後円形小墳」『国立歴史民俗博物館研究報告』 第44集 国立歴史民俗博物館
大塚初重 1966「古墳の変遷」『日本の考古学』Ⅳ 古墳時代（上） 河出書房新社
河上邦彦 1977「大和の群集墳概観」『横田健一先生退官記念・日本史論叢』（河上邦彦1995『後・終末期古墳の研究』 雄山閣 第二章所収）
栗山一夫 1934・35「播磨加古川流域に築造されたる古墳及び遺物調査報告」『人類学雑誌』 49・50
車崎正彦 1994「下総」『前方後円墳集成』 第5巻 山川出版社
黒澤彰哉 2005「常総地域における古墳埋葬施設の特質」『婆良岐考古』 第27号
後藤守一・相川龍雄 1936『群馬県史蹟名勝天然記念物調査報告第三輯 多野郡平井村白石稲荷山古墳』 群馬県
近藤義郎 1952『佐良山古墳群の研究』
佐藤政則・鹿志村育男 1994「常陸」『前方後円墳集成』 第5巻 山川出版社
白井久美子 2007「関東の後・終末期古墳群の特性」『関東の後期古墳群』 六一書房
白石太一郎 1966「畿内の後期大型群集墳に関する一試行」『古代学研究』 42・43合併号
白石太一郎 1973「大型古墳と群集墳」『橿原考古学研究所紀要』 2
白石太一郎 1991「常陸の後期・終末期古墳と風土記建評記事」『国立歴史民俗博物館研究報告』 第35集
白石太一郎 1999『古墳とヤマト政権』 文春新書
白石太一郎 2007『東国の古墳と古代史』 学生社
瀬川貴文 2001「群集墳研究の現状と課題」『東海の後期古墳を考える』 東海考古学フォーラム三河大会実行委員会・三河古墳研究会
田中広明 1988「霞ヶ浦の首長―茨城県出島半島をめぐる古墳時代の研究―」『婆良岐考古』 第10号
田中 裕 2002「房総半島の中期古墳」『古墳時代中期の大型墳と小型墳―初期群集墳の出現とその背景―』 東海考古学フォーラム・静岡県考古学会
田中 裕 2006「いわゆる『首長墓系譜研究』小考」『墓場の考古学』 東海考古学フォーラム

田中　裕・日高　慎 1996「茨城県出島村田宿天神塚古墳の測量調査」『筑波大学先史学・考古学研究』第7号
都出比呂志 1988「古墳時代首長系譜の継続と断絶」『待兼山論争』史学篇第22号
都出比呂志 1989「古墳が作られた時代」『古代史復元6　古墳時代の王と民衆』講談社
寺沢知子 1982「初期群集墳の一様相」『同志社大学考古学シリーズⅠ　考古学と古代史』
広瀬和雄 1978「群集墳論序説」『古代研究』15
広瀬和雄 2007『古墳時代政治構造の研究』塙書房
水野正好 1970「群集墳と古墳の終焉」『古代の日本』4　中国・四国　角川書店
和田晴吾 1992「群集墳と終末期古墳」『新版・古代の日本』5　近畿　角川書店

あとがき

　本書は、2004年度から2008年度までの学術フロンティア推進事業「日本古代文化における文字・図像・宗教と伝承の総合的研究」の成果の一部であるから、2009年3月には刊行するはずであった。また佐々木が2009年度は在外研究をいただき1年間アメリカ合衆国に滞在する予定であったので、3月末には校了することが至上命令であった。したがって、表紙のデザインも出発直前の3月末に印刷所と相談して決めておいたのである。

　しかしながら、その3月末になっても、どうしても外せない一自治体の原稿の目途が立たないことと、院生さんにお願いしていた座談会のテープ起こしがまだ完了していないことが判明した。2月は入試業務、出発前月の3月は海外出張2回と1週間の測量調査をこなし、多忙を極めたため、連絡不行き届きから生じた失態であった。

　座談会のテープ起こしはアメリカ合衆国での生活が落ち着いた頃やっと届き、佐々木が読みやすい原稿に徹底的に編集したのが7月で、座談会参加者の皆さんには発言部分の加筆修正を8月中に返却していただいた。ただ、その遅れている自治体の原稿の完成が9月下旬にまでずれ込み、座談会原稿の校正もその時期まで遅れることとなった。それを踏まえて田中氏に総括原稿をお願いしたのが9月末であった。

　このように遅れたのはひとえに、筆頭編者佐々木が4月に在外研究に出発し、編集を外国で行うことになったためであり、全責任は佐々木にあることを明記する。刊行遅延について、研究代表者の吉村武彦明治大学大学院長と、3月末刊行を前提にして時間通りに原稿をお寄せいただいた他の執筆者の皆さんに深くお詫び申し上げたい。また佐々木不在のなか、もとRAの及川君だけでなく、学術フロンティア推進事業では弥生墳丘墓集成を主として担当していたもとRAの日隈広志君にまで、4月以降ボランティア作業を強いることとなった。六一書房社長八木環一氏には、校正などのやり取りを含めた執筆者との連絡、特に遅れがちの執筆者への催促で、これまた普通以上の負担をかけてしまった。以上の3名に心から御礼申し上げる。

　なお、「はじめに」以下、本文中の肩書き・所属、考古学的データは2008年度のものであるが、あとがきと奥付では肩書き・所属を刊行日現在とした。

アメリカ合衆国マサチューセッツ州ケンブリッジにて
明治大学文学部教授　佐々木憲一

編者紹介

佐々木憲一

1962年東京生まれ、京都育ち。ハーヴァード大学大学院人類学研究科博士課程考古学専攻修了、Ph. D.（学術博士）。
現在、明治大学文学部教授。
主要著作：『雪野山古墳―未盗掘石室の発見』（新泉社 2004）、『茨城県霞ヶ浦北岸地域における古墳時代在地首長層の政治的諸関係理解のための基礎研究』（共編著、明治大学文学部考古学研究室 2005）、『関東の後期古墳群』（編著、六一書房 2007）、『信濃大室積石塚古墳群の研究 III』（共編著、明治大学文学部考古学研究室・六一書房 2008）

田中　裕

1968年長野県生まれ。筑波大学大学院博士課程歴史・人類学研究科退学。千葉県教育庁勤務を経て、
現在、茨城大学人文学部准教授。
主要著作：「国家形成初期における水上交通志向の村落群」『海と考古学』（六一書房 2005）、『東日本における古墳の出現』（共著、六一書房 2005）、「いわゆる「首長墓系譜研究」小考」『墓場の考古学』（東海考古学フォーラム 2006）、「前方後円墳の規格と地域社会」『シナノの王墓の考古学』（雄山閣 2006）

執筆者（五十音順、所属は奥付刊行日現在）

石川　功（土浦市上高津貝塚ふるさと歴史の広場）
石橋　充（つくば市教育委員会教育総務課文化財室）
稲田健一（財団法人ひたちなか市文化・スポーツ振興公社）
大塚初重（明治大学名誉教授）
川口武彦（水戸市教育委員会文化振興課大串貝塚ふれあい公園）
塩谷　修（土浦市立博物館）
曾根俊雄（石岡市教育委員会文化振興課）
千葉隆司（かすみがうら市郷土資料館）
本田信之（小美玉市教育委員会生涯学習課文化財係）
茂木雅博（土浦市立博物館館長）

協力者

糸川　崇（鹿嶋市教育委員会）

常陸の古墳群

2010年2月10日　初版発行

編　者　佐々木憲一　田中　裕
発行者　八木環一
発行所　株式会社　六一書房
　　　　〒101-0051　東京都千代田区神田神保町2-2-22
　　　　TEL 03-5213-6161　FAX 03-5213-6160　振替 00160-7-35346
　　　　http://www.book61.co.jp　E-mail info@book61.co.jp
印　刷　株式会社　三陽社

ISBN 978-4-947743-82-4　C3021　© Kenichi Sasaki　Yutaka Tanaka 2010　Printed in Japan